Jagstzell
berg
Wört
Landkreis Ansbach
Ellenberg
Stödtlen
290
Rindelbach
Limes
Ellwangen
Pfahlheim
Tannhausen
Schrezheim
Röhlingen
Unterschneidheim
Geislingen
Neuler
Walxheim
Nord-hausen
Unter-wilflingen
Zöbingen
Schwabs-berg
Dalkingen
Zipplingen
Rainau
Lippach
Hüttlingen
Baldern
Kerkingen
Benzen-zimmern
Fachsen-feld
Röttingen
Dirgen-heim
Limes
Westhausen
Kirchheim
Hofen
Lauchheim
Oberdorf
Goldburg-hausen
29
Aufhausen
Riesbürg
Wasser-alfingen
Bopfingen
Aalen
Hülen
Schloßberg
Flochberg
Trochtelfingen
29
Pflaum-loch
Unterriffingen
Unter-kochen
Waldhausen
Utzmemmingen
Ebnat
Dorf-merkingen
Elchingen
466
Schweindorf
7
Ohmenheim
Oberkochen
Neresheim
Kösingen
19
Landkreis Heidenheim
-Hi/2012-
Landkreis Donau-Ries, Bayern
7
10 km
M = 1 : 200 000

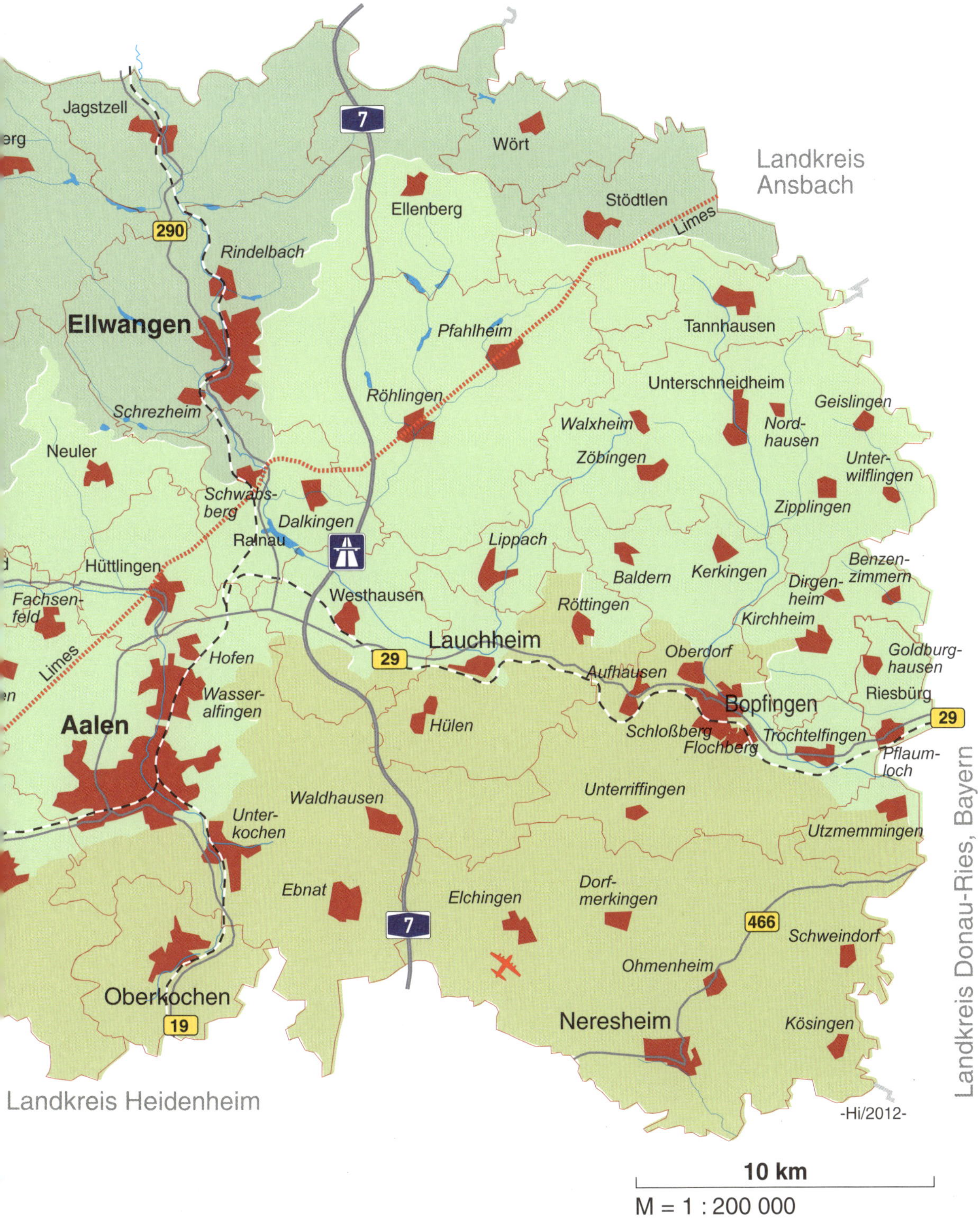

Der Ostalbkreis

Impressum

Herausgeber
Landrat Klaus Pavel

Projektleitung, Redaktion, Layout
Dr. Bernhard Hildebrand, Kreisarchivar

Redaktion, Lektorat
Susanne Dietterle, Pressesprecherin

Projektassistenz
Ingrid Barth, Kreisarchiv

© Landratsamt Ostalbkreis
Stuttgarter Straße 41
73430 Aalen

www.ostalbkreis.de

Herstellung
Wahl-Druck Aalen

Aalen 2016

ISBN: 978-3-9818293-0-3

Herzlich Willkommen im Ostalbkreis!

Mit diesem Buch halten Sie das neueste Standardwerk zum Ostalbkreis - einem der größten und vielfältigsten Landkreise Baden-Württembergs - in Händen.

Kreisbeschreibungen haben bereits eine lange Tradition, die mit Oberamtsbeschreibungen aus dem 19. Jahrhundert durch das damalige Königreich Württemberg ihren Anfang nahmen. Auch die beiden Rechtsvorgänger des Ostalbkreises, die Landkreise Aalen und Schwäbisch Gmünd, hatten die Wichtigkeit eines solchen Werkes - sei es als Quellensammlung, als Nachschlagewerk für die Bürgerinnen und Bürger oder als Visitenkarte des Kreises - erkannt und seit den 1950er-Jahren regelmäßig solche Kreisbeschreibungen publiziert.

Für den am 1. Januar 1973 gegründeten Ostalbkreis existieren mittlerweile drei Kreisbeschreibungen aus den Jahren 1978, 1992 und 2004. Mit diesem neuesten Werk aktualisiert der Ostalbkreis nun seine Visitenkarte und zeichnet ein umfassendes Bild sowohl des modernen Ostalbkreises mit seinen 42 Städten und Gemeinden als auch seiner Landschafts- und Kulturgeschichte.

Alle 26 Autoren, die in diesem Werk zu Wort kommen, sind namhafte Experten aus Kommunalpolitik, Wirtschaft, Landschaftskunde und Heimatgeschichte und beschäftigen sich zum großen Teil seit Jahrzehnten mit diesen Themen. Die Vielfalt und Schönheit des Ostalbkreises wird durch reichhaltiges Bildmaterial belegt.

Der Ostalbkreis, den rund 312.000 Menschen als attraktiven Lebens- und Wirtschaftsraum zentral in Süddeutschland im Dreieck zwischen Stuttgart, Ulm und Nürnberg gelegen als ihre Heimat betrachten, erfährt in diesem Buch eine umfassende Beschreibung aus den verschiedensten Perspektiven. Auf einen allgemeinen Überblick und eine aktuelle Standortbestimmung des Ostalbkreises und der Kreisverwaltung folgen Themenbereiche wie Wirtschaft, Landwirtschaft, Wald und Forst, Landschaft und Naturschutz, Kunst und Kultur, der Bildungsbereich von früh-

kindlicher Bildung bis zum Hochschulabschluss und der Sport. Einen interessanten Blick in die Vergangenheit des Ostalbkreises und seiner Rechtsvorgänger bieten die Kapitel Geologie, Landschaftsgeschichte sowie Vor- und Frühgeschichte über Alamannenzeit, Reformation und Säkularisation bis zur Gründung des heutigen Ostalbkreises. Erstmalig und in dieser Form einzigartig wurde in diese Kreisbeschreibung auch eine vollständige Darstellung der Historie der 42 Städte und Gemeinden mit aufgenommen.

„Wer in der Zukunft lesen will, muss in der Vergangenheit blättern." Frei nach diesem Zitat des französischen Politikers André Malraux lade ich Sie ein, auf den folgenden Seiten den modernen Ostalbkreis als einen der wirtschaftlich starken Lebensräume des Landes zu entdecken und zugleich auch die Meilensteine unserer Geschichte kennenzulernen.

Ich wünsche Ihnen eine spannende Lektüre!

Herzlichst

Ihr Klaus Pavel
Landrat des Ostalbkreises

Inhalt

Der Ostalbkreis im 21. Jahrhundert
Landrat Klaus Pavel

Weitgehend landwirtschaftlich strukturiert, nur rund zwei Drittel der Gemeinden ausreichend an die Wasserversorgung angeschlossen, lediglich ein Drittel der Straßen asphaltiert, mangelnder Hochwasserschutz und eine unzureichende Krankenhausversorgung - so stellte sich die Infrastruktur im Gebiet des heutigen Ostalbkreises nach den Zerstörungen im 2. Weltkrieg und den großen Vertriebenenströmen in den 1950er-Jahren dar. Inzwischen hat der Ostalbkreis eine bedeutende Metamorphose vollzogen und gehört jüngsten Rankings zufolge zu den wirtschaftlich erfolgreichsten Landkreisen Deutschlands mit einer der niedrigsten Arbeitslosenquoten. 43 Jahre nach der baden-württembergischen Gebietsreform, in deren Zuge der Ostalbkreis aus den ehemaligen Kreisen Aalen und Schwäbisch Gmünd sowie einem kleinen Teil des Kreises Backnang entstand, präsentiert sich der Landkreis modern und innovativ. Den rund 312.000 Bürgerinnen und Bürgern steht in den Bereichen Bildung, Kultur, Gesundheitswesen sowie Straßen- und digitale Infrastruktur ein Angebot auf hohem Niveau zur Verfügung. Dank des gemeinsamen Engagements des Landkreises und seiner 42 Kommunen bei der Daseinsvorsorge sowie der Innovationskraft und Investitionsbereitschaft regionaler Unternehmen ist der Ostalbkreis im 21. Jahrhundert ein attraktiver Wohn- und Wirtschaftsraum mitten in Süddeutschland. Einer infratest dimap-Umfrage zufolge lebten im Jahr 2014 die glücklichsten Menschen Deutschlands im Ostalbkreis. Dass die Bürgerinnen und Bürger sich mit „ihrem" Landkreis identifizieren und sich in den über vier Jahrzehnten seines Bestehens ein Zusammengehörigkeitsgefühl entwickelt hat, zeigte sich eindrücklich anlässlich der großen Resonanz auf die Veranstaltungen zum 40-jährigen Kreisjubiläum 2013.

Schwierige Gründerzeit

Die Identifikation der Bevölkerung mit dem Kreis und das Interesse an kreispolitischen Themen bestanden nicht immer. Vor allem anfangs der 1970er-Jahre war von Begeisterung über die geplante Gebietsreform im Land, die schließlich zum 1. Januar 1973 vollzogen wurde, nichts zu spüren. Schwäbisch Gmünd musste mit dem Entstehen des Ostalbkreises den Verlust des Kreissitzes und seines GD-Autokennzeichens zugunsten von Aalen hinnehmen. Große Diskussionen entfachte auch die künftige Zugehörigkeit des Härtsfelds zum neuen Ostalbkreis. Dem ersten Landrat des Ostalbkreises, Dr. h. c. Gustav Wabro, kam die schwierige Aufgabe zu, die heterogenen Raumschaften - aus ehemals 99 selbstständigen Kommunen waren durch die Gemeindereform 42 geworden - zu integrieren. Es folgten eindrucksvolle und intensive Investitionsphasen im Klinikbereich, im Schulwesen und im Kreisstraßenbau. Immer im

Mittelpunkt der kreispolitischen Überlegungen standen die Stärkung des Wirtschaftsstandortes und die Sicherung von Ausbildungs- und Arbeitsplätzen. Besonderes Augenmerk wurde dabei auch auf die gewachsene Dezentralität gelegt, denn der Ostalbkreis wird nicht von einem Zentrum dominiert. Vielmehr nehmen aufgrund seiner beträchtlichen flächenmäßigen Ausdehnung die drei Großen Kreisstädte Aalen, Ellwangen und Schwäbisch Gmünd gemeinsam diese Funktion wahr, sodass viele Einrichtungen - wie etwa Schulen und Kliniken, aber auch Dienststellen der Kreisverwaltung - mehrfach vorhanden sind. Dies garantiert den Bürgerinnen und Bürgern kurze Wege und hat sich in den vergangenen Jahrzehnten bewährt.

Der Ostalbkreis in Zahlen

Mit einer Fläche von 1.512 km^2 ist der Ostalbkreis flächenmäßig der größte Landkreis im Regierungsbezirk Stuttgart und drittgrößter Kreis im Land. Er bildet gemeinsam mit dem Landkreis Heidenheim die Region Ostwürttemberg. Die größte Ausdehnung des Ostalbkreises von Ost nach West beträgt 60 km, in Nord-Süd-Richtung sind es 39 km. Über 312.000 Einwohner leben hier im Jahr 2016 - nach dem Bevölkerungshöchststand aus dem Jahr 2004 mit 317.000 Einwohnern und der zensusbedingten Korrektur nach unten im Jahr 2011 auf rund 306.000 Einwohner ist dies ein neuer Höchststand. Die Bevölkerungsdichte liegt damit heute bei 205 Einwohnern je km^2. Direkt nach dem 2. Weltkrieg lebten im damaligen Kreis Aalen gerade einmal 80 Menschen je km^2. Drei der insgesamt 42 Städte und Gemeinden im Kreis sind Große Kreisstädte (Aalen, Ellwangen und Schwäbisch Gmünd), sechs Kommunen führen die Bezeichnung „Stadt", 33 sind „Gemeinde". Rund 38 Prozent der Kreisfläche sind bewaldet.

Politische Entscheidungen für die Zukunft trifft der Kreistag

Der Kreistag vertritt die Einwohner des Landkreises und ist deshalb sein Hauptorgan. Er legt die Grundsätze für die Verwaltung des Landkreises fest und entscheidet über alle bedeutenden Angelegenheiten und grundsätzliche Fragen des Landkreises, soweit für die Entscheidung nicht ein beschließender Ausschuss des Landkreises oder der Landrat zuständig ist. Der Kreistag wird für die Dauer von fünf Jahren gewählt. Er besteht aus dem Landrat als

Bürgerfest am 16. Juni 2013 aus Anlass des 40-jährigen Jubiläums des Ostalbkreises.
Foto: B. Hildebrand

gangenen 40 Jahren verändert, Lebenswirklichkeit und Aufgabenstellungen sind komplexer geworden. 1973 waren vier Parteien im Kreistag vertreten, heute diskutieren sieben Parteien und politische Vereinigungen über wichtige Themen der Daseinsfürsorge im Plenum und in den Ausschüssen. Angesichts eines in der Region fehlenden Oberzentrums, dessen Aufgaben im Wesentlichen von oder in den Großen Kreisstädten dezentral wahrgenommen werden, sind raumschaftliche Rivalitäten inzwischen der Erkenntnis gewichen, dass nur eine gemeinsame politische Linie und Gemeinsamkeit zielführend sind.

Landkreisverwaltung ist modernes Dienstleistungsunternehmen

Nach mehreren Verwaltungsreformen, zuletzt 2005 als elf ehemals staatliche Sonderbehörden mit rund 600 Beschäftigten integriert wurden, sind der Landkreisverwaltung viele neue Aufgaben zugewachsen und die Beschäftigtenzahl hat sich seit 1973 dementsprechend verdreifacht auf inzwischen rund 1.800 Mitarbeiterinnen und Mitarbeiter - nicht zuletzt auch bedingt durch die zur Verfügung stehenden, vielfältigen Beschäftigungsmodelle zur besseren Vereinbarkeit von Familie und Beruf. Die Beschäftigten bei den drei kreiseigenen Kliniken eingerechnet, ist der Ostalbkreis im Jahr 2016 mit über 4.900 Beamten und Angestellten einer der größten Arbeitgeber und Ausbildungsbetriebe im Kreis.

Das Selbstverständnis des Landratsamts Ostalbkreis orientiert sich an den Bedürfnissen der Bürgerinnen und Bürger. Deshalb steht ne-

Kreisorgane des Ostalbkreises und ihr Zusammenspiel. Unten: Sitzung des Kreistags im Großen Saal des Landratsamts Aalen. Grafik und Foto: B. Hildebrand

dem Vorsitzenden und den ehrenamtlich tätigen Kreisrätinnen und Kreisräten. Der zuletzt 2014 gewählte und damit 9. Kreistag nach der Gründung des Ostalbkreises am 1. Januar 1973 besteht aus 71 Mitgliedern. Entsprechend dem Wählervotum setzt sich der Kreistag aus Vertretern verschiedener Parteien und Wählergemeinschaften zusammen. Damit alle Raumschaften entsprechend dem Bevölkerungsproporz im Kreistag vertreten sind, ist der Ostalbkreis für die Kreistagswahl in acht Wahlkreise eingeteilt. Die politische Landschaft hat sich in den ver-

ben einer bürgernahen, dezentralen Struktur aller wichtigen Kreiseinrichtungen der Dienstleistungsgedanke an erster Stelle. Die Beschäftigten bei der Landkreisverwaltung verstehen sich als kundenorientierte Dienstleister und nicht mehr als hoheitliche Verwaltung. So werden kreispolitische Entscheidungen des Kreistags ebenso unbürokratisch umgesetzt wie auch Aufgaben als staatliche Untere Verwaltungsbehörde möglichst rasch und bürgerfreundlich erledigt werden. Dies zeigt sich etwa in kundenfreundlichen Öffnungszeiten, kurzen Bearbeitungszeiten oder durch die Einführung moderner digitaler Bürgerservices und Kommunikationsmittel wie Internet und Social Media zur schnelleren und direkteren Erreichbarkeit.

Mit rund 20 Dienststellen ist die Landkreisverwaltung in der Fläche im Ostalbkreis präsent. Als Zentrale fungiert das 1984 neu bezogene Ostalbkreishaus in Aalen, das sich längst als regelmäßig genutzte Veranstaltungsplattform und gesellschaftlicher Treffpunkt etabliert hat. In Schwäbisch Gmünd ist der Landkreis mit drei großen Dienststellen vertreten - im 1956 erbauten Landratsamtsgebäude in der Innenstadt, auf dem Hardt, wo im Jahr 2002 für rund 5 Millionen Euro ein zweiter Verwaltungsschwerpunkt in der ehemaligen Kaserne der U.S. Army

Aalen
1. Stuttgarter Straße 41
Landrat mit Stabsstellen
Baurecht und Naturschutz
Beratung, Planung, Prävention
Bildung und Kultur
Brand- und Katastrophenschutz
Führerscheinstelle
Geschäftsstelle Kreistag
Integration und Versorgung
Jugend und Familie / Jugendreferat
Kämmerei
Kfz-Zulassung
Kommunalaufsicht
Kreisarchiv
Kreismedienzentrum
Personal und Organisation
Rechnungsprüfung
Sicherheit und Ordnung
Soziales
Straßenverkehr
Umwelt und Gewerbeaufsicht
Wald und Forstwirtschaft
Wirtschaftsförderung, Tourismus, Europabüro
2. Bahnhofstraße 50
Bußgeldstelle
Geoinformation und Landentwicklung
Nahverkehr
Schuldnerberatung
3. Gartenstraße 97
Controlling und Beteiligungsmanagement
Information und Kommunikation
Gebäudemanagement
4. Gartenstraße 145
Straßenmeisterei
5. Julius-Bausch-Straße 12
Gesundheit
Veterinärwesen und
Lebensmittelüberwachung
6. Hopfenstraße 65
Jobcenter

Abtsgmünd
7. Fachsenfelder Straße 11/1
Forst-Außenstelle

Bopfingen
8. Bahnhofstraße 10
Forst-Außenstelle
9. Jahnstraße 24
Jobcenter
10. Neue Nördlinger Straße 19
Straßenmeisterei
11. Nördlinger Straße 7
Kfz-Zulassung
Kreisbaumeisterstelle

Ellenberg
12. Primelstraße 15
Forstlicher Stützpunkt Ellenberg

Ellwangen
13. Obere Straße 10 und 13,
Priestergasse 17
Geoinformation und Landentwicklung
Straßenbau
14. Rindelbacher Straße 2
Jobcenter
15. Schloss ob Ellwangen
Forst-Außenstelle
Landwirtschaft
16. Sebastiansgraben 34
Jugend und Familie
Kfz-Zulassung
Kreisbaumeisterstelle
Soziales
Wasserwirtschaft
17. Veit-Hirschmann-Straße 19
Straßenmeisterei

Gschwend
18. Hohenohl
Forstlicher Stützpunkt

Schwäbisch Gmünd
19. Bahnhofplatz 1
Jobcenter
Schuldnerberatung
20. Haußmannstraße 25/29
Forst-Außenstelle
Jugend und Familie
Soziales
21. Marie-Curie-Straße 9
Straßenmeisterei
22. Oberbettringer Straße 166
Führerscheinstelle
Gesundheit
Kfz-Zulassung
Kreisbaumeisterstelle
Kreismedienzentrum
Sicherheit und Ordnung
Veterinärwesen und
Lebensmittelüberwachung

Standorte der Landkreisverwaltung im Ostalbkreis

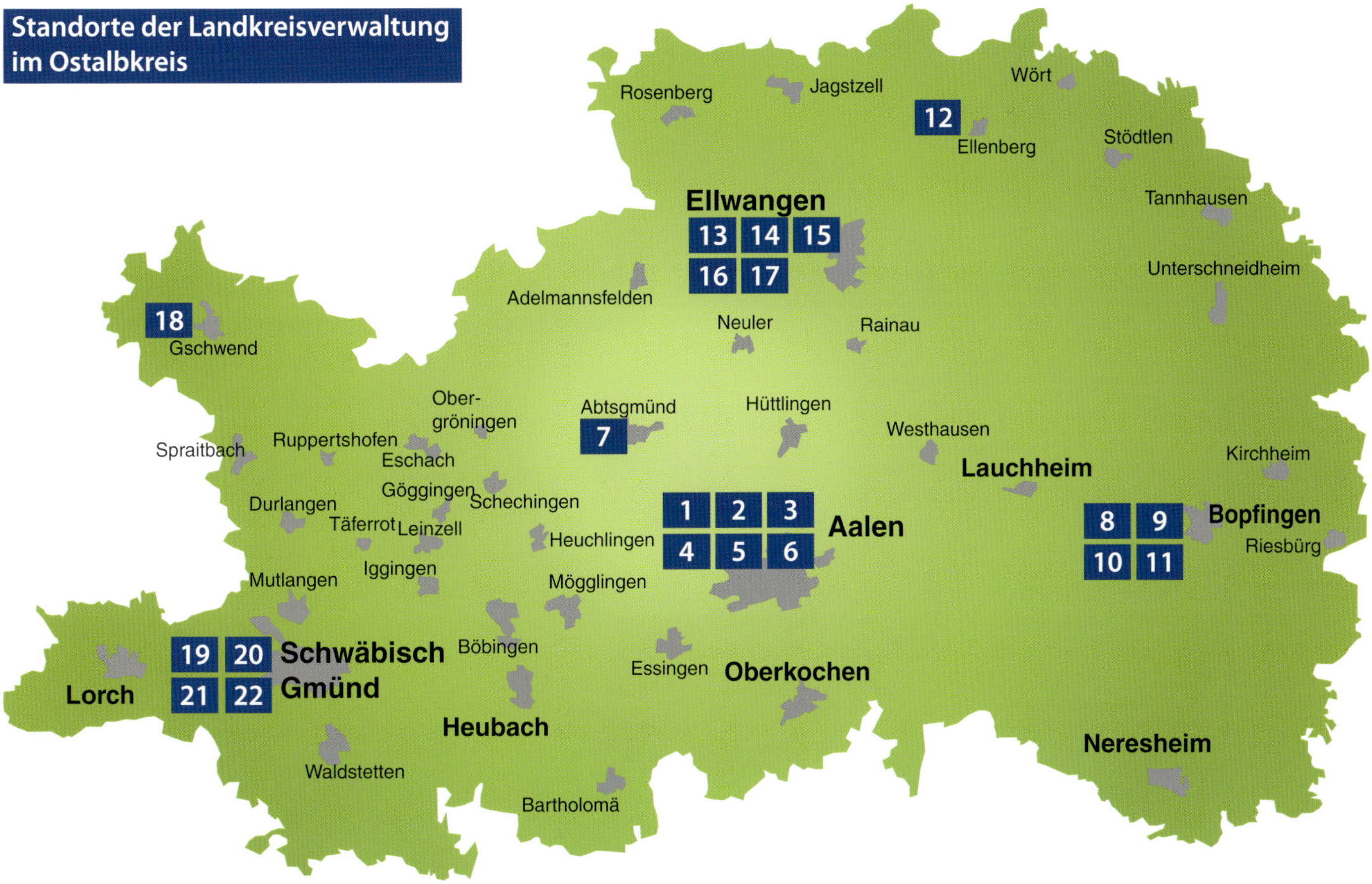

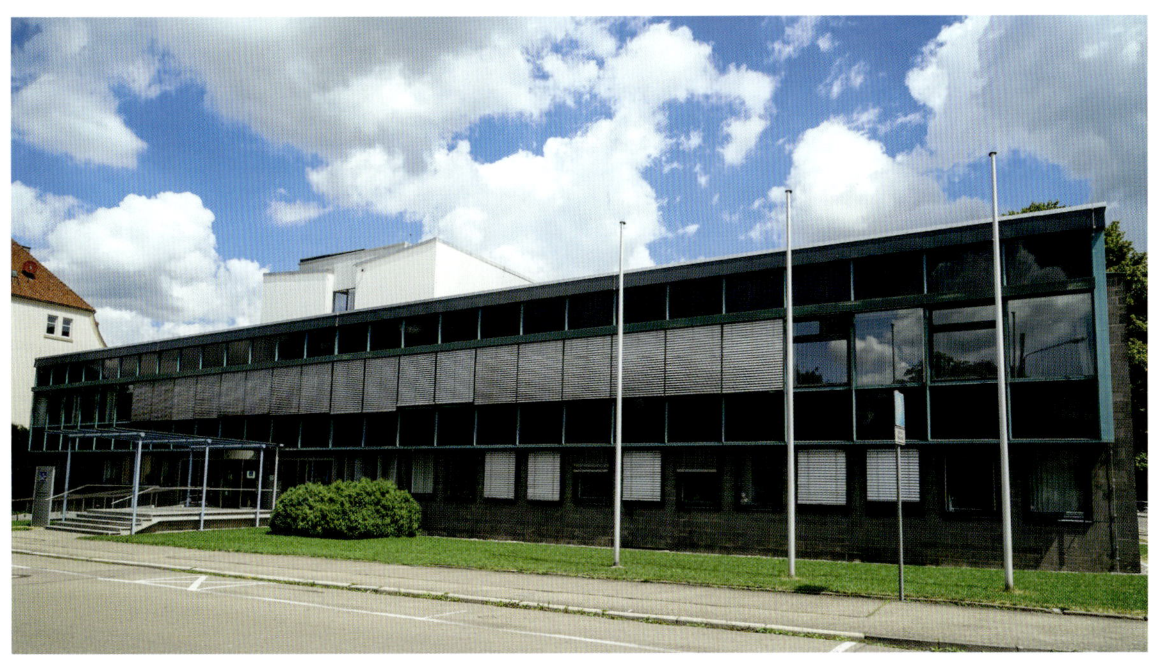

Dienstgebäude Schwäbisch Gmünd, Haußmannstraße. Foto: Landratsamt

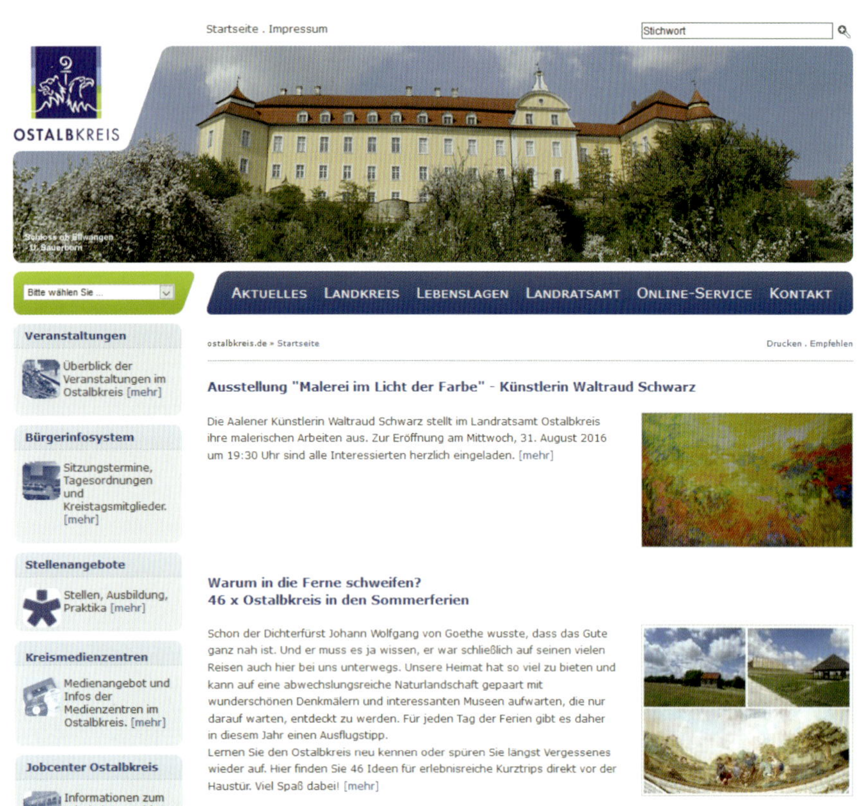

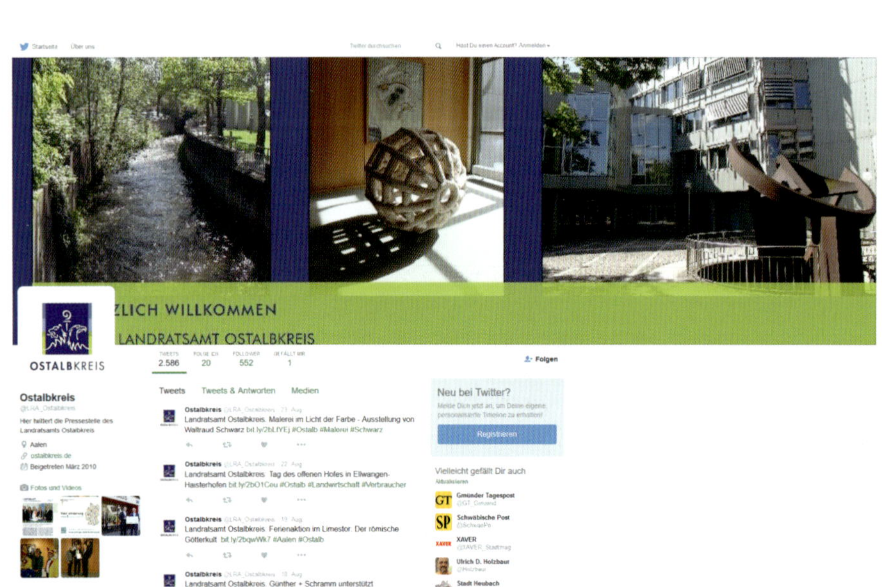

Homepage www.ostalbkreis.de und der Landkreis bei Twitter am 25.08.2016

geschaffen wurde, und seit Anfang 2014 direkt gegenüber dem Bahnhof im Gamundia-Gebäude. Damit hält der Ostalbkreis in Schwäbisch Gmünd die landesweit größte Außenstelle einer Landkreisverwaltung vor.

Das Landratsamt - eine Behörde mit staatlichen und kommunalen Aufgaben

Das Grundgesetz garantiert, dass Gemeinden als kleinste politische Einheit die in ihrem Gemeindegebiet anfallenden Aufgaben eigenverantwortlich erledigen dürfen. Zu den klassischen Aufgaben einer Gemeinde gehören z. B. die Einrichtung und der Betrieb öffentlicher Einrichtungen wie Schulen, Sportstätten oder Friedhöfe, das Einwohnermelde- und Personenstandswesen, die Ortspolizeibehörde und die Baulandbereitstellung. Diese „Aufgabenallzuständigkeit" findet jedoch ihre Grenzen in der Leistungsfähigkeit der Gemeinden. Deshalb übernimmt der Landkreis für seine 42 Städte und Gemeinden zahlreiche ihm übertragene Aufgaben und hat dabei quasi eine Doppelfunktion - zum einen als staatliche Untere Verwaltungsbehörde und zum anderen als kommunale Selbstverwaltungsbehörde. Der Landrat leitet dabei beide Bereiche. Die wichtigsten Aufgaben des Landratsamts sind

als kreiskommunale Behörde:

- Verwaltung der Kreisfinanzen und des Kreisvermögens
- Kreisplanung und Kreisentwicklung, Wirtschaftsförderung
- Kreisarchiv
- Schulträger des Beruflichen Schulwesens und der Sonderschulen für geistig und körperlich behinderte Kinder und Jugendliche
- Bau und Betrieb der Kliniken des Ostalbkreises
- Straßenbau und -unterhaltung
- öffentlicher Personennahverkehr und Schülerbeförderung
- Abfallbeseitigung

- Sozialhilfe und Jugendhilfe, Eingliederungshilfe für Behinderte, Jobcenter
- Förderung der Kultur und des Fremdenverkehrs

als staatliche Untere Verwaltungsbehörde:

- Rechtsaufsicht über kreisangehörige Städte und Gemeinden
- Genehmigungsbehörde für Bauvorhaben und Bebauungspläne, Untere Denkmalschutzbehörde, Förderung des Wohnungsbaus
- Umweltschutzbehörde für die Bereiche Wasser und Abwasser, Abfall, Bodenschutz und Immissionsschutz
- Gewerbeaufsicht
- Untere Naturschutzbehörde
- Landwirtschaftsverwaltung
- Vermessungswesen sowie Flurneuordnung und Landentwicklung
- Wald- und Forstwirtschaft
- Unterbringung und Eingliederung von Vertriebenen und Aussiedlern
- Schwerbehindertenrecht und soziales Entschädigungsrecht
- Gesundheit
- Veterinärwesen und Verbraucherschutz
- Gewerbe-, Gaststätten- und Handwerksrecht
- Ausländer- und Asylangelegenheiten
- Kreisjagdamt
- Staatsangehörigkeitswesen
- Untere Straßenverkehrsbehörde mit Kraftfahrzeugzulassung, Fahrerlaubnisrecht und Bußgeldbehörde

Kreisfinanzen

Das Gesamthaushaltsvolumen des Ostalbkreises einschließlich der Wirtschaftspläne der drei kreiseigenen Kliniken belief sich z. B. im Jahr 2016 auf rund 674 Millionen Euro. Seit 1. Januar 2012 führt der Ostalbkreis seinen Haushalt nach den Grundsätzen des Neuen Kommunalen Haushalts- und Rechnungswesens (NKHR) im sogenannten doppischen System. Die Doppik zeichnet sich durch ein geschlos-

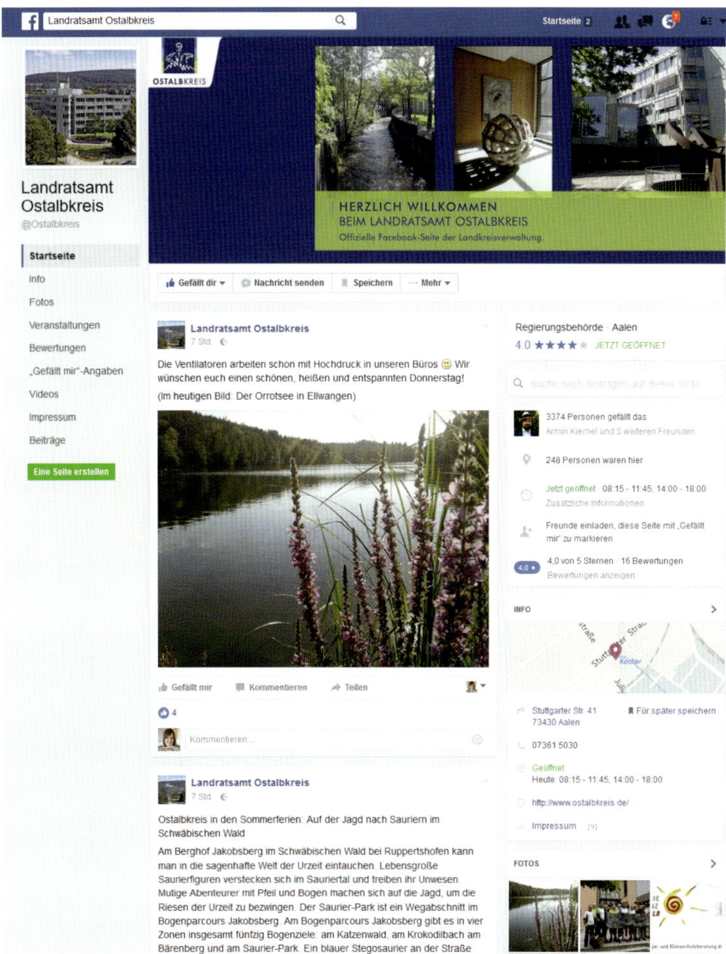

Der Landkreis bei facebook 25.08.2016

senes, ressourcenverbrauchsorientiertes Rechnungslegungskonzept aus. D. h. von der bisherigen zahlungsorientierten Darstellungsform im sogenannten kameralen Haushalt wurde auf die vollständige Abbildung des Ressourcenverbrauchs und des Ressourcenaufkommens durch die Erfassung von Aufwendungen und Erträgen anstelle von Ausgaben und Einnahmen im doppischen Haushalt umgestellt. Durch die verbesserte Transparenz wird damit ein noch nachhaltigeres, solides und sparsames Wirtschaften in Sinne zukünftiger Generationen ermöglicht. Angesichts seiner Größe, aber auch seines immensen Haushaltsvolumens spielt der Ostalbkreis unter den 35 Landkreisen Baden-Württembergs eine gewichtige Rolle, lösen seine Investitionen doch erhebliche konjunkturelle Impulse für die regionale und überregionale Wirtschaft aus. Wichtige Schwerpunkte sind etwa Investitionen in die Klinik-Eigenbetriebe, die Beruflichen Schulzentren und Sonderschulen oder die Kreisstraßen. Hinzu kommen umfassende Aufgaben im Bereich der sozialen Sicherung und der Jugendhilfe.

Zur Finanzierung des immensen Aufgabenspektrums verfügt der Landkreis über keine wesentlichen eigenen Steuereinnahmen. Haupteinnahmequelle ist vielmehr neben Gebühren und Entgelten die Kreisumlage, die alle 42 Kommunen nach einem vom Kreistag beschlossenen Umlagesatz in Abhängigkeit ihrer Steuerkraftsumme entrichten müssen. Bis Anfang der 2000er-Jahre gehörte der Ostalbkreis zu den am höchsten verschuldeten Landkreisen Baden-Württembergs, weshalb in den 1990er-Jahren ein immenser Investitionsstau aufgewachsen war. Mit dem Verkauf seines EnBW-Aktienpaketes konnte der Kreis dann im Jahr 2001 rund 278 Millionen Euro erlösen, mit denen Investitionen im Klinik-, Schul- und Straßenwesen möglich wurden. Gleichzeitig konnte die Verschuldung des Kreises erheblich reduziert werden: Lag diese Ende 2000 noch bei 130 Millionen Euro, so betrug sie Ende des Jahres 2015 nur noch rund 31 Millionen Euro - und dies trotz einer enormen Investitionstätigkeit des Ostalbkreises. Trotz dieser Erfolge muss bedenklich stimmen, dass die Kreisumlage gleichzeitig nur noch rund 97 Prozent der erforderlichen Sozialausgaben deckt, wodurch finanzielle Spielräume zunehmend enger werden.

Als Wirtschaftsraum zentral gelegen

Durch seine Lage zentral in Süddeutschland empfiehlt sich der Ostalbkreis als Wirtschaftsraum und Unternehmensstandort in der Mitte Europas und macht ihn besonders interessant. Expandierende Firmenzentralen, Entwicklungszentren sowie Produktions- und Logistikeinrichtungen weltbekannter Marken und innovativer Unternehmen belegen dies heute mehr denn je. Auch viele Studien und Rankings - so etwa das Focus Money Landkreisranking 2016, das den Ostalbkreis bundesweit auf Platz 36 von 402 Landkreisen und kreisfreien Städten sieht - bestätigen durch ihre Bewertung von Bevölkerungszuwachs, verfügbarem Einkommen, Zunahme der Erwerbstätigenzahl sowie Bruttowertschöpfung und Investitionsquote der Unternehmen die Prosperität des Ostalbkreises. Attraktive Arbeitgeber bieten Top-Jobs für Fach- und Führungskräfte. Im Patentbereich liegen der Ostalbkreis und die Region Ostwürttemberg landes- und bundesweit auf einem Spitzenplatz. Drei innovative Hochschulen für Gestaltung, Gesundheitswesen, Pädagogik, Technik und Wirtschaft verzeichnen an den Studienorten Aalen, Ellwangen und Schwäbisch Gmünd eine ständig steigende Zahl an Studierenden und setzen zusammen mit namhaften Forschungs- und Bildungseinrichtungen Impulse für die erfolgreiche wirtschaftliche Entwicklung des Ostalbkreises. Die Bildungspalette in der Bildungsregion Ostalb ist überdurchschnittlich und reicht von der frühkindlichen Bildung bis zum Landesgymnasium für Hochbegabte und der Internationalen Musikschulakademie Schloss Kapfenburg. Der Strukturwandel hin zur digitalen Informations- und Wissensgesellschaft hat sich auch im Ostalbkreis vollzogen, wenngleich die metallverarbeitende Industrie nach wie dominiert.

Mit einer breit aufgestellten Wirtschaftsfördereinheit innerhalb der Landkreisverwaltung und der Wirtschaftsfördergesellschaft der Region Ostwürttemberg -WiRO-, die aus der „Zukunftsinitiative Ostwürttemberg" im Jahr 1996 entstand, steht ein umfassendes Serviceangebot zur Gewinnung potenzieller Investoren zur Verfügung. Dazu gehören Standortpräsentationen auf Landes-, Bundes- und europäischer Ebene ebenso wie regionale und digitale Standortinformationssysteme für Gewerbeflächen und -objekte. Mit einer zweiten „Zukunftsinitiative Ostwürttemberg 2015" wurden 2005 erneut alle regionalen Kräfte gebündelt, um die nachhaltige Fachkräfteversorgung im Wirtschaftsraum zu fördern. Die fruchtbare Zusammenarbeit der Landkreisverwaltung mit der Industrie- und Handelskammer, dem Handwerk, dem Regionalverband, der WiRO sowie den Arbeitnehmer- und Arbeitgeberverbänden ist Voraussetzung für die Schaffung eines wirtschaftsfreundlichen Klimas und damit für den Erhalt und Ausbau von Arbeitsplätzen und letztlich für den wirtschaftlichen Erfolg. Die vielfältigen Initiativen des Ostalbkreises, um auf der Grundlage seines Kreisentwicklungskonzeptes an der EU-Strukturförderung zu partizipieren, sind weitere Bausteine der erfolgreichen Wirtschaftsförderung und werden seit dem Jahr 2000 von einem bei der Wirtschaftsförderung angesiedelten Europabüro mit EUROPoint intensiv verfolgt. 2015 erhielt der Ostalbkreis gemeinsam mit weiteren Partnern den Zuschlag für zwei LEADER-Kulissen und wurde außerdem als WIN-Region ausgezeichnet. Dies eröffnet die Möglichkeit, sogenannte Leuchtturmprojekte mit Hilfe von EU-Fördermitteln in Millionenhöhe zu realisieren. Darüber hinaus spielt im Zeitalter der Bits und Bytes auch die digitale Infrastruktur eine maßgebliche Rolle. Im Rahmen eines vom Land geförderten Modellprojektes hat der Ostalbkreis 2015 die Planung für ein glasfaserbasiertes, kreisübergreifendes Backbone-Netz erstellt, das sich über rund 1.100 km erstreckt und alle 42 Städte und Gemeinden samt Teilorten anbindet. Für den Bau von 375 km neuen Leitungen und zur Ertüchtigung des bereits bestehenden Netzes wird der Ostalbkreis in der kommenden Dekade rund 30 Millionen Euro investieren.

Bildung im Ostalbkreis

Bildung, Aus- und Weiterbildung, Wissenschaft und Forschung haben sich in den letzten Jahren zu den Megathemen schlechthin entwickelt und werden künftig noch mehr an Bedeutung gewinnen. Als Schlüssel zur Weiterentwicklung unserer Gesellschaft sowie als entscheidender Standortfaktor zur Sicherung des Wirtschaftsstandorts Ostalbkreis nimmt die Leistungsfähigkeit des Bildungssystems eine herausragende Rolle ein. Der Ostalbkreis hat sich deshalb zum

Ziel gesetzt, die in der Zukunftsinitiative Ostwürttemberg 2015 erarbeiteten Handlungsfelder fortzuschreiben und sich als Bildungsregion zu profilieren. Im Rahmen des „Impulsprogramms Bildungsregionen" wird die Bildungsregion Ostalb seit dem Jahr 2010 vom Land Baden-Württemberg gefördert.

Das bei der Landkreisverwaltung angesiedelte Bildungsbüro vernetzt die verschiedensten Akteure aus den Bereichen Schule, außerschulische Bildung, Jugend, Kultur, Wissenschaft und Wirtschaft unter dem gemeinsamen Dach

Bundesminister für Verkehr und digitale Infrastruktur Alexander Dobrinth, Staatssekretär Norbert Barthle und Erste Landesbeamtin Gabriele Seefried. Foto: Ministerium

Prämierung der WIN-Region Ostalbkreis im Haus der Wirtschaft in Stuttgart am 23. Januar 2015. Foto: Ministerium

Hochschule Aalen,
Campus Burren.
Foto: Hochschule

der Bildungsregion und trägt damit einerseits zur besseren Transparenz der Bildungsangebote bei, andererseits kann somit die Bildungsqualität permanent verbessert werden. Getragen vom Leitgedanken „Vom Denken in getrennten Zuständigkeiten zum Handeln in gemeinsamer Verantwortung" zielt die Bildungsregion darauf ab, eine gut funktionierende und zukunftsfähige Bildungslandschaft zu entwickeln.

Im Ostalbkreis existiert eine vielfältige Palette von Schultypen und -arten sowie Hochschulen, die von der Grundschule auf unterschiedlichen Wegen bis zum Hochschulabschluss führen. Als Träger von drei Beruflichen Schulzentren und vier Sonderschulen ist der Ostalbkreis stets darauf bedacht, jungen Menschen eine hochqualifizierte und am Stand der Technik orientierte schulische und berufliche Ausbildung zu ermöglichen. So wurden in den Jahren seines Bestehens allein in die Beruflichen Schulzentren in Aalen, Ellwangen und Schwäbisch Gmünd für Um- und Erweiterungsbauten Investitionen im dreistelligen Millionenbereich getätigt. Eine der größten Maßnahmen der vergangenen zehn Jahre waren der Neubau der Justus-von-Liebig-Schule, die neuen Bau-, Metall- und Kraft-

fahrzeug-Werkstätten für die Technische Schule sowie die neue Cafeteria am Aalener Schulzentrum. In rund zweijähriger Bauzeit wurden über 8.000 m² Fläche zur schulischen Nutzung für insgesamt 25 Millionen Euro erstellt und im Frühjahr 2006 ihrer Bestimmung übergeben. Im Jahr 2007 erhielt dann das Ellwanger Kreisberufsschulzentrum für rund 2,2 Millionen Euro 900 m² neue Fläche für Unterrichts-, EDV-Räume und Lehrerzimmer am Technischen Gymnasium. Und schließlich erhielt das Schwäbisch Gmünder Schulzentrum für rund 2,3 Millionen Euro neue Räume für die Bäcker- und Metzgerausbildung, die zum Schuljahr 2009/2010 in Betrieb genommen wurden. In den Folgejahren wurden - u. a. mitfinanziert aus den Konjunkturpaketen des Bundes - energetische Maßnahmen in Millionenhöhe durchgeführt, was insgesamt zu einer Reduzierung des Stromverbrauchs an den Schulzentren von jährlich gut 1,3 Millionen Kilowattstunden und zu einer CO_2-Reduzierung von rund 450 Tonnen führte. Die Formulierung und Umsetzung von energiepolitischen Zielen wird im Ostalbkreis längst als kreispolitische Aufgabe wahrgenommen. Neben dem Energieberatungszentrum EnergiekompetenzOstalb e. V. in Böbingen spielt auch das 2011 am Ellwanger Kreisberufsschulzentrum erstellte Innovationszentrum für Anlagen- und Energietechnik eine tragende Rolle bei der Umsetzung der Energiewende.

Im Frühjahr 2016 schließlich wurden für rund 3,5 Millionen Euro nach 15-monatiger Bauzeit zwölf weitere Theorie- und EDV-Räume am Beruflichen Schulzentrum Schwäbisch Gmünd eingeweiht. Weitere 3,4 Millionen Euro flossen in den Neubau einer Mensa. In den Jahren ab 2017 werden rund 20 Millionen Euro am Standort Schwäbisch Gmünd investiert, um die Gebäude an die aktuellen bau- und brandschutzrechtlichen sowie energetischen Standards anzupassen.

Rund 11.000 Schülerinnen und Schüler besuchen die Beruflichen Schulzentren des Ostalbkreises in Voll- oder Teilzeit. In Aalen verfügt das

Schulzentrum über eine Technische, eine Kaufmännische und eine Haus- und Landwirtschaftliche Schule. Ein vergleichbares schulisches Angebot findet sich am Beruflichen Schulzentrum in Schwäbisch Gmünd und am Kreisberufsschulzentrum Ellwangen. Es ist von elementarer Bedeutung, dass junge Menschen an den Beruflichen Schulen befähigt werden, die sich aus tief greifenden Strukturveränderungen in der Wirtschafts- und Berufswelt ergebenden und ständig steigenden Anforderungen von morgen erfolgreich zu meistern.

Aus diesem Grund erfährt das Angebot an Ausbildungsgängen eine laufende Aktualisierung und Diversifizierung. Im Frühjahr 2016 erhielt der Ostalbkreis die Förderzusage des Landes für die Einrichtung von sogenannten „Lernfabriken 4.0" an den Beruflichen Schulen in Aalen und Schwäbisch Gmünd, die den Schülerinnen und Schülern seit dem Schuljahr 2016/2017 zur Verfügung stehen. Für rund 1,2 Millionen Euro entstanden an den Schulen Grundlagen-Labore zu digital gesteuerten Produktionsmodulen, in denen Standardaufgaben einer industriellen Fertigung wie Sortieren, Verteilen oder Prüfen und die dazugehörigen Fertigkeiten zu Programmierung, Mess-Steuer-Regelkreisen und zur Anbindung von Einzelmodulen an industrielle Netzwerke vermittelt werden.

Der Schulträger Ostalbkreis verfügt zusätzlich über einige weitere spezielle Fachrichtungen. Beispielsweise die Fachschule für Galvano- und Leiterplattentechnik oder auch die Landwirtschaftlichen Fachschulen. Als Schulträger des Berufskollegs für Formgebung, Schmuck und Gerät an der Gewerblichen Schule Schwäbisch Gmünd fördert der Ostalbkreis die Ausbildung für gestalterische und fachpraktische Fähigkeiten und Fertigkeiten sowie die Vermittlung vertiefter Kenntnisse in diesem Bereich. Darüber

Berufliches Schulzentrum Aalen, Justus-von-Liebig-Schule.
Foto: B. Hildebrand

hinaus besteht für junge Menschen zusätzlich die Möglichkeit, sich an einem der Beruflichen Gymnasien in Aalen, Ellwangen und Schwäbisch Gmünd weiter zu qualifizieren und das Abitur zu erlangen. Mit Blick auf die insbesondere durch Krisenherde im Nahen Osten ausgelöste Flüchtlingswelle hat der Ostalbkreis zudem schulische Angebote für jugendliche Flüchtlinge an den Beruflichen Schulzentren eingerichtet. Hier werden den Flüchtlingen im Rahmen eines „Vorqualifizierungsjahres Arbeit und Beruf" die deutsche Sprache und Grundkenntnisse für eine spätere Ausbildung und einen Beruf vermittelt.

Eine Besonderheit bildet das seit dem Schuljahr 2004/2005 angebotene Landesgymnasium für Hochbegabte in Schwäbisch Gmünd, dem ein Internat angegliedert ist. In der Bildungslandschaft Baden-Württembergs nimmt diese Modellschule für die Begabtenförderung eine

herausragende Stellung ein. Gemeinsam mit der Stadt Schwäbisch Gmünd hat der Ostalbkreis die Schulträgerschaft für diese innovative Schule inne. Der Ostalbkreis ist außerdem Träger von Sonderschulen für Kinder und Jugendliche mit ganz unterschiedlichen Behinderungen. Der Kreis legt auch in diesem Schulbereich großen Wert auf eine gute bauliche und sächliche Ausstattung der Schulen. Dass dieser Aufgabenbereich immer bedeutender wird, zeigen stetig steigende Schülerzahlen.

Dies betrifft gleichermaßen die Jagsttalschule für geistig behinderte in Westhausen, die Klosterbergschule für Geistig- und Körperbehinderte in Schwäbisch Gmünd sowie die Schlossschule Wasseralfingen und die Heideschule in Mutlangen, beides Schulen für Kinder mit Sprachbehinderungen. Auch für diese Schulen hat der Ostalbkreis große Investitionen getätigt, so z. B. den

Neubau der Heideschule in Mutlangen im Jahre
1997 und die Erweiterung der Jagsttalschule in
Westhausen. Ende 2015 wurde mit den Arbeiten
für Um- und Ausbaumaßnahmen an der Klosterbergschule Schwäbisch Gmünd begonnen,
für die der Ostalbkreis 3,9 Millionen Euro in die
Hand nimmt.

Attraktive Tourismusdestination mit rei-
chem Kunst- und Kulturangebot

Nicht erst seit die Landesgartenschau in Schwäbisch Gmünd 2014 Hunderttausende in den
Ostalbkreis gelockt hat, ist der Kreis als attraktives Naherholungsziel bekannt. Durch seine
überaus abwechslungsreiche Landschaft und in-
takte Natur mit zahlreichen Seen, dem Härtsfeld, dem Ries, dem Ellwanger Virngrund, dem
Albtrauf, dem Remstal, dem Welland und dem
Schwäbischen Wald bietet der Ostalbkreis für
Radfahrer und Wanderer ein touristisches Angebot wie kaum ein anderer Kreis. Nicht nur für
die Menschen, die hier zu Hause sind, ist dies
ein großes Stück Lebensqualität. Auch zunehmend mehr Gäste aus Nah und Fern schätzen
die landschaftlichen Vorzüge gepaart mit einem
facettenreichen kulturellen Angebot und machen Urlaub im eigenen Land. Der Ostalbkreis
kann hierbei mit einer der landesweit größten
Museumslandschaften, zahlreichen Baudenk-
mälern wie dem Kloster Neresheim, der Kapfenburg, Schloss Ellwangen, dem Münster in
Schwäbisch Gmünd, Schloss Untergröningen
oder dem Kloster Lorch und schließlich dem
seit 2005 als UNESCO-Weltkulturerbe qualifizierten Limes mit dem einzigartigen Limestor
Dalkingen punkten. Anfang 2016 erhielt zudem
der Geopark Schwäbische Alb die Auszeichnung „UNESCO Global Geopark". Er ist damit
Teil eines weltweiten, von der UNESCO offiziell anerkannten Netzwerks. Auf den Spuren der
Römer entlang des Limes wandern, staufische
Weltmachtgeschichte hautnah an authentischen
Plätzen in historischen Städten und Gemeinden erleben und abends ein Konzert eines international renommierten Jazz- oder Kirchenmu-

Das Limestor Dalkin-
gen im Limes-Park
Rainau.
Foto: B. Hildebrand

sikkünstlers besuchen - so abwechslungsreich
kann ein Tag im Ostalbkreis sein.

Der Tourismus hat sich in den vergangenen
Jahren dynamisch als wichtiger Wirtschaftsfaktor entwickelt, was das umfangreiche touristische
Angebot als auch die Gästeresonanz belegen. Vor
zehn Jahren verzeichneten Hotellerie, Gastronomie und private Anbieter rund 500.000 Übernachtungen jährlich, inzwischen ist die Zahl der
Übernachtungen auf über 720.000 im Jahr angewachsen. Interessante Freizeit- und Tourismu-
sangebote werden unter dem Dach des Schwäbische Alb Tourismusverbands e. V. von starken
Touristikverbänden im Ostalbkreis angeboten
und auf regionalen und überregionalen Messen
beworben. Neben der Erlebnisregion Schwäbische Ostalb mit dem Ellwanger Seenland, dem
Gastlichen Härtsfeld, Ries-Ostalb und dem sa-
genhaften Albuch, die mit der Weltkult(o)ur
Schwäbische Alb Ostalbkreis wirbt, gehört die
Touristikgemeinschaft Stauferland dazu.

Kunst und Kultur tragen als „weiche" Standortfaktoren zur Attraktivität des Ostalbkreises
als lebendiger Lebens- und Wirtschaftsraum,
der sich auch bei Tagestouristen großer Beliebt-

dtouren im Ostalbkreis
Schwäbische-Alb Radtouren
Kocher-Jagst
Die Ost
WaldMobil
Entdecke den Wald!
OSTALBKREIS
OSTALBKREIS

ALBKREIS
OSTALBKREIS
Landesgartenschau 2014
Schwäbisch Gmünd
AKTIV IM OSTALBKREIS
Radtouren in Ostalbkreis
Schwäbische-Alb-Radtouren
Die Ostalb ruft!

Zu den Höhepunkten der Kulturszene in der Region Ostwürttemberg gehört auch die 1995 gegründete Junge Philharmonie Ostwürttemberg, ein Orchester, in dem 60 bis 80 der talentiertesten jungen Musiker aus Ostwürttemberg im Alter bis 24 Jahren auf hohem musikalischen Niveau konzertieren. Die Musikerinnen und Musiker kommen aus den 14 kommunalen Musikschulen der Region und sind vielfach Preisträger des Wettbewerbs „Jugend musiziert". Das Orchester hat zahlreiche Auftritte mit wechselnden Dirigenten absolviert, unter anderem beim Festival der Europäischen Kirchenmusik Schwäbisch Gmünd, beim Carl-Zeiss-Kulturring Oberkochen oder den Musikschultagen Baden-Württemberg, und dabei große Erfolge erzielt. Als musikalische Botschafterin konnte die Junge Philharmonie auch in der Ostalbkreis-Partnerprovinz Ravenna oder bei Konzerten in Europa und Japan überzeugen.

Ein weiteres Alleinstellungsmerkmal der Kulturszene im Ostalbkreis ist die Internationale Musikschulakademie Schloss Kapfenburg, die im Jahr 1999 gegründet wurde. Seitdem proben Musikerinnen und Musiker der Musikschulen und viele Orchester in den Räumen des ehemaligen Deutschordensschlosses. Mit der Einrichtung des Zentrums für Musik, Gesundheit und Prävention rückt in bundesweit einmaliger Weise die Musikergesundheit in den Fokus. Durch die Akademie war es möglich, ein eindrucksvolles historisches Kulturdenkmal einer sinnvollen öffentlichen Nutzung zuzuführen, die mit ihren Veranstaltungen weit über die Region hinaus ausstrahlt.

Weitere Besonderheiten im kulturellen Jahresreigen sind das Europäische Kirchenmusikfestival in Schwäbisch Gmünd, Aufführungen des Theaters der Stadt Aalen, das Musikfestival auf Schloss Ellwangen, die Konzerte im Kloster Neresheim, Kunst im Schloss Untergröningen, die Rieser Kulturtage, die überregionalen Besuchermagneten Aalener und Oberkochener Jazzfest oder das einmalige Kulturangebot im Gschwender Musikwinter.

heit erfreut, bei. Dazu gehören selbstverständlich Beziehungen ins internationale Ausland, die der Ostalbkreis und viele seiner Städte und Gemeinden im Sinne eines Kunst- und Kulturaustausches pflegen.

Die Förderung der regionalen Kunstszene ist im Ostalbkreis schon zu einer guten Tradition geworden. Mit der Ausstellung „Kunstschaffen im Ostalbkreis" wurde im Jahr 1984 das neue „Ostalb-Kreishaus" in Aalen eröffnet, das seitdem eine Plattform für regelmäßige Kunstausstellungen bietet. Auch die Dienststellen des Landratsamtes in Schwäbisch Gmünd in der Haußmannstraße und auf dem Hardt sind abwechselnd Ausstellungsorte und gleichzeitig lebendige Häuser, die von „ihren" Bürgerinnen und Bürgern gerne und rege genutzt werden. Seit 1996 wird in der „Kreisgalerie" im Aalener Landratsamt in Form einer Dauerausstellung eine Sammlung ausgewählter Exponate vieler Künstler aus dem Ostalbkreis gezeigt. Die zugrunde liegende Ausstellungskonzeption sieht vor, dass alle Ebenen der Kunst, vom überregional bekannten Maler und Bildhauer bis hin zum Hobbykünstler, repräsentiert werden.

Dank aktiver Kulturvereine und -initiativen sowie Sponsoren sind die Rahmenbedingungen für eine funktionierende und lebendige Kulturszene im Ostalbkreis hervorragend. Die im Jahr 1997 gegründete Ostalbstiftung der Kreissparkasse Ostalb hat sich zum Ziel gesetzt, Projekte, auch auf kulturellem Gebiet, die dem Ostalbkreis neue Impulse geben können, zu unterstützen.

Straßeninfrastruktur hat Sprung nach vorne gemacht

Im Zeitalter der Digitalisierung sind nicht nur Datenautobahnen wichtige Standortvoraussetzungen, sondern auch die verkehrliche Erschließung spielt in Zeiten der Just-in-time-Produktion eine maßgebliche Rolle. Das klassifizierte Straßennetz im Ostalbkreis beträgt runde 1.166 km, davon sind 509 km Kreisstraßen, 408 km Landesstraßen, 194 km Bundesstraßen und 41 km Autobahn. In der Straßenbaulast des Ostalbkreises liegen die Kreisstraßen, für deren Neu-, Um- und Ausbau sowie deren Instandhaltung er zuständig ist. Seit der letzten Verwaltungsreform im Jahr 2005 ist der Kreis außerdem für den Betrieb und die Unterhaltung der Bundes- und Landesstraßen verantwortlich. Ausbau vor Neubau, Deckenverstärkung vor Vollausbau und Orientierung an vorhandenen Trassen mit einer möglichst geringen Inanspruchnahme von Flächen sind hierbei die Maßgaben, um Ökonomie und Ökologie sinnvoll zu verknüpfen und dabei die Verkehrssicherheit zu gewährleisten. Dem Radwegeausbau wurde in den vergangenen Jahren ein besonderes Gewicht beigemessen, da zunehmendes Umwelt- und Gesundheitsbewusstsein der Bürgerinnen und Bürger dazu geführt hat, dass das Rad für Fahrten zur Arbeit, zur Schule und in der Freizeit verstärkt genutzt wird. Der Ostalbkreis hat deshalb - abgestimmt mit den Kommunen - eine kreisweite Radwegekonzeption erarbeitet und ein Beschilderungskonzept mit rund 6.600 neuen Wegweisern entwickelt, das im Jahr 2015 in der Fläche umgesetzt wurde.

Festival Schloss Kapfenburg.
Foto: G. Keydell

Der Ostalbkreis hat in den Jahren seines Bestehens viel in den bedarfsgerechten Ausbau seiner Kreisstraßen investiert, um dem Binnenverkehr, der von einem kontinuierlichen Anstieg der Kraftfahrzeuge gekennzeichnet ist, gerecht zu werden. Mit der 1987 eröffneten Autobahn A 7 konnte die Ostalb auf kurzem und schnellem Wege mit allen Zielen in Europa angebunden werden, was einen enormen wirtschaftlichen Impuls gab. Ebenso positive Auswirkungen hatten die im Jahr 2001 eröffnete Aalener Westumgehung im Zuge der B 29, die 2005 eröffnete Ortsumfahrung Mutlangen im Zuge der B 298 und die 2008 fertiggestellte B 297 Ortsumfahrung Lorch. Nach wie vor fehlt allerdings der durchgängige Ausbau der B 29, der Wirtschaftsader des Ostalbkreises in Ost-West-Richtung schlechthin. Mit der Eröffnung des Schwäbisch Gmünder Einhorntunnels im November 2013 wurde ein erster wichtiger Schritt zur Ertüchtigung der B 29 im Ostalbkreis vollzogen, der der Stadt Schwäbisch Gmünd ungeahnte städtebauliche Perspektiven bot. Bei der ersten Landesgartenschau im Ostalbkreis, die gleichzeitig die 25. Gartenschau im Land war, konnte die Stadt im Jahr 2014 eindrucksvoll ihre neue Attraktivität unter Beweis stellen und zog über 2 Millionen Gäste an. Mit dem Spatenstich für den Bau der B 29 Ortsumfahrung Mögglingen im Juli 2015 und dem Beginn der Hauptbaumaßnahmen konnte ein weiterer entscheidender Schritt für den vierspurigen Ausbau der B 29 zwischen Schwäbisch Gmünd und Aalen getan werden. Die Mittelfreigabe im Sommer desselben Jahres für den Ausbau der B 29 zwischen Essingen und Aalen sichert die Fortsetzung der Baumaßnahmen bis zum Aalener Dreieck. Damit kann auf 10, 5 km Länge etwas mehr als die Hälfte der

Strecke zwischen Schwäbisch Gmünd und Aalen zeitnah realisiert werden. Gleiches gilt für die B 29 östlich der Autobahn A 7, denn sie erfüllt eine großräumige Verbindungsfunktion zwischen der Metropolregion Stuttgart und dem bayerischen Oberzentrum Augsburg. Deshalb hat der Ostalbkreis im Jahr 2015 eine Machbarkeitsstudie erarbeitet, in der mögliche Trassen für eine leistungsfähige neue B 29 ohne Ortsdurchfahrten zwischen der A 7 und der Kreisgrenze zum bayerischen Donau-Ries-Kreis auf ihre technische Realisierbarkeit und ihre Ko-

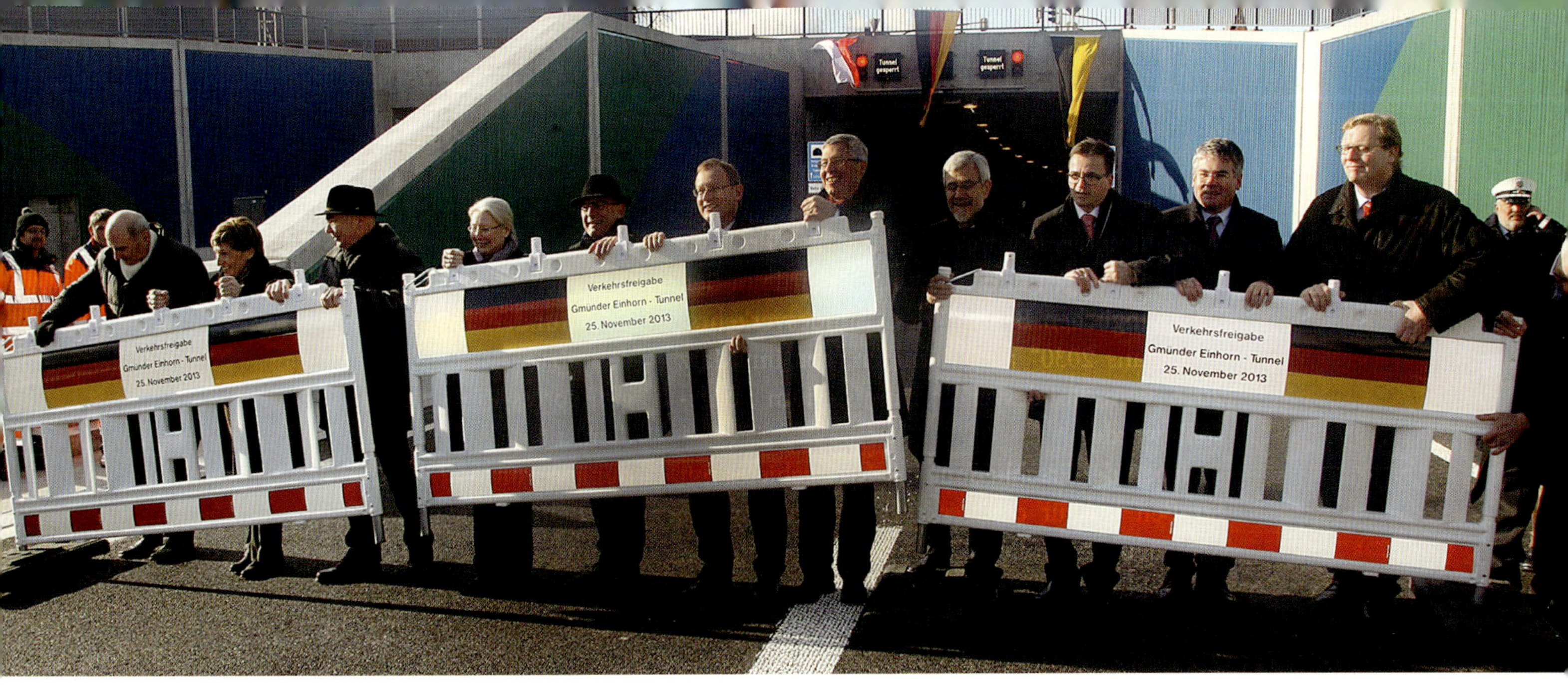

Verkehrsfreigabe
Gmünder Einhorn - Tunnel
25. November 2013

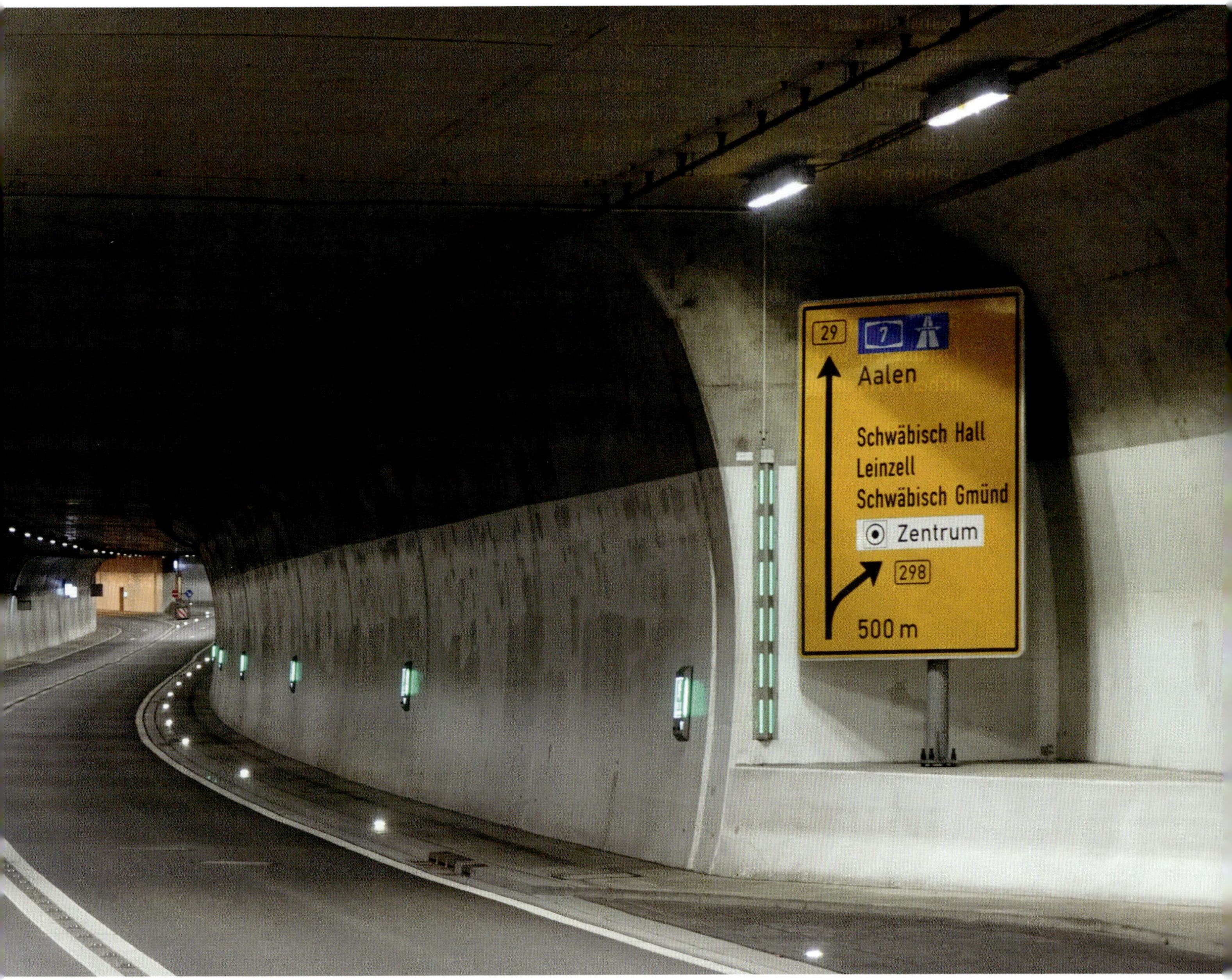
29
7
Aalen
Schwäbisch Hall
Leinzell
Schwäbisch Gmünd
Zentrum
298
500 m

sten hin untersucht werden. Diese „B 29 n" zwischen Röttingen und Nördlingen wurde in den „Vordringlichen Bedarf" des „Bundesverkehrswegeplans 2030" aufgenommen, der im März 2016 vom Bundesverkehrsministerium vorgestellt wurde.

Neben der Erschließung des Kreisgebietes mit Straßen hat für die Verkehrsinfrastruktur das Schienennetz große Bedeutung. Dieses folgt im Ostalbkreis den Entwicklungsachsen und hat direkten Anschluss an das Fernverkehrsnetz. Aalen ist hierbei Kreuzungspunkt mehrerer Schienenwege. In West-Ost-Richtung führt die Remsbahn von Stuttgart kommend über Schwäbisch Gmünd nach Aalen und von dort weiter nach Nürnberg. In Nord-Süd-Richtung wird der Ostalbkreis von Würzburg über Ellwangen und Aalen über die Jagst- und Brenzbahn nach Heidenheim und den Fernverkehrshalt Ulm angebunden. Die Strecken werden von Regional-Bahnen und RegionalExpress-Zügen in einem dichten Takt sowie von der zweistündlichen Intercity-Linie Karlsruhe - Stuttgart - Nürnberg bedient. Der Integrale Taktfahrplan ist im Ostalbkreis und speziell in Aalen in vorbildlicher Form umgesetzt. Ein zusätzliches Angebot

auf der Remsbahn wird ab 2019 realisiert, indem zwischen Aalen und Stuttgart der durchgängige Halbstundentakt eingeführt wird. Zudem werden ab 2019 zweistündlich fahrende Inter-RegioExpress-Züge, im passgenauen Wechsel mit dem InterCity, für zusätzliche schnelle Verbindungen von und in Richtung Stuttgart sorgen. Die Bahnhöfe wurden über das Konjunkturprogramm II des Bundes modernisiert und barrierefreier ausgebaut.

Kooperation wird im ÖPNV groß geschrieben

Mit Blick auf die flächenmäßige Ausdehnung des Ostalbkreises ist neben dem gut vertakteten Schienenverkehr auch der Öffentliche Personennahverkehr (ÖPNV) mit Bus und Taxi ein wichtiger Aufgabenbereich. Die Neu- und Fortentwicklung von Linien- und Fahrplankonzepten erfolgt dabei in enger Zusammenarbeit mit den 20 Busunternehmen, der Bahn sowie den Taxi- und Mietwagenunternehmen im Kreis. Reduzierte sich der ÖPNV vor 30 und 40 Jahren noch überwiegend auf die Großen Kreisstädte und die Hauptverkehrsachsen - bis Mitte der 1990er-Jahre war der ÖPNV eine reine Freiwilligkeitsaufgabe -, so konnten in den vergangenen 20 Jahren viele Verkehrs- und Fahrpreisangebote entwickelt und die über 1.000 Wohnplätze im Ostalbkreis über die reine Schülerbeförderung hinaus angebunden werden, wofür überdurchschnittlich viele zusätzliche Finanzmittel investiert wurden. Im Dezember 2007 wurde mit der Gründung von OstalbMobil, der Fahrpreiskooperation des Ostalbkreises un-

Aalen, Busbahnhof.
Foto: B. Hildebrand

ter Beteiligung von 20 Busunternehmen und der DB Regio, ein erster Meilenstein erreicht. Seitdem galt: Ein Fahrschein für alle, egal ob Bus oder Bahn, ob Direkt- oder Umsteigefahrt, in Stadt und Land und für alle Strecken sowie ein Fahrpreis und ein gemeinsamer Zonenplan für den gesamten Ostalbkreis. Sieben Jahre nach dem Start der OstalbMobil-Tarifkooperation gründeten die 20 Busunternehmen im Kreis und die DB Regio AG im Juli 2015 schließlich die OstalbMobil GmbH. Damit wurden die Tarifkooperation zu einem Tarifverbund im Ostalbkreis weiterentwickelt, der ÖPNV auf der Ostalb auf eine neue Grundlage gestellt und die bislang von der Landkreisverwaltung wahrgenommenen Aufgaben auf die neue GmbH übertragen.

Nach wie vor gibt es das bereits seit 1997 bestehende Ostalb-Abo im Schülerverkehr, seit 2007 OstalbMobil-Abos für Jedermann, für Schüler, Auszubildende und Studierende und seit 2012 SemesterTickets und FirmenTickets. Seit 2010 ermöglicht eine Vereinbarung zwischen dem Ostalbkreis und der DB Regio AG zudem eine kostenlose Fahrradmitnahme in Zügen des Nahverkehrs. Auch im Metropolticket-Verbund ist OstalbMobil vertreten, sodass im Ostalbkreis das MetropolTagesTicket angeboten werden kann. Im Sommer 2015 wurden das OstalbMobilNetzTicket und das OstalbMobil-TagesTicket ins Portfolio aufgenommen.

Im Jahr 1999 und zuletzt 2014 hat der Kreistag den Nahverkehrsplan für den Ostalbkreis mit den Zielen der zukünftigen Gestaltung des ÖPNV im Ostalbkreis beschlossen. Der Nahverkehrsplan gibt konkrete Vorgaben für die künftige Nahverkehrsgestaltung. Über Lenkungsgruppen, Nahverkehrsforen und Regionalkonferenzen wurden die Bürgerinnen und Bürger in den Planungsprozess eingebunden. Seit September 2014 hat der „Fahrgastbeirat Ostalb" seine Arbeit aufgenommen und liefert wichtige Impulse zur Weiterentwicklung eines an den Interessen der Fahrgäste orientierten ÖPNV. Der im Jahr 1997 gegründete FahrBus Ellwangen und der seit 2003 bestehende FahrBus Gmünd haben sich 2012 zusammen mit DB Regio und weiteren Busunternehmen zu FahrBus Ostalb zusammengeschlossen. Die Kooperation von 12 Busunternehmen und der DB Region trägt mit dazu bei, Fahrplanzeiten zu entzerren, Parallelverkehre abzubauen und damit Fahrangebote in Zeiten zu machen, für die es bislang gar kein Angebot gab. Auch flexibel angebotene Abendverkehre mit den Taxiunternehmen sind zusätzliche Verbesserungen. Bemerkenswerte und nachhaltige Aktionen wie das bereits seit 2003 bestehende und inzwischen auf eine App umgestellte FiftyFifty-Taxi, in dem sich Sponsoren mit einbringen, um Jugendlichen ein attraktives und bezahlbares Heimfahrtangebot am Wochenende zu bieten, sind weitere vorbildliche Bausteine im ÖPNV-Angebot. Alle genannten Maßnahmen tragen dazu bei, dass der ÖPNV im Ostalbkreis von rund 20 Millionen Fahrgästen im Jahr mit steigender Tendenz genutzt wird.

Von Kliniken zu Gesundheitszentren

Für eine dezentrale und wohnortnahe stationäre medizinische Patientenversorgung stehen im Ostalbkreis drei Klinik-Eigenbetriebe - das Ostalb-Klinikum in Aalen, das Stauferklinikum Schwäbisch Gmünd in Mutlangen und die St. Anna-Virngrund-Klinik in Ellwangen. Die medizinischen Angebote reichen von einer qualitativ hochwertigen Rundumversorgung bis zur Spitzenmedizin in ausgewählten Fachbereichen, die von öffentlich ausgezeichneten Top-Medizinern geleitet werden. Das Zentrum für Altersmedizin am Ostalb-Klinikum und das Pflegeheim für Menschen im Wachkoma Bopfingen sowie das Haus der Gesundheit im ehemaligen Margaritenhospital in Schwäbisch Gmünd ergänzen das medizinische Leistungsspektrum in Trägerschaft des Ostalbkreises.

Zum Zeitpunkt seiner Gründung im Jahr 1973 hatte der Ostalbkreis die Verantwortung für sieben Kreiskrankenhäuser. Alle Krankenhäuser in der Trägerschaft des Landkreises hatten damals ein Haushaltsvolumen von zusammen etwa 26

St. Anna-Virngrund-Klinik in Ellwangen und Stauferklinikum Schwäbisch Gmünd in Mutlangen. Fotos: Kliniken

Millionen Euro. Über 40 Jahre später bewirtschaften die auf drei Häuser konzentrierten Kliniken ein Budget von über 240 Millionen Euro. Rund 3.100 Beschäftigte im Ärztlichen, Pflege-, Funktions-, Wirtschafts- und Verwaltungsdienst kümmern sich um die Versorgung der Patienten und den Betrieb der Kliniken mit über 1.000 Betten. Die demographische Entwicklung und die medizintechnischen Fortschritte bei der Patientenversorgung haben zu einer Vervielfachung des finanziellen Aufwandes geführt. Durch mehrfache bundesweite Reformen der Krankenhausfinanzierung ist zudem der Kostendruck auf die Kliniken enorm gestiegen. Mitte der 1990er-Jahre beschloss der Kreistag deshalb bereits die Umwandlung der Kreiskrankenhäuser in Klinik-Eigenbetriebe, eine Betriebsform, die den Kliniken die Möglichkeit gab, selbstständig und flexibel und damit auch wesentlich wirtschaftlicher und effektiver zu agieren. Einher ging damit eine Anpassung der Bettenzahlen in den Kliniken, nicht zuletzt aufgrund einer immer kürzeren Verweildauer der Patienten im Krankenhaus. Der Ostalbkreis hat es sich in seiner Funktion als Krankenhausträger in der Folge zur Aufgabe gemacht, durch ganzheitliche und vernetzte Angebote den Herausforderungen im Gesundheitswesen Rechnung zu tragen. Der Bau und die Ausstattung der Kliniken werden zu einem Großteil vom Land unterstützt und finanziell gefördert. Dennoch ist auch der Kreis bei technischen Innovationen und Modernisierungsmaßnahmen gefordert. So wurden ab 1996 alle Klinikstandorte für rund 313 Millionen Euro baulich nahezu komplett erneuert, von denen der Ostalbkreis 120 Millionen Euro getragen hat.

Mit 393 Betten deckt das Ostalb-Klinikum Aalen das komplette Spektrum der Akutversorgung ab und bietet in verschiedenen Schwerpunkten Medizin auf höchstem Niveau. Insbesondere die Kompetenzfelder Invasive Kardiologie mit zertifizierter Chest Pain Unit, die Neurologie und Neurochirurgie mit Regionalem Schlaganfallzentrum und das zertifizierte Trauma-, Darm-, Pankreas- und Brustzentrum sowie das Minimalinvasive Zentrum sind Beispiele dafür. Zusammen mit der stationären Versorgung sorgt das Medizinische Dienstleistungszentrum mit ambulanten Angeboten am Klinik-Standort für eine integrierte Patientenversorgung. Die 2008 als eine der bundesweit modernsten Praxen eröffnete Strahlentherapie leistet dazu ebenfalls einen bedeutenden Beitrag. „Vom Krankenhaus zum Gesundheitszentrum" lautet der innovative Prozess, der zu Beginn des neuen Jahrtausends gestartet wurde. Mit dem neuen Eingangsforum, dem Medizinischen Dienstleistungszentrum, dem Klinikhotel mit modernen Patientenzimmern und dem Bildungszentrum Gesundheit und Pflege wurde das Ostalb-Klinikum in den Jahren 2000 bis 2005 patientengerecht umgestaltet.

Im Frühjahr 2012 wurde auf dem Campus des Klinikums ein Zentrum für Altersmedizin eingerichtet, das über 12 Betten in der Akutgeriatrie und 45 Betten in der Geriatrischen Rehabilitation verfügt. Neben der akutgeriatrischen und stationären geriatrischen Versorgung wird älteren Menschen unter dem Dach des „Aalener Modells" zudem eine ambulante geriatrische Rehabilitation in Form einer Tagesklinik angeboten. Mit dem Zentrum für Altersmedizin konnte eine Versorgungslücke geschlossen werden, die durch die Schließung der Geriatrischen Rehabilitationsklinik der Samariter-Stiftung in Aalen entstanden war. Die Inbetriebnahme der neuen Frauenklinik Ende 2013, in der für rund 19 Millionen Euro neue Kreißsäle, Wöchnerinnenzimmer sowie Frühgeborenen- und Kinderintensiv-

station entstanden, markierte eine weitere große Baumaßnahme im medizinischen Bereich.

Das Stauferklinikum Schwäbisch Gmünd ist seit Herbst 2009 wieder an einem Standort mit allen Abteilungen präsent. Mit dem Kauf des Margaritenhospitals zum 1. Januar 2000 von der Kongregation der Barmherzigen Schwestern des Heiligen Vinzenz von Paul in Untermarchtal war damals einer Forderung des Landes Baden-Württemberg auf Bereinigung der Strukturen am Klinikstandort Schwäbisch Gmünd Rechnung getragen worden. Das Gmünder Klinikum firmierte seitdem unter den beiden Klinikstandorten Stauferklinik in Mutlangen und dem Margaritenhospital mitten in Schwäbisch Gmünd. Für rund 40 Millionen Euro wurde am Standort Mutlangen ein Neubau erstellt, in dem die Gynäkologischen und Geburtshilfe-Abteilungen des Margaritenhospitals seit 2009 eine neue Heimat fanden. Für das Margaritenhospital konnte mit dem interdisziplinären, ambulanten „Haus der Gesundheit" ab dem Frühsommer 2010 eine gute Nachnutzung in Trägerschaft des Ostalbkreises gefunden werden. Auch das Stauferklinikum Schwäbisch Gmünd bietet mit seinen 401 Betten ein breites und gleichzeitig hoch spezialisiertes Versorgungsspektrum mit den Leistungsschwerpunkten Onkologie/Hämatologie,

Peri- und Neonatologie, Wirbelsäulen- und Gelenkersatzchirurgie, Gefäßmedizin und Thoraxchirurgie. In Mutlangen finden sich zudem ein zertifiziertes Onkologische Zentrum sowie ein Gynäkologisches Krebs-, Trauma-, Darm- und Brustzentrum.

Die vom Land eingeforderte Neustrukturierung der Kliniken im Kreis hatte in Ellwangen zur Folge, dass der Ostalbkreis mit der Gemeinschaft der St. Anna-Schwestern eine Vereinbarung mit dem Ziel der räumlichen Integration der St. Anna-Klinik in die neue St. Anna-Virngrund-Klinik Ellwangen getroffen hat. In den Jahren von 1996 bis 2012 hat sich die St. Anna-Virngrund-Klinik in Ellwangen baulich völlig verändert. Als Haus der Regelversorgung mit 275 Betten mit überregionalen Schwerpunkten bildet sie das medizinische Leistungsspektrum in den Bereichen Chirurgie, Innere Medizin, Gynäkologie und Geburtshilfe, HNO sowie Anästhesie und Intensivmedizin ab. Seit 2012 präsentiert sich die St. Anna-Virngrund-Klinik nach den umfangreichen Neu- und Erweiterungsbauten als modernes Gesundheitszentrum. Eine Besonderheit bietet die Urologie, die kreisweit als einzige Hauptabteilung an der St. Anna-Virngrund-Klinik angesiedelt ist. Die Abteilung für Kinder- und Jugendpsychiatrie versorgt die gesamte Region Ostwürttemberg. Zusammen mit der Ende 2012 neu eingerichteten und vom Zentrum für Psychiatrie Winnenden betriebenen Abteilung für Erwachsenenpsychiatrie konnte ein psychiatrischer Schwerpunkt im Leistungsangebot der Klinik etabliert werden. Die Eröffnung einer Tagesklinik für Erwachsenenpsychiatrie Mitte 2015 ergänzt diese Angebote. Eine Tagesklinik für Kinder- und Jugendpsychiatrie ist seit Herbst 2016 im Hirschbachhaus in Aalen als Außenstelle in Betrieb.

Zur Sicherung der positiven Entwicklung der Kliniken wurde in den Jahren 2015 und 2016 ein „Klinikkonzept 2020" erarbeitet, um die drei Häuser auf die Veränderungen bis 2025 vorzubereiten. Dieses Konzept sieht Überlegungen vor, die drei Klinik-Eigenbetriebe unter dem Dach einer strategischen Leitung, aber unter Beibehaltung der jeweiligen Standorte in kommunaler Trägerschaft vorzubereiten. Außerdem sollen die Pläne für eine Zusammenlegung der Krankenpflegeschulen im Kreis und für den Ausbau zu einer Akademie für Gesundheitsberufe konkretisiert werden.

Das klinische Angebot im Ostalbkreis wird ergänzt durch Fachkliniken. Das Fachkrankenhaus Neresheim ist eine neurochirurgische Klinik für die Behandlung schwerst schädelhirnverletzter Patienten. Diese Klinik verbindet die Intensivmedizin, die Neurochirurgie und die Frührehabilitation. Psychiatrische Tageskliniken in Ellwangen und Schwäbisch Gmünd behandeln Menschen, die in eine schwere psychische Krise geraten sind, die durch ambulante Maßnahmen nicht ausreichend behandelt werden können und bei denen noch kein vollstationärer Aufenthalt erforderlich ist. Die psychiatrische Versorgung wird komplettiert durch Psychiatrische Institutsambulanzen für Patienten, die aufgrund der Art und Schwere sowie der Dauer ihrer psychischen Erkrankungen eine kontinuierliche krankenhausnahe Versorgung, jedoch keinen stationären Aufenthalt, benötigen.

Der Sozialbereich - einer der größten Posten im Kreishaushalt

Im Rahmen der sozialen Sicherung sind die Sozial- und Jugendhilfe unverzichtbare Bestandteile. In den vergangenen Jahren haben sich Sozialhilfe und Jugendhilfe zu einer Schwerpunktaufgabe des Ostalbkreises und gleichzeitig auch zu einem der Hauptausgabeposten im Kreishaushalt entwickelt, der in den vergangenen 25 Jahren oftmals nicht mehr von der Kreisumlage gedeckt war. Hilfe für Menschen aller Altersgruppen wird nicht nur finanziell gewährt, sondern auch in Form von Beratung und Betreuung. Mit den Kirchen, den freien Trägern, den vielen Selbsthilfeorganisationen oder auch den Städten und Gemeinden hat der Ostalbkreis kompetente und verlässliche Kooperationspartner an seiner Seite. Für den sozialen

Zuschussbedarf hatte der Ostalbkreis zuletzt deutlich über 120 Millionen Euro jährlich aufzuwenden.

Sozialhilfe und Hartz IV

Die Bundesrepublik Deutschland verfügt über ein hervorragendes soziales Sicherungssystem, das für den größten Teil der Bevölkerung Schutz im Falle von Krankheit, Pflegebedürftigkeit oder auch Arbeitslosigkeit bietet. Als ergänzende Schiene fungiert die Sozialhilfe, die in Notfällen zum Tragen kommt, wo Selbsthilfe nicht mehr möglich ist oder andere Leistungsträger keine oder nur unzureichende finanzielle Hilfen gewähren. Am 1. Januar 2005 wurden die Arbeitslosenhilfe und die Sozialhilfe zu einer einheitlichen Leistung „Grundsicherung für Arbeitsuchende" - landläufig auch Hartz IV genannt - zusammengelegt und die neue Aufgabe in geteilter Trägerschaft durch die Agenturen für Arbeit sowie die kreisfreien Städte und Landkreise ausgeführt. Im Ostalbkreis wurde dafür eine Arbeitsgemeinschaft aus Landkreis und Agentur für Arbeit, die Arbeitsgemeinschaft zur Beschäftigungsförderung im Ostalbkreis abo, gegründet. Zum Jahresbeginn 2011 wurde aus der abo schließlich das Jobcenter Ostalbkreis. Hintergrund war die gesetzliche Vorgabe, dass die Grundsicherung für Arbeitsuchende und die kompetente Beratung durch eine gemeinsame Einrichtung der Träger aus einer Hand gewährleistet sein muss. Die Hauptaufgabe des Jobcenters blieb dieselbe, nämlich Langzeitarbeitslose in den ersten Arbeitsmarkt zu integrieren oder sonstige Beschäftigungsmöglichkeiten zu organisieren. Seit dem 1. Januar 2012 ist der Ostalbkreis „Optionskommune", d. h. er ist als alleiniger Träger für die Betreuung der rund 10.000 Hartz IV-Empfänger verantwortlich. Das Jobcenter Ostalbkreis wurde als Geschäftsbereich mit rund 160 Beschäftigten in die Organisation der Kreisverwaltung integriert. Lag im Kalenderjahr 2012 die durchschnittliche Arbeitslosenquote im Rechtskreis des SGB II bei 2,0 Prozent, so konnte diese 2015

im Jahresdurchschnitt auf 1,8 Prozent gesenkt werden. Über 2.250 Menschen nahmen im Jahr 2015 eine Beschäftigung mit Unterstützung des Jobcenters auf. Allerdings ist zu befürchten, dass in den kommenden Jahren die Arbeitslosigkeit steigen wird. Die Gründe dafür liegen in den gestiegenen Flüchtlingszahlen vor allem aus Syrien, die nach ihrer Anerkennung in den Rechtskreis des SGB II wechseln und vom Jobcenter bei ihrem beruflichen Integrationsprozess betreut werden.

Schwäbisch Gmünd, Jobcenter. Ansicht und Eingangsbereich.
Fotos: B. Hildebrand

Für nicht erwerbsfähige oder ältere Personen ab der Regelaltersgrenze stellen Sozialhilfeleistungen in Form von Leistungen für den Lebensunterhalt einschließlich Bildung und Teilhabe, die Grundsicherung im Alter und bei Erwerbsminderung sowie die Hilfe in besonderen Lebenslagen eine menschenwürdige Lebensführung sicher.

Die demographische Entwicklung mit einem steigenden Anteil älterer und pflegebedürftiger Menschen stellt den Ostalbkreis als Sozialhilfeträger vor besondere Herausforderungen. Ein Fokus liegt deshalb in enger Zusammenarbeit mit den Einrichtungen und Verbänden der Alten- und Behindertenhilfe darauf, im Rahmen der Kreispflegeplanung in ausreichender Anzahl Dauer-, Kurzzeit- und Tagespflegeplätze sowie ambulante Angebote zur Verfügung zu stellen.

Ein Seniorenpolitisches Gesamtkonzept unterstützt dabei den Kreis und seine Kommunen, den Bürgerinnen und Bürgern ein selbstbestimmtes Leben im Alter zu ermöglichen. Sollte ein eigenständiges Wohnen einmal nicht mehr möglich sein, so steht Pflegebedürftigen und ihren Angehörigen seit 2010 mit dem Pflegestützpunkt Ostalbkreis eine kostenlose und neutrale Beratungsstelle zu allen Fragen im Vor- und Umfeld einer Pflegesituation zur Verfügung.

Kinder- und Jugendhilfe

Die Lebenslage von Kindern, Jugendlichen und ihren Familien unterliegt laufenden Veränderungen und wird maßgeblich von der Arbeitsmarktsituation, der familiären Konstellation, der schulischen und beruflichen Bildung, den Medien und vom allgemeinen Gesellschafts- und Wertewandel beeinflusst.

Die Kinder- und Jugendhilfe im Ostalbkreis auf der Grundlage des Kinder- und Jugendhilfegesetzes stellt deshalb keine isolierte Sozialleistung dar. Sie zielt vielmehr im Zusammenspiel mit vielen Akteuren darauf, fördernde Lebensbedingungen für Familien und Kinder zu schaffen, weshalb präventivem Handeln eine wesentliche Bedeutung zukommt. Dabei steht die Stärkung der Erziehungs- und Selbsthilfefähigkeit von Familien im Mittelpunkt. Die „Wächterfunktion" von einst wurde im Hinblick auf das Kindeswohl zu einer vernetzten Unterstützungsleistung für und mit den betroffenen Familien weiter entwickelt, sodass die Landkreisverwaltung heute vielfältige Hilfestellungen in schwierigen persönlichen Lebenssituationen bietet.

Durch Intensivierung der Kooperation mit Stellen und Personen wie z. B. Entbindungskliniken und Kindertageseinrichtungen, die früh in Kontakt mit Schwangeren, Müttern, Vätern und Kindern sind, konnte erreicht werden, dass im Ostalbkreis besondere Lebenssituationen, die die Entwicklung von Kindern belasten, frühzeitiger erkannt werden können. Damit sind weniger belastende und weniger aufwändigere Unterstützungs- und Hilfemaßnahmen möglich geworden, wie etwa durch Hilfe für besondere Lebenssituationen im Rahmen des Elternbildungsprogramms STÄRKE. Trotz vielfältigster Präventivangebote, die vom Fachzentrum für frühe Hilfen für Mütter, Väter und Schwangere über die Erziehungs- und Familienberatungsstelle bis hin zur Kontaktstelle gegen sexuellen Missbrauch reichen, muss jedoch nach wie vor der größte Teil der finanziellen Aufwendungen des Jugendhilfehaushaltes für die Heimunterbringung von Kindern und Jugendlichen eingesetzt werden. Die Marienpflege und das Kinderheim Graf in Ellwangen, das Canisius Haus in Schwäbisch Gmünd und das Kinderdorf St. Josef in Bopfingen-Unterriffingen unterstützen den Ostalbkreis dabei seit Jahrzehnten und leisten eine gute und wertvolle Arbeit. Durch die Unterbringung unbegleiteter minderjähriger Flüchtlinge sind weitere wertvolle Partner in der stationären Jugendhilfe hinzugekommen.

Präventionsangebote sind nachgefragt

Nicht nur im Bereich der Kinder- und Jugendhilfe zeigt sich, dass präventive Maßnahmen und persönliche Hilfs- und Beratungsangebote im sozialen Aufgabenspektrum stetig mehr nachgefragt werden. Wertvolle Arbeit leisten

hier die Schuldnerberatungsstelle des Ostalbkreises, die 2012 ihr 25-jähriges Bestehen feierte, die Sucht- und Gewaltpräventionsstelle, die
Altenhilfefachberatung und Behindertenbeauf-
tragte sowie der Bereich Gesundheitsprävention
im Gesundheitsdezernat. Das Jugendreferat des
Ostalbkreises ist ein gefragter Partner für Vereine, Verbände, Jugendgruppen, Städte und Gemeinden in Fragen der Jugendarbeit. All diese
Stellen tragen zu einem guten und funktionie-
renden sozialen Miteinander im Ostalbkreis bei.

Internationale Krisenherde führen zu Flüchtlingskrise

Neben der Aufnahme von Spätaussiedlern, also
vorwiegend Nachkommen von Deutschen, die
im 18. und 19. Jahrhundert in Osteuropa Auf-
bauarbeit geleistet haben, für deren Aufnahme
und Integration der Ostalbkreis seit 1990 zuständig ist, gehören auch die Aufnahme, Unter-

bringung sowie soziale Beratung und Betreuung
von Flüchtlingen seit 1998 zum Aufgabenspektrum des Ostalbkreises. Der inzwischen mehr-
jährige Bürgerkrieg in Syrien hat eine beispiellose Flüchtlingswelle ausgelöst mit der Folge,
dass allein auf dem Gebiet der Türkei rund 2,5
Millionen Menschen Zuflucht gesucht haben.
Weitere Millionen sind in den Libanon oder
den Irak geflüchtet. Im Jahr 2015 reisten über
die Balkanroute und über das Mittelmeer rund
1 Million Menschen aus Syrien und anderen
Krisenherden der Welt in die Bundesrepublik
ein. Im Jahr 2014 hat das Land Baden-Württemberg rund 26.000 Flüchtlinge und Asylbe-
werber aufgenommen, 2015 stieg die Zahl der
Erst- und Folgeantragsteller sogar auf 100.000
an – im Jahr 2012 waren es noch rund 8.000
Antragsteller gewesen. Der stetige Zustrom von
Flüchtlingen verlangt ein hohes Maß an Flexibilität und Solidarität zwischen Land, Kreis und

LEA - Landeserst-
aufnahmeeinrichtung
für Flüchtlinge in
Ellwangen.
Foto: B. Hildebrand

Kommunen. Wegen der starken Zugangszahlen hat die Landkreisverwaltung mittlerweile eine dezentrale Unterkunftsstruktur mit rund 100 verschieden großen Gemeinschaftsunterkünften und einer Gesamtkapazität von über 1.500 Plätzen aufgebaut. Weil mit einer Entspannung bei der Zugangssituation von Flüchtlingen mit Blick auf die Kriege und Krisenherde der Welt nicht zu rechnen ist, mussten und müssen Land, Stadt- und Landkreise sowie Städte und Gemeinden weiterhin in großem Umfang Unterbringungskapazitäten erschließen. So wurden vom Land Erstaufnahmestellen unter anderem in Mannheim, Karlsruhe, Heidelberg, Meßstetten und im Frühjahr 2015 auch in Ellwangen eingerichtet. Sowohl der Gemeinderat der Stadt Ellwangen als auch der Kreistag des Ostalbkreises haben die Einrichtung einer Landeserstaufnahmestelle in der ehemaligen Bundeswehrkaserne Ellwangen mit einer breiten Mehrheit befürwortet. Die Reinhardtkaserne war nach 100-jähriger militärischer Nutzung von der Bundeswehr aufgegeben worden. Lediglich das Sprachenzentrum Süd blieb als zivile Bundeswehrdienststelle im historischen Teil der Kaserne erhalten.

Die Ellwanger Erstaufnahmestelle nahm im Frühjahr 2015 den Betrieb auf und sollte im Regelbetrieb 500 Flüchtlingen, in Notsituationen maximal 1.000 Flüchtlingen, für zunächst fünf Jahre Unterkunft bieten. In Spitzenzeiten lebten dort vorübergehend über 4.000 Menschen – eine Herausforderung für die haupt- und ehrenamtlichen Helfer. Im September 2015 hat sich das „Aktionsbündnis für Flüchtlinge im Ostalbkreis" formiert, das zum Ziel hat, die Aktivitäten der verschiedenen Hilfsorganisationen im Ostalbkreis zu bündeln. Diesem Bündnis gehören neben dem Ostalbkreis die Großen Kreisstädte sowie die DRK-Kreisverbände Aalen und Schwäbisch Gmünd, der Kreisdiakonieverband Ostalbkreis, die Caritas Ostwürttemberg und die Malteser im Ostalbkreis an.

Der Ostalbkreis und die Großen Kreisstädte haben außerdem Flüchtlingsbeauftragte benannt, die zur Koordinierung der Flüchtlingsarbeit ein kommunales Netzwerk aufbauen. Bedingt durch den Sitz der Landeserstaufnahmeeinrichtung in Ellwangen erhält der Ostalbkreis in der vorläufigen Unterbringung keine regulären Zuweisungen von Flüchtlingen. Der Kreistag hat aus humanitären Gesichtspunkten und aus Solidarität mit den anderen Kreisen im Land, die jährlich Tausende von Flüchtlingen aufzunehmen haben, beschlossen, sukzessive Plätze für mindestens 1.500 Flüchtlinge in der vorläufigen Unterbringung zu schaffen.

Abfallwirtschaft

Eine heutzutage von den Bürgerinnen und Bürgern im Alltag eher unbeachtete, weil gut funktionierende Aufgabe für den Ostalbkreis ist die Abfallbewirtschaftung. Neben der Erfassung von Haus- und Sperrmüll erledigt die Gesellschaft im Ostalbkreis für Abfallbewirtschaftung mbH „GOA" seit 1992 die Erfassung und umweltgerechte Weiterverarbeitung von Grün- und Bioabfällen, von Problem- und Wertstoffen für rund 130.000 Haushalte im Ostalbkreis.

Mit Inkrafttreten des Kreislaufwirtschafts- und Abfallgesetzes im Jahr 1996 entwickelte sich in der Abfallwirtschaft ein zunehmender Wettbewerb, der auch vor dem Ostalbkreis mit seiner bislang zu 100 Prozent kreiseigenen Gesellschaft GOA nicht Halt machte. Der Ostalbkreis veräußerte deshalb im Jahr 2001 49 Prozent an die Mittelständische Abfallwirtschaftsgesellschaft Ostwürttemberg, an der zu 60 Prozent die Firma Nehlsen aus Bremen und zu 40 Prozent die Firma WRZ Hörger aus Sontheim/Brenz beteiligt waren. Nach dem Ausstieg der Firma Nehlsen verkaufte der Ostalbkreis dann im Jahr 2004 weitere zwei Prozent der Geschäftsanteile an die Firma Hörger, die seitdem 51 Prozent Anteile hält. Der Ostalbkreis mit 49 Prozent an der GOA beteiligt, hat jedoch weiterhin die Federführung, was grundsätzliche abfallwirtschaftliche Entscheidungen anlangt.

Im Auftrag des Landkreises betreibt die GOA die Kreismülldeponien Reutehau und Ellert, die sich zu modernen und umweltgerechten Entsorgungszentren weiterentwickelt haben. Dazu gehören z. B. Deponiegaserfassungs- und -verwertungsanlagen sowie eine Sickerwasseraufbereitung. Moderne Anlagen und Technologien wie die Gewerbeabfallaufbereitungsanlage oder die im Jahr 2011 in Betrieb genommene Papiersortieranlage ermöglichen eine umfassende Sortierung und hochwertige Verwertung der Abfälle.

Eine Zäsur in der Abfallpolitik setzten die Vorgaben der Technischen Anleitung Siedlungsabfall, wonach ab dem 1. Juni 2005 Restabfälle nur noch nach vorheriger thermischer oder mechanisch-biologischer Aufbereitung deponiert werden durften. Die Behandlung von bis zu 38.000 Tonnen Restabfällen aus dem Ostalbkreis erfolgt seitdem in den Anlagen der Zweckverbände Thermische Abfallbehandlung Donautal in Ulm und Abfallwirtschaft Raum Würzburg.

Die Müllgebühren für die Bürgerinnen und Bürger setzen sich aus zwei Komponenten zusammen, sodass die Haushalte eine Jahresgebühr in Abhängigkeit von der Größe ihres Restmüllbehälters und eine Leerungsgebühr entsprechend der Anzahl der erfolgten Leerungen zu bezahlen haben. Bioabfälle werden gebührenpflichtig über spezielle Beutel getrennt gesammelt.

Während Restmüll und Bioabfälle in Holsammlungen erfasst werden, hat sich für Wertstoffe im Ostalbkreis ein kombiniertes Hol- und Bringsystem entwickelt. Seit April 2002 werden Verpackungsabfälle mit Grünem Punkt in vierwöchigem Abfuhrrhythmus mit Gelben Säcken eingesammelt. Hiervon ausgenommen sind Altglas und Weißblech, für die an über 400 Standorten Container – auch für Altglas - vorgehalten werden, sowie Altpapier. Dieses wird von Vereinen in Straßensammlungen abgeholt oder alternativ auf den 19 Wertstoffhöfen angenommen. Seit 2008 stellt die GOA kostenlose Altpapiertonnen, die „Blaue Tonne", zur Verfügung. Damit bietet die GOA eine der umfangreichsten Annahmepaletten für sämtliche Wertstoffe.

Auf den Wertstoffhöfen können auch Elektrogeräte und Schrott abgegeben werden. Noch weiter reicht das Service-Angebot der GOA an den Entsorgungszentren Ellert und Reutehau und auf den großen Wertstoffhöfen. Dort können zusätzlich Altholz, Fenster und Bauschutt in kleinen Mengen gegen eine Gebühr sowie Sperrmüll mit der Sperrmüllkarte abgegeben werden. Ziel des Ostalbkreises ist und bleibt, die Abfallwirtschaft für die Bürgerinnen und Bürger kundenorientiert, transparent und vor allem kostengünstig zu gestalten.

Der Ostalbkreis kann selbstbewusst und zuversichtlich in die Zukunft blicken

Die Entwicklung des Ostalbkreises in den vergangenen über 40 Jahren haben nicht nur staatliche Stellen, Organisationen und Unternehmen vorangetrieben. Maßgeblichen Anteil hatten seine Bürgerinnen und Bürger, die sich im klassischen Ehrenamt, durch bürgerschaftliches Engagement oder sonstige freiwilligen Aktivitäten in Vereinen, Selbsthilfegruppen oder im familiären und nachbarschaftlichen Bereich eingesetzt haben. Ehrenamtliches Engagement in allen Formen und Bereichen hat im Ostalbkreis Tradition und wird groß geschrieben. Die Bereitschaft der Bevölkerung, aktiv an der Gestaltung ihres Lebensraumes mitzuwirken und andere Menschen zu unterstützen, hat sich erst jüngst bei der Bewältigung der Flüchtlingskrise gezeigt.
In Bund und Land, aber auch im Ostalbkreis haben sich sehr schnell Freundeskreise gebildet, die die Neuankömmlinge in allen Bereichen des täglichen Lebens und damit dem Kennenlernen unseres Kulturkreises unterstützen. So ist eine sympathische Willkommenskultur entstanden.

Die Einbeziehung der Bevölkerung in die kreisweiten Infrastrukturplanungen – wie etwa beim Kreisentwicklungskonzept, beim Nahverkehrsplan, beim Seniorenpolitischen Gesamtkonzept oder auch bei den Planungen für

eine neue B 29-Trasse Richtung Bayern - hat der Ostalbkreis durch frühzeitige Bürgerinformationsveranstaltungen vorbildlich umgesetzt.

Der Ostalbkreis ist in den Jahren seines Bestehens mehr und mehr zusammengewachsen und hat als Dienstleister für seine Bürgerinnen und Bürger und die kreisangehörigen Kommunen in grundlegenden Lebensbereichen Strategien entwickelt und die Weichen für die kommenden Jahrzehnte gestellt.

Die politischen und wirtschaftlichen Rahmenbedingungen werden von der Weltpolitik und den Entscheidungen auf EU-Ebene maßgeblich beeinflusst. Die Finanzmarkt- und Wirtschaftskrise der Jahre 2008 bis 2011 war auch im Ostalbkreis deutlich spürbar und konnte nur durch milliardenschwere Konjunkturprogramme des Bundes und Kurzarbeitsregelungen abgemildert werden.

Die durch die Flüchtlingskrise ausgelösten Spannungen zwischen den 28 EU-Staaten, die Schuldenkrise Griechenlands und der von Großbritannien beschlossene EU-Austritt im Jahr 2016 machen deutlich, wie fragil und schwer einschätzbar der politische Raum ist. Trotz aller Krisen und Unwägbarkeiten überwiegen die positiven Aspekte der Entwicklung des Ostalbkreises zu einem prosperierenden Lebens- und Wirtschaftsraum bei weitem.

Es gilt nun, die in den vergangenen Jahrzehnten erreichten hohen Standards für die nachfolgenden Generationen zu bewahren. Gemeinsam mit allen gesellschaftlichen Gruppen, mit Zuversicht, klugen Strategie- und Entwicklungskonzepten sowie neuen Initiativen und Netzwerken wird der Ostalbkreis trotz sich vielfältig verändernder Rahmenbedingungen auch in Zukunft aktiv und erfolgreich agieren!

Raum zum Unternehmen
Rainer Fünfgelder

Der Ostalbkreis - Raum zum Unternehmen in jeder WirtschaftsWunderZeit

Raum - Space

Der Ostalbkreis - Raum zum Unternehmen oder doch besser gleich: Space for business and enterprises! Im wirtschaftsstarken Südwesten der Bundesrepublik bietet der Ostalbkreis mit über 312.000 Einwohnern und einem Gebiet von gut 1.500 km² als einer der größten Landkreise nicht allein Dynamik, Wirtschaftskraft und Fläche, sondern Entwicklungsmöglichkeiten in jede(r) Dimension. Als Buzz Aldrin, die Raumfahrtlegende der Apollo-Mondlandung, zur Einweihung des neuen ZEISS Forums am Hauptsitz des Hightechkonzerns CARL ZEISS in Oberkochen sprach, zog er das Auditorium mit seiner Aura in den Bann und entführte die Zuhörer mit einer famosen Rede ins Weltall. Er zauberte kurzerhand einen Mars-Riegel aus seinem Jackett und meinte mit viel Teamspirit unter riesigem Applaus des Publikums: „... Mars - our next mission!" Damit ist in wenigen Worten schon sehr viel zur Zukunftsfähigkeit von Forschung und Entwicklung sowie zum Stellenwert von Wirtschaft und Wissenschaft gesagt. Den Menschen im Ostalbkreis gefallen Zeitsprünge jeglicher Art und vor allem Visionen, denen möglichst rasch Realitäten folgen. Denn sie haben ein Faible für Technik und bilden gerne und schnell ein „Wir-Gefühl", wenn sich alles um Innovationen dreht. Schwäbisch und schaffig geht mit weltoffen und erfindungsreich bestens zusammen.

Noch mehr dieser technologischen Neuerungen sehen, begreifen und vielleicht sogar bewundern kann man beim eigenen Rundgang im ZEISS Forum. Und vor allem beim Blick auf die zahlreichen Markennamen, Innovationsunternehmen, Weltmarktführer und Hidden Champions im Ostalbkreis. Viele gehören zum „Who is who" der deutschen Wirtschaft bei Schlüsseltechnologien, in Leitbranchen und bei Unternehmensverbänden. Beispiele und Standorte gefällig: Der Kurbelwellenhersteller ALFING KESSLER, die GESENKSCHMIEDE SCHNEIDER, MAPAL Präzisionswerkzeuge, PAPIERFABRIK PALM oder RUD-Ketten in Aalen. APRITHAN und KESSLER & CO. in Abtsgmünd. HENKEL, MAGNA und VAF in Bopfingen am Ipf. Unternehmen der VARTA Gruppe, IVOCLAR VIVADENT oder der Energieversorger EnBW ODR AG am Standort Ellwangen. TRIUMPH INTERNATIONAL in Heubach. SUMITOMO ELECTRIC in Lauchheim. Der Premium Hersteller von Sonderfahrzeugen BINZ hat seinen Unternehmenssitz in Lorch. Die MÜRDTER Unternehmen in Mutlangen sind ein Qualitätsbegriff im Formenbau. Auf dem weiträumigen Gewerbeareal der Stadt Neresheim haben sich WEISSER SPULENKÖRPER und ADK Modulraum niedergelassen. Die CARL ZEISS AG und der renommierte Werkzeughersteller LEITZ sind mit ihren Konzernzentralen und großen Produktionsstätten in Oberkochen präsent. Topunternehmen wie ROBERT BOSCH AUTOMOTIVE STEERING, FEIN Elektrowerkzeuge, VOESTALPINE oder WELEDA stehen exemplarisch für die Wirtschaftspotenziale der Stadt Schwäbisch Gmünd. In der Nachbarkommune Waldstetten hat die LEICHT KÜCHEN AG neben der Firmen- und Entwicklungszentrale auch die Markenproduk-

Vorherige Doppelseite: Gewerbe- und Industriegebiet Ellwangen-Neunheim/Neunstadt mit Direktanschluss an die A 7.
Foto: GEYER-LUFTBILD, Bildrechte: Stadt Ellwangen

ZEISS Forum - Conference - Event - Museum, Oberkochen.
Foto: CARL ZEISS AG

tion und eine Küchenweltausstellung im modernsten Ambiente. In der Gemeinde Riesbürg liegt das Werk des Armaturenherstellers SÜDMO, ein Unternehmen der Pentair Gruppe. Der Faserstoffproduzent J. RETTENMAIER & SÖHNE erweiterte in Rosenberg-Holzmühle die Fertigungs- und Logistikinfrastruktur enorm. Als Innovationspreisträger und führender Spezialfertiger im Anlagen- und Behälterbau hat die LIPP GmbH ihren Sitz in Tannhausen. TE CONNECTIVITY, ein internationaler Unternehmensbegriff für Kabelkonfektionierung und moderne elektronische Steckverbinder, ist mit einer großen Betriebsstätte in der 1.500-Einwohner-Gemeinde Wört vertreten. Zunächst ein Abschluss, aber sicher kein Ende der Paradereihe führender Wirtschaftsunternehmen, die im Ostalbkreis entwickeln, produzieren und auch global agieren. Es wird eindrucksvoll deutlich, wie Firmen, Denker, Tüftler und Innovatoren die Welt verändern. Und zu jeder Strukturepoche und in den unterschiedlichsten Konjunkturphasen kann es, egal ob Boom oder Rezession, immer auch eine unternehmens-, branchen- oder raumbezogene WirtschaftsWunderZeit geben.

Die CARL ZEISS AG hat das ZEISS Forum als internationales Konferenzzentrum, Eventlocation und als Museum der Innovationsgeschichte, mit Themenfeldern von Planetarien bis zur optischen Lithografie bei der Mikrochipherstellung, auch mit Beteiligung des Ostalbkreises und der Stadt Oberkochen in der Wirtschaftsregion Ostwürttemberg etabliert. Kaum ein Jahr später und nur wenige Kilometer entfernt schrieb im Jahr 2015 in Aalen-Wasseralfingen ein weiteres Leuchtturmunternehmen aus dem Landkreis mit seinem herausragenden Firmenjubiläum

Wirtschafts- und Zeitgeschichte. Den Gästen lief ein wohliger Schauer über den Rücken und die Nackenhärchen richteten sich auf, als die SHW-Bergkapelle, ein sinfonisches Blasorchester der Extraklasse, mit dem Steiger-Marsch „Glück Auf" den Festakt zum sage und schreibe 650-jährigen Jubiläum der Schwäbischen Hüttenwerke/SHW eröffnete. Die SHW-Firmen stehen mit ihrer Jahrhunderte währenden Erfolgsvita und einer ununterbrochenen metallurgischen Kompetenz für den Weg von der Tradition zur Innovation wie kaum eine andere Unternehmensgruppe. „Ubi ferrum nascitur - Wo das Eisen wächst" war nicht nur zur Zeit der ersten urkundlichen Erwähnung im Jahr 1365 ein geflügeltes Wort. Es charakterisiert die Schwäbischen Hüttenwerke als ältestes Industrieunter-

ZEISS, Museum der Optik.
Foto: CARL ZEISS AG

ZEISS ExoLens.
Foto: CARL ZEISS AG

Günther H. Oettinger, EU-Kommissar für Digitale Wirtschaft und Gesellschaft.
Foto: SHW Werkzeugmaschinen, J. Walford

Jubiläumsmaschine
UniSpeed 5.
Foto: SHW Werkzeugma-
schinen, J. Walford

nehmen und die Ostalb bis heute als eine Wiege der Industrialisierung und des technologischen Fortschritts in Deutschland. Der passende Rahmen also für wegweisende Statements von gleich zwei baden-württembergischen Ministerpräsidenten. Der amtierende Ministerpräsident Winfried Kretschmann und einer seiner Amtsvorgänger, Günther H. Oettinger in seiner jetzigen Funktion als EU-Kommissar für Digitale Wirtschaft und Gesellschaft, spannten den Bogen von der ersten industriellen Revolution Ende des 18. Jahrhunderts bis zur vierten und digitalen industriellen Revolution der Gegenwart. Klar, die weitere Digitalisierung der „Standort Deutschland AG" gibt gleichzeitig auch regionalen Standortebenen wie dem Ostalbkreis sowie den ansässigen Unternehmen und Institutionen Gestaltungsmöglichkeiten in den Bereichen Arbeit, Bildung, Gesellschaft und Wirtschaft. Und bei Schlüsselthemen von heute und morgen, wie etwa: Digitalisierung - Industrie 4.0 - Internet of Things!

Eins A - mitten in Europa

Die zentrale Lage hat die Entwicklung des Ostalbkreises als modernen, innovativen Wirtschafts-, Verwaltungs- und Lebensraum nachhaltig geprägt. Stuttgart und München liegen nur ein bzw. zwei Autostunden entfernt. Die Autobahn A 7 - gleichzeitig Europastraße 43 - führt als wichtigste Verbindung zwischen Skandinavien und den Alpen schnurgerade durch den Landkreis und macht die Ostalb mit drei Direktzubringern als Unternehmensstandort besonders interessant. Durch die Positionierung im östlichen Baden-Württemberg grenzt der Ostalbkreis an die Landkreise Schwäbisch Hall, Rems-Murr-Kreis, Göppingen und Heidenheim sowie an den Freistaat Bayern mit den Landkreisen Ansbach und Donau-Ries. Zusammen mit dem Landkreis Heidenheim bildet der Ostalbkreis die Region Ostwürttemberg und rückt durch die Lage zwischen den Kreuzungspunkten der Autobahnen A 6, A 7 und A 8 in das Zentrum Süddeutschlands. Die Verbindung mit der Region Stuttgart über die Remsbahn und die B 29 erhöht die Standortgunst. Für schnelle Businessreisen gibt es zwei Verkehrslandeplätze. Die Übergänge zwischen urbanem Puls und Landgenuss in der Fläche sind im Ostalbkreis durch gute Verkehrsanbindungen, eigene Zentren und einen hohen Dienstleistungscharakter nahezu fließend. Im großräumigen Nord-Süd-Fokus finden sich Landkreis und Region auf halbem Weg zwischen Stockholm und Palermo wieder. In Ost-West-Richtung liegt die Ostalb fast kilometergenau zwischen Moskau und Lissabon mitten in Europa. Kleinräumiger betrachtet gliedert sich der Ostalbkreis mit seinen 42 Städten und Gemeinden in 14 Verwaltungsräume. Die Großen Kreisstädte und Mittelzentren Aalen, Ellwangen und Schwäbisch Gmünd sowie ein dichtes Netz von leistungsfähigen Unter- bzw. Kleinzentren gewährleisten eine ausgewogene Versorgung mit sozialen, kulturellen und wirtschaftlichen Gütern und Dienstleistungen - von den Grundprodukten bis zum hochspezialisierten Bedarf.

Über 100 Hektar Gewerbe- und Industriegelände, teilweise in interkommunaler Zusammenarbeit vorausschauend erschlossen, stehen für die Ansiedlung und Erweiterung von Betrieben preisgünstig bereit. Das Entwicklungsprogramm Ländlicher Raum (ELR) und die EU-Strukturförderung mit verschiedenen Programmen, Förderthemen und -gebieten sorgen für wichtige Impulse und stellen Investitionshil-

fen, insbesondere für die sogenannten KMU - die kleinen und mittleren Unternehmen, bereit.

Eine Infrastruktur der kurzen Wege garantiert hohe Lebens- und Leistungsqualität in allen Bereichen. An den innovativen Hochschulen für Gestaltung, Gesundheitswesen, Pädagogik, Technik und Wirtschaft sind an den Studienorten Aalen, Ellwangen und Schwäbisch Gmünd nahezu 10.000 Studierende eingeschrieben. Historische Städte und Orte, bezahlbare Mieten und ein perfektes Freizeitangebot ziehen immer mehr junge Leute in die Region. Die Daseinsvorsorge ist bestens ausgebaut. So wurden beispielsweise die drei Klinik-Eigenbetriebe mit insgesamt über 1.000 Betten im Landkreis als Großinvestitionsprojekte der letzten Jahre zu hochmodernen Gesundheitszentren mit einem ganzheitlichen und vernetzten Behandlungs- und Dienstleistungsangebot rund um die Gesundheit erweitert. Attraktive Firmen und Arbeitgeber bieten Top-Jobs für Fach- und Führungskräfte.

Das Bildungsangebot ist überdurchschnittlich und reicht von der frühkindlichen Bildung bis zum Landesgymnasium für Hochbegabte und der Internationalen Musikschulakademie Schloss Kapfenburg. Der Wohlfühlcharakter für die Bürgerinnen und Bürger und die Leistungskraft der Unternehmen sind sicher mitbestimmend für das Flair und einen Lebensstil zwischen „Landleben und High-Tech". Die Zufriedenheit mit dem Standort entspringt aber nicht allein der Binnenwahrnehmung der Bevölkerung, sondern bestätigt sich durch externe Betrachtungen und Erhebungen. So ist der Ostalbkreis im „Prognos Zukunftsatlas 2016", bei einem Ranking der über 400 Landkreise und kreisfreien Städte Deutschlands, deutlich im ersten Viertel mit hohen Chancen und guten Zukunftsperspektiven platziert. Neben wirtschaftlicher Stärke und Dynamik werden dem Ostalbkreis vor allem auch bei der voranschreitenden Digitalisierung gute Chancen zugeschrieben. „Focus Money" listet den Landkreis in landes- und bundesweiten Wirtschaftsrankings ebenfalls auf weit überdurchschnittlichen, vorderen Plätzen. „Eins A" und unter den „Top Ten" ist schließlich gar die gesamte Region Ostwürttemberg bei einer bundesweiten Umfrage zum Glücksfaktor der Menschen in ihrem Lebensraum.

Stimulierender Branchenmix

Eine stimulierende Mischung aus innovativem Mittelstand und Großunternehmen mit internationalem Ruf zeichnet den Ostalbkreis aus. Die Wirtschafts- und Wachstumsachsen an Kocher, Jagst und Rems weisen bis heute einen hohen Industriebesatz auf. Doch längst hat sich der reine Industriestandort durch Engineering, Dienstleistung, Forschung und Entwicklung

weit über die Produktion hinaus zum Techno-logie- und auch Hochtechnologiestandort ge-wandelt. Neben klassischen Kompetenzfeldern wie der Metallindustrie, dem Fahrzeugbau oder der Maschinen- und Werkzeugherstellung ste-hen dafür auch umfassende Wertschöpfungs-ketten in Wirtschaftsclustern wie Photonik, Oberflächentechnologie, Holz & Papier, Krea-tivwirtschaft & Design oder etwa Logistik. Tief verwurzelte Traditionsfirmen in Gewerbe- und Industriegebieten sind dabei ebenso vertreten wie junge Start-ups in Gründer-, Technologie- und Innovationszentren. Weltbekannte Herstel-ler entwickeln und produzieren im Ostalbkreis namhafte Marken und exportieren sie nach der Devise „von der Ostalb rund um den Globus".

Zahlreiche familiengeführte, mittelständische Betriebe bilden ein stabiles Fundament für Wachstum, Beschäftigung und Ausbildung im Ostalbkreis. Die Firmen stärken und entwickeln den Wirtschaftsraum durch ihre enorme Investi-tions- und Innovationskraft sowie die große Ver-bundenheit zum Standort und die aktive Wahr-nehmung sozialer Verantwortung. Nicht zuletzt zeigt sich diese bei vielen unternehmensinitiier-ten Stiftungen, Maßnahmen und Projekten, die vom Bildungs- und Ausbildungsbereich über Gesundheit und Soziales bis hin zur Förderung der Schönen Künste reichen. Zum produktiven Unternehmensbesatz im Landkreis zählt auch ein hoher Anteil sogenannter „Hidden Champi-ons" - also jener Unternehmen, die in Nischen oder in bestimmten Beschäftigungsgrößenklas-sen eine „große Nummer" in ihrem Segment auf dem Weltmarkt sind.

Doch nicht allein die Güterproduzenten son-dern auch die Dienstleistungsbranche bietet at-traktive Arbeitsplätze. In den smarten Laden-geschäften der Innenstädte genauso wie in den Versorgungs- und Fachmarktzentren oder den Handelszonen in der Fläche. Ob im Sozialsystem, im Sektor Gesundheit und Pflege, in Hotellerie und Gastronomie, im Verkehrsgewerbe oder bei Banken, Versicherungen und sonstigen Dienst-leistungen. Online-Vertriebswege und Internet-handel entwickeln sich zunehmend dynamisch und lassen in den Gewerbearealen vermehrt Distributions- und Umschlagzentren entstehen. In einem spürbaren Wandlungsprozess befindet sich durch Onlinebanking, die anhaltende Nied-rigzinspolitik der Europäischen Zentralbank, Bewertungs- und Ratingvorgaben, Sicherungs-regulatorik und andere nationale und interna-tionale Mechanismen insbesondere die Finanz-landschaft. Wodurch es auch im Landkreis und der Region vermehrt zu Strukturanpassungen auf Veränderungen im Kunden- und Marktver-halten sowie teilweise zu Konzentrationspro-zessen und Fusionen kommen kann. Doch die hohe Flexibilität der lokal und regional stark en-gagierten und verantwortungsvollen Akteure im Finanz- und Bankensektor bietet im Rah-men des dreisäuligen Systems der Sparkassen, Genossenschaftsbanken und Privatbanken für

Wirtschaft, Mittelstand und Handwerk gerade im Ostalbkreis Stabilität und Kontinuität bei der Unternehmensfinanzierung, der Kreditversorgung und der Investitionssicherung.

Die ökonomische Kompetenz von Standorten lässt sich immer auch an den Schlüsselbranchen ablesen. Darunter werden die dominanten Wirtschaftszweige einer Region verstanden, in denen erstens die meisten Erwerbspersonen beschäftigt sind, die zweitens die meisten Betriebe umfassen und die drittens den höchsten Umsatz generieren. Danach ist im Ostalbkreis der metallverarbeitende Sektor führend, gefolgt von einem breit aufgestellten Mittelbau der Wirtschaft zu dem der Einzelhandel, das Baugewerbe, die Gesundheitsbranche, die Optoelektronik und die Logistik gehört. Diesen Bereichen schließen sich mit etwas Abstand Gastronomie und Tourismus sowie die Forst- und Holzwirtschaft an. An einem modernen und pulsierenden Standort garantieren die Unternehmen, Institutionen und freien Berufe der Bevölkerung eine breite und innovative Palette interessanter Beschäftigungs- und Ausbildungsmöglichkeiten. In einem eigens verfassten Beitrag geht der Wirtschaftsjournalist und Redakteur Winfried Hofele im nächsten Buchkapitel „Wirtschaftscluster und Firmenreport" nochmals gesondert und ausführlicher auf die vorhandenen Wirtschaftscluster, Wertschöpfungsketten und auch auf zahlreiche Firmenereignisse und Entwicklungen am Standort ein. Winfried Hofele war Mitinitiator und langjähriger Chefredakteur der Monatszeitung „Wirtschaft Regional Ostwürttemberg", die 1992 gegründet wurde. Bis heute ist er als Redakteur beim Aalener Medienhaus SDZ Druck und Medien GmbH & Co. KG tätig.

Mit nahezu 120.000 sozialversicherungspflichtig Beschäftigten in über 20.000 Betrieben rangiert die Beschäftigung auf einem Höchststand, bei einer gleichzeitig geringen Arbeitslosenquote, die mit 3,5 Prozent im Jahresdurchschnitt noch unter dem Landesvergleichswert liegt. Knapp die Hälfte der Beschäftigten (46,9 Prozent) sind im produzierenden und verarbeiten-

den Sektor tätig. Wobei dort ein Jahresumsatz von rund elf Milliarden Euro erwirtschaftet wird und sich in der Exportquote von gut 52 Prozent auch die Globalisierung der Märkte und die Internationalisierung der Betriebe widerspiegelt. Die weiteren Anteile bei den sozialversicherungspflichtig Beschäftigten verteilen sich auf die Wirtschaftsbereiche Handel, Gastgewerbe und Verkehr (16,8 Prozent), sonstige öffentliche und private Dienstleistungen (35,9 Prozent) sowie Land- und Forstwirtschaft (0,4 Prozent). Als Stabilitätsanker und Garant für Wachstum und Beschäftigung steht im Ostalbkreis vor allem auch das Handwerk mit seinen rund 20.000 Mitarbeiterinnen und Mitarbeitern. Die gute Zusammenarbeit der Landkreise, Städte und Gemeinden in Ostwürttemberg mit den Firmen, Hochschulen und Institutionen stempelt dem Wirtschaftsraum ein dickes Plus auf. Die Region ist gebietsidentisch mit dem Kammerbezirk der Industrie- und Handelskammer Ostwürttemberg und dem Agenturbezirk der Arbeitsagentur Aalen. Dies gestaltet die Kooperation von Landkreisen und Kommunen mit dem Regionalverband, den Wirtschaftskammern, der Arbeitsverwaltung sowie den Arbeitgeber- und Arbeitnehmerverbänden bei gemeinsamen Planungen, Entwicklungen, Strategien und nutzbringenden Initiativen sehr erfolgreich und nachhaltig.

Die Kreishandwerkerschaft Ostalb und die Innungen bilden eine starke Gemeinschaft vor Ort und sind zusammen mit den Betrieben, der Landkreisverwaltung und den Beruflichen Schulzentren gerade auch im herausragenden Themenfeld der dualen Bildung partnerschaftliche Akteure und bestens aufgestellt. Die Kreishandwerkerschaft vereint Innungen und Innungsfachbetriebe. Überdies ist die Kreishandwerkerschaft Ostalb mit den Geschäftsstellen Aalen und Schwäbisch Gmünd Dienstleister und Vertretung der angeschlossenen Handwerksbetriebe. Sie betreut derzeit 28 Innungen und gut 1.100 freiwillig organisierte Innungsfachbetriebe. In überregionalen Innungen sind

Verleihung des Bundesverdienstkreuzes an Ehrenkreishandwerksmeister Manfred Schneider durch den damaligen Minister für Finanzen und Wirtschaft des Landes Baden-Württemberg Dr. Nils Schmid.
Foto: Kreishandwerkerschaft Ostalb

Die Kreishandwerksmeister/-in der Kreishandwerkerschaft Ostalb, Alexander Hamler und Katja Maier bei Norbert Barthle MdB (Bildmitte), Staatssekretär im Bundesministerium für Verkehr und digitale Infrastruktur.
Foto: Kreishandwerkerschaft Ostalb

Jahresempfang 2015 der Industrie- und Handelskammer Ostwürttemberg mit Festredner Bundeswirtschaftsminister Sigmar Gabriel (Bildmitte), IHK-Präsident Carl Trinkl (links) und dem Hauptgeschäftsführer der IHK Klaus Moser (rechts).
Foto: IHK

weitere, gut 300 Betriebe angeschlossen. Über 1.500 Auszubildende werden in den Fachbetrieben der unterschiedlichsten Branchen und in überbetrieblichen Ausbildungszentren, wie sie beispielsweise für das Bauhandwerk oder das elektro- und informationstechnische Handwerk im Landkreis bestehen, ausgebildet. Alle 3.200 Unternehmen des zulassungspflichtigen Handwerks im Ostalbkreis erwirtschaften einen Jahresumsatz von circa zwei Milliarden Euro. Dort arbeiten rund 20.000 Menschen. Damit sind 13 Prozent aller Erwerbstätigen und 25 Prozent aller Auszubildenden im Ostalbkreis im Handwerk tätig. Diese Zahlen und Fakten verdeutlichen zum einen die wirtschaftliche Bedeutung des Handwerks für den Wohn- und Wirtschaftsraum und zum anderen die enorme Wirtschaftskraft, die der Stimme der Kreishandwerkerschaft als Interessenvertreter in Gesellschaft, Politik und Wirtschaft Gewicht verleiht. Ob für Privatverbraucher, Industrie, Handel oder die öffentliche Hand - das Handwerk im Ostalbkreis bietet ein breites, differenziertes und qualitativ hochwertiges Angebot an Waren und Dienstleistungen an. Mit Flexibilität und Kreativität erfüllt es individuelle Kundenwünsche. Die Innungsfachbetriebe stellen an ihre Handwerksleistungen und Beratungskompetenzen besondere Ansprüche. Sie engagieren sich deshalb für ihre Kunden in besonderer Weise in der Aus-, Fort- und Weiterbildung, nutzen insbesondere ihre Innung zum unverzichtbaren Erfahrungsaustausch und stehen für

die Erfüllung höchster Qualitätsansprüche sowie für eine fachlich einwandfreie Beratung.

Die Industrie- und Handelskammer Ostwürttemberg ist als größte Interessenvertretung und Wirtschaftskammer für viele Unternehmen in der Region ein ständiger Impulsgeber für zukunftsweisende Initiativen und auch ein wichtiger Kooperationspartner für den Landkreis und alle Akteure in der kommunalen, landkreisweiten und regionalen Wirtschaftsförderung. Die Industrie- und Handelskammer Ostwürttemberg arbeitet als Körperschaft des öffentlichen Rechts für alle Unternehmen aus Industrie, Handel und Dienstleistung in der Region Ostwürttemberg. Oberstes Ziel ist es dabei, bestmögliche Rahmenbedingungen für die regionale Wirtschaft zu schaffen. Sie vertritt die Interessen der Betriebe des Ostalbkreises und des Landkreises Heidenheim auch im Dialog mit der Politik. Vom Staat wurden der IHK zahlreiche hoheitliche Aufgaben übertragen, wie zum Beispiel die Betreuung der dualen Berufsausbildung oder das Sachverständigenwesen.

Ende 2015 verzeichnete die IHK Ostwürttemberg über 23.000 Mitgliedsunternehmen. Nach jüngsten Zahlen des Statistischen Landesamts erwirtschaftete Ostwürttemberg dabei als dünn besiedelte und kleinste Region Baden-Württembergs ein Bruttoinlandsprodukt (BIP) von rund 15,5 Milliarden Euro. Bemerkenswert ist diese Leistung im Verhältnis: So liegt in Ostwürttemberg das BIP je Erwerbstätigem bei mehr als 68.000 Euro. Und das ist landesweit Rang sechs für eine Region mit gerade einmal zwei Landkreisen. 16.825 (72 Prozent) der Unternehmen in Ostwürttemberg sind im Ostalbkreis angesiedelt – davon in der Industrie 3.251 (19,3 Prozent), im Handel 4.829 (28,7 Prozent) und 8.745 (52 Prozent) im Dienstleistungssektor.

Die berufliche Bildung hat auf der Ostalb ihren regionalen Mittelpunkt: Bereits heute ist das IHK-Bildungszentrum in Aalen das größte und modernste gewerblich-technische Aus- und Weiterbildungszentrum in Ostwürttemberg. Das Bildungsangebot reicht von der dualen Ausbildung im Metall- und Elektrobereich bis hin zur technischen Weiterbildung auf höchstem Niveau. Der Mai 2016 markierte den offiziellen Start für den Neubau des IHK-Bildungszentrums in Aalen, in direkter Nachbarschaft zum Beruflichen Schulzentrum. Bei dem Bauprojekt handelt es sich um die größte Einzelinvestition in der Geschichte der IHK Ostwürttemberg. Es entsteht bis Herbst 2017 ein „Bildungszentrum 4.0", wie IHK-Präsident Carl Trinkl es nennt, Ostwürttembergs modernste Einrichtung für überbetriebliche Ausbildung zwischen Stuttgart und München.

Preisgekrönte Innovatoren

Innovativ in intakter Umwelt erleben die Menschen zu Beginn des 21. Jahrhunderts den Ostalbkreis, wünschen sich Unternehmen und Investoren ihren Standort und Touristen ihr Feriendomizil. Das kräftige Rückgrat der Metallindustrie und die bestechende Schönheit der Landschaft sind geblieben. Dazwischen liegt die Beständigkeit des Wandels und der Mut zur Erneuerung. Denn schließlich wird heute das Morgen gestaltet, welches übermorgen schon das Gestern ist. Kreative Köpfe und eine enorme Schaffenskraft prägen den „Raum für Talente und Patente" - ein Signet der Wirtschaftsregion Ostwürttemberg, welches die hohe Innovationsdynamik und Patentintensität im deutschlandweiten und damit auch europäischen Vergleich unterstreicht.

Die Wirtschaft im Landkreis ist fulminant in das neue Millennium, also das 3. Jahrtausend gestartet. Allein 2007 gingen drei von vier Bundesinnovationspreisen als höchste Auszeichnung der deutschen Wirtschaft an Unternehmen der Ostalb: Die CARL ZEISS SMT AG wurde in der Kategorie große Unternehmen für den Halbleiter- und Lithographieoptikbereich ausgezeichnet. Die CARL ZEISS AG selbst erhielt den Dekadenpreis für herausragende technologische Leistungen über ein Jahrzehnt hinweg. Und die VARTA MICROBATTERY, mit Firmensitz in Ellwangen, war Gewinner im Bereich der innovativen mittelständischen Unternehmen. Ohne überhaupt Fragen aufzuwerfen, lässt sich beantworten was daraus geworden ist. Enorme, teils gigantische Standort- und Technologieinvestments und damit vor allem auch Investitionen

Baustart für das neue Bildungszentrum der Industrie- und Handelskammer in Aalen. Foto: IHK

Die VARTA Microbattery etablierte in Ellwangen (Jagst) die weltweit größte und modernste Hörgerätebatteriefabrik mit ausschließlich ressourcen- und umweltschonenden Prozessen.
Foto: VARTA

Nächste Seite oben: Kundgebung der IG Metall Aalen.
Foto: IG Metall

Verbandshaus Aalen der Südwestmetall Bezirksgruppe Ostwürttemberg.
Foto: Spectrum Fotostudio Aalen

in Arbeits- und Ausbildungsplätze, also in Beschäftigung und Wachstum.

Dies galt und gilt für die gesamte Ostalb. So kamen die nationalen und internationalen Auswirkungen der Finanzmarktkrise, der Staatsschuldenkrise in einzelnen Euroländern und der nachfolgenden Wirtschaftsrezession im Landkreis nur im Jahr 2009 mit einer geringen Dämpfung, ersichtlich an einem leichten Rückgang der Gesamtbeschäftigtenzahl, an. „Wirtschaft ist nicht Schicksal, sondern Chance", hieß es auch in dieser Zeit. Der Fachkräftebedarf am Standort Deutschland und in der heimischen Wirtschaftsregion wurde als Herausforderung verstanden und brachte auch neue Beschäftigungschancen am Arbeitsmarkt. Dies birgt bis

heute den klaren gesellschaftlichen Auftrag, die Themen Bildung, Ausbildung, Digitalisierung und Qualifizierung oder etwa Familienfreundlichkeit und Standortqualität bis hin zu den Bereichen Integration, Akquise und Zuwanderung zur Sicherung des gesellschaftlichen Wohlstands nutzbringend miteinander zu verbinden.

Ein Krisenlamento nach dem Motto Finanzmarktkrise, Wirtschaftskrise, Verschuldungskrise, Börsenkrise, usw. … und nun auch noch der Fachkräftemangel gab es am Standort nicht. Die Kräfte haben sich fokussiert und in bewährter Manier gebündelt. Die große Koalition im Bund hatte schnell und schlüssig auf die Finanzmarktkrise reagiert, die Brücke der Kurzarbeit hat getragen, die Tarifautonomie hat funktioniert, die Unternehmen haben sich blitzschnell restrukturiert, betriebliche und lokale Bündnisse wurden geschmiedet, die Solidarität von Arbeitnehmern und Arbeitgebern war und ist gerade auch im Ostalbkreis beispielhaft.

Die Zukunftsinitiative Ostwürttemberg 1995 - 2005 wurde in das Jahr 2015 fortgeschrieben und darüber hinaus mit einer regionalen Fachkräfteallianz, einer Fachkräfteinitiative und der viel beachteten Fachkräftekampagne „Erstaunliches Ostwürttemberg" erfolgreich fortgesetzt.

Neben den Netzwerkaktivitäten, herausragenden Unternehmensimpulsen und bedeutenden Firmenereignissen gab es ebenfalls in jüngerer Vergangenheit besondere Standortereignisse wie etwa im Jahr 2011 das Jubiläum 150 Jahre Remsbahn von Aalen-Wasseralfingen nach Bad Cannstatt. Oder im Jahr 2012 das 25-jährige Jubiläum zum Durchbau der Autobahn A 7/E 43 als eine Erfolgsstory für den Wirtschaftsraum, die sicher in ähnlicher Weise auch mit der Verkehrsfreigabe des Schwäbisch Gmünder „Einhorntunnels" für den weiteren Ausbau und Durchbau der Bundesstraße B 29 als wichtigste Ost-West-Achse im Landkreis im Jahr 2013 eingeleitet wurde.

Nach dem Motto „Erfolg ist Qualität mal Geschwindigkeit" gibt es eine ganze Reihe von kleinen, mittleren und großen Betrieben, die mit

wichtigen Branchen- oder Wirtschaftsawards, mit Gütesiegeln für Qualität, Servicestärke oder besonders familienorientierte Arbeitsbedingungen ausgezeichnet wurden. Viele Unternehmen tragen das Top-Job Siegel oder Top-100 Prädikat oder gehören zu den Bestplatzierten und Gewinnern beim Landesinnovationspreis Baden-Württemberg, dem Dr.-Rudolf-Eberle-Preis. Kreativität, Talente und Erfindergeist sind auch wesentliche Motoren der Wirtschaftskraft im Ostalbkreis und im Raum Ostwürttemberg.

Deshalb wurde bereits im Jahr 2000 von der WiRO, der Industrie- und Handelskammer Ostwürttemberg, der Kreissparkasse Ostalb und der Kreissparkasse Heidenheim mit dem „Innovationspreis Ostwürttemberg" eine eigene Auszeichnung für herausragende Leistungen in den Bereichen „Wirtschaft und Verwaltung", „Bildung und Wissenschaft" und „Patente" ins Leben gerufen. Über 60 Preise wurden bis heute vergeben und alle Bewerber mit einer Auszeichnung gewürdigt. Das Besondere dabei ist sicher, dass die Stars gleichermaßen aus einer Schülerfirma, aus der eigenen Gründergarage, aus einem kleinen Betrieb, aus dem Innovationszentrum auf dem Hochschulcampus oder aus der Innovationsschmiede eines Großunternehmens kommen können. Exemplarisch für diesen vielfältigen Erfindungsreichtum steht etwa eine „klare Zeitanzeige in Worten", die ebenso verblüffend wie genial ist. Das Schwäbisch Gmünder Gestalterduo Marco Biegert und Andreas Funk erfand die mehrfach mit Preisen hochdekorierte Wortuhr „Qlocktwo".

Diese Wortuhr gibt es inzwischen in vielen Variationen und Sprachen - als Wanduhr, als Armbanduhr, als Tischuhr mit Wecker und in der monumentalen Größe von 5 x 5 Metern am Gamundia-Gebäude beim Schwäbisch Gmünder Bahnhof. Damit sind die Leistungen der zahlreichen Tüftler, denen der Innovationspreis Ostwürttemberg verliehen wurde und wird, beispielhaft und beispielgebend für die Innovationsfreude in einem zukunftsfähigen Wirtschaftsraum.

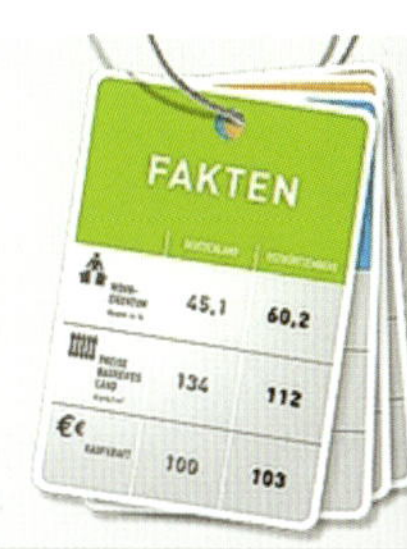

Die Ostalb präsentiert sich gemeinsam auf dem Messestand des Schwäbische Alb Tourismus auf der CMT 2016 in Stuttgart.
Foto: Landratsamt

Messen und Ausstellungen

… sind Brücken zu Menschen und Märkten. Sie bringen Angebot und Nachfrage zusammen, sie sind geeignete Plattformen für die Informationsgewinnung und den Meinungsaustausch, sie geben ein Panorama der Wirtschaftsvielfalt am Standort und sind Seismograf für die Innovationsdynamik und neue Entwicklungen im Wirtschaftsraum. Vor allem aber dienen sie der Geschäftsanbahnung und bieten ideale Kontaktmöglichkeiten, auch oder gerade im digitalen Onlinezeitalter. Im Ostalbkreis hat das Messewesen Tradition und erneuert sich dennoch permanent um weitere Highlights. Im 19. Jahrhundert konnte man den Ostalbkreis noch als das „Ruhrgebiet Württembergs" bezeichnen. Der Eisenerzbergbau, Papiermühlen und Schmuckmanufakturen gestalteten die Industrielandschaft. Die Eisenbahn schaffte neue Arbeitsplätze und der berühmte Industriepionier Bergrat Faber du Faur führte den Erzabbau in Aalen-Wasseralfingen zwischen 1810 und 1840 zu einer ungeahnten Blüte. Heute fahren in jeder Saison tausende von Gästen in das „Besucherbergwerk Tiefer Stollen" ein, welches zum UNESCO Global Geopark gehört. Gleichzeitig ist das ehemalige Bergwerk als anerkannter Kurbetrieb ein Heilstollen, in dem man bei Liegekuren unter Tage im wahrsten Sinne des Wortes „tief durchatmen" kann.

Damals, in den Gründerzeiten, war einer der „Bergschüler" im Eisenwerk Wasseralfingen kein geringerer als Ferdinand von Steinbeis, der als Initiator der württembergischen und deutschen Gewerbeförderung später noch in die Geschichte eingehen sollte. Gut 30 aktive Handels- und Gewerbevereine stellen alleine im Ostalbkreis die Ideen von Steinbeis unter Beweis und initiieren lokale und regionale Leistungsschauen. Heute vielleicht wieder mehr denn je als zeitgemäße und vorwärts gerichtete, vom Publikum gern besuchte Marketingevents im 21. Jahrhundert. Quer durch den Landkreis sind Handel, Handwerk und Gewerbe dabei aktiv. Von Lorch bis Bopfingen und von Oberkochen bis Rosenberg. Die Abtsgmünder Leistungsschau in der Kochertalmetropole hat sich genauso etabliert, wie die Neresheimer Fachausstellung/NEFA, die Kapfenburgmesse der Nachbarkommunen Lauchheim und Westhausen oder die alljährlich stattfindende, große Gewerbeausstellung bei der traditionsreichen Ipfmesse in Bopfingen. Diese Messe unter dem Ipf, dem deutschlandweit bekannten Wahrzeichen der Stadt Bopfingen, ist Volksfest, Verbrauchermarkt sowie Gewerbeschau gleichermaßen. Die Ipfmesse ist ein Besuchermagnet, der die Menschenmengen zwischen Ostalb und württembergischem Ries jedes Jahr aufs Neue vielleicht nicht physikalisch-magnetisch, aber bestimmt magisch anzieht.

Eine weitere Besonderheit ist die jeweils erste Messe im Jahreskalender des Landkreises. Alljährlich im Januar findet beim Ellwanger „Kalter Markt", einem traditionellen Pferdemarkt mit über 650-jähriger Tradition, ab dem Sonntag nach Dreikönig eine beachtliche Technik- und Verbrauchermesse statt. Etwas Spezielles haben sich auch die gewerbe- und handeltreibenden Unternehmen der Gemeinde Unterschneidheim, in der auch ein Werk der bekannten LEITZ Gruppe für Werkzeuge und Werkzeugsysteme zur Holz- und Kunststoffbearbeitung ansässig ist, einfallen lassen. Dort öffnen die Aussteller in regelmäßigen Abständen das Gewerbegebiet und die Firmenportale, um die Besucher über ein ganzes Wochenende mitten in die Produktion, Dienstleistung und Entwicklung zu holen. Solche Initiativen haben zwischenzeitlich Schule gemacht und wurden schon in andere Städte und Gemeinden übertragen. Die Wirtschafts- und Tourismusförderung des Landkreises präsentiert sich regelmäßig mit ihren Ausstellungstheken, mit der „Kontaktstelle Frau und Beruf" und dem Europa-Informationszentrum „EUROPoint" auf der ostwürttembergischen Wirtschafts- und Verbrauchermesse „KONTAKTA", die im Wechsel in den Städten Aalen und Heidenheim stattfindet.

Doch der Messestandort Ostalbkreis kann von „lokal bis international". Und von der Branchen über die Hochschul- bis zur Firmen- oder Fachkräftemesse. In der Region ist der Marketing-Club Ostwürttemberg e. V. mit vielen Events, Firmenbesuchen und Informationsveranstaltungen genauso verankert wie der International Club East-Wuerttemberg. Dieser konnte in 2015 bereits auf sein 10-jähriges Bestehen blicken. Im Jahr 2012 fand als große Themenmesse im „Röttinger Forst" zwischen Bopfingen und Lauchheim die 16. KWF-Tagung (Kuratorium für Waldarbeit und Forsttechnik e. V.) statt. Rund 55.000 Besucher wollten das weltgrößte Forsttechnik-Event auf der Ostalb sehen. Die beeindruckende Leistungsschau der Forstwirtschaft verzeichnete 538 Aussteller aus 26 Ländern mit einer gebuchten Nettoverkaufsfläche von 75.500 m².

Ein Highlight des Jahrzehnts war natürlich die 25. Landesgartenschau in Schwäbisch Gmünd von April bis Oktober 2014. Die Rekordgästezahl mit über zwei Millionen Besucherinnen und Besuchern spricht für den Erfolg und das herausragende Ambiente sowie die Vielfalt der Präsentationen auf dem Gartenschaugelände zwischen „Himmel und Erde". Im Forum Gold und Silber waren dabei auch eine große Firmenausstellung, interaktive Schaumodule zu den Bereichen Tourismus und Wirtschaft sowie die Infotheken der Landkreisverwaltung und des EUROPoints zu sehen. Aus der Tradition als Gold- und Silberstadt und der Begeisterung für Schmuck, Design und Darstellung wurde gleich ein Jahr später in 2015 die neue Präsentation „126 - Gold & Silber Schwäbisch Gmünd - Messe für Schmuck & Gerät" aus der Taufe gehoben. Das Ausstellungsmotto „126" ist dabei nichts kalendarisches, sondern addiert schlicht die Ordnungszahlen für Gold und Silber aus dem Periodensystem der Elemente.

Technologisches Messefeeling vermittelt die nun schon zum 22. Mal stattfindende Aalener Industriemesse for students (AIM) an der Hochschule Aalen. Die AIM ist eine der größten Messen in Süddeutschland, wenn es für Studierende, Fachkräfte, Gründer und Firmen darum geht, Kontakte zu knüpfen und Karrieren zu starten. Eine überwältigende Resonanz durch Jugendliche, Schüler und Eltern finden ebenso die jährlich im Frühjahr und Herbst stattfindenden Aus-

KWF-Tagung (Kuratorium für Waldarbeit und Forsttechnik e. V.) - das weltgrößte Forsttechnik-Event. Foto: W. Noack

Wandern am Ipf bei
Bopfingen.
Foto: First Floor, Aalen

Geopark Schwäbische Alb,
Zertifizierung: V.l.n.r.: Prof.
Dr. Hartwig Lüdtke, Vize-
Präsident der deutschen
UNESCO-Kommission und
Direktor des Technoseums
Mannheim, Landrat Klaus
Pavel, stellvertretender
Vorsitzender des Geoparks
Schwäbische Alb, und
Ministerpräsident Winfried
Kretschmann mit der Zerti-
fizierung „UNESCO Global
Geopark" für den Geopark
Schwäbische Alb.
Foto: Staatsministerium
Baden-Württemberg

bildungs- und Studienmessen. Diese werden in Kooperation von Arbeitsagentur, Landkreisverwaltung und Beruflichen Schulen organisiert und präsentiert. Berufsbörsen oder „lange Ausbildungsnächte" an den Hochschulen bieten für junge Menschen ein gelungenes Infotainment zu den spannenden Themen Bildung, Ausbildung und Qualifizierung.

Die Unternehmen am Standort sind aber auch gemeinsam mit den Wirtschaftskammern und -verbänden sowie in Kooperation mit den lokalen und regionalen Wirtschaftsförderern auf den wichtigen Leit- und Branchenmessen, Wirtschaftskonferenzen oder Fachkräftekongressen vertreten. Beispiele sind etwa die Gewerbeimmobilienmesse Expo Real, die Computermesse CeBIT, die LIGNA für die Holz- und Möbelindustrie, die INHORGENTA in der Schmuckbranche, die AMB für den Maschinen- und Werkzeugbau, die bekannte Hannover Messe oder die Motek in der Produktions- und Montageautomatisierung.

Die lokalen und regionalen Touristikgemeinschaften präsentieren sich gemeinsam mit der Landkreisverwaltung auch regelmäßig auf touristischen Fach- und Publikumsmessen wie der CMT Stuttgart oder der ITB Berlin, den Leitmessen der weltweiten Reisebranche und führenden Businessplattformen für das touristische Angebot.

„Schatzkammer Ostalbkreis"

Ein weiter Himmel spannt sich über die Landschaften des Ostalbkreises. Wasserläufe fließen durch wildromantische Täler. Kühle Wälder des Keuperberglandes im Norden mit seinen Feuchtgebieten, Stauseen und Bächen stehen im Kontrast zu den trockenen Wacholderheiden am markanten Trauf der Schwäbischen Alb im Süden. Zwischen dem imposanten Ipf im Osten und den Dreikaiserbergen im Westen finden sich sanfte Hügel, Streuobstwiesen, Felder und Fluren. Diese verschiedenartigen Landschaftsformen in der Mitte Süddeutschlands stehen für den Facettenreichtum einer attraktiven Region, deren Spannungsbogen von uralten Zeitzeugen der Geschichte über einen gesunden Lebensraum bis hin zu den innovativsten Wirtschaftsunternehmen Deutschlands reicht.

Neben den industriellen Kernzonen an Kocher, Jagst und Rems klassifiziert die moderate Einwohnerdichte von 207 Einwohnern/km² Teile des Umlands zum ländlichen Raum, der vorwiegend land- und forstwirtschaftlich sowie touristisch geprägt ist. Längst ist dies kein Makel mehr, sondern ein Prädikat für Freiräume zum Leben, Wohnen und Arbeiten, dort wo andere Urlaub machen. Selbstständige, Unternehmensgründer mit standortunabhängigen Dienstleistungen, Fach- und Führungskräfte wissen diese Lebens- und Arbeitswelt der Ostalb mehr und mehr zu schätzen.

Die Spuren der Geschichte sind im Ostalbkreis überall präsent. Wie ein roter Faden zieht sich der im Jahr 2005 von der UNESCO zum Weltkulturerbe erhobene Limes auf einer Länge von rund 59 Kilometern durch die Region. Einer Perlenkette gleich reihen sich zahlreiche Sehenswürdigkeiten aus römischer Zeit aneinander. Etwa der Limespark Rainau am Bucher Stausee oder das Aalener Limesmuseum, welches als schönstes Römermuseum in Süddeutschland gilt. Das Alamannenmuseum Ellwangen vermittelt archäologische Grab- und Siedlungsfunde und gibt Einblicke in das frühmittelalterliche Dorfleben. Die Vergangenheit der Ostalb lässt sich bis

in die frühe Erdgeschichte zurückverfolgen: Im UNESCO Global Geopark Schwäbische Alb wecken Fossilienfunde, Meteorkrater und Skelette von Fischsauriern die Faszination der Urzeit. Als mächtiger Zeugenberg des Weißen Jura ragt der Ipf bei Bopfingen aus der Landschaft heraus. Archäologen fanden einen keltischen Fürstensitz aus der Eisenzeit - eine spektakuläre Ausgrabung mit einzigartigen Funden, die mit Hilfe von LEADER-Fördermitteln der Europäischen Union in musealen Pavillons präsentiert werden können.

Im Mittelalter gehörte die Ostalb zum Kernbereich des großen deutschen Kaisergeschlechts der Staufer. Die „Schatzkammer Ostalb" lockt geschichtsbegeisterte Menschen ebenso an wie Familien, Geschäftsreisende und gesundheitsbewusste Genießer. In den Aalener Limes-Thermen sprudelt warmes Wasser aus 600 Metern Tiefe. Neben den Thermen und zahlreichen Frei-

bädern laden aber auch die idyllische Ellwanger Seenplatte und einige Naturfreibäder wie etwa in Gschwend oder Hüttlingen zum Baden, Erholen und Entspannen ein. Die regionale Gastronomie bietet eine Fülle gesunder Gaumenfreuden aus der Umgebung. Vom Tagungsressort und Fünf-Sterne-Hotel über Ferien auf dem Bauernhof oder im Baumwipfelhotel bis hin zum familienfreundlichen Campingplatz finden Touristen Ferienquartiere für jeden Anspruch und Geldbeutel. Wandernd per Pedes, mit dem Fahrrad oder auf dem Motorrad erschließt sich eine Landschaft der reizvollen Kontraste. Die Veranstaltungskalender der Städte und Gemeinden bieten eine fast unerschöpfliche Vielfalt an Konzerten, Freilichtaufführungen, Ausstellungen oder Kinoevents.

Spirituelles, Geschichte und Geschichten vermitteln vor allem die zahlreichen Kirchen, Klöster, Burgen und Schlösser. Kulturelle

Der Orrotsee gehört zur Ellwanger Seenplatte und liegt idyllisch zwischen Rosenberg und Jagstzell.
Foto: B. Hildebrand

Höhepunkte wie das Europäische Kirchenmusikfestival in Schwäbisch Gmünd oder die Jazz Lights in Oberkochen lassen Musik- und Kunstfreunde auf ihre Kosten kommen. Unter dem Markendach des „Schwäbische Alb Tourismus" arbeiten Gastronomie und Hotellerie, Museums- und Verkehrsdienstleister, die einzelnen Touristikgemeinschaften und der Landkreis ständig am zeitgemäßen Ausbau der touristischen Infrastruktur und an neuen Wohlfühlerlebnissen für Gäste und Besucher. Dazu tragen auch der Naturpark Schwäbisch-Fränkischer Wald und weitere Naturschutz- und Tourismusorganisationen mit vielfältigen Erlebnis-, Lehr- und Themenpfaden für alle Altersgruppen sowie durch ein umfangreiches Tourenangebot bei.

In gut 150 Tourismusbetrieben mit mindestens zehn oder mehr Übernachtungsgelegenheiten stehen landkreisweit circa 8.500 Gästebetten zur Verfügung. Mit rund 350.000 Gästeankünften und weit über 700.000 Übernachtungen jährlich gehört der Ostalbkreis regelmäßig zu den Top 3 Teildestinationen im vielfältigen touristischen Verbandsgebiet der Schwäbischen Alb.

Kulinarische Gaumenfreuden mit regionalen Spezialitäten aus nachgewiesener Erzeugerqualität finden sich im Landkreis von der „gut bürgerlichen Küche" bis hin zum Gourmetrestaurant von Sterne- und Haubenkoch Josef Bauer im Landgasthof Adler in Rosenberg. Genuss pur ist in der Region so selbstverständlich wie die heimische Braukultur. Im Jahr 2016 feierten die deutschen Brauereien allerorten das Jubiläum des Reinheitsgebotes vom 23. April 1516. Kurze Transportwege, traditionelle Herstellungsverfahren und direkte Vertriebsbeziehungen bürgen im Ostalbkreis dafür, dass bei den Verbrauchern ein absolut frisches Bier ins Glas oder in den Krug kommt. Darauf haben die Inhaberfamilien, Brauereichefs und Braumeister aller sieben Familien-Brauereien im Landkreis bei einem Ostalb-Braumarkt mit ihren schmackhaften Produkten anstoßen können. Mit von der Partie waren die AALENER LÖWENBRAUEREI, die Ellwanger ROTOCHSEN-BRAUEREI, die LA-

DENBURGER BRAUEREI aus Neuler, die LÖ-
WENBRAUEREI WASSERALFINGEN, WIE-
LANDS' BIERBRAUEREI aus Abtsgmünd, die
HIRSCHBRAUEREI HEUBACH und LAMM-
BRÄU aus Untergröningen. Vieles ist hier ein-
fach noch ursprünglich. Vom Getreideanbau
der Landwirte über das eigene Mehl aus der Max
Ladenburger HEIMATSMÜHLE GMBH & CO.
KG, die mit ihren Qualitätsprodukten auch Mar-
kenpartner im Schwäbische Alb Tourismus ist,
bis zu den tatsächlich noch vorhandenen Hand-
werksbäckereien.

Eine Besonderheit was regionale Spezialitäten anbelangt sind sicher auch die Initiativen
„Ostalb-Miniköche" und „Ostalb-Minigärtner".
Kinder und Jugendliche werden durch Küchenmeister, Gärtner und andere Profis früh mit
den Qualitätserzeugnissen und schmackhaften
Naturprodukten aus der Heimat vertraut gemacht, pflanzen selbst an, ernten, kochen und
servieren am Ende selbst in großer Perfektion
ein wohlschmeckendes Mehrgänge-Menü. Und
dies so erfolgreich, dass aus dem Modellbeispiel
„Ostalb-Miniköche", das der Küchenmeister und
Hotelier Jürgen Mädger mit vielen Unterstüt-
zern und Helfern vor etlichen Jahren ins Leben
gerufen hat, zwischenzeitlich über die Ostalb hinaus die „Europa-Miniköche" wurden. Die Idee
und ihr Können haben die Miniköche als sympathische Botschafter aus dem Ostalbkreis auch
schon im Bundespräsidialamt unter Beweis stellen können.

Die Menschen im Landkreis sind sowohl
sportlich als auch kulturell ein engagiertes Volk,
das seinen großen bürgerschaftlichen Beitrag
zur Förderung von Kindern und Jugendlichen
leistet. Als Vertreter von 80 Blasmusikvereini-
gungen mit über 7.000 Musikerinnen und Musikern, rund die Hälfte davon sind unter 18 Jahre
alt, ist der Blasmusikverband Ostalb der dritt-

größte unter den 22 Kreisverbänden Baden-
Württembergs. Der Sportkreis Ostalb vertritt als
Dachverband aller Sportvereine im Ostalbkreis
die Interessen von über 350 Vereinen mit über
120.000 Mitgliedern. Dabei ist die Ostalb sowohl
im Breiten- wie im Leistungssport äußerst aktiv.
Ob mit dem Bundesleistungszentrum und dem
KSV Aalen im Ringen, dem VfR Aalen in der
dritten oder auch schon zweiten Fußballbundes-
liga oder gar den weltmeisterlichen Sportkeg-
lern aus Schrezheim und Schwabsberg, um nur
Beispiele zu nennen. So kommen auch viele bekannte Sportlerpersönlichkeiten, wie die Olym-
piasiegerin und Weltmeisterin im Skispringen
Carina Vogt, Patriz Ilg - einer der ehemals welt-
besten 3000-Meter-Hindernisläufer, der frühere
Olympiaringer Thomas Zander oder der Olym-
pia-Zehnkämpfer Arthur Abele beispielsweise
von der Ostalb. Für viele Menschen aus dem In-
und Ausland ist die Internationale Musikschulakademie Kulturzentrum Schloss Kapfenburg in
Lauchheim ein Ort der Begegnung, des musikalischen und kreativen Schaffens in historischem
Umfeld. Von der Ostalb klingt es in die Welt. Als
weitgereister Sympathieträger und Orchester
der Extraklasse konzertierte die Junge Philharmonie Ostwürttemberg schon bei Bundeskanz-
lerin Angela Merkel auf der Berliner Bühne.

Der weite Himmel über dem Ostalbkreis ist
Sinnbild für den Weitblick einer Region, die ihre
historischen Wurzeln in großartiger Landschaft
pflegt, angenehme Lebensräume für die Bevölkerung und ihre Gäste schafft und voller Tatkraft
und Ideen ihren Weg in die Zukunft geht. Regional verankert, international bekannt, eingebettet in eine schöne Landschaft mit lebendigen
Städten und Gemeinden und verwoben mit dem
fortschrittlichen Netzwerk einer zukunftsweisenden Wirtschaft, bildet der Landkreis ein fa-
cettenreiches Mosaik der Vielfalt.

Neresheim, Stadt und
Kloster.
Foto: B. Hildebrand

Vorherige Seite:
Die Brauereichefs aus dem
Ostalbkreis stoßen mit ihren
Bierspezialitäten bei der
Eröffnung des Ostalb-Brau-
marktes auf das 500-jährige
Jubiläum des Reinheitsge-
botes vom 23. April 1516 an.
Foto: A. Klemm

Die Ostalb- bzw. Europa-
Miniköche vor dem Bran-
denburger Tor in Berlin.
Foto: Bildarchiv Landratsamt

Ein begeistertes Publikum
feiert beim Cro-Konzert in
der Aalener Scholz Arena.
Foto: Stadt Aalen

Kreisentwicklung und Strukturförderung

Im Ostalbkreis und der Wirtschaftsregion Ostwürttemberg leben und arbeiten heißt eingebunden sein in den Raum für Talente und Patente. Dieses Leitmotiv der Region ist nicht allein ein Zeichen der überdurchschnittlichen Innovationskraft, sondern gleichzeitig Ausdruck für die Tatkraft und Dynamik der Menschen im aktiven Lebens- und Wirtschaftsraum der Ostalb.

So hat der Kreistag des Ostalbkreises bereits in den Jahren 2012 bis 2016 ein umfassendes Kreisentwicklungskonzept auf den Weg gebracht, zu dem beispielsweise eine kreisweite Breitbandnetzplanung oder eine Hochschulstrategie 2030 gehören. Hintergrund für den breit angelegten Kreisentwicklungsprozess war und ist die Dynamik des demografischen Wandels und sozialer Umbrüche in der Gesellschaft, die eingeleitete Energiewende, eine zunehmende Digitalisierung in allen Lebensbereichen sowie die fortschreitende Internationalisierung und Globalisierung von Unternehmen und Märkten in der Wissensgesellschaft des 21. Jahrhunderts.

Der Kreistag hat gemeinsam mit über 250 weiteren engagierten Akteuren aus Bürgerschaft, Kommunen, Unternehmen, Hochschulen, Forschungseinrichtungen, Verbänden, Wirtschaftskammern, Vereinen und sonstigen Institutionen in thematischen Kreisentwicklungsdialogen und bei Konferenzen in den Raumschaften Aalen, Bopfingen, Ellwangen und Schwäbisch Gmünd wichtige Handlungs- und Gestaltungschancen für die Kreisentwicklung formuliert. Zahlreiche Themen wurden dabei analysiert, bewertet, diskutiert und bearbeitet. Etwa: Netzwerke und Cluster, Ausbau und Stärkung teilraumspezifischer Potenziale, Forschungsinfrastruktur und Hochschullandschaft, Aus- und Weiterbildung, informelle Strukturen, weiblicher Arbeitsmarkt, Integration, Aktivierung von Gründerpotenzial, produktionsnahe Dienstleistungen, Fachkräfte, Imageverbesserung und Standortmarketing, Jugend und Familie, alternde Erwerbspersonen,

Gesundheitswirtschaft, Unternehmensnachfolge oder bürgerschaftliches Engagement. Die Ergebnisse dieses dynamischen Prozesses sind u. a. in der Studie „Standortanalyse und Kreisentwicklung im Ostalbkreis" dokumentiert und konnten durch das Entwicklungskonzept „Nachhaltige Innovationen im Ostalbkreis (NIO)" auch in den Landeswettbewerb Regionale Wettbewerbsfähigkeit durch Innovation und Nachhaltigkeit (RegioWIN) eingebracht werden. Der Landkreis wurde von der Landesregierung Baden-Württemberg mit dem Prädikat WINRegion Ostalbkreis ausgezeichnet. Aus der Potenzialvernetzung von Kreisentwicklung, RegioWIN und dem Konversionsentwicklungskonzept für die Raumschaft Ellwangen (Jagst) ist zudem die fokussierte Studie „Integrativer Bildungscampus Gesundheit Ellwangen" hervorgegangen.

Der Ostalbkreis mit seinen Kommunen, Hochschulen und Unternehmen partizipiert seit vielen Jahren erfolgreich an europäischen Förderprogrammen. Die Europäische Union fördert dabei in Förderperioden und nach Förderzielen. Im Rahmen der EU-Regionalpolitik erfolgte und erfolgt die Finanzierung aus den EU-Strukturfonds, insbesondere dem Europäischen Fonds für Regionale Entwicklung (EFRE), aus Gemeinschaftsinitiativen, aus dem Europäischen Landwirtschaftsfonds für die Entwicklung des Ländlichen Raums (ELER) sowie aus dem Entwicklungsprogramm Ländlicher Raum (ELR) des Landes Baden-Württemberg. Die Ausrichtung der Förderprioritäten ist dabei sich verändernden strategischen Schwerpunkten unterworfen.

Noch Ende der 1990er-Jahre war der Landkreis nur mit einer Kommune, nämlich der Gemeinde Gschwend, in einem Arrondierungsgebiet zur Ziel-5b-Förderkulisse des Nachbarlandkreises Schwäbisch Hall vertreten. In Ziel-5b ging es um die Förderung der Entwicklung und der Strukturanpassung ländlicher Gebiete.

In der Förderperiode 2000 bis 2006 konnte der Ostalbkreis als eines von drei ländlichen Fördergebieten in Baden-Württemberg - neben dem

Neckar-Odenwald-Kreis und dem Zollernalb-kreis sowie dem städtischen Fördergebiet Mannheim - in der Ziel-2-Kulisse des Europäischen Fonds für Regionalentwicklung verankert werden. Begünstigt waren davon 20 Städte und Gemeinden im westlichen Kreisgebiet mit einer Bevölkerungszahl von rund 75.000 Einwohnern. Ziel-2 war auf die Entwicklung der wirtschaftlichen Infrastruktur als Voraussetzung für Wachstum sowie auf die Förderung von kleinen und mittleren Unternehmen als tragende Säule der wirtschaftlichen Entwicklung in ländlichen Gebieten ausgerichtet.

In den Jahren 2000 bis 2007 konnten so Landes- und EU-Zuschüsse von über 40 Millionen Euro in den Ostalbkreis transferiert werden. Damit wurden beispielsweise auch der Gewerbe- und Industriepark Gügling in Schwäbisch Gmünd und das Beratungszentrum EnergieKompetenz Ostalb e. V. in Böbingen an der Rems gefördert. Gleichzeitig war es möglich, Querschnittsaufgaben wie die Chancengleichheit von Frauen und Männern, die Weiterentwicklung der Informationsgesellschaft sowie den Schutz der Umwelt und der natürlichen Ressourcen zu unterstützen und zu forcieren. In diesen Jahren konnte in der Wirtschaftsregion Ostwürttemberg auch die Kontaktstelle Frau und Beruf als Beratungsinitiative und neutrale Orientierungshilfe für Frauen zu allen beruflichen Themen etabliert werden.

2007 bis 2013 wurden die Regionalmittel der EU über das Ziel „Regionale Wettbewerbsfähigkeit und Beschäftigung (RWB)" ausgereicht. Das Hauptaugenmerk der Förderung lag auf Innovationen, wissensbasierter Wirtschaft und Cluster, nachhaltiger Stadt- und Kommunalentwicklung sowie Ressourcenschutz und Risikovermeidung. Deshalb wurde vom Land das Modell „EU-Leuchtturmprojekte (EULE)" ausgeschrieben. An diesem Wettbewerb hatten sich zwei Kommunalverbünde aus dem Ostalbkreis erfolgreich beteiligt und stellen nun zwei von insgesamt sechs Leuchttürmen in Baden-Württemberg: Das Innovationszentrum (Inno-Z) an der Hochschule Aalen als Inkubator für Start-ups auf dem

Campus und die EULE Gmünder Wissenswerkstatt als spannendes und experimentierfreudiges Forschungszentrum für Schülerinnen und Schüler.

In der aktuellen Förderperiode 2014 bis 2020 ist das EFRE-Programm darauf ausgerichtet, sichtbare Beiträge zu zentralen Zielen des Landes und der „EU-Strategie 2020", einer Leitlinie für intelligentes, nachhaltiges und integratives Wachstum, zu leisten. Das Operationelle Programm steht daher unter der Überschrift „Innovation und Energiewende". Durch das Handlungsinstrument der Kreisentwicklung ist der Ostalbkreis in der Strukturförderung so aktiv aufgestellt wie möglicherweise nie zuvor. Als

Übergabe eines Förderbescheides für den Breitbandausbau im Ostalbkreis durch Minister der Landesregierung. (Von links nach rechts) Thomas Strobl, Minister für Inneres, Digitalisierung und Migration in Baden-Württemberg, Andrea Hahn, Breitbandkoordinatorin des Ostalbkreises, Winfried Mack MdL, Rainer Fünfgelder, Wirtschaftsbeauftragter des Ostalbkreises und Peter Hauk MdL, Minister für ländlichen Raum und Verbraucherschutz.
Foto: MLR/Potente

Lead-Partner konnte sich der Ostalbkreis zusammen mit mehreren kommunalen Akteuren am Landeswettbewerb „RegioWIN" beteiligen und wurde dort von einer unabhängigen Jury ausgezeichnet. Mit dem Entwicklungskonzept „Nachhaltige Innovationen im Ostalbkreis (NIO) - Zukunftsideen für Menschen und ihre Umwelt" wurden fünf Leuchtturm- und Schlüsselprojekte mit einem Investitionsvolumen von insgesamt 32 Millionen Euro im Wettbewerb vorgestellt. Mit dem Zentrum Technik für Nachhaltigkeit (ZTN) an der Hochschule Aalen und der Europäischen Ausbildungs- und Transferakademie für junge Erwachsene (EATA) in Ellwangen war die Bewerbung gleich mit zwei Großprojekten erfolgreich. Und auch mit den weiteren Maßnahmen, einem Innovations- und Technologiezentrum in Bopfingen, einem Konzept für die Energieautarkie in der Gemeinde Rainau und einem Kompetenz- und Entwicklungszentrum für Humanressourcen, Wissens- und Gesundheitsmanagement an der Pädagogischen Hochschule in Schwäbisch Gmünd bleibt man nach wie vor im Beratungs- und Förderkorridor des Landes und der Europäischen Union präsent.

Zwei große Teilräume des Ostalbkreises konnten außerdem im Rahmen interkommunaler Zusammenarbeit und landkreisübergreifender Kooperationen bei der Europäischen Regionalentwicklung LEADER platziert werden. Die Abkürzung LEADER steht dabei für „Liaison entre actions de développement de l'économie rurale", was soviel bedeutet wie „Verbindung von Handlungen zur Entwicklung der ländlichen Wirtschaft". Zahlreiche Kommunen und kleine Unternehmen, vor allem aber auch Private, Vereine und Verbände dürfen sich dadurch in den kommenden Jahren auf die Umsetzung und Unterstützung ihrer pfiffigen Ideen zur Gestaltung ihres Wohn- und Lebensumfeldes freuen. Die Prämierungsurkunden für die Raumschaften konnten direkt aus der Hand von Ministerpräsident Winfried Kretschmann entgegengenommen werden und die LEADER-Aktionsgruppen „Jagstregion" und „Schwäbischer Wald"

sind bereits mit markanten und wegweisenden Projekten gestartet. Ebenfalls ein Thema im europäischen Wettbewerb und Vergleich, aber genauso entscheidend auf allen weiteren Ebenen von national bis lokal, ist im Zuge einer rasanten Digitalisierung der Breitbandausbau durch glasfasergebundene Hoch- und Höchstgeschwindigkeitsnetze. Breitband ist ein Standort- und Wettbewerbsfaktor für Unternehmen, Haushalte und öffentliche Institutionen. Es ist die Grundlage für wirtschaftliches Handeln und schlichtweg auch für die Teilnahme am gesellschaftlichen Leben. Vor allem in ländlich geprägten, flächenhaften Landkreisen wie dem Ostalbkreis stellt der Ausbau einer leistungsfähigen Breitbandinfrastruktur eine besondere Herausforderung dar.

Zur Schaffung eines zukunftsfähigen, kreisweiten Glasfasernetzes hat der Ostalbkreis deshalb die Grobplanung für eine Backbone-Trasse, eine FTTC-Planung (Fibre to the Curb) für unterversorgte Bereiche und eine FTTB-Feinplanung (Fibre to the Building) für alle Gebäude nach einer europaweiten Ausschreibung erstellen lassen. Durch diese erste Gesamtplanung auf Landkreisebene wurde der Ostalbkreis zum Vorreiter für die weitere Entwicklung von Planungsausschreibungen in Baden-Württemberg. Es handelt sich dabei um über 700 digitalisierte Einzelpläne im Format A 0, die alle an die Kommunen übergeben werden konnten. Insgesamt wurden im Rahmen des Modellprojekts 90.644 Gebäude mit 152.855 Wohn- bzw. Gewerbeeinheiten und 502 Kabelverzweiger geplant. Die Planung berücksichtigt außerdem bestehende und künftige Bau- und Gewerbegebiete sowie bestehende Infrastrukturen.

Es wurde deutlich, dass weite Teile des Backbones schon durch verschiedene Netzbetreiber bestehen. Für Lückenschlüsse und zur Schaffung von Redundanzen sind rund 375 km Trassen neu zu bauen, wofür der Landkreis in seinen mittelfristigen Finanzplanungen bereits Millionenbeträge eingestellt hat und nachhaltige Unterstützung aus dem Breitbandförderprogramm

des Landes Baden-Württemberg und ergänzend auch aus Bundesmitteln erwarten kann. In Kooperation mit den Kommunen wurden bereits zahlreiche Förderanträge gestellt und von der Landesregierung schon in beachtlichem Volumen bewilligt.

Gemeinsam mit sieben weiteren Landkreisen (Alb-Donau-Kreis, Biberach, Bodenseekreis, Freudenstadt, Ravensburg, Reutlingen, Zollernalbkreis) ist der Ostalbkreis Gründungsmitglied beim Breitbandverbund „Komm.Pakt. Net", zu dem auch 195 Städte und Gemeinden gehören. Der Verbund ist deutschlandweit der größte seiner Art und hat die Aufgabe, sowohl die Planung und Weiterentwicklung als auch die Unterhaltung und Verwaltung der zu errichtenden und der bestehenden Breitbandinfrastruktur vorzunehmen. Die passive Breitbandinfrastruktur soll durch die Mitglieder dort ausgebaut werden, wo dies nicht durch den Markt erfolgt. Der anschließende Netzbetrieb ist Aufgabe privater Breitbandanbieter. Damit kann der Ostalbkreis gemeinsam mit seinen Kommunen bei einer der wichtigsten und drängendsten Aufgaben mitgestalten und am Puls der Zeit agieren.

Ein Fazit und eine Förderbilanz mit Blick auf das Jahr 2020 oder die nächste Dekade ins Jahr 2030 fällt bei den augenblicklichen Rahmendaten, Gestaltungsoptionen und Fördermöglichkeiten äußerst positiv aus. Zahlreiche Anfragen von Unternehmen, Privatpersonen und Kommunen bei der Stabsstelle Wirtschaftsförderung-Tourismus-Europabüro des Ostalb-

kreises belegen immer wieder, dass das Interesse am Entwicklungsprogramm Ländlicher Raum (ELR) nach wie vor einen sehr hohen Stellenwert einnimmt und mit diesem Programm ein entscheidendes Fördermittel zur Strukturentwicklung aus einem Guss besteht. Mit den Schwerpunkten Arbeiten, Grundversorgung, Gemeinschaftseinrichtungen und Wohnen werden durch das ELR zentrale Aufgabenfelder staatlicher Struktur- und gemeindlicher Entwicklungspolitik gefördert.

Insgesamt flossen in den Jahren 2000 bis 2015 über 88 Millionen Euro in den Ostalbkreis und lösten ein Gesamtinvestitionsvolumen von mehr als 759 Millionen Euro aus. Über 2.700 Arbeitsplätze und rund 450 Ausbildungsplätze konnten so durch die Unterstützung aus dem ELR als bedeutendstes Förderinstrument für kleine und mittlere Betriebe im ländlichen Raum geschaffen werden. Der Ostalbkreis nahm dabei gerade in den zurückliegenden Programmjahren wiederholt eine Spitzenstellung im Vergleich der baden-württembergischen Landkreise ein und kann deshalb auch im Bereich der Kreisentwicklung und Strukturförderung mit großem Optimismus in die Zukunft gehen!

Die regionalen Entwicklungskonzepte der Jagstregion wurden von zahlreichen Akteuren im September 2014 in Bühlertann verabschiedet.
Foto: Bildarchiv Landratsamt

Fein Elektrowerkzeuge
J. RETTENMAIER & SÖHNE
Gesenkschmiede
Schneider
voestalpine
Alfing Kessler
leitz

Carl Zeiss SMT
Wirtschaftscluster und Firmenreport
Winfried Hofele
SHW
MAPAL
LEICHT
leitz
58059
2/2,2x30
4/20,36
Kessler+Co

Wirtschaftscluster und Firmenreport

Mit „Zukunft braucht Herkunft" überschrieb der deutsche Philosoph Udo Marquard eines seiner Essays. Wenn Zukunft Innovationskraft und Fähigkeit zum Wandel bedeutet, mit Herkunft Tradition und Erfahrung gemeint ist, dann ist der Wirtschaftsraum Ostalbkreis wirklich einzigartig – hier gründen die Wurzeln der deutschen Industriegeschichte und hier wird die Schlüsseltechnologie zur industriellen und damit auch ein Gutteil der gesellschaftlichen Zukunft erforscht, entwickelt und realisiert, die da „Digitalisierung" heißt.

Zum Beweis Teil 1 der Blick in die Historie. Am 14. April 1365 wurden die Schwäbischen Hüttenwerke (SHW) gegründet. In der auf diesen Tag datierten Verleihungsurkunde von Kaiser Karl IV. an den Grafen Ulrich von Helfenstein wurde die Eisengewinnung und -verarbeitung auf der Schwäbischen Alb erstmals schriftlich erwähnt. Die Zisterziensermönche trieben die Entwicklung des ältesten deutschen Industriebetriebes voran, das heutige Hauptwerk Wasseralfingen nahm 1671 die Produktion auf. Auch wenn sich die SHW im Laufe der Jahre, und besonders in der jüngsten Vergangenheit, wandelte – alle Nachfolgeunternehmen verbindet bis dato noch das Qualitätssiegel und der Pioniergeist der Krone im Logo der Marke SHW: Zukunftschancen erwachsen aus der Herkunft.

Zum Beweis Teil 2 führt der Blick von der Gegenwart in die Zukunft. „Das Photon ist die Schlüsseltechnologie des 21. Jahrhunderts" proklamierte der Zeiss-Konzern schon vor der Jahrtausendwende. Längst hatte sich abgezeichnet, dass der Siegeszug von mikroelektronischen Bauelementen nicht aufzuhalten ist. Solche Chips, die wir im PC oder im Smartphone, im Auto und im Flugzeug, im Kühlschrank oder auf der Bankkarte, in Steuerungen von industriellen Anlagen und deren Vernetzung finden und die das Leben der Zukunft bestimmen, werden immer kleiner, leistungsfähiger und auch billiger – und zwar durch den Fortschritt in der Fertigungstechnik. Entscheidend dabei ist die von Zeiss gelieferte optische Lithografie. Damit bezeichnet man das Verfahren, mit Hilfe von Licht (dem Photon) winzig kleine elektronische Bauelemente wie Transistoren, Kondensatoren und Leiterbahnen auf Silizium aufzubringen und damit Mikrochips herzustellen. Diese Schlüsseltechnologie braucht Optiken höchster Präzision, die umso leistungsfähiger sein müssen, je kleiner die aufzubringenden Strukturen sind. Mit diesen Objektiven ist der Zeiss-Unternehmensbereich Semiconductor Manufactoring Technology (SMT/Halbleitertechnik) auf dem Weltmarkt führend. Die Lithografie braucht neben der Optik noch die sogenannten Waferstepper oder Scanner, in denen der Belichtungsvorgang abläuft. Die Lichtquelle der Zukunft, welche eingesetzt wird, um an die Grenze des heute denkbar physikalisch-technisch Machbaren zu gehen, nennt man EUV (Extreme ultraviolet). Dies entspricht etwa dem Röntgenlicht.

Dieser zeitliche Brückenschlag vom Eisenerzabbau auf der Schwäbischen Alb bis zur kompletten Digitalisierung unseres Lebens zeigt deutlich auf, dass die Unternehmen des Ostalbkreises und deren Beschäftigte quasi mit der Muttermilch eine der wesentlichsten Voraussetzungen erfolgreichen Wirtschaftens aufgesaugt haben – die Fähigkeit zum Wandel, zur Erneuerung, zur Innovation. Damit verfügen sie über entscheidende Voraussetzungen, um die Herausforderungen der Zukunft ideal zu meistern. Und diese Megatrends heißen Globalisierung (Internationalisierung), technologischer Fortschritt (Digitalisierung) sowie demografischer und gesellschaftlicher Wandel, letzterer führt zur Urbanisierung in Schwellenländern bedingt durch die dort rasch wachsende Bevölkerung. Gleichzeitig ändert sich in Industrieländern die Alters- und Gesellschaftsstruktur signifikant.

In Konsequenz stellen diese Megatrends auch die Wirtschaft im Ostalbkreis vor die Herausforderung, Menschen aus allen Ländern in unsere Arbeits- und Lebenswelt zu integrieren.

Die Fähigkeit zum Wandel lässt sich exemplarisch ausgerechnet am ältesten Unternehmen beschreiben. SHW, einst im königlichen Besitz und bis 2005 noch zur Hälfte dem Land Baden-Württemberg gehörend (die anderen 50 Prozent hielt der MAN-Konzern), bestand noch in den 1990er-Jahren aus 14 verschiedenen Sparten. Nach dem Ausstieg des Landes und der MAN AG kristallisierten sich fünf eigenständige Unternehmen heraus.

Die größte Nachfolgegesellschaft ist die börsennotierte SHW AG. Ihre operativ tätige Tochter SHW Automotive GmbH ist ein führender Automobilzulieferer von Pumpen und Motorkomponenten sowie Bremsscheiben, die wesentlich zur Reduktion des Kraftstoffverbrauchs und der CO_2-Emissionen im Automobilbereich beitragen. Zu den wichtigsten Produkten zählen elektrische Zusatzpumpen für die Start-Stopp-Funktion, Öl-/Vakuumpumpen mit und ohne Ausgleichswelleneinheit sowie Leichtbaubremsscheiben.

Die SHW Werkzeugmaschinen GmbH ist einer der weltweit führenden Hersteller von Universalfräsmaschinen für die spanende Bearbeitung von Großteilen. Zu den Hauptprodukten gehören Fahrständerfräsmaschinen und universelle Bearbeitungszentren.

Die Tochtergesellschaft SHW Bearbeitungstechnik GmbH ist auf die Herstellung hochpräziser und komplexer Komponenten für den Werkzeugmaschinen- und allgemeinen Maschinenbau spezialisiert.

Die SHW Casting Technologies GmbH & Co. KG, die nach der Wirtschafts- und Finanzkrise 2008/09 eine schwierige Phase durchstehen musste, besteht heute aus den Werken Aalen-Wasseralfingen, Königsbronn und Torrington (USA). Das Werk Wasseralfingen ist Spezialist für handgeformte Großgussteile bis zu 125 Tonnen.

Die SHW Storage & Handling Solutions GmbH, heute in Hüttlingen angesiedelt, produziert Aufbereitungs-, Förder- und Bunkersysteme für komplexe Schüttgüter. Die umfangreiche Produktpalette umfasst sämtliche Prozessschritte beim industriellen Umgang mit schwer fließenden Schüttgütern.

Ein herausragender Leuchtturm in der Wirtschaft des Ostalbkreises ist, nicht nur wegen seiner schon beschriebenen Schlüsselstellung in der Zukunftstechnologie Digitalisierung, die Carl Zeiss AG. Der weltweit tätige Technologiekonzern der optischen und optoelektronischen Industrie hat mit Investitionen in Gebäude und Anlagen von weit über 500 Millionen Euro zwischen 2010 und 2016 ein klares Standortbekenntnis zur Ostalb abgegeben.

Die ZEISS Gruppe entwickelt und vertreibt Lithographieoptik, Messtechnik, Mikroskope, Medizintechnik, Brillengläser sowie Foto- und Filmobjektive, Ferngläser und Planetariumstechnik. Mit seinen Lösungen bringt der Konzern die Welt der Optik weiter voran und gestaltet den technologischen Fortschritt mit. ZEISS ist in die vier Sparten Semiconductor Manufacturing Technology, Research & Quality Technology, Medical Technology und Vision Care/Consumer Products gegliedert.

Zeiss ist in mehr als 40 Ländern vertreten und verfügt über mehr als 30 Produktionsstandorte, über 50 Vertriebs- und Servicestandorte sowie rund 25 Forschungs- und Entwicklungsstandorte. Rund 25.000 Mitarbeiter weltweit, davon rund 6.850 in Oberkochen und Aalen, erwirtschaften einen Umsatz von rund 4,5 Milliarden Euro. Sitz des 1846 in Jena gegründeten Unternehmens ist Oberkochen. Die Carl Zeiss AG führt die Zeiss Gruppe als strategische Management-Holding. Alleinige Eigentümerin der Gesellschaft ist die Carl-Zeiss-Stiftung. Um die technologisch führende Position des Unternehmens in den unterschiedlichsten Branchen weiter auszubauen, investiert der Konzern kontinuierlich in Forschung und Entwicklung – in der Regel über zehn Prozent des Umsatzes. Weltweit hält Zeiss insgesamt über 7.000 Patente und Patentanmeldungen, jährlich kommen über 400 weitere dazu.

Tradition und Zukunftstechnologien dokumentieren sich im Wirtschaftsgeschehen des Ostalbkreises in verschiedenen Kompetenzfeldern und Clusterinitiativen. Allen gemeinsam ist eine hohe Ausprägung an Forschung und Entwicklung. Die Unternehmen können auf eine nachhaltige Standort-, Struktur- und Wirtschaftsförderung seitens der Kommunen und des Landkreises, der Wirtschaftskammern und -verbände sowie der Wirtschaftsförderungsgesellschaft mbH Region Ostwüttemberg/WiRO bauen.

Landrat Klaus Pavel versteht Wirtschaftsinitiativen und Strukturimpulse als Chefsache und ist neben der strategischen Steuerung auf Landkreisebene auch als Vorsitzender des Aufsichtsrates der regionalen Wirtschaftsförderung und als Verwaltungsratsvorsitzender der Kreissparkasse Ostalb tätig. Zu den interregionalen Aktivitäten gehört auch die Beteiligung des Ostalbkreises an dem Breitbandverbund Komm.Pakt. Net zum beschleunigten Ausbau von Glasfaser-, Hoch- und Höchstgeschwindigkeitsnetzen in der Fläche. Der Landrat ist auch dort mit im Verwaltungsratsvorsitz aktiv. Die Sicht auf Standortaktivitäten, Infrastrukturausbau und Clusterinitiativen zeigt, dass die Wirtschaftsförderung mit der Bündelung aller Kräfte und Interessen auf dem richtigen Weg ist.

Cluster Photonik und Optische Technologien

Man nennt den Ostalbkreis auch das „Photonic Valley" – getragen natürlich von Zeiss. Aber nicht nur Zeiss. Über 50 Firmen decken hier die Wertschöpfungskette von Entwicklung über Produktion bis zu den Zuliefererleistungen ab. Ein in Deutschland beispielhaftes Qualifizierungs- und Studienangebot und zahlreiche Forschungseinrichtungen sind entscheidende Bestandteile der Leistungsfähigkeit. Optische Technologien haben Zukunft. Ihr weltweites Produktionsvolumen hat sich von 2005 bis 2015 auf rund 450 Milliarden Euro gesteigert, die jährliche Wachstumsrate liegt bei knapp acht Prozent – eine Wachstumsbranche par excellence. Optische Technologien werden angewendet im Metallbau, in der Elektronik oder in der Automobilindustrie und sind Impulsgeber für IT, Kommunikation und für alles, was man mit „Industrie 4.0" und Digitalisierung umschreibt. Neben Zeiss sind folgende Firmen aus dem Ostalbkreis wichtige Vertreter dieses Clusters:

Für die Bereiche Maschinenbau, Elektrotechnik und Automation die hema electronic GmbH in Aalen. Deren Kompetenzen liegen in der Entwicklung und Fertigung von Spezialelektronik und Komponenten für Anwendungen für die Video- und Bildbearbeitungstechnologie in den Branchen Automotive, Verkehrs- und Sicherheitstechnik, Optik, Medizin, Maschinen-, Anlagen- und Gerätebau. Oder die J & M Analytik AG in Aalen/Essingen, deren Kerngeschäft Diodenarray-Spektrometer für die Analytik, Prozessmesstechnik und Mikroskopspektroskopie ist. Im Bereich Medizintechnik ist die Horn Imaging GmbH in Aalen zu nennen, die analoge und digitale Bildsysteme sowie anwendungsspezifische Softwarelösungen bietet. Im Bereich optische Kommunikation ist die Aalener LOBO electronic GmbH mit der Produktion, dem Verkauf und der Vermietung von Lasersystemen und Multimediatechnologie ein mehrfach mit hochkarätigen Awards ausgezeichneter Weltmarktführer. Die Aalener Telenot Electronic GmbH stellt ausgeklügelte Sicherheitstechnik her, unter anderem mit Infrarot-Lichtvorhang. Telenot befindet sich auf steilem Wachstumskurs und investiert umfassend in die Standorterweiterung.

Steil nach oben geht es auch bei der ehemaligen Zeiss-Tochter Z/I Imaging, die nun Leica Geosystems Technologies GmbH heißt. Am neuen Standort in Aalen will der Weltmarktführer für große digitale Luftbildkamerasysteme sein Wachstum ausbauen. Das Unternehmen ist Teil der Leica Geosystems AG in Heerbrugg und entwickelt Luftbildkamerasysteme, mit denen aus Flugzeugen hochauflösende Aufnahmen von der Erdoberfläche gemacht werden. Zudem gehören weitere Vermessungssysteme zum Portfolio. Im Produktbereich des Mobile Mapping, bei dem Systeme zum Vermessen auf Autos oder dem Rücken des Vermessers angebracht werden, hat Leica ein großes Wachstumspotenzial ausgemacht.

In Sachen Kalibrierung und Koordinatenmesstechnik sind die beiden Aalener Firmen eμmetron GmbH und AfM Technology GmbH beispielhaft zu nennen. Zwei herausragende und auf ihren Spezialgebieten führende IT-Anbieter mit permanent steigenden Mitarbeiterzahlen haben ihren Sitz in Ellwangen: Die FNT GmbH (Facility Network Technology) ist ein Anbieter integrierter Softwareprodukte für die Dokumentation und das Management von IT- und Telekommunikationslösungen sowie Rechenzentren. Die INNEO Solutions GmbH versteht sich als Lösungsanbieter in den Bereichen Produktentwicklung, IT und Projektmanagement.

Cluster Automotive

Der Ostalbkreis ist ein enges Netzwerk und breit aufgestelltes Kompetenzzentrum der Automobil(zulieferer)industrie. Das starke Angebot an speziell ausgerichteten Hochschul- und Forschungseinrichtungen sowie die überaus hohe Kooperationsbereitschaft der Unternehmen unterstützen die Innovationsfähigkeit im Ostalbkreis.

Über 200 Unternehmen des Automotive-Sektors im Ostalbkreis mit mehr als 20.000 Arbeitsplätzen sind direkte oder indirekte Zulieferer für die Hersteller von Pkw, Lkw, Nutz- und Spezialfahrzeugen. Sie repräsentieren alle für den Automobilbau relevanten Leitbranchen und profitieren von der räumlichen Nähe zu wichtigen Zulieferern verschiedener Tier-Ebenen (Tier kommt aus dem englischen und heißt Rang; damit ist in der Automobilindustrie eine Abstufung Tier I, Tier II vorrangiger und nachrangiger Zulieferer für die OEMs gemeint) und zu vielen großen Automobilherstellern (OEM = Original Equipment Manufacturer), die sich in einem Umkreis von nur 200 km befinden. Elek-

tromobilität und Effizienzsteigerung sowie ganz besonders das sogenannte „autonome Fahren" sind die Megatrends und Zukunftsherausforderungen dieser Branche.

Die Automotive-Unternehmen des Ostalbkreises, das sind Anbieter von Einzelkomponenten bis zum Systemlieferanten, das sind lokal agierende KMU (Kleine und Mittlere Unternehmen) bis hin zu Global Players, sind bestens aufgestellt, dafür Lösungen zu finden. Hier nur einige Beispiele:

Die mit weit über 5.000 Mitarbeitern in Schwäbisch Gmünd ansässige Robert Bosch Automotive Steering GmbH ist das größte Unternehmen der Automobilindustrie im Ostalbkreis. Hier werden komplette Lenksysteme für Pkws und Nutzfahrzeuge hergestellt. Gerade am Beispiel des größten Schwäbisch Gmünder Arbeitgebers zeigt sich, mit welch rasender Geschwindigkeit in dieser Branche mit Veränderungen gerechnet werden muss. Bis zur Jahrtausendwende gehörten die Gmünder Lenkungsbauer als Geschäftsbereich IV voll und ganz zur ZF Friedrichshafen AG. Weil bei Lenkungen zunehmend elektrische Systeme die herkömmlichen hydraulischen Mechanismen ablösten, holten sich die Friedrichshafener das Elektronik-Know-how von Robert Bosch – es entstand das eigenständige und mit insgesamt über 11.000 Mitarbeitern weltweit agierende 50:50-Gemeinschaftsunternehmen ZF Lenksysteme GmbH (ZFLS) mit Hauptsitz in Schwäbisch Gmünd. ZFLS entwickelte sich nach anfänglichen Verlusten, die aufgrund hoher Investitionen in die Entwicklung und Forschung der neuen Technologie allerdings einkalkuliert waren, zu einem höchst profitablen Unternehmen, das technologisch den Weltmarkt anführte. Um unter die Top 3 im weltweit immer härter werdenden Wettbewerb der Automobilzulieferer vorstoßen zu können, entschied sich 2015 die ZF Friedrichshafen AG zu einer für den Standort Schwäbisch Gmünd ereignisreichen Neuausrichtung: ZF kaufte den US-Konzern TRW. Zweifellos eine sinnvolle Akquise, denn die Portfolios beider Zulieferer ergänzten sich nahezu ideal zu einem Komplettanbieter. Lediglich der Bereich Lenkungstechnik war in beiden Konzernen vertreten. Weil ZF durch den TRW-Kauf von der Umsatzgröße in den Bereich der Spitzenzulieferer Continental und Bosch vorstieß und nun zum direkten Wettbewerber der Stuttgarter wurde, war der Verkauf der Lenkungstechnik sicher eine logische Konsequenz und die Voraussetzung des Mergers.

Seit 2015 gehört das Gmünder Lenkungstechnikunternehmen zu Bosch. Als Robert Bosch Automotive Steering GmbH ist es in der Sparte Mobility Solutions eingegliedert. Die Integration in die Strukturen des Bosch-Konzerns ist die eine große Herausforderung für die Schwäbisch Gmünder, die andere heißt technologischer Wandel. Die Elektrolenkung wird bald die hydraulische Lenkung auch bei Kleinst- und bei großen Nutzfahrzeugen komplett ablösen. Die Fertigungstiefe wird sich signifikant verringern, nicht zuletzt weil eine Elektrolenkung keine Ölpumpen braucht. Dies betrifft auch die Struktur der Arbeitsplätze in Schwäbisch Gmünd mit mehr Forschung und Entwicklung. Auf lange Sicht wird der Automotive-Standort Ostalbkreis durch die Präsenz eines Weltkonzerns wie Bosch enorm gewinnen. Und die über 50 Millionen Euro, die Bosch bis 2018 in den Ausbau der Zentrale, in die Fabriken und Büros in den Schwäbisch Gmünder Werken investiert, sprechen für eine sehr erfolgreiche Weiterentwicklung des Standortes.

Das Logo der ZF ist aus Schwäbisch Gmünd zwar nun verschwunden, bleibt aber im Blickfeld präsent: Wenige Meter hinter der Kreisgrenze liegt das zum Rems-Murr-Kreis gehörende Alfdorf. Dort heißt der Entwickler und Hersteller von Insassenschutzsystemen (Sicherheitsgurte und Airbags) jetzt ZF TRW Automotive Alfdorf GmbH. Gegründet wurde das Unternehmen als „Repa" in Schwäbisch Gmünd. Der Großteil der rund 1.600 ZF/TRW-Beschäftigten kommt weiterhin aus dem Ostalbkreis. Zu den herausragenden Automotive-Unternehmen im Ostalbkreis auf Weltmarkt-Niveau gehören zudem:

Maschinenfabrik ALFING Kessler GmbH in Aalen. Die „Mafa" produziert mit über 1.000 Mitarbeitern einbaufertige Kurbelwellen für Hochleistungsmotoren und ist bei Großkurbelwellen bis acht Meter Länge der weltgrößte unabhängige Anbieter. Auch beim Bau von Härteanlagen und von Induktoren für Härtemaschinen kommt man an der Mafa nicht vorbei. Die Mafa erweitert und modernisiert mit einem hohen Investitionsvolumen ihre Werke am Standort Wasseralfingen ständig und etablierte dabei auch ein neues Ausbildungszentrum.

Der Familienkonzern RUD Ketten Rieger & Dietz GmbH u. Co. KG in Aalen, zu dem auch die Erlau AG gehört, ist als Hidden Champion unangefochten Weltmarktführer bei Reifenschutz- und Gleitschutzketten für Pkws und Nutzfahrzeuge, bei Rotationsketten und Verzurrketten.

Die VARTA Group in Ellwangen ist mit der Entwicklung und Produktion von Batterien aller wichtigen Systeme und geometrischen Bauformen insbesondere für die Zukunft der Automobilindustrie (Elektromobilität) von elementarer Bedeutung. Das Unternehmen VARTA Microbattery betreibt in Ellwangen auch die weltweit modernste und größte Hörgerätebatterienfabrik; die Marke „power one" ist rund um den Globus die erste Wahl.

Die voestalpine Polynorm GmbH & Co. KG in Schwäbisch Gmünd, entstanden aus dem früheren Grau Werkzeugbau in Schwäbisch Gmünd-Lindach, entwickelt sich mit Unterstützung aus dem Mutterkonzern in Linz/Österreich zur Nr. 1 weltweit im Presshärten.

Mit der absoluten Weltneuheit „phs-directform" ermöglicht voestalpine die direkte Warmumformung von feuerverzinktem Blankstahl zu hoch korrosionsbeständigen Automobil-Leichtbauteilen, vornehmlich Außenhautteile. Diese neue Technik ist die innovative Weiterentwicklung des patentierten indirekten „phs-ultraform"-Verfahrens. Neue Fabrikanlagen von voestalpine Polynorm schießen im Gewerbepark Gügling beinahe wie die Pilze aus dem Boden. Die Expertise in der Herstellung von Werkzeugen für Stufenpressanlagen sowie für die Stahl- und Aluminiumverarbeitung treiben diese Entwicklung.

Auf der Straßenseite gegenüber hat die Prototechnik GmbH & Co. KG, ein Unternehmen der Eberspächer Gruppe, ihren Sitz. In Sachen Leichtbau für die Automobilindustrie und damit beim Thema „Fahren in der Zukunft" ist Prototechnik Trendsetter. Darüber hinaus sind Entwicklung, Erprobung, Prototypenbau und Sonderserienproduktion von Abgassystemen, Motorperipherie- und Fahrzeugkomponenten Kernkompetenzen.

Die Ricardo Deutschland GmbH, ebenfalls auf dem Gügling, ist ein führendes Dienstleistungsunternehmen rund um die Gesamtfahrzeugentwicklung mit besonderem Fokus auf Motor, Antrieb, Elektronik, Systemintegration, Sicherheitssysteme und Abgasnachbehandlung. Im Entwicklungszentrum Deutschland am Hauptsitz in Schwäbisch Gmünd sind über 250 Mitarbeiter beschäftigt; weitere Standorte sind Aachen und Ingolstadt, Prüffelder stehen in Remseck und in Schechingen im Ostalbkreis.

Die PTS-Prüftechnik GmbH ist international in den Bereichen Fahrzeugentwicklung, Erprobung, Engineering und Consulting mit rund 100 Mitarbeitern tätig. Am Hauptsitz in Waldstetten betreibt das Unternehmen drei Werke; Niederlassungen sind in Heilbronn und in Kreut bei Ingolstadt.

Im gleichen Gebäudekomplex, dem früheren Filtertechnik-Werk von Pall und davor Schenk, hat die PTS Prototypenteile und System Technik GmbH ihren Sitz. Die Kernkompetenzen liegen in den Bereichen Abgassystemtechnik und Engineering von Fahrzeugen und deren Komponenten.

Die Aradex AG in Lorch ist der innovative Experte für Antriebselektronik im Anlagenbau und in mobilen Geräten mit Anwendungen, die mit bisher üblicher Technik kaum möglich waren. Aradex gilt als Pionier in der Elektromobilität mit diesel-elektrischen Antrieben für Li-

nienbusse, Nahverkehrszüge, Güterschiffe oder Solar-Fähren.

Die Kessler & Co. GmbH & Co. KG ist für den Standort Abtsgmünd die Lebensader. Das ständig expandierende Unternehmen, deren Gesellschafterfamilien Grimminger sich in der Förderung der Wissenschaft und der Technikausbildung junger Menschen stark engagieren, sind weltweit führend in der Entwicklung, in der Fertigung und im Vertrieb von Planetenachsen, Radantrieben und Getrieben für schwere Mobilfahrzeuge. Außerdem bietet das Unternehmen flexible Lösungen aus einem Baukastensystem nach eigener Konstruktion.

Eine der modernsten Gießereifabriken erstellt hat die Julius Schüle Druckguss GmbH in Schwäbisch Gmünd, die auf den Prototypenbau, den Werkzeugbau und den Aluminiumdruckguss für Kunden aus der Automobilindustrie spezialisiert ist. Bei der Veredlung von Automobilstoffen und anderen Textilien nimmt die Lindenfarb Textilveredlung Julius Probst GmbH & Co. KG in Aalen eine Spitzenstellung ein. Die Kistler Lorch GmbH in Lorch (u.a. Drehmomentsensoren, Prüfstandsysteme, Kraft- und Wegeauswertungen) ist dank umfangreicher Investitionen durch den Schweizer Mutterkonzern auf dem Weg zu einem großen Player auch in der Automobilszene.

Die Binz GmbH & Co. KG in Lorch, früher als Hersteller von Krankenwagen bekannt, fokussiert sich nun auf den Sonderfahrzeugbau (Verlängerungen und Aufbauten mit Leichtmetall und Faserverbundstoffen). Die HS-Schoch GmbH in Lauchheim realisiert KTL- und pulverbeschichtete Systemkomponenten aus Blech und Kunststoff zum Aufbau von Nutzfahrzeugen. Die kathodische Tauchlackierung (KTL) gehört zu den bevorzugten Oberflächen im Bereich Korrosionsschutz, wenn eine kostengünstige und lang anhaltende Schutzwirkung erforderlich ist.

Die MHG Fahrzeugtechnik GmbH in Heubach ist Partner von OEMs und Formel 1-Teams, wenn es um besondere motorperiphere Komponenten geht. Die Magna IHV Gesellschaft für Innenhochdruckverfahren mbH mit Sitz in Bopfingen ist für die Automobilindustrie ein herausragender Spezialist bei der Herstellung von Edelmetallerzeugnissen. Das besondere Innenhochdruckverfahren ist über ein Patent geschützt. Das inhabergeführte Familienunternehmen Kiener Maschinenbau GmbH mit der Zentrale in Lauchheim realisiert im Automotive-Bereich kundenspezifische Anlagen zur teil- oder vollautomatischen Montage von Motoren, Zylinderköpfen, Lenksystemen und Fahrwerkskomponenten. Außerdem bedient Kiener Kunden aus der Textil-, Holz- und Solarindustrie.

Zum Automotive-Cluster gehören im Ostalbkreis natürlich auch die überwiegend inhabergeführten Autohäuser, die praktisch alle nationalen und internationalen Marken als Neu- oder Gebrauchtwagen anbieten, sowie die Werkstätten und Ausrüster (Reifen, Zubehör usw.) – in Summe sind diese über 200 Unternehmen ein wichtiger Wirtschaftsfaktor mit hohen Ausbildungsquoten. Als größte Autohäuser sind zu nennen Widmann mit Widmann & Müller, Wagenblast, Mulfinger, wwg Autowelt, Staiger, Hahn Sportwagen, Kummich, D´Onofrio, Sorg, Bläse, Baur, Schraml, Forner, Spiegler sowie die Daimler-Niederlassung oder bhg Bopfingen und BAG Ellwangen.

Cluster Maschinen-, Anlagen- und Werkzeugbau

Der Maschinen-, Anlagen- und Werkzeugbau ist heute mit über 250 Unternehmen der beschäftigungs- und umsatzstärkste Bereich im Ostalbkreis - von der kleinen Spezialschmiede über den typisch flexiblen Mittelständler bis hin zum großen, globale Trends vorgebenden Weltunternehmen. Darunter sind viele Marktführer und Hidden Champions.

Als Vorzeigeunternehmen dieser Branche im Ostalbkreis und weit darüber hinaus gilt die MAPAL Fabrik für Präzisionswerkzeuge Dr. Kress KG in Aalen. Die Fabrik für Präzisionswerkzeuge wurde 1950 gegründet und be-

schäftigt heute in Aalen ca. 1.600, weltweit über 4.300 Mitarbeiter. Wenn es um das Erkennen von Trends, um Innovationen, um die Besetzung von neuen internationalen Märkten oder um relevante Zukunftsthemen wie Energieeffizienz, Ressourcenschonung, Digitalisierung, Globalisierung oder Geschwindigkeit geht – Mapal ist immer einen Schritt voraus. In Sachen Ausbildung setzt Mapal Maßstäbe, die Inhaberfamilien Kress bringen sich auch nachhaltig in die Förderung der Hochschule Aalen und in die Integrierung von nicht ausgebildeten Menschen oder Langzeitarbeitslosen in den Arbeitsmarkt ein. Zum Kreis dieser weltweit agierenden Hidden Champions gehören im Bereich Maschinenbau auch die SHW Werkzeugmaschinen GmbH in Aalen-Wasseralfingen mit ihren weltweit einzigartigen Großbearbeitungszentren, Fahrständerfräsmaschine und Fräsköpfen.

Oder die August Mössner GmbH + Co. KG. Die Eschacher lösen die Säge-, Schnitt- und Prüfaufgaben für ihre Kunden mit automatisierten Sondermaschinen. Die Integration von Bandsägemaschinen und Robotern steht dabei im Mittelpunkt. Dazu bietet Mössner ein umfangreiches Dienstleistungsspektrum zu den Themen Entwicklung, Inbetriebnahme, Betriebsunterstützung und Evaluierung. Die Geschäftsfelder sind die Gießereitechnik, Aluminiumbearbeitung, die Bearbeitung abrasiver Materialien und das Sonderthema Rückbau von Nuklearanlagen.

Bei Montagemaschinen und im Anlagenbau ist die Alfing Montagetechnik GmbH (AMT) in Aalen-Wasseralfingen mit vollautomatischen Montagemaschinen und Roboterlösungen führend, die ELWEMA Automotive GmbH in Ellwangen dominiert die Reinigungs-, Prüf- und Montagetechnik für die Automobilfertigung und im Sondermaschinenbau für Motor-, Getriebe- und Achsenmontage gewinnt die VAF GmbH in Bopfingen zunehmend neue Kunden. Dies schlägt sich auch in einer regen Bauerweiterungstätigkeit der VAF im Gewerbepark Bergstraße, einem beispielgebenden Kooperationsprojekt zwischen dem Unternehmen und der Stadt Bopfingen, nieder. Die Alfing Kessler Sondermaschinen GmbH (AKS) in Aalen-Wasseralfingen ist führend in der Herstellung von Transferstraßen, Rundtaktmaschinen, Bruchtrennsystemen, Montagemaschinen, Sondermaschinen und Bearbeitungszentren.

Die Geschichte der C. & E. Fein GmbH ist die Geschichte der Elektrowerkzeuge. Im Jahr 1867 gründete Wilhelm Emil Fein in Stuttgart ein Unternehmen zur Herstellung physikalischer und elektrischer Apparate, in dem sein Sohn Emil Fein 1895 die erste elektrische Handbohrmaschine erfand. Mit dieser Erfindung legte er den Grundstein für die hochzuverlässigen Elektrowerkzeuge, die Fein bis heute, nun am Stammsitz in Schwäbisch Gmünd-Bargau, herstellt und für die das schwäbische Traditionsunternehmen bei Industrie und Handwerk in aller Welt geschätzt wird. Fein gehört zu den weltweit führenden Elektrowerkzeugmanufakturen, weil Fein dem eigenen Anspruch, nur unverwüstliche Elektrowerkzeuge zu entwickeln, mit jeder neuen Produktinnovation Rechnung trägt. In der Fördertechnik ist die Aerocom GmbH & Co. in Schwäbisch Gmünd der unangefochtene Weltmarktführer für Rohrpost-Systeme der pneumatischen Materiallogistik. Die jetzt in Hüttlingen ansässige SHW Storage & Handling Solutions GmbH ist Technologieführer in der Verfahrenstechnik für schwer fließende Schüttgüter.

Geht es um Nahrungsmittelmaschinen, so kommt man an der Maschinenfabrik Seydelmann KG in Aalen nicht vorbei. Auch Seydelmann expandiert. Bei Textilmaschinen ist die KMF Maschinenbau GmbH in Böbingen, zu der u. a. auch die Schenk Werkzeug- und Maschinenbau GmbH & Co. KG in Schwäbisch Gmünd gehört, gefragter Partner.

Oberkochen ist ein Weltzentrum der Entwicklung und Herstellung von zerspanenden Werkzeugen. Dafür steht seit vielen Jahren die Leitz GmbH & Co. KG mit dem Portfolio Präzisionswerkzeuge und Werkzeugsysteme für die Holz- und Kunststoffbearbeitung, verbunden mit um-

fassenden Beratungs- und Serviceleistungen. Die LMT GmbH & Co. KG hat sich nach der Abteilung vom früheren Leitz-Firmenverbund auf die Präzisionswerkzeug-Technik (LMT Tools) und auf die Systemanbietung von Anlagen für die Tablettenproduktion (Fette Compacting) konzentriert.

Bei Umformwerkzeugen und in der Umformtechnik hat die Hörnlein Umformtechnik GmbH in Schwäbisch Gmünd einen hervorragenden Ruf in der Branche, ebenso wie die Mürdter Metall- und Kunststoffverarbeitung GmbH in Mutlangen und ihr Schwesterunternehmen Mürdter Werkzeug- und Formenbau GmbH. Bei der steht im Übrigen die größte Spritzgießmaschine der Welt. Softwarelösungen für diese Branche kommen aus Durlangen von der EVO Informationssysteme GmbH und aus Ellwangen von der INNEO Solutions GmbH.

Zu den Topunternehmen mit innovativen Ideen und Lösungen in dieser Branche sind weiterhin zu zählen: A + B Solutions GmbH in Schwäbisch Gmünd (Web-basierte MES- und DBC-Lösungen), der Pumpenspezialist ANDRITZ Ritz GmbH in Schwäbisch Gmünd, die F. & G. Hachtel GmbH & Co. KG (Spritzguß, industrielle Computertomografie) in Aalen, die Alfred Härer GmbH (Druckgießformen, Carbonhohlkammerbauteile) in Lorch, die icotek GmbH (Systeme zur Kabeleinführung) in Eschach, die Nord-Lock GmbH (Schraubensicherungssysteme) in Westhausen, die stoll & ziegler automation GmbH (Elektrokonstruktionen und Schalterbau) in Eschach oder die Weisser Spulenkörper GmbH & Co. KG in Neresheim, die mit Spulenkörpern und Gehäusen für Sensoren, Magneten, Transformatoren, Relais und Motoren führend am Markt ist, sowie die vohtec Qualitätssicherung GmbH in Aalen, die ein kompetenter Partner in allen Bereichen der Rissprüfung und Werkstoffprüfung ist und sich auf die zerstörungsfreie und zerstörende Werkstoffprüfung spezialisiert hat. Die Stengel GmbH in Ellwangen hat sich seit der Gründung im Jahr 1967 zu einem Spezialisten für die Blechumformung entwickelt - von der einfachen Blechabdeckung bis zu komplexen Blechkonstruktionen mit anspruchsvollem Blech-Design. Stengel setzt auf modernste Maschinentechnik und auf seine fast 450 hochqualifizierten Mitarbeiter.

Cluster Oberflächentechnologie

Als Querschnittstechnik gewinnt die Oberflächentechnologie im Ostalbkreis immer mehr an Bedeutung. Ihr größtes Anwendungsfeld findet sich im Maschinen-, im Werkzeugbau und im Automotive-Bereich. Aber sie ist auch Impulsgeber in den Bereichen IT/ Telekommunikation, Medizintechnik, Design, Luft- und Raumfahrt. Kennzeichnend für die Unternehmen dieser Branche sind ihre zukunftsweisenden und international anerkannten Beiträge für Forschung und Entwicklung sowie Aus- und Weiterbildung.

Von zentraler Bedeutung ist das Forschungsinstitut Edelmetalle + Metallchemie (fem) in Schwäbisch Gmünd. Das fem, die Fachschule für Galvano- und Leiterplattentechnik, die Fachschule für Schmuck und Gerät, die Konzentration von weltweit tätigen Transfereinrichtungen (Steinbeis und EAST) und die Vernetzung von international agierenden Unternehmen machen den Raum Schwäbisch Gmünd und den Ostalbkreis zu einem Kompetenzzentrum der Oberflächentechnologie.

Das Steinbeis-Transferzentrum Korrosion und Werkstoff in Aalen vermittelt Know-how aus der Forschung an die mittelständische Wirtschaft. Das Dienstleistungsangebot umfasst Beratung, Schadensuntersuchungen, Gutachtenerstellung, Angewandte Forschung, Korrosionsprüfungen, Korrosionsuntersuchungen, Werkstoffprüfung, Literaturstudien und Expertisen, Erstellung von Dokumentationen zum Werkstoffverhalten und Korrosionsschutz sowie Seminare und Vorträge. Schwerpunktthemen des Transferzentrums sind Werkstoffe und Korrosion in aggressiven Umgebungen und Einsatzfeldern, Werkstofftechnik hochkorrosionsbeständiger Metalle, Anwendung von korrosionsbeständigen Werkstoffen in der Investitions- und Konsumgüterindustrie, Charakterisierung von funktionalen Oberflächen und Korrosionsschutzsysteme durch Beschichtungen und Überzüge.

Die European Academy of Surface Technology (EAST) in Schwäbisch Gmünd ist eine Plattform für internationale Wissenschaft und Technologie sowie eine Schnittstelle zwischen Forschung und Anwendung. Sie intensiviert die europäische Kooperation in der Oberflächentechnik-Ausbildung und ermöglicht den nationalen und weltweiten Austausch von Innovationen durch Seminare und Kolloquien. EAST bietet der Industrie Unterstützung bei der Bewerbung um EU-Forschungsprojekte, bei Geschäftskontakten in EAST-Mitgliedsländern und beim Zugang zu verschiedenen EU-Datenbanken.

Als herausragende Unternehmen in der Oberflächentechnologie sind dabei zu nennen die Umicore Galvanotechnik GmbH, deren Geschäft die Entwicklung, Produktion und der Vertrieb von Edelmetall- und Nichtedelmetall-Elektrolyten, von Edelmetallverbindungen und von platinierten Titananoden und Halbzeugen sind, sowie die aus der früheren gemeinsamen Mutter Degussa entsprungene Gesellschaft für Oberflächentechnik AG (GfO) in Schwäbisch Gmünd. Diese befasst sich mit der Beschichtung von Kunststoffen in den Geschäftsfeldern Mobile Kommunikation, Messen-Steuern-Regeln, Medizintechnik und Automotive. Zeiss und Mapal sind ebenfalls wichtige Player in der Oberflächentechnologie.

Cluster Forst, Holz und Papier

Rund 40 Prozent der Fläche des Ostalbkreises sind bewaldet. Mit ein Grund, weshalb sich hier viele Unternehmen im Sektor Forst, Holz und Papier angesiedelt haben. Dazu gehören neben der Holzverarbeitung und der Holzbearbeitung auch der holz- und papierrelevante Maschinenbau, zum Beispiel besonders in Oberkochen, sowie die Papier- und Verpackungsindustrie. Auch in dieser Branche fehlt es im Ostalbkreis nicht an Weltmarktführern. Zum Beispiel die J. Rettenmaier & Söhne GmbH + Co. KG in Rosenberg. Die weltweit tätige Unternehmensgruppe hat sich der Forschung, Entwicklung und Verarbeitung hochwertiger, organischer Faserstoffe aus pflanzlichen Rohstoffen verschrieben. Dabei macht JRS der Industrie die vielen Funktionen dieser wertvollen Naturstoffe (Cellulose, Getreide- und Fruchtfasern oder Holzfasern) nutzbar. Hinter der Aufarbeitung zu Feinstfasern, Kompaktaten, Granulaten, Mischungen oder Sonderdarreichungsformen steht die Enhanced JRS Process Technology. Das inhabergeführte Familienunternehmen expandiert ständig und hat jüngst das Werk Herbrechtingen der German Pellets übernommen.

Zum Cluster gehören innovative Holzbearbeitungsbetriebe (z.B. Ladenburger in Bopfingen oder die in Wört gegründete Rettenmeier Holding [„Premium of Wood"], die heute ihren Stammsitz in Wilburgstetten hat), Säge- und Imprägnierwerke (Kolb in Ruppertshofen, Heinzmann in Degenfeld), Zimmereien und Innenausbaubetriebe (Grimmeisen in Neresheim oder Schieber-Werkstätten in Bopfingen) und innovative Holzbauunternehmen auch für Sonderbauten, wie etwa die Schlosser Holzbau GmbH in Jagstzell. Dieses Unternehmen hat auf der Landesgartenschau in Schwäbisch Gmünd mit einem riesigen Turm in Holzbauweise, dem „Himmelsstürmer", ein neues Wahrzeichen gesetzt.

Eine besondere Rolle in diesem Cluster spielt die LEICHT Küchen AG in Waldstetten. Der weltweit agierende Top-Hersteller von innovativen und hochwertigen Einbauküchen hat 2015 mehr als 20 Millionen Euro in die Modernisierung der Produktion in Waldstetten und in das beeindruckende Ausstellungs-, Tagungs- und Schulungszentrum LEICHT|WELT investiert. Küchen von Leicht sind Weltspitze.

Für Fertighäuser aus Holz in moderner Architektur, perfekter Qualität und zukunftsweisender Energieeffizienz steht die KAMPA GmbH mit der Firmenzentrale und dem Bauinnovationszentrum in Aalen-Waldhausen. Als bisher einziger Hersteller baut KAMPA jedes Fertighaus als Effizienzhaus 40 und als Plus-Energie-Haus mit Photovoltaik-Anlage und Stromspeicher serienmäßig.

Wenn es um die Papierproduktion geht, kommt der Standort Aalen-Unterkochen ins Spiel. Hier hat die Papierfabrik Palm GmbH & Co. KG ihren Sitz. Palm ist weltweit führender Hersteller von Zeitungsdruck- und Wellpappenrohpapieren mit hoher Reißfestigkeit, bester Bedruckbarkeit und guter Opazität. Bei der Munksjö Paper GmbH werden technische Spezialpapiere zur Oberflächenveredelung von Holzwerkstoffen im Bereich der Möbel- und Laminatherstellung produziert. Die Papiergroßhandlung Geiger GmbH & Co. KG in Aalen-Hofherrnweiler ist Teil der Igepa group, einer führenden Fachgroßhandelsgruppe in Europa, die mehr als 50.000 Kunden aus Industrie, Handel und Gewerbe betreut. Die Sortimente beinhalten Produkte wie grafische Papiere und Karton, Verpackungen und Medien für die Werbetechnik einschließlich technischer Ausrüstungen und Dienstleistungen.

Cluster Kreativwirtschaft und Design

Insbesondere Schwäbisch Gmünd steht im Ostalbkreis für hohe Kompetenz in der Kreativwirtschaft und Design. Über 200 Designbüros oder Kreativagenturen wie beispielsweise die GWA Agentur Eberle GmbH, die Full-Service-Agentur für Produktdesign Henssler & Schultheiss GmbH, die Industrie- und Interaktions-Design-Agentur Ottenwälder und Ottenwälder oder ecomBETZ PR GmbH mit insgesamt fast 2.000 Mitarbeitern haben eine Vielzahl von hochwertigen internationalen Designpreisen gewonnen. „Quelle" der ungewöhnlich hohen Designerdichte in Schwäbisch Gmünd ist die international renommierte Hochschule für Gestaltung (HfG), die im Jahr 2015 modernste Räumlichkeiten im neuen Gamundiabau beim Bahnhof beziehen durfte und deren Stammhaus, der Elsässer-Bau an der Rechbergstraße, grundsaniert wurde. Der steile Aufstieg der HfG dokumentiert sich auch in einem bemerkenswerten Alleinstellungsmerkmal in der deutschen Hochschullandschaft: Im Schulterschluss mit der Hochschule Aalen bietet die HfG den gemeinsamen Studiengang „Internet der Dinge" an. Bezeichnenderweise hat dieser Studiengang im neuen Schwäbisch Gmünder Wahrzeichen, dem Forum Gold und Silber, seinen Platz gefunden. Mehr zukunftsgerichtete Inhalte und Symbolik gehen nicht.

In gleichem Maße wie das Design in Schwäbisch Gmünd an Bedeutung gewonnen hat, hat sich die Marke „Gold- und Silberstadt" verändert. Die Zeiten der großen Gold- und vor allem Silberfabriken sind wie auch in Pforzheim anders geworden. Die industrielle Massenschmuckherstellung rechnet sich nicht mehr in Deutschland. Dafür hat die individuelle künstlerische Schmuckgestaltung neuen Glanz geschaffen. Das D´Orado-Team von Conrad Stütz, die Creationen von Georg Spreng oder die „Emotionen in Silber" von Sven Moeller Silberwarenmanufaktur Hermann Bauer sind dafür Beispiele. Auch der Edelmetallverband Schwäbisch Gmünd erlebt eine Renaissance. An exponiertem Platz in der Bocksgasse hat die „Galerie Gold und Silber" eine Anlauf- und Ausstellungsstätte gefunden, die dem Gmünder Traditionsgewerbe wieder öffentliche Aufmerksamkeit und damit potenzielle Kunden zuführt. Junge Schmuckkunstschaffende machen auf sich aufmerksam - allesamt Absolventen des Gmünder Berufskollegs für Design, Schmuck und Gerät im Arenhaus.

Cluster Logistik – Personenverkehr

Die Logistik hat sich auch im Ostalbkreis zu einem bedeutenden Wirtschaftsbereich entwickelt – mit hochkompetenten Unternehmen, die einen bemerkenswerten Wandel ihrer Geschäfte realisiert haben und sich für die Zukunft gut aufgestellt haben. Mit dem Begriff Logistik verband man in der Wahrnehmung allgemein Transport, Umschlag und Lagerung. Oder den englischen Begriff „Supply Chain Management", der intelligenten Planung und Steuerung von Wertschöpfungsketten. Logistik in Unternehmen ist die ganzheitliche Planung, Steuerung, Koordination, Durchführung und Kontrolle aller unternehmensinternen und unternehmensübergreifenden Güter- und Informationsflüsse. Ziel der Logistik ist die Sicherung der Verfügbarkeit des richtigen Gutes und/oder der richtigen Information, in der richtigen Menge, im richtigen Zustand, am richtigen Ort, zur richtigen Zeit, für den richtigen Kunden und zu den richtigen Kosten.

Auf den ständigen Wandel der Anforderungen haben sich die Logistik-Speditionsdienste im Ostalbkreis wie beispielsweise Ludwig Häberle und Lakner in Schwäbisch Gmünd, Mugele in Iggingen-Brainkofen, Brucker, Deis-Pfleiderer und Roder in Aalen, Fischer und Günther + Schramm GmbH in Oberkochen, Rommel Spedition + Logistik und die Spedition Hirsch GmbH in Ellwangen oder die Spedition Siegmann in Bopfingen eingestellt.

Sie und viele weitere, meist inhabergeführte Familienunternehmen bieten ein breites Leistungsspektrum an. Dazu gehören u.a. Beschaffungs-, Produktions-, Distributions-, Absatz- und am Ende des Produktionsprozesses Entsorgungslogistik. Dabei kooperieren die Unternehmen in Verbänden und mit international tätigen Partnern (zum Beispiel in Sachen Seehafenlogistik) - Logistik ist längst eine globale Wirtschaftsaktivität.

Zunehmend spielt auch die sogenannte industrielle Kontraktlogistik eine wichtige Rolle. Hierbei werden die Kunden mit individuell abgestimmten Logistikdienstleistungen betreut, entweder in eigenen Logistikzentren oder in externen Zentren. Zwei Beispiele, wie die sogenannte Intralogistik heute im Prinzip funktioniert, stehen im Gmünder Gewerbepark „Gügling": Die Schleich (Spielfiguren) und die Robert Bosch Automotive Steering GmbH (Lenkungen) haben einen mehrjährigen Logistikauftrag ausgeschrieben. Der umfasst neben den logistischen Dienstleistungen auch den Bau eines Logistikzentrums. Das Logistikzentrum für

Schleich betreibt Lakner, das für Bosch Automotive Steering der Logistiker Logwin.

Auch was den öffentlichen Personennahverkehr betrifft, kann der Ostalbkreis mit einem zukunftsgerichteten Modell aufwarten: Die OstalbMobil GmbH (OAM) koordiniert den Personennahverkehr und kooperiert dabei mit dem Landkreis und den Kommunen.

Bei der Einführung dieser landkreisweiten Fahrpreiskooperation wurden im Ostalbkreis wettbewerbsrechtliche Fragestellungen und technische Herausforderungen bei der Entwicklung von Chipkarten und Lesegeräten gelöst. Mit der Gründung der Verbundgesellschaft OstalbMobil GmbH und der Unterzeichnung des Kooperationsvertrages mit dem Ostalbkreis im Juli 2015 wurde der Verkehrsverbund, den jährlich rund 20 Millionen Fahrgäste nutzen, rechtlich fixiert. Durch OstalbMobil sind die 20 Betreiber von Buslinien im Ostalbkreis und die DB Regio vereinigt.

Weitere Hidden Champions im Ostalbkreis

Außer in den oben beschriebenen Clustern gibt es im Ostalbkreis weitere Hidden Champions mit großer internationaler Reputation.

Die Weleda AG in Schwäbisch Gmünd beispielsweise ist Weltmarktführerin in der Herstellung und im Vertrieb von zertifizierter Naturkosmetik und von anthroposophischen Arzneimitteln. Die Unternehmensgruppe mit Stammsitz in Arlesheim/Schweiz und dem größten Produktionsstandort in Schwäbisch Gmünd will die Kreation innovativer Produkte weiter verstärken, neue Auslandsmärkte (Nord- und Südamerika) erschließen sowie kräftig investieren.

Triumph International, der weltweit größte und wohl bekannteste Hersteller von Bodywear und Dessous, wurde 1886 in Heubach gegründet und hat dort sein Entwicklungs- und Designwerk. Der Stammsitz ist in Zurzach/Schweiz und die Deutschland-Zentrale in München. Unterm Rosenstein geht in Heubach auch ein wei-

terer Firmenstern auf. Richter lighting technologies GmbH entwickelt sich zur internationalen Ideenschmiede in Sachen LED-Lichttechnologie. Auf über 100 kreative Mitarbeiterinnen und Mitarbeiter aus fast 40 Ländern ist das Unternehmen, das u.a. auch für Apple tätig ist, angewachsen – ein Neubau am Rande des Flugplatzes Heubach ist nur der erste Schritt in der Expansionsstrategie.

Eine besondere Erfolgsgeschichte schreibt die Gmünder Schleich GmbH. Der Spielfigurenhersteller (Schlümpfe, Batman, Superman, Biene Maja) will weiter wachsen, jährlich sogar zweistellig. Das Ziel: Aufstieg in die (Champions)-League der Top 4: Lego, Hasbro, Mattel und Disney. Schleich wurde bereits vor über 80 Jahren in Schwäbisch Gmünd-Herlikofen gegründet.

Die Gmünder Nubert electronic GmbH baut seit den 1970er-Jahren hochwertige Lautsprecher und andere HiFi-Produkte, die halten, was sie versprechen. Nubert Boxen sind durch und durch ehrliche Lautsprecher mit höchsten Ansprüchen an Material und Verarbeitung, deren Klangqualität vielen tausend Musik- und Heimkinoliebhabern als unübertroffen gilt. Nubert HiFi-Elektronik zeichnet sich durch höchste Klangtreue und Bauqualität aus. Das belegen eine Vielzahl von Preisen. Nubert expandiert und baut im Schwäbisch Gmünder Gewerbegebiet West eine neue Zentrale. Ganz oben im „Zufriedenheitsmonitor der Kunden" steht auch die größte deutsche Krankenkasse Barmer GEK am Standort Schwäbisch Gmünd mit über 1.000 Mitarbeiterinnen und Mitarbeitern.

Die 1718 als Nagelschmiede gegründete Friedrich Kicherer GmbH & Co. KG bedient von Ellwangen (Jagst) aus ihre Kunden in der Region und Handelsunternehmen in ganz Deutschland mit erstklassigem Stahl und stahlverwandten Produkten. Ebenfalls in Ellwangen ansässig ist die ISIMAT GmbH, die Siebdruck- und Flexodruckmaschinen für den mehrfarbigen Druck auf dreidimensionalen Verpackungen entwickelt und produziert. Die VARTA Consumer Batteries GmbH & Co. KGaA, gegründet 1887, ist seit den

1950er-Jahren fest mit Ellwangen verwurzelt und ist nun Teil des internationalen Unternehmmens Spectrum Brands Inc. Der Konzern ist mit den Marken VARTA und Rayovac nicht nur einer der weltweit größten Hersteller von Gerätebatterien, sondern mit Remington und Russel Hobbs auch ein führender Anbieter von elektrischen Körperpflegeprodukten bzw. elektrischen Kleingeräten für den Haushalt. In Sachen „Bildungs-Weltmarktführer " ist im Ellwanger Gewerbe- und Industriegebiet Neunheim ein besonderer Hersteller und Dienstleister präsent: Die Arnulf Betzold GmbH ist führender Ausstatter und Versender für Bildungsmedien, Kindergarten- und Schulausstattung sowie hochkompetenter Distanzhändler mit der Vermarktung über Kataloge und Webshops. Ellwangen ist der zentrale Standort für Lagerung, Logistik und Kundenservice; hier werden auch Schulmöbel produziert.

Das erste Unternehmen, das im Ellwanger Gewerbegebiet Neunheim ansiedelte, war die 1954 gegründete Keramoplast GmbH, die heute als Ivoclar Vivadent GmbH mit Sitz in Schaan/Liechtenstein firmiert. Die Ellwanger sind mit innovativen Produkten und Systemlösungen für die moderne Zahnmedizin und Zahntechnologie internationaler Marktführer in der Dentalbranche.

Über jahrzehntelange Erfahrung in der Entwicklung und Herstellung von Stanz-, Binde- und Laminiersystemen verfügt die Chr. Renz GmbH, die in dieser Industrienische anerkannter Weltmarktführer ist. Der Hauptsitz der Renz-Gruppe befindet sich in Heubach, eigene Tochtergesellschaften sowie Händler sind global vertreten. Die renommierte Scholz Holding in Essingen ist von der chinesischen Chiho Tiande Gruppe übernommen worden. Geblieben ist die hohe Kompetenz am Standort und die herausragende globale Marktstellung im Schrott-Recycling.

Die Bansbach easylift GmbH in Lorch ist zu einem weltweit agierenden Technologieführer in der Entwicklung und Produktion von Gasdruck-federn für die verschiedensten Anwendungsbereiche gewachsen. Das Produktportfolio des 1919 gegründeten Familienunternehmens umfasst die Sparten Gasfedern, easymotion, Sonder-Pneumatik und Mikro-Hydraulik.

Ebenfalls in der Klosterstadt hat ein weltweit führender Anbieter von dynamischer Messtechnik für Druck, Kraft, Drehmoment und Beschleunigung ein großes Produktionszentrum. Die frühere Firma Dr. Staiger Mohilo wurde inzwischen erfolgreich in die internationale Kistler Gruppe integriert.

Das weltweit tätige Familienunternehmen Lipp GmbH in Tannhausen ist Spezialist für den Behälterbau und Systemlösungen aus Stahl für Industrie, Kommunen und Landwirtschaft. Durch die technisch einzigartige Bauweise wird höchste Qualität für die Lagerung fester, flüssiger und gasförmiger Stoffe erreicht. Mit über 170 Patenten hat Lipp bereits mehr als 10.000 Projekte auf der ganzen Welt realisiert.

Die OMEGA SORG GmbH mit Hauptsitz in Essingen und weiteren Standorten in Stuttgart-Wangen, Waldheim und Nürnberg entwickelte sich aus einem kleinen Metzgereibedarfsgeschäft in 50 Jahren zum Lebensmittel-Fachgroßhandel mit einem aus rund 38.000 Food- und Non-Food-Artikeln bestehenden Vollsortiment für Gewerbetreibende in Gastronomie, Hotellerie und Gemeinschaftsverpflegung. Das Unternehmen ist Mitglied in einem deutschlandweiten Service-Bund.

Handwerk und Bausektor

Als ein verlässlicher Stabilitätsanker für Wachstum und Beschäftigung steht im Ostalbkreis vor allem auch das Handwerk. Die Kreishandwerkerschaft Ostalb ist ein Dienstleistungsunternehmen innerhalb der Handwerksorganisation. Von ihren beiden Geschäftsstellen in Aalen und Schwäbisch Gmünd aus betreut sie ihre rund 1.100 Mitgliedsbetriebe, die in 28 Innungen organisiert sind, in den Bereichen Geschäftsführung, Organisation der Gesellenprüfungen, Konzeption und Durchführung von Aus- und

Weiterbildungsmaßnahmen sowie bei arbeitsrechtlichen Fragen.

Überdurchschnittlich stark auf der Ostalb ist nach wie vor das Bauhandwerk – die anhaltende Niedrigzinsphase sorgt dafür, dass sowohl die private als auch die gewerbliche Bautätigkeit ungebrochen stark bleibt. Leistungsstarke Bauunternehmungen wie beispielsweise Hans Fuchs, Hermann Fuchs, Gebr. Berhalter, Franz Traub, Awus-Bau, Haag Bau im Ellwanger und Aalener Raum. Bortolazzi in Bopfingen oder Alfred Kolb, Georg Eichele, Gebrüder Eichele, Irdenkauf-Bau, Bau-Wolf oder Schwarzkopf im Raum Schwäbisch Gmünd sind sogar weit über die Kreisgrenzen hinaus bis nach Stuttgart tätig. Eine besondere Firma aus dem Bausektor hat ihren Betriebssitz in Adelmannsfelden. Schon 250 Jahre gibt es das Unternehmen dort bereits und wird heute von Wolfram Reck in der neunten Generation geführt. Damit ist die Firma Reck wohl die älteste Bauunternehmung im Ostalbkreis, wenn nicht in ganz Baden-Württemberg. Nicht zu vergessen auch die erfolgreiche Tätigkeit im Wohn- und Industriebau von großen Projekt-Baudienstleistern wie etwa Kreisbaugenossenschaft Ostalb eG, Essinger Wohnbau, Scholz-Immobilien, zahlreiche Architekten oder die städtischen Wohnbauunternehmen in Aalen, Ellwangen und Schwäbisch Gmünd.

Was bringt die Zukunft?

Diese hat an den Hochschulen, Forschungseinrichtungen und in den Unternehmen im Ostalbkreis längst begonnen. Denn zur Produktion am Standort gehört der permanent stattfindende Wissens- und Technologietransfer, gehören Forschungs- und Entwicklungsaktivitäten. Deshalb kann man in den Unternehmen der Zeit auch ein Stück weit voraus sein und die Kompetenzfelder und Wirtschaftscluster damit weiter stärken. Dieser kurze Report konnte sicher nur einige Themen, Branchen, Firmen und Entwicklungen beleuchten, aber bei weitem nicht alle Wirtschaftsthemen und Unternehmen aufgreifen und abbilden. Dies wären im Ostalbkreis

über 20.000 Firmen. Wichtig ist jedoch jede einzelne davon, ob Existenzgründer oder Großunternehmen. Die Netzwerke, Interaktionen am Standort und die Bedeutung für Innovationen und Wachstum werden jeden Tag neu ausgerichtet.

Viel, wenn nicht gar alles, wird vom Tempo der fortschreitenden Digitalisierung abhängen. Auch die Bankenlandschaft im Ostalbkreis wird sich verändern. Der Prozess von Zusammenschlüssen, insbesondere auch bei den Genossenschaftsbanken kann sich fortsetzen. In allen Bereichen werden neue Technologien wie Cloud Computing, Industrie 4.0, Public Clouds oder Server- und Storage-Lösungen dominieren. Eine Grundvoraussetzung dafür aber ist die flächendeckende Versorgung der Räume mit stabilen und leistungsstarken Breitband-Datennetzen. Für viele Dienstleistungsunternehmen in diesem Bereich, wie beispielsweise NetCom in Ellwangen, Ropa in Schwäbisch Gmünd oder Geo Data in Westhausen, öffnen sich große Wachstumspotenziale. Die Digitalisierung wird die gesamte deutsche Wirtschaft verändern. Die Internetwirtschaft in Deutschland wird wachsen, Prognosen sagen, dass diese Branche bis zum Jahr 2028 sogar den Umsatz der Automobilindustrie übertreffen wird.

Nächste Doppelseite: Firmen und Produkte im Ostalbkreis.
Die Fotos haben dankenswerterweise die Firmen und das Wirtschaftszentrum Aalen zur Verfügung gestellt.

Kampa
EnBW/ODR 
Kicherer 
p312 
power one
MERCURY-FREE
high level hearing
wireless approved
power one
ACCU plus
wiederaufladbar
rechargeable
recargable
power one
high level hearing
made in germany
p10
p13 accu
made in germany
Varta
RUD

Palm
WiZ Aalen
WiZ WirtschaftsZentrum
WELEDA
Seit 1921
WILDROSE
Verwöhndusche
WELEDA
Seit 1921
GRANATAPFEL
Schönheitsdusche
WELEDA
Seit 1921
MEN
Aktiv-Duschgel
Belebt und erfrischt
WELEDA
Seit 1921
WELEDA
Seit 1921
SANDDORN
Bosch Automotive Steering
Triumph international

Bildungsregion
Volker Zimmer

Der Ostalbkreis als Bildungsregion

Bildung im Wandel

Bildung ist ein hohes Gut. Sie verhilft zu einem emanzipierten und solidarischen Leben, ermöglicht gesellschaftliche Teilhabe, kulturelle Zugänge und natürlich auch berufliche Perspektiven. Verbunden mit Bildung ist ebenfalls die Hoffnung auf ein friedliches Miteinander oder auch, in Anlehnung an Hartmut von Hentig, die Eröffnung von Glücksmomenten, die Verwirklichung von Freiheit und die Bereitschaft, für sich und das Gemeinwesen Verantwortung zu übernehmen. Überdies ist Bildung für die ökonomische Prosperität eine wesentliche Ressource und somit Grundlage für den wirtschaftlichen Wohlstand.

Bildung ist jedoch ebenso ein Privileg. Obwohl Bildungspolitiker nicht müde werden, regelmäßig das von Ralf Dahrendorf prominent formulierte Bürgerrecht auf Bildung in ihren Reden zu bemühen, ist es nicht selbstverständlich, dass Menschen Bildungseinrichtungen besuchen können oder in Verhältnissen aufwachsen, die ihnen die Grundlage für ein chancenreiches und erfüllendes Leben schaffen. Selbst in einem demokratischen, den Prinzipien der Meritokratie verpflichtenden Land des 21. Jahrhunderts ist dies trotz Phänomenen wie der Bildungsexpansion keine Selbstverständlichkeit. Dies mag in Deutschland auch durch den inzwischen weidlich debattierten PISA-Schock deutlich geworden sein. Die in der Folge geführten Diskussionen schärften den Blick für die Bedeutung der Bildung für den individuellen Lebensweg und ließen dabei die Schule als zentrales Element in den Mittelpunkt rücken. Aber nicht nur der Schule wurde eine größere Beachtung geschenkt. Ebenfalls erfuhren die frühkindliche Bildung sowie sämtliche außerschulische Bildungsmöglichkeiten wie die Kinder- und Jugendarbeit (z. B. im Rahmen der Rauschenbach-Studie), die Angebote der Vereine oder die familiäre Erziehung ein verstärktes Interesse.

Das Bildungswesen im Landkreis

Das Bildungsangebot vor Ort rückte gleichfalls in den Fokus der Aufmerksamkeit, wie exemplarisch verschiedene Bundes- und Landesprogramme oder die regionale Bildungsberichterstattung verdeutlichen. Auch im Ostalbkreis entstand ein solcher Bildungsbericht, der nochmals eindrücklich unterstrich, wie vielfältig die hiesige Bildungslandschaft ist.

Frühe Bildung

So gibt es im frühkindlichen Bereich laut dem Statistikportal „KITA data webhouse" im Jahr 2015 256 Einrichtungen, die sich auf über 150 Träger verteilen. Das Gros der Einrichtungen, nämlich in etwa 60 Prozent, befinden sich dabei in Trägerschaft der katholischen und evangelischen Kirchen, von 63 Einrichtungen sind die Kommunen die Träger. Daneben finden sich weitere Träger wie Unternehmen oder auch private und gewerbliche Anbieter. Zwar ist der Rückgang der Kinderzahlen spürbar, dennoch besuchten 2015 immerhin 11.066 Kinder eine Einrichtung der frühkindlichen Bildung. Des Weiteren zeichneten sich auch im Ostalbkreis in den letzten Jahren verschiedene Änderungen ab, die ihren Ausdruck u. a. im Ausbau des Betreuungsangebots für Kinder unter drei Jahren oder beim Ausbau der Gruppen mit verlängerten Öffnungszeiten fanden.

Mitunter aufgrund der mäßigen Ergebnisse von deutschen Schülerinnen und Schülern im internationalen Vergleich wurde in den letzten Jahren in den Kindertageseinrichtungen stärker der Bildungsaspekt in den Blick genommen, ohne selbstredend die Betreuungs- und Erziehungsfunktion zu vernachlässigen. Diese Entwicklung hatte zur Folge, dass an baden-württembergischen Kindertageseinrichtungen der sogenannte Orientierungsplan eingeführt wurde.

Allgemein bildende Schulen

Die Auswirkungen der demographischen Entwicklung sind auch im Bereich der allgemein bildenden Schulen zu spüren, wie die Schließung verschiedener Hauptschulstandorte zeigt. Die gesellschaftlichen Veränderungen und deren Folgen für das Schulwesen wurden im Rahmen der regionalen Schulentwicklung teils kontrovers und emotional diskutiert und mündeten in verschiedenen Reformen. Eine wesentliche Neuerung in der baden-württembergischen Bildungslandschaft ist dabei sicher die Einführung der Gemeinschaftsschule. Mittlerweile (2015/16) gibt es im Ostalbkreis 14 Standorte (im Schuljahr 2014/15 waren es neun Schulen mit 799 Schülerinnen und Schülern und 209 Lehrkräften), nachdem die ersten Schulen dieser Form zunächst in Essingen, Oberkochen, Rosenberg und Westhausen eingerichtet worden waren.

Die meisten Schulen sind weniger überraschend die Grundschulen – diejenige Schulform, an der fast alle Schülerinnen und Schülern eines Jahrgangs unterrichtet werden und die in den letzten Jahren spannende, an der individuellen Entwicklung des Kindes orientierte Reformen erlebte. Zu nennen ist in diesem Zusammenhang u. a. der „Schulanfang auf neuen Wegen", der eine Flexibilisierung des Einschulzeitpunktes sowie der Verweildauer vorsieht oder die Abschaffung der verbindlichen Grundschulempfehlung. 89 Grundschulen in öffentlicher sowie drei Grundschulen in privater Trägerschaft gibt es im Ostalbkreis, die im Schuljahr 2014/15 von fast 11.000 Schülerinnen und Schülern besucht wurden. Die Haupt- und Werkrealschulen haben indes wohl vor allem aufgrund der sich wandelnden Bildungswünsche mit Nachwuchsproblemen zu kämpfen, zu-

Evangelische Kindertageseinrichtung Versöhnungskirche Schwäbisch Gmünd. Foto: Kindertageseinrichtung

mal die Anzahl dieser Schulform in den letzten Jahren stetig zurückging und es zum Schuljahr 2014/15 noch 31 Werkrealschulen gab, die von 3.536 Schülerinnen und Schülern besucht wurden. Betrachtet man die Anzahl der Lehrkräfte, so kann auf der Grundlage des vom Statistischen Landesamts aggregierten Datenmaterials gesagt werden, dass 1.198 Lehrerinnen und Lehrer an den Grund- und Haupt-/Werkrealschulen im genannten Schuljahr tätig waren. Die 19 Realschulen (davon drei in privater Trägerschaft) werden von 8.278 Schülerinnen und Schülern besucht, die von 665 Lehrerinnen und Lehrern unterrichtet werden. Auf die 17 Gymnasien (darunter das Hochbegabtengymnasium in Schwäbisch Gmünd und drei private) gehen fast 10.000 Schülerinnen und Schüler (870 Lehrkräfte), wobei die Zahl der Eleven in den letzten Jahren stark anstieg. Mehr Schülerinnen und Schüler gibt es ebenfalls an den Sonderschulen: 2.132 Schülerinnen und Schüler besuchen derzeit eine der zwölf öffentlichen und fünf privaten Schulen im Ostalbkreis (619 Lehrkräfte). Ungefähr 700 Schülerinnen und Schüler werden an den beiden Waldorfschulen in Aalen und Schwäbisch

Schülerinnen und Schüler vor dem St. Jakobus-Gymnasium Abtsgmünd. Foto: Landratsamt

Gmünd unterrichtet. Komplettiert wird das reichhaltige Schulbuffet mit den Abendschulen. So können am Abendgymnasium Ostwürttemberg oder an den Abendrealschulen Schwäbisch Gmünd beziehungsweise Aalen-Ellwangen das Abitur respektive der Realschulabschluss nachgeholt werden.

Entsprechende Angebote wie das der Abendschulen können zum Abbau von Bildungsungleichheiten beitragen. Denn soziale Rahmenbedingungen haben weiterhin einen großen Einfluss auf die Bildungsentscheidungen, wie die Betrachtung des Übergangs von der Grundschule auf die weiterführenden Schulen zeigt. Zunächst gilt es in diesem Zusammenhang für den Ostalbkreis jedoch anzumerken, dass bis noch vor wenigen Jahren die Realschule diejenige Schulform darstellte, auf die traditionell die meisten Kinder nach der Grundschule wechselten. Auch wohl mitbedingt durch die Abschaffung der verbind-

lichen Grundschulempfehlung und wandelnder Bildungsaspirationen stellt aber inzwischen das Gymnasium diejenige Schulform dar, auf die die meisten Grundschülerinnen und Grundschüler wechseln (40,2 Prozent). Die Übergangsquoten auf die Haupt- respektive Werkrealschulen fielen hingehen sukzessive und bewegen sich aktuell (2013/14) bei gerade noch 10,6 Prozent. Interessant ist dabei der Blick auf das Verhältnis von Übergangsempfehlung, Elternwunsch sowie tatsächlichem Übergang. Denn dass die meisten Kinder auf eine Realschule wechselten, war vor allem den Wünschen der Eltern geschuldet; den Übergangsempfehlungen der Lehrerinnen und Lehrer zufolge hätten die meisten Schülerinnen und Schüler auf ein Gymnasium wechseln können. Dies belegen die Analysen der Bildungsberichte des Ostalbkreises sowie der Stadt Schwäbisch Gmünd. Die hohe Zahl an Schülerinnen und Schülern, die nach der Grundschule auf eine Realschule wechseln, ist mitunter auch mit den Angeboten der beruflichen Schulen zu erklären, die über verschiedene Schulformen wie das berufliche Gymnasium oder das Berufskolleg den Erwerb einer Hochschulzugangsberechtigung ermöglichen.

Berufliche Schulen

Schließlich bietet das berufliche Schulwesen ein Potpourri an Bildungsoptionen und vergibt in diesem Zuge auch alle Schulabschlüsse des allgemein bildenden Schulsystems. Im Kreis gibt es acht öffentliche und zehn private Schulen sowie vier Schulen für Berufe des Gesundheitswesens, die sich auf die Standorte Aalen, Ellwangen, Schwäbisch Gmünd, Mutlangen und Lorch verteilen und im Schuljahr 2012/13 von 13.089 Schülerinnen und Schülern, Auszubildenden (Duales System) und Studierenden (Fachschulen) besucht wurden. 706 Lehrkräfte waren dabei an den öffentlichen Schulen im Geschäftsbereich des Kultusministeriums tätig. In der Trägerschaft des Landkreises befinden sich am Beruflichen Schulzentrum Aalen die Technische Schule, die Kaufmännische Schule sowie die Justus-von-Liebig-Schule, am Kreisberufsschulzentrum Ellwangen die Gewerbliche, Hauswirtschaftliche und Kaufmännische Schule sowie am Beruflichen Schulzentrum Schwäbisch Gmünd die Gewerbliche Schule, die Kaufmännische Schule sowie die Agnes-von-Hohenstaufen-Schule. Daneben tragen Einrichtungen und Träger wie das Institut für Soziale Berufe, das Kolping-Bildungswerk, die Johannes-Landenberger-Schule oder die Deutsche Angestellten Akademie zu einem mannigfaltigen Bildungsangebot im Bereich der beruflichen Bildung bei. Die größte berufliche Schule im Ostalbkreis ist dabei die Technische Schule in Aalen mit über 3.000 Personen, es folgen die Gewerbliche Schule Schwäbisch Gmünd sowie das Kreisberufsschulzentrum Ellwangen. Die Anzahl der Schularten ist jedoch höher als die 22 Schulstandorte zunächst vermuten lassen, da sich unter dem Dach einer beruflichen Schulen mehrere Schulformen befinden – zu nennen gilt es u. a. die Teilzeitberufsschulen im Dualen System, vollzeitschulische Bildungsgänge, Berufskollegs, berufliche Gymnasien oder die dem tertiären Bereich der Weiterbildung zuzuordnenden Fachschulen.

Hochschulen

Für die akademische (Aus-)Bildung zeichnen sich im Ostalbkreis die HTW Aalen, die Hochschule für Gestaltung Schwäbisch Gmünd sowie die Pädagogische Hochschule Schwäbisch Gmünd aus, deren ansteigende Studierendenzahlen auf die Attraktivität der Angebote verweisen. Erwähnenswert ist ferner die Kooperation des Instituts für Soziale Berufe mit der

Steinbeis-Hochschule Berlin, aus der der staatlich anerkannte Studiengang „Sozialberufliches Management" hervorgeht, sowie das Studienangebot der SRH FernHochschule Riedlingen in Ellwangen. Dass in Schwäbisch Gmünd die Lehrerausbildung Tradition hat, verdeutlichen neben der Pädagogischen Hochschule auch das Pädagogische Fachseminar oder die Staatlichen Seminare für Didaktik und Lehrerbildung. Zudem befindet sich im Schloss Ellwangen eine Außenstelle des Staatlichen Seminars für Didaktik und Lehrerbildung Stuttgart.

Weiterbildung und Freizeit

Der Mensch bildet sich ein Leben lang. Auch im Bereich der Weiterbildung bietet sich im Ostalbkreis ein reichhaltiges Menü an Möglichkeiten und Themen. Zu nennen sind hierbei zunächst sicher die fünf Volkshochschulen im Kreis – VHS Aalen, VHS Ellwangen, VHS Ostalb, VHS Oberkochen, VHS Schwäbisch Gmünd. Neben den Volkshochschulen unterbreiten die unterschiedlichsten Anbieter weitere interessante Weiterbildungsmöglichkeiten – einzusehen u. a. auf den Seiten des Online-Bildungsportals des Ostalbkreises – , die sowohl die allgemeine Weiterbildung als auch die berufliche Weiterbildung bedenken. Gerade letztere ist vor dem Hintergrund der schnellen technischen sowie gesellschaftlichen und wirtschaftlichen Entwicklungen eine nicht unwesentliche Triebfeder für die persönliche Karriereentwicklung. Aber nicht nur der berufliche Aspekt ist hierbei von Relevanz, denn schließlich eröffnen die Weiterbildungseinrichtungen Möglichkeiten, die ebenso für die politische Willensbildung oder für eine gesunde Lebensführung dienlich sind.

In wissenschaftlichen Studien und in der praktischen pädagogischen Arbeit wird regelmäßig der Beitrag der musisch-ästhetischen Erziehung sowie der Bewegung für die Auseinandersetzung des Menschen mit der sozialen und natürlichen Welt betont. Die Fähigkeit des geschickten Umgangs und geziemenden Auftretens im Alltag wird dabei nicht nur im theoretischen Kontext geformt, sondern ebenfalls in der Praxis durch den Kontakt mit anderen Menschen sowie der Möglichkeit zum Experimentieren. Und hier liefern die Angebote der regionalen Sport- und Kulturvereine, Musikschulen, Bibliotheken, Museen und der Kreismedienzentren einen wichtigen Beitrag. So fördern die entsprechenden Angebote nicht nur das kognitive Lernen und die motorischen Fertigkeiten; es werden auch soziale Kompetenzen geschult – Eigenschaften, die einen selbstbewussten und mündigen Menschen ausmachen. Sich zu bilden bedeutet außerdem, sich mit anderen Menschen auszutauschen. Sport, Musik und Bücher bringen Menschen zusammen – unabhängig ihrer Herkunft – und bieten die Chance, die Sichtweisen und Ansichten von anderen Menschen zu verstehen. Die Teilhabe an diesen Angeboten bietet folglich nicht nur die Möglichkeit zur freien Entfaltung der Individualität, sondern schafft gleichsam die Chance zur Integration und zum gemeinschaftlichen gesellschaftlichen Handeln.

Das Angebot im Ostalbkreis ist in diesem Bereich breit aufgestellt. Der Blick auf das Bildungsportal des Ostalbkreises beweist eine schier unendliche Fülle an Vereinsangeboten, die sportliche Interessen ebenso berücksichtigen wie kulturelle. Ebenfalls bedeutsam sind die Angebote der 14 Musikschulen der Musikschulregion Ostwürttemberg und der Musikschulakademie auf der Kapfenburg. Darüber hinaus bieten die Bibliotheken im Ostalbkreis ein umfassendes Angebot an Bildungsmöglichkeiten. Entsprechend führte der Bildungsbericht des Ostalbkreises über 40 Standorte an, die sich primär in der Trägerschaft der Kirchen und der Kommunen befinden. Ebenso vielfältig ist das Angebot der Kreismedienzentren, die neben Medien für die Jugend- und Erwachsenenbildung auch Geräte für die Medienarbeit zur Verfügung stellen. Generell steht in den Bibliotheken und den Kreismedienzentren eine breite Palette an Medien zur Verfügung, die Printmedien wie Bücher und Zeitschriften ebenso beinhaltet wie Filme, Musik-Alben oder Hörbücher.

Betrachtet man die Zahl an Ausleihen der kommunalen Bibliotheken, so kann gesagt werden, dass auf jede Kreisbewohnerin bzw. jeden Kreisbewohner über fünf Entleihungen pro Jahr entfallen, wobei laut Statistik eine besonders leseaffine Bevölkerung in Abtsgmünd anzutreffen ist: hier entfallen auf jede Bewohnerin und jeden Bewohner 14 Entleihungen pro Jahr!

Kinder- und Jugendarbeit

Bereichernd und vielseitig ist ebenfalls das Angebot im Bereich der Kinder- und Jugendarbeit, zumal sich Jugendliche häufig selbst organisieren – man denke z. B. an die sogenannte Bauwagen- und Hüttenkultur. Im Gegensatz zum Lernen in der Schule ist die Teilnahme an den Angeboten der Kinder- und Jugendarbeit freiwillig und geschieht interessengeleitet und spontan. Dadurch werden den Kindern und Jugendlichen Freiräume zum Austesten eigener Lebensvorstellungen ermöglicht – und dies fern von den Ansichten und Einstellungen der Erwachsenen.

Im Dezember 2014 wurden die Ergebnisse einer Bestandsaufnahme unter Vereinen und Einrichtungen sowie den Kommunen im Ostalbkreis vorgestellt, die das Bildungsbüro Ostalb zusammen mit dem Kreisjugendring durchführte. Die Studie unterstrich die Bedeutung der Jugendarbeit für die Bildungslandschaft und zeigte die Vielfalt an entsprechenden Angeboten in der außerschulischen Bildung und der Jugendarbeit auf, die inhaltlich politische, religiöskonfessionelle oder musisch-kulturelle Themen ebenso betrachten wie naturkundliche und gesundheitliche. Beispielhaft lässt sich das ansprechende Angebot an den Ferienfreizeiten verdeutlichen, die im Ostalbkreis schon seit vielen Jahrzehnten vor allem in den Sommermonaten stattfinden.

Exemplarische Profile und Initiativen

Die vielfältigen Bildungsmöglichkeiten lassen sich indes nicht nur im Kontext der unterschiedlichsten Schulformen, Ausbildungsmöglichkeiten oder kulturellen Angeboten der außerschulischen Bildung ablesen, sondern ebenfalls anhand der zahlreichen Profile der einzelnen Institutionen sowie bemerkenswerter Ideen, um den unterschiedlichsten Interessen und Voraussetzungen der Kinder und Jugendlichen gerecht zu werden. So bietet zum Beispiel das St. Jakobus-Gymnasium in Abtsgmünd in Zusammenarbeit mit der Firma Kessler + Co das Projekt „Abitur – PLUS Ausbildung zum Zerspanungsmechaniker" an, das neben dem Erwerb des Abiturs auch eine Ausbildung zum Zerspanungsmechaniker vorsieht.

Die Bildungsaktivitäten zeigen sich ebenfalls im Rahmen von verschiedenen Projekten und Initiativen, die auf Kreisebene in den unterschiedlichsten Bildungsbereichen angeboten werden. Beachtenswert ist z. B. im Bereich der Sprachförderung das Engagement der Städte Aalen, Schwäbisch Gmünd und Ellwangen, die im Rahmen des Regionalverbunds Sprachförderung Erzieherinnen und Erziehern ein einjähriges Zertifikatsstudium zur Sprachpädagogik an der Pädagogischen Hochschule Schwäbisch

Viele Vereine und Organisationen im Ostalbkreis bieten ein großes Angebot an Freizeiten für Kinder und Jugendliche das ganze Jahr über an. Bereits seit den 50er-Jahren findet in den Sommerferien das Zeltlager Zimmerbergmühle statt. Foto: Landratsamt

Teilnehmerinnen und Teilnehmer der Sommerschule an der Bohlschule im Jahr 2014 bei einer Stadtrallye durch Aalen mit ihrer australischen Lehrerin Jennifer Barlow. Foto: Landratsamt

Gmünd ermöglichen. Stellvertretend für all die hilfreichen Initiativen im Bildungsbereich seien ferner Maßnahmen aus dem Bereich der Gewaltprävention erwähnt, die Sommerschulen in den Städten Aalen, Ellwangen und Schwäbisch Gmünd, die Aktion „Kicken gegen Rechts" oder das Programm „Jugendschutz geht alle an! Die Ostalbkinder sind´s uns wert!", ein Projekt des Kreisjugendrings Ostalb e.V., der Suchtbeauftragten beim Landratsamt Ostalbkreis und dem Polizeipräsidium Aalen. Auf der Folie dieser Thematik fand im November 2015 im Schulzentrum Strümpfelbach in Schwäbisch Gmünd der Fachtag „Prävention und Bildung" statt, der neben informativen Vorträgen auch die Möglichkeit bot, auf einem Markt der Möglichkeiten sich über Best-Practice-Beispiele für eine gelingende Präventionsarbeit auszutauschen.

Die Bildungsregion Ostalb

Die weiter oben bereits angesprochenen Ergebnisse von Schulleistungsstudien führten zu den unterschiedlichsten Reaktionen und Konsequenzen. Der Bund und die Länder antworteten u. a. mit den Eisenachern Beschlüssen (KMK 2002). Die Folge waren im Schulwesen die Implementierung von neuen Steuerungsformen (neudeutsch: von der Input- zur Outputsteuerung) oder die Modifikation von Bildungsgängen. Beispielhaft für all die mannigfaltigen Konsequenzen sei die von der KMK im Jahr 2006 verabschiedete Gesamtstrategie zum Bildungsmonitoring genannt, die u. a. neben der regelmäßigen Teilnahme an internationalen Schulleistungsstudien, der Einführung von Vergleichsarbeiten zur landesweiten Überprüfung der Leistungsfähigkeit einzelner Schulen auch eine gemeinsame Bildungsberichterstattung von Bund und Ländern vorsah, die inzwischen auch auf der Ebene der Landkreise und Städte angekommen ist. Ebenfalls lässt sich in den Entwicklungen der letzten Jahre eine gewisse Regionalisierung erkennen, nämlich dergestalt, dass die Verantwortung für die Gestaltung des Bildungswesens vor Ort gedacht werden soll. Auf der Ebene der Regionen und Kreise entstanden verschiedene Projektinitiativen des BMBF / ESF, wie z. B. Lernende Regionen, Lernen vor Ort oder in Baden-Württemberg die sogenannten Bildungsregionen.

Ziele und Handlungsfelder

„In Verantwortlichkeiten denken und handeln, statt in Zuständigkeiten" – das ist der zentrale Leitspruch des Landesprogramms Bildungsregionen. Alle im Bildungsbereich tätigen Akteure der Land- und Stadtkreise Baden-Württembergs sollen auf Basis gemeinsam entwickelter Ziele vernetzt werden, um Projekte zu initiieren sowie im Rahmen von Arbeitskreisen, Foren und Konferenzen Instrumente zur Förderung des öffentlichen Bildungsdiskurses zu etablieren. Auch im Ostalbkreis wurde diesem bemerkenswerten Programm eine besondere Beachtung geschenkt: So ist der Landkreis seit Februar 2010 ebenfalls eine Bildungsregion.

Um einen Einblick in die facettenreiche Bildungslandschaft des Landkreises zu erhalten, wurde zunächst unter Federführung einer von Prof. Dr. Axel Gehrmann geleiteten Projektgruppe der Pädagogischen Hochschule Schwäbisch Gmünd in Kooperation mit dem Bildungs-

BiRO
BildungsRegionOstalb

büro der bereits erwähnte 1. Bildungsbericht für den Landkreis erstellt, dessen Ergebnisse im April 2011 der Öffentlichkeit vorgestellt wurden. Die aus dem Bericht gewonnenen Erkenntnisse wurden in verschiedenen Gremien sowie im Rahmen der ersten Bildungskonferenz mit der Öffentlichkeit diskutiert.

Auf dieser Grundlage wurde schließlich ein Handlungskonzept für die Bildungsregion Ostalb entwickelt und darin auch die Vision der regionalen Bildungslandschaft formuliert: so soll in der Region ein vielfältiges, qualitativ hochwertiges und verzahntes Bildungsangebot in allen Bereichen (formal, non-formal, informell) bestehen, welches optimale Lern- und Lebenschancen ermöglicht und somit zur Verbesserung der Lebensqualität der Menschen und zur Sicherung des Standorts beiträgt.

Diese Vision war die Grundlage für die Formulierung eines Leitbildes, welches das Selbstverständnis und den Orientierungsrahmen für das Handeln in der Bildungsregion darstellt und in fünf Handlungsfeldern (Informieren und vernetzen, Bildungsprozesse analysieren und dokumentieren, Benachteiligte fördern, Übergänge gestalten, Bildungslandschaft entwickeln) konkretisiert wurde.

Im Handlungsfeld „Bildungsprozesse analysieren & dokumentieren" ist z. B. genannt, regelmäßig einen kreisweiten Bildungsbericht aufzulegen sowie weitere evidenzbasierte Untersuchungen zu Teilbereichen des Bildungssystems durchzuführen. Überdies wird die gleichberechtigte Teilhabe an Bildung betont (u. a. durch die Transparenz der Bildungs- und Beratungsangebote im Rahmen des Bildungsportals) oder auch die Weiterentwicklung der non-formalen und informellen Bildung.

Struktur und Gremien

Die zentralen Institutionen zur Umsetzung dieser Ziele sind dabei die Steuergruppe, das Bildungsbüro sowie die einmal im Jahr stattfindende Bildungskonferenz.

Die Steuergruppe trägt die Gesamtverantwortung für die Entwicklung der Bildungsregion Ostalb. Sie entwickelt Leitbilder sowie Ziele für die Bildungsregion und initiiert deren strategische Umsetzung. Gleichzeitig verantwortet sie den Aufbau von Netzwerken und den Einsatz von Ressourcen, die für die Umsetzung der Ziele in der Bildungsregion notwendig sind.

Das seit Februar 2010 in der Landkreisverwaltung bestehende Bildungsbüro ist als geschäftsführende Einheit der Bildungslandschaft ein wichtiges Organ der Bildungsregion. Es fungiert dabei zum einen selbst als Impulsgeber, zum anderen setzt es alle durch die Steuergruppe beauftragten Aktivitäten in der Bildungslandschaft um. Es steuert und koordiniert die vielfältigen übergreifenden pädagogischen, strategischen und planerischen Themen und liefert über das regionale Bildungsmonitoring eine fundierte Datengrundlage für Diskussionen und der Initiierung von Projekten.

Im Rahmen der Bildungskonferenz wiederum werden auf Grundlage des Bildungsberichts, empirischer Untersuchungen sowie aktueller gesellschaftlicher Entwicklungen verschiedene übergreifende Bildungsthemen diskutiert, sodass Impulse für die Entwicklung der Bildungsregion Ostalb entstehen.

Gleichzeitig erhalten die Teilnehmer ein Forum, um sich auszutauschen und zu vernetzen. Ebenfalls wichtige Anregungen für die Entwicklung des Ostalbkreises lieferten die Sozial- und Bildungsforen in den Jahren 2010 und 2014, deren Teilnehmer sich mit den Lebenslagen der Bewohner des Ostalbkreises beschäftigten, sowie die Fachkonferenz zur Gestaltung des Übergangs von der Schule in den Beruf im März 2015.

Teilnehmerinnen und Teilnehmer der fünften Bildungskonferenz im Jahr 2015 („Bildung ohne Grenzen – Flüchtlinge und Zuwanderer in der Bildungsregion Ostalb").
Foto: Landratsamt

Ausgewählte Projekte

Im Rahmen des Bildungsmonitorings (Bildungsberichterstattung, Studie zur Kinder- und Jugendarbeit, Analyse des Sozialraumes, Sachstandserhebung Sprachförderung etc.) wurden und werden verschiedene Herausforderungen für den Ostalbkreis identifiziert und darauf aufbauend Programme und Initiativen entwickelt.

Eines der zentralen Projekte ist vor diesem Hintergrund die Einrichtung eines Regionalen Übergangsmanagements (RÜM) mit der ersten Schwerpunktsetzung auf die Gestaltung des Übergangs von der Schule in den Beruf. Sicher ist hin und wieder die Tendenz zu beobachten, Bildung auf der Folie wirtschaftlicher Anforderungen zu denken – oder pointiert formuliert: Bildung wird ökonomisiert. Unabhängig davon ist die Erwerbstätigkeit ein wichtiger Tür-

öffner für die gesellschaftliche Partizipation. Die Schwelle zwischen Schule und Beruf stellt allerdings für nicht jeden Heranwachsenden eine leichte Aufgabe dar. Der Einfluss der sozialen Herkunft auf den Bildungs- und Berufserfolg ist dabei jedoch nur ein Problem. Ebenfalls festzustellen sind geschlechtertypische Berufspräferenzen und die negativen Auswirkungen der demographischen Entwicklung. Gleichzeitig droht ein Fachkräftemangel.

In den letzten Jahren wurden bedeutende Projekte ins Leben gerufen, von denen an dieser Stelle stellvertretend für alle Initiativen die Jugendberufshilfe, die Ausbildungsvermittlung junger Menschen oder das seit dem Jahr 2007 bestehende Projekt ZUKUNFT genannt werden sollen. Das letztgenannte Projekt war Grundlage für die Entwicklung eines neuen Programms mit dem

Namen ZUKUNFT[NEU], das seit dem Jahr 2014 in einer Pilotphase an Schwäbisch Gmünder Schulen umgesetzt wird. Das Ziel ist es, die Berufswahlkompetenz aller Schülerinnen und Schüler an Haupt-, Werkreal-, Gemeinschafts- und Realschulen zu verbessern und somit die Chance eines erfolgreichen Übergangs in das Berufsleben zu verbessern. Ab dem Jahr 2016 wird das Konzept ebenfalls an allgemein bildenden Gymnasien erprobt.

Ein weiterer Baustein des regionalen Übergangsmanagements ist die Umsetzung des vom baden-württembergischen Ausbildungsbündnis formulierten Eckpunktepapiers „Neugestaltung des Übergangs von der Schule in den Beruf in Baden-Württemberg", das der Ostalbkreis im Rahmen der sogenannten Modellregion testet. Als Ziele können genannt werden, die Berufsorientierung an den allgemein bildenden Schulen zu intensivieren und die Unterstützung von jungen Erwachsenen mit Förderbedarf über eine duale Ausbildungsvorbereitung an den Beruflichen Schulen auszubauen.

Ebenfalls von Relevanz ist die Beratung und Unterstützung der Bevölkerung in Bildungsfragen. Aus diesem Grund wurde als erster Schritt ein Online-Bildungsportal entwickelt, welches detailliert alle Bildungseinrichtungen und -angebote bündelt und zugänglich macht. Hier finden die Bürgerinnen und Bürger detaillierte Informationen zu den Bereichen Frühe Bildung, allgemein bildende Schulen, Berufliche Schulen, Sonderschulen, Weiterbildung, Vereine und der Kinder- und Jugendarbeit. Der Ausbau sowie die stetige (Weiter-)Entwicklung des Bildungsportals ist im Hinblick auf die Bildungsberatung eine wesentliche Aufgabe, sodass das Portal regelmäßig aktualisiert wird.

Bildung im Ostalbkreis: Weiterentwicklung und Perspektiven

Bildung ist die zentrale Grundlage für eine selbstbestimmte Lebensführung, zudem hat Bildung einen entscheidenden Einfluss auf den kulturellen und wirtschaftlichen Wohlstand einer

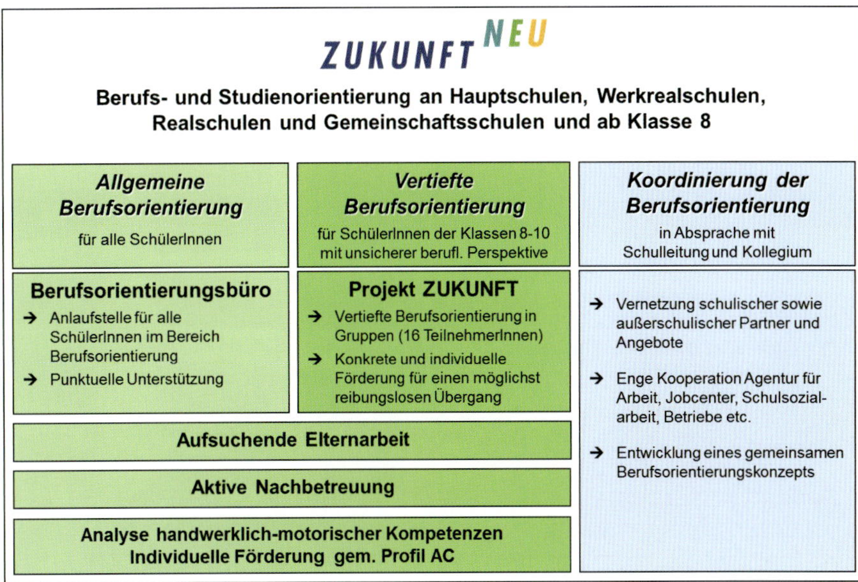

Elemente der neuen Berufsorientierungskonzeption ZUKUNFT

Gesellschaft. Auch deshalb ist der Ostalbkreis – als einer von bislang 26 Stadt- und Landkreisen Baden-Württembergs – eine Bildungsregion. Damit ist die Zielsetzung verbunden, jeder Einwohnerin und jedem Einwohner die Teilhabe an einer breiten Palette von Bildungsangeboten zu ermöglichen.

Die Erfahrungen der letzten Jahre zeigen, dass dies vor allem dann gelingen kann, wenn sich Vertreter von Bildung, Wirtschaft und Politik als Verantwortungsgemeinschaft begreifen. Im Ostalbkreis gab es in dieser Hinsicht in den letzten Jahren beachtenswerte Entwicklungen, die ihren Ausdruck in der Einrichtung von verschiedenen Arbeitsgruppen, der gemeinsamen Konzipierung von Projekten oder der regen Teilnahme an den Bildungskonferenzen fanden. Die Integration von Flüchtlingen, steigende Qualifikationsanforderungen und der prognostizierte Fachkräftemangel auf dem Arbeitsmarkt sowie die Nachwuchsgewinnung der Vereine – dies sind nur einige zentrale Themen der kommenden Jahre.

Auch in Zukunft ist deshalb das gemeinsame Handeln wichtig, um konstruktiv den Ostalbkreis weiterzuentwickeln: für ein chancenreiches und glückliches Leben seiner Bewohnerinnen und Bewohner.

Hochschulen im Ostalbkreis

Die Hochschule Aalen im Porträt
Saskia Stüven-Kazi

Pioniergeist, Ausdauer und Weitblick sind untrennbar mit der Geschichte der Hochschule Aalen verbunden. In der Wirtschaftswunderzeit der 1950er-Jahre setzten sich die Gründerväter über viele Jahre hinweg gegen harte Widerstände für die Einrichtung einer staatlichen Ingenieurschule ein. 1963 war es dann soweit: Die ersten 32 Studenten konnten in barackenähnlichen Provisorien auf dem Aalener Galgenberg ihr Studium aufnehmen. Nach einer rasanten Entwicklung ist die Hochschule Aalen heute mit 5.700 Studierenden, 360 Mitarbeitern und 167 Professoren nicht nur eine der größeren in Baden-Württemberg, sondern auch landesweit eine der forschungsstärksten Hochschulen für angewandte Wissenschaften. Und wieder einmal weht durch die Flure der Pioniergeist, befindet sie sich doch mit dem Innovationszentrum, den neuen Forschungsgebäuden und dem geplanten Waldcampus mitten in einer weiteren historischen Entwicklungsphase.

Damals und heute

Die Wurzeln der Hochschule Aalen reichen bis in die 50er-Jahre des vergangenen Jahrhunderts zurück. Der damalige Landrat Dr. Anton Huber und Oberbürgermeister Dr. Karl Schübel verfolgen zehn Jahre lang mit großem Engagement auf allen lokal- und landespolitischen Ebenen das Ziel, in Aalen eine Ingenieurschule einzurichten. 1962 tragen die langen Bemühungen Früchte und die „Staatliche Ingenieurschule Aalen" kann gegründet werden.

Der Vorlesungsbetrieb startet ein Jahr später mit dem Studiengang Maschinenbau und Oberflächentechnik im Interimsgebäude auf dem Galgenberg. Kurz darauf kommt die Feinwerktechnik (Mechatronik) dazu. Derweil entsteht der von dem renommierten Architekten Günter Behnisch entworfene Neubau an der Beethovenstraße. Kurz vor Weihnachten 1968 wird das neu errichtete Gebäude feierlich bezogen. Mit der Fertigungstechnik, Chemie und Elektronik nehmen drei weitere Studiengänge den Vorlesungsbetrieb auf.

In den folgenden Jahren entwickelt sich die Hochschule schnell zur größten Bildungseinrichtung im Ostalbkreis. Die Ingenieurschule wird 1971 zur Fachhochschule und 1997 – nach der Hinzunahme der Wirtschaftswissenschaften – zur „Hochschule Aalen - Technik und Wirtschaft". Der stetige Anstieg der Studierendenzahlen bringt den Behnisch-Bau an den Rand seiner Kapazität. Es erweist sich als Glücksfall, dass die Stadt Aalen in weiser Voraussicht den Burren erworben hatte und es der Hochschule nun ermöglicht, in unmittelbarer Nähe zum ursprünglichen Standort einen zukunftsträchtigen Campus zu errichten: 2006 werden die Neubauten der Fakultäten Elektronik und Informatik sowie Optik und Mechatronik gemeinsam mit der neuen Bibliothek und den Studentenwohnheimen eröffnet. In das gelungene architektonische Ensemble fügen sich vier Jahre später die Cafeteria und 2011 das Gebäude Augenoptik/Hörakustik ein.

Aktuell befindet sich die Hochschule Aalen wieder in einer Bauphase, die wohl ohne Übertreibung als „historisch" bezeichnet werden kann. Seit Ende 2014 steht in der Beethovenstraße das neue Aula- und Hörsaalgebäude, 2015 folgte die Eröffnung des Innovationszentrums auf dem Burren. Damit auch die kleinen Nachwuchswissenschaftler genügend Platz haben, entsteht gegenüber der Mensa ein eigenes Gebäude für explorhino, die Werkstatt junger Forscher an der Hochschule Aalen. Außerdem wurden in enger Zusammenarbeit mit der Stadt, dem Landkreis und dem Land Baden-Württemberg die Weichen für zwei neue Forschungsgebäude an der Rombacher Straße und den geplanten Waldcampus gestellt. Dieser wird das Hauptgebäude mit dem Burren verbinden. Hier entsteht ein neues „Zuhause" für die Fakultät der Wirtschaftswissenschaften, das um ein neues Mensa-Gebäude und eine Kindertagesstätte ergänzt werden soll.

Vielfalt und Einzigartigkeit

Der stetig wachsende Campus, steigende Studierendenzahlen und der erfolgreiche Know-how-Transfer mit der Wirtschaft zeigen die enorme Entwicklung der Hochschule Aalen und ihre Bedeutung für die Region. Aus den anfänglich fünf Diplom-Studiengängen sind inzwischen 30 Bachelorangebote und 27 Master-Studienangebote geworden. Als Bildungseinrichtung am Puls der Zeit richtet die Hochschule Aalen ihr Angebot nach Themen mit hoher gesellschaftlicher Relevanz und den Anforderungen der Wirtschaft aus. Beispielsweise wurde im Zuge der derzeitigen Digitalisierung aller Lebensbereiche zum Wintersemester 2015/16 der innovative Studiengang „Internet der Dinge" eingeführt. Auch mit den neuen Masterstudiengängen „Datenmanagement/Industrie 4.0" und „Business Development (Produktmanagement und Start-up-Management)" reagiert die Hochschule auf aktuelle Entwicklungen in Technik und Wirtschaft. Außerdem beinhaltet das breit gefächerte Studienangebot auch bundesweit seltene Studiengänge wie beispielsweise Optoelektronik/Lasertechnik, Technische Redaktion oder Augenoptik und Hörakustik.

Das Studium an der Hochschule Aalen verknüpft Theorie mit starken Praxiselementen. Durch enge Forschungskooperationen mit regionalen Unternehmen haben die Studierenden die Möglichkeit, ihr erlerntes Wissen in die Praxis umzusetzen. Und weil die praxisnahe Ausbildung an der Hochschule Aalen groß geschrieben wird, steht den Studierenden eine breite Palette von Werkstätten und modernsten Laboren zur Verfügung. So wurden beispielsweise am Institut für Materialforschung (IMFAA) zwei neue, hochauflösende Rasterelektronenmikroskope in Betrieb genommen, die gänzlich neue Einblicke in die Eigenschaften von Materialien ermöglichen. Damit verfügt die Hoch-

Campusleben an der Hochschule Aalen.
Foto: Hochschule

schule Aalen über eine apparative Ausstattung im Bereich der Nanoanalytik, wie sie deutschlandweit nur wenige Forschungseinrichtungen vorweisen können.

Auch das lebenslange Lernen rückt immer mehr in den Fokus der Hochschule. Sie will Berufstätigen den Zugang zur akademischen Weiterbildung auch zu einem späteren Zeitpunkt ermöglichen. Mit der Gründung der Weiterbildungsakademie, der Graduate School Ostwürttemberg und der TaxMaster GmbH sind berufsbegleitende Studiengänge zu einem festen Bestandteil des Studienangebots geworden. Im Mittelpunkt stehen dabei immer die Studierenden: Sie profitieren von der familiären Atmosphäre, kleinen Gruppen und projektorientiertem Lernen sowie einer persönlichen Betreuung.

Kleine Nachwuchsforscher und starke Frauen

Ihren Bildungsauftrag nimmt die Hochschule Aalen weit über ihr reines Studienangebot hinaus wahr. Besonders am Herzen liegt ihr die Nachwuchsförderung. Mit explorhino, der Werkstatt junger Forscher an der Hochschule Aalen, möchte sie Kinder und Jugendliche frühzeitig für Technik und Naturwissenschaften begeistern. Eine enge Zusammenarbeit mit Kindergärten und Schulen in Ostwürttemberg ist fester Bestandteil des Konzepts.

Probenpräparation am Institut für Materialforschung an der Hochschule Aalen. Foto: Hochschule

Als Serviceeinrichtung an der Schnittstelle zwischen Hochschule und Unternehmen unterstützt das Career Center die Studierenden bei ihrer beruflichen Orientierung und beim Berufseinstieg. Ein großes Anliegen der Hochschule ist es auch, Frauen für technische Studienfächer und Berufe zu gewinnen. Hier setzen Projekte wie der Girls' Day an der Hochschule an, aber auch das Programm KarMen+. Bei diesem speziellen Mentoring-Programm für Studentinnen werden erfahrene Führungskräfte aus regionalen Unternehmen den Studentinnen zur Seite gestellt, um diese auf eine Führungsposition vorzubereiten.

Weltoffen und neugierig

Mit ihren vielfältigen Angeboten zieht die Hochschule Aalen nicht nur Studierende aus der Region, sondern aus der ganzen Welt an. Dies belegen rund 600 ausländische Studierende aus 60 Nationen, beispielsweise aus Indien, China, Malaysia oder Brasilien. Im Gegenzug nutzt bereits ein Drittel der deutschen Studierenden die vielfältigen Möglichkeiten für ein Auslandssemester. Über 100 Kooperationen weltweit hat die Hochschule in den vergangenen Jahrzehnten aufgebaut - die internationale Ausrichtung ist ein integraler Bestandteil der Hochschulstrategie. Schließlich sind Fremdsprachen und ein sensibler sowie kenntnisreicher Umgang mit Menschen aus anderen Kulturen wichtige Voraussetzungen für ein erfolgreiches Berufsleben.

Forschergeist und Gründerhochschule

Der starke Pioniergeist zeigt sich an der Hochschule Aalen ganz besonders auch im Bereich der Forschung - haben ihre Forscher doch den Anspruch, völlig neue Wege zu gehen. Hier liegt die besondere Stärke: In der angewandten Forschung und Entwicklung leistet die Hochschule Aalen in vielen Bereichen Spitzenarbeit – und zwar seit vielen Jahren. Bereits zum zehnten Mal in Folge war sie 2015 die forschungsstärkste Hochschule für angewandte Wissenschaften in Baden-Württemberg. 9,4 Millionen Euro standen 2015 an Forschungsmitteln zur Verfügung; mit rund 300 wissenschaftlichen Publikationen wurde ein neuer Höchststand erreicht.

Eine besondere Würdigung der Forschungsleistungen der Hochschule war die Aufnahme in die European University Association EUA, ein europaweiter Verbund von forschungsstarken Hochschulen, die ein strenges Aufnahmeverfahren durchlaufen haben. Ihre Wissenschaftler forschen in vielen zukunftsträchtigen Bereichen, wie beispielsweise der Elektromobilität oder den Erneuerbaren Energien. Thematische Forschungsschwerpunkte sind Neue Materialien und Fertigungsverfahren, Photonik, analytische und organische Chemie, intelligente und mechatronische Systeme sowie ökonomische und soziale Innovationen im gesellschaftlichen Wandel. Außerdem bietet die Hochschule Aalen als eine der wenigen Hochschulen in Deutschland ein Forschungsmasterprogramm für besonders qualifizierte Studierende an.

Der regionale Wissens- und Technologietransfer ist für die Hochschule Aalen ein besonderes Anliegen. Als zentrale Forschungsplattform ist sie in unterschiedlichste regionale Cluster und Netzwerke eingebunden und treibt

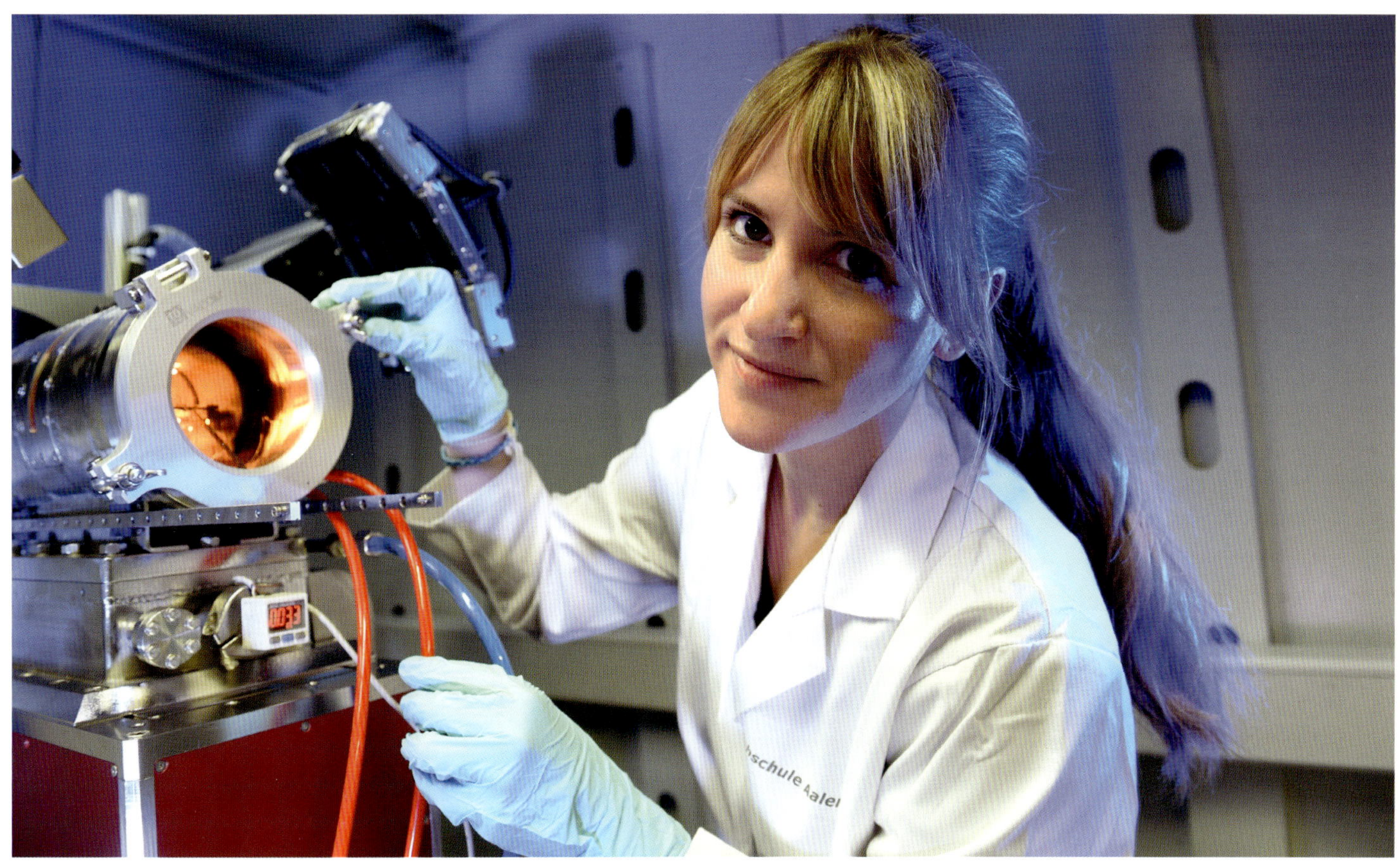

den Forschungstransfer gemeinschaftlich mit weiteren Akteuren aus der Region voran - beispielsweise mit der Industrie- und Handelskammer oder der Wirtschaftsförderungsgesellschaft Ostwürttemberg.

Dass sich die enge Verzahnung mit der Industrie auch für die Studierenden auszahlt, zeigt die Einrichtung von mittlerweile neun Stiftungsprofessuren. Ein wichtiger Knotenpunkt zwischen Hochschule und Wirtschaft ist der Förderverein der Hochschule Aalen, der sich für die Lehre und Forschung an der Hochschule einsetzt, nicht zuletzt auch finanziell im Bereich der Hochschulausstattung. Dass das Miteinander von Forschung, Lehre, Praxis und Wirtschaft einen fruchtbaren Austausch erzeugt, zeigt vor allem das Innovationszentrum (INNO-Z), das 2015 auf dem Burren eröffnet wurde und gemeinsam von der Stadt Aalen und der Hochschule betrieben wird. Mit dem INNO-Z wird die lokale Gründerszene gestärkt, in dem Start-up-Ideen aus der Hochschule heraus be-

gleitet und Forschungsanfragen an der Schnittstelle Wirtschaft und Hochschule koordiniert werden. Damit etabliert sich die Hochschule Aalen auch langfristig als Gründerhochschule. In der Region Zukunft gestalten – dieser Maxime ist die Hochschule Aalen seit mehr als 50 Jahren verpflichtet. Sie versteht sich als Ort des ständigen Wandels und als Wegbereiter. Auf ihrem exzellenten Ruf weit über die Grenzen des Ostalbkreises hinaus ruht sich die Hochschule Aalen nicht aus. Sie erarbeitet sich ihn Tag für Tag neu – mit Pioniergeist, Ausdauer und Weitblick.

Praxisnahe Forschung und Ausbildung werden an der Hochschule Aalen groß geschrieben - modernste Labore ermöglichen eine Forschung auf Spitzenniveau.
Foto: Hochschule

Leidenschaftlich, rational und verantwortungsvoll: Die Hochschule für Gestaltung Schwäbisch Gmünd

Ralf Dringenberg

Image und Profil

Ganz im Sinne des Gmünder Modells versteht die Hochschule das Gebiet Gestaltung als innovative Disziplin mit wissenschaftlichen, sozialen und technischen Bezügen. Das Gmünder Modell basiert auf der Verknüpfung von gestalterischen Grundlagen, wissenschaftsbasiertem Lernen und Arbeiten, Methodenkompetenz, fundiertem Fachwissen und themenrelevanter Projektarbeit. Daher verzichtet die Hochschule bewusst auf künstlerische oder kunsthandwerkliche Voraussetzungen in der Vermittlung gestalterischer Fähigkeiten sondern setzt auf ein dreisemestriges Grundlagenstudium. Gestaltung soll dazu beitragen, kulturelle, technische, soziale und ökonomische Entwicklungen verantwortungsvoll und nachhaltig zu beeinflussen.

Seit dem Wintersemester 2014 verfügt die HfG über einen weiteren zentralen Standort am Bahnhofplatz, in dem neben einem exzellent ausgestatteten Auditorium, Computer- und Seminarräumen auch ein professionelles Foto- und Videostudio untergebracht sind. Der Hauptsitz der Hochschule befindet sich seit Sommer 2015 wieder im kernsanierten und modernisierten Jugendstilgebäude in der Rektor-Klaus-Straße 100.

Im Sommersemester 2016 sind 671 Studierende in vier Bachelor- und einem Master-Studiengang an der HfG eingeschrieben. 22 Professorinnen und Professoren und knapp 80 Dozentinnen und Dozenten garantieren für die hohe Qualität in der Lehre und den konsequenten Praxisbezug. Die Hochschule ist Mitglied in verschiedenen Gremien und Zusammenschlüssen, wie beispielsweise im Zusammenschluss internationaler Designhochschulen, dem International Association of Universities and Colleges of Art, Design and Media (Cumulus). Seit 2006 ist die HfG durchgängig in dessen zehnköpfigem Vorstandsgremium vertreten.

Am jeweils letzten Semesterwochenende im Februar und Juli kann sich die Öffentlichkeit ein Bild von den Arbeiten an der HfG machen. Jeweils freitags und samstags lädt die Semesterausstellung ganztägig zur Werkschau der Abschluss- und Projektarbeiten der Studierenden ein.

Geschichte

Die Wurzeln der Hochschule reichen zurück ins Jahr 1776, als die erste Vorläufer-Einrichtung, eine Zeichenschule, gegründet wurde. Im Jahr 1907 löst sich aufgrund der neuen Anforderungen und Gegebenheiten in Schwäbisch Gmünd die „Königliche Fachschule für das Edelmetallgewerbe" aus der Zeichenschule. Ihr Hauptauftrag ist es, Kunsthandwerker für die örtlichen Manufakturen und Handwerksbetriebe auszubilden.

Die Fachschule bezieht zwei Jahre später das neuerrichtete Gebäude des Architekten Martin Elsaesser im Südwesten Schwäbisch Gmünds, das seit der Kernsanierung und Modernisierung im Sommer 2015 wieder Hauptstandort der Hochschule ist.

1923 kommt es zur Umbenennung in die „Staatliche Höhere Fachschule für Edelmetallindustrie". Bauhaus-Größen wie Josef Albers, László Moholy-Nagy oder Wilhelm Wagenfeld sind zu dieser Zeit als Lehrende in Schwäbisch Gmünd tätig.

1965 wird schließlich die „Staatliche Werkkunstschule Schwäbisch Gmünd" ins Leben gerufen. Nach der bisher betont handwerklichen Ausrichtung folgt eine starke Konzentration auf gestalterische Fragen. Produktentwürfe sind untrennbar mit visueller Gestaltung verknüpft. Durch Gesetz des Landes Baden-Württemberg wird die Institution 1971 schließlich in die Fach-

hochschule für Gestaltung umgewandelt, der heutigen Hochschule für Gestaltung.

Struktur und Studiengän-
ge: Das „Gmünder Modell"

Die Hochschule für Gestaltung unterscheidet sich von
anderen Hochschulen insbesondere durch ihr Grundlagenstudium, das alle Bachelorstudi-
engänge während der ersten drei
Semester gemeinsam durchlaufen. Studierende erlernen unter anderem die gesetzmäßigen
Zusammenhänge von Wahr-
nehmung und Gestaltung in
den Dimensionen Form, Farbe,
Raum, Zeit und Bewegung. Im
Projektstudium bilden verschiedene Designmethoden die Ba-
sis für nutzerzentrierte Produkt-, Interaktions-
und Kommunikationssysteme und -prozesse.

Das Studienangebot der HfG setzt sich aus
vier Bachelorstudiengängen und einem Master-
studiengang zusammen.

In den Bachelorstudiengängen ist das 5. Semester ein verpflichtendes Praxissemester im In-
oder Ausland. Für das 6. Semester ist ein Auslandssemester vorgesehen und das 7. Semester
ist neben Projektmanagement- und Planungs-
methoden hauptsächlich der Abschlussarbeit
vorbehalten.

Der dreisemestrige Masterstudiengang Strategische Gestaltung baut auf die im Bachelor-Stu-
dium erworbenen Vorkenntnisse auf und erweitert sie um wesentliche wissenschaftliche und
wirtschaftliche Kenntnisse. Seine vernetzten
Schwerpunkte sind Gestaltung, Management
und Forschung.

Die Laborwoche im Wintersemester ist ein
fester Bestandteil des Studienplans aller Bache-
lorstudiengänge. Hier können die Studierenden
frei nach Interessen und Schwerpunkten Kurse
und Workshops wie Modellbau, 3D-Druck, Fo-

„Design Campus".
Foto: HfG Schwä-
bisch Gmünd

tografie, Programmierung und Projektmanagement bis hin zum gegenständlichen Zeichnen
belegen.

Die einzelnen Bachelorstudiengänge im Detail

Interaktionsgestaltung

Der Bachelorstudiengang Interaktionsgestal-
tung befasst sich mit allen Aspekten der Gestaltung interaktiver Informationssysteme und
Benutzerschnittstellen. Zentral ist die Entwicklung von nutzerfreundlichem Technologieein-
satz. Gestaltet werden digitale Werkzeuge sowie
Informations- und Kommunikationssysteme
wie mobile Services oder mediale Installationen.

Kommunikationsgestaltung

Der Bachelorstudiengang Kommunikations-
gestaltung befasst sich mit Methoden und
Grundlagen, die zur professionellen Wissens-
aufbereitung, -darstellung und -vermittlung
befähigen. Die Studierenden erlernen sowohl
grafisches, typografisches und fotografisches
als auch audiovisuelles und digitales Darstel-

„I am Here".
Foto: HfG Schwä-
bisch Gmünd

Forschung

Alle Forschungsaktivitäten der Hochschule sind zentral im Institut für Angewandte Forschung (IAF) gebündelt. Der Fokus liegt auf Forschungs- und Entwicklungsfragen in Zusammenhang mit den drei Kerngebieten Interaktions-, Kommunikations- und Produktgestaltung. Gegenstand von angewandten Forschungsprojekten sind etwa die ergonomische Gestaltung medizinischer Produkte und Systeme oder die Interaktionen zwischen Mensch und gestalteten Produkten oder Systemen.

Auch die Gebrauchstauglichkeit von Produkten, Analysen von Entwicklungs- und Arbeitsprozessen und die Entwicklung von Kommunikationsanwendungen zählen dazu.

len komplexer Kommunikationsprodukte und Informationssysteme.

Produktgestaltung

Der Bachelorstudiengang Produktgestaltung vermittelt Grundlagen und Methoden zur Gestaltung von Industrieprodukten. Dies umfasst alle Aspekte des Produktentstehungsprozesses vom Entwurf bis zum Designmodell.

Internet der Dinge –
Gestaltung vernetzter Systeme

Der jüngste Bachelorstudiengang an der HfG befasst sich mit Aspekten der prototypischen Entwicklung und Realisierung nutzerzentrierter, funktionaler und technischer Hard- und Softwareprodukte sowie deren Vernetzung.
Die Studierenden lernen grundlegende wissenschaftliche Methoden, Medien- und Programmiertechnologien sowie Designmethoden kennen. Der Studiengang findet in Kooperation mit dem Bachelor-Studiengang „Internet der Dinge – Digitale Technologien in der Anwendung" der Hochschule Aalen am Standort Schwäbisch Gmünd statt.

Zentrale Einrichtungen

Für die qualitativ hochwertige Ausbildung stehen den Studierenden zahlreiche zentrale Einrichtungen zur Verfügung:

1. Ein Archiv, gleichsam das „Gedächtnis" der HfG. Hier liegen die Projekt- und Abschlussarbeiten der HfG digital oder analog zur Einsicht vor und reichen teilweise bis 1970 zurück.

2. Eine Bibliothek mit ca. 22.000 Printmedien, 15.000 E-Books sowie zahlreichen Magazinen, E-Journals und Datenbanken.

3. Modellbauwerkstätten, die unter anderem mit Großformatdruckern und digitalen Rapid Prototyping Einrichtungen wie 3D-Drucker, Lasercutter oder CNC-Fräsmaschinen ausgestattet sind.

4. Ein Rechenzentrum mit 100 Arbeitsplätzen.

5. Ein Foto-, Video- und Tonstudio.

Internationale Beziehungen

Die Hochschule unterhält zahlreiche Beziehungen in europäische und außereuropäische Länder, wie z.B. nach Kingston upon Thames, Bournemouth, Leicester und Falmouth (Großbritannien), Nantes und Orléans (Frankreich), Lahti und Kuopio (Finnland), Den Haag (Niederlande), Mailand (Italien) und Tallinn (Estland) sowie nach Jerusalem (Israel), nach Cartago (Costa Rica), Rio de Janeiro (Brasilien) und San Jose/Kalifornien und Ohio State/Columbus (USA). Die Hochschule ist stolz auf den hohen Anteil des Auslandsstudiums: im akademischen Jahr 2014/15 haben knapp 10 Prozent der Studierenden die Chance genutzt, im Ausland zu studieren.

In jedem Sommersemester treffen anlässlich der Internationalen Seminarwoche Professorinnen und Professoren aus den Partnerhochschulen der HfG Schwäbisch Gmünd sowie Referenten aus Wissenschaft, Wirtschaft und Industrie zu einem offenen und lebendigen Gedankenaustausch zusammen. Angeboten werden Vorträge, Exkursionen und Workshops, bei denen Studierende vom Diskurs mit Studierenden anderer Semester profitieren.

Zweiter Standort am Bahnhofsplatz.
Foto: HfG Schwäbisch Gmünd

Hauptgebäude der Hochschule für Gestaltung, Foyer.
Foto: HfG Schwäbisch Gmünd

Pädagogische Hochschule Schwäbisch Gmünd:
Bildung - Gesundheit - Interkulturalität
Bert von Staden

Die Pädagogische Hochschule Schwäbisch Gmünd ist eine dynamische wissenschaftliche Hochschule mit einer besonders langen Tradition in der Lehrerbildung seit 1825. Ehemals Lehrerseminar wandelte sie sich über ein Pädagogisches Institut zur wissenschaftlichen Hochschule mit stetig wachsendem Forschungsauftrag und Promotions- und Habilitationsrecht. Seit 2005 hat sie den vollen Universitätsstatus.

Heute zeichnet die PH Schwäbisch Gmünd ein breites Studienangebot, umfangreiche Forschung sowie internationale Vernetzung in Forschung und Lehre aus. Sie bietet forschungs- und zugleich praxisorientierte Bachelor- und Masterstudiengänge zum Lehramt für Grundschule, Sekundarstufe I und Berufliche Schulen sowie zu anderen wichtigen Bereichen aus den Themenfeldern Bildung, Gesundheit und Interkulturalität an, wie der Gesundheitsförderung, der Kindheitspädagogik, Interkulturalität und Integration, den Bildungswissenschaften oder Ingenieurpädagogik (in Kooperation mit der Hochschule Aalen). Für den Einstieg ins Lehramtsreferendariat ist die erfolgreiche Absolvierung des Bachelor- und des Masterstudiengangs für den entsprechenden Schultyp erforderlich. Neue Studienangebote werden kontinuierlich hinzugefügt, insbesondere im Masterbereich, wo in Ostwürttemberg noch eine deutliche Unterversorgung mit universitären Angeboten besteht.

Die landschaftlich herrlich gelegene PH in Schwäbisch Gmünd zeichnet sich mit ihrer überschaubaren Größe mit knapp 3.000 Studierenden und 300 Mitarbeitern und Mitarbeiterinnen unter anderem durch eine gute und persönliche Betreuung aus. Die Studierenden profitieren von umfangreichen Möglichkeiten zum Erwerb zusätzlicher Kompetenzen über Profilbereiche, Erweiterungsstudiengänge und Module des hochschuleigenen Staufer Studien-modells, die nach dem Studium einen Qualifikationsvorteil bedeuten. Durch die intensive Zusammenarbeit mit zahlreichen Ausbildungsschulen, öffentlichen und privaten Einrichtungen, Unternehmen und über 40 internationalen Hochschulpartnern auf der ganzen Welt haben die Studierenden die Möglichkeit, in Praktika und Projekten im In- und Ausland wissenschaftliche Erkenntnisse in der Praxis zu prüfen, umzusetzen und weiterzuentwickeln.

Ein kontinuierlicher Ausbau der Forschungs- und Anwendungszentren, wie dem Kompetenzzentrum Gesundheitsförderung, dem Zentrum für Medienbildung oder Bilderbuchwerkstatt, sichert zeitgemäße Forschung und Lehre mit einer frühen Professionalisierung.

Forschungsprofil

Als bildungswissenschaftliche Hochschule mit universitärem Profil, entsprechend einer Bildungsuniversität, betreibt die PH Schwäbisch Gmünd Grundlagenforschung in den bildungsbezogenen Wissenschaften wie Erziehungswissenschaft, Psychologie, Soziologie und Philosophie und angewandte Forschung mit Bezug zu Bildungsfragen. Ein ganz spezifischer Forschungsauftrag ergibt sich aus der Tatsache, dass in Baden-Württemberg die fachdidaktischen Professuren an den PHs verortet sind. Fachdidaktische Forschung führt die Hochschule in (prinzipiell) allen Wissenschaften, wie Mathematik, Biologie, Deutsch, Sport-, Musik- und Politikwissenschaft, Technik usw., durch.

Zum wissenschaftlichen Profil der PH Schwäbisch Gmünd gehören die zentralen Zukunftsbereiche Lehrerbildung, Gesundheitsförderung, Kindheitspädagogik, Sprach- und MINT-Förderung, Beratung und psychosoziale Entwicklungsförderung und Interkulturalität. In den letzten Jahren konnten die Forschungsaktivitäten stetig ausgebaut werden, was sich u.a. auch

in einem schnellen Anstieg der eingeworbenen Drittmittel von Fördereinrichtungen wie DFG, BMBF, EU, IQF und DAAD widerspiegelt. Die Hochschule arbeitet intensiv daran, diese Entwicklung fortzusetzen.

Wissenschaftliche Kompetenz für Region und Gesellschaft

Die Lehrenden der PH Schwäbisch Gmünd bearbeiten für das Gemeinwesen grundlegende Forschungsthemen und bringen ihre Expertise über Anwendungsprojekte oder zusätzliche Lehrangebote wie dem Zertifikatsstudium Sprachpädagogik für Erzieherinnen und Erzieher in der Region ein.

Auch die Studierenden der PH übernehmen im Rahmen von Lehr- und Forschungspro-jekten, wissenschaftlichen Hausarbeiten, Bachelor- und Masterarbeiten zu Bildung in der Region schon früh gesellschaftliche Verantwortung.

Als Bildungskompetenzzentrum Ostwürttemberg ist die PH Schwäbisch Gmünd im regionalen Umfeld eine wichtige Partnerin für den Bildungs- und Wissenschaftstransfer. Mit dem Zentrum für Wissenstransfer (ZWPH) und dem Institut für Weiterbildung und Hochschuldidaktik hat die PH Schwäbisch Gmünd professionelle Einrichtungen aufgebaut, die berufsbegleitende Bachelor- und Masterstudiengänge und eine Vielzahl von Fort- und Weiterbildungsveranstaltungen anbieten. Die Angebote werden in enger Kooperation mit der Wirtschaft sowie Bildungs- und Gesundheitseinrichtungen der Region erstellt und decken

In der alten PH in Schwäbisch Gmünd befindet sich heute nur noch die Abteilung Musik.
Foto: PH Schwäbisch Gmünd

Mensa auf dem
Campus der PH.
Foto: PH Schwä-
bisch Gmünd

grationshintergrund. Die Studierenden der PH erhalten Zusatzangebote
zur Qualifizierung im Bereich Diversität, Migration, Integration, Sprachförderung und Lehr-Lernsituationen
mit Flüchtlingen. Darüber hinaus bietet die PH Schwäbisch Gmünd Wei-
terbildungsangebote zu Diversität und
Integration für Lehrerinnen und Lehrer an.

Internationale Kooperation

Bildung und Forschung leben vom
Austausch über Staatsgrenzen hinweg. Internationalität wird deshalb
als Querschnittsaufgabe der gesamten Pädagogischen Hochschule Schwäbisch Gmünd angesehen. Die PH kooperiert mit über 40 ausländischen
Partnerhochschulen und ist an einer großen
Anzahl internationaler Forschungs-, Lehr- und
Austauschprojekten beteiligt. Als einzige deutsche Hochschule ist die PH Schwäbisch Gmünd
Mitglied der „Comenius Association", einem
europaweiten Netzwerk bildungswissenschaft-
licher Universitäten mit dem gemeinsamen Ziel,
die europäische Dimension in der Ausbildung
von zukünftigen Lehrkräften und Bildungsex-
pertinnen zu stärken.

dadurch direkten wissenschaftlichen Weiterbil-
dungsbedarf in Ostwürttemberg.

Die regionalen Akteure sehen dabei zuneh-
mend die Chance der Förderung der regionalen
Entwicklung durch Kooperation in der Weiter-
bildung und unterstützten den Ausbau dieses
Bereichs aktiv. Auch auf Landesebene wird die
Bedeutung und Qualität anerkannt.

So erhielt das ZWPH beispielsweise 2015 für
seinen Bachelorstudiengang „Betriebliche Bildung" den Weiterbildungspreis Baden-Württemberg „HOCHSCHULEWIRTSCHAFT."

Kulturelle Vielfalt

Die Pädagogische Hochschule Schwäbisch
Gmünd bekennt sich hochschulweit zur kulturellen Vielfalt und hat eine Beauftragte für Di-
versitätsorientierung sowie einen Leitfaden
zur interkulturellen Öffnung. Interkulturalität ist ein forschungsstarker wissenschaftlicher
Schwerpunkt der PH Schwäbisch Gmünd, in
dessen Zentrum der Masterstudiengang „Interkulturalität und Integration" (IKU) steht, und
sie verfügt über langjährige Erfahrungen mit
regionalen Anwendungsprojekten zur Integration und Sprachförderung von Personen mit Mi-

Die Dreikaiserberge
prägen das Bild
der Landschaft um
Schwäbisch Gmünd.
Foto: B. Hildebrand

Kunst und Kultur
Wolfgang Nußbaumer

Kunst und Kultur

Golden glänzt der Oktober, wie Bernstein glüht der November – und im Dezember grünt nicht nur der Tannenbaum. Wandert der Blick von der Höhe zwischen Neuler und Bronnen über den mit Blattgold überzogenen Braunenberg vom Kocher- hinüber ins Remstal, bauen sich nach dem Rosenstein bei Heubach die Drei-kaiserberge in ein gleißendes Licht hinein auf, mit dem die untergehende Sonne am Horizont nochmals die Muskeln spielen lässt.

Jener Herbst 2015 hat die Ostalb in ein selten erlebtes Farbenspiel getaucht. Mit Symbolcha-rakter. Ja, sie ist bunt und ihre landschaftliche Gestalt abwechslungsreicher als viele andere. In jenem Herbst wird diese Region zwischen kar-gem Härtsfeld, fruchtbarem Welland und hei-terem Obst- und Weinland Richtung Stuttgart noch bunter. Weil sie Zufluchtsraum und Ort der Hoffnung für eine große Zahl von Flücht-lingen wird. Menschen, die sich auf den Weg in eine ungewisse Zukunft gemacht haben, um si-cherem Tod und sicherer Not zu entgehen.

Vor 70 Jahren ist die Ostalb als eine Folge des vom nationalsozialistischen Deutschland ange-fachten Zweiten Weltkriegs schon einmal neue Heimat für Flüchtlinge und Vertriebene gewor-den. Zusammenrücken mussten die Schwaben, damit Preußen, Sachsen, Sudeten- und Ungarn-deutsche - um nur einige zu erwähnen - Platz finden konnten. In einer Gegend, die ebenfalls vom Krieg gezeichnet war und wo Not herrschte. Weitere hungrige Mäuler, die auch noch Wohn-raum in Anspruch nahmen, waren da nicht ger-ne gesehen. Heute ist das Schnee von gestern. Die Neuankömmlinge sind integriert. Sie und ihre Nachkommen haben wesentlichen Anteil daran, dass die Ostälbler selbstbewusst mit ih-ren Talenten und Patenten werben können.

In welchem Zustand sich diese Region in 70 Jahren befinden wird, können wir heute nicht wissen. Im Blick auf die Geschichte dürfen wir mit vorsichtigem Optimismus in die Zu-kunft schauen. Angesichts der unterschied-lichen Menschen aus dem nahen und fernen Osten und vom sogenannten schwarzen Konti-nent, die sich fern ihrer für sie unbewohnbar ge-wordenen Heimat eine neue suchen und sich auf der Ostalb niederlassen werden, ist eines in je-dem Fall sicher: Diese Welt hier wird noch bun-ter werden.

Noch nicht abschließend beantwortet ist die Frage, welche Prämissen für den Umgang mit Kunst und Kultur im Rahmen der Transatlan-tischen Handels- und Investitionspartnerschaft (TTIP) mit den USA festgeschrieben werden. Zwar wird in einem Dokument zur Haltung der EU-Kommission in den Verhandlungen betont: „Die zuständigen deutschen Stellen werden da-her auch weiterhin frei sein, öffentliche Zuschüs-se zu geben für alle Arten von kulturbezogenen Tätigkeiten (Live-Veranstaltungen, Festivals, Theater, Musicals, Verlagswesen usw.).“ Aller-dings waren die Verträge beim Erscheinungster-min dieses Buches noch nicht unter Dach und Fach. Insofern kann nicht mit letzter Sicherheit davon ausgegangen werden, dass die öffentliche Hand an der im Grunde bewährten Förderung des kulturellen Lebens nichts ändern wird. Im Grundgesetz der Bundesrepublik Deutschland

wird zwar im Artikel 5 die Freiheit von Kunst und Wissenschaft, Forschung und Lehre garantiert. In der Praxis zuständig sind jedoch die einzelnen Bundesländer im Rahmen ihrer „Kulturhoheit".

Noch eine Unwägbarkeit: Weil es die Väter und Mütter des Grundgesetzes versäumt haben, die Kulturförderung als staatliche Pflichtaufgabe festzuschreiben, gerät sie als sogenannte Freiwilligkeitsleistung rasch auf den Prüfstand der Sparkommissare, wenn die öffentliche Hand klamm zu werden droht. In seinem Vorwort zu Micha Brumliks 1997 erschienenem Essay „Der Vorhang fällt" mit dem zu jener Zeit höchst aktuellen Untertitel „Kultur in Zeiten leerer Kassen" mahnt der Herausgeber Wilhelm von Sternburg davor, Theater, Museen und andere Einrichtungen zu Tode zu sparen, weil man dadurch „die Gesellschaft ihrer entscheidenden geistigen Dimension berauben" würde. Der Publizist und Autor gibt zu bedenken: „Die Hinwendung zur Kunst bewahrt nicht vor Barbarismus (...), aber ohne sie wird eine tiefwirkende Sinnleere entstehen."[1]

So oder so, das soziokulturelle Gesicht der Ostalb wird andere Züge erhalten. Deshalb kann der folgende Überblick über deren kulturelles Profil nur eine Momentaufnahme sein. Verbunden jedoch mit der Hoffnung, dass dieser Moment lange währt.[2] Exemplarisch und programmatisch für diese Hoffnung soll die Tanztruppe "KeraAmika" die Tour d'Horizon durch das kulturelle Profil dieser Region der Talente und Patente eröffnen.[3] Ihre Wurzeln reichen ins Jahr 2007 zurück. Junge tanzbegeisterte Leute aus Aalen und Ellwangen mit einem Faible für Hip Hop und Breakdance taten sich für Tanzprojekte und Wettbewerbe zusammen. Im Lauf der Jahre kristallisierte sich ein harter Kern von einer Tänzerin und fünf Tänzern heraus. Alle sind inzwischen Profis, unterrichten Tanz und sind weltweit solo und als Urban-Dance-Crew erfolgreich auf Showbühnen und bei Hip-Hop- und Breakdance-Battles unterwegs. Ihr Profil hat die Truppe um Tanztheater-Projekte er-

weitert. In einem Interview auf ihrer Homepage weisen die patenten Tänzer auf ihr besonderes pädagogisches Anliegen hin. Sie wollen „Kinder und Jugendliche dazu animieren, kreativ zu sein, in erster Linie im Tanzen." Denn wer tanze, der öffne sich, gehe auf andere zu, lerne Menschen kennen und sehe die Welt. „Toleranz als einen tieferen Sinn des Tanzens zu vermitteln ist etwas, was wir auch zukünftig tun wollen." Damit fügen sich die Mitglieder von „KeraAmika"[4] fugenlos in das kulturelle Mosaik des Ostalbkreises ein.

Das weite Feld der Kunst

Zwar sind Namen gerade in der Welt der Künste alles andere als Schall und Rauch, dennoch soll konkret im Fall der Bildenden Kunst die Szene nicht an Namen, sondern – dem Kunsthistoriker Beat Wyss folgend – an Orten und Institutionen festgemacht werden: Für Wyss stiftet Kunst nämlich „reale Orte: erstens als Stätten des Erinnerns, zweitens als Einrichtungen der Kommunikation und drittens als Übungsplätze des freien Urteils."[5] Schließlich: wo anfangen, wo enden bei der Fülle der Bildhauer, Maler, Schwarzkünstler und sonstiger Kreativer, die die Ostalb hervorgebracht hat und hervorbringt. Einen umfassenden und noch immer zeitgemäßen Überblick über Namen, Strömungen und Stile im 20. Jahrhundert verschafft Prof. Hermann Baumhauers zu den Landeskunstwochen 1993 von der Stadt Aalen herausgegebenes Standardwerk „Kunstszene Ostwürttemberg".[6] Über die Künstlerinnen und Künstler, die vom Ende des 19. Jahrhunderts bis in die Gegenwart das kulturelle Profil der Stadt Ellwangen geprägt haben, informiert umfassend der zum 1250jährigen Jubiläum der Stadt 2014 erschienene Kunstband „Das Bild einer Stadt".[7]

Welches sind nun die Stätten des Erinnerns, Kommunizierens und der freien Urteilsbildung? An erster Stelle sind hier die öffentlichen Museen und Galerien zu nennen. In Schwäbisch Gmünd das Museum und die Galerie im Prediger zusammen mit der Ott-Pauserschen Fabrik,

in Aalen die Rathausgalerie und die von einer Stiftung getragene Galerie Schloss Fachsenfeld, schließlich die Galerie des Landkreises selbst, die das Ostalbkreishaus in Aalen schmückt. Bei der Vermittlung zeitgenössischer Kunst spielen ferner die Kunstvereine in Aalen, Ellwangen und Schwäbisch Gmünd eine wichtige Rolle.

Als deutsche Designschmiede kann die Stauferstadt an der Rems auf die größte Designerdichte bezogen auf ihre Einwohnerzahl hinweisen. Was insofern nicht verwundert, als sie in ihren historischen Mauern eine renommierte Hochschule für Gestaltung beherbergt. Deren Absolventen haben schon für viele preisgekrönte Entwürfe gesorgt.

Zu den künstlerischen Mikrokulturen, die den Boden der Ostalb so fruchtbar machen, zählen schließlich etliche Zirkel von ambitionierten Hobbymalern (wie die in Bopfingen angesiedelte „Kreative 88").

Unter den öffentlichen Galerien im Ostalbkreis hat sicher jene im Prediger in Schwäbisch Gmünd die älteste Tradition. Zusammen mit dem schon 1876 gegründeten Museum und der Ott-Pauserschen Fabrik bildet sie in der Definition der ehemaligen Museumsleiterin Dr. Gabriele Holthuis „eine aufeinander abgestimmte Trias, die sowohl die Kulturgeschichte der Re-

gion als auch die zeitgenössische nationale und internationale Kunst reflektiert". Während im seit 2010 umgebauten und sanierten Museum die Gmünder Kirchenschätze, religiöse Kunst, Artefakte aus der Geschichte, alte Malerei und Druckgrafik mit dem Schwerpunkt spätes Mittelalter und die an die große Tradition als Gold- und Silberstadt erinnernden insgesamt rund 13.000 Exponate feste Größen sind, bewährt sich die Galerie als Forum für die Präsentation zeitgenössischer regionaler und internationaler Künstler von Rang. Das Nebeneinander regionaler, stadtkultureller Bestände und von Ausstellungsstücken aus der ganzen Welt, die sich vor allem aus dem Schmuckbereich rekrutieren, verleiht der Sammlung unter dem Dach des ehemaligen Dominikanerklosters einen besonderen Reiz. Heimat und die weite Welt gehen hier und erst Recht in der Korrespondenz mit der weltläufigen Galerie in einer erhellenden und den Horizont wahrlich weitenden Form von Globalisierung Hand in Hand.

Hier fügt sich das „Labor im Chor" sinnfällig ein. In ihrer Präambel erklären dessen Macherinnen: „Die Gruppe ist ein Forum für die Auseinandersetzung von Angewandter Kunst und ihren Überschneidungen mit Design und Freier Kunst, fühlt sich aber auch dem Dialog mit Musik und Literatur verpflichtet."

In mehreren Ausstellungen im Jahr präsentiert die Stadt Aalen in ihrem Rathaus regionale und international angesehene Künstler mit einem Schwerpunkt auf der aktuellen Kunst im deutschen Südwesten.

Die Kunstwerke, die der Ostalbkreis seit 1996 im Landratsamt in Aalen zeigt, sind seit den 20er-Jahren des letzten Jahrhunderts bis in die unmittelbare Gegenwart entstanden. Die „Galerie im Ostalbkreishaus" ist ein Kind des früheren Landrats Dr. Diethelm Winter. Ihre Exponate dokumentieren, wie der Kunstkritiker Hermann Schludi in einem Beitrag für ein Sonderheft der 2011 eingestellten Kulturzeitschrift „ostalb/einhorn" zum 50jährigen Bestehen des Landes Baden-Württemberg geschrieben hat

(Nr. 114, Juni 2002), „einen sehr breit gefächerten Querschnitt über das Kunstschaffen im Ostalbkreis. Wobei das Hauptaugenmerk eher auf der Vielfalt als auf der repräsentativen Auswahl liegt." In verschiedenen Ausstellungsreihen betreibt der Kreis in seinen Gebäuden in Aalen und in Schwäbisch Gmünd eine systematische Kunstförderung, die sich auch positiv auf die Systematik seiner Galerie auswirkt.[8]

Im Wortsinn an herausragender Stelle findet moderne Kunst ferner in eindrucksvoller historischer Architektur ein Zuhause. Exemplarisch zu nennen sind die Schlösser in Aalen-Fachsenfeld, Lauchheim und Abtsgmünd-Untergröningen. In der von der Stiftung Schloss Fachsenfeld getragenen Kunstsammlung des Geschlechts derer von Koenig-Fachsenfeld dominieren die schwäbischen Impressionisten mit dem „Eisenbahnmaler" Hermann Pleuer als Galionsfigur. Der letzte Baron, Reinhard von Koenig, hatte die Stiftung 1982 gegründet. Um diese ständige Sammlung, zu deren Kern noch ein in der Staatsgalerie Stuttgart aufbewahrtes kostbares Konvolut barocker Zeichnungen und japanischer Holzschnitte gehört, ranken sich wechselnde Ausstellungen mit Künstlern von internationaler Reputation.

In der imposanten ehemaligen Deutschordensfeste Schloss Kapfenburg setzt die 1999 gegründete Internationale Musikschulakademie jährlich mit der Präsentation namhafter Künstler einen weiteren markanten Akzent.[9]

Ein weiterer Glücksfall ist das Schloss Untergröningen. Nachdem die vom Verfall bedrohte Landesimmobilie durch ein Projekt mit arbeitslosen Jugendlichen rechtzeitig zum neuen Jahrtausend saniert werden konnte, hat der Verein „Kunst im Schloss" (KISS) den einstigen Adelssitz in ein Zentrum der modernen Kunst verwandelt.[10] Neben jährlich wechselnden Ausstellungen mit Paradebeispielen zeitgenössischer nationaler und internationaler Kunst hat hier eine ungewöhnliche Sammlung auf Dauer ein Zuhause gefunden. Mit der Ausstellung „Kunst. Stoff.Tüten" wird einem Medium des Profanen

die Aura des Einzigartigen verliehen. Zur Verfügung gestellt hat die praktischen Plastikbehältnisse, die 50 Jahre deutsche Designgeschichte repräsentieren, der in Gaildorf ansässige Tragetaschenhersteller Thermo-Pack. Diese großzügige Dauerleihgabe garantiert dem Schloss und damit KISS den Status eines Landesmuseums.

Eine wichtige Rolle in der Kunstvermittlung spielen ferner die drei Kunstvereine in Aalen, Ellwangen und Schwäbisch Gmünd. Der in Aalen wurde 1983 ins Leben gerufen, jener in Ellwangen ein Jahr später, während der älteste in der Stauferstadt schon 1990 sein 100jähriges Bestehen feiern konnte. Er wurde einst als Interessengemeinschaft von vorwiegend kreativen Kunsthandwerkern gegründet. Allen ist gemeinsam, dass sie in erster Linie den unterschiedlichsten Strömungen zeitgenössischer

KISS Untergröningen. Schloss Abtsgmünd-Untergröningen. Foto: B. Hildebrand

Kunst ein Forum geben wollen. Dabei hat der Kunstverein Aalen in seiner von der Stadt zur Verfügung gestellten Galerie im Alten Rathaus mehr die großen stilbildenden Namen und die Vernetzung mit außereuropäischer, vor allem afrikanischer Kunst im Auge. Dezidiert und didaktisch überlegt nimmt sich der Ellwanger Verein, dem sich im Schloss ob Ellwangen eine langfristige, räumlich opulente Perspektive eröffnet hat, der Vermittlung aktuellen Kunstschaffens und der Förderung junger Kreativer an. Der Gmünder Kunstverein, der sich wie jener in Aalen auch als Forum seiner künstlerisch schaffenden Mitglieder versteht, bevorzugt in seiner in der Galerie im Kornhaus umgesetzten Ausstellungskonzeption thematische Zyklen.

Punktuell erweitern angesehene private Galerien wie die Galerie Zaiß in Aalen und die SüdWestGalerie in Hüttlingen-Niederalfingen sowie mehrere Kommunen, Banken und Behörden mit Ausstellungen und Projekten dieses Angebot der Kunstvereine und öffentlicher Institutionen. Seit 2005 verleiht die VR-Bank Aalen einen Kunstpreis an Künstlerinnen und Künstler, „die sich innerhalb der Kunstszene in Südwestdeutschland hervorheben". Seit den Fünfzigerjahren des letzten Jahrhunderts hat die Kreissparkasse Werke regionaler Künstler aus allen Bereichen der Bildenden Kunst erworben. Ihre Sammlung umfasst inzwischen weit über 1.000 Exponate. Aus diesem Fundus schöpft die KSK Ostalb seit 2014 für die Ausstellungsreihe „KSKunst", die unter dem Motto „Aus der Sammlung" der Öffentlichkeit regelmäßig nach Schwerpunkten geordnete Einblicke anbietet. Darüber hinaus werden in Wechselausstellungen zeitgenössische künstlerische Positionen präsentiert.

Eine Sonderstellung nimmt die Erinnerung an den Künstler und Pfarrer Sieger Köder ein. Sowohl in seiner Geburtsstadt Wasseralfingen, wie in Rosenberg, wo er viele Jahre als Priester gewirkt hat und in Ellwangen, wo er bis zu seinem Tod im Februar 2015 seinen Ruhestand verbracht hat, bleibt sein Schaffen in Museen in den drei Kommunen, einem Dokumentationszentrum (in Rosenberg) und einem Sieger-Köder-Weg (in Aalen-Wasseralfingen) gegenwärtig. Die Stadt an der Jagst hat fünf Jahrzehnte bis zu seinem Tod im Jahr 2000 noch einen weiteren weit über die Region hinaus bekannten multitalentierten Künstler im Schloss ob Ellwangen beherbergt, Karl-Heinz Knoedler. Eine von seiner Frau Anni gegründete Stiftung hat sich zur Aufgabe gemacht, das Verständnis für das Lebenswerk von Karl-Heinz Knoedler mit Veröffentlichungen, Ausstellungen und wissenschaftlichen Studien zu vertiefen.

Diese Initiativen verdichten damit die Landkarte tradierter anschaulicher Kunst mit kräftiger Akzentuierung in der Gegenwart; am deutlichsten wahrnehmbar an den Beispielen der Kunst im öffentlichen Raum, die mit ihren Platzzeichen in Gestalt von Plastiken und Brunnen zu Identität stiftenden Orten beiträgt. Bevorzugte Spielorte für diese Form bürgerschaftlichen Selbstverständnisses sind die Verkehrskreisel als Drehscheiben mobilen Fortschritts geworden. Der pure nutzenorientierte Zweck dient als Plattform für das notwendig Zweckfreie – eine Allianz, die uns mit vorsichtigem Optimismus in die Zukunft der künstlerischen Gestaltung öffentlicher Räume blicken lässt.

So singt's und klingt's

Im Gegensatz zur Bildenden Kunst erweist sich die Musik als flüchtiges Medium. Wie eine gute Mahlzeit oder ein Theaterstück genießen wir sie im Regelfall der Aufführung als Echtzeiterlebnis. Die Partitur, das Rezept, das Stück sind Theorie, die Stunde der Wahrheit schlägt immer bei der Umsetzung. Das macht ein Konzert so spannend. Wie das Malen gehört das Musizieren zu den ersten Äußerungen des Menschen. Bevor ein Kind sein erstes Wort sagt, formt es Töne; bevor es schreibt, zeichnet es Kringel auf ein Papier. Nicht jede, die trällert, wird später einmal eine Callas und nicht jeder, der kringelt, ein Picasso. Darum geht es nicht. Wichtig ist, diese Grundmuster der Kommunikation, der Welterfahrung und -aneignung zu pflegen, indem man sich selbst erprobt und erfährt.

Deshalb sind die Musikschulen so wichtig; deshalb ist die von den kommunalen Musikschulen des Landes mit getragene Internationale Musikschulakademie Kulturzentrum Schloss Kapfenburg so wichtig. Zur Begegnung, zur Förderung, zur Selbstverwirklichung, zum Mutmachen. Nicht um Virtuosen zu produzieren. Die vom Land Baden-Württemberg mit erheblichem Aufwand für die Nutzung als Musikschulakademie sanierte ehemalige Deutschordensfeste ist seit 1. Oktober 1999 der Kristallisationspunkt des Kreises und der Region Ostwürttemberg in Sachen musikalischer Förderung. Hier können Ensembles ungestört proben, hier erlebt man ungewöhnliche Konzerte - und ab und zu probt hier auch die Junge Philharmonie Ostwürttemberg (JPO), das jugendliche Vorzeigeorchester des Ostalbkreises. In seinen Reihen sitzen seit 1995 die besten, zum größten Teil aus den Musikschulen rekrutierten Nachwuchsmusiker der Region. Das hört man inzwischen auf mehreren CDs. Und welch hervorragende Arbeit an den Musikschulen geleistet wird, davon kündet alljährlich der Regionalwettbewerb „Jugend musiziert", aus dem schon diverse Bundespreisträger hervorgegangen sind.

Der Ostalbkreis ist reich gesegnet mit Chören und Orchestern. Talente zuhauf. Ein vielstimmiger Chor.[11] Gleichwohl plagen Nachwuchssorgen. Reine Männer- oder reine Frauenchöre sind Auslaufmodelle. Die Zukunft heißt Projektchor. Die meisten Menschen, die heute in einem Chor singen wollen, suchen nicht so sehr die feuchtfröhliche Runde nach der Chorprobe, sondern die Herausforderung des Gesangs. Sie hängen die persönliche Messlatte für das Gemeinschaftserlebnis des Singens höher. Der dadurch provozierte edle Wettstreit dient der Qualität der Chöre. Beispielhaft genannt seien im Bereich der Konzertchöre von West nach Ost der Philharmonische Chor Schwäbisch Gmünd und das collegium vocale, der Konzertchor der Oratorienvereinigung Aalen, der Aalener Kammerchor und der Oratorienchor Ellwangen. Eine Sonderstellung nimmt der 2006 gegründete Junge Kammerchor Ostwürttemberg ein. Die rund 40 jungen Sängerinnen und Sänger des klassischen A-Cappella-Chores kommen aus dem Kreis Heidenheim und dem Ostalbkreis. Gegründet 2004, pflegt schließlich der von der Benediktinerabtei getragene überkonfessionelle „Knabenchor Abtei Neresheim" diese Chortradition auf der Ostalb.

Was für den Chorgesang gilt, lässt sich auch in der Instrumentalmusik registrieren: zahlreiche Ensembles vom Duo bis zum Sinfonieorchester, die zum Teil in wechselnden Besetzungen zusammen musizieren. Auch hier die bekanntesten Namen: das Philharmonische Orchester in Schwäbisch Gmünd, das Aalener Sinfonieorchester, das Collegium Musicum der Oratorienvereinigung Aalen und die traditionsreiche 1813 in Wasseralfingen gegründete SHW-Bergkapelle. Hohen Ansprüchen in konzertanter Musik werden auch die städtischen Jugendblasorchester in Aalen und Ellwangen gerecht.

Eine herausragende Stellung nimmt das 1989 zum ersten Mal veranstaltete Festival „Europäische Kirchenmusik" (EKM) in Schwäbisch Gmünd ein. Alljährlich versammeln sich in der Stauferstadt von Mitte Juli bis Anfang August Spitzenensembles und Solisten aus ganz Europa im Dienst der „musica sacra". Die mit multimedialen Projekten verbundenen weltlichen Grenzgänge und die Verleihung eines mit 5.000 Euro dotierten angesehenen Preises verleihen diesem Festival, das jedes Jahr unter einem anderen Motto steht, seinen ganz besonderen Reiz.

In der Regel vier Konzerte mit internationalen Solisten und Ensembles locken jedes Jahr zahlreiche Klassikfreunde in die Abteikirche der Benediktiner auf dem Ulrichsberg in Neresheim. Da in dem Neumann-Bau mit einer Holzhay-Orgel ein besonders königliches Instrument seinen Dienst zum Lobe Gottes tut, gibt sie in dieser Konzertreihe auch den Ton an. Eine weitere Klosterkirche, jene in Lorch, bewährt sich Jahr für Jahr als Hörplatz einer Konzertreihe, die das Extravagante nicht scheut.

Eingeführt und angesehen seit vielen Jahren sind ferner die Angebote des Konzertrings der Oratorienvereinigung Aalen und des Kulturvereins „Stiftsbund" gemeinsam mit der Stadt in Ellwangen, die Begegnungen mit Musikern der absoluten Spitzenklasse einschließlich großer Orchester fernab der Metropolen ermöglichen. Die Internationale Musikschulakademie auf Schloss Kapfenburg möchte mit ihrer ambitionierten Konzertreihe „accelerando" vor allem junge Ensembles fördern. Und in ihrem sommerlichen Festival spannt sie den Bogen zwischen Kunst und Kulinarik mit viel Musik und Kleinkunst unterschiedlichster Provenienz. In Schwäbisch Gmünd organisiert das kommunale Kulturbüro unter anderem eine gut sortierte Konzertreihe. Viele Kirchengemeinden und private Initiativen erweitern dieses Bukett mit beachtenswerten Aufführungen, in denen zum Teil die Tradition der klassischen Hausmusik anklingt.

Der Herbst 1992 hat für das kulturelle Leben nicht nur im Ostalbkreis eine wesentliche Innovation gebracht: Der Kulturverein „kunterbunt e. V." veranstaltete sein 1. Aalener Jazzfest. Das von der Stadt mitgetragene Festival hat sich seitdem zu einem der größten Europas entwickelt und zieht alljährlich Anfang November mit einem hochklassigen Programm rund 14.000 Fans aus ganz Europa auf die Ostalb. Geschätzt ist sein familiärer Charme, der dem ehrenamtlichen Einsatz der Vereinsmitglieder und vieler freiwilliger Helfer zu danken ist. Hier kann man Weltklassemusiker hautnah erleben.

Ein Jahr früher wurde im Frühling in Oberkochen ein anderes Jazzfestival von der Stadt und der Firma Gebr. Leitz aus der Taufe gehoben, die „Jazz Lights". Im Lauf der Jahre hat sich das zunächst vor allem den traditionellen Jazz pflegende Festival zu einer pluralen Veranstaltung gemausert, bei der auch die Freunde des modernen Jazz auf ihre Kosten kommen. In Schwäbisch Gmünd bemüht sich der Verein „Jazzmission" erfolgreich unter anderem mit der angesagten Konzertreihe „Jazz im Prediger" um eine Belebung der Szene, während im Osten des Kreises die 2008 ins Leben gerufene „Jazzinitiative Ellwangen" mit ihrem Big-Band-Aushängeschild „Ellwangen Jazz Orchestra" (EJO) punktet.

Bühne frei!

Auf der Landkarte der professionellen Theater war Ostwürttemberg bis 1991 ein weißer Fleck. In diesem Jahr aber wurde in Aalen ganz gegen den bundesweiten Schließungstrend das kleinste Stadttheater der Republik aus der Taufe gehoben. Gründungsintendant Udo Schoen hat zusammen mit der Leiterin des Kinder- und Jugendtheaters, Gerburg Maria Müller, dem Theater der Stadt Aalen elf Jahre lang vorgestanden und in dieser Zeit zunächst ohne feste Spielstätte nach der Devise „Ein Ort für das Wort" ein Programm mit hohem literarischem Anspruch gemacht, das sein Publikum gleichwohl gut unterhalten hat. 2016 kann die Bühne bei bester Gesundheit und stetig steigenden Besucherzahlen ihr 25jähriges Bestehen feiern. Vermutlich, weil alle auf Schoen und Müller gefolgten Theatermacher das erfolgreiche Gründungskonzept in den Spielstätten im Wirtschaftszentrum, dem Alten Rathaus und dem Wasseralfinger Schloss als Freilicht-Ort mit eigenem Profil fortgesetzt haben.

„Kultur - Bildung - Jugendförderung: Dies sind die drei Leitgedanken, nach denen sich die Spiel & Theaterwerkstatt Ostalb e.V. - die STOA - seit über zwanzig Jahren in Aalen und dem gesamten Ostalbkreis engagiert." Nachzulesen auf der Homepage des Vereins, für den „soziokulturelle Jugendbildung" in seinem theaterpädagogischen Angebot oberste Priorität genießt. Darüber kommt das Theaterspielen nicht zu kurz. Das beweisen die pfiffigen STOA-Theaterensembles mit ihren Auftritten auf der hauseigenen Bühne im Theater auf der Aal.

Die älteste Stauferstadt Schwäbisch Gmünd beherbergt noch ein besonderes Juwel in ihren Mauern. In Zusammenarbeit mit dem Weltverband der Puppenspieler (UNIMA) und der Stadt Schwäbisch Gmünd wurde 1988 auf Initiative des Pädagogen Rainer Reusch das Internationale Schattentheater Festival gegründet. Es ist das älteste und einzige fortlaufende Festival für zeitgenössisches Schattentheater weltweit. Nicht zuletzt dank der Gmünder Aktivitäten wird das Spiel mit Licht und Schatten heutzutage als eigene Kunst- und Theaterform ernst genommen. Sehr frei nach Fontane handelt ein 2011 gegründeter Verein. Seine Losung könnte lauten: „Sand, Sand ist das Gebilde von Menschenhand."[12] In „Sandtogether" haben sich Menschen unterschiedlichster Profession zusammengefunden, die eines eint: Ihr Gespür für Sand. Das rieselfähige Medium bringen sie multimedial in Form.

Ihr 25jähriges Bestehen kann 2016 auch die „Theaterwerkstatt Schwäbisch Gmünd" als eingetragener Verein feiern. Neben einem eigenen Veranstaltungsangebot bietet sie anderen Gmünder Kultureinrichtungen wie der „Gmünder Bühne" eine Heimstatt.

Ferner organisieren die Kulturämter der drei Großen Kreisstädte eigene Abo-Theater-Reihen mit auswärtigen Gastspielensembles.

Vom Schreiben und Sammeln

Wenn das Theater, vereinfachend gesagt, szenisch visualisierte Literatur ist, stellt sich die Frage, wie es im Ostalbkreis um die Literatur als Gattung selbst bestellt ist. Wer belletristisch schreibt, tut sich im Vergleich mit einem bildenden Künstler ungleich schwerer, ein Publikum zu finden. Eine Ausstellungsmöglichkeit ist leichter zu finden als ein Verlag. Malzirkel bilden sich im Hobbybereich leichter als Schreibkreise. Und für das Musizieren gelten ohnehin andere Spielregeln. Orientieren wir uns deshalb an den Leuchtfeuern der Literatur und nicht an den mehr oder weniger im Verborgenen wirkenden Produzenten.

Wenn diese Kreisbeschreibung erscheint, kann ein Sammler auf ein über 40 Jahre währendes einmaliges Werk zurück blicken. 1974 hat Reiner Wieland sein Schriftgut-Archiv-Ostwürttemberg gegründet. Es umfasst inzwischen an die 1.000 Meter Archivgut; weit über 5.000 Autorinnen und Autoren aus Ostwürttemberg und dem Kreis Göppingen sind in dem Archiv in Heubach-Lautern erfasst und damit für die Nachwelt bewahrt.

Den dauerhaften Weiterbestand seiner Sammlung hat Wieland durch die Gründung der Stiftung „Literaturforschung Ostwürttemberg" gesichert.

Einen wesentlichen Anreiz, sich mit regionalen Autoren zu befassen, liefert der ebenfalls von dem Lauterner Sammler initiierte „Verein der Freunde Josef Mühlbergers und seines literarischen Werkes" mit der Vergabe eines nach dem aus dem Sudetenland stammenden Schriftsteller und Journalisten benannten Preises.[13]

Zu den ältesten und angesehensten Literaturpreisen in Deutschland zählt der von der Stadt Aalen gestiftete und derzeit mit 15.000 Euro dotierte Schubart-Literaturpreis. Er wird in zweijährigem Rhythmus an Schriftsteller verliehen, deren Werk sich in die geistige Tradition des streitbaren Publizisten, Poeten, Predigers und Komponisten Christian Friedrich Daniel Schubart († 1791) einordnen lässt. Seit 2011 wird auch der mit 5.000 Euro dotierte Schubart-Literatur-Förderpreis vergeben.

Selbst zu schreiben und die Ergebnisse ihrer Schreibarbeit in öffentlichen Lesungen vorzustellen, ist schließlich die Passion der beiden Literaturzirkel „Literarischer Kreis '99"[14] und „Gmünder Autorenkreis".[15]

Ganz groß: Kleinkunst

Die Wiege der Kleinkunst auf der Ostalb steht ganz ohne Zweifel im Café Spielplatz in Schwäbisch Gmünd. Vater und Geburtshelfer in einer Person war im Juni 1987 der Konzertveranstalter („Initiative für Musik und Kleinkunst" IMK) und heutige bundesweit tätige Kulturmanager Rainer Koczwara. Kaum einer der Großen der Branche, der sich dort nicht schon einem „Live"-Test unterzogen hätte, als er noch als Geheimtipp gehandelt wurde.

Inzwischen ist die Kulturkneipe nur noch Geschichte. Zum 31. Juli 2012 hat die Inhaberin Eva Staller die Keimzelle vieler Kleinkunstkarrieren aus wirtschaftlichen Gründen dicht gemacht. Kleinkunst spielt IMK sei Dank im Veranstaltungskalender der Stauferstadt nach wie vor eine wichtige Rolle.

Dem Gmünder Beispiel eifert Aalen mit seinem städtischen Kleinkunst-Treff erfolgreich nach. Zu den ältesten privaten Initiativen zählt das „Kleinkunstforum im Stiftsbund" Ellwangen. Von großer Ernsthaftigkeit für das leichte Genre wird ferner das Projekt „Farrenstall" in Neuler getragen. Als Farbtupfer hinzugekommen ist die Bühne des Komödianten, Liedermachers und Gründungsmitglieds der Comedy-Musik-Truppe „Die kleine Tierschau", Ernst Mantel, in Abtsgmünd-Laubach, „Käser's Stall". Bei weitem nicht alles kann erwähnt werden, was sich in Gemeinden und Kommunen, Schulen und Vereinen sonst noch an Kleinkunst tut. Zumal in diesem schnelllebigen Genre Werden und Vergehen oft nahe beieinander liegen.

Für Cinéasten

Sogenannte „Blockbuster" und Mainstreamfilme können richtige Cinéasten nicht locken. Sie verlangen nach Filmen mit hohem künstlerischem Anspruch. Ihre Erwartungen befriedigen die Programmkinos. Im Ostalbkreis gibt es zwei davon, das „Brazil" in Schwäbisch Gmünd und das auf genossenschaftlicher Basis organisierte „Kino am Kocher" in Aalen.

Rieser Kulturtage

„Brücken bauen mit Hilfe der Kultur" lautet der Wahlspruch des Vereins „Rieser Kulturtage". Seit 1975 setzt er ihn mit einer umfassenden Veranstaltungsreihe, die alle zwei Jahre nicht nur die baden-württembergischen und die bayerischen Riesgemeinden einbezieht, in die Tat um. Das Signet der „Rieser Kulturtage", eine Kugel, die im Riesrund ruht, hat einst der aus Aalen-Unterkochen stammende Künstler Georg Sternbacher gestaltet.

Gschwender Musikwinter

Mit einem der ungewöhnlichsten Kulturprojekte des Ostalbkreises wollen wir diese Tour d'Horizon durch Kunst und Kultur zwischen Lorch und Wört, Neresheim und Abtsgmünd-Untergröningen beschließen. Im äußersten Westen wärmt es seit vielen Jahren flächendeckend zur kalten Jahreszeit: der „Gschwender Musikwinter". Seit 1986 bieten engagierte Privatleute Jahr für Jahr ein kulturelles Komplett-Programm mit internationalem Flair und Weltniveau. Umrahmt wird der ursprüngliche Schwerpunkt Musik von Lesungen, Theateraufführungen und Diskussionsforen zu aktuellen Themen und Problemen der Zeit. Organisiert haben sich die ehrenamtlichen Macher, die ihr höchst anziehendes Programm weitgehend auf eigene Kosten mit minimaler Unterstützung durch die öffentliche Hand stemmen müssen, im Verein „bilderhaus e. V."

„Tolle Region"

Der Blick auf diese Kulturlandschaft Ostalbkreis hat gezeigt, wie üppig sie mit unterschiedlichsten Früchten bestellt ist. Ein guter Boden für vielfältiges Wachstum. Eine reiche Tradition hat sich in die Gegenwart hinein fortgesetzt. Zunehmend befördert von bürgerschaftlichem Engagement, von privater Initiative. Von Menschen, die mit jenem Möglichkeitssinn begabt sind, den Robert Musil in seinem Jahrhundertroman „Der Mann ohne Eigenschaften" als die Fähigkeit definiert, „alles, was ebenso gut sein könnte, zu denken und das, was ist, nicht wichtiger zu nehmen, als das, was nicht ist." Die also einen Sinn für die mögliche Wirklichkeit haben. Ganz entlassen kann man den Staat gleichwohl nicht aus seiner Verantwortung, die Rahmenbedingungen dafür zu schaffen, „sich als denkendes, fühlendes, kreatives Individuum (...) verwirklichen zu können".[16] Zum Wohle der Gemeinschaft. Grundlegendes normatives Anliegen freiheitlicher Demokratie und sie rechtfertigender ethischer Anspruch fließen hier zusammen. Kultur und Kunst sind eben mehr als schöner Schein. Auf die Ostalb gemünzt, lassen wir dem ehemaligen Kultusminister des Landes Baden-Württemberg, Andreas Stoch, das Schlusswort:

„Wir haben an dieser östlichen Ecke des Landes eine tolle Region."[17]

Staufersaga Schwäbisch Gmünd.
Foto: F. Kopper

Museumslandschaft
Heidrun Heckmann

Vielfalt ist Trumpf – Die Museumslandschaft im Ostalbkreis

Die große Vielfalt von Natur und Kultur im Ostalbkreis wird in ganz besonderem Maße widergespiegelt. Der Ostalbkreis besitzt mit 54 Museen über eine der größten und abwechslungsreichsten Museumslandschaften Baden-Württembergs. Bis zu 340.000 Besucherinnen und Besucher machen sich jährlich ein Bild davon.

Verstaubt war gestern

Museen bilden einen wichtigen Bestandteil des kulturellen Angebotes einer Stadt oder Region. Sie erfüllen Aufgaben des Schutzes und der Pflege von beweglichen Kulturgütern und dienen der Forschung und der Bildung sowie der Ergänzung des allgemeinen Freizeitangebotes. Museen stellen die Verbindung zwischen Vergangenheit, Gegenwart und Zukunft her. Museen sind keine abgeschlossenen, statischen Institutionen, sondern stehen in wechselseitiger Beziehung mit ihrer Umgebung, die ihrerseits einem ständigen Wechsel unterworfen ist. Die Zeiten der antiken Wunderkammern, Raritätenkabinette der Renaissance und Vernunftgemächern der Aufklärung sind längst vorbei und die Museen von heute sind mehr als nur ein Hort der Vergangenheit ohne jeglichen Gegenwartsbezug. Sie sind ein Ort kollektiver Erinnerung und ein Zentrum regionaler Identitätsfindung und Identitätsbildung für die Bevölkerung vor Ort. Sie sind aber auch ein attraktiver Anziehungspunkt für Gäste von außerhalb und daher als so genannter weicher Standortfaktor aus der modernen Tourismuswerbung nicht mehr wegzudenken. Mit ihren lehrplanbezogenen museumspädagogischen Angeboten sind Museen außerdem als außerschulische Lernorte wichtige Partner im Bildungsbereich.

Anfang und Fortgang

Die früheste Museumsgründung im Ostalbkreis fällt in das Jahr 1876. Damals wurde in Schwäbisch Gmünd ganz im Stile der großen Nationalmuseen ein Gewerbemuseum errichtet, aus dem das heutige Museum im Prediger hervorgegangen ist. Ein zweites Museum - wenn auch nicht im klassischen Sinne - kam 1896 mit der Öffnung von Schloss Baldern für das interessierte Publikum hinzu.

In der ersten Hälfte des 20. Jahrhunderts gab es dann aber bedingt durch die beiden Weltkriege und deren Folgen nur wenige Museumsgründungen. Neben großen Stadtmuseen wie dem Schlossmuseum in Ellwangen gehören auch kleinere Heimatmuseen dazu, wie z. B. die Pfahlheimer Bauernstube oder die Städtische Sammlung im Torturm in Lauchheim.

Die überall stattfindende große Welle der Museums-

gründungen in der Wirtschaftswunderzeit der 1950er-Jahre fand im Ostalbkreis kaum einen Niederschlag. Dass im Jahr 1954 das Brünner Heimatmuseum in Schwäbisch Gmünd gegründet wurde, passt allerdings genau in diese Zeitspanne. Die Stadt Schwäbisch Gmünd hatte im Jahr davor die Patenschaft über die ehemals von Deutschen besiedelte Region um die mährische Stadt Brünn übernommen und so war die Präsentation der früheren Heimat vieler Schwäbisch Gmünder Neubürger nur eine logische Konsequenz. Heute ist das Brünner Heimatmuseum in das Museum im Prediger integriert und zeigt damit, dass die Geschichte der Heimatvertriebenen nicht losgelöst gezeigt werden darf, sondern selbstverständlicher Teil der Geschichte einer Stadt ist.

Bevor der Museumsboom in den 1970er-Jahren einsetzte, kam noch eines der wichtigsten und vielbeachtetsten Museen im Ostalbkreis dazu: Im Jahr 1964 wurde das Limesmuseum in Aalen gegründet, das durch die Ernennung des Obergermanisch-Raetischen Limes zum UNESCO-Weltkulturerbe im Jahr 2005 einen noch höheren Stellenwert erreicht hat. Mit der Geschäftsstelle der Deutschen Limesstraße und dem Sitz des Limes-Informationszentrums Baden-Württemberg hat sich das Limesmuseum zu einem international gefragten Kompetenzzentrum in Sachen Limesforschung und -vermittlung entwickelt. Im Jahr 2018 wird das Limesmuseum nach Umbaumaßnahmen und Neukonzeption nicht nur in neuem Glanz erstrahlen, sondern auch seiner herausragenden Stellung angemessen mit modernster Präsentation und Didaktik aufwarten.

Nach 1970 setzte dann im Ostalbkreis die große Welle der Museumsgründungen ein. Es waren vor allem die Spezialmuseen mit einem Schwerpunkt auf Technik und Industrie, die hierbei ins Auge fallen: Das ZEISS Museum der

Museum im Prediger Schwäbisch Gmünd, Abteilung Mittelalter. Foto: Museum im Prediger Schwäbisch Gmünd

Optik in Oberkochen gehört dazu, die Härtsfeld-Museumsbahn in Neresheim und das Silberwarenmuseum Ott-Pausersche Fabrik in Schwäbisch Gmünd. Auch das weit über die Grenzen des Ostalbkreises hinaus bekannte Besucherbergwerk Tiefer Stollen in Aalen-Wasseralfingen ist hier zu nennen.

Das neue Jahrtausend hat sich mit sage und schreibe 26 neuen Museen auf der Museumlandkarte niedergeschlagen. Die jüngsten Museen im Ostalbkreis sind unter anderem das Klostermuseum in Neresheim (2009), das Limestor Dalkingen (2010), das Schulmuseum in Schwäbisch Gmünd (2012) und die Scheerermühle in Oberkochen (2014) sowie die Keltenwelt Ipf (2015). Diese Aufzählung zeigt, wie abwechslungsreich sich die Museumslandschaft in den letzten Jahren weiterentwickelt hat und jedes einzelne neue Museum eine Bereicherung darstellt.

Auf den Inhalt kommt es an

So groß die Zahl der Museen ist, so vielfältig sind auch deren Inhalte. Geologie und Landschaftsgeschichte finden sich in den Museen ebenso wie Archäologie, Kunst, Heimatkunde, Handwerk, Technik und Landwirtschaft. Eine

lich wechselnden Sonderausstellungen weitere Aspekte der Heimatgeschichte, die mit anderen Orten der Umgebung nicht vergleichbar ist.

Die überaus große Zahl der Museen lässt sich im Ostalbkreis in naturkundliche Museen, archäologische Museen und technische Museen noch untergliedern. Aber auch die Gruppe der Schlösser und Klöster ist mit dem Schloss Fachsenfeld, Schloss Baldern, Schloss Kapfenburg, Kloster Lorch und dem Klostermuseum in Neresheim gut vertreten. Herausragende Spezialmuseen sind das Museum zur Geschichte der Juden im Ostalbkreis in der ehemaligen Synagoge Oberdorf, das in Deutschland einmalige Miedermuseum in Heubach und das Campusmuseum in Schwäbisch Gmünd.

Vielzahl von Spezialmuseen laden dazu ein, besondere Themenbereiche genauer kennen zu lernen oder zu vertiefen.

Die größte Gruppe bilden dabei naturgemäß die Heimat- und Stadtmuseen, von denen der Ostalbkreis mit 19 Standorten aufwarten kann. Heimatmuseen sind weniger auf Außenwirkung bedacht, sondern eher lokale Kulturzentren, mit denen sich die heimische Bevölkerung identifizieren kann. Vor allem in den Heimatmuseen finden sich daher sehr viele ehrenamtlich engagierte Bürgerinnen und Bürger. Die Schwerpunkte liegen dort auf Handwerk, Hausrat und Landwirtschaft. Von beliebiger Austauschbarkeit kann aber nicht die Rede sein. In jedem einzelnen der Museen haben die Verantwortlichen die lokalen Besonderheiten herausgearbeitet, sodass es für das interessierte Publikum immer wieder etwas Anderes zu entdecken gibt und so manche Überraschung garantiert ist. Das Heimatmuseum Waldstetten konzentriert sich beispielsweise auf die für den Ort typische Beindreherei, Perlstrickerei und Pfeifenmacherei und zeigt in jähr-

Betrachtet man die Museumsstatistik nur flüchtig, scheinen nur wenige Kunstmuseen im Ostalbkreis zu Hause zu sein. Schwäbisch Gmünd als Stadt der Gold- und Silberschmiede und des Designs zeigt aber in Museum und Galerie im Prediger nicht nur Kunstschaffen aus der Region, sondern kann alljährlich mit Ausstellungen international renommierter Künstlerinnen und Künstlern aufwarten, die beim Publikum große Anerkennung finden. Auf Schloss Fachsenfeld befindet sich eine Galerie mit Bildern des Schwäbischen Impressionismus, Schloss Ellwangen widmet sich dem Künstler Karl Stirner und das Sieger Köder Zentrum - Werk und Bibelgarten sowie das Sieger Köder-Museum - Bild und Bibel zeigen Leben und Werk des Künstlerpfarrers Sieger Köder. Aus der Vielzahl an weiteren Ausstellungsorten sei auch

Rosenberg, Sieger Köder Zentrum. Foto B. Hildebrand

noch KISS - Kunst im Schloss auf Schloss Untergröningen genannt, das sich der zeitgenössischen Kunst widmet und dem künstlerischen Nachwuchs eine Plattform bietet.

Arbeitskreis Museen im Ostalbkreis

Um einen breiteren Wirkungsgrad der Museen zu erreichen, sind die Museumsverantwortlichen seit 1999 in einem Arbeitskreis vernetzt, der es sich zur Aufgabe gemacht hat, die Attraktivität unserer Museumslandschaft auszubauen. Dazu finden unter anderem Schulungen für das Museumspersonal statt, wie z. B. zu den Themen besucherorientierte Museumsführungen, Textgestaltung im Museum oder Restaurierung von Museumsgut.

Museen im Internet

Innerhalb der Internetseiten des Ostalbkreises haben die Museen seit Januar 1998 die Möglichkeit, sich zu präsentieren. Neben einem Kommentar und Bildern zu den Dauerausstellungen findet sich dort auch der aktuelle Museumstipp, ein Veranstaltungskalender, Anfahrtswege zu den Museen mit Parkmöglichkeiten und nach und nach werden auch alle Museen mit einem virtuellen Rundgang im Internet zu finden sein.

Internationaler Museumstag

Seit 2001 nehmen die Museen im Ostalbkreis am jährlich im Mai stattfindenden Internationalen Museumstag teil und haben damit eine Plattform, die Institution Museum im Allgemeinen und den jeweiligen Museumsstandort im Besonderen vorzustellen. Dem jährlich wechselnden Motto des Museumstages entsprechend, veranstalten die Museen im Ostalbkreis Führungen, Ausstellungen, Vorführungen und Mitmachaktionen, die jedes Jahr eine noch größere Zahl an Interessierten in die Museen lockt.

Vorbildliches Heimatmuseum

Seit dem Jahr 2005 wird im Regierungsbezirk Stuttgart alle zwei Jahre die Auszeichnung „Vorbildliches Heimatmuseum" ausgelobt. Diese Anerkennung ist vor allem für die ehrenamtlich geführten Museen ein Ansporn, sich über das bloße Sammeln und Bewahren von Kulturgut zu engagieren. Bereits dreimal durften Museen aus dem Ostalbkreis diese Auszeichnung aufgrund ihrer lebendigen Geschichtsvermittlung und beispielhaften Darstellung von Volkskultur entgegennehmen: das Härtsfeldmuseum Neresheim (2005), das Heimatmuseum Waldstetten (2009) und das Schwäbisch Gmünder Schulmuseum im Klösterle (2013).

Museen im Ostalbkreis - Immer ein Gewinn

Museen sind Schnittstellen des kulturellen Lebens in einer Region. Moderne Museen sind Zentren für viele kreative Projekte und ein Besuch im Museum ist mehr als nur das blanke Erfahren von Geschichte. Museen von heute machen Spaß und die überaus hohen Besuchszahlen in den Museen des Ostalbkreises machen deutlich, dass der eingeschlagene Weg richtig und im Sinne der Besucherinnen und Besucher ist.

Die Museen im Ostalbkreis

Aalen
Eisenbahnmuseum
Limesmuseum
Urweltmuseum
Schloss Fachsenfeld
Sammelsurium-Museum
Besucherbergwerk Tiefer Stollen
Museum Wasseralfingen

Abtsgmünd
Sammlung optischer Phänomene
Heimatkundliches Museum im Schloss
KISS - Kunst im Schloss

Bartholomä
Museumsscheuer im Amalienhof

Bopfingen
Historische Kräuterkammer
Keltenwelt Ipf
Museum im Seelhaus
Schloss Baldern
Museum zur Geschichte der Juden im Ostalbkreis
Trochtelfinger Heimatstuben

Ellwangen
Alamannenmuseum Ellwangen
Schlossmuseum Ellwangen
Sieger Köder-Museum - Bild und Bibel
Pfahlheimer Bauernstube

Eschach
Schwäbisches Bauern- und Technikmuseum

Essingen
Dorfmuseum Essingen

Gschwend
Heimatmuseum im Alten Rathaus

Heubach
Haus „Anna Vetter"
Heimatmuseum - Heubacher Geschichtssplitter
Historisches Klassenzimmer
Miedermuseum
Polizeimuseum

Hüttlingen
Heimatmuseum im Vogteigebäude

Iggingen
Kleinmuseum im Rathaus

Lauchheim
Schloss Kapfenburg
Städtische Sammlung im Torturm

Lorch
Kloster Lorch

Mögglingen
Heimatkundliche Sammlung Pfarrscheuer und
Micheleshaus

Neresheim
Härtsfeldmuseum
Härtsfeld-Museumsbahn
Klostermuseum, Abtei Neresheim

Oberkochen
Heimatmuseum im Schillerhaus
Scheerermühle
ZEISS Museum der Optik

Rainau
Limestor Dalkingen

Riesbürg
Goldbergmuseum

Rosenberg
Galerie & Museum im Alten Rathaus
Sieger Köder Zentrum - Werk und Bibelgarten

Schwäbisch Gmünd
BIFORA Uhrenmuseum
Campusmuseum
Lapidarium Johanniskirche
Museum im Prediger
Silberwarenmuseum Ott-Pausersche Fabrik
Schwäbisch Gmünder Schulmuseum im „Klö-
sterle"
Schwäbisch Gmünder Bier- und Jagd-Museum

Unterschneidheim
Land- und Technikmuseum

Waldstetten
Heimatmuseum Waldstetten

Heimatmuseum
Waldstetten, „Vor-
bildliches Heimatmu-
seum" 2009.
Foto: B. Hildebrand

TSV Adelmannsfelden
www.tsv-adelmannsfelden.de

Sport
Manfred Pawlita
IMMER WEITER NACH VORN

Sport im Ostalbkreis

… ist die größte Bürgerbewegung, der größte Kindergarten, die größte Jugendinitiative, die größte ehrenamtlich getragene Gemeinschaft. Sport im Ostalbkreis ist aus den Städten und Gemeinden, ist aus dem Ostalbkreis, nicht weg zu denken.

Entstehung

Um Sport und seine Inhalte in der Gegenwart verstehen zu können, muss ein kurzer Rückblick erlaubt sein. Der organisierte Sport, wie wir ihn in seiner heute durch Vereine getragenen Form kennen, geht auch im Ostalbkreis auf die Initiativen vor über 170 Jahren zurück. Die Zeit um die revolutionären Umtriebe Mitte der 40er-Jahre des vorletzten Jahrhunderts ist der Ursprung der Sportorganisation. Der Wandel der Gesellschaft in dieser langen Zeit hat den Sport im Verein verändert. Inhalte, Formen und Angebote sind andere geworden. Heute ist Sport im Verein vielseitig, abwechslungsreich und in der Breite seines Angebotes beispielhaft.

Organisation, politische Gliederung, Interessensvertretung

Geschichte und Aufgabenstruktur des Sports im Ostalbkreis

Entstanden ist die heutige politische Interessensvertretung des Sports im Ostalbkreis – der „Sportkreis Ostalb" als Dachorganisation aller Sportvereine und aller Interessensvertretungen der verschiedenen Sportarten - aus den beiden ehemaligen Sportkreisen Aalen und Schwäbisch Gmünd im Zuge der kommunalen Gebietsreform. Wie der Ostalbkreis selber auch. Der Sport hat also sehr bald die neuen Strukturen der Gebietsreform auf- und übernommen. Die Gründungsversammlung des Sportkreises Ostalb fand im Rahmen eines außerordentlichen Sportkreistages am 30.09.1972 in der Stadthalle in Heubach statt. Waren es damals 50.900 Mitglieder in 201 Sportvereinen, sind es heute mehr als 122.000 Vereinsmitglieder in 357 Sportvereinen – Vielfalt pur, für jede und jeden etwas mit dabei.

Die Aufgabenstellung in den Folgejahren war orientiert an der Schaffung von Sportstätten in den Kommunen und in den Sportvereinen. Die Sportvereine im Ostalbkreis waren dabei - im Vergleich zu anderen Regionen - schon immer in einem großen Maße investiv tätig. Sachlich und fachlich im Sportkreis war die Aufgabe des Sportkreises insbesondere, die beiden Alt-Sportkreise zu einer Einheit zusammenzuführen. Dies ist gut gelungen.

Neue Sportarten zu integrieren war im Laufe der über 40 Jahre des Bestehens des Sportkreises Ostalb ebenso eine Herausforderung wie die Gründung von weit mehr als 150 neuen Sportvereinen und der sehr vielen neuen Abteilungen und neuen Sportarten.

Der Zuwachs der Mitgliederzahl in den Sportvereinen stellte für viele Sportvereine dabei eine wichtige Aufgabenstellung dar. Heute, im Zuge des demografischen Wandels, ist der Erhalt der Mitgliederzahl vorrangiges Gebot. Die Aufgabenstellung der Sportvereine heute lässt sich bestens an einer Auflistung erklären. Zugleich wird dadurch deutlich, wie sehr die Sportvereine inhaltlich, organisatorisch und konzeptionell strukturiert und organisiert sind und auch sein müssen.

Die Aufgaben für die Verantwortlichen in den Sportvereinen sind mit diesem Wachstum sehr groß und anspruchsvoll geworden. Ein besonderes Augenmerk wird in den Sportvereinen deshalb auch auf die Aus- und Fortbildung der Übungsleiter und der unzählbaren Ehrenamtlichen im Sportverein, ohne die Sport nicht funktionieren würde, gelegt.

Der Sportbetrieb, der selbstverständlich und regelmäßig von den Sportvereinen auf die Beine gestellt wird, ist Alltag und zugleich eine große Leistung der Sportvereine. Zu denken ist dabei an den gesamten Betrieb des Wettkampfs, Breitensports und Freizeitsportgeschehens im Verein und immer noch stärker und vermehrt die

Ausrichtung auf Gesundheitssport orientierte Angebote. Oder ebenso die Ausrichtung des regelmäßigen Wettkampfsportbetriebes. Erwähnt seien nur der gesamte Spielbetrieb in den Spielsportarten, wie beispielsweise die Fußballjugendmannschaften – im Winter mit mehr als 10.000 Kindern und Jugendlichen bei den Hallenfußballturnieren - und die wöchentlich stattfindenden Ligaspiele in allen Klassen und Sportarten.

Die Ausrichtung von Meisterschaften, großen Sportevents und viele Pokalturniere sind immer wieder und regelmäßig Highlights im Veranstaltungskalender des Sports im Ostalbkreis. Und oft finden die sportlichen Veranstaltungen auf vereinseigenen Sportstätten statt. Die erwähnten sehr vielen vereinseigenen Liegenschaften der Ostalb–Sportvereine, also die investive Rührigkeit und die vielen Eigenleistungen, ohne die dieses Engagement nicht möglich wäre, sind für Sportveranstaltungen oft genug Grundlage und Voraussetzung zugleich.

Ebenso genannt werden muss die Beteiligung an Stadtfesten – die ohne das Engagement der Sportvereine zumeist ein anderes, weniger aktives Gesicht hätten. Es ist eine Selbstverständlichkeit für die Sportvereine, bei „ihrer" Kommune mit zu machen. Unzählige weitere Feste und kulturelle Veranstaltungen der Sportvereine selber beleben das gemeinschaftliche Leben in den Kommunen des Ostalbkreises nachhaltig.

Darüber hinaus erbringen die Sportvereine weitere unverzichtbare Leistungen für unsere Gesellschaft – für den Ostalbkreis und seine Städte und Kommunen, letztlich für die eigenen Vereinsmitglieder und alle Bürgerinnen und Bürger. Genannt seien die immer komplexeren Prozesse für die Jugend im Sportverein, Jugendbegegnungen und Jugendaustausch. Die Zusammenarbeit mit den Kommunen, weitere Zusammenarbeit mit anderen am Thema Sport und Bewegung beteiligten Partnern – als Beispiel seien hier die Kooperationen "Schule und Verein" und „Kindergarten und Verein" genannt - sind weitere Herausforderungen. Wichtige soziale Aufgabenstellungen wie Fragen der Integration von Menschen mit Migrationshintergrund, Partnerschaftsprojekten, Themen wie Suchtprophylaxe, Jugend und Gewalt, der Behinderten- und Rehabilitationssport, beanspruchen die Sportvereine zudem. Und fast alles leisten Freiwillige, also Ehrenamtliche, das sei an dieser Stelle ausdrücklich erwähnt.

Statistik und Sportarten

Ein paar wenige Blicke in die Statistik der Sportvereine des Ostalbkreises und in die in den Vereinen betriebenen Sportarten sagen viel aus:

Übersicht über die Mitgliederzahlen der Sportvereine im Ostalbkreis (2016)

354 Sportvereine - mehr als 122.000 Mitglieder

Lebensalter	männlich	weiblich	Gesamt
0 bis 6	2.687	2.887	
7 bis 10	5.014	4.387	
11 bis 14	6.246	5.010	
	5.677	4.395	
Kinder u. Jugendliche U 18			36.483
19 bis 26	7.594	4.967	
27 bis 40	9.512	6.978	
41 bis 60	20.267	14.679	
über 60	13.640	7.929	
Erwachsene			85.566

Sportarten

Insgesamt werden in den Sportvereinen des Ostalbkreises 46 Sportarten angeboten: American Football, Badminton, Bahnengolf, Basketball, Boxen, Eissport, Fechten, Fußball, Gewichtheben, Handball, Hockey, Judo, Kanu, Kegeln, Leichtathletik, Moderner Fünfkampf, Radsport, Rasenkraftsport, Reiten und Fahren, Ringen, Rollsport und Inline, Schach, Schützen, Schwimmen, Segeln, Ski, Sportakrobatik, Tanzen, Tauchen, Tischtennis, Tennis, Turnen, Versehrtensport, Volleyball, Karate, Aikido, Squash, Taekwondo, Motorsport, Baseball, Triathlon, Boccia, Billard, Klettern, Ju Jutsu, Bogensport.

Die Sportarten sind in der Häufigkeit der Ausübung in den Sportvereinen wie nachstehend aufgeführt in eine Rangliste zu stellen. Deutlich belegen diese Zahlen auch, dass sehr viele Sportvereine ein breites und vielfältiges Angebot vorhalten. Kurzum, es gibt zuhauf Mehrspartenvereine im Sport im Ostalbkreis – aber keinen Großverein im Sinne der „herrschenden Definition". Die Mitgliedszahlen der Sportarten übersteigen bei weitem auch die Mitgliederzahlen in den Sportvereinen. Dies liegt darin begründet, dass viele Sportvereinsmitglieder nicht nur eine Sportart ausüben, sondern häufig zwei oder mehr Angebote wahrnehmen.

Die TOP TEN der Sportarten im Ostalbkreis liest sich wie folgt:

Turnen

in seiner vielfältigen Ausprägung von Aerobic über die Gymnastik in ihrer gesamten Vielfalt, den Turnspielen, von Kunstturnen über Jazz- und Gardetanz, vom Eltern-Kind-Turnen bis zur Seniorengymnastik mit über 44.000 Vereinsmitgliedern in 123 Sportvereinen

Fußball

als größte Wettkampfsportart und als Sportart mit den größten Mitgliedszahlen im Kinder- und Jugendbereich des Wettkampfsportes und insgesamt über 29.000 Vereinsmitgliedern in mehr als 110 Sportvereinen

Tennis

als dritte Kraft mit knapp 10.000 Vereinsmitgliedern in über 66 Sportvereinen

Ski

mit 7.700 Vereinsmitgliedern in knapp 40 Sportvereinen

Schützen

mit stark 7.000 Vereinsmitgliedern in 53 Sportvereinen

Leichtathletik

mit 6.300 Vereinsmitgliedern in ca. 50 Sportvereinen

Pferdesport

mit über 5.000 Vereinsmitgliedern in mehr als 30 Sportvereinen

Handball

mit 3.600 Vereinsmitgliedern in mehr als 10 Sportvereinen

Tischtennis

mit 3.400 Mitgliedern in mehr als 30 Sportvereinen

Volleyball

mit 2.860 Vereinsmitgliedern in ca. 40 Sportvereinen

Alle Sportvereine mit ihren Angeboten an dieser Stelle aufzuführen, würde den Rahmen dieser Ostalb-Kreisbeschreibung sprengen. Wer wissen will, wo welche Angebote in welchem Sportverein angeboten werden, sollte sich am besten mit dem oder den Sportvereinen an seinem Wohnort in Verbindung setzen. Hilfestellungen können in aller Regel die Rathäuser geben. Gerne ist dabei auch die Geschäftsstelle des Sportkreises Ostalb behilflich. Unsere Kontaktdaten finden Sie unter www.sportkreis-ostalb.de

Die Reaktionen der Sportvereine im Ostalbkreis auf die Wandlungen im Gesundheitssport – Beispielhaft und mit einer Vorreiterrolle

Die Entwicklungen und Trends im Gesundheitssport sind natürlich nicht spurlos an den Sportvereinen im Ostalbkreis vorbeigezogen. Aus diesem Grund haben die Sportvereine im Ostalbkreis Initiativen in den Gesundheits-, Wellness- und auch in vielen Trendsport-Bereichen unternommen, um diese Entwicklung aufzugreifen. Einige dieser Initiativen, sollen im nachfolgenden, ihrer Entstehung nach, vorgestellt werden.

Gmünder Sport-Spaß

Schon im Jahr 1986 gab es in Schwäbisch Gmünd erste Überlegungen Sport als Kursprogramme, nicht nur für Vereinsmitglieder, anzubieten. Im Jahr 1989 wurde dann aufgrund einer Studie der Universität Stuttgart über das Freizeit- und Sportverhalten in Stuttgart ein erstes Programm für Schwäbisch Gmünd ausgearbeitet. Dieses Programm war führend in ganz Deutschland und wurde unter der Federführung des Vorstandsvorsitzenden der damaligen Gmünder Ersatzkasse – GEK, Dieter Hebel, des damaligen Schwäbisch Gmünder Oberbürgermeisters Dr. Wolfgang Schuster und von Seiten des Stadtverbandes der Sport treibenden Vereine Schwäbisch Gmünd und des Sportkreises aus von Edelbert A. Krieg initiiert. Ziel dieses Programms war es, direkt auf die Wünsche der Bürgerinnen und Bürger der Stadt Schwäbisch Gmünd einzugehen. Dabei sollten die Motive wie etwa Gesundheit, Spaß und Freude, Ausgleich und Entspannung, sowie Fitness und Beweglichkeit als Grundlage dienen.

Aufgrund dieses innovativen Programms, das vom Stadtverband Sport und der Stadt Schwäbisch Gmünd ausgearbeitet wurde, entschied sich die Gmünder Ersatzkasse - GEK für eine Kooperation, um ihre Ressourcen mit in den Gmünder Sport-Spaß einzubringen. Mit dem Sport-Spaß Programm wurde dann, aufgrund des enormen Erfolgs, in ganz Deutschland geworben.

Der Sport in der Stadt und die Stadt Schwäbisch Gmünd waren also Vorreiter auf dem Gebiet gesundheitsfördernde Stadt-Sport-Programme. Aufgrund dieses herausragenden Angebotes entwickelten sich dann einige abgewandelte Formen, und auch die übergreifenden Angebote wie „fit und gesund" und „Sport pro Gesundheit" griffen Anregungen aus dem Gmünder Sport-Spaß auf.

Die Stadt und die Vereine im Raum Schwäbisch Gmünd bieten seither ein Freizeit -und Gesundheitsprogramm an, welches sich an den Wünschen der Bürgerinnen und Bürger orientiert. Außerdem werden die aktuellen Trends im Freizeit- und Gesundheitssport aufgegriffen und gefördert. Mit pfiffigen Kursnamen und gut ausgebildeten Übungsleitern, die Weiterbildungen von der GEK erhalten, sollen Bewegungserlebnisse für Kinder im Freizeit- und Gesundheitssport und für alle Zielgruppen Fun- und Fitnessangebote, Funktions- und Präventi-

onsgymnastik und Entspannungskurse wie z.B. Yoga angeboten werden. Die Ziele dieses Programms definieren Stadtverband, Stadt Schwäbisch Gmünd und ihre Partner wie folgt:

* Neue Freizeit- und Gesundheitssportangebote für Nicht-Vereinsmitglieder und Vereinsmitglieder schaffen
* Neue Zielgruppen ansprechen und ehemalige Vereinsmitglieder zurückgewinnen
* Vereinsangebote öffnen, ergänzen und weiterentwickeln
* Die Stärken des traditionellen Sportangebots bewahren
* Neue Trends, Aspekte und Bedürfnisse im Freizeit- und Gesundheitssport berücksichtigen
* Einen deutlichen Akzent in der Gesundheitsförderung setzen.

Besonders ist das seit über 25 Jahren erfolgreiche und mit ungebrochenem Elan umgesetzte Kinder Sport-Spaß Programm hervorzuheben, bei dem drei hauptamtliche Sportpädagogen in der Stadt Schwäbisch Gmünd eingestellt wurden. Diese sind am Morgen für das Training der Leistungssportler zuständig und am Nachmittag ausschließlich für ein flächendeckendes Gesundheitssportprogramm für Kinder. Dieses Programm mündet dann in ein einmal jährlich stattfindendes „Kinder Sport-Spaß Fest", an dem durchschnittlich 1.500 Kinder teilnehmen. Auch mit diesem innovativen Programm wurde seither bundesweit Werbung betrieben, und es findet immer mehr Organisationen, die diese oder ähnliche Formen der Vereinskooperationen wählen.

AOK - fit und gesund

Die AOK Baden-Württemberg und der Schwäbische und der Badische Turnerbund kooperieren auf dem Gebiet des Gesundheitssports und bieten zusammen mit den Sportvereinen im Ostalbkreis ein flächendeckendes und qualifiziertes

Kursangebot an. Von Aerobic über Fitness bis zur Rückengymnastik und dem Seniorensport bieten über 50 Vereine im Ostalbkreis individuelle Programme an. Ziel ist es, mit einem flächendeckenden und qualifizierten Kursangebot Lust auf Bewegung zu machen.

Ohne Übertreibung darf festgestellt werden, dass der Turngau Ostwürttemberg als regionaler Fachverband für Turnen, Gymnastik und Sport im Ostalbkreis mit eine der Organisationen war, die den Gesundheitssport maßgeblich im Ostalbkreis mit vorangebracht haben. Seinen Initiativen ist ein flächendeckendes Angebot im qualitätsorientierten Gesundheitssport mit zu verdanken. Hervorzuheben ist dabei insbesondere sein sehr gut angenommener „Fit und gesund Kongress" als herauszuhebende Fortbildungsmaßnahme für alle im Gesundheitssport tätigen ehrenamtlichen Übungsleiterinnen und Übungsleiter.

Aalen Sportiv und Ellwangen Sportiv

Unter dem Begriff „Aalen Sportiv" wird eine Initiative der Stadt Aalen und des Stadtverbandes der Sport treibenden Vereine in Aalen zusammengefasst, die verschiedene Kursangebote für die Aalener Bürgerinnen und Bürger anbietet. Unter anderem sind die Kurse durch die Zusammenarbeit mit der AOK auch mit dem Zeichen „fit und gesund" deklariert. Es werden also überwiegend gesundheitsfördernde Programme angeboten.

Die Stadt Ellwangen hat hierzu ein Pendant entwickelt und unter dem Namen „Ellwangen Sportiv" eingeführt.

Sport pro Gesundheit

Jede und jeder, der ein qualitativ gutes Angebot im Bereich des Gesundheitssports sucht, kann sich an den einschlägig bekannten Qualitätskriterien und Zertifizierungen orientieren. Nähere Auskünfte erteilen auch immer die mit eingebundenen Sportvereine und die ebenfalls mit involvierten Gemeindeverwaltungen und die Kooperationspartner. „Sport pro Gesundheit",

Sport im Park, Pluspunkt Gesundheit, Betriebssport, G.U.T., die verschiedenen Angebote der einzelnen Landesfachverbände (z. B. die „Gymwelt" des Schwäbischen Turnerbundes) unterstützen die Vereine zudem.

Leistungs- und Spitzensport

Neben dem Freizeit- und Breitensport, der seine allerbeste Ausprägung im Ostalbkreis und in den Sportvereinen im Gesundheitssport besitzt, hat der Spitzensport seinen uneingeschränkten Platz im Ostalbkreis.

VfR Aalen
- als Aushängeschild der deutschen
Volkssportart Nr. 1: Fußball

Es ist nicht leicht, in einem Landkreis ohne große Metropolen Fußball als Spitzensport unter professionellen Bedingungen zu etablieren. In Aalen hat es der VfR dank der Hilfe von vielen Freunden und Gönnern geschafft. Das Fußballaushängeschild des Ostalbkreises ist nach erfolgreichen Zweitligajahren etabliert in der 3. Liga. Und so längst kein Namenloser mehr. Die Heimspiele werden im Städtischen Waldstadion (jetzt „Scholz Arena"), einem wahren neuen Schmuckkästchen in Aalen ausgetragen und bieten Fußballsport in bester Güte.

Ringerhochburg Ostalbkreis
KSV Germania Aalen und Außenstelle
Olympiastützpunkt im Ringen

„Deutscher Mannschaftsmeister KSV Germania Aalen" hieß es in früheren Jahren regelmäßig. Professioneller Spitzensport der ältesten olympischen Sportart hat in und auch um Aalen Tradition. Nicht zuletzt deshalb findet man in Aalen einen Olympiastützpunkt Ringen. Die erfolgreiche Arbeit in der Ringermetropole wird durch manchen auswärtigen Spitzenringer gestärkt. Weltmeister und Olympiasieger bieten bei den Heimkämpfen des Ringerbundesligisten Ringkampfsport vom allerfeinsten, wie dies auch für die Nachbarvereine gilt.

Juli 2010: Finale der Sportkreisgala in Ravenna.
Foto: Sportkreis Ostalb

Kunstturnen und Trampolinturnen

Seit Jahren eine Hochburg in der Nachwuchsarbeit ist der TV Wetzgau im Kunstturnen. Was dort geleistet wird, ist äußerst bemerkenswert. Das längst überfällige Kunstturnleistungszentrum hat dabei einen neuen Schub gegeben. Viele Titel hatte der rührige Sportverein im Norden Schwäbisch Gmünds schon errungen. Die Herren-Mannschaft hat mit ihrem so nicht erwarteten Titel als Deutscher Mannschaftsmeister 2014 aber alles übertroffen.

Sie bietet zudem bei ihren Heimkämpfen Turnsport auf höchstem Niveau. Schwäbisch Gmünd ist mit dem TSB Gmünd auch ein Mekka der Trampolinturnerinnen und Turner. Nach einigen mageren Jahren ist man dort wieder auf bestem Wege, zu alten Erfolgen zurückzukehren.

Schwimmen

Diese weitere olympische Kernsportart hat in der Spitze ihren Platz im Spitzensport ebenfalls in Schwäbisch Gmünd. Immer wieder gelingt es dem dortigen Schwimmverein, starke Mannschaften aufzubauen und einzelne Talente an die deutsche, ja sogar internationale Spitze heranzuführen.

Landesleistungszentrum Sportakrobatik

Hochburg Sportakrobatik Ostalbkreis – diese Aussage verwundert nicht, wenn man weiß, dass in Aalen das Landesleistungszentrum der Sportakrobaten steht. Immer wieder produziert es Deutsche Meister und Athleten für die verschiedenen Kader des deutschen Sportakrobatikverbandes. Und in Württemberg sind die Sportakrobaten aus Aalen „sowieso" Spitze. Der Erfolg der Sportler steht auf breiten Beinen und hat eine gewachsene Tradition.

Leichtathletik

Leichtathletische Gemeinschaften prägen die Erfolge der Läufer, Springer und Werfer im Ostalbkreis. Auch in dieser olympischen Kerndisziplin gilt: Die Mannschaften im Jugendbereich sind erfolgreich, insbesondere in der LG Staufen, aber auch bei der LSG Aalen. Und immer wieder gibt es Einzelerfolge, die hoffen lassen, dass im Ostalbkreis Olympiateilnehmer und Deutsche Meister laufen, springen oder werfen.

Spezifische Ausprägungen in weiteren Sportarten

Bei 43 Sportarten und unzähligen Wettbewerben die Erfolge aller Einzelsportler und aller Teams aufzuzählen, würde zu weit führen. Gar alle Titel erfolgreich zu belegen und zu nennen ist nicht möglich. Dennoch sei auf einige besondere Erfolge, vielleicht ja auch Besonderheiten des Sports in unserem Ostalbkreis hingewiesen.

Reitsport

Das starke Standbein der Reiter und Reiterinnen fällt auf. Fahren ist in Lauchheim gut untergebracht und stellt dort eine Hochburg dar. Europameister und WM-Teilnehmer sind Fakt. Der Reitsport ist als ländlicher Sport etabliert. Die Ausrichtung als Breiten- und Freizeitsport nimmt dabei immer mehr zu. Und die 35 Sportvereine des Pferdesportkreises Ostalb nehmen dabei eine Vorreiterrolle ein. Auch in der Ausbildung ist der Pferdesportkreis Ostalb Spitze im Land.

Schießsport

Die Schützen spielen ebenfalls eine nicht zu unterschätzende Rolle im Sport des Ostalbkreises. In 53 Schützenvereinen wird geschossen – Sport getrieben. Erfolge bleiben da selbstverständlich nicht aus. Hervorzuheben ist dabei die Zusammenarbeit im Jugendbereich über mehrere Schützenvereine hinweg, die auch prompt Erfolge bei Deutschen Meisterschaften eingebracht hat. Und Bundesliga in der Mannschaft oder eine Klasse darunter ist kein Traum.

Kegelsport

Bundesliga Frauen und Männer, Europapokalgewinn und regelmäßige Teilnahme an diesem Wettbewerb gehören im Ostalbkreis dazu: Schwabsberg und Schrezheim sind die absoluten Hochburgen im Ostalbkreis.

Kunstradfahren

ist eine kleine Randsportart. Die ästhetischen Künstlerinnen und Künstler auf den zwei Rädern und manchmal auf einem Rad sind jedoch seit vielen Jahren dauerhaft erfolgreich und seien an dieser Stelle beispielhaft für viele der kleinen Randsportarten, die eine gute, erfolgreiche und intensive Arbeit betreiben, genannt, sei es nun eine der erfolgreichen und vielseitigen Budosportarten oder irgendeines der vielen weiteren Angebote in den Sportvereinen des Ostalbkreises.

Die Sportlerehrungen der Städte und Gemeinden belegen jedes Jahr aufs Neue die erfolgreiche Arbeit der Sportvereine – bis eben hin zu überregionalen Meisterehrungen.

Landesgartenschau 2014 und die phantastischen Sport-Show-Gruppen im Sport des Ostalbkreises

Das 2014er Highlight im Ostalbkreis war zweifelsfrei die Landesgartenschau in Schwäbisch Gmünd. Chapeau an die älteste Stauferstadt! Wir waren als Sportkreis Ostalb mit dabei. Zwei Sportkreisgalas im Juli an zwei aufeinanderfolgenden Tagen: vom allerfeinsten, zweimal ein proppenvolles Zelt – oben im Himmelsgarten. Zweimal ein begeistertes Publikum. Und im Jubeljahr von Ellwangen haben wir dann in der Rundsporthalle im Dezember 2014 „nachgelegt“. Sportkreisgalas sind erfolgreich – wie so oft! Und in 2015 folgte, quasi als weiterer Höhepunkt in dieser Kette, die Weltgymnaestrada in Helsinki. Wenn von rund 2.000 deutschen Teilnehmern in Finnland über 140 aus unserem Ostalbkreis eingeladen waren, darf das stolz machen. Und es spricht für unseren heimischen Landstrich, dass zwei Ostälbler beim Deutschen

Nachmittag mit Regie geführt haben. Die Gruppen, die es als Showgruppen im Ostalbkreis gibt, sind Legende. Es gibt keinen Landstrich in Deutschland, der diese Dichte und zugleich Qualität und Vielfalt besitzt. Fürwahr – ein Alleinstellungsmerkmal.

Allein schon deshalb werden wir wieder Kindersportgalas erleben dürfen. Werden wir die Freundinnen und Freunde in der italienischen Partnerprovinz Ravenna besuchen und dort wieder eine Sportkreisgala-Tournee machen – die dann insgesamt dritte.

Sport ist gesund und die Sportvereine stehen mehr denn je vor großen Herausforderungen

Die Zahlen im Kinder- und Jugendbereich, die die Krankenkassen als „Alarmsignal" immer wieder veröffentlichen, belegen leider, dass es nicht zu viel Sport gibt, sondern leider immer weniger. Jeder mag sich selber überlegen, wie er ein kleines Stück beitragen kann, dass Sport und Bewegung als Synonym für Gesundheit stehen. Das gilt für die Seite des demografischen Wandels, der uns immer weniger Kinder bringt, und sowieso für den Teil, der viele fittere Ältere bringt.

Wenn wir die Gesundheit unserer Kinder und Jugendlichen ansprechen, dann sind wir sehr schnell beim Thema Bildung: Ganztagsschulen sind keine Zeiterscheinung mehr sondern schulischer Alltag. Über kurz oder lang werden sie die Schulform sein. Unsere Sportvereine bringen sich ein – so schwer das ist. Eine Koordinierungsstelle beim Sportkreis leistet dabei gute Arbeit und gerne Hilfestellung.

Die Überlegungen im Sport im Ostalbkreis gehen noch einen Schritt weiter. Wir prüfen sehr ernsthaft die Idee, wie mittelfristig ein Übungsleiterpool für die Sportvereine funktionieren kann.

Andere und offene Angebote – neue Sport-„Räume"

Eine weitere Herausforderung, die der gesellschaftliche Wandel mit sich bringt, ist der wachsende Wettbewerb bei den Anbietern. Seit Jahren kämpfen die Sportvereine mit neuen Überlegungen, um ihre Strukturen zukunftsorientiert aufrecht erhalten zu können. Die ersten zwei Kindersportschulen (KISS) mit einem bundesweit einmaligen Lehrplan sind etabliert, das etwas andere Angebot für die aktiven Älteren „50 – na und?!" und die Idee des Miteinanders von Sport, Bewegung einerseits und weiteren ergänzenden Angeboten andererseits ist ebenso aus dem Jahreskreislauf kaum wegzudenken. Und die Idee, eigene Sportvereins-Räumlichkeiten zu schaffen für ein gerätegestütztes und qualifiziertes Angebot, wird in nächster Zukunft erstmalig Realität in Hüttlingen. Die beiden Kletterhallen in Aalen und Schwäbisch Gmünd müssen an dieser Stelle dabei ebenso genannt werden dürfen.

Sportvereine im Ostalbkreis sind Bürgergesellschaft und Nah und Gut

Für jeden gibt es an seinem Wohnort, in seiner Nähe, eine Möglichkeit, sich selber aktiv ins sportliche Geschehen einzubringen. Oder seinen Nachwuchs, seine Kinder und Jugendlichen im Sportverein gleich um die Ecke Sport treiben zu lassen, getreu der Erkenntnis, dass wir immer mehr bewegungsarme Kinder und Jugendliche in unserer Gesellschaft haben und Sport zudem schlau macht. Und Sport ist immer noch im Sportverein am schönsten. Einfach mal hingehen in den Sportverein und mitmachen und die Angebote – auch die zum Zuschauen, Mitfeiern und Miterleben – nutzen. Mehr denn je wird dies im wunderschönen ländlichen Raum des Ostalbkreises durch ein kooperatives Miteinander der Sportvereine möglich sein.

Wald und Forstwirtschaft
Johann Reck

Wald und Forstwirtschaft im Ostalbkreis

Im Ostalbkreis ist der Wald nahezu allgegenwärtig. Eine Vielzahl überaus reizvoller Aussichtspunkte geben den Blick frei auf eine ausgeprägte Gemengelage von Siedlung, Offenland, Wasser und Wald.

Die Landschaft ist geprägt von einer vielgestaltigen Topographie, mit Höhen und Tälern, Ebenen und Schluchten. Unterschiedlichste geologische und klimatische Verhältnisse vermitteln überwiegend einen Mittelgebirgscharakter. Aber auch sanft-hügelige und liebliche Aspekte treten zu Tage.

All das zeichnet der Wald nach. Von Natur aus und ungezähmt würde er wohl alle Flächen überwiegend mit Buchen bedecken, ergänzt mit Eichen, Tannen, Fichten, Ahornen, Eschen, Linden, Hainbuchen, Ulmen etc.

Besonders fruchtbare Lagen haben die Menschen von alters her der landwirtschaftlichen Produktion vorbehalten. So sind vor allem die Talauen und die Hochflächen, die vom schwarzen Jura (Keuperbergland) oder mächtigen Lehmüberdeckungen (Albhochfläche) gebildet werden, sowie das Nördlinger Ries weitgehend unbewaldet. Bemerkenswert ist, dass sich landwirtschaftliche Flächen und Waldflächen im Ostalbkreis mit jeweils einem rund 40-prozentigen Flächenanteil nahezu die Waage halten.

Der Ostalbkreis kann sein ländliches Gepräge nicht verleugnen. Die Hinwendung der Menschen speziell zu ihrem Wald war wohl zu allen Zeiten besonders groß und ist in (alten) Gewerben und Traditionen fest verankert.

Orts- und Landschaftsnamen wie Albuch, Fichtenau, Tannhausen, Waldhausen, Waldstetten usw. tragen die Waldtradition in sich. Sägemühlen, Eisen- und Glashütten, Köhlereien und das Töpferhandwerk, die besonders typisch für unsere Region sind, wären zumindest in früherer Zeit ohne den nahegelegenen Wald und sein Holz nicht möglich gewesen.

Und Waldarbeiter und Förster verehren in manchen Gegenden bis zum heutigen Tag die Heiligen Vincenz und Sebastian als ihre Schutzpatrone.

Durch die große Flächenausdehnung variieren im Ostalbkreis die Waldtypen und die Baumartenzusammensetzung recht stark. Nach der standortskundlichen, regionalen Gliederung befinden wir uns hier im Neckarland einerseits und auf der Schwäbischen Alb andererseits. Hinzu kommt der Westteil des Nördlinger Rieses. Die natürlichen Regional- bzw. Zonalwälder sind submontane Buchen-Eichen-Wälder (Nördlinger Ries), submontane Buchen-Eichenwälder mit Tanne (Albvorland der Ostalb), submontane Tannen-Buchen-Fichtenwälder mit Kiefer (Virngrund), paenemontane Buchen-Tannenwälder (Schwäbisch-Fränkischer Wald) und montane Buchenwälder (Schwäbische Alb). Die Fichten nehmen einen Anteil von 43 Prozent ein, die weiteren Nadelbäume wie Weisstanne, Douglasie, Kiefern, Lärchen etc. 14 Prozent, die Buchen 22 Prozent, die Eichen 5 Prozent, die weiteren Laubbäume wie Eschen, Bergahorn, Hainbuche, Erlen etc. 16 Prozent (Stand 2012). Die Zusammensetzung variiert in Abhängigkeit von Standort, Höhenlage und Klima. Albuch und Härtsfeld tragen buchen- und fichtendominierte Bestände, im Virngrund und im Schwäbisch-Fränkischen Wald kommen in zum Teil erheblichem Umfang Tannen hinzu und die Eiche findet ihr Areal vor allem im Albvorland und im Remstal.

Die Bundeswaldinventur III aus dem Jahre 2012 belegt, dass Laubholzanteile und Mischwälder seit Jahren kontinuierlich zunehmen. Diese Entwicklung ist gewollt und dient vor allem der biologischen Vielfalt und der ökologischen Stabilität. Es mag befremdlich klingen, aber nicht zuletzt die großflächigen Waldverluste, die die Stürme seit 1990 mit sich brachten, haben diesbezüglich einen schnellen Fortschritt ermöglicht. Auch das durchschnittliche Alter der Waldbestände steigt stetig durch die Ausweisung von Dauerwäldern und Extensivierungsflächen und

bei der Förderung der Naturnähe der Baumartenzusammensetzung wurden ebenso beachtliche Fortschritte erzielt. Schließlich hat auch der Vorrat der im Wald verbleibenden Biotop- und Totholzbäume zur ökologischen Aufwertung einen Höchststand erreicht.

Leider ist die Gesundheit der Wälder nach wie vor angegriffen. Seit den 1980er-Jahren wird der Zustand der Wälder in Form eines jährlichen Waldzustandsberichtes dokumentiert. Derzeit müssen wir davon ausgehen, dass landesweit rund 36 Prozent der Waldflächen deutliche Schäden aufweisen. Leider liegen für den Ostalbkreis keine gesonderten Auswertungen vor, die Ergebnisse sind jedoch vergleichbar. Buche, Fichte und Tanne haben sich zwar im Vergleich zu den Vorjahren etwas verbessert, während die Eiche einen gleichbleibenden und die Kiefer einen leicht ansteigenden Schädigungsgrad zeigen. Es bleibt jedoch unverkennbar, dass sich das Krankheitsgeschehen auf nach wie vor hohem, unbefriedigendem Niveau abspielt. Wie wir wissen, ist dies auf sehr komplexe Wirkungszusammenhänge zurück zu führen, wobei Klimaextreme, Luftschadstoffe sowie durch den Klimawandel profitierende Schädlinge eine große Rolle spielen. In diesem Schädigungskomplex ist der globalen Erwärmung ein immer größer werdender Anteil zuzuschreiben.

Das Land Baden-Württemberg hat sich jüngst zu einer Schwerpunktkampagne entschlossen, die auch in den nächsten Jahren im Ostalbkreis Raum greifen wird. Es handelt sich hierbei um eine groß angelegte Bodenschutzkalkung, die

Waldstetten. Der Stuifen ist der Hausberg der Gemeinde und der höchste der „Dreikaiserberge". Er wurde bis 1918 aufgeforstet, weil die Gemeinde jahrhundertelang von starken Hochwassern vom Stuifen herunter betroffen war.
Foto: B. Hildebrand

Hannß Carl von Carlowitz wurde 1645 als Sohn eines kursächsischen Oberforstmeisters geboren. Er bereiste ganz Europa - Frankreich, die Niederlande, Dänemark, Schweden, Italien und Malta. Dabei erkannte er, dass das Holz überall ein sehr knapper Rohstoff geworden war. In seiner Funktion als Leiter des Sächsischen Oberbergamtes lag es in seiner Verantwortung, das Berg- und Hüttenwesen mit Holz zu versorgen. Im Jahr 1713 veröffentlichte er sein Werk sylvicultura oeconomica oder Anweisung zur wilden Baumzucht. In diesem Buch taucht erstmals der Begriff Nachhaltigkeit auf.

Blick auf Aalen im Jahr 1840: Ausgeräumte Landschaften.

der weit verbreiteten, anthropogen verursachten Bodenversauerung entgegenwirken soll. Der sogenannte saure Regen der letzten Jahrzehnte hat auch unsere Böden stark in Mitleidenschaft gezogen. Die Luftreinhaltepolitik in der neueren Zeit konnte ein weiteres Fortschreiten zwar teilweise eindämmen, die „Altlasten" aber nicht beseitigen. Dies soll durch schonende Kalkgaben in Form von Gesteinsmehl bewerkstelligt werden. Auf der Grundlage umfangreicher Bodenuntersuchungen sollen so rund 1.000 Hektar Waldböden jährlich im Ostalbkreis vom Boden aus oder besonders spektakulär vom Hubschrauber aus behandelt werden.

Seit wenigen Jahren tritt eine neue Erkrankung bei der Baumart Esche auch im Ostalbkreis auf. Ab etwa dem Jahr 2008 bringt das sogenannte „Eschentriebsterben" Eschen jeden Alters zum Absterben, und das in einem Ausmaß, das einen weitgehenden Verlust dieser wertvollen Baumart befürchten lässt. Der Erreger ist das Eschenstengelbecherchen, ein Pilz der ursprünglich aus Ostasien stammt und über Osteuropa bei uns eingeschleppt wurde. Wissenschaftler hoffen, dass sich aus dem reichhaltigen Genpool Resistenzen entwickeln können, die das Überleben der Eschen langfristig ermöglichen. Allerdings besagen derzeitige Schätzungen, dass nur etwa eins bis drei Prozent der Bäume auch tatsächlich die erhoffte Resistenz aufweisen.

Glücklicherweise sind die Folgen der verheerenden Sturmereignisse, speziell der Jahre 1990 und 1999 sowie des Trockenjahres 2003 in unseren Wäldern zwischenzeitlich bewältigt. Die in großer Zahl und Ausdehnung angefallenen Kahlflächen sind wieder aufgeforstet worden und die neue Waldgeneration ist gesichert. Allerdings hat das Jahr 2015 mit seiner lang anhaltenden Trockenheit und der daraus resultierenden Borkenkäferproblematik uns wieder einmal in Erinnerung gerufen, dass Störungen im Wald auch ein Stück Normalität darstellen.

Auch wenn der Wald gerne als Allgemeingut betrachtet wird, Grenzen sind oft nicht offensichtlich, steht das Eigentum unterschiedlichen Personen und Institutionen zu. Von den rund 60.000 ha Wald im Ostalbkreis gehören 37 Prozent dem Land Baden-Württemberg (Staatswald) und 15 Prozent den Städten und Gemeinden. 19 Prozent sind dem Großprivatwald und 29 Prozent dem Kleinprivatwald incl. Kirchen- und Genossenschaftswäldern zuzurechnen. Dies alles verteilt sich auf rund 33.000 Grundstücke und ca. 10.000 Waldbesitzer. Damit erklärt sich die ausgeprägte Besitzzersplitterung, die in den Wäldern im Ostalbkreis herrscht. In weiten Teilen besteht eine Gemengelage aller Waldbesitzarten, was die Waldbewirtschaftung durchaus anspruchsvoll macht.

Die derzeitige, komfortable Waldausstattung im Ostalbkreis ist Ergebnis einer grandiosen Waldaufbauleistung. Ausgehend vom späten Mittelalter fand nämlich im Zuge der Industrialisierung eine beispiellose Waldvernichtung statt. Die frühen Waldgesetze im 18 Jh. brachten den Umschwung zum Besseren. Im Jahre 1713 entwickelte Hannß Carl von Carlowitz, selbst Oberberghauptmann und Sohn eines kursächsischen Oberforstmeisters, das Prinzip der Nachhaltigkeit und legte damit den Grundstein für eine geregelte Forstwirtschaft. Damals bezog sich die Nachhaltigkeit auf den Grundsatz, nicht mehr Holz zu nutzen als in der gleichen Zeit nachwächst.

In der Folge wurde über Jahrhunderte die Kunst der Pflanzennachzucht und Kulturbegründung verfeinert und in die Tat umgesetzt. Nicht wenige der heutigen stattlichen Wälder, speziell auch im Ostalbkreis, haben ihren Ursprung in jener Zeit oder bilden schon wieder deren Nachfolgegeneration. Insbesondere die ertragreichen Nadelholzbestände können als Errungenschaft dieser Epoche des Wiederaufbaus gewertet werden.

Der Nachhaltigkeitsgedanke hat sich in deutlich erweiterter Form als wichtigstes Grundprinzip in der Forstwirtschaft erhalten. Nicht mehr nur die Nutzungsmöglichkeiten für Holz, sondern gleichberechtigt und in zunehmendem

Maße stehen die Wohlfahrtswirkungen, die der Wald erbringt, im Fokus. Der Schutz der Naturgüter und der Erholungsfunktion müssen ebenso für die nachfolgende Generation gesichert werden!

Im Kreisgebiet dienen die Wälder nahezu ganzflächig dem Wasser-, Boden- und Naturschutz. Vor allem im Süden und Südosten des Kreisgebietes, im Karstgebiet des weißen Jura, gibt es z. B. ausgedehnte Grundwasservorkommen, die von den örtlichen und überörtlichen

Eschentriebsterben. Die Sporen des Erregers dringen über die Blätter und Blattnarben in die Leitungsbahnen des Baumes ein und unterbinden den Saftfluss. Der Baum verliert zunächst das Laub und stirbt bei Fortschreiten der Krankheit schließlich ab. Foto: J. Reck

Wasserversorgungsunternehmen genutzt werden. Der Wald stellt mit seiner Filter- und Wasserrückhaltefähigkeit die hohe Grundwasserqualität sicher. Die Bodenhaltekraft des Waldes verhindert Erosion am Albtrauf und im Keuperbergland. Viele Waldbestände sind Natur- und Vogelschutzgebiete, zum Teil mit europäischer Bedeutung, entsprechend der EU-Richtlinie NATURA 2000. Schließlich reicht der Naturpark Schwäbisch-Fränkischer Wald, ein hoch entwickelter Walderholungsraum, in das westliche Kreisgebiet hinein.

Der Nachweis über die nachhaltige Waldwirtschaft wird durch die Teilnahme der Waldbesitzer an verschiedenen, international anerkannten Zertifizierungssystemen geführt. Bereits im Jahr 2000 traten im Ostalbkreis eine große Anzahl von Forstbetrieben aller Waldbesitzarten dem Siegel PEFC (Programm zur Anerkennung von Forstzertifizierungssystemen) bei. Darüber hinaus findet seit dem Jahr 2014 im gesamten Landeswald das Siegel FSC (Forest Stewardship Council) Anwendung. Letztlich ist der moderne Waldbau gehalten, sich an natürlichen Abläufen zu orientieren.

Neben dem Mischwaldgedanken spielt die natürliche Waldverjüngung anstelle großflächiger Pflanzung eine entscheidende Rolle. Die Waldpflege macht sich die innerartliche und zwischenartliche Dynamik der Waldbäume zu Nutze und erzielt auf diese Weise sehr naturnahe Waldstrukturen. Selbstverständlich muss damit eine im weitesten Sinne schonende Waldbehandlung, z. B. bei der Holzernte, einhergehen.

Daher wird in der forstlichen Praxis besonderer Wert darauf gelegt, dass in der Regel keine chemischen Biozide eingesetzt und Kahlschläge vermieden werden sowie Tot- und Reisigholz zur ökologischen Anreicherung im Wald verbleibt.

Die jüngst stattgefundene Klimakonferenz von Paris (2015) steht in der Tradition des Umweltgipfels von Rio (1992) und der Ministerkonferenz von Helsinki (1993) zum Schutz der Wälder in Europa, deren Ziele wie folgt lauten:

- die forstlichen Ressourcen und ihr Beitrag zu globalen Kohlenstoffkreisläufen sollen erhalten und angemessen verbessert werden;
- die Gesundheit und Vitalität der Forstökosysteme sollen erhalten werden;
- die Produktionsfunktionen der Wälder sollen erhalten und gefördert werden;
- die biologische Vielfalt in Waldökosystemen sollen bewahrt und verbessert werden;
- die Schutzfunktionen bei der Waldbewirtschaftung (vor allem Boden und Wasser) sollen erhalten und verbessert werden;
- die sonstigen sozioökonomischen Funktionen und Bedingungen sollen erhalten werden.

Diesen Zielen fühlen sich die Waldbesitzer und insbesondere die Kreisforstverwaltung auch im Ostalbkreis in vollem Umfang verpflichtet.

Durchforstung, Jungbestandspflege, Pflanzung, Kultursicherung, Schlagpflege etc. sind Fachbegriffe der praktischen Waldbewirtschaftung und kennzeichnen die notwendigen Investitionen, die zwischen dem jungen und dem alten Wald liegen. Viel Passion und Geld stecken die Forstleute und Waldbesitzer in das Gelingen eines zukunftsfähigen Waldes, der erst in Jahrzehnten, wenn nicht sogar Jahrhunderten, einen nennenswerten Ertrag ermöglicht. Dabei gilt es zu beachten, dass das baden-württembergische Waldgesetz den Waldbesitzern eine besondere Gemeinwohlverpflichtung auferlegt. Augenfällig wird dies zum Beispiel durch das freie Betretensrecht für jedermann zum Zwecke der Erholung. Die hierzu notwendigen Leistungen und die Bereitstellung der Infrastruktur, vor allem der Wege und Erholungseinrichtungen, werden in aller Regel vom Forstbetrieb selbst finanziert!

Die 10.000 Waldbesitzer im Ostalbkreis sind die Garanten für die Waldpflege und damit für die Pflege der heimischen Kulturlandschaft. Vor allem dem öffentlichen Wald, das sind im Wesentlichen der Landeswald und die Gemeindewälder, wird in dieser Hinsicht eine vorbildliche Rolle zugewiesen.

Der sich in Privatbesitz befindliche Wald, ob groß oder klein, erbringt jedoch die wichtigen Wohlfahrtsleistungen in vergleichbarem Maße. Die bereits zitierte Besitzzersplitterung jedoch bringt erhebliche Strukturnachteile mit sich, denen sich vor allem der Kleinprivatwald ausgesetzt sieht.

Zehn forstwirtschaftliche Zusammenschlüsse im Ostalbkreis, in Form wirtschaftlicher Vereine, haben sich daher zum Ziel gesetzt, diese Nachteile auszugleichen. Sie arbeiten eng mit der Kreisforstverwaltung zusammen und erhalten den „Kleinprivatwald" leistungsfähig. Erwähnenswert sind auch die im Ostalbkreis vorkommenden Real- oder Waldgenossenschaften, die sogenannten Gemeinschaftswälder. Sie gibt es in Essingen, Oberkochen, Unterkochen, Röttingen und Schweindorf. Aufgrund ihres hohen Organisationsgrades können diese Gemeinschaftswälder besonders effektiv bewirtschaftet werden.

Derzeit werden pro Jahr und bezogen auf alle Waldbesitzarten rund 400.000 bis 450.000 Festmeter Holz eingeschlagen und der Verarbeitung, vorwiegend in Sägewerken im engeren Umkreis, zugeführt. Auch die Verwendung als Brennholz vor allem im privaten Bereich hat im Ostalbkreis eine gute Tradition.

Es ist mehr denn je spürbar, dass der umweltfreundliche, nachwachsende Rohstoff Holz Anhänger gewinnt. Vor allem im Haus- und Wohnungsbau erfreut er sich wegen seinen baubiologischen und gestalterischen Vorteilen zunehmender Beliebtheit. Dies kommt einerseits der Waldpflege zu Gute und anderseits dem Umweltschutz, da der Rohstoff Holz vor Ort erzeugt, verarbeitet, verbaut und gegebenenfalls wiederverwertet werden kann, also ein regionaler Stoffkreislauf der kurzen Wege stattfindet.

Die Forstwirtschaft heutiger Tage bekennt sich nach wie vor zur Holzproduktion. Moderne Forsttechnik, die speziell auch bei der Holzernte Einzug gefunden hat, ermöglicht neben effizienten und ergonomischen Arbeitsabläufen auch eine weitgehende Schonung der Waldbö-

den. Technische Innovationen zielen darauf ab, den Bodendruck zu vermindern bzw. ein flächiges Befahren der Waldbestände zu vermeiden. So monströs dem außenstehenden Betrachter einzelne dieser Maschinen vorkommen mögen, so sehr sind sie mit ihren Komponenten doch im Hinblick auf Boden- und Bestandesschonung optimiert und stellen eine starke Verbesserung gegenüber der früher gebräuchlichen Technik dar.

Wald und Wild gehören unzweifelhaft zusammen! Die meisten, der bei uns lebenden Wildtierarten finden im Wald Unterschlupf und Nahrung. Ebenso gehört die Jagdausübung unabdingbar dazu! Die Bestandesdichte des Wildes muss mangels natürlicher Feinde von Jägern wirksam reguliert werden. Dies trifft im Ostalbkreis in besonderem Maße für das Schwarzwild (Wildschweine) aber auch für das Rehwild zu. Eine Überpopulation führt zu schwerwiegenden wirtschaftlichen und ökologischen Schäden, nicht nur im Wald! Inwieweit größere Raubtiere in Zukunft diese Rolle wieder teilweise werden übernehmen können, ist derzeit noch unklar. Wie man weiß, sind Luchs und Wolf im Land auf dem Vormarsch. Auch die Wildkatze wird wieder sesshaft und es gibt bereits vereinzelte Nachweise auch im Ostalbkreis. Die Rückwanderung findet zum Teil auf „traditionellen" Wildwanderrouten statt, die im sogenannten Generalwildwegeplan des Landes verzeichnet sind und die zunehmend bei raumbedeutsamen Planungen Berücksichtigung finden. Beispielhaft ist hier die Errichtung von Grünbrücken über stark befahrene Straßen zu nennen. Daher besteht die große Wahrscheinlichkeit, dass auch im Ostalbkreis die Vielfalt an Wildtieren wieder zunehmen wird.

Insgesamt ist festzustellen, dass der Wald in vielerlei Hinsicht und stetig zunehmend Beachtung bei Bürgerinnen und Bürgern findet. Der Anspruch auf Mitsprache und Partizipation als gesellschaftspolitisches Grundbedürfnis kommt auch in Bezug auf den Wald und die Forstwirtschaft zum Ausdruck. Wie alle Naturgüter wird

der Wald mit sehr viel Wohlwollen und Fürsorge begleitet. Dabei findet die wirtschaftliche Betätigung nicht immer die ungeteilte Zustimmung. Die Nutzung von Holz, der Einsatz von Maschinen oder gar die Jagd werden zuweilen vehement in Frage gestellt und kritisch kommentiert.

Die Waldwirtschaft heutiger Tage muss viele unterschiedliche, gesellschaftliche Bedürfnisse berücksichtigen. Neben der klassischen Nutzfunktion sind insbesondere Naturschutzbelange und Freizeitaktivitäten wie Wandern, Joggen, Radfahren, Reiten, Kutsch- und Hundeschlittenfahren, Mountainbiking, Geocaching und vieles mehr in Einklang zu bringen. Neben der

Bewältigung der Probleme, die der Klimawandel mit sich bringt, für Forstleute und Waldbesitzer vielleicht eine der größten Herausforderungen in der Zukunft.

Tabelle: Bewaldung im Ostalbkreis. Quelle: Statistisches Landesamt Baden-Württemberg. Stand 2016

Gemeinde	ha Wald	Anteil an der Ge-markungsfläche	Waldfläche in ha/ Kopf	Anteil an der Kreis-waldfläche
Aalen, Stadt	5.541	37,80 %	0,082	9,34 %
Abtsgmünd	3.725	52,00 %	0,509	6,28 %
Adelmannsfelden	1.270	55,50 %	0,738	2,14 %
Bartholomä	1.015	48,90 %	0,494	1,71 %
Böbingen a.d.R.	85	7,00 %	0,019	0,14 %
Bopfingen, Stadt	2.810	36,50 %	0,238	4,74 %
Durlangen	372	35,60 %	0,127	0,63 %
Ellenberg	1.849	61,20 %	1,091	3,12 %
Ellwangen/J., Stadt	4.219	33,10 %	0,161	7,11 %
Eschach	654	32,20 %	0,372	1,10 %
Essingen	2.852	48,70 %	0,445	4,81 %
Göggingen	225	19,80 %	0,092	0,38 %
Gschwend	2.964	54,50 %	0,597	5,00 %
Heubach, Stadt	1.219	47,20 %	0,125	2,05 %
Heuchlingen	138	15,30 %	0,077	0,23 %
Hüttlingen	486	26,00 %	0,081	0,82 %
Iggingen	111	9,70 %	0,044	0,19 %
Jagstzell	2.332	61,40 %	1,010	3,93 %
Kirchheim a.R.	337	16,00 %	0,179	0,57 %
Lauchheim, Stadt	2.077	50,80 %	0,439	3,50 %
Leinzell	59	28,00 %	0,029	0,10 %
Lorch, Stadt	1.678	49,00 %	0,156	2,83 %
Mögglingen	106	10,30 %	0,025	0,18 %
Mutlangen	256	29,10 %	0,039	0,43 %
Neresheim, Stadt	4.708	39,70 %	0,594	7,93 %
Neuler	1.519	41,90 %	0,480	2,56 %
Obergröningen	205	35,00 %	0,452	0,35 %
Oberkochen, Stadt	1.659	70,40 %	0,213	2,80 %
Rainau	736	28,90 %	0,226	1,24 %
Riesbürg	473	26,30 %	0,206	0,80 %
Rosenberg	2.549	62,10 %	0,966	4,30 %
Ruppertshofen	508	35,80 %	0,282	0,86 %
Schechingen	224	18,80 %	0,098	0,38 %
Schwäb. Gmünd, Stadt	3.856	33,90 %	0,065	6,50 %
Spraitbach	600	48,50 %	0,182	1,01 %
Stödtlen	830	26,60 %	0,439	1,40 %
Täferrot	477	39,70 %	0,490	0,80 %
Tannhausen	423	23,80 %	0,229	0,71 %
Unterschneidheim	1.407	20,70 %	0,309	2,37 %
Waldstetten	573	27,30 %	0,081	0,97 %
Westhausen	1.393	36,20 %	0,233	2,35 %
Wört	813	44,70 %	0,598	1,37 %
Ostalbkreis	**59.333**	**39,30 %**	**0,190**	**100,00 %**

Landschaft und Naturschutz
Paul Elser - aktualisiert von Brigitta Frey

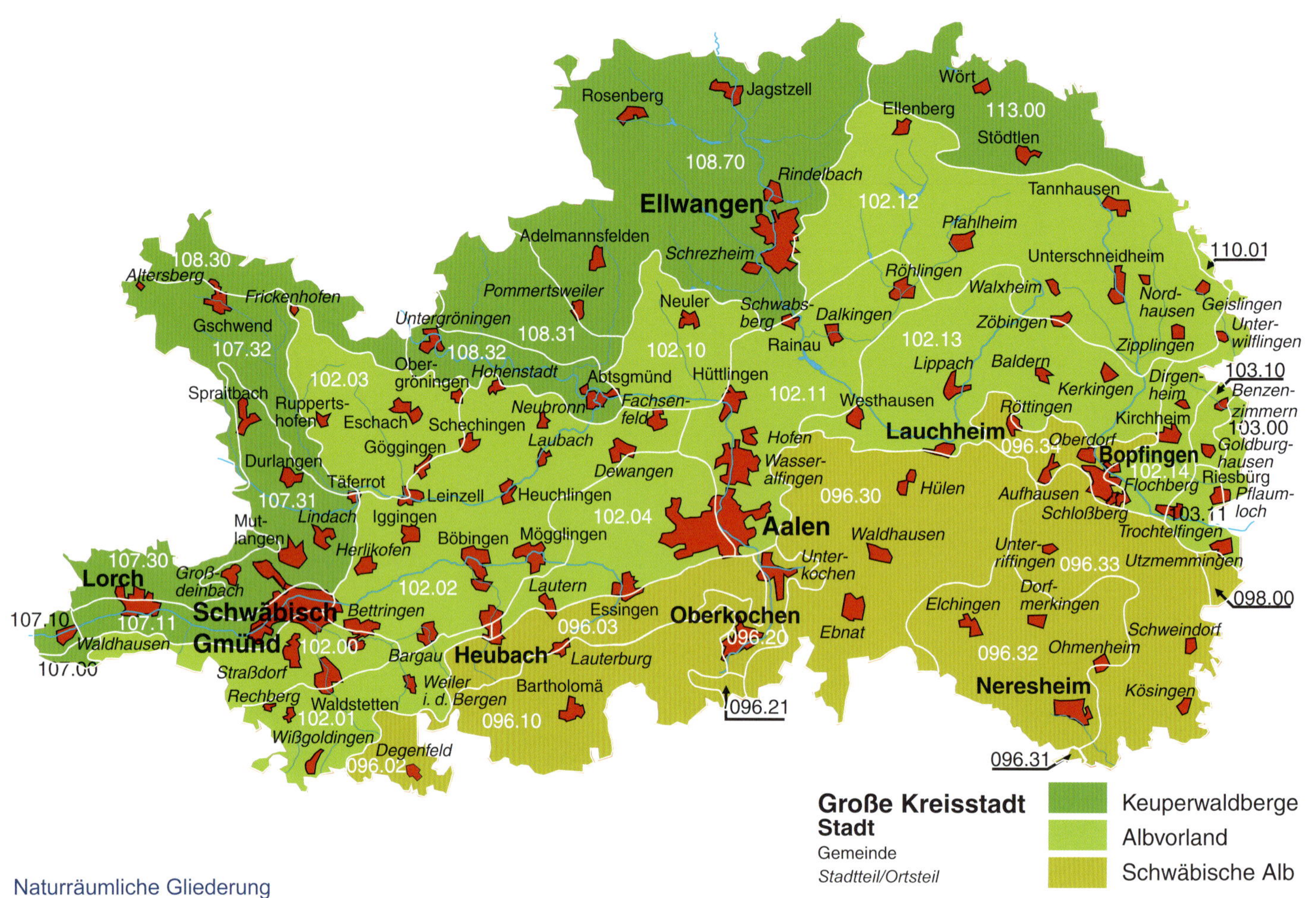

Naturräumliche Gliederung
des Ostalbkreises.
Karte: B. Hildebrand

Kennzahl	Naturräumliche Grundeinheit	Haupteinheiten
096.02	Kaltes Feld	09 Schwäbische Alb
096.03	Rosenstein-Randhöhen	
096.10	Nordalbuch	
096.20	Oberes Kochertal	
096.21	Oberes Brenztal	
096.30	Nordwestliches Härtsfeld	
096.31	Südliches Härtsfeld	
096.32	Inneres Härtsfeld	
096.33	Nordöstliches Härtsfeld	
096.34	Härtsfeld-Randhöhen mit Egertal	
098.00	Hohe Riesalb	
102.00	Rehgebirgsvorland	10 Schwäbisches Keuper-Lias-Land
102.01	Rehgebirge	
102.02	Liasplatten über Rems und Lein	
102.03	Frickenhofer Höhe	
102.04	Welland	
102.10	Platte von Neuler	
102.11	Goldshöfer Terrassenplatten	

Kennzahl	Naturräumliche Grundeinheit	Haupteinheiten
102.12	Pfahlheim-Rattstädter Liasplatten	10 Schwäbisches Keuper-Lias-Land
102.13	Hügelland von Baldern	
102.14	Westliche Riesvorhöhen	
103.00	Westries	
103.10	Westliche Riesrandhügel	
103.11	Südliche Riesrandberge	
107.00	Schurwald	
107.10	Mittleres Remstal	
107.11	Oberes Remstal	
107.30	Vorderer Welzheimer Wald	
107.31	Welzheim-Alfdorfer Platten	
107.32	Hinterer Welzheimer Wald	
108.30	Kirnberger Wald	
108.31	Sulzbacher Wald	
108.32	Sulzbacher Kochertal	
108.70	Ellwanger Berge	
110.01	Fremdinger Ausraumbecken	11 Fränkisches-Keuper-Lias-Land
113.00	Dinkelsbühler Hügelland	

Landschaft und Naturschutz

Der Ostalbkreis hat Anteil an drei überaus unterschiedlichen Großlandschaften des süddeutschen Schichtstufenlandes. Diese durchziehen den Landkreis streifenförmig von Südwest nach Nordost: im Süden zunächst die Schwäbische Alb, der Alb vorgelagert das fruchtbare und dicht besiedelte Albvorland und im Norden schließlich das hügelige Keuperbergland mit seinen großen Waldgebieten. Das Albvorland nimmt ungefähr die Hälfte der Kreisfläche ein, während sich die Keuperwaldberge und die Schwäbische Alb die andere Hälfte teilen.

Der größere Teil des Kreisgebiets entwässert über das Neckar-Rhein-System zur Nordsee. Hauptflüsse sind Kocher, Jagst, Lein und Rems. Die wichtigsten Fließgewässer jenseits der Europäischen Wasserscheide im Donaueinzugsgebiet sind die Rotach ganz im Nordosten sowie die Eger und Egau im Südosten des Landkreises. Natürliche Seen fehlen, dagegen gibt es viele künstlich angelegte Weiher und Stauseen. Manche dieser Weiher wurden schon vor Jahrhunderten zur Nutzung der Wasserkraft für Säge- und Mahlmühlen angelegt, andere dienen seit alters her als Fischweiher.

In jüngerer Zeit wurden große Hochwasserrückhaltebecken im Einzugsgebiet von Lein, Kocher, Jagst, Rems und Eger gebaut. Obwohl sich das Landschaftsbild in den letzten Jahrzehnten stark gewandelt hat und weiter wandelt, gibt es im Ostalbkreis noch viele eindrucksvolle Reste einer gewachsenen Kulturlandschaft mit ihrer Vielfalt seltener Pflanzen, Tiere und naturnahen Lebensräumen. Aufgabe des Naturschutzes ist es, diese herausragenden Gebiete zu erhalten, zu pflegen und ihre Bedeutung einer breiten Öffentlichkeit zu vermitteln.

Die Beschreibung der Landschaften orientiert sich an den „Naturräumlichen Einheiten", wie sie von der Bundesanstalt für Raumordnung vorgeschlagen und abgegrenzt wurden. Vorwiegend geologische aber auch klimatische und vegetationskundliche Faktoren liefern die Grundlage, um Landschaften definieren und miteinander vergleichen zu können.

Albuch

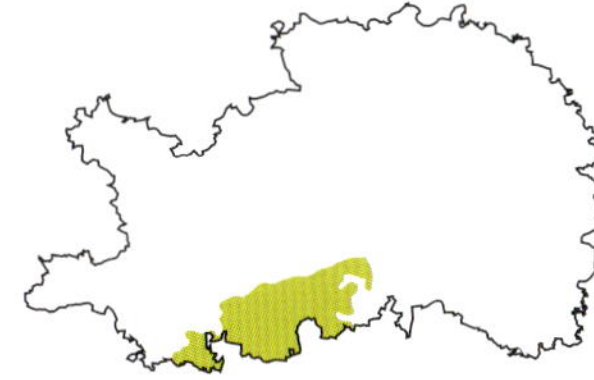

Der namengebende Teil des Landkreises, nämlich die Ostalb, ist in die Naturräume Albuch und Härtsfeld untergliedert. Als Albuch bezeichnet man die westlich des Kocher-Brenztals gelegenen Landschaftsteile. Vorherrschendes Merkmal dieser klimatisch rauen Hochfläche (bis 781 m ü. NN) sind ausgedehnte Wälder, die nur von wenigen Verkehrsadern und Ansiedlungen unterbrochen werden. Der Albuch bildet einen der am wenigsten zerschnittenen Landschaftsräume Baden-Württembergs. Das typische Landschaftsbild ist geprägt von riesigen Wäldern, aus denen helle Kalkfelsen leuchten, Trockentälern, Kuppen, Erdfällen, Wacholderheiden und mit Steinbrocken übersäten Äckern, die zum Teil seltene, Kalk liebende Wildkräuter beherbergen.

Die von Natur aus vorherrschende Vegetation ist Buchenwald in verschiedenen Ausprägungen. Auf kalkreichen Böden dominiert der Platterbsen-Buchenwald, auf entkalkten Standorten eher der Hainsimsen-Buchenwald. Die natürlichen Buchenwälder sind heute allerdings vielerorts durch Nadel- oder Mischwaldforsten ersetzt. Manche Wälder haben einen hohen Eichenanteil, was darauf zurückzuführen ist, dass die Eichelmast früher eine wichtige Rolle gespielt hat. Eine geologische Besonderheit sind die Feuersteinlehme, welche die tief verkarsteten Jurakalkbänke überdecken. Diese mit Feuersteinknollen durchsetzten Lehme stellen eine Art Lösungsrückstand dar, der sich im Tertiär vor 60 Millionen Jahren durch Verwitterung des Kalkgesteins gebildet hat. Dort, wo die Feuersteinlehme an die Oberfläche treten, haben sich staunasse, kalkfreie Flächen gebildet, die eine besondere Flora und Fauna beherbergen. Das Pflanzenkleid im Naturschutzgebiet „Weiherwiesen" bei Essingen weist trotz seiner

Schutzgebiete

Es existiert eine Reihe nationaler und internationaler Schutzgebietskategorien, die jeweils eigene, in den Naturschutzgesetzen definierte Ziele verfolgen. Die nicht ganz deckungsgleiche Zielsetzung der verschiedenen Schutzgebietskategorien bringt es mit sich, dass einige Flächen einem mehrfachen Schutz unterliegen. Aus diesem Grund ist es auch schwierig, die Gesamtfläche aller im Ostalbkreis „unter Naturschutz" stehenden Flächen anzugeben.

Naturschutzgebiete (NSG)

Das Naturschutzgebiet ist die bekannteste und zugleich strengste Schutzform. Naturschutzgebiete dienen dem besonderen Schutz von Natur und Landschaft. In Naturschutzgebieten sind in der Regel alle Veränderungen und baulichen Maßnahmen verboten. Neben dem Erhalt der Vielfalt, Eigenart und Schönheit der Natur steht der Schutz von Lebensgemeinschaften und den Lebensstätten seltener Tier- oder Pflanzenarten im Vordergrund. Zur Zeit bestehen im Ostalbkreis 42 Naturschutzgebiete. Die beiden ältesten sind der „Volkmarsberg" bei Oberkochen aus dem Jahr 1938 und das „Bargauer Horn" südöstlich von Schwäbisch Gmünd aus dem Jahr 1939. In der Folge vergingen drei Jahrzehnte, bevor im Jahr 1969 mit dem „Dellenhäule" (Aalen und Neresheim) das nächste Naturschutzgebiet auf dem Gebiet des heutigen Ostalbkreises ausgewiesen wurde. Einen neuen Schub erhielt die Zahl der Naturschutzgebiete Anfang der 1980er-Jahre; seither ist ein langsames Wachstum zu verzeichnen. Der Flächenanteil der Naturschutzgebiete liegt im Ostalbkreis bei ca. 1,36 Prozent, das sind 2.050 ha. Der Landesdurchschnitt in Baden-Württemberg beträgt 2,11 Prozent.

Landschaftsschutzgebiete (LSG)

Wichtigstes Schutzziel der Landschaftsschutzgebiete ist die Erhaltung der Vielfalt, Eigenart oder Schönheit der Natur – auch um ihren Erholungswert für die Allgemeinheit zu erhalten. Oft grenzen Landschaftsschutzgebiete an Naturschutzgebiete und dienen dazu, schädliche Einflüsse von den Naturschutzgebieten fern zu halten. Im Ostalbkreis gibt es derzeit 55 Landschaftsschutzgebiete mit einer Gesamtfläche von ca. 19.500 ha. Dies entspricht einem Anteil von etwa 12,89 Prozent der Kreisfläche (Landesdurchschnitt 21,7 Prozent). Die im Jahr 2003 betriebene Neuausweisung des Landschaftsschutzgebiets „Welland" (Aalen und Essingen) ist vorerst am Widerstand der Landwirtschaft gescheitert.

Naturdenkmale (ND)

Herausragende Erscheinungsformen der Natur, die sich durch ihre Schönheit, Eigenart oder Seltenheit auszeichnen, können per Rechtsverordnung als Naturdenkmal unter Schutz gestellt werden. Das können außergewöhnliche Felsformationen, Quellen, Wasserläufe, historisch bedeutsame oder besonders alte Bäume oder Alleen sowie Lebensstätten seltener Tiere und Pflanzen sein. Naturdenkmale genießen im Prinzip den gleichen Schutz wie Naturschutzgebiete, allerdings beträgt ihre Fläche stets unter 5 ha. Mit rund 360 ha oder 0,24 Prozent der Kreisfläche, die sich auf 406 flächenhafte Naturdenkmale verteilt, und weiteren ca. 260 so genannten Einzelbildungen nimmt der Ostalbkreis eine Position unter den ersten zehn Landkreisen in Baden Württemberg ein (Landesdurchschnitt 0,17 Prozent).

Besonders geschützte Biotope

Im Unterschied zu den vorher genannten Kategorien ergibt sich der Schutz bestimmter natürlicher oder naturnaher Lebensräume unmittelbar aus dem Naturschutz- bzw. Waldgesetz, auch ohne dass diese Gebiete durch eine Rechtsverordnung festgesetzt und durch Schilder in der Landschaft gekennzeichnet werden. Es handelt sich dabei z. B. um Moore, Sümpfe, Quellen, Bruch- und Auwälder, Feldhecken, Verlandungsbereiche stehender Gewässer, Magerrasen, Wacholderheiden, offene Felsbildungen und Höhlen. Nach gegenwärtigem Stand (2016) sind im Ostalbkreis knapp 1.697 „Waldbiotope" (Biotopschutzwald nach § 30a LWaldG) und etwa 7.311 „Offenlandbiotope" (Schutz nach § 24a LNatSchG) in Listen erfasst, die beim Landratsamt oder den Gemeindeverwaltungen eingesehen werden können. Die geschützten Biotopflächen sind in der Regel recht klein und umfassen nur wenige hundert Quadratmeter.

Waldschutzgebiete (Bannwald und Schonwald)

Waldschutzgebiete dienen der ungestörten natürlichen Entwicklung von Waldgesellschaften mit ihren Tier- und Pflanzenarten. Bannwald ist ein sich selbst überlassenes Waldreservat. Pflegemaßnahmen sind nicht erlaubt; anfallendes Holz darf nicht entnommen werden. Schonwald ist ein Waldreservat, in dem eine bestimmte Waldgesellschaft mit ihren Tier- und Pflanzenarten, ein bestimmter Bestandsaufbau oder ein bestimmter Waldbiotop zu erhalten, zu entwickeln oder zu erneuern ist.

NATURA 2000

Mit der Naturschutzkonzeption NATURA 2000 haben sich die Staaten der Europäischen Union die Erhaltung der biologischen Vielfalt in Europa zum Ziel gesetzt. In der Folge der Konferenz von Rio beschlossen sie im Jahr 1992 mit der so genannten „FFH-Richtlinie" (Fauna = Tierwelt, Flora = Pflanzenwelt, Habitat = Lebensraum) den Aufbau eines Netzes von natürlichen und naturnahen Lebensräumen, um so das Naturerbe für kommende Generationen zu bewahren. Die FFH-Gebiete bilden zusammen mit den Gebieten der bereits 1979 erlassenen EU-Vogelschutzrichtlinie das europäische Schutzgebietsverbundsystem NATURA 2000.

Die meisten der vorgeschlagenen NATURA 2000-Gebiete standen bereits vor ihrer Meldung an die EU unter Schutz, beispielsweise als Natur- oder Landschaftsschutzgebiete, besonders geschützte Biotope, Wasserschutzgebiete oder Bann- und Schonwälder. Aktuelle Informationen zum Stand der Gebietsmeldung sind beim Ministerium Ländlicher Raum Baden-Württemberg erhältlich.

Naturparke (NP)

Naturparke sind großräumige Gebiete, die sich durch ihre landschaftliche Schönheit auszeichnen und deshalb besonders attraktiv für die Erholung suchende Bevölkerung sind. Der Naturpark ist also weniger ein Instrument des Naturschutzes als vielmehr ein Mittel zur Förderung eines sanften Tourismus. Der Ostalbkreis hat auf dem Gebiet der Gemeinden Gschwend und Spraitbach sowie der Stadt Lorch Anteile am rund 90.400 ha großen Naturpark „Schwäbisch Fränkischer Wald".

Lage über mächtigen Kalkbänken deutliche Anklänge an saure, moorige Standorte außerhalb
der Schwäbischen Alb auf. In den Naturschutzgebieten „Rauhe Wiese" und „Streuwiese bei
Rötenbach" (Essingen bzw. Bartholomä) findet
man montane Borstgrasrasen, die von europaweiter Bedeutung sind und als NATURA 2000
Gebiet „Albuchwiesen" unter Schutz stehen. Ansonsten weist der Albuch von Natur aus kaum
Oberflächengewässer auf. Um dem Problem
der Wasserknappheit abzuhelfen, hat man deshalb schon früh so genannte Hülben als Wasserspeicher angelegt. Je nach Landstrich werden
die Hülben auch als Hüle, Hülme oder Wette bezeichnet. Diese mit Lehm abgedichteten
oder direkt in den Decklehm gegrabenen Hohl-
formen dienten eigentlich als Viehtränken, doch
war die Landbevölkerung nicht selten gezwungen, das verunreinigte Wasser selbst zu trinken.
Mit dem Anschluss an die Fernwasserleitungen
verlor sich die Bedeutung der Hülben und sie
wurden oftmals aufgegeben. Um die noch erhaltenen Hülben als Zeugnisse einer alten Kulturlandschaft zu bewahren, stehen viele als
flächenhafte Naturdenkmale unter Schutz. Beispiele dafür sind die „Birkenhülbe", die „Fuchs-
hülbe" und die „Badhülbe" in Bartholomä oder
die Hülben bei Essingen-Tauchenweiler.

Neben Ackerbau und Forstwirtschaft ist die
Wanderschäferei eine wichtige Form der traditionellen Landbewirtschaftung auf dem Albuch.
Die jahrhundertelange Schafbeweidung hat zur
Herausbildung nährstoffarmer, dafür umso ar-
tenreicherer Heideflächen geführt. Heute kann
diese Nutzungsform nur durch massive Unterstützung mit Fördermitteln aufrechterhalten
werden. Nicht ausreichend beweidete Heiden
verbuschen oder sind in Gefahr aufgeforstet zu
werden.

Bereiche, in denen noch große Heideflächen
existieren, sind die Naturschutzgebiete „Volkmarsberg" bei Oberkochen, das „Bargauer
Horn" und das „Kalte Feld mit Hornberg, Galgenberg und Eierberg" zwischen Waldstetten
und Degenfeld südlich von Schwäbisch Gmünd.

Auch im großen Landschaftsschutzgebiet „Kal-
tes Feld bis Rosenstein" kann man erahnen,
wie die Albuchlandschaft einst ausgesehen hat.
Das Schutzgebiet umfasst unter anderem auch
die Ruine Rosenstein oberhalb von Heubach
und den weithin sichtbaren Westfelsen des Rosensteins. Die als Wohnstätten prähistorischer
Menschen bekannten Höhlen Finsteres Loch
und die Kleine Scheuer sowie der markante
Ostfelsen des Rosensteins gehören zum Naturschutzgebiet „Rosenstein".

Für Teile der ursprünglichen Albuchland-
schaft trägt der Ostalbkreis eine europaweite
Verantwortung: Sie stehen als NATURA 2000
Gebiet „Albtrauf-Donzdorf-Heubach" unter
Schutz.

Der Bau von Windenergieanlagen hat hier
und auch in anderen Gebieten im Ostalbkreis
zu einer starken Veränderung des Landschaftsbildes geführt. Noch weitere Anlagen sind in
der Planung und sollen einen wichtigen Beitrag
zur Gewinnung regenerativer Energie bringen.

Härtsfeld

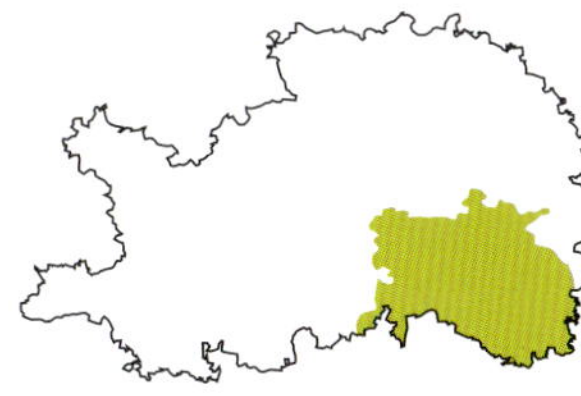

Die Bezeichnung
Härtsfeld für die
östlich des Kocher-
Brenztals gelegenen
Teile der Ostalb wird
von „Hartes Feld"
abgeleitet, was das raue Klima und die stei-
nigen Böden auch bestätigen. Ebenso wie der
Albuch zeichnet sich das Härtsfeld durch große Waldflächen aus, die durch Rodungsinseln
der Siedlungen und der dazu gehörigen Feld-
flur unterbrochen sind. Das innere Härtsfeld
um Elchingen und Dorfmerkingen sowie die
Gegend um Neresheim ist durch große, relativ
monoton strukturierte Agrarflächen geprägt.
Gegliedert wird die recht ebene Karsthochflä-
che von landschaftlich reizvollen Trockentälern.
Eindrucksvoll sind die mit Felsen durchsetzten Heidelandschaften der Naturschutzgebiete
„Dellenhäule" (Aalen und Neresheim) und das
„Dossinger Tal" nördlich von Neresheim. Einen

ren Büschen, erfolgt maschinell mit speziellen, selbst fahrenden Geräten.

Dem Umgebungsschutz des Naturschutzgebiets „Ipf" (Bopfingen) und des benachbarten Naturschutzgebiets „Blasienberg" (Kirchheim am Ries) dient das Landschaftsschutzgebiet „Ipf mit Blasienberg und Reimersbergle". Das nahe gelegene Naturschutzgebiet „Tonnenberg, Käsbühl, Karkstein" (Lauchheim und Bopfingen) ragt bereits ins Albvorland hinaus und wird umschlossen vom Landschaftsschutzgebiet „Tonnenberg und Karkstein mit östlicher Barnberghalde, Käsbühl, vorderer und hinterer Fohbühl, Siegert und Ruine Schenkenstein" (Bopfingen und Lauchheim).

Nach den Flurbereinigungen der 1970er-Jahre und dem Bau der Autobahn A 7 in den 1980er-Jahren beobachtet man auf dem Härtsfeld derzeit ein weiteres Mal einen gravierenden Wandel des Landschaftsbilds. Zum einen wurden in exponierten Lagen Windparks und einzelne Windkraftanlagen errichtet, zum anderen macht sich der Strukturwandel in der Landwirtschaft bemerkbar. Für jedermann sichtbar wird dies daran, dass auf manchen Ackerflächen große Christbaumkulturen angelegt wurden.

Aus Sicht des Bewirtschafters nachvollziehbar, führt dies zu grundlegenden Veränderungen des gewohnten Landschaftsbilds und bringt eine Reihe ökologischer Nachteile mit sich. Auch die traditionelle Wanderschäferei kann nur mit intensiver Unterstützung durch die Naturschutz- und Forstverwaltung überleben. Vor allem kleinere, schwer erreichbare Heidereste wären ohne staatliche Förderung in Gefahr zu verbuschen, da sich eine Nutzung nicht lohnen würde. Durch intensive Anstrengungen des Landschaftserhaltungsverbandes Ostalbkreis e.V. (LEV) ist es in einigen Fällen schon gelungen, die traditionelle Schafbeweidung wieder aufleben zu lassen und damit die wertvolle Vegetation dieser Standorte zu erhalten.

Besuch wert ist auch das Landschaftsschutzgebiet „Kugeltal und Ebnater Tal sowie Teile des Heiligentals und angrenzende Gebiete" (Aalen, Bopfingen, Lauchheim und Neresheim), außerdem das Naturschutzgebiet „Zwing" mit dem zugehörigen Landschaftsschutzgebiet „Egautal südlich von Neresheim".

Eine charakteristische Gemeinsamkeit des Härtsfelds mit dem Albuch ist die Wasserarmut. Zwar sind ausreichende Niederschläge zu verzeichnen, doch fehlen mit Ausnahme der Egau bei Neresheim Oberflächengewässer genauso wie auf dem Albuch. Die auf dem Albuch meist als Hülben bezeichneten Wasserspeicher heißen auf dem Härtsfeld Wette oder Hülme. Sehenswert sind die Ortswette in Neresheim-Stetten, die Naturdenkmale „Adlerwirtshülm" in Aalen-Ebnat oder die im Jahr 2003 sanierte „Buchgasswette" in Bopfingen-Oberriffingen. Nach Nordosten löst sich der Albtrauf in einzelne Zeugenberge auf. Der bei weitem imposanteste ist der Ipf bei Bopfingen.

Dieser auch kulturgeschichtlich bedeutsame Heideberg[1] wird heute noch dreimal im Jahr mit rund tausend Schafen und einigen Ziegen abgeweidet. Die Nachpflege, also das Abmähen der Gehölzaustriebe von Schlehen und ande-

Riesalb

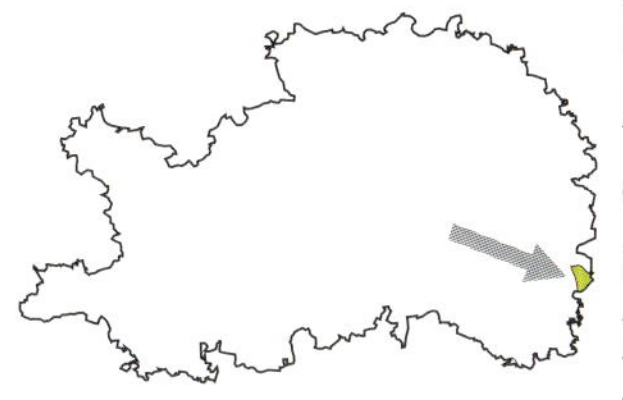

An seinem Südostrand besitzt der Ostalbkreis sehr kleine Anteile am Naturraum der Riesalb. Im Wesentlichen handelt es sich dabei um naturnahen Kalkbuchenwald in den Gemeinden Riesbürg und Neresheim. Erwähnenswert ist der als flächenhaftes Naturdenkmal geschützte Steinbruch „Alte Bürg" südlich von Riesbürg-Utzmemmingen. Hier tritt der so genannte Suevit zutage, ein beim Riesereignis[2] entstandenes Gestein, das unter Geologen weltweite Beachtung findet. Der Suevit oder „Schwabenstein" ist eine glashaltige Impaktbreccie, die als Aufschmelzungsprodukt beim Einschlag des Ries-Meteoriten gebildet wurde. Ziel der Unterschutzstellung ist es, die offenen Felspartien im Steinbruch vor Verbuschung zu bewahren, um sie dem naturkundlich Interessierten erlebbar und zugänglich zu erhalten.

Ries

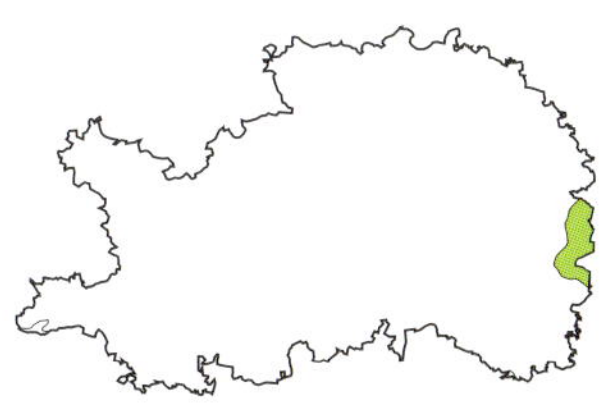

Die Beschreibung der Riesalb leitet über zum eigentlichen Ries, das vor 14,8 Millionen Jahren durch den Einschlag eines großen Meteoriten entstanden ist.[3] Die Wucht des Einschlags hinterließ einen kreisrunden, im Durchmesser 20 bis 24 km messenden Krater, der von 80 bis 100 m hohen Rändern umschlossen wird. Der Ostalbkreis besitzt kleine Flächenanteile an diesem Naturraum auf dem Gebiet der Gemeinden Unterschneidheim, Kirchheim am Ries und Riesbürg. Dank der sehr fruchtbaren Böden handelt es sich zumeist um landwirtschaftlich intensiv genutzte Flächen, doch sind im Bereich des Riesrands einige größere und kleinere Heiden und Magerrasen erhalten. Bei manchen dieser eigentümlichen Heidebuckel handelt es sich um Auswurfmassen des Riesereignisses. Über die vier Kommunen Kirchheim am Ries, Bop-

fingen, Unterschneidheim und Riesbürg verteilt, stehen sie als 438 ha großes Landschaftsschutzgebiet „Landschaftsteile im Riesrandbereich" unter Schutz. Ein weiteres bedeutendes Schutzgebiet ist das von Magerrasen und naturnahem Buchenwald geprägte Naturschutzgebiet „Kapf bei Trochtelfingen" (Bopfingen). Das Naturschutzgebiet „Riegelberg" bei Riesbürg-Utzmemmingen setzt sich auf bayerischer Seite fort und beherbergt dort die als Wohnstätte eis-

Kirchheim am Ries, „Geisterberge" am Langenberg. Auswurfmassen der Rieskatastrophe. Foto: B. Hildebrand

zeitlicher Jäger weltbekannte Ofnethöhle. Von Bedeutung ist der Riegelberg auch deshalb, weil auf manchen extensiv bewirtschafteten Kalkäckern eine reiche Vielfalt zum Teil äußerst seltener Ackerwildkräuter zu finden sind.

Riesbürg-Goldburg-
hausen, Goldberg.
Foto: B. Hildebrand

Das Naturschutzgebiet „Goldberg" bei Riesbürg-Goldburghausen verdient besondere Beachtung, handelt es sich doch um Reste des weltweit einzigen Süßwasserriffs, das in einem Meteoritenkrater entstanden ist. Innerhalb des zunächst abflusslosen Rieskraters hatte sich mit der Zeit ein Süßwassersee gebildet, der fast eine Million Jahre überdauerte. Aus den Kalknadeln abgestorbener Schwämme und den Schalen anderer Wassertiere bildeten sich Ablagerungen, die sich schließlich als Insel über die Wasseroberfläche erhoben. Der Goldberg diente in dieser Zeit als Brutfelsen urzeitlicher Vögel, deren versteinerte Eier man noch heute finden kann. Das Interesse von Hobbygeologen an solchen Trophäen führt leider immer wieder zu Konflikten mit dem Naturschutz, weil dem Sammeleifer der Geologen auch die an den Fels geklebten Nester der Mörtelbiene zum Opfer fallen. Die Mörtelbiene, eine mediterrane Art, ist vom Aussterben bedroht und hat am Goldberg ihr einziges Vorkommen in Ostwürttemberg.

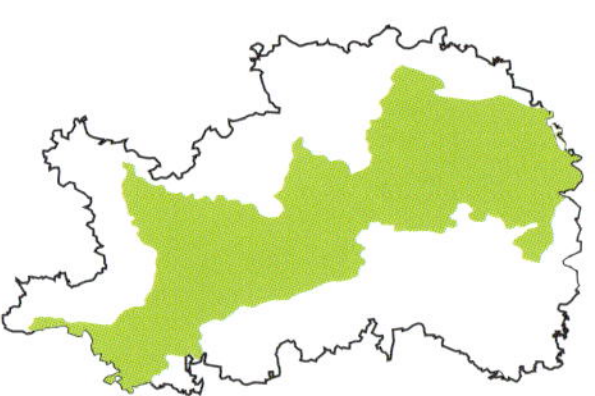

Albvorland

Zusammen mit dem Ries ist das Albvorland der Naturraum mit dem geringsten Waldanteil im Ostalbkreis. Von Natur aus wären hier Eichen-Buchen-Hainbuchenwälder zu erwarten, die in Wirklichkeit aber meist durch Nadel- oder Mischwaldforsten ersetzt worden sind. Bei der landwirtschaftlichen Nutzung dominieren Acker- und Grünland, wobei die Bedeutung der klassischen Landwirtschaft in manchen Gegenden noch rascher abnimmt als anderswo. Vor allem im westlichen Teil des Albvorlands, dem so genannten Albuchvorland, ist die Nähe zum Ballungsraum Stuttgart deutlich spürbar. Entlang der Linie Lorch – Schwäbisch Gmünd – Aalen und weiter über Lauchheim nach Bopfingen liegen wichtige Industrie- und Gewerbestandorte, die durch die Eisenbahn und eine auf Teilstrecken autobahnartig ausgebaute Bundesstraße 29 miteinander verbunden sind. Das Thema Flächenverbrauch gewinnt im Albvorland eine besondere Brisanz: Im Bestreben, attraktives Bauland für potenzielle Investoren vorzuhalten, und im Wettbewerb mit anderen Städten und Gemeinden weisen die Kommunen übergroß dimensionierte Gewerbe- oder Wohnbauflächen aus, immer wieder auch in überschwemmungsgefährdeten Tallagen oder an landschaftlich kritischen Standorten.

Südlich und nördlich der Remstalachse finden sich aber auch im Albvorland noch ausgesprochen ländlich strukturierte Regionen. Zu den schönsten Landschaften des Landkreises zählt die Gegend um die Kaiserberge Hohenstaufen, Rechberg und Stuifen. Die Kaiserberge sind markant vorgeschobene Zeugenberge des nahen Albrands und besitzen eine wichtige historische Bedeutung.[4] Im Kreisgrenzen übergreifenden Landschaftsschutzgebiet Hohenstaufen, Rechberg, Stuifen mit Aasrücken und Rehgebirge zwischen Schwäbisch Gmünd, Waldstetten und Göppingen steht ein großer Teil dieser ty-

pischen Braunjura-Landschaft mit ihrem reizvollen Wechsel von bewaldeten und unbewal-
deten Höhenzügen und weiten Wiesenhängen
unter Schutz. Ziel des Naturschutzes ist es hier,
die Grünlandbewirtschaftung zu erhalten, um
auch steile Wiesenhänge von Neuaufforstungen
frei zu halten und die landschaftliche Vielfalt
dieser herausragenden Erholungslandschaft zu
bewahren.

Die Dichte der blumenreichen sogenannten
„mageren Flachlandmähwiesen" ist im westlichen Albvorland noch am höchsten. Dieser
Lebensraumtyp ist in den letzten Jahrzehnten
stark zurückgegangen und wurde deshalb in der
EU unter Schutz gestellt. Blumenbunte Wiesen
sind auf die Nutzung durch den Menschen angewiesen. Wenig Düngung und eine zweimalige
Mahd gewährleisten, dass die darin vorkommenden Pflanzenarten nicht von anderen (z.B.
Gehölzen) unterdrückt werden. Da sie bei dieser Nutzung keine sehr hohen Energie- und Ei-
weißerträge, die zur intensiven Viehwirtschaft
notwendig sind, bringen, haben sie in der modernen Landwirtschaft keinen Platz mehr. Ein
wertvoller Lebensraum für unzählige, zum Teil
selten gewordene Tierarten kann deshalb nur
noch durch den Einsatz von Fördergeldern erhalten bleiben.

Das Härtsfeldvorland östlich von Ellwangen
bei Unterschneidheim, Westhausen und Tannhausen wird großflächig und meist sehr intensiv
landwirtschaftlich genutzt.[5] Weit reichende Veränderungen brachten hier die Flurbereinigung,
der Bau von Windkraftanlagen, vor allem aber
die Begradigung von Jagst und anderen Flüssen,
Bächen und Gräben in vergangenen Jahrhunderten. Im Jahr 2010 wurde ein großes Rena-
turierungsprojekt an der Schneidheimer Sechta
abgeschlossen. Die Auenlandschaft wurde wieder hergestellt und ist nun auch durch die dort
weidenden Auerochsen zum Publikumsmagnet
geworden. Landschaftsprägend war auch der
Bau von Hochwasserrückhaltebecken an der
oberen Jagst und ihren Zuflüssen. Rückhalteb-
cken entstanden im Einzugsgebiet der Schneid-

Knollenmergel

Der Knollenmergel zieht sich als schmales Band zwischen dem Stubensandstein und der Liaskante durch das Albvorland. Die rote Farbe des tonigen
Materials ist auf dreiwertiges Eisen zurückzuführen. Seinen Namen hat der
Knollenmergel von nuss- bis faustgroßen Kalkknollen, die unregelmäßig verteilt vorkommen. Hervorstechendes Merkmal dieser geologischen Formation
ist die Fähigkeit des Ausgangsmaterials, sich bei Feuchte auf das dreifache
Volumen ausdehnen. Der schichtungslose Knollenmergel zerfließt dann zu
einem schmierigen Brei, der zusammen mit überlagernden Massen talwärts
kriecht. Bodenkriechen und Hangrutschungen bringen ein reiches Mosaik aus
trocken-mageren Hügeln und staunassen Senken hervor. Knollenmergelhänge
vereinigen deshalb alle nur denkbaren Eigenschaften toniger Hanglagen zu
einem großartigen Landschaftsbild, das sich im typischen Fall als so genannte
Buckelwiese darbietet.
Was den Landschaftsästheten zum Schwärmen bringt, ist für den Landwirt allerdings eine Zumutung. An eine Bearbeitung der buckeligen Steillagen mit
modernen Großmaschinen ist oft nicht einmal zu denken. Die typische Buckelwiese wird deshalb nur extensiv bewirtschaftet, das heißt, sie wird entweder
mit geringem Viehbesatz beweidet oder als ein- bis zweischnittige Wiese genutzt. In Ortsnähe sind üblicherweise Streuobstbestände zu finden. Da sich die
Landwirtschaft keine unrentable Nutzung leisten kann, unterliegen die Knollen-
mergelwiesen und -weiden einem drastischen Flächenschwund. Es entsteht
der Wunsch nach Aufforstung, Auffüllung oder Planierung. Vielfach werden
Flächen einfach sich selbst überlassen.
Sollte dieser Trend anhalten, wird das typische Knollenmergelgrünland im
Landkreis innerhalb der nächsten zwei Jahrzehnte verschwunden sein. Hier
liegt der Ansatzpunkt des Landschaftserhaltungsverbands. Der Verband möchte durch finanzielle Unterstützung die Grünlandnutzung im Knollenmergel erhalten. Ziel des Projektes ist der Erhalt der noch verbliebenen 200 ha typischer
Buckelwiesen.

Aalen-Dewangen, Rutschhang im Knollenmergel. Foto: W. Schmidt †

heimer Sechta und der Eger. Obwohl die Rückhaltebecken einen gewaltigen Eingriff in Natur und Landschaft darstellen, sind die Stauseen um Ellwangen heute nicht mehr wegzudenken und erfüllen als „Ellwanger Seenland" eine wichtige Erholungsfunktion. Das „Vorbecken Buch" und der „Stausee Stockmühle", beide an der oberen Jagst, haben sich zu wertvollen Zugvogelrastplätzen entwickelt und sind als Naturschutzgebiete ausgewiesen. Gelegentlich werden hier Fischadler und Schwarzstorch gesichtet. Von überregionaler Bedeutung für die Vogelwelt ist auch das 1999 ausgewiesene Naturschutzgebiet „Schechinger Weiher" auf der Liashochfläche zwischen Schechingen und Obergröningen. Im Gegensatz zur Jagst unverbaut, aber ebenfalls staureguliert ist die Röhlinger Sechta, die sich in unzähligen Mäanderbögen durch eine liebliche Wiesenlandschaft windet. Gekreuzt wird das offene Sechta-Tal von der Autobahn A 7, die 1987 eröffnet wurde und einen bedeutenden Entwicklungsschub für Handel und Gewerbe in Autobahnnähe mit sich brachte. In der Gegend um Ellwangen, Hüttlingen und Aalen-Wasseralfingen stehen eiszeitliche Flussablagerungen, die so genannten Goldshöfer Sande[6] an. Diese zum Teil mächtigen Ablagerungen, die ihre Entsprechung in den Höhensanden der Lein finden, werden als Bausand und zu anderen Zwecken abgebaut. In ehemaligen oder noch in Betrieb befindlichen Sandgruben hat sich eine bemerkenswerte Tier- und Pflanzenwelt eingefunden. Offene Sandflächen, Steilwände und flache Tümpel mit wechselnden Wasserständen dienen dabei in gewisser Weise als Ersatzbiotope für Sandbänke, Steilufer und Flutmulden an Jagst und Kocher, die durch den Flussausbau weggefallen sind, etwa als Brutwand für Uferschwalben. Auf einigen als „Feldflorareservate"[7] bewirtschafteten Sandäckern finden sich äußerst selten gewordene Wildkräuter. Im Naturschutzgebiet „Goldshöfer Sande" zwischen Aalen und Hüttlingen steht ein noch unberührter Sandrücken als Geotop[8] unter Schutz.

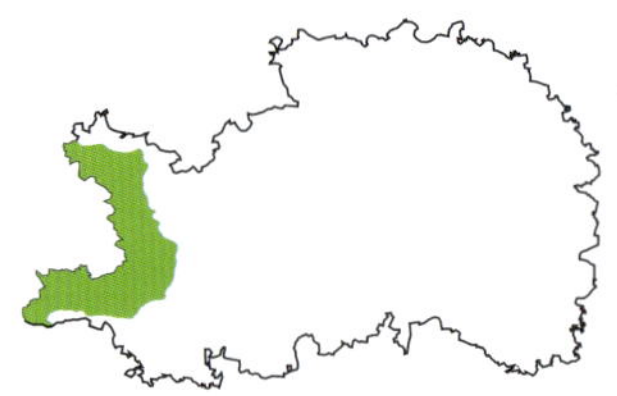

Schurwald und Welzheimer Wald

Den westlichsten Teil des Landkreises rechnet man zum Naturraum „Schurwald und Welzheimer Wald". Kennzeichnend für diese Landschaft ist die dichte Bewaldung und die starke Zertalung des von Keupersandsteinen und Mergeln geprägten Untergrunds. Die Gegend ist viel siedlungsärmer als die Nachbargebiete, der Wald überwiegt insgesamt. Die ursprünglichen Buchen-Tannenwälder sind heute stark mit Fichten und Kiefern durchsetzt, reine Nadelholzbestände sind häufig. Die Talsysteme sind im typischen Fall geweihförmig verzweigt und enden oft in schluchtartig eingetieften Oberläufen. Viele dieser so genannten Klingen sind ziemlich naturbelassen. Das Wasser der Bäche weist meist eine hervorragende Qualität auf. Auffallend ist die regelmäßige Wasserführung und die auch in niederschlagsarmen Zeiten erstaunliche Wassermenge. Die hohe Erosionskraft der Bäche bringt eine enorme Dynamik mit sich und macht die kühlen Waldklingen zum Paradebeispiel für das Beobachten geomorphologischer Prozesse. Frische Mergelanrisse und Hangrutschungen zeigen eine kräftige und anhaltende Erosion an. An den Talhängen und in den Bachbetten finden sich herabgestürzte Sandsteinblöcke.

Wasserfälle waschen Gumpen aus, die im ständigen Wandel begriffen sind. Bachabwärts, wo das Gefälle nachlässt, bilden sich Sandbänke und Inseln.

Eine Besonderheit mancher Sand führender Bäche ist das Bachneunauge, eine urtümliche Tierart, die nahe mit den Vorformen der heutigen Fische verwandt ist. Mit talwärts noch weiter sinkendem Gefälle beginnt der Bach Krümmungen und Mäanderschlingen auszubilden; die engen Waldklingen öffnen sich zu idyllischen Wiesentälern. Ein schönes Beispiel ist das Leintal westlich des „Leinhäusle" (Gemeinde Spraitbach).

Der naturnah mäandrierende Gewässerlauf
der Lein, die hier nach Südwesten die Grenze
zum Rems-Murr-Kreis bildet, ist noch gut erhalten. Allerdings ist die natürliche Auendynamik
mit dem Bau von Hochwasserrückhaltebecken
an der Lein und ihren Nebenbächen weitgehend
zum Erliegen gekommen. Von der ursprünglichen Dynamik zeugen aber immer noch Relikte wie Altarme, verlandete und Wasser führende Altwässer, nasse Geländemulden und
Vermoorungen. Im Frühsommer bilden groß-
flächige Feuchtwiesen einen prächtigen, blüten-
reichen Anblick. Weniger auffallend, ökologisch
aber umso interessanter, sind die Flutrasen,
Seggenriede und feuchten Hochstaudenfluren
im Leintal. Viele dieser wertvollen Strukturen
stehen als flächenhafte Naturdenkmale unter
Schutz, etwa der „Pflanzenstandort Hackbank"
in Heuchlingen, die „Streuwiesen an der Lein
bei Horn" (Iggingen), der „Auewald bei Leinzell" sowie mehrere Altwässer im Bereich der
Amandusmühle (Mutlangen), der Leinmühle
(Durlangen) und beim Leinhäusle (Spraitbach).

Charakterpflanzen der feuchten Wiesen im
Leintal und anderen Tälern der Keuperwaldberge sind die Trollblume und das Breitblättrige
Knabenkraut. Weitere landschaftlich und botanisch interessante Täler im Welzheimer Wald
befinden sich in der Gegend um Gschwend.
Beispielhaft genannt seien die Naturdenkmale

Lorch, Sandsteinfel-
sen in der Schelmen-
klinge.
Foto: P. Elser

„Pflanzenstandort beim Brandhof", die „Teu-
felsküche bei Gschwend-Humberg" oder die
„Feuchtfläche bei Gschwend-Nardenheim".

Die Landwirtschaft im agrarisch ungün-
stigen Raum des Welzheimer Waldes ist durch
Grünlandnutzung geprägt und findet nicht selten eine Ergänzung durch bäuerliche Waldwirtschaft. Schwer zu bearbeitende Steillagen und
unrentables Feuchtgrünland in den verschat-
teten Kerbtälern unterliegen einem starken Auf-
forstungsdruck. Von Seiten des Naturschutzes
versucht man dem entgegen zu steuern, indem
man die Fortführung der Grünlandnutzung
unterstützt. Ziel ist es, das lieb gewordene Landschaftsbild mit seinem vielfältigen Wechsel von
Wäldern, Wiesen und Feldern, offenen und bewaldeten Tälern als Erholungsraum für die Allgemeinheit zu erhalten. Dazu zählt auch der Erhalt von Streuobstwiesen, die jedoch trotz aller
finanziellen Unterstützung durch die Landwirt-
schafts- und die Naturschutzverwaltung kaum
Gewinn bringend zu bewirtschaften sind. Einen
neuen Ansatz bilden so genannte „Wertholzbe-
stände".

Grundidee ist es, die klassische, subventions-
finanzierte Landschaftspflege durch Etablie-
rung lukrativer, sich selbst tragender Nutzungs-
formen zu flankieren. In diesem Fall wird das
Pflanzen von Obstgehölzen wie Birne, Kirsche,

Spraitbach, Leintal
beim Leinhäusle.
Ausschnitt aus der
Topographischen
Karte 1 : 25.000

Walnuss, Elsbeere und Speierling initiiert, die nicht der Obsterzeugung, sondern der Wertholzerzeugung (z. B. Furnierholz) dienen. Weiterer Ausdruck der Schutzbemühungen ist die Ausweisung großer, Kreisgrenzen übergreifender Schutzgebiete, etwa des Naturschutzgebiets „Wiesentäler bei der Menzlesmühle" (Ostalbkreis: Gschwend, Rems-Murr-Kreis: Kaisersbach und Alfdorf), des großen Landschaftsschutzgebiets „Welzheimer Wald mit Leintal" (Flächenanteil des Ostalbkreis ca. 5.500 ha) sowie des Naturparks „Schwäbischer Wald", der sich über sechs Landkreise erstreckt (Ostalbkreis, Rems-Murr-Kreis, Hohenlohekreis, Landkreise Schwäbisch Hall, Heilbronn und Ludwigsburg).

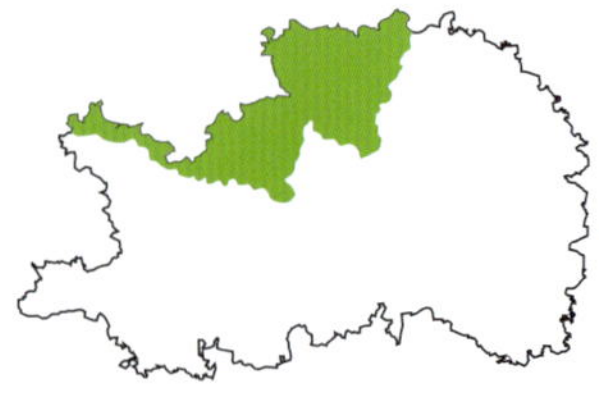

Schwäbisch-Fränkische Waldberge

In vielen Eigenschaften gleichen die Schwäbisch-Fränkischen Waldberge dem zuvor beschriebenen Schurwald und Welzheimer Wald. Der Unterschied besteht hauptsächlich in der ruhigeren Reliefierung der Landschaft. Kennzeichnend für die Schwäbisch-Fränkischen Waldberge sind flachwellige Rücken aus Sandsteinen über die sich wenige, in der Regel bewaldete Schwarzjura(Lias-)berge erheben. Herausragend sind die Landschaftsschutzgebiete „Büchelberger Grat" (Abtsgmünd) zwischen Bühler- und Kochertal sowie der „Hohenberg" bei Rosenberg. Auch im Virngrund, wie ein großer Teil dieser Landschaft genannt wird, eignen sich die kargen Sandstein-Verwitterungsböden nur schlecht für die ackerbauliche Nutzung. Die Folge davon ist, dass der Grünland-, vor allem aber der Waldanteil hoch ist. Der Virngrund zählt zu den von Natur aus nadelholzreichsten Gegenden in Baden-Württemberg. Er besitzt eine vegetationsgeschichtliche Sonderstellung, die sich mit der späten Landnahme und einer geringen Besiedlungsdichte in historischer und prähistorischer Zeit in Beziehung setzen lässt.[9]

Untersuchungen (Pollenanalysen) haben einen großen Reichtum an Nadelholz bereits vor stärkerem menschlichen Einfluss ergeben. Die Tanne nahm in prähistorischer Zeit mancherorts den ersten Platz ein und übertraf die im Virngrund ungewöhnlich schwach vertretene Buche. Als potenziell natürliche Vegetation ist ein Beerstrauch-Tannenwald mit Eiche, Preiselbeere, Kiefer und Fichte anzunehmen, wobei unklar ist, welche Rolle die Fichte in den Naturwäldern spielte.

Charakteristisch für die Schwäbisch-Fränkischen Waldberge sind flachmuldige Bacheinschnitte im Anschluss an feuchte Quellmulden. Die Bäche sind im typischen Fall schon im Oberlauf breit und gefällearm und bilden günstige natürliche Voraussetzungen für die Anlage von Stauweihern. Viele dieser Weiher sind schon vor Generationen zur Nutzung der Wasserkraft für Säge- und Mahlmühlen angelegt worden oder sie dienen oft schon seit dem Mittelalter als Fischweiher.

Mittelfränkisches Becken

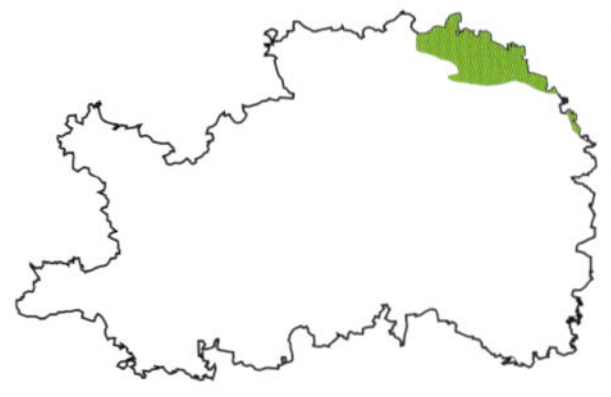

Ganz im Nordosten hat der Ostalbkreis Flächenanteile am Naturraum des Mittelfränkischen Beckens. Den Übergang vom Rotachtal zu den Schwarzjura-Hochflächen des Albvorlands bildet eine markant zutage tretende Schichtstufe, die als Landschaftsschutzgebiet „Liastrauf zwischen Oberzell und der Landesgrenze" (Stödtlen, Tannhausen) unter Schutz steht. Schutzzweck ist die Sicherung des reizvollen Landschaftsbildes, das durch den Wechsel von Wäldern und Wiesen geprägt ist; insbesondere soll die Landschaft außerhalb geschlossener Waldstücke von Aufforstungen frei gehalten werden. Die flach hügelige Landschaft des Mittelfränkischen Beckens zeichnet sich ansonsten durch trockene Nadelwälder aus, die auf sandigen Verwitterungsböden über Keupersandstein stocken. Der Grad der ackerbaulichen Nutzung ist gering, da die basenarmen Böden wenig ertragreich sind. Eingestreut in die großen Wälder findet man ebenso wie im Virngrund zahlreiche mittelalterliche Fischweiher, die einer reichhaltigen Flora und Fauna Lebensraum bieten. Die schönsten dieser im tiefen Waldfrieden liegenden Weiher stehen als Naturschutzgebiet, Landschaftsschutzgebiet oder als Naturdenkmal unter Schutz. Schutzziel ist es, die extensiv betriebene Karpfen-, Schleihen- und Hechtzucht auf Dauer zu erhalten. Herausragend sind die Naturschutzgebiete „Auweiher", „Birkenweiher mit Ober- und Unterholzweiher" und die „Weiherkette beim Spitalhof" bei Wört. Ein weiteres Juwel dieses Naturraums ist die Tallandschaft der Rotach, die sich entlang der Kreisgrenze von West nach Ost erstreckt.

Die Rotach, ein kleines, träge fließendes Flüsschen, zieht in weiten Bögen und engen Mäandern durch nasse Riedflächen und sumpfiges Wiesengelände. Im Sommer wird die Wasserfläche von einem Teppich gelber Teichrosen, weißer Seerosen, Pfeilkraut und anderen Schwimmblattpflanzen bedeckt.

In den angrenzenden Streu- und Nasswiesen gedeihen Orchideen, Trollblumen sowie seltene Sauergräser. Mehrere vom Aussterben bedrohte Tierarten finden im Rotachtal ihr letztes Rückzugsgebiet im Ostalbkreis.

Der aus Bayern zugewanderte Biber hat hier seinen angestammten Lebensraum zurück erobert und trägt mit seiner Bautätigkeit zu einer naturnahen Entwicklung der Rotach und ihrer Aue bei. Auftretende Konflikte mit Landwirten und Anwohnern konnten bisher immer einvernehmlich gelöst werden. Hilfreich dabei ist es, dass das gesamte Tal der Rotach sowie einige Nebentäler Teil des europäischen Schutzgebietsnetzes NATURA 2000 sind. Dies eröffnet die Möglichkeit, im Rahmen eines gezielten Schutzgebietsmanagements Fördermittel bereit zu stellen.

Weiher

Das Ellwanger Weihergebiet ist nach dem oberschwäbischen das zweitgrößte des Landes. Es findet seine Fortsetzung in der mittelfränkischen Weiherlandschaft um Dinkelsbühl, die sich bei Wört und Stödtlen bis in den Ostalbkreis ausdehnt. Anders als in Oberschwaben handelt es sich bei den Stillgewässern Ostwürttembergs ausnahmslos um künstlich angelegte Weiher, von denen die meisten der Fischzucht vorbehalten sind. In der traditionellen Bewirtschaftungsweise werden die Weiher alle ein bis vier Jahre im Herbst abgelassen, um die Fische zu entnehmen. Turnusmäßig werden die Weiher im Winter leer gelassen, damit der organische Bodenschlamm mineralisiert und die Verlandung aufgehalten wird. Die Anfänge der Teichwirtschaft reichen weit zurück: ihre Entstehung ist eng verknüpft mit dem in der zweiten Hälfte des 8. Jahrhunderts gegründeten Kloster Ellwangen und nahm vermutlich mit der Zuteilung des königlichen Waldgebiets Silva Virigunda („Virngrund") als Bannforst an den Abt von Ellwangen ihren Anfang (urkundlich belegt ab 1024). In einem von 1428–1452 geführten Band über die Fischwirtschaft der Abtei Ellwangen sind erstmalig 46 Weiher namentlich aufgeführt. Der Renovator (Landvermesser) Johann Unsin beschreibt in seinem Weiherbuch von 1650–1652 bereits 88 Weiher. Viele Weiher waren außerdem als Energielieferanten von Bedeutung, z. B. als Schwellweiher für Mühlen. Aufgaben wie Hochwasserschutz und Freizeitgestaltung (Baden, Angeln) wurden erst in jüngerer Zeit aktuell. Auf Grund ihrer charakteristischen Wasserstandsschwankungen bieten die traditionell bewirtschafteten Weiher Lebensraum für extrem seltene Pflanzenarten der so genannten Weiherbodenflora.

Wört, Egelweiher. Foto: B. Hildebrand

Die Schneidheimer Sechta bei Oberschneidheim heute.
Foto: J. Vischer

Die ursprüngliche Schneidheimer Sechta bei Oberschneidheim, Anfang des 20. Jahrhunderts.
Ausbau der Schneidheimer Sechta Ende der zwanziger Jahre des 20. Jahrhunderts. Fotos: Schwenkel, Archiv LUBW

Gewässerrenaturierungen

Viele Biotope unserer Kulturlandschaft wie Hecken, Nasswiesen oder Wacholderheiden sind erst durch die Bewirtschaftung durch Menschen entstanden und können auch nur dadurch erhalten werden. Natürliche Fließgewässer hingegen gehören zu den wertvollsten Biotoptypen. Sie sind sogenannte Primärbiotope, das heißt, sie sind nicht von der Pflege des Menschen abhängig, sondern sind wichtiger Bestandteil der natürlichen Landschaft. Zu ihnen gehört ihre eigene Dynamik. Sie bleiben nicht immer gleich, sondern verändern dauernd ihren Lauf und ihre Struktur und schaffen damit immer neue Lebensräume für die Tier- und Pflanzenarten, die gerade auf diese Strukturen angewiesen sind. Der Flussregenpfeifer zum Beispiel braucht offene Kiesflächen, um zu brüten. An der Rems war er noch in den 70er-Jahren des letzten Jahrhunderts natürlicherweise zu sehen. Nach der Remsbegradigung verlor er diesen Lebensraum, der nun mit großer Mühe von ehrenamtlichen

Naturschützern künstlich wieder hergestellt wurde. Doch auf dieser kleinen, einzigen Fläche ist der Bruterfolg nur sehr gering.

Ungefähr 80 Prozent der Fließgewässer im Ostalbkreis sind begradigt. Durch die dadurch entstandene Verkürzung hat das Wasser größere Energie und die Gewässer tiefen sich stark ein. Die restlichen Gewässer sind zum großen Teil beeinträchtigt durch Uferverbauungen, Ablagerungen, ungeeignete Bepflanzungen etc.. Viele Tier- und Pflanzenarten der Auen sind selten oder sogar ausgestorben. Zum Beispiel sind viele Eintagsfliegen- und Köcherfliegenlarven kaum mehr anzutreffen und sogar die früher sehr häufige Sumpfdotterblume ist nur noch an wenigen Stellen zu finden.

Warum nahmen die Menschen überhaupt die Mühe auf sich, Fließgewässer zu „regulieren"? Natürliche Gewässer nehmen oft mehr Platz ein, bilden kleinräumige Nischen und erschweren damit die Bewirtschaftung, sie halten sich nicht an von Menschen gesetzte Grenzen, sondern verlagern ihr Bett von Zeit zu Zeit, sie treten bei Hochwasser über die Ufer und vernässen größere Flächen. Doch diese Nachteile haben auch als andere Seite der Medaille die Vorteile, dass das Hochwasser unterhalb nicht verstärkt wird, sondern in der Fläche zurück gehalten wird. Die Landschaft mit einem natürlichen Bach oder Fluss wird schöner empfunden und bietet viel mehr Tieren und Pflanzen Heimat. Nicht nur Fische, Krebse, Muscheln, Kleinstlebewesen, Algen und andere Pflanzen, die ganz im Wasser leben, sondern auch Tiere, die nur einen Teil ihres Lebens im Wasser verbringen wie Libellen oder Vögel (z.B. der Eisvogel), können in künstlichen Kanälen nicht so gut überleben. Nachdem diese Nachteile nach extremen Hochwasserschäden in menschlichen Siedlungen erkannt wurden, entstand der politische Wille, Gewässer wieder zu renaturieren. Allerdings gibt es nur sehr wenige gelungene Renaturierungen. Oft wurde und wird nämlich nicht das natürliche Gewässer angestrebt, sondern das Gewässer wird in ein neues künstliches Bett gezwängt, das genau vorgegebene Mäander hat und tiefer ist als es von Natur aus wäre. Als große Besonderheit gibt es im Ostalbkreis Beispiele für echte Renaturierungen. Kreisökologe Dr. Paul Elser und Ralf Worm, der Geschäftsführer des Landschaftserhaltungsverbandes Ostalbkreis, haben mit dem Geschäftsbereich Wasserwirtschaft schon über 15 km Gewässer renaturiert. Sie orientieren sich am ursprünglichen Lauf der Gewässer und geben nur gering dimensionierte Gerinne vor, sodass sich das Wasser sein Bett selbst gestalten kann, das damit am ehesten dem natürlichen Verlauf entspricht. Die Ellenberger Rot, der Häslesbronnebach bei Rosenberg, der Schlierbach und die Sechta bei Tannhausen, der Schelmenklingenbach bei Lauchheim-Röttingen, der Sixenbach bei Ellwangen-Schleifhäusle, die Schneidheimer Sechta bei Bopfingen-Oberdorf, der Glasbach bei der Rosenberger Spitzensägmühle, der Stelzenbach bei den Schlossweihern von Ellwangen und der Eichbach bei Ellwangen-Neunstadt sind die wichtigsten Beispiele für diese gelungenen Renaturierungen. Zur Bereitstellung der Grundstücke für die Renaturierungen trugen das Land Baden-Württemberg, einige Kommunen, die Wasserverbände und der Geschäftsbereich Flurneuordnung der Landkreisverwaltung in hohem Maße bei.

Silberreiher.
Foto: U. Knitz

Bei Unterriffingen gelang diese Aufnahme eines Bibers.
Foto: U. Knitz
Biberdamm in der Schneidheimer Sechta bei Oberdorf.
Foto: U. Knitz

Biber

Zur Zeit sind ungefähr 100 Biberfamilien im Ostalbkreis zuhause. Nachdem der bis zu 30 kg schwere und 1,30 m große Biber lange Zeit ausgerottet war, breitet er sich seit ungefähr 1990 von Bayern her im Ostalbkreis aus. Die Wiederbesiedlung erfolgt von Ost nach West und reicht inzwischen bis zum Gewässersystem der Jagst. Ganz aktuell wurden auch erste Biber-Spuren im Kocher-Lein-System festgestellt, hier versucht er sich derzeit zu etablieren. Die Gewässer in der östlichen Hälfte des Ostalbkreises sind inzwischen flächendeckend vom Biber besiedelt. Hier ist er wieder fester Bestandteil unserer Kulturlandschaft. Er genießt strengen gesetzlichen Schutz: Vertreibung, Fang oder Bejagung sind verboten! Während viele Menschen sich über die putzigen Tiere freuen, beschweren sich Land-, Forst- und Teichwirte, weil sie in Gewässernähe ganz vehement konkurrierende Ansprüche stellen. Als sehr fleißiger Baumeister gestaltet der Biber die Landschaft nach seinen Vorstellungen um. Daraus ergeben sich mit zunehmender Ausbreitung auch zunehmend Konfliktsituationen, die aber sehr oft durch den Einsatz von ehrenamtlichen Biberberatern und Kreisökologe Ulrich Knitz gelöst werden können. Was den Menschen nicht gefällt, bringt oft Vorteile für weitere Tier- und Pflanzenarten, die durch die Bautätigkeit des Bibers gefördert werden.

Caltha Palustris
(Sumpfdotterblume) Foto: B. Frey

Blumenwiesen

Blumenreiche Wiesen sind sehr selten geworden. Die auch magere Flachlandmähwiesen oder Bergmähwiesen genannten Biotoptypen werden wenig oder gar nicht gedüngt und ein- bis dreimal relativ spät im Jahr genutzt. Sie zeichnen sich durch einen hohen Artenreichtum an Tieren und Pflanzen aus. Mit 30 bis über 50 Pflanzenarten pro 25 m² weisen sie etwa doppelt so viele Pflanzenarten auf wie intensiv genutztes Grünland. Wenn man bedenkt, dass von jeder Pflanze durchschnittlich zehn Tierarten leben, kann man ihre Bedeutung für den Naturhaushalt erahnen. Folgende Arten sind typisch für diese artenreichen Wiesen: Flockenblumen (Centaurea spec.), Margeriten (Leucanthemum spec.), Hornklee (Lotus corniculatus),

Glockenblumen (Campanula spec.), Storchschnabel (Geranium spec.), Acker-Witwenblume (Knautia arvensis), Ruchgras (Anthoxanthum odoratum), Pippau (Crepis biennis) und Wiesen-Bocksbart (Tragopogon pratensis). Auf saurem Untergrund kommen Feld-Hainsimse (Luzula campestris), Knöllchen-Steinbrech (Saxifraga granulata) und Kleiner Klappertopf (Rhinanthus minor) vor. Trockene Glatthaferwiesen enthalten oft viel Wiesensalbei (Salvia pratensis), die feuchte Ausprägung Kohldistel (Cirsium oleraceum) und Großer Wiesenknopf (Sanguisorba officinalis) oder auch selten die Trollblume (Trollius europaeus). In nassen, mageren Mähwiesen sind Seggen (Carex-Arten) und Sumpfdotterblumen (Caltha palustris) charakteristisch.

Schwäbisch Gmünd, Blumenwiese am Rechberg.
Foto: B. Frey

Landwirtschaft
Hans Börner

Landwirtschaft im Ostalbkreis – Baden-Württemberg en miniature?

Die Landwirtschaft im Ostalbkreis ist in vielerlei Hinsicht ein Spiegel der Landwirtschaft in Baden-Württemberg. Die Naturräume des Ostalbkreises sind außerordentlich vielgestaltig. Von den Aueböden im Remstal bei Lorch auf 260 m Höhe bis zum Kalten Feld auf knapp 800 m Höhe, wo am höchsten Punkt des Ostalbkreises erstaunlicherweise erfolgreich Silomais angebaut wird, von den fruchtbaren Ackerbaugebieten am Rande des Nördlinger Rieses bis zu den grünlandstarken Standorten an den Hängen von Rems, Kocher, Jagst und Lein sowie im Schwäbischen Wald: hier finden sich auf engstem Raum eine Vielzahl ganz unterschiedlicher Landschaften, die traditionell alle von der Landwirtschaft mit 47 Prozent der Kreisfläche und - bei einem Waldanteil von 39 Prozent - auch von der Forstwirtschaft geprägt sind.

46 Prozent der landwirtschaftlich genutzten Fläche des Ostalbkreises sind Grünland (Baden-Württemberg: 38 Prozent). Aufgrund des hohen Anteiles an Grünland hat die Landwirtschaft des Ostalbkreises kaum Produktionsalternativen zu der hier vorherrschenden Milchviehhaltung. Im Ostalbkreis stehen fast so viele Milchkühe wie im gesamten Regierungsbezirk Karlsruhe.

Damit steht die Milchviehhaltung im Ostalbkreis an dritter Stelle im Land mit allerdings deutlichem Abstand zu den Landkreisen Ravensburg und Biberach. Mit Zipplingen und Eschach verfügt der Kreis jedoch auch über zwei Hochburgen der Schweinehaltung im Osten und Westen des Landkreises, die hinsichtlich Bestandsgrößenentwicklung und produktionstechnischem Niveau keinen Vergleich mit den anderen Schweinehochburgen im Land zu scheuen brauchen. Im Ostalbkreis werden auch 5 Prozent aller Pferde im Land gehalten. Dies entspricht fast dem Doppelten des Durchschnittsbestandes der Landkreise Baden-Württembergs. Nur im Landkreis Ravensburg gibt es mehr Pferde. Weitere neue Schwerpunkte, die sich erst in den letzten Jahren entwickelt haben, sind die Biogaserzeugung und die Hähnchenmast. Einzig die fast völlig fehlenden Sonderkulturen sind gemessen an baden-württembergischen Maßstäben untypisch.

23 Prozent der Betriebe (Baden-Württemberg: 31 Prozent) werden im Haupterwerb, 77 Prozent (Baden-Württemberg: 69 Prozent) im Nebenerwerb betrieben. Im Vergleich mit den Intensiv-Regionen und Anerbengebieten im Land ist zu beobachten, dass ein Betriebswachstum im Ostalbkreis nach wie vor noch möglich ist und weitgehend „geräuschlos" stattfindet. Beleg hierfür ist die kontinuierlich sehr hohe und im Vergleich zu anderen Regionen immer überdurchschnittliche Zahl an Bauanträgen für Betriebsaufstockungen und an Investitionsförderungen. Die Pachtpreise steigen auch hier deutlich, jedoch nicht so gewaltig wie in den genannten Intensiv-Regionen.

Ursächlich für diesen „geräuschlosen" Agrarstrukturwandel ist das Nebeneinander von konkurrenzfähiger Landwirtschaft und erfolgreicher Industrie. Den Ostalbkreis als Wirtschaftsraum kennzeichnet eine Mischung aus innovativem Mittelstand und Großunternehmen mit internationalem Ruf. Global agierende Marktführer haben hier ebenso ihre Wurzeln und Produktionsstätten wie erfolgreiche Mittelständler und Firmengründer.

Landwirte und deren Kinder, die sich nach alternativen Erwerbsmöglichkeiten umsehen, finden in diesem potenten Umfeld meist problemlos attraktive und langfristig sichere Arbeitsplätze. Die Industrie bekommt hochmotivierte, umfassend qualifizierte und ortsverbundene Arbeitnehmer. Den verbleibenden landwirtschaftlichen Betrieben eröffnen sich Anpassungs- und Entwicklungsmöglichkeiten. Diese ausgewogenen und ineinander greifenden landwirtschaftlichen und industriellen Strukturen im Ostalbkreis ermöglichen daher auch in Zukunft eine weitgehend harmonische Entwicklung der Landwirtschaft, wenn auch die Konkurrenz um die Fläche seit der Liberalisierung des Milchmarktes heftiger zu werden scheint. In den letzten 30 Jahren hat sich die Zahl der Ostalblandwirte so von ca. 5.700 um knapp 63 Prozent auf 2.200 Antragsteller verringert. Landwirte sind - wie anderswo auch - in allen Dörfern zu einer Minderheit geworden. Dies wird immer häufiger zu einem Problem: kaum ein größeres bau- oder immissionsschutzrechtliches Verfahren (insbesondere Schweinestall, Biogasanlage, Masthähnchenstall) kann ohne intensive kritische Begleitung durch eine Bürgerinitiative genehmigt werden. Die weitgehende Konzentration der mit landwirtschaftlichen (Bau-)Vorhaben befassten Behörden (Landwirtschaft, Baurecht, Naturschutz, Umwelt und Gewerbeaufsicht, Wasserwirtschaft sowie Flurneuordnung) in einem Dezernat bei der Landkreisverwaltung kommt der Abstimmung und Genehmigung dieser Vorhaben eindeutig entgegen.

Insgesamt gesehen behauptet sich der Ostalbkreis im Konzert der landwirtschaftlich geprägten Regionen sehr gut. Die Landwirte entwickeln sich zielgerichtet weiter, ohne sich jedoch in der Konkurrenz zu anderen im Hinblick auf Viehbestandsgrößen oder Investitionen in Biogasanlagen in nicht bewältigbare Risiken zu stürzen. Die anhaltend niedrigen Erzeugerpreise bringen jedoch einzelne Betriebe zunehmend in existentielle Bedrängnis.

Organisation

Der Geschäftsbereich (GB) Landwirtschaft beim Landratsamt Ostalbkreis gliedert sich in folgende Sachgebiete:

Sachgebiet 1 „Betriebsentwicklung, Förderung, Hauswirtschaft"

Sachgebiet 2 „Ausbildung, ländliche Entwicklung, tierische Erzeugung"

Sachgebiet 3 „Pflanzliche Erzeugung, Kontrollen"

Sachgebiet 4 „Ausgleichsleistungen"

Moderne Landwirtschaft.
Foto: B. Musold

Für die Flächen- und Wasserschutzgebietskontrollen steht eine seit Jahren konstante Gruppe an Vermessungstechnikern des Geschäftsbereiches Geoinformation und Landentwicklung zur Verfügung. Deren Erfahrung und Detailkenntnis der Landwirtschaft bewährt sich täglich.

Ausbildung

Die Landwirtschaftliche Fachschule des Ostalbkreises wurde vom Ministerium Ländlicher Raum im Jahr 2007 im Zuge der Umsetzung eines Fachschulkonzeptes geschlossen. Kurz darauf lagen 16 Fachschul-Anmeldungen auch aus den Nachbarlandkreisen Heidenheim, Göppingen und Rems-Murr vor. Mit Zustimmung des Hohenlohekreises und des Ministeriums kam seitdem in der Landwirtschaftlichen Berufsschule im Beruflichen Schulzentrum Aalen bei Bedarf eine sogenannte „Außenklasse" der Staatlichen Akademie für Landbau und Hauswirtschaft Kupferzell geführt werden. Zunächst wurde in jedem zweiten Jahr mit einer Klasse begonnen. Im Herbst 2012 schien mit nur elf Anmeldungen wiederum das Ende der Fachschule unausweichlich zu sein. Im darauffolgenden Jahr konnte jedoch eine Klasse mit 16 Schülern eröffnet werden. 21 Interessenten garantieren die Fortführung der Außenklasse auch über 2016 hinaus. Die konsequente Ausrichtung der Fachschulinhalte auf die Anforderungen Rindvieh, Schafe und Pferde haltender Betriebe sowie die intensive, einzelbetriebsbezogene Betreuung der Schülerinnen und Schüler haben sich als Standortvorteil erwiesen.

Die landwirtschaftliche Berufsschule in Aalen bietet schon seit Jahrzehnten einen gut besuchten, zweijährigen Abendkurs zur Vorbereitung von Nebenerwerbslandwirten auf die Abschlussprüfung zum Landwirt an. Die übergebietliche Ausbildungsberatung des GB Landwirtschaft bietet allen Berufseinsteigern und Interessenten wesentliche Entscheidungshilfen.

Beratung

Das Beratungsangebot orientiert sich an für die Region typischen Betriebsformen, die vergleichsweise homogen und meist auf Tierhaltung mit gelegentlicher Biogaserzeugung ausgerichtet sind. Beratungsschwerpunkte sind die Betriebsentwicklung, die fachliche Begleitung der oft schwierigen Standortsuche sowie ggf. Bauberatung und Investitionsförderung. Im Gegensatz zu den bayerischen Nachbarn des Ostalbkreises wurde hier die Biogaserzeugung nicht kompromisslos gepuscht, sondern es wurde konsequent den Landwirten überlassen, ob die angestrebte Betriebserweiterung in der Tierhaltung und/oder in der Biogaserzeugung erfolgen soll.

Die Verbesserung des Tierwohls ist Ausgangspunkt aller Bauberatungen im Bereich Tierhaltung. Der gesamte Viehbesatz im Ostalbkreis (gemessen in Großvieheinheiten) und damit der gesamte Anfall von Mist und Gülle hat sich in den letzten Jahrzehnten leicht verringert. Eine kreisweite Nährstoffbilanz belegt jedoch, dass es im Ostalbkreis kaum mehr freies Potential für weitere veredelungsunabhängige Biogasanlagen gibt. Nach der Novellierung des Erneuerbare-Energien-Gesetzes wird auch hier verstärkt in kleinere Biogasanlagen investiert, die fast ausschließlich mit Gülle und Festmist betrieben werden.

Trotz der zur Existenzsicherung notwendigen Intensivierung der Produktionsverfahren konnte beispielsweise in dem fast das gesamte Härtsfeld umfassenden, 6.600 ha landwirtschaftliche Nutzfläche großen Problemgebiet Egautal-Härtsfeld der Nitratgehalt im Quellwasser durch umweltgerechte Bewirtschaftung gesenkt werden. In Zusammenarbeit mit Landhandel, Saatgutfirmen und Pflanzenschutzmittelherstellern kann ein noch ausreichendes Netz an Demonstrations- und Exaktversuchen erhalten werden. Die Verpflichtung der fachtechnischen Bediensteten zu Kontrolltätigkeiten schafft einerseits Gelegenheit für Beratungen, schränkt jedoch andererseits die Zeit hierfür ein.

Die Zahl der Betriebe mit ökologischer Bewirtschaftung ist nur langsam auf 5 Prozent aller Betriebe gestiegen (Baden-Württemberg: 6,4 Prozent). Dieser unterdurchschnittliche Anteil erklärt sich aus dem Fehlen von Sonderkulturen und dadurch von Direktvermarktungsmöglichkeiten sowie der Entfernung zum Ballungsraum Stuttgart. Die zwei Obst- und Gartenbauberater des Geschäftsbereiches Landwirtschaft wirken über die Schulung der Obst- und Gartenbauvereine, die Ausbildung der Fachwarte für Baumpflege sowie die Beratung von Gemeinden und Einzelpersonen weit in die nichtlandwirtschaftliche Bevölkerung hinein.

Die Beratung zur Erhaltung der Flachlandmähwiesen ist schwierig. Die sehr unterschiedlichen Fallkonstellationen bedürfen einer intensiven Einzelberatung durch den Landschaftserhaltungsverband sowie die Naturschutz- und Landwirtschaftsverwaltung.

Um die Tierhaltungsberatung zu intensivieren, wurde schon in der Modellphase 1990 ein Milchviehberatungsdienst als einer der ersten eingerichtet, bald gefolgt von einem Beratungsdienst in Schwäbisch Gmünd. Zum Milchvieh-Beratungsdienst Ostalb e.V. fusioniert hat sich dieser zu einer gut nachgefragten und angese-

henen Beratungsinstitution mit mittlerweile vier Beratern entwickelt.

Das Kompetenzzentrum für Hauswirtschaft und Erziehung ist keine rechtlich eigenständige Institution, sondern praktisch ein Label, unter dem der Geschäftsbereich Landwirtschaft zusammen mit den Landfrauen, dem Hausfrauenbund und der hauswirtschaftlichen Berufsschule verschiedenste Bildungsangebote rund um Haushalt, Ernährung und Erziehung einer vorwiegend nichtlandwirtschaftlichen Bevölkerung mit großem Erfolg anbietet.

Vernetzung

Auch die berufsständischen Organisationen haben sich schon frühzeitig auf zukünftige Herausforderungen eingestellt: Bauernverband, Beratungsdienst, Maschinenring, Verein landwirtschaftlicher Fachbildung und Erzeugerring sind alle schon seit Jahren auf Kreisebene organisiert. Alle arbeiten bei der Zielsetzung, The-menfindung, Organisation und Finanzierung des Fortbildungsprogramms eng mit dem GB Landwirtschaft zusammen. In Zeiten fortschreitenden Strukturwandels ist dies auch zwingend erforderlich.

Ausblick

Die landwirtschaftlichen Betriebe differenzieren sich immer weiter. Viele Haupterwerbsbetriebe wachsen in beachtliche Dimensionen hinein. Ganz neue Technologien und arbeitswirtschaftliche Konzepte werden notwendig, die ein ganz neues Knowhow erfordern. Auch die anteilmäßig zunehmenden Hobby- und Nebenerwerbslandwirte wollen ihre sehr unterschiedlichen Landwirtschaften effizient und ordnungsgemäß betreiben.

Der GB Landwirtschaft bietet allen Landwirten eine qualifizierte Ausbildung und Beratung an, die sowohl den Anforderungen der Landwirte als auch der Gesellschaft gerecht wird.

Gemeindepartnerschaft
seit 1999
Kirchheim am Ries
Ostalbkreis
1.960 Einwohner • 497 m üNN
Solarolo
Provincia di Ravenna, Italia
4.336 Einwohner • 25 m üNN
Die gewählten Vertreter der Bürgerschaft haben die Partnerschaft ihrer Gemeinden am 16.05.1999 beschlossen.
In der Überzeugung
Mit dem Willen
In dem Bewusstsein
Die Bürgermeister
Willi Feige
Kirchheim am Ries
Fabio Anconelli
Solarolo

Partnerschaften
Judith Bildhauer

Partnerschaften

Seit 1992 bestand die urkundlich besiegelte Kreispartnerschaft zwischen dem Ostalbkreis und der Provinz Ravenna in Norditalien. Der Kreisjugendring Ostalbkreis hatte diese aufgrund seiner Erfahrungen im Jugendaustausch angestoßen.

Am 30. Juli 1992 unterzeichneten Landrat Dr. Diethelm Winter und Präsident Dr. Dante Maioli die Partnerschaftsurkunde, in der das Zusammenwirken demokratischer Institutionen als Schwerpunkt genannt wird. In den Folgejahren führten Präsident Dr. Gabriele Albonetti (1993-2001), Präsident Francesco Giangrandi (2001-2011), Präsident Claudio Casadio (2011-2016) und Landrat Klaus Pavel (seit 1996) die Kreispartnerschaft weiter.

Durch das Engagement von Politik, Wirtschaft, Schulen, Kommunen, Vereinen und zahlreichen Einzelpersonen hat sich die Kreispartnerschaft praxisorientiert und dynamisch weiterentwickelt. Höhepunkte der letzten Jahre waren gegenseitige Ausstellungen und Messebeteiligungen mit der Präsentation regionaler Produkte und Kontakten auf wirtschaftlicher Ebene.

Zum 20-jährigen Bestehen der Kreispartnerschaft im Jahr 2012 unterzeichneten Landrat Klaus Pavel und Präsident Claudio Casadio eine Urkunde zur Erneuerung der Partnerschaft. Neben den offiziellen Festakten im Ostalbkreis und in der Provinz Ravenna fanden feierliche Aktionen in beiden Ländern statt.

Auf der Basis der Kreispartnerschaft wurden zwischen 1994 und 2011 neun Partnerschaften zwischen Kommunen im Ostalbkreis und in der Provinz Ravenna begründet. Innerhalb Europas ist dies einzigartig und vorbildlich für die Entwicklung von partnerschaftlichen Beziehungen und Freundschaften. Darüber hinaus pflegen die Städte, Gemeinden und Bildungseinrichtungen im Ostalbkreis viele weitere Partnerschaften innerhalb Europas, teilweise sogar weltweit.

Die persönlichen Begegnungen und regelmäßigen Projekte der befreundeten Städte und Gemeinden sind der wichtigste Bestandteil der deutsch-italienischen Freundschaft. Insbesondere durch die Provinzreform in Italien wird den Städte- und Gemeindepartnerschaften ab 2016 ein noch höheres Gewicht zufallen.

Provinz Ravenna

Ravenna ist eine der bedeutendsten Kunst- und Kulturstädte Europas und gilt seit dem 5. Jahrhundert als Hauptstadt der Mosaikkunst. Die gleichnamige Provinz besitzt einen der wichtigsten Häfen in Italien sowie ein großes Industriezentrum mit günstigen Wirtschaftsbedingungen. Die Provinz Ravenna liegt in der Region Emilia Romagna, die auf der italienischen Beschäftigungs- und Einkommensskala sowie bezüglich der Lebens- und Dienstleistungsqualitäten vordere Plätze einnimmt. Neben der Keramikproduktion sind Kultur-, Strand- und Agrotourismus wesentliche Einnahmequellen in der Provinz.

Ausgewählte Aktivitäten

1997 / 1998 / 2002

Eine Delegation aus der Provinz Ravenna besucht den Ostalbkreis und nimmt am deutsch-italienischen Wirtschaftsabend in der IHK Ostwürttemberg teil. Ein Jahr später präsentiert sie sich erstmals bei der Ostwürttembergischen Verbraucherausstellung (OWA) in Aalen. 2002 besuchen Präsident Giangrandi und weitere Vertreter der Provinz Ravenna den Ostalbkreis im Rahmen einer Präsentation der Stadt Cervia für Vertreter aus Gastronomie und Handel.

1999 / 2009 / 2012

Der Kreistag des Ostalbkreises unternimmt Informations- und Abschlussfahrten in die Provinz Ravenna. Der Empfang bei der Provinzverwaltung und in den Partnerkommunen ist äußerst herzlich und die Freude am gegenseitigen Kennenlernen groß.

2001 bis heute

Der Ostalbkreis nimmt im Jahr 2001 erstmals an der jährlichen Blumenschau „Maggio in fiore" („Blühender Mai") in Cervias Stadtteil Milano Marittima teil. Gemeinsam mit Cervias Partnerstadt Aalen und weiteren Partnerkommunen gestaltet er seitdem in jedem Frühjahr ein Rondell. Die umfangreiche Bepflanzung mit Blumen wird stets kreativ erweitert - beispielsweise anlässlich des Jubiläums der Kreispartnerschaft im Jahr 2012 mit Holzskulpturen, die die acht deutschen Partnerkommunen repräsentieren, sowie 2015 mit Holzkugelbahnen, die an die Landesgartenschau in Schwäbisch Gmünd 2014 erinnern.

2001 / 2007 / 2012

Die Junge Philharmonie Ostwürttemberg gestaltet das Abschlusskonzert des internationalen Musikfestivals 2001 in Ravenna. 2007 tourt sie zusammen mit den Filarmonici di Casola durch Ungarn. Im Jubiläumsjahr 2012 führt das Nachwuchsorchester Konzerte in Cervia, Faenza, Conselice und Fusignano auf. Das Jugendorchester der Stadt Cervia konzertiert im selben Jahr in Mutlangen.

2002

Zum 10-jährigen Bestehen der Kreispartnerschaft reist Landrat Klaus Pavel mit einer Delegation in die Provinz Ravenna. Neben einem Konzert des Philharmonischen Chors und der Philharmonie Schwäbisch Gmünd findet ein Europakongress zu den Themen Erfahrungen mit dem Euro und Erweiterung Europas statt.

2003

Sechs Praktikanten der Technischen Schule Faenza absolvieren ein zweiwöchiges Praktikum bei der Firma Alfing Kessler Sondermaschinen

Informationsfahrt des Kreistags des Ostalbkreises in die Provinz Ravenna im Oktober 2014.
Foto: Bildarchiv Landratsamt

in Aalen-Wasseralfingen. Eine Schülergruppe des Istituto Tecnico Commerciale Ginanni in Ravenna besucht die Kaufmännische Schule in Aalen. Kinder aus den Partnerstädten Ravenna und Zschopau nehmen zum wiederholten Mal an der Ferienfreizeit in der Zimmerbergmühle im Ostalbkreis teil.

2003 - 2015

In Ravenna findet regelmäßig der Europakongress und das Europäische Brotfestival statt, an dem die Bäckerteams der Gewerblichen Schule Schwäbisch Gmünd immer wieder mit großem Erfolg teilnehmen. Der Ostalbkreis präsentiert sich zudem mit regionalen Produkten auf der Spezialitätenmesse in Faenza.

2004

Die Aufführungen des Theaters „TEATROVIVO Cotignola" in Aalen, Schwäbisch Gmünd und Ellwangen haben auch Landrat Pavel sowie Präsident Giangrandi und eine Delegation aus der Provinz Ravenna zu Gast. Ebenso besucht eine Delegation aus der Provinz Ravenna den Kunstturn-Länderwettkampf in Schwäbisch Gmünd mit Sportlern aus Deutschland, Italien und Rumänien zur Vorbereitung auf die Olympischen Spiele 2004 in Athen. Im gleichen Jahr wirken die Fahnenschwinger aus Faenza beim Landesmusikschultag Baden-Württemberg auf Schloss Kapfenburg mit.

2008

Anlässlich des 60. Jahrestags der Befreiung vom Nazifaschismus und den Feierlichkeiten in Cotignola gedenkt Landrat Pavel mit einem Kranz den Opfern. In der Gemeinde Alfonsine hält er als erster Deutscher nach 60 Jahren und auf Einladung der Provinz Ravenna eine öffentliche Rede.

2005 - 2006 - 2010 - 2013

Der Sportkreis Ostalb organisiert mehrere Reisen in die Provinz Ravenna und zwei große Galatourneen mit akrobatischen Darbietungen aus Deutschland und Italien. Zuletzt machte sich eine Delegation der Generation „50 - na und?!" auf eine sportlich-kulinarische Reise in die Partnerprovinz.

2005

Der Chor „Canterini Romagnoli" gastiert im Ostalbkreis und führt Konzerte in Aalen, Schwäbisch Gmünd, Bartholomä, Ellwangen und Kirchheim auf.

2007

Die Ausstellung byzantinischer Mosaiken in der Johanniskirche in Schwäbisch Gmünd, im Rathaus Aalen und im Landratsamt Ostalbkreis in Aalen wird unter großem Interesse eröffnet.

2009

Das Aalener Sinfonieorchester unternimmt eine Konzertreise mit Aufführungen in Cervia und Ravenna.

2010

Regierungspräsident Johannes Schmalzl und Landrat Klaus Pavel führen die Informationsfahrt der Landräte aus Baden-Württemberg in die Provinz Ravenna an.

2012

Zum 20-jährigen Bestehen und zur Erneuerung der Kreispartnerschaft besucht eine italienische Delegation die Jubiläumsfeierlichkeiten im Ostalbkreis. Ein Höhepunkt ist die Eröffnung der Ausstellung „Fayencen aus Faenza" in der Hauptstelle der Kreissparkasse Ostalb in Schwäbisch Gmünd und die Unterzeichnung eines gemeinsamen Dokumentes zur Bekräftigung und Weiterführung der Kreispartnerschaft im Schloss Fachsenfeld.

2014

Eine Delegation aus der Provinz Ravenna besucht die italienischen Atelierkünstler im Forum Gold & Silber auf der Landesgartenschau Schwäbisch Gmünd.

Vertreter der Provinzverwaltung Ravenna sowie des Istituto Alberghetti di Imola und einzelner Unternehmen aus der Emilia Romagna informieren sich bei einem Besuch der Aalener Firma MAPAL sowie der Technischen Schule Aalen und der Gewerblichen Schule Schwäbisch Gmünd über die Duale Ausbildung in Deutschland.

Städtepartnerschaften

2011 Aalen - Cervia

Nachdem Aalen schon mehrere Jahre an der internationalen Blumenschau „Maggio in fiore" teilgenommen hatte, wurde im Jahr 2009 ein Freundschaftsvertrag unterzeichnet. Aalen war in diesem Jahr Ehrengast beim größten Stadtfest, der Meereshochzeit, und präsentierte sich mit einem geschmückten Maibaum, Musik, Bier, Bratwürsten und einer kompletten Bäckerei. Die Resonanz in der Bevölkerung beider Städte war so positiv, dass zwei Jahre später die formelle Städtepartnerschaft besiegelt wurde. Inzwischen gibt es mehrere dauerhafte Kooperationen: Die Städtische Musikschule steht in engem Kontakt mit den italienischen Kollegen. Neben der Partnerschaft zwischen der Justus-von-Liebig-Schule Aalen und der Hotelfachschule in Cervia gibt es eine Grundschulpartnerschaft, bei der ein Plüschflamingo mit einem englischsprachigen Tagebuch zwischen beiden Städten hin- und herfliegt. Mehrere Orchester und Tanzgruppen, der Partnerschaftsverein und die Seniorenbegegnungsstädte Bürgerspital Aalen reisten bereits in die Partnerstadt. Im Oktober 2013 war Cervia Gastgeber für das Abschlussseminar des EU-Projektes „Interkulturelle Kompetenz - neue Wege für die Städtepartnerschaften".

2006 Abtsgmünd - Castel Bolognese

Nach zweijähriger Vorbereitungsphase wurde 2006 die Partnerschaftsurkunde zwischen Abtsgmünd und Castel Bolognese in Italien unterzeichnet und Partnerschaftsvereine in beiden Kommunen gegründet. Die Gegenzeichnung fand ein Jahr später mit über 120 italienischen Gästen in Abtsgmünd statt. Seither organisieren die Vereine, Gruppierungen sowie offizielle Delegationen und Privatpersonen gegenseitige Besuche sowie gemeinsame Feierlichkeiten und Projekte. Unter anderem haben die Partnerschaftsvereine der beiden Kommunen ein deutsch-italienisches Kochbuch mit Rezepten der Bürgerinnen und Bürger herausgebracht.

2007 Adelmannsfelden - Bagnara

Seit 2007 besteht zwischen Bagnara di Romagna und Adelmannsfelden eine offizielle Gemeindepartnerschaft. Die Kontakte wurden im Jahr 2004 durch den Ostalbkreis geknüpft und ermöglichen den Bürgerinnen und Bürgern, die Kultur des jeweils anderen Landes sowie ihre Menschen besser kennen und wertschätzen zu lernen. Neben den Partnerschaftsvereinen „Amicizia" in Adelmannsfelden und „Amici di Adelmannsfelden" in Bagnara di Romagna sind die Kontakte auf privater Ebene die Bindeglieder für eine lebendige und rege Partnerschaft.

2003 Bartholomä - Casola Valsenio

Während ihres Trainingslagers in Cesenatico im Frühjahr 2001 übten sich die Bartholomäer Radsportfreunde als Botschafter ihrer Heimatgemeinde, um die freundschaftlichen Bande mit Casola Valsenio zu vertiefen. Zwei Jahre später wurde die Urkunde zum Partnerschaftsvertrag unterzeichnet und Anfang 2005 der Partnerschaftsverein „Amici di Casola" gegründet. Dieser ist gemeinsam mit den Radsportfreunden, dem Schwäbischen Albverein und dem Musikverein Bartholomä zu einem aktiven Teil der Gemeinde geworden. Zum Jahresprogramm gehören Sprach- und Wanderreisen nach Italien, Literatur- und Kulturabende sowie Auftritte der Roaring Emily-Band in Braighausen. Als Symbol für die gegenseitige Freundschaft entstand ein Friedensweg auf dem Monte Battaglia und ein Kräutergarten an der neu gestalteten Piazza Casola Valsenio in Bartholomä. Die „Amici di Casola" sehen sich auch in der Verantwortung gegenüber Mitmenschen in Europa und gründeten 2013 einen Spendenfond „Miteinander – Füreinander in Europa".

1996 Bopfingen - Russi

Die Städtepartnerschaft Bopfingen - Russi wurde im Mai 1996 begründet und ist ein reger Austausch unter Freunden. Wichtig ist allen Beteiligten, dass diese Partnerschaften fortgeführt und die Jugendlichen mit dem Gedanken der europäischen Partnerschaft angesteckt werden. Die Aktivitäten zwischen den Partnerstädten sind recht zahlreich. Jedes Jahr im Mai findet eine Wanderung oder Städtereise statt, die entweder von Russi oder Bopfingen oder der französischen Partnerstadt Beaumont organisiert wird.

Im Sommer gibt es ein Kindertreffen, bei dem sich jeweils 15 Kinder der drei Partnerstädte über drei Jahre hinweg kennenlernen. Die Jugendlichen aus Bopfingen werden jedes Jahr zum europäischen Fußballspiel in Russi eingeladen. Im September beteiligen sich die Bopfinger erfolgreich mit deutschem Bier und Grillwürsten an dem großen Fest „Sett Dulur". Umgekehrt kommen die Freunde aus Russi zu den Heimattagen nach Bopfingen, das sie wegen der mittelalterlichen Stimmung sehr lieben. Die Feier der 20-jährigen Partnerschaft fand im Mai 2016 in Russi statt und in Bopfingen während der Heimattage 2016.

2005 Hüttlingen - Cotignola

Die Partnerschaft zwischen den Gemeinden Hüttlingen und Cotignola wurde im Rahmen der Muffigeltage 2005 offiziell besiegelt. Umrahmt von Musikverein und Bürgergarde wurde die feierliche Unterzeichnung der offiziellen Partnerschaftsurkunde vorgenommen. Bis heute kommen die italienischen Freunde jedes Jahr zu diesem Fest nach Deutschland und die Hüttlinger reisen zum jährlichen Weinfest nach Co-

tignola. Der Musikverein Hüttlingen war dort ebenso Gast wie Vertreter des Gemeinderats, der Vereine, Schule und Kirchengemeinde. Zum Jubiläum der Kreispartnerschaft im Jahr 2012 hatten die Hüttlinger „Sculturies" zehn größere Skulpturen geschaffen, die zum „Maggio in Fiore" in Cervia aufgestellt wurden und die acht Kommunen aus dem Ostalbkreis mit Partnerstädten in der Emilia Romagna repräsentierten.

1999 Kirchheim/Ries - Solarolo

Bereits 1997 knüpfte die Gemeinde Kirchheim am Ries erste Kontakte nach Solarolo. Nach weiteren gegenseitigen Besuchen wurde 1999 der Kirchheimer Partnerschaftsverein „Unisono" gegründet, der sogleich das traditionelle Oktoberfest in Solarolo aus der Taufe hob. Mit einem Tag der Freundschaft wurde ein Jahr später die Verschwisterung der beiden Gemeinden gefeiert.

Auch das 2001 erstmals und seitdem jährlich abgehaltene Weinfest in Kirchheim sprengte alle Erwartungen. Nicht nur die Schulen und Kindergärten, auch der Musikverein, der Sportverein, der Kirchenchor und der Obst- und Gartenbauverein intensivierten ihre Kontakte und waren schon bei einem Besuch in der Partnerstadt dabei. Der kulturelle Austausch wird aber auch durch die Übernahme von Traditionen und Gebräuchen praktiziert. Beispielsweise wird in Solarolo jedes Jahr ein Maibaum und ein Weihnachtsbaum aufgestellt, der von der deutschen Partnerstadt geliefert wird.

1994 Neresheim - Bagnacavallo

Das erste Stadtfest in Neresheim war zugleich Beginn für die offizielle Partnerschaft mit der italienischen Gemeinde Bagnacavallo. So wurde auch das 20-jährige Bestehen der intensiven Freundschaft im Rahmen des Stadtfests 2014 mit Besuch der Europaabgeordneten Dr. Inge Gräßle gefeiert. Wichtigster Motor für den Austausch zwischen den beiden Gemeinden ist der Partnerschaftsverein, der 1994 gegründet wurde. Die Mitglieder haben sich zum Ziel gesetzt, den europäischen Gedanken weiterzutragen, und unterstützen die zahlreichen gegenseitigen Besuche von Jugendgruppen, Schulen und Vereinen.

2000 Schwäbisch Gmünd - Faenza

Die Oberbürgermeister von Schwäbisch Gmünd und Faenza besiegelten 2000 im Gmünder Stadtgarten und 2001 in Faenza die förmliche Städtepartnerschaft. Die Beziehungen zur jüngsten und fünften Gmünder Partnerstadt mit Leben zu erfüllen, war und ist die Aufgabe des Vereins Städtepartnerschaft.

Aber auch die Schiller-Realschule, das Hans-Baldung-Gymnasium und das Scheffold-Gymnasium, die Volkshochschule, die Musikschule und die Fraktionen des Gemeinderats haben sich ihrer angenommen. Neben zahlreichen Besuchen fand 2004 ein Europakongress zur Frage „Was erwartet die junge Generation von den Städtepartnerschaften in der EU?" statt.

Zu Gegenbesuchen kam es unter anderem im Mai 2005, als man anlässlich des 60. Jahrestages des Kriegsendes einen gemeinsamen Gedenkgottesdienst im Münster beging, sowie zum Nikolaustag 2006. Der bisherige Höhepunkt in den Beziehungen war die vierte Reise 2010, als die Gmünder am Reiterfest „Palio di Niballo" teilnahmen.

Freundschaftliche Beziehungen zum Kreis Satu Mare in Rumänien

Im April 2013 hatten Vertreter des Deutsch-Rumänischen Wirtschaftsvereins Satu Mare die Region Ostwürttemberg besucht. Hierbei entstand der Wunsch des gegenseitigen Kennenlernens und Austauschs.

Um zu prüfen, wie eine zukünftige Zusammenarbeit der beiden Landkreise aussehen könnte, wurde eine deutsche Delegation anlässlich der „Tage des Kreises" nach Satu Mare eingeladen. Landrat Klaus Pavel, Erster Bürgermeister Dr. Joachim Bläse, Fraktionsvorsitzender Josef Mischko, Fraktionsvorsitzender Peter Traub, Kreisrat Dr. Rolf Siedler, Judith Bildhauer, Josef Szepeschy und Stefan Weber folgten dieser Einladung.

Ergebnis dieses Besuches war die offizielle Unterzeichnung einer Absichtserklärung zur Zusammenarbeit und zum gegenseitigen Austausch. Darin verpflichteten sich beide Landkreise auch dazu, dieses Vorhaben in naher Zukunft weiter zu konkretisieren.

So kam es im September 2016 zu einem Gegenbesuch einer neunköpfigen Delegation um Landrat Radu Bud und damit verbunden zur Aufnahme weiterer Gespräche sowie zum Abschluss einer Kooperationsvereinbarung.

Der Landkreis Satu Mare

Satu Mare, das Siedlungsgebiet der Sathmarer Schwaben, gehörte geschichtlich betrachtet abwechselnd zu Ungarn und Rumänien. Heute besteht der Kreis Satu Mare offiziell aus 234 Ortschaften. Davon haben sechs den Status einer Stadt, 58 den einer Gemeinde. Der Kreis hat rund 370.000 Einwohner, davon rund zwei Drittel Rumänen, ein Drittel Ungarn sowie Roma, Deutsche und Ukrainer.

Die Stadt Oberkochen unterhält mit der ungarischen Stadt Mátézsalka im Gebiet Szatmár seit 2008 eine Städtepartnerschaft. Hierbei wurden auch die ehemals szatmarschwäbischen Gemeinden im rumänischen Gebiet Satu Mare einbezogen, zu denen teilweise ebenfalls enge Verbindungen bestehen. Dies gilt zudem für die Vertretung der deutschen Minderheit in Rumänien bzw. in Satu Mare, dem Deutschen Demokratischen Forum. Dieses setzt sich bis heute für die deutschen Minderheiten und deren schulische und kulturelle Arbeit ein. Die deutsche Sprache ist für die heutige Bevölkerung insbesondere wegen der deutschen und österreichischen Unternehmen vor Ort wichtig.

Geologie
Hans-Joachim Bayer
Ulrich Sauerborn

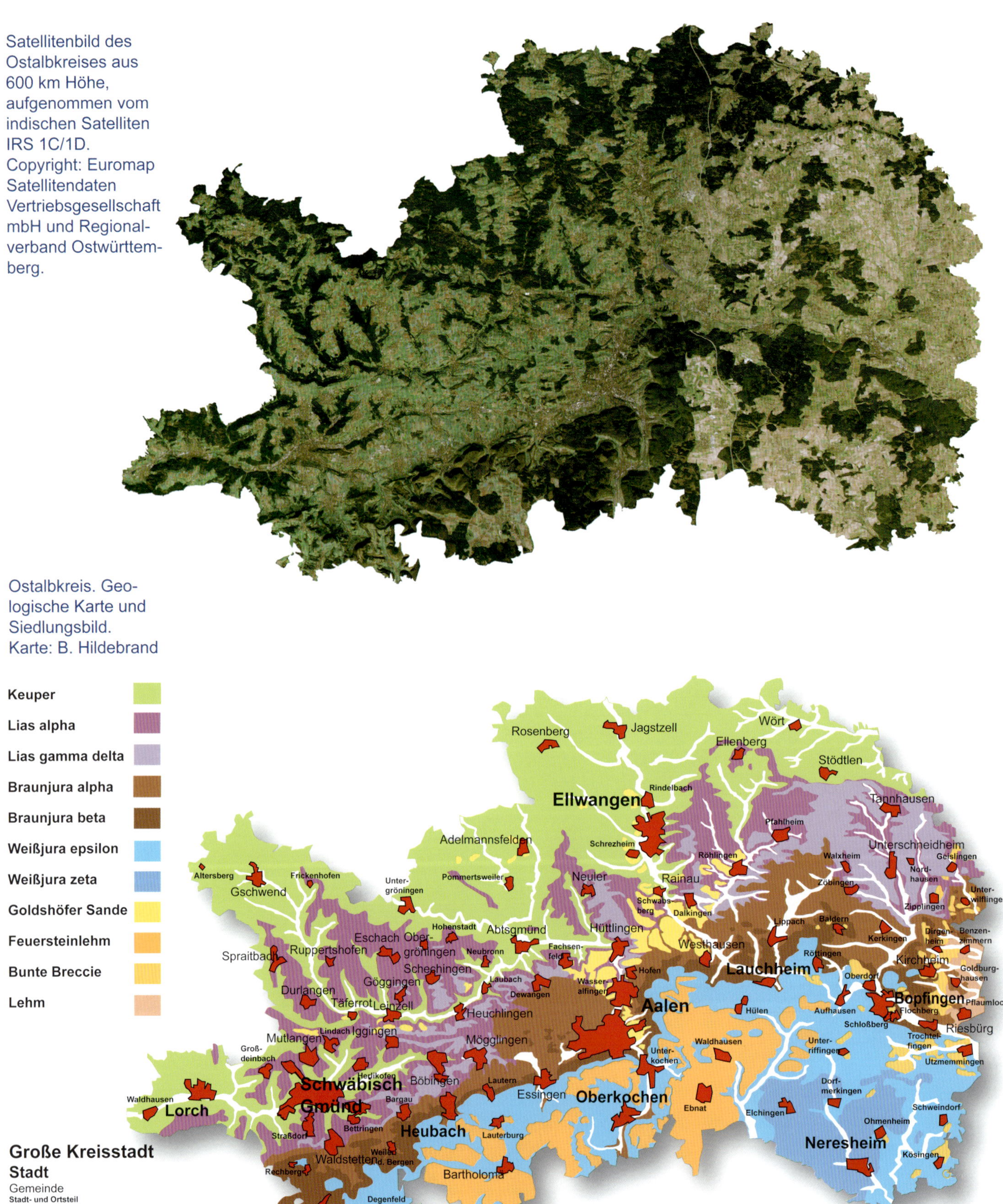

Satellitenbild des Ostalbkreises aus 600 km Höhe, aufgenommen vom indischen Satelliten IRS 1C/1D. Copyright: Euromap Satellitendaten Vertriebsgesellschaft mbH und Regionalverband Ostwürttemberg.
Ostalbkreis. Geologische Karte und Siedlungsbild. Karte: B. Hildebrand
Keuper
Lias alpha
Lias gamma delta
Braunjura alpha
Braunjura beta
Weißjura epsilon
Weißjura zeta
Goldshöfer Sande
Feuersteinlehm
Bunte Breccie
Lehm
Große Kreisstadt
Stadt
Gemeinde
Stadt- und Ortsteil
10 km
Rosenberg
Jagstzell
Wört
Ellenberg
Stödtlen
Rindelbach
Tannhausen
Ellwangen
Pfahlheim
Schrezheim
Röhlingen
Unterschneidheim
Adelmannsfelden
Walxheim
Geislingen
Pommertsweiler
Neuler
Rainau
Zöbingen
Nordhausen
Altersberg
Frickenhofen
Unter-gröningen
Schwabsberg
Dalkingen
Unterwilflingen
Zipplingen
Gschwend
Hohenstadt
Abtsgmünd
Hüttlingen
Lippach
Baldern
Dirgenheim
Benzenzimmern
Eschach
Ober-gröningen
Fachsenfeld
Westhausen
Kerkingen
Spraitbach
Ruppertshofen
Neubronn
Wasser-alfingen
Röttingen
Kirchheim
Scheringen
Laubach
Hofen
Lauchheim
Oberdorf
Goldburg-hausen
Göggingen
Dewangen
Durlangen
Täferrot
Leinzell
Heuchlingen
Aalen
Hülen
Aufhausen
Bopfingen
Flochberg
Pflaumloch
Lindach
Iggingen
Mögglingen
Schloßberg
Trochtelfingen
Riesbürg
Mutlangen
Waldhausen
Unter-kochen
Unter-riffingen
Groß-deinbach
Hedikofen
Böbingen
Lautern
Essingen
Oberkochen
Dorf-merkingen
Schwäbisch Gmünd
Bargau
Waldhausen
Bettringen
Heubach
Lauterburg
Ebnat
Elchingen
Schweindorf
Lorch
Ohmenheim
Neresheim
Straßdorf
Weiler d. Bergen
Waldstetten
Köisngen
Rechberg
Bartholoma
Degenfeld
Wißgoldingen

Geologie, Paläontologie, Landschaftsgeschichte und Rohstoff-Nutzung

Kaum ein Gebiet in Süddeutschland bietet solch eine landschaftliche Vielfalt wie der Ostalbkreis. Das herrliche Wental mit seinen bizarren Kletterfelsen, die hoch aufragenden Zeugenberge vom Ipf bis zum Hohenstaufen, Ellwanger Berge, Frickenhofer Höhe oder die tief eingeschnittenen Täler von Rems, Kocher und Jagst sind nur einige berühmte Beispiele für unseren außerordentlich abwechslungsreichen Landschaftsbau. Ursache dafür sind die völlig unterschiedlichen Gesteine im Untergrund, die fast alle aus der Keuper- und Jurazeit stammen und etwa 220 bis 150 Millionen Jahre alt sind. Harte und weiche Gesteine wechseln sich in der mehrere Hundert Meter mächtigen Gesteinsserie ab und bilden den typischen „treppenartigen" Aufbau unseres Süddeutschen Schichtstufenlandes. Dabei bildet der Albtrauf (die „Kante" der Schwäbischen Alb), der aus den harten Kalksteinen des weißen Juras besteht und sich quer durch den Ostalbkreis zieht, die eindrucksvollste dieser „Treppen". Berühmt sind die Gesteine der Ostalb auch für ihren großen Reichtum an herrlichen Fossilien, der bis zum heutigen Tag sowohl Paläontologen als auch Hobbysammler in großer Zahl auf die Ostalb lockt.

Die besondere Bedeutung der Geologie für unseren Raum spiegelt sich auch in zahlreichen Bildungseinrichtungen wieder: Das Urweltmuseum Aalen mit einer herausragenden lokalen Fossiliensammlung, die paläontologische Abteilung im Museum im Prediger in Schwäbisch Gmünd, die geologischen Abteilungen in den Heimatmuseen in Oberkochen und Hüttlingen-Niederalfingen, mehrere geologische Pfade sowie das Besucherbergwerk Tiefer Stollen in Aalen-Wasseralfingen – mit jährlich 40.000 bis 50.000 Besuchern die bestbesuchte Touristenattraktion der Region – sind dabei besonders erwähnenswert.

Weltweit bei den Geologen bekannt ist das „Aalenium", die nach der Stadt Aalen benann-te, unterste Stufe des Braunen Juras, und als besondere Auszeichnung wurde der im Jahre 2003 gegründete Nationale Geopark Schwäbische Alb im November 2015 in das neue UNESCO Global Geopark-Programm aufgenommen.

Geologische Strukturen des Ostalbkreises im Satellitenbild

Weltraumaufnahmen lassen uns die einheimische, wohl vertraute Landschaft in einer völlig neuen Perspektive erscheinen, wobei in besonderer Detaildichte Wechselwirkungen zwischen den Naturräumen und der Nutzung durch Menschenhand auffallen. Die Satellitenbildszene, die den gesamten Ostalbkreis umfasst, wurde im Jahr 1998 aus 600 km Flughöhe von dem indischen Satelliten IRS 1C/1D aus erfasst. Wesentliche Landschaftselemente unserer Region lassen sich hervorragend erkennen: Keuperbergland – Albvorland – Schwäbische Alb und Nördlinger Ries. Diese Landschaftselemente sind Teil des Süddeutschen Schichtstufenlandes, das aus Ablagerungsgesteinen (Sedimenten) des Erdmittelalters aufgebaut ist und in dem Gebirgsbewegungen und Abtragungen der Erdneuzeit für eine treppenförmige Ausgestaltung gesorgt haben. Die Schichtstufen prägen die heutige Oberfläche der Ostalblandschaft.

Keuperbergland

Die untere Schichtstufe im Landkreis, das Keuperbergland im Norden und Westen, bezeichnet man auch als Schwäbisch-Fränkisches Waldland. Die Keupergesteine, die den oberen Teil der Triasformation des Erdmittelalters bilden, wurden vor 220 bis 200 Millionen Jahren abgelagert und bestehen im Wesentlichen aus Tonmergeln (Letten) und Sandsteinen. Die erdneuzeitliche Abtragung sorgte hier vor allem für vielartig verschlungene und kerbförmige Taleinschnitte, wobei die Berghänge je nach dem Sandstein- oder Lettenaufbau des Gesteinsuntergrundes steiler oder flacher ausgeformt sind. Im Satellitenbild fällt das Keuperbergland zudem durch seinen hohen Anteil an Mischwäldern, seinen hohen Weidelandanteil, eingestreute Ackerlandflächen sowie viele zerstreut liegende, kleinere Ortschaften, Weiler und Einzelgehöfte auf. Lediglich die Städte Ellwangen und Schwäbisch Gmünd – die mit ihren älteren Siedlungsteilen im Talgrund noch im Keuperbergland liegen, deren neu besiedelte, verflachende Randhöhen jedoch zu den Schwarzjuraebenen gehören und damit zum Albvorland zählen – erscheinen als größere Siedlungskörper. Das siedlungsmäßig kompaktere Ellwangen im nördlichen Areal des Satellitenbildes erscheint vom Weltraum aus fast größer als das im Westen sichtbare Schwäbisch Gmünd, das durch seine gestreckten Siedlungsflächen (Remstal und Seitentäler) weniger geschlossen wirkt.

Albvorland

Die Schichtstufe des Albvorlandes grenzt sich im Satellitenbild durch eine auffällige Waldarmut, einen nördlichen Gürtel größerer, zusammenhängender landwirtschaftlicher Nutzflächen und einen südlichen, breiten Grünlandgürtel vom Keuperbergland ab. Das Albvorland selbst wird nach Süden sehr scharf vom breiten Laubwaldsaum des Albtraufs, also der Steilkante und damit der sehr hohen Schichtstufe der Schwäbischen Alb, abgegrenzt. Das Albvorland liegt im Bereich der Schwarzjura(Lias)- und der Braunjura(Dogger)-Gesteine und wird von diesen bis hin zur landwirtschaftlichen und industriellen Nutzung geprägt. Das Schwarzjuraland bildet aufgrund der hohen Verwitterungsresistenz der unteren Felsbänke eine flache Schutzplatte über unverletzte, unterlagernde Keuperschichten. Auf dieser Schutzplatte sind jedoch häufig auch Tone und Mergel der mittleren und oberen Liasschichten erhalten, welche zu schweren (tonigen) Lehmböden verwittern und somit auf den großen Schwarzjuraebenen im Landkreis eine ergiebigere Landwirtschaft erlauben. Die über dem Schwarzjura und im direkten Vorland der Schwäbischen Alb liegenden, z. T. welligen Braunjuraflächen bedingen weitgehend den Grünlandgürtel im Satellitenbild. Die mächtigen Tone des unteren Braunjura, aber auch des obersten, bilden fast reine Tonböden mit Vernässungseffekten und eignen sich daher vorzugsweise als Weideland. Im mittleren Braunjura bei tonig-sandigen bis sandigen Gesteinen sind schon eher ackerbauliche Nutzungen gegeben; hohe Eisengehalte im Gestein lassen die zum Teil bis intensiv rot gefärbten Ackerbauflächen innerhalb des Grünlandgürtels erkennen.

Die im Satellitenbild als große, doppelte Siedlungsstruktur wahrnehmbare überbaute Fläche im abknickenden Grüngürtel ist Aalen (südlicher Teil) und sein Stadtbezirk Wasseralfingen (nördlicher Teil). Laubwaldgürtel im Süden (Langert) und Osten (Braunenbergvorsprung, Flexner) markieren den Albtrauf und begrenzen hier die so genannte Aalener Bucht, in deren Kern die Hauptsiedlungsfläche des Stadtgebietes liegt. Die starke industrielle Ballung in Aalen und den südlich folgenden Orten im Kocher-Brenz-Tal ist dem jahrhundertelang genutzten Rohstoff Eisenerz aus dem Braunjura des Albvorlandes bei Aalen, aber auch den vielen lokalen Bohnerzlagerstätten auf der Albhochfläche zu verdanken.

Schwäbische Alb

Die Schwäbische Alb mit ihrer hohen Schichtstufensteilkante des Albtraufs – gebildet aus mächtigen felsbankigen und massig-felsigen Weißjuragesteinen (Malm) und einer daran anschließenden, etwas kuppigen, weiten Hochfläche – ist wohl die markanteste Schichtstufe im Ostalbkreis. Der 150 bis 400 m hohe Steilanstieg des Albtraufes bildet einen Bereich von landschaftlich besonderer Schönheit, die durch einzelne Inselberge (Ipf, Rechberg, Stuifen, Hohenstaufen) sowie durch Berghalbinseln (Scheuelberg, Rosenstein) vor dem geschlossenen Albtrauf noch einen besonders hohen Reiz erhält. Die dahinter liegende Weißjurahochfläche ist demgegenüber eher als raues und ehemals karges Land zu bezeichnen, das von Trockentälern durchzogen wird. Die Albhochfläche, so zeigt es die Aufnahme, ist etwa zur Hälfte von Wald bedeckt, wobei die Nadelwaldanteile meist auf starken Lehmböden über den Weißjurakalken stocken, während die Laubwaldanteile eher direkt auf Kalk- und Mergelrohböden angesiedelt sind. Die landwirtschaftlich genutzten Gebiete auf der Albhochfläche (große Feldeinteilungen sind häufig) zeigen trotz der Kargheit des Bodens eine hohe ackerbauliche Nutzung, die freilich durch die Bodenverbesserungsmaßnahmen der jüngeren Zeit erst sinnvolle Erträge erbringen konnte. Die als Rodungsinseln entstandenen, zerstreut liegenden Ortschaften auf der Albhochfläche fallen kaum innerhalb landwirtschaftlicher Flächen auf. Feldflächen schneiden recht geradlinig und kantig an den ebenen Waldflächen ab. Hervorragend lässt sich die Trasse der Autobahn A 7 verfolgen, die sich von Süden nach Norden quer durch den Ostalbkreis als graue Linie schlängelt. Eingriffe in die Wälder rühren von Großsteinbrüchen (Kalksteine, Mergelgewinnung) der Steine- und Erden-Industrie her.

Nördlinger Ries

Die vierte und im Weltraumbild sehr auffällige Landschaftsregion, das Nördlinger Ries, betrifft mit seinem westlichsten Teil noch den Ostalbkreis. Das nahezu waldfreie Gebiet (östlich des Ipf) mit seinen großen, sehr ertragreichen Ackerflächen bildet auch innerhalb des Süddeutschen Schichtstufenlandes eine Sonderstruktur. Diese lange geologisch rätselhafte Sonderstruktur, die in ihrer Gesamtheit einen rund 25 km durchmessenden „Kreis" darstellt, ist heute nachweislich als Sprengtrichter eines großen Meteoriten zu verstehen, der vor 14,8 Millionen Jahren in das Übergangsgebiet vom Schwäbischen zum Fränkischen Jura (Alb) einschlug.

Sowohl von der naturräumlichen Gliederung als auch der landschaftlichen Nutzungsbeanspruchung bietet das Ostalbgebiet ein relativ ausgewogenes Erscheinungsbild. Menschliche Eingriffe, vor allem der jüngsten Zeit, werden deutlich sichtbar. Wie überall in Süddeutschland hat die Zersiedlung und infrastrukturelle Zergliederung der Landschaft stark zugenommen.

Die Gesteinseinheiten

Im tieferen Untergrund – unter den an der Erdoberfläche anstehenden Gesteinen – lagern ältere Gesteinsschichten, die im Westen des Landkreises, und hier besonders unter dem Raum Heubach – Bartholomä, bis etwa 1.400 m in die Tiefe reichen, während im Osten des Landkreises, im Übergangsbereich zum Nördlinger Ries, diese schichtförmigen Gesteine nur bis 350 bis 400 m Tiefe auftreten. Diese älteren Gesteinsschichten gehören dem Unteren Keuper, dem Muschelkalk, im Westen des Landkreises auch dem Buntsandstein und im Raum Heubach – Bartholomä dem Perm an. Die permischen Schichtgesteine (Rotliegend-Sedimente) sind maximal 280 Millionen Jahre alt. Unter diesen liegen ältere magmatische und metamorphe Gesteine (im Wesentlichen Gneise und Granite) des ehemaligen mitteleuropäischen Variskischen Gebirges.

Gesteine des Keupers

Vor 220 Millionen Jahren begann die Keuperzeit, deren Letten-, Mergel- und Sandsteinablagerungen überwiegend in Flachmeer- und weiten Küstenräumen (land- und seeseitig) entstanden sind. Keupergesteine zeichnen sich durch eine besondere Buntheit aus. Gerade die Mergelablagerungen zeigen oft einen schnellen Wechsel von rotbraunen bis rotvioletten und grünen bis graugrünen Lagen. Etwa ein Drittel der Landkreisfläche – der Norden und Westen – wird von Keupergesteinen eingenommen, wobei die beiden untersten Gesteinseinheiten (Lettenkeuper und Gipskeuper) im Landkreis nicht mehr aufgeschlossen sind. Noch innerhalb des Landkreises, an den unteren Talflanken von Rems, Kocher und Jagst, steht jedoch die darüber folgende Keupereinheit des Schilfsandsteins als feinkörniger, etwas ton- und glimmerhaltiger, grünlicher, bisweilen roter bis rotbrauner Sandstein in steilen Lagen zutage an.

Die Schichtstärke (Mächtigkeit) dieses gleichmäßig, feinkörnigen Sandsteins kann zwischen 5 und 20 m, ja sogar bis 30 m schwanken. Der Schilfsandstein war früher ein beliebter und häufig gewonnener Werksandstein, von Waldhausen im Remstal wurde er z. B. per Bahnfracht auch in den Stuttgarter Raum geliefert.

Über dem Schilfsandstein folgen die Bunten Mergel, insgesamt 40 m (im Westen) bis etwa 75 m (im Norden) mächtig, die in ihrem Mittelbereich von dem 15 bis 30 m starken Kieselsandstein unterbrochen werden. Es sind typische Keupertonmergel (im Volksmund „Letten" genannt), leicht feinsandig, überwiegend rotbraune bis rotviolette, flach und parallel lagernde, schiefrige Tonmergelsteine, oftmals einen schnellen Wechsel zu grünen und graugrünen Lagen zeigend. Beim Kieselsandstein handelt es sich um weißgraue, überwiegend mittel- bis grobkörnige, häufig schräg geschichtete und zum Teil wenig verfestigte Sandsteine. „Bunte Mergel" und „Kieselsandstein" gestalten oft Hanglagen im Keuperbergland.

Stubensandstein (Löwenstein-Formation)

Die nächste Gesteinseinheit des Keupers, der grobkörnige Stubensandstein mit seiner etwa 100 m mächtigen Gesteinsfolge, ist bestimmend für große Landschaftsteile im Norden und im Westen des Keupergebietes (Ellwanger Berge, Lein-Rems-Bereich). Der Stubensandstein, von etlichen bunten Tonsteinfolgen unterbrochen, besteht im Wesentlichen aus drei Sandsteinfolgen, welche das Landschaftsbild auch unterschiedlich prägen. Der untere Stubensandstein mit seinen harten, kalkigen Sandsteinlagen zeigt häufig Verebnungen, die oft ackerbaulich genutzt werden. In Flusstälern hingegen bildet er steile Hananstiege und oftmals auch Talverengungen. Der mittlere Stubensandstein mit weni-

ger harten Sandsteinbänken und einem größeren Anteil an Tonhorizonten tritt in Hanglagen als flacheres, unruhiges, welliges Wiesengelände in Erscheinung oder erfreut sich eines guten Mischwaldbestandes. Täler weisen hier deutliche Weitungen auf. Der obere Stubensandstein mit seinen härteren und kompakteren Sandsteinlagen zeigt oft einen bewaldeten Steilanstieg an den Hanglagen oder bildet die Bergkämme der Ellwanger Berge.

Stubensandstein wurde früher als Fegsand zum Reinigen der Stuben benutzt und hatte auch als fester Werksandstein große Bedeutung. Die Farbe der Sandsteine schwankt zwischen weiß bis gelblich, gelbgrün, gelbbraun, grün und grünbräunlich. Unzählige Gebäude im Landkreis sowie zahlreiche verlassene Steinbrüche gerade im oberen Stubensandstein künden von der früher intensiven baulichen Nutzung dieses recht verwitterungsfesten Bausandsteines.

Bergwerke, Bierkeller und Höhlen im Stubensandstein

Fast völlig in Vergessenheit geraten waren die zahlreichen großen Hohlräume, Keller und Sandbergwerke, die im fast gesamten Bereich des oberflächennah anstehenden Stubensandsteins in den letzten Jahrhunderten angelegt wurden. Auf diesen Umstand hat der Ellwanger Naturkenner und Amateurgeologe Hans-Dieter Bolter hingewiesen. Er konnte allein im Stadtgebiet von Ellwangen in Verbindung mit dem geologischen Landesamt 15 große unterirdische Hohlräume untersuchen und vermessen. Neben großen privaten Sandsteinkellern handelt es sich dabei unter anderem um Bierkeller wie dem bekannten Rotochsenkeller, aber auch um mehrere erstaunlich große Sandbergwerke wie zum Beispiel dem Heinleskeller. Hier wurde der oben schon erwähnte Fegsand vor allem in der Winterzeit bis Anfang des 20. Jahrhunderts bergmännisch gewonnen. Enorme 650 m Länge erreicht dabei der Blauhornkeller, das längste begehbare Sandsteinbergwerk in Baden-Württemberg und Bayern. Seit 2011 kann diese einzigartige Bergwerksanlage mit seinen verzweigten Gängen schon in kleinen Gruppen bestaunt werden. Als ganz besondere touristische Einrichtung plant die Stadt Ellwangen ab der Sommerzeit 2017, hier ein voll beleuchtetes Besucherbergwerk einzurichten, das in dieser Art in Süddeutschland einzigartig sein wird. Viele weitere kleine und große derartige Keller und Hohlräume finden sich im Keuperbergland der Ostalb wie zum Beispiel in Neuler oder in Schwäbisch Gmünd im Bereich der steilen Talhänge des Remstals. Der bekannte Nepperberg mit seinen zahlreichen Hohlräumen und Gängen ist dabei fast schon wie ein Schweizer Käse durchlöchert. Hier ist mit der in den Stubensandstein eingebauten Felsenkapelle St. Salvator auch ein wundervolles Kulturdenkmal, das in dieser Art weltweit nicht nur für die Kirchengeschichte sondern auch für die Geologie einmalig ist.

Einige der größeren Hohlräume der Region im Stubensandstein wurden übrigens im Zweiten Weltkrieg als Luftschutzbunker verwendet. In Ellwangen gab es sogar bis in das 20. Jahrhundert eine unterirdische Froschzucht zur Gewinnung von Froschschenkeln. Sonst dienten die großen „Höhlen" als Lagerräume zum Beispiel für Obst, Gemüse und Kartoffeln oder als ideale Bierkeller. Eine wichtige Bedeutung haben diese unterirdischen Hohlräume nach wie vor bei der Überwinterung von Fledermäusen, die hier ein ideales Quartier für die kalte Jahreszeit finden.

Knollenmergel (Trossingen-Formation)

Über dem oberen Stubensandstein folgt die Problemeinheit des Keupers, der Knollenmergel. Diese roten, rotbraunen bis violetten Mergel von ungeschichteter, flaseriger Erscheinung sind verantwortlich für Hangdurchnässungen, Rutschbewegungen und damit zum Beispiel auch für Straßenschäden und Schrägstellungen von Bäumen. Das liegt an einem Anteil quellfähiger Tonmineralien, die sich durch Wasseraufnahme ausdehnen können. Auf den 15 bis 23 m mächtigen Knollenmergeln bestand we-

Schwäbisch Gmünd, St. Salvator. Die Kapelle ist in den anstehenden Stubensandstein-Fels gehauen. Foto: U. Sauerborn

gen der Rutschungsschäden im letzten Jahrhundert Bauverbot und auch heute noch erfordert das Bauen hier kostspielige Sondermaßnahmen.

Fossilien

Im Gegensatz zum Jura finden sich im Keuper relativ wenige Fossilien. Bekannt sind vor allem die lagenweise im Stubensandstein vorkommenden verkieselten (in Quarz umgewandelte) Hölzer. Sie lassen sich auf Feldern, in Bachläufen oder auch in Neubaugebieten zwischen Ellwangen und Gschwend aufsammeln. Reste von mehreren Meter langen und bis zu 50 cm dicken Baumstämmen sind aus der Region bekannt. Meist handelt es sich um weitläufige Verwandte der heutigen Araucarie (Zimmertanne). Teilweise zeigen die etwa 210 Millionen Jahre alten verkieselten Hölzer schöne rötliche oder grünliche Farben. Nach dem Anschleifen und Polieren lassen sich sogar noch manchmal Jahresringe identifizieren. Als ganz große Seltenheit sind aus dem Abtsgmünder Raum wenige Knochen von Plateosaurus, dem bis zu 8 Meter langen Landsaurier (Schwäbischer Lindwurm) der Keuperzeit, bekannt.

Jura	Schwäbische Stufengliederung		Mächtigkeit ca.	Internationale Stufengliederung
	145 Millionen Jahre	ζ		Tithonium
	Weißer Jura oder Oberjura	ε		
		δ	30–50 m *31 m	Kimmeridgium
		γ	30–40 m *35 m	
		β	19–22 m *22 m	Oxfordium
	159 Millionen Jahre	α	70–75 m *70 m	
	Brauner Jura oder Mitteljura	ζ	11–13 m *12 m	Callovium
		ε	6–12 m	Bathonium
		δ	*6,5 m	Bajocium
		γ	11–12 m 11,5 m	
		β	43–47 m *45,5 m	**Aalenium**
	180 Millionen Jahre	α	100–112 m *111 m	
	Schwarzer Jura oder Unterjura	ζ	0,3–2 m *1,0 m	Toarcium
		ε	10–14 m *13,5 m	
		δ	13–26 m *20,0 m	Pliensbachium
		γ	5,0 m	
		β	5–9 m *6,0 m	Sinemurium
	200 Millionen Jahre	α	11–15 m *14,5 m	Hettangium

Juragliederung der Ostalb. Die mit * gekennzeichneten Zahlen beziehen sich im Schwarzen und Braunen Jura auf die Thermalwasserbohrung Aalen 1980, im Weißen Jura auf den Braunenberg bei Aalen.

Der Jura

Schwarzer Jura

Der Schwarze Jura (Lias) gliedert sich wie die übrigen Jurafolgen in sechs Untereinheiten, die mit Alpha bis Zeta gekennzeichnet werden. Die unterste Einheit hiervon wird nochmals in drei Subfolgen unterteilt. Die gesamte Serie erreicht im Kreisgebiet eine Schichtdicke von 22 m bis über 40 m. Markant ist die morphologische Geländeprägung der unteren Serie: Einerseits bewirkt sie deutliche Hochflächenverebnungen, während sie andererseits zu den Hangflanken der Taleinschnitte hin eine deutliche und abschüssige Geländekante ausbildet. Hochflächen-Randsiedlungen, wie z. B. Hohenstadt, Mutlangen, Lindach und Deinbach, stehen ganz auf bausicherem Schwarzjura Alpha. Er besteht vor allem aus dunklen Tonsteinen, relativ festen, dazwischen gelagerten Sandsteinbänken und einzelnen, Schalentrümmer enthaltenden Kalksandsteinen. Die nach oben abschließende Gryphaeenkalklage des Schwarzjura Alpha erreicht nur eine Schichtdicke von 1,5 bis 2 m. Sie besteht aus sehr harten, fossilreichen Kalksteinbänken, gespickt mit Schalentrümmern, versteinerten Muscheln (vor allem Gryphaeen) und zum Teil recht großen Ammoniten (zumeist Arieten, auch „Wagenrad-Ammoniten" genannt).

Bemerkenswert ist für den Raum Abtsgmünd – Hüttlingen eine eisenoolithische Ausbildung der untersten Bänke der Gryphaeenkalke. Seit dem Mittelalter gab es mehrfach Eisenerzabbauversuche und kleine Tagebaustellen in diesem eisenreichen Gesteinshorizont.

Der nächst höhere Schwarzjurahorizont ist etwa 6 m mächtig. Er besteht überwiegend aus dunklen Tonsteinen (Turneriton), darüber folgen die 1 bis 4 m dicken, helleren Numismalismergel des Schwarzjura Gamma. Diese Mergel enthalten Laibsteinlagen und anmergelige Kalksteinbänke. Bedeutender ist der Amaltheenton des Schwarzjura Delta, der bei Schwäbisch Gmünd 12 m, bei Aalen 15 bis 23 m, bei Bopfingen 36 bis 40 m, bei Ellwangen 20 bis 28 m aufweist und durch schwere Acker- und Wiesenböden auffällt. Dunkle Tonsteine bestimmen diese Abfolge. Der Ölschiefer des Schwarzjura Epsilon (Posidonienschiefer) und die Kalk- und Mergelbankfolge des Schwarzjura Zeta (Jurensismergel) bilden wieder Verebnungsflächen im Albvorland (nördlich von Mögglingen, bei Dewangen, Hüttlingen, Buch, Walxheim und Unterschneidheim). Die bis maximal 12 m mächtigen bläulich-schwarzen, schieferig, plattigen Tonmergel- bis Mergelsteine des Ölschiefers enthalten 8 bis 11 Prozent Bitumen. Fischsaurierfunde aus Holzmaden bei Bad Boll haben den schwäbischen Ölschiefer weltberühmt gemacht, jedoch auch der Gmünder und der Aalener Raum haben interessante Saurierfunde im Ölschiefer hervorgebracht. Der Schwarzjura Zeta schließt mit einer geringmächtigen Kalk- und Mergelbankfolge (Jurensismergel) nach oben ab. Algensaumzonen und Ammonitenanreicherungen sind häufig im Lias Zeta zu finden.

Brauner Jura

Im Vorfeld des Albtraufes treten die Gesteine des Braunen Juras (Dogger) offen zutage und sind besonders in der gesamten Aalener Bucht, aber auch um Lauchheim und Bopfingen die bestimmende Gesteinseinheit. Die Braunjuragesteine weisen eine Gesteinsmächtigkeit von bis zu 185 m auf. Sie zeigen bei Verwitterung meist auch eine braune, braunrote und braungraue bis graue Farbe und verwittern zu nährreichen und guten Böden, die vor allem von der Landwirtschaft und dem Obst- und Gartenbau eingenommen werden. Unterste Einheit ist der Braunjura Alpha (Opalinuston, international „Unteres Aalenium", der Name kommt von der Stadt Aalen, sodass weltweit alle Gesteine dieser geologischen Zeiteinheit „Aalenium" heißen). Braunjura Alpha besteht nur aus einer, fast fossilleeren, gleichförmigen Abfolge von grauen bis dunkelgrauen Tonsteinen, die zu brauner, schwerer Erde verwittern. Etwas Feinsand und geringe Glimmergehalte weist die etwa 110 m mächtige Tonsteinfolge auf, die nach oben hin von einer Kalksandsteinbank, der so genannten Wasserfallschicht, begrenzt wird. Der Opalinuston ist ein beliebter Rohstoff für die Ziegelherstellung, durch feindisperse Pyrit-(FeS_2-) Verteilung im Ton führen die Bäche aus dem Opalinuston auch oft sulfathaltige Wasser. Baugruben in Hanglage sind oft rutsch- und setzungsgefährdet, zudem benötigt der Fundamentbeton einen besonderen Säureschutz.

Braunjura Beta (Eisensandsteinserie, Personatensandstein, Oberaalenium) war früher die wirtschaftlich bedeutsamste Gesteinsfolge unserer Region. Die 35 bis 55 m dicke Gesteinsserie enthält Sandflaserschichten, bis zu zehn Eisenerzflöze, Sandsteinhorizonte, Tonsteine und Kalksandsteinbänke. Die beiden mächtigsten Eisenerzflöze des Braunjura Beta wurden früher am Burgstall bei Aalen, am Bol bei der Erlau (auch „Berg Sinai" genannt) und beim Grauleshof (Erzgrube „Roter Stich"), am Braunenberg bei Wasseralfingen (Erzgrube „Wilhelm") sowie bei Essingen bergmännisch abgebaut. Die Sandsteinhorizonte wurden früher durch kleinere Steinbrüche aufgeschlossen; die abgebauten Sandsteine waren ein beliebter Werksandstein, die kleineren Sandsteinstücke wurden zu Bausand oder Formsand zermahlen.

Lauchheim, Banzenmühle. Neuer Steinbruch mit Donzdorfer Sandstein im Ober-Aalenium. Der Donzdorfer Sandstein ist das Haupt-Baumaterial des Ulmer Münsters. Foto: U. Sauerborn

Die Sandflaserschichten, tonigsandige engständige und zum Teil linsenförmige Wechsellagen, waren als „beibrechende Nebengesteine" bei der Eisenerz- und auch bei der Sandsteingewinnung wenig beliebt, ihr Erscheinungsbild und die zahlreichen Wühlgefüge und Wellenrippeln im Gestein belegen jedoch, dass sie typische Wattenmeersedimente sind. Auch die Eisenerze und Sandsteinlagen sind typische Küstensaumablagerungen.

Braunjura Gamma (Sonninienschichten, Unteres Bajocium) besteht im überwiegenden Teil wieder aus Tonsteinen, nur der unterste und der mittlere Bereich der 5 bis 11 m starken Abfolge besteht aus einer Schalentrümmerbank (Sowerbyinbank) und aus einer Kalksandsteinbank

Lauchheim, der Obere Turm der alten Stadtumwehrung besteht aus Doggersandstein aus dem Aalenium.
Foto: B. Hildebrand

Das Aalenium – weltweit bekannte Jura-Stufenbezeichnung der Ostalb

Zu Anfang des 19. Jahrhunderts begann sich die Wissenschaft intensiv mit dem geologischen Aufbau der Schwäbischen Alb und mit den darin vorkommenden Versteinerungen (Petrefakten) auseinanderzusetzen. Damals stand auch der Bergbau auf Eisenerz in den Gruben in Aalen und Wasseralfingen in voller Blüte, was dazu führte, dass alle bedeutenden schwäbischen Geologen in unseren Raum kamen, um sich vor Ort diese ausgezeichneten Aufschlüsse anzusehen und zu studieren.

Mit dem gewinnbringenden Erz, das von den Schwäbischen Hüttenwerken in ihrem Hochofen Wasseralfingen verhüttet wurde, gelangten zudem ständig neue, einmalige Versteinerungen aus der Tiefe unserer Schwabenalb ans Tageslicht. Das war eine große Besonderheit, denn diese durch den Bergbau erschlossene Schicht des Unteren Braunjura war sonst auf der Schwäbischen Alb nur schlecht oder gar nicht aufgeschlossen. Deshalb erreichte die Aalener Bucht mit den Bergwerken in Aalen und Wasseralfingen in der Geologie europaweit Bedeutung und Berühmtheit, was nicht zuletzt durch die internationale Stufenbezeichnung „Aalenium" belegt wird, die heute auf allen modernen geologischen Karten verwendet wird. Die wirtschaftliche Bedeutung des erzhaltigen Gesteins intensivierte seine geologische und paläontologische Erforschung. Vor allem in der Mitte des 19. Jahrhunderts erschienen grundlegende wissenschaftliche Studien, die die Bedeutung der Aalener Bucht für die Erdwissenschaften unterstreichen. Schon 1854 benannte der französische Geologe D`Orbigny einen Teil des Braunjura als „Aalenium".

Bekannt machte diese Bezeichnung aber erst eine lithographische Tafel des Schweizer Geologen C. H. Meyer-Eymar aus dem Jahre 1864, die die unteren Braunjuraschichten mit „Etagé Aalenien, Aalenstufe, Aalenio oder Aalenseries" bezeichnete. Der Begriff „Aalenium" fand nun schnell Eingang in die wissenschaftliche Literatur. Endgültig führte ihn dann das Jura-Kolloquium des Jahres 1962 in Luxemburg in die Jurastratigraphie ein. Es legte den Beginn des „Aalenium" verbindlich mit dem Unteren Braunjura fest. Das „Aalenium" entspricht damit Quenstedts Braunjura Alpha und Beta.

Auf der Ostalb tritt der Schichtkomplex des „Aalenium" als ca. 150 m mächtige Ton- und Sandsteinserie auf, die sich außerordentlich landschaftsprägend zeigt. Der untere Abschnitt des „Aalenium", der Braunjura Alpha oder Opalinuston, erreicht über 100 m Mächtigkeit. Fast die ganze Stadt Aalen liegt in dieser einförmigen Tonsteinlage. Quenstedt machte 1843 dazu eine interessante Bemerkung im „Flözgebirge" (S. 289): „Die Vorhöhen sind mit mächtigen braungelben Kalkgeschieben und Sandsteinen bedeckt, unter denen jedoch deutlich die dunklen Thone des Opalinus anstehen, die übrigens in verschiedenen Bierkellern südlich von Aalen im Kocherthalgehänge durch Kunst trefflich aufgeschlossen sind..." Als Rohmaterial für Ziegelherstellung und Töpfereien spielten diese Schichten über lange Zeit eine wichtige wirtschaftliche Rolle, die jedoch mit der Schließung des Ziegelwerks in Essingen im Jahr 2001 ihr Ende fand.

Noch wesentlich differenzierter ist das zweite Glied des „Aalenium" ausgebildet, die rund 45 m mächtige Eisensandsteinserie des Braunjura Beta. Im unteren Drittel des Gesteinpakets liegen vor allem dicke Sandsteinbänke. Bekannt ist der leuchtend gelbe Donzdorfer Sandstein, der bis Anfang des 20. Jahrhunderts als Baustein eine bedeutende Rolle spielte. Wirtschaftlich weitaus wertvoller waren die darauf folgenden Eisenoolithlagen. Bis zu zehn Erzflöze konnten nachgewiesen werden, von denen aber nur zwei, das so genannte Untere Flöz mit einer Mächtigkeit von etwa 1,7 m und das Obere Flöz mit einer Mächtigkeit von etwa 1,4 m sowie einem Eisengehalt von bis zu 36 Prozent in den Bergwerken in Aalen und Wasseralfingen gewonnen wurden. Berühmtheit erlangten die schönen, durch das Eisenerz rotbraun gefärbten Versteinerungen, die praktisch als Nebenprodukt des Erzes mit ans Tageslicht gefördert wurden.

Das „Aalenium" lässt sich auch heute noch an seiner Typuslokalität studieren, obgleich viele der historischen Aufschlüsse verschwunden sind. Das Unteraalenium ist westlich von Aalen bei Essingen in der aufgelassenen Tongrube der ehemaligen Ziegelei noch gut aufgeschlossen. Dort steht der mittlere Bereich des über 100 m mächtigen Opalinustones an. Durch die Eröffnung des Besucherbergwerks Tiefer Stollen in Aalen-Wasseralfingen im Jahre 1987 kann man das Oberaalenium heute sogar wieder direkt an historischer Stelle studieren.

(Wedelsandstein). Charakteristisch für den Braunjura sind jedoch die dominierenden „schokoladenbraunen" Tonsteine.

Braunjura Delta und Epsilon (Oolithkalkserie, Mittel- bis Oberbajocium und Bathonium) müssen im Ostalbgebiet zusammengefasst werden, da sie zusammen nur etwa 7 bis 19 m Schichtfolge umfassen und gesteinsmäßig sehr ähnlich aufgebaut sind.

Sehr fossilreiche Kalksteinbänke und dazwischen gelagerte Mergelhorizonte bestimmen die Abfolge. Die Kalkbänke bestehen fast immer aus lauter winzigen Kalkkügelchen (daher „Oolithbänke"), die durch ihren leichten Eisenerzgehalt eine gelbbraune bis rostrote Färbung aufweisen; die zwischengelagerten Mergel und Tonmergel sind braun bis dunkelgrau.

Braunjura Zeta (Ornatenton, Callovium) beginnt mit einer Oolithbank (Macrocephalenoolith) und besteht darüber nur noch aus weichen, grünlich-grauen Tonmergeln. Die Gesamtabfolge umfasst etwa 10 m und fällt im Gelände meist als stark durchnässter Wiesensaum ein Stück unterhalb der bewaldeten Berghänge der Weißjuralandschaft auf.

Weißer Jura

Die trockenen, mergeligen und kargen Wiesen darüber, direkt unterhalb des einsetzenden Laubwaldes, rechnen schon zum Weißen Jura (Malm), der den eigentlichen Albtrauf vom Hohenrechberg über Scheuelberg, Rosenstein, Langert, Braunenberg bis zum Ipf hin bildet.

Auch die Hochflächen der Schwäbischen Alb werden vom Weißen Jura eingenommen, allerdings weist dieser hier teils jüngere Verwitterungsdecken auf. Der Weißjura der Ostalb ist heute noch über 250 m, teilweise sogar noch über 300 m mächtig. Etwa 30 Prozent der Landkreisfläche gehören dem Weißen Jura an.

Weißjura Alpha (Untere Weißjuramergel, Oxfordmergel) besteht überwiegend aus grauen Mergeln und Kalkmergeln, die im oberen Bereich ihrer 50 bis 75 m mächtigen Abfolge häufiger von einzelnen Kalkbänken unterbrochen werden. Im verwitterten Zustand sind die Mergel hellgrau, fast weiß und zerfallen bröckelig, stückig, z. T. scherbig. Häufig liegt die Weißjura-

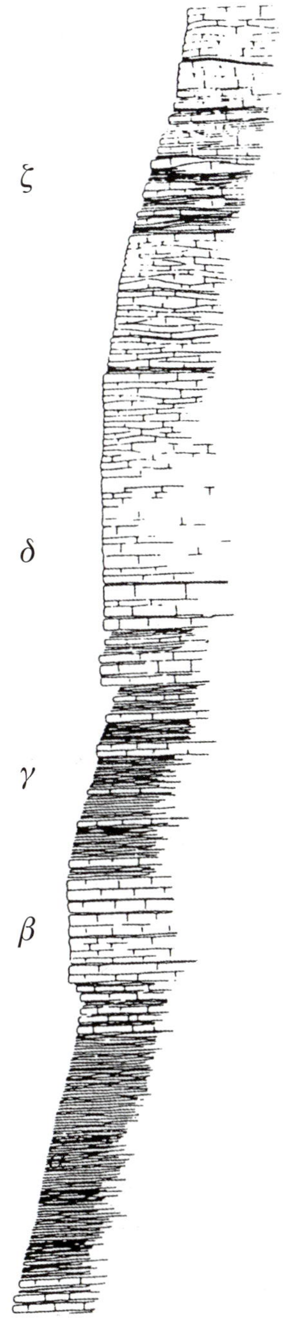

ζ_3	Hangende Bankkalke (ti H; ti 1,3) Gravesienschichten, Obere Weißjurakalke Bankige Kalke, z. T. mit dünnen Mergellagen	bis 65 m
ζ_2	Zementmergel (ti Z; ti 1,2) Gravesienschichten, Obere Weißjuramergel Regional recht unterschiedliche Wechselfolge von Kalkmergeln und Mergelkalken und „Zwischenkalken"	40–100 m
ζ_1	Liegende Bankkalke (ti L; ti 1,1) Ulmensis-Schichten, Hybonoticeratenschichten Kalke, z. T. mit Mergelfugen und Kieselknollen, oben dünnbankiger mit Kalkmergellagen	40–85 m
ε	Obere Felsenkalke (ki 3) Subeumela-setatus-Schichten, Hybonoticeratenschichten Kalke, z. T. kristallin, mit Kieselknollen	20–35 m
δ_4	Untere Felsenkalke (ki 2) Aulacostephanenschichten, Dickbankige Quaderkalke	70–80 m
δ_3 δ_2 δ_1	Rauhe, z. T. tuberolithische Bankkalke, im Delta$_4$ grobgebankt mit Kieselknollen, im Delta$_1$ bis Delta$_3$ mit Mergelfugen, im Delta$_2$ im Wechsel mit Kalkmergeln (Kalkbänke im Delta$_3$ und Delta$_4$ 50 bis 120 cm, im Delta$_1$ und Delta$_2$ 10–30 cm)	
γ_3	Mittlere Weißjuramergel (ki 1) Ataxioceratenschichten, „Aptychenmergel"	34–38 m
γ_2 γ_1	Wechselfolge von Kalkmergeln und Mergelkalken, im gamma$_3$ charakteristische Balderum-Bänke, zwischen gamma$_2$ und gamma$_3$ Bänke mit Pseudomonotis similis, Grenzbank zum gamma$_1$ mit Ammonitenschalentrümmern	
β	Wohlgeschichtete Bankkalke (ox 2) Idoceratenschichten, Untere Weißjurakalke Regelmäßig gebankte Kalksteine mit Mergelfugen	20–22 m
	Untere Weißjuramergel (ox 1) Cardioceratenschichten	75 m
α_2	Wechselfolge von Kalkmergeln und z. T. laibsteinartigen Mergelkalkbänken. Folge der kalkigen Bänke im oberen Abschnitt besonders dicht, im Alpha Grenzbereich zum Beta charakteristische Fukoidenbänke (Impressamergel)	
α_1	Wechselfolge von Kalkmergeln und Mergelkalkbänken (Transversariumschichten) meist unter Gehängeschutt am Steilabfall der Alb	

Schichtenfolge des Weißen Jura im Bereich der Ostalb

Alpha-Folge unter dem Hangschutt der höheren Weißjuraeinheiten begraben. Nahezu charakteristisch am Albtrauf ist der Hangwaldeinsatz oberhalb des Mittelbereichs der Alpha-Mergel.

Weißjura Beta (Untere Weißjurakalke, Oxfordkalke) bildet mauerartige, wohl geschichtet erscheinende, hellgraue bis graue Kalkbänke von insgesamt 20 bis 23 m Mächtigkeit. Die glatten und scharfkantigen Kalkbänke, die splitterig brechen, werden nur durch dünne Mergelfugen voneinander getrennt. Sie sind 40 bis 50 cm, manchmal 80 bis 90 cm stark, im oberen Weißjura Beta nehmen sie ab und erreichen nur noch 20 bis 35 cm. Die harten Beta-Kalke fallen oftmals trotz Vegetationsdecke schon durch eine Geländeversteilung auf und an ihrer Obergrenze erkennt man einen Geländeknick zum Flacheren. Sehr schön zu sehen sind die Beta-Kalke im verlassenen Steinbruch hinter dem ehemaligen Härtsfeldbahnhof in Unterkochen sowie bergseitig hinter der Firma Carl Zeiss in Oberkochen. Fast die gesamte Schichtfolge ist hier aufgeschlossen.

Weißjura Gamma (Mittlere Weißjuramergel, Kimmeridgemergel) wird in sechs Untereinheiten aufgegliedert. Markante Leitbänke der etwa 35 m starken Abfolge haben sogar eigene Namen. Vereinfacht dargestellt, besteht der Weißjura Gamma aus Mergeln mit dazwischen geschalteten Kalkbänken. Oft sind die untersten Bereiche der Gamma-Mergel noch in den Beta-Kalksteinbrüchen aufgeschlossen, wobei die unterste Mergelkalklage viele unregelmäßig eingebettete Ammonitenbruchstücke enthält. Ein typisches Beispiel einer kargen Trockenstandortvegetation auf den Gamma-Mergel findet man am Knöcklinghang und am Berghang oberhalb der Papierfabrik Unterkochen oder am Bargauer Horn, wo Wacholderstauden auf einer Steppenheide gedeihen. Auch Küchenschellen wachsen besonders gern auf Gamma-Mergel.

Weißjura Delta (Untere Felsenkalke, Kimmeridgebankkalke), auch als Quaderkalke bekannt, kennzeichnet eine bis zu 70 m mächtige, felsen- und höhlenreiche, dickbankige Kalkab-folge, die zudem durch zahlreiche Steinbrüche aufgeschlossen ist. Er wird aufgrund durchgehender Merkmale noch in vier Untereinheiten gegliedert: Delta1 – 30 cm hohe, deutlich grau gefärbte Kalksteinbänke mit zentimeterdicken Mergelfugen. Delta2 – vorwiegend 10 cm starke Kalkbänke, die von noch dickeren Mergelzonen voneinander getrennt werden. Kennzeichnend sind Kalkknollen und durch Verwitterung stark hervorspringende Platten und Leisten. Delta3 – weist 0,5 bis 1,2 m, ja sogar 1,5 m mächtige Bänke auf, die durch nahezu orthogonale Klüfte und Vertikalspalten in bis zu 3 m Kantenlänge messende Quader aufgeteilt sind. Die Mergelfugen sind gering oder fehlen teilweise ganz. Die Grenze von Delta3 zu Delta4 bildet eine glaukonithaltige, grünlich-graue Mergelbank, die einen auffälligen Leithorizont darstellt. Diese Glaukonitbank ist am Rosensteinburgfels sowie in Steinbrüchen bei Bartholomä und bei Lauchheim-Hülen gut sichtbar aufgeschlossen. Darüber gehen die geschichteten Kalkbänke in ungeschichtete, massige Kalke über. Am Rosenstein, am Langert und am Härtsfeldrand beginnen die Massenkalke oft direkt über der Glaukonitbank.

Die Massenkalke, die auch die darüber liegenden Folgen des Weißjura Epsilon und Zeta1 einnehmen, sind im Gegensatz zu den Bankkalken nicht als chemische Ausfällung auf dem ehemaligen Meeresboden des Jurameeres entstanden, sondern sie waren Aufbaumaterial riffbildender Schwämme im ehemals flacheren, durchlichteten Meeresbereich. Diese Jurariffe waren beinahe gleichen Typs, wie wir sie heute aus den tropischen Meeren als Schwamm- und Korallenriffe kennen. Fast alle Gesteine der oberen Bergpartien, der Felskränze an den oberen Talkanten und der Hochflächen, auch unter den Feuersteinlehmflächen, sind an der Albtraufkante Massenkalke.

Neben der überwiegend feinkörnigen, dichten, weißen bis hellgrauen Ausbildung gibt es auch grobkristallinen, zuckerkörnigen Lochfels von bräunlich bis dunkelgrauer Farbe; es gibt Kiesel-(Feuerstein-)knollen in einem mittleren Bereich der Abfolge, die weitgehend dem Weißjura Epsilon entsprechen und es gibt Dolomitvorkommen.

Auf der Ebene des Härtsfeldes, besonders im Gemarkungsbereich von Neresheim, sind noch höhere Weißjuragesteine des Weißjura Zeta als liegende Bankkalke (30 bis 80 m mächtig) und als Zementmergel (bis 110 m mächtig) aufgeschlossen. Zementmergelvorkommen bilden oft wannenförmige Landschaftssenken, Bankkalke meist flache Ebenen und flache Hanglagen, während Riffstotzen aus Massenkalk für die Buckel und Kuppen der Albhochfläche verantwortlich sind. Die Bankkalke, hellgraue gut geschichtete, leicht anmergelige Kalkbänke und die Zementmergel als hellgrau bis blaugraue Mergel bilden eine relativ monotone Abfolge, die zudem auf der Albhochfläche nur recht karge Bodenbildung erlaubte.

Jurafossilien - Schätze der Urzeit

Die Juraschichten im Ostalbkreis sind für ihre außerordentlich schönen und wissenschaftlich bedeutenden Fossilfunde seit Jahrhunderten bekannt. Nicht alle Schichten sind dabei gleich gut fossilführend, meist finden sich die Versteinerungen in bestimmten Horizonten „lagenweise" angereichert. So ist der Opalinuston (unterer Brauner Jura, Unteraalenium) mit mehr als 100 Metern Mächtigkeit das größte Schichtpaket der Ostalb, als Ausnahme fast fossilleer. Umso sensationeller war der Fund von filigranen Seelilienkolonien in diesen Schichten im Jahr 1979 in der Tongrube der Firma Trost in Essingen durch einen Waldstetter Fossiliensammler. Berühmt sind die wagenradgroßen Riesenammoniten, die so genannten Arieten aus dem Unteren Schwarzjura der Höhenlagen rings um Schwäbisch Gmünd. Hervorragende Exemplare mit einem Durchmesser von bis zu einem Meter konnten in den vergangenen Jahren während Erschließungsarbeiten in den Neubaugebieten von Iggingen, Herlikofen, Mutlangen oder Bettringen gefunden werden. In einer wissenschaftlichen Grabung des Staatlichen Na-

turkundemuseums in Stuttgart konnte im Jahr 1984 in Böbingen die größte bisher je entdeckte Seelilienkolonie im Schwarzjura Gamma geborgen werden.

Bei Ammonitensammlern sind die herrlichen durch Pyrit verzierten „Amaltheus-Ammoniten" des Schwarzen Juras äußerst beliebt. An der bekanntesten Fundstelle, dem Goldbach bei Aalen-Reichenbach, sammelte schon der berühmte schwäbische Paläontologe F. A. Quenstedt im 19. Jahrhundert. Herrliche Exemplare stammen aus Brainkofen, Waldstetten, Mögglingen, Heubach und Iggingen. Mehr als 100 Fragmente von Fischsauriern, den berühmtesten schwäbischen Fossilien, stammen aus dem Posidonienschiefer (Schwarzer Jura Epsilon) des Ostalbkreises. Der wertvollste Fund, ein Ichthyosaurier-Muttertier mit kleinem Embryo im Leib und dreidimensional erhaltenem Schädel, wurde zwischen Hofen und Hüttlingen bei Straßenbauarbeiten im Jahr 1997 entdeckt.

Berühmtheit erreichten die rotbraun gefärbten Versteinerungen aus den Bergwerken im Braunjura Beta (Oberaalenium) in Aalen und Wasseralfingen schon im 19. Jahrhundert. Sie wurden

Neresheim-Dorfmerkingen. Der 13,2 m hohe „Lange Stein" ist eine Weißjura-Massenkalk-Felsnadel. Er ist das Wahrzeichen von Dorfmerkingen. Das Kreuz wurde 1849 von Auswanderern nach Amerika gestiftet.
Der Sage nach ist er auch für den Namen des Dorfes verantwortlich:

„Als der Herrgott einst über das Härtsfeld gewandert ist, stieß er, in Gedanken versunken, seine große Zehe an den Langen Stein. Aus Ärger und mit schmerzlicher Miene sagte er zu seinem Begleiter dem heiligen Petrus: **Das Dorf merk ich mir!**

Foto: B. Hildebrand

Aalen, Weißjura-Ammonit vom Braunenberg, negativ und positiv.
Foto: U. Sauerborn

beim Abbau des Eisenerzes mit gewonnen und gelangten damals in alle wichtigen Naturkundemuseen Europas. Zahlreiche Saurierfragmente von Krokodilsauriern und der Paddelechse Pliosaurier erregten besondere Aufmerksamkeit und wurden sogar nach der Stadt Aalen wissenschaftlich benannt. In Lauchheim, Röttingen, Oberdorf und Bopfingen konnten in den vergangenen Jahren hervorragende Aufsammlungen im Braunjura Epsilon und Zeta getätigt werden. Die Ammonitenfauna, mit zahlreichen sehr differenzierten Formen, ist hier ungewöhnlich reichhaltig und wurde in mehreren wissenschaftlichen Abhandlungen detailliert beschrieben.

Hervorragende Versteinerung überliefern uns natürlich auch die Kalksteine des Weißen Jura. Eine Jahrhundertfundstelle bildete dabei der gigantische Albaufstieg bei Westhausen während des Autobahnbaus der A 7 zwischen 1983 und 1987. Sammler und Wissenschaftler aus halb Europa trafen sich hier, um den geologischen Aufbau zu studieren und schön erhaltene Ammoniten, Muscheln, Schnecken und Brachiopoden aufzusammeln. Auch hier gelangten als große Seltenheit Reste von Ichthyo- und Krokodilsauriern ans Tageslicht.

Neue interessante geologische Aufschlüsse, die durch die Anlage von Umgehungsstraßen oder die Erschließung von Baugebieten entstehen, werden nicht nur von Sammlern sondern auch von Wissenschaftlern ständig beobachtet. Es werden Proben genommen, detaillierte Gesteinsprofile erfasst und natürlich interessante Fossilfunde zusammengetragen. Kontinuierlich können damit die Erkenntnisse über die Geologie der Ostalb und den reichen Fossilienschatz in den Juraschichten erweitert werden. Zwischen 2005 und 2009 entstanden so zum Beispiel sehr gute Aufschlüsse bei der Anlage von Baugebieten im unteren und mittleren Schwarzen Jura in Böbingen, Iggingen, Heuchlingen oder Waldstetten. Die südliche Zufahrt nach Mögglingen brachte einen hervorragenden Einblick in die komplette Serie des 200 bis 180 Millionen Jahre alten Schwarzen Juras. Die über längere Zeit leicht zugängliche Baustelle konnte man auch mit Kindergruppen gefahrenlos besuchen, die große Freude an den guten Fundmöglichkeiten von Belemniten und Greifenmuscheln hatten. Riesiges Glück hatte ein Sammler der Aalener Geologengruppe, der im Sommer 2014 den mit über 70 cm Durchmesser wohl größten Riesenammoniten „Arieten" im sogenannten Arietenkalk im Neubaugebiet von Iggingen entdeckte. Ein ungewöhnliches Profil brachte ein großer Aufschluss in Wasseralfingen am unteren Kappelberg bei der Anlage einer großen Baugrube im Oberen Schwarzen Jura (ca. 180 Millionen Jahre alt) im Herbst 2014. Zahlreiche sonst bei uns außerordentlich seltene Ammonitenarten konnten hier in besonders schöner Pyriterhaltung aufgesammelt werden. Dazu gab es in einem etwas jüngeren Horizont recht häufig die berühmten nach der Stadt Aalen benannten Ammoniten „Pleydellia (Cotteswoldia) aalensis". Den Höhepunkt der Funde stellte aber ein mehr als 1,5 Meter langes Fragment eines größeren Fischsauriers (Ichthyosaurier) dar.

Diese außergewöhnlichen Fossilfunde durch die gesamten Juraschichten hindurch ermöglichen uns einen faszinierenden Blick auf die Tierwelt und die Lebensverhältnisse eines längst vergangenen Lebensraumes im einstigen Jurameer.

Das Tertiär

Die ältesten tertiären (d. h. erdneuzeitlichen) Sedimente im Landkreis sind die Feuersteinrotlehme der Albhochfläche, die durch Kalkverwitterung entstanden sind. Sie kommen auf dem Härtsfeld und dem Albuch vor, ihre Mächtigkeit kann bis über 20 m erreichen. Die jüngeren, jedoch ebenfalls tertiären Feuersteinockerlehme kommen sowohl auf dem Albuch, auf dem Langert als auch auf dem Härtsfeld vor, ihre maximale Ablagerungsstärke beträgt 5 bis 10 m.

Meteoritenkrater Ries

Vor 14,8 Millionen Jahren raste ein gigantischer Meteorit auf die Albtafel und sprengte mit seinem Zentrum nahe Deiningen, etwa 5 km östlich von Nördlingen, einen ca. 12 km großen Krater heraus. Die wahrscheinliche Einschlaggeschwindigkeit des Meteoriten betrug 15 km/s. Er durchschlug 600 m wohl geschichtete Gesteinspakete des Erdmittelalters sowie die darunter liegenden Gneise und Granite des Erdaltertums. Er wurde dabei enorm komprimiert, erzeugte extrem hohen Druck und schob und warf das zertrümmerte Gestein bis zu 45 km weit ins Kraterumland. Rückfeder- und Rückfallmassen füllten wieder etwas den Krater, während in einem weiten Bogen darum ein ringförmiger, breit gefächerter Aufschüttungswall aus hoch aufgeworfenen Trümmern, aus größeren, flach abgelösten und verstellten Gesteinsschollen (sie reichen im Ostalbkreis bis Unterschneidheim, Bopfingen, Neresheim) und nach außen gedrückten, heraus geschobenen Großschollen entstand. Dieser inzwischen teilweise wieder abgetragene Aufschüttungswall ist heute der Rand des Rieskessels (Durchmesser: 22 bis 25 km). Die Gemeinden Riesbürg und Kirchheim/Ries liegen direkt an diesem Aufschüttungswall.

Der Zutritt von Karstgrundwasser im Krater und die Sammlung von Niederschlägen und Gewässern innerhalb des Aufschüttungswalls ließen einen See entstehen, in und an dem sich später eine spezielle Lebenswelt ausbildete. Nahezu der gesamte Rieskessel ist mit Seesedimenten und jüngeren Flussablagerungen gefüllt. Einzelne Randberge wie der Goldberg bei Pflaumloch bestehen aus Süßwasserkalken, die im Ries-See entstanden sind. Andere Berge, wie z. B. der Kargstein bei Bopfingen, der Ofnetberg bei Utzmemmingen sowie viele einzelne Bergkuppen am Riesrand sind verlagerte, große Gesteinsschollen. Buckelförmige, auf dem Härtsfeld und im Vorland lagernde Gesteinsschollen heißen im Volksmund „Griesbuckel"; hierzu gehören die Schlossberge von Bopfingen und Baldern, Berge wie der Käsbühl und Buchberg sowie viele „Buckel" auf dem Härtsfeld. Als neue Gesteinsdurchmischung entstand bei der Rieskatastrophe die „Bunte Breccie", eine wirre Mischung aus feinem Gesteinssprengschutt. Der Röttinger Eisenbahntunnel, der in seiner Auffahrung große Probleme bereitete, liegt in Bunter Breccie. Eine neue Gesteinsart aus verschmolzenem, ausgesprengtem Grundgebirgsmaterial, der „Suevit", entstand ebenfalls bei der Rieskatastrophe. Er war ein sehr geschätzter Werkstein und wurde u. a. im Steinbruch „Alte Bürg" bei Utzmemmingen gewonnen.

Fluss- und Landschaftsgeschichte

Die sehr abwechslungsreiche und vielfach zertalte Landschaft im Bereich des Ostalbkreises wurde in ihren wesentlichen Zügen erst in den letzten 15 Millionen Jahren der Erdgeschichte gestaltet. Die Ausformung der heutigen Berg- und Talformen ist vor allem eine Folge der tertiären und quartären Flussentwicklung in Ostwürttemberg, der Widerstandsfähigkeit des geologischen Untergrundes und der geologischen Spannungsverformungen im Untergrund (Tektonik).

Vor etwa 65 Millionen Jahren lagen noch etwa 400 bis 700 m mächtige Gesteinsfolgen (Keuper und Jura) über dem heutigen Vorland der Albtafel. Vor 40 Millionen Jahren begann die Einsenkung des Oberrheingrabens und des Alpenvorlandes, verbunden mit einer gleichzeitigen Heraushebung des Schwarzwaldes, des heutigen

Keuperlandes und der Schwäbischen Alb. Die aus den neuen Hochgebieten entspringenden Flüsse strebten nach Süden in Richtung Molassemeer bzw. später einem Vorläufersystem der Donau zu.

Gleichzeitig begann von Norden her der Kampf um die Wasserscheide. Die rheinischen Zuflüsse erreichten mit ihrem stärkeren Gefälle eine ständige Zurückverlegung des Berglandes nach Süden. Auf diese Weise wurden die Zuflüsse zur Ur-Donau immer kürzer, die europäische Hauptwasserscheide wurde nach Süden gedrückt. Vor 14,8 Millionen Jahren wurde der Abfluss der Ur-Jagst, die ursprünglich dem Ries zustrebte, durch Kraterauswurfmassen des Riesmeteoriten blockiert, die Ur-Jagst entwässerte danach in Richtung Ur-Brenz. Die Zuflüsse zur Ur-Brenz hatten ihren Ursprung noch nördlich von Schwäbisch Hall. Aus dieser Zeit von vor 10 Millionen Jahren sind Höhenschotter der Ur-Brenz zwischen Oberkochen und Königsbronn auf einer Höhenlage von 620 m über NN nachzuweisen, die Ur-Brenz dürfte demnach zum Beispiel etwa 280 m über dem Niveau des heutigen Kochers bei Abtsgmünd geflossen sein, allerdings in Gegenrichtung.

Die nächsten, sehr auffälligen Nachweise eines ehemaligen Abflussniveaus finden wir in der nördlichen Aalener Bucht: Die Goldshöfer Sande. Diese Sande wurden im Altpleistozän (d. h. etwa 800.000 bis 400.000 Jahre vor heute) im weiten Raum der Aalener Bucht und ihres Vorlandes als Abschwemmsande der alteiszeitlichen Ur-Brenz und ihrer Nebenflüsse (Ur-Lein, Ur-Bühler, Ur-Rot, Ur-Jagst) abgelagert und teilweise über 20 m hoch aufgeschüttet. Sie finden sich u. a. bei Abtsgmünd etwa 130 m über dem heutigen Kocherniveau. Aus dieser Höhendifferenz erkennt man den intensiven Einschnitt und Vorbau des Kochers nach Süden.

Gerade in der Zeit der Eiszeiten und Zwischeneiszeiten wurde das landschaftliche Relief des Keuperberglandes und des Albvorlandes entscheidend gestaltet. Die ungeheuren Wassermengen der Abflusssysteme hinterließen nach

jeder Eiszeit ein bestimmtes Verebnungsniveau (Hochterrasse) in unserer Landschaft. Der gefällestarke, sich nach Süden vorarbeitende Kocher hatte etwa zur Mindeleiszeit Hüttlingen erreicht und etwa an der Wende zur Mindel-Riß-Zwischeneiszeit wurde die Ur-Jagst angezapft (vor ca. 300.000 bis 250.000 Jahren). Die Lein und die Blinde Rot wurden in der Zwischenzeit dem Kocher tributär. Ihr heute noch nach Westen bzw. nach Süden gerichteter Verlauf deutet noch auffällig in die Abflussrichtung der Ur-Brenz. Sie münden heute spitzwinklig, widersinnig in den Kocher ein.

Vor etwa 150.000 Jahren erreichte die sich von Norden über Ellwangen einschneidende Jagst ihren damals zum Kocher fließenden Oberlauf. Kocher und Jagst lagen zu dieser Zeit etwa 20 bis 30 m über ihrem heutigen Einschnittniveau. Erst ab etwa 15.000 Jahren vor heute entstanden die Schotterablagerungen im Talgrund des Kochers und seiner Nebenflüsse. Der Auelehm in diesen Flussauen entstammt teilweise sogar geschichtlicher Zeit. Die Verlagerung der Wasserscheide nach Süden, das weitere Eintiefen und Vorverlagern von Jagst und Kocher halten an, die landschaftliche Entwicklung geht auch heute noch weiter.

Bruchstrukturen im Gestein

Klüfte und Verwerfungen sind Bruchstrukturen im Gestein. Während Klüfte als vertikale oder schräge Trennfugen alle etwas härteren und festen Gesteinsbänke des Keupers und Juras in unendlicher Weise bis in Dezi- und Zentimeter-Abstände hinein strukturieren, sind Verwerfungen übergeordnete, z. T. regional wirkende Trennelemente. Klüfte sind bedeutsam für Verwitterungsvorgänge im Gestein, als Zirkulations- und Speicherräume für Kluftgrundwasser und als Ablöseflächen bei der Gewinnung von Natursteinen. Verwerfungen hingegen können ganze Gesteinspakete aneinander versetzen, sie können daher als Speicherflächen oder als hydraulische Bewegungsbahnen für Tiefengrundwasser wirksam sein. Eine große Verwerfungszone in Süddeutschland, das so genannte Schwäbische Lineament, durchzieht in nahezu West-Ost-Richtung die Südhälfte des Ostalbkreises. Diese tief greifende und komplexe Bruchzone ist, vom Schwarzwald kommend, über Plochingen am Neckar bis ins Nördlinger Ries zu verfolgen.

Berge wie der Hohenstaufen, der Hohenrechberg, der Scheuelberg, der Rosenstein, der Rücken des Albäumle, der Ipf und der Blasienberg sind ziemlich geradlinig entlang dieser großen Bruchstrukturzone angeordnet. Der tektonische Graben ist in seiner Gestaltung sehr asymmetrisch: Der nördliche Flankenbereich weist einen wesentlich stärkeren Schichtenversatz auf als der südliche. Auffällig ist die Position von Kegelbergen in diesem Graben. Die tektonische Einsenkung (z. T. über 40 m, bis 100 m Versatz im Norden, 70 m Sprunghöhe im Süden) ist der Hauptgrund für Kegel- bzw. Zeugenberge (Kaiserberge sowie Ipf und Blasienberg). Ursache ist die rückschreitende Erosion des Albtraufs nach Süden. Staufen, Rechberg oder Ipf sind Relikte des ehemals weiter nördlich gelegenen Albtraufs (daher „Zeugenberge"). Ihre gegenüber dem ehemals umgebenden Schichtenbau tiefer gelegenen Gesteinsabfolgen waren durch die Grabenlage besser vor der rückschreitenden Erosion geschützt und die meist harten Gesteinsserien auf den Zeugenbergkuppen haben ein Weiteres für den Erhalt dieser Kegelberge getan.

Nicht überall jedoch ist das Schwäbische Lineament als Grabenbruch ausgebildet. Scheuelberg und Rosenstein liegen in einem (vorübergehend) ausklingenden Grabenbereich des Schwäbischen Lineaments (Halbinselcharakter). Entlang der Albtrauflinie zwischen Essingen und Aalen-Zochental ist fast nur die nördliche Hauptverwerfung des Lineaments entwickelt, der Albtraufverlauf ist daher recht geradlinig und zur Albhochfläche bündig. Zwischen Aalen und Lauchheim ist das Schwäbische Lineament im Wesentlichen als Großflexur mit partiellen kleineren Verwerfungsbeträgen ausgestaltet, der Albtrauf reagiert hier entsprechend gering auf

die Tektonik (Braunenberg-Vorsprung zwischen Wasseralfingen und Westhausen). Ab Lauchheim ist nach Osten hin wieder die nordseitige Hauptverwerfung ausgebildet und östlich von Oberdorf (Gebiet des Ipf- und Blasienberges) existiert wieder ein tektonischer Graben, der im Bereich des Blasienberges sogar sehr komplex gebaut ist.

Auffällige Kennzeichen des Schwäbischen Lineamentes sind klare Abweichungen vom wohl gelagerten, relativ tafelförmigen Schichtlagerungsbau der Gesteine. Die Schichten sind normalerweise gering (ca. 2 bis 3 Grad) nach Südosten geneigt.

Im Bereich des Albtraufs sind jedoch diese Gesteinsabfolgen unter dem Einfluss des Schwäbischen Lineamentes stärker gekippt, gestört, zerbrochen oder verworfen. Es gibt Bereiche, in denen die Gesteinsbänke bis zu 20 Grad nach Süden gekippt sind (z. B. Himmlinger Steige bei Aalen), in denen ehemals zusammenhängende Gesteinsfolgen durchtrennt und höhenmäßig einander stark versetzt (verworfen) wurden.

Und es gibt Bereiche, in denen das höhenmäßige Verspringen der Gesteinsschichten so stark war, dass in dieser tektonischen Bewegungsbahn nur noch zerriebene Gesteinstrümmer zu finden sind (Scheuelberg bei Heubach, Hohenstaufen). Zwischen zwei parallelen Hauptbahnen des Schwäbischen Lineaments können rechtwinklig dazu stehende Kleinverwerfungen vorliegen, die in dichter Folge nebeneinander auftreten können. Dies ist zum Beispiel am Rosenstein-Burgfels der Fall, der von Kleinverwerfungen regelrecht in einzelne Felsscheiben zerschnitten wurde.

Gesteinsauflockerungen entlang von Verwerfungsbahnen sind für die Hydrogeologie von großer Bedeutsamkeit, da sie dem Grundwasser bzw. in der Schwäbischen Alb dem Karsttiefenwasser besondere Wegsamkeiten bieten. Zahlreiche Quellen am Ostalbtrauf sitzen solchen Verwerfungen auf (z. B. Remsursprung/Essingen, Häselbachquelle/Unterkochen).

Schichtlagerung

Besonderen Einfluss auf die hydrogeologische Situation und damit auf den Quellenreichtum am südlichen Begleitsaum des Schwäbischen Lineamentes hat die Schichtlagerung der Gesteine. Die normale Schichtlagerung der Ostalbgesteine ist nahezu tafelförmig. Die ist jedoch in der Zone des Lineamentes deutlich anders: Zum einen verursachen große Verwerfungen ein Mitschleppen der Schichten zum Bereich des Versatzes in Richtung der erfolgten Sprungbewegung, zum anderen ist eine ganze Kette von Schichtlagerungsmulden den Großverwerfungen des Lineaments südlich vorgelagert.

Die wichtigsten Mulden sind die Lauterner Mulde, die Essinger Remsmulde, die mit ihr verbundene Unterkochener Mulde, die Egerkessel- und die Ipf-Mulde. Die Unterkochener Schichtlagerungsmulde ist die größte, sie ist 2 bis 3,5 km breit und über 9 km lang. Ihre Einsenkung gegenüber ihrem südlich anschließenden Schwellenbereich beträgt 70 m südöstlich von Essingen und über 100 m im Tal des Weißen Kochers östlich von Unterkochen. Diese Mulden speichern das Tiefengrundwasser in zusätzlicher Weise. Der Quellenreichtum im südlichen Bereich der Lineamentzone ist daher ungewöhnlich hoch; Flüsse wie die Egau, der Weiße Kocher, die Rems und die Lauter entspringen hier. Der Segen des Lineamentes und seiner dazugehörigen, vorgelagerten Schichtlagerungsmulden ist also zweifacher Art: Oberflächlich herrscht ein großer Quellenreichtum und in der Tiefe ist in reichem Maße Grundwasser gespeichert.

Verkarstung und Höhlen

Verkarstung, eine natürlich ablaufende Korrosion von lösungsfähigen Gesteinen (Kalk, Gips, Salz), gibt es im Ostalbkreis nahezu nur am Traufrand und auf der Hochfläche der Schwäbischen Alb. Typische Karsterscheinungen sind Höhlen, Karstquellen, Dolinen (Erdfälle), Bachschwinden, Karstwannen (poljenartige, lehmgefüllte, abflusslose Senken) und Karren (kerbenartige Lösungsspalten) am offenen Gestein.

Karsterscheinungen sind nahezu ausschließlich an den Weißjura der Schwäbischen Alb gebunden. Höhlen sind wohl die populärsten, auch geheimnisvollsten, aber keinesfalls die größten Karsterscheinungen, die unser Landkreis zu bieten hat. Durch Neuentdeckungen sind jederzeit weitere Ergänzungen in der Höhlenstatistik möglich.

Besonders große Karsterscheinungen sind die Karstwannen in abflusslosen Senken mit eigenem Einzugsgebiet, auffälligen Verebnungen und einer sehr hohen Dolinendichte. Die Erdfälle übernehmen für die abflusslosen Senken die Entwässerung. Durch geoelektrische Sondierungen hat man festgestellt, dass Karstwannen sehr starke und sehr unregelmäßige Lehmeinfüllungen aufweisen. Die Lehmeinfüllungen reichen oft bis in 20 oder 30 m, vereinzelt sogar bis in über 50 m Tiefe. Die Grenzschicht Lehm/Kalk (Karstwannenboden) ist keinesfalls wannenförmig, sondern weist ein unregelmäßig gestaltetes Relief auf, welches von Rinnen, Spalten und nebenstehenden Turmgebilden und Keilrücken geprägt wird. Lösungserscheinungen im Kalk unter der Lehmplombierung sorgen oft für Erdfallereignisse in den Karstwannen. Große Dolinen mit eigener Zulaufrinne haben an ihrem tiefsten Punkt Schlucklöcher (Ponore), die besonders nachbruchgefährdet sind. Wie eine höhlenkundliche Untersuchung im Kohlhauschacht bei Aalen-Ebnat gezeigt hat, können große zentrale Entwässerungsdolinen einer Karstwanne oft von schachtartigen Hohlraumgebilden unterlagert werden. Karstwannen sind, vereinfacht gesagt, große „Karieslöcher" der Albhochfläche, der Lehm darüber ist eine nicht dichtende Plombe.

Quellen im Kalkgebirge (Karstquellen) zeichnen sich besonders durch extreme Schüttungsschwankungen aus. Da die Hochfläche der Schwäbischen Alb beinahe völlig wasserarm ist, weil Niederschläge vom Kalkgebirge geradezu aufgesaugt werden und in Klüften, Kluftspalten und Karsthohlräumen unterirdisch relativ schnell zirkulieren können, ergeben sich an den Karstquellen kräftige Schüttungsreaktionen auf Niederschlagsereignisse. Quellen, die nur zeitweilig nach starken Niederschlägen laufen, nennt man Hungerbrunnen. In Oberkochen, Unterkochen, Essingen und Neresheim gibt es solche sporadischen Quellen. Ein anderes Karstphänomen, eine Bachversickerung (Bachschwinde) auf der Albhochfläche, ist die Weiherbachschwinde, deren Bachlauf aus den Essinger Weiherwiesen nach wenigen hundert Metern von der Erdoberfläche verschluckt wird.

Rohstoffe der Metallgewinnung

640 Jahre Eisenerzbergbau

Der wirtschaftlich wichtigste Rohstoff im Ostalbkreis war jahrhundertelang Eisenerz. Noch heute ist ein Großteil der Industriestruktur, vornehmlich im Kochertal, von der Eisenverarbeitung geprägt. Die Gewinnung und Verarbeitung von Eisenerz auf der Ostalb ist seit 640 Jahren schriftlich belegt, archäologische Funde beweisen jedoch eine ca. 2.500jährige Eisentradition, beginnend bei den Kelten, gefolgt von den Römern und den frühen Alamannen der Ostalbregion. Die Geschichtsschreibung beginnt im Jahre 1365 mit einer Belehnungsurkunde von Kaiser Karl IV. an Graf Ulrich von Helfenstein über „alles eysenwerk" an Brenz und Kocher. Im Jahr 1366 wird ein zweites Erzregal an die Mönche des Klosters Königsbronn verliehen, 1367 wird dem Abt des Klosters Neresheim – ebenfalls von Kaiser Karl IV. – die Eisengewinnung erlaubt. Im Jahr 1610 findet man erstmals Erzabbau am Braunenberg bei Wasseralfingen, 1668 beginnt man in Wasseralfingen den Bau eines Hochofens und 1671 wird hier das erste Eisenerz verhüttet, nachdem 1670 der Bergbau am Braunenberg zwischen Röthardt und Oberalfingen regulär begonnen wurde.

Aufgrund von wirtschaftlichen Standortnachteilen kam 1926 die Erzproduktion nahezu zum Erliegen. Im Zuge der autarkistischen Bestrebungen des Dritten Reiches lebte der Aalener und Wasseralfinger Bergbau nochmals kurz auf,

Bohnerz.
Foto: U. Sauerborn

ehe er 1939 in Wasseralfingen und 1948 in Aalen völlig stillgelegt wurde. Das Erz war zuletzt ins Ruhrgebiet zur Verhüttung transportiert worden. Im vorletzten Jahrhundert begann jedoch im Ostalbgebiet eine vielfältige Aufgliederung eisenverarbeitender Produktionszweige durch Neugründung und Standorterweiterungen. Kettenfabriken, Gießereien, Kurbelwellenhersteller, Gesenkschmieden, Stahlhandelsfirmen, Maschinenbaubetriebe und Anlagenbauer sowie Werkzeughersteller prägen heute den eisenständigen Schwerpunkt der Industrie.

Eisenerzvorkommen:
Stuferz und Bohnerz

Eisenerz kommt im Kreis in verschiedenen Lagerstättenformen vor: Als Stuferz flözförmig, d. h. lagig, im Angulatensandstein (Schwarzer Jura Alpha) bei Abtsgmünd und Hüttlingen und besonders im Braunjura Beta (Eisensandstein, vor allem bei Aalen und Wasseralfingen ist der Braunjura Beta sehr eisenerzreich) sowie im höheren Braunjura am gesamten Albtrauf, als Bohnerz auf der Albhochfläche und als Schwartenerz (Tauchenweiler). Die Verbreitung der größeren Erzflöze ist an den Albtrauf gebunden. Sie werden unter der Albtafel von anderen Schichtpaketen überlagert. Die Mächtig-

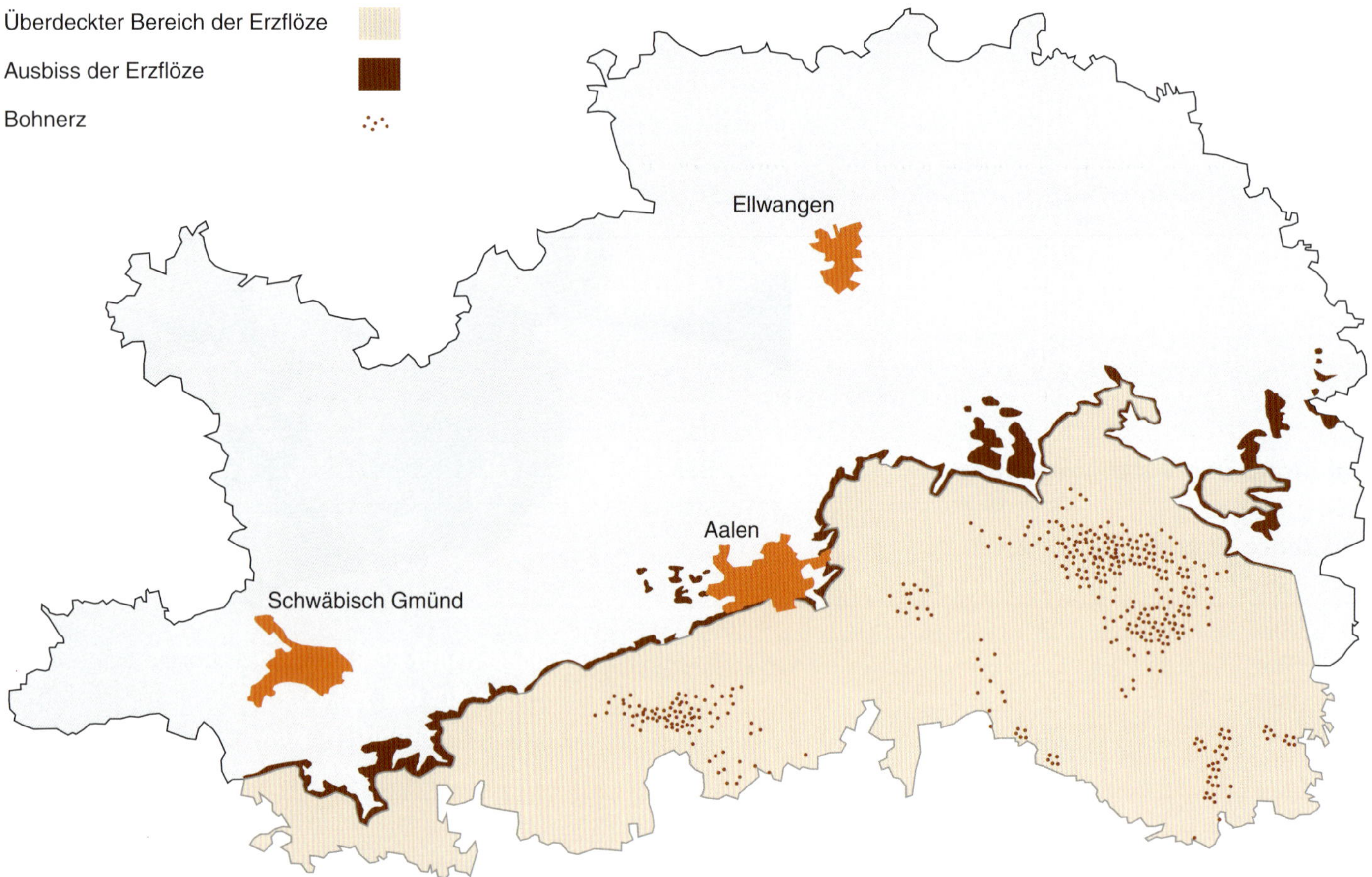

Eisenerzvorkommen
im Ostalbkreis.
Karte: B. Hildebrand

keit ist unterschiedlich und kann zwischen 0,5 m bis 2 m schwanken, ebenso kann die Erzqualität sehr unterschiedlich bis unbrauchbar sein. Die größten Abbaumengen erlangten die Braunjura-Stuferzflöze (insgesamt acht, davon zwei besonders mächtig und abbauwürdig).

Die Erzflözmächtigkeiten für das Wasseralfinger Lager (auf der Karte an der Ausbisslinie: brauner Bereich) betrugen im oberen Flöz 1,20 bis 1,40 m, im unteren Flöz 1,20 bis 1,70 m, im Aalener Lager ergaben sich Erzmächtigkeiten von 1,20 bis 2,45 m im unteren Flöz. Maximale Eisengehalte im Wasseralfinger Erz erreichten 36 Prozent. Haupterzminerale sind Goethit, Nadeleisenerz, weiterhin Chamosit und Siderit sowie wasserreiche Modifikationen. Schwierigkeiten in der Verhüttung brachte lange Zeit der hohe Kieselsäuregehalt. Im Gegensatz zum Stuferz kommt Bohnerz in lokalen Anreicherungen in Karstschlotten der Ostalbhochfläche vor. Die Gewinnungsorte befanden sich vor allem im

Raum Nattheim-Oggenhausen (St. Margareth), bei Michelfeld nahe Bopfingen-Oberriffingen und Dorfmerkingen. Hier zeugen noch heute aufgelassene Bohnerzgruben (Tagebaupingen) von der einstigen „Erzgräberei" für die Kocher-Brenz-Tal-Werke.

Bohnerze sind tertiäre Verwitterungsreste der einstigen Albhochfläche, die in Karstspalten, -schlotten und -mulden angereichert vorliegen bzw. vorlagen. Das Erz besteht aus linsen- bis bohnenförmigen Brauneisenkügelchen, die teilweise verbacken als Eisenschwarten vorkommen können. Der mittlere Eisengehalt liegt bei 30 bis 36 Prozent, konnte jedoch auch manchmal die 50-Prozent-Marke überschreiten.

Der Kieselsäureanteil ist ungefähr gleich hoch wie beim Stuferz, während der Kalkanteil außerordentlich gering ist (1–2 Prozent). Das Wasseralfinger Hüttenwerk bezog sein Bohnerz vor allem aus dem Königsbronner Grubenrevier (Nattheim-Oggenhausen), besaß aber auch eigene Gruben bei Michelfeld und Dorfmerkingen. Die Bohnerzgewinnung erfolgte anfangs nur in Wintermonaten durch Landwirte, für die das Erzgraben ein notwendiges Zubrot bedeutete. Später wurden die kleinen Tagebaue ganzjährig unter der Aufsicht von Bergmeistern durch Bergknappen und Lohnarbeiter betrieben. Anfang des 20. Jahrhunderts kamen die Gruben zum Erliegen. Die Abbautiefen der recht unterschiedlichen Erzvorkommen (von 5 m bis 100 m Durchmesser schwankend) erreichten manchmal über 10 m, ja sogar über 15 m. Wo Bohnerzgruben in Wäldern abgebaut wurden oder später wieder Wälder entstanden, erinnern heute noch aufgelassene Abbaue, in denen meist dunkel schimmernd das Wasser steht, an den Bergbau (heute botanisch sehr interessante und höchst schützenswerte Hülben).

An die einstige Bedeutung des Eisenerzbergbaues erinnern heute der Bergbaupfad am Braunenberg sowie das Besucherbergwerk Tiefer Stollen in Aalen-Wasseralfingen.

Besucherbergwerk Tiefer Stollen

Die Stadt Aalen hat durch hohe finanzielle Investitionen die Wiederaufwältigung alter Stollenanlagen im Braunenberg bei Wasseralfingen ermöglicht, ein Förderverein trug durch freiwillige Mitarbeit und durch Spenden zum Gelingen bei: Im Jahr 1987 wurde der ehemalige Wasserlösungsstollen der Braunenberggrube, als „Stuferzgrube Wilhelm" einst württembergisches Hauptstaatsbergwerk auf Eisenerz, wiedereröffnet.

Ein Denkmal der ehemaligen bergbaulichen Arbeitswelt ist damit wieder zugänglich, das die Arbeitsbedingungen, die Arbeitsqualität, die Geschichte und wirtschaftliche Bedeutung des Ostalbbergbaues dokumentiert. Die Leistungen ehemaliger Bergmannsgenerationen sind mehr als beeindruckend.

Buntmetalle

Geringste natürliche Buntmetallvorkommen (Kupfer, Blei, Zink, Mangan, Nickel etc.) sind in einzelnen Gesteinsbänken und -horizonten (z. B. Bleiglanzbank, Rätkeuper, Lias Epsilon, etc.) vorhanden und besonders an die Schwefelkiesimprägnation und -knollen in einzelnen Folgen des Keupers und Jura gebunden. Vitriol, Alaun und Schwefelkies (FeS_2) wurden – wie auch aus dem Mittelbronner Kohlenabbau bekannt – schon seit dem Mittelalter im Ostalbkreis gewonnen und zum Teil noch im letzten Jahrhundert gefördert. Alle bekannten Buntmetallgehalte sind wirtschaftlich völlig bedeutungslos.

Aalen, Besucherbergwerk Tiefer Stollen.
Foto: U. Sauerborn

Energierohstoffe

Steinkohle

Baden-Württemberg ist eines der kohleärmsten Bundesländer. Zum einzigen interessanten Kohlenabbau in Württemberg kam es in Mittelbronn bei Frickenhofen im Ostalbkreis, wo in den obersten Gesteinsfolgen des Keupers (Rhätsandstein) sogar zwei dünne Kohleflöze zur Gewinnung vorhanden waren. Herzog Friedrich I. eröffnete hier 1596 sein württembergisches Kohlebergwerk, aus dessen schwefelkiesreicher (Pyrit [FeS$_2$] und geringe Buntmetallgehalte) Kohle mit ihrem pyritisierten Nebengestein die herzogliche Schwefel- und Alaunhütte in Frickenhofen versorgt wurde. Später wurde immer wieder versucht, den Abbau wieder aufzunehmen, aber ohne Erfolg.

Energie aus dem Erdinneren

Mit der Niederbringung der beiden Aalener Thermalwasserbohrungen hat zumindest indirekt die Erschließung geothermaler Energie im Ostalbkreis begonnen. Hier wurde zur natürlichen Förderung warmen Wassers ein Wärmeherd in der obersten Erdkruste angebohrt. Der natürliche Temperaturanstieg in zunehmender Tiefe ist regional sehr unterschiedlich. Er ist in Gebieten von ehemals erdgeschichtlich sehr jungen Vulkanvorkommen oder größeren tektonischen Schwächezonen am höchsten. Thermales und mineralisiertes Wasser wäre heutzutage an zahlreichen Stellen des Ostalbkreises (besonders im Süden des Landkreises) erschließbar.

Steine und Erden

Ziegel- und Keramikrohstoffe
(Ton und Lehm)

Ein Blick auf die Verbreitungskarte von Tonen (braune Flächensignatur) und Lehmen (orange Signatur) im Ostalbkreis zeigt einen außerordentlichen Reichtum an diesen Rohstoffen. Von den ursprünglichen Ausgangsstoffen Alb-

verwitterungslehme (Feuersteinlehme, Tertiär-Quartär, tfl-9bl), Opalinuston (Braunjura Alpha), Amaltheenton (Schwarzjura Delta), Bunter Mergel (Keuper) wird heute kein einziger mehr abgebaut. Die jahrhundertelange Tradition der Nutzung dieser großen Tonvorkommen in der Töpfer-, Keramik- und Ziegelindustrie endete im Jahr 2001 mit der Schließung des großen Ziegelwerkes Trost in Essingen.

Der dunkel, nahezu schwarz, bei Verwitterung jedoch braun erscheinende Opalinuston, benannt nach dem Ammonit „Leioceras opalinum", erreicht in der Aalener Bucht eine besondere Schichtmächtigkeit (100–110 m) und Verbreitung, die einmalig in ganz Württemberg ist. Die Vorräte sind so gewaltig, dass von mehreren Milliarden Kubikmetern Rohmaterial im Kreisgebiet ausgegangen werden kann.

Kalke und Mergel gibt es in großer Menge im Weißjuragebiet der Schwäbischen Alb. Der bis zu 350 m mächtige Weiße Jura besteht fast nur aus Kalken und Mergeln, allerdings von sehr unterschiedlicher Verteilung, Qualität und Oberflächenverunreinigung (Lehme, gefüllte Karstschlotten).

Kalke sind als druckfeste Straßen- und Wegebauschotter, als Düngemittel, als Mauersteine und -platten, als Baustoffe und für chemische Produktionsverfahren ein sehr gesuchter Rohstoff, während Mergel (Kalk-Ton-Gemische) der Ausgangsstoff jeglicher Zementproduktion sind. Zementmergel, Chemie- oder Düngekalke wurden im Ostalbkreis noch nie gewonnen. Baukalke wurden jedoch zeitweilig auch hier gebrannt. Im Jahr 1949 gab es über 30 Kalksteinbrüche im Kreis, die neben Straßenschotter und Kalksplitt (z. T. als Betonzuschlag) auch noch Werksteine lieferten. Heute bestehen nur noch in Bartholomä, Aalen-Ebnat, Lauchheim-Hülen und Bopfingen Kalksteinbetriebe. Die Steinbrüche in Bartholomä und Hülen gewinnen Bankkalke des Weißjura Delta3 und Massenkalke Delta4, in Ebnat und Bopfingen werden nur Massenkalke abgebaut. Produziert werden in diesen Steinbrüchen ausschließlich

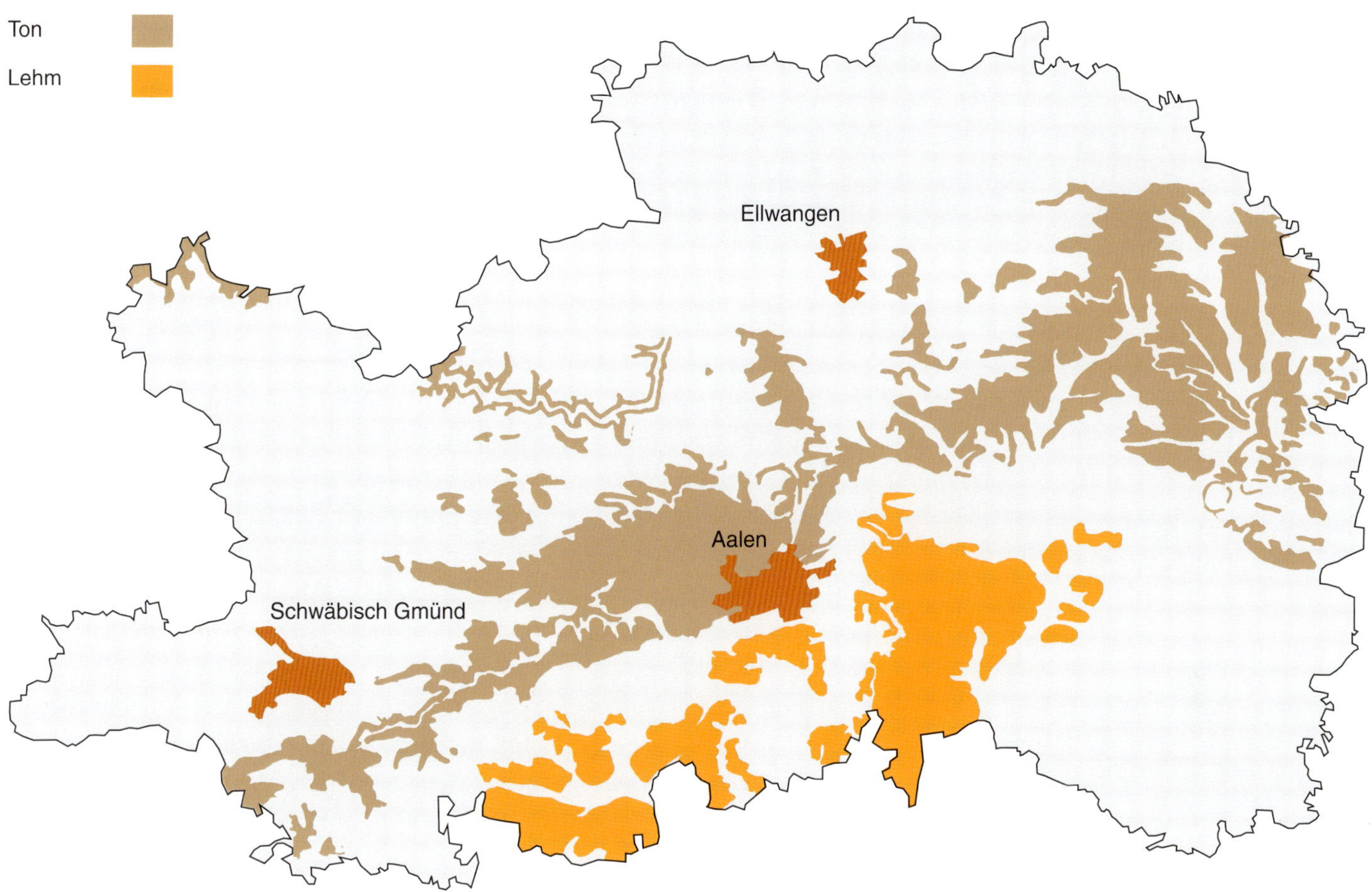

Straßenschotter und Wegesplitt. Da manche dieser Steinbrüche in der Wasserschutzzone III der Landeswasserversorgung liegen, bestehen für den Abbaubetrieb besondere Auflagen.

Sandvorkommen

Bausande wurden seit alters her im Kreisgebiet abgebaut und sogar in die benachbarten Regionen geliefert. Grundlagen der Abbaue sind die Goldshöfer Sande um Aalen, Heisenberg, Onatsfeld und Fachsenfeld bis Goldshöfe sowie die Stubensandsteine um Ellwangen, Abtsgmünd und Schwäbisch Gmünd und teilweise auch Verwitterungsprodukte des Personatensandsteins (Dogger Beta, al 2) am Fuß des Albtraufs. Für feine Verputz- und Stuckarbeiten wurde früher Dolomitsand am Langert (Aalen), am Volkmarsberg (Oberkochen) und an zahlreichen Stellen des Härtsfeldes gewonnen (u. a. Beuren, Bopfingen-Sandberg).

Braunjura- und Weißjurasande werden heute nicht mehr verwendet, da die Vorkommen kleinräumig, unförmig, gewinnungsmäßig begrenzt und sehr teuer wären. Die eisenschüssigen rot und rotgelben „Goldshöfer Sande" und die grün bis hellvioletten Keupersande Ellwangens werden in zahlreichen Gruben gewonnen und auf nahezu jeder Bau- und Straßenbaustelle im Landkreis verwendet.

Stubensande wurden früher auch als Glassande und als Fegsande zum Reinigen von Stuben verwendet, im Ellwanger Stadtgebiet wurde er zum Teil unterirdisch durch Stollenauffahrungen und in Kammer-Pfeiler-Bauten gewonnen. Stubensande sind gleichförmiger und geringer verunreinigt als „Goldshöfer Sande", allerdings sind sie in offenen Abbaugruben in viel geringerer Abbaumächtigkeit vorhanden.

Formsande für das Gießereiwesen müssen besonders leichtkörnig, feinkörnig und gut ablösbar sein. Sande aus dem „Donzdorfer Sandsteinhorizont" des Braunjura Beta erfüllen diese Eigenschaften. In kleinen Steinbrüchen am Albtrauf zwischen Heubach und Bopfingen wurden sie anfangs zunächst als Nebenprodukt der Werksteingewinnung gewonnen. Durch die Anlage immer tieferer Stollen zur Eisenerzgewinnung in Wasseralfingen erschloss man unter dem Unteren Erzflöz den so genannten Donzdorfer Sandstein. Im Weitungsbau wurde er nun unterirdisch gewonnen und in den Aufbereitungsanlagen des Hüttenwerkes fein aufgemahlen. Da auch im Winter ständig eine Formsandgewinnung erfolgen konnte und in Wasseralfingen besonders gute Qualitäten gewonnen wurden, wurde die Stuferzgrube „Wilhelm" bald zu einem der größten Formsandlieferanten Württembergs. Über den eigenen hohen Formsandbedarf der Wasseralfinger Hütte hinaus wurden alle wichtigen Gießereien des mittleren Neckarraumes mit Wasseralfinger Formsand versorgt. Mit der Schließung des Wasseralfinger Bergwerks wurde 1939 die Formsandgewinnung eingestellt, einige der imposanten, ehemaligen Formsandabbauhallen dienen heute dem Besucherbergwerk Tiefer Stollen als Ausstellungs- und Asthmatherapiehallen. Eine der unterirdischen Ausstellungshallen ist dem Wasseralfinger Eisenkunstguss gewidmet.

Glassande und andere Glasrohstoffe

Eine Glashüttenstatistik aus dem Jahre 1949 zählt in Württemberg sieben Betriebe auf, wovon vier im heutigen Ostalbkreis angesiedelt waren: Württembergisches Kristallwerk, A. Kauderer, Schwäbisch Gmünd; Gablonzer Glas, Max Pala, Glasschmuck, Schwäbisch Gmünd; Cäcilienhütte GmbH, Schwäbisch Gmünd und Glashüttenwerk Maxhütte, Max Pala, Wasseralfingen.

Seit 1508 bestand in Unterkochen eine Glashütte (die allerdings im 17. Jahrhundert einging) und in den Ellwanger Bergen (Rosenberg) und um Gschwend wurden vor allem im 18. und 19. Jahrhundert zeitweise Glashütten betrieben, worauf heute noch Namen wie Hütten, Hüttenbühl

usw. hinweisen. Die Glasindustrie hat im Ostalbkreis somit eine lange Tradition. Vertriebene Glasfacharbeiter aus Böhmen belebten nach dem Zweiten Weltkrieg, besonders in Schwäbisch Gmünd, dieses ehrwürdige Handwerk in hohem Maße und machten es zu einem Wirtschaftsfaktor im Ostalbkreis. Glas wird heute nur noch in Schwäbisch Gmünd verhüttet und geformt (Schmuckglasbetrieb Josephinenhütte), während die optische Glasbearbeitung seit 1946 in Oberkochen und Aalen eine feste, ständig expandierende Basis hat (Glasbezug vom Schott-Werk aus Mainz, zur Zeiss-Stiftung gehörend).

Glasrohstoffe für einfache Gläser sind vor allem eisenfreier, hochreiner Quarzsand, aber auch Kalk, Dolomit, Soda, z. T. Magnesit, Feldspat und z. B. Flussspat. Unter heutigen Qualitätsvoraussetzungen wäre der Ostalbkreis vielleicht gerade noch in der Lage, hochreine Kalke von der Alb zu liefern, während früher als Quarzsande gewaschene und gesiebte Stubensandsteinsande (Schwäbisch Gmünd, Ellwanger Berge) sowie Dolomite (Ca Mg $[CO_3]_2$) aus der Albtraufregion eingesetzt werden konnten. Auch Holz zum Schmelzen des Glasflusses lieferten die Wälder des Landkreises reichlich, stellenweise kam es jedoch durch den hohen Verbrauch zu übermäßiger Rodung, was zum Beispiel zur Aufgabe der Rosenberger Glashütte führte.

Für die heutige Glasindustrie ist neben den hohen Energiekosten der Mangel an hochreinen, feinkörnigen Quarzsanden ein entscheidendes Hindernis. Für eine Massengebrauchsglas-Produktion (Flaschenglas) wären die Ellwanger Sande nach intensiver Aufbereitung noch akzeptabel. Wertvolle, feine Qualitätsschmuckgläser, wie sie in Gmünd hergestellt werden, verlangen jedoch hochwertigste und reinste Rohstoffe, welche nur noch an wenigen Stellen in Europa zu finden sind und zudem eine weitreichende Aufbereitung erfordern.

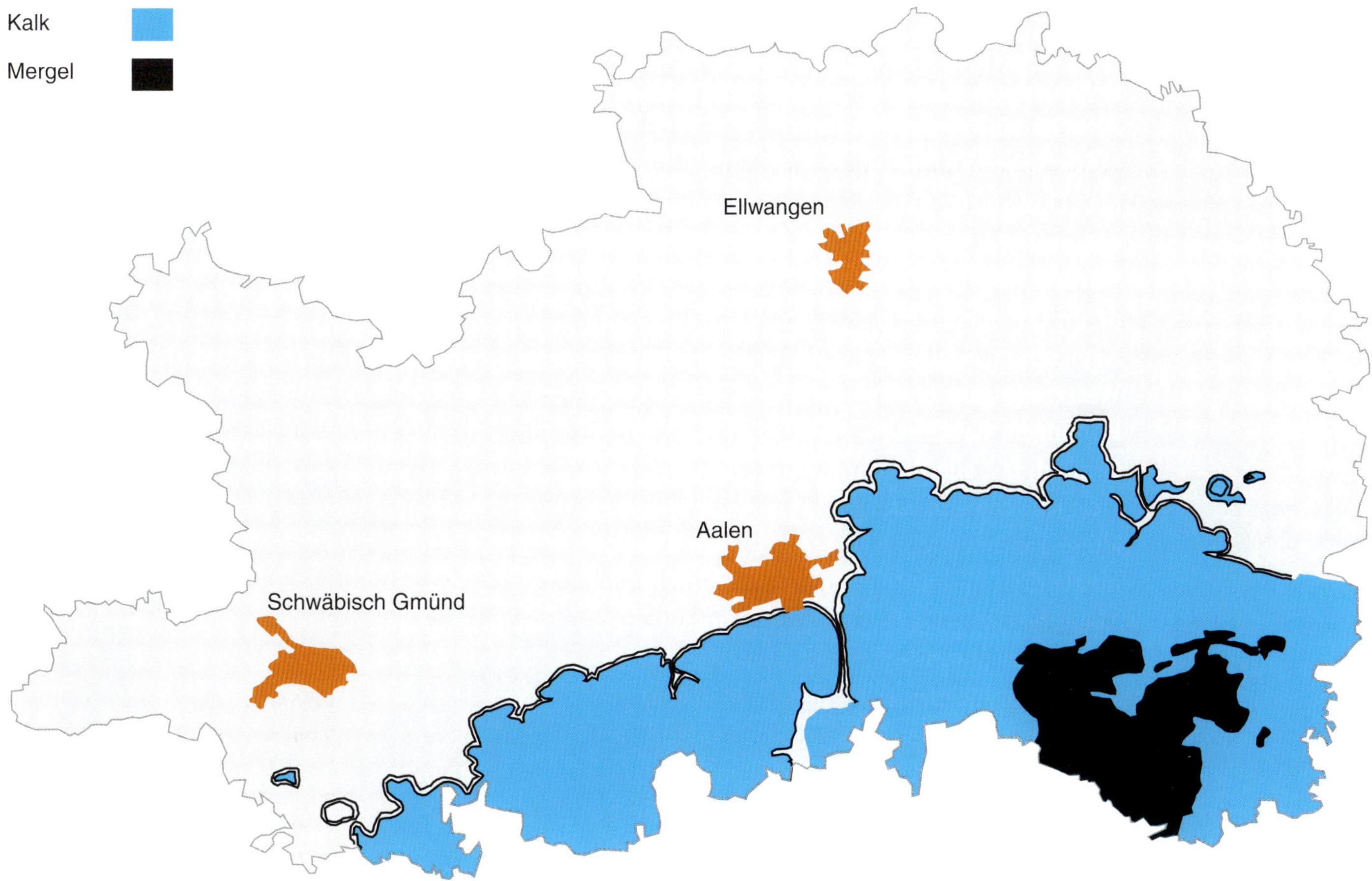

Naturwerksteine

Bis zum Zeitalter des Eisenbahnbaues in Ostwürttemberg, der eine billige Fremdbaumaterialbelieferung ermöglichte, hatten die Städte ihren typischen gesteinsabhängigen Eigencharakter: Neresheim und Oberkochen – im Weißen Jura gelegen – und z. T. Heubach waren „weiße" Kalksteinortschaften mit hell verputzten Kalkmauerwerken. Aalen, Lauchheim, Bopfingen und z. T. Heubach, im unteren Braunjura gelegen, besaßen unzählige, oftmals unverputzte, Gebäude aus gelbbräunlichen Sandsteinen des Braunjura Beta. Schwäbisch Gmünd, Lorch und Ellwangen, im und am Stuben- und Schilfsandstein gelegen, wiesen zahlreiche grünliche Natursteinmauerwerke des Keupers auf. Aalen, auf den Opalinustonen gelegen, hatte zudem einen hohen Bestand an die Altstadt umgebenden Backsteinziegelbauten. Heute sind unsere Städte durch den seit Anfang dieses Jahrhunderts intensiv genutzten Baustoff „Beton" monotonisiert, ihr geologisch bedingter Bauwerkscharakter wurde bzw. wird leider mit immenser Geschwindigkeit „wegsaniert" und überbetoniert.

Sandsteine und Kalksteine

Diese Werksteine erhalten seit einigen Jahren wieder an Bedeutung, es fand eine Rückbesinnung auf die positiven Eigenschaften und die natürliche Ästhetik statt. Vermutlich hat zu viel Beton aus den Jahrzehnten zuvor diese Rückbesinnung auf Naturprodukte und deren Solidität ausgelöst.

Quaderförmige Kalksteine finden als Trockenmauern an Hanggrundstücken und in Vorgärten zunehmend Verwendung. Sie bieten zudem Kleinlebewesen und Reptilien in den Fugen dazwischen kleine Lebensräume. Leider werden noch keine Kalksteine im Ostalbkreis als Werksteine gewonnen. Sie kommen aus den Nachbarlandkreisen und werden dort aus dem Oberen Muschelkalk im Raum Crailsheim oder aus dem

Kalk- und Mergelvorkommen im Ostalbkreis.
Karte: B. Hildebrand

Oberen Jura (Malm) aus dem Raum Großku-
chen (Landkreis Heidenheim), aus dem Raum
Böhmenkirch (Landkreis Göppingen) oder dem
Alb-Donau-Kreis gewonnen.

Aus Sandstein, vor allem aus dem so genannten „Donzdorfer Sandstein" bzw. Eisensandstein
des unteren Braunen Jura (Ober-Aalenium)
wurden vor Jahrhunderten wichtige Gebäude im Ostalbkreis errichtet, so zum Beispiel die
Kapfenburg, Schlösser in und bei Essingen und
Wasseralfingen, Stadtmauern und Stadttore in
Bopfingen, Lauchheim, Aalen und Schwäbisch
Gmünd, fast alle Bahnhöfe im Kreisgebiet, sehr
viele Kirchen und öffentliche Gebäude und auch
ältere Fabrikbauten. Sogar das Ulmer Münster
nutzte diesen Sandstein für wichtige Turm- und
Mauerbereiche. Da es für dieses imposante Bauwerk keinen Rohstoffbetrieb mehr für die Re-
staurierungselemente aus diesen Sandstein gab,
suchte man an vielen Stellen im Albvorland nach
brauchbaren "Donzdorfer Sandstein". Im Jahre 2011 konnte man unweit von Lauchheim bei
der Banzenmühle in einem stillgelegten Sand-
steinbruch wieder nutzbaren Werkstein für das
Ulmer Münster finden. Im Jahr 2012 wurden in
einem Probeabbau durch einen Bamberger Betrieb die ersten Werksteine zum Steinaustausch
an die Ulmer Münster-Bauhütte geliefert. Seitdem ist hier bei Lauchheim Ersatz-Sandstein für
das Ulmer Münster gewinnbar, der von Zeit zu
Zeit die Münster Bauhütte mit diesem wichtigen
Werkstein versorgt.

UNESCO Globaler Geopark Schwäbische Alb

Der Begriff „Geopark" ist ein Prädikat für Gebiete, die über ein besonders reichhaltiges ge-
ologisches Erbe verfügen. Neben dem Schutz
dieses Erbes und der Vermittlung geologischer
Themen im Rahmen der Umweltbildung gehört
die nachhaltige Regionalentwicklung ebenso
wie die wissenschaftliche Forschung innerhalb
des Parks zu den Aufgaben des Geoparks.

Der Geopark Schwäbische Alb wurde im Dezember 2001 gegründet und im Jahr 2002 aufgrund des bedeutenden geologischen Erbes zum
Nationalen Geopark ernannt. Im Jahr 2004 erfolgte die Auszeichnung als Europäischer und
Globaler Geopark. Am 17. November 2015 beschloss die UNESCO-Generalkonferenz in Paris, die neue „Kategorie" UNESCO Global Geoparks zu schaffen. Dem Geopark Schwäbische
Alb wurde diese „Auszeichnung" sofort verliehen, er darf sich seither UNESCO Global Geopark Schwäbische Alb nennen.

Er umfasst das gesamte Kerngebiet der Schwäbischen Alb inklusive dem Albvorland. Somit
gehört die gesamte östliche Schwäbische Alb
vom Blasienberg und Ipf bei Bopfingen über das
Härtsfeld, das Albuch, über den Rosenstein, das
Kalte Feld bis zum Stuifen und Rechberg zum
Geopark. Auch das Albvorland mit den großen
Städten Bopfingen, Lauchheim, Aalen, Oberkochen, Heubach und Schwäbisch Gmünd liegen
im Gebiet des Geoparks. Von der Fläche her hat
der Ostalbkreis mit den größten Anteil am gesamten UNESCO Global Geopark Schwäbische
Alb. Zahlreiche berühmte und sehr bedeutende
geologische und archäologische „Schätze" berei-
chern die Region: Zum Beispiel der Westrand
des weltbekannten Meteoritenkraters Ries, die
berühmten Zeugenberge Ipf, Stuifen und Rechberg, die Quellen der längsten Neckarzuflüsse,
Jagst, Kocher und Rems. Quer durch die Region läuft das UNESCO Welterbe Limes mit mehreren römischen Kastellen. Neben zahlreichen
Höhlen liegt das wunderschöne Wental mit seinen einmaligen Felsbastionen im Geopark. Zum
einmaligen geologischen Schatz gehören auch
einmalige Jurafossilien, wie die Riesenammoniten aus dem Gmünder Raum, mehr als 100 Reste
von Fischsauriern und eine ungewöhnlich große
Zahl an schönen Ammonitenfunden aus dem
Braunen und Weißen Jura, um nur einige Beispiele zu nennen.

Über die gesamte Alb sind, an bedeutende geologische Einrichtungen wie Höhlen oder Museen gebunden, Geopark-Infostellen verteilt, die
wichtige Infos zum geologischen Erbe der Alb
und zum UNESCO Global Geopark vermitteln

sollen. Seit dem Jahr 2008 befindet sich die erste Infostelle der Ostalb im Aalener Urweltmuseum am Marktplatz. Im April 2016 wurde die 24. Infostelle des Geoparks Schwäbische Alb unter dem neuen UNESCO Label im Rahmen des großen Geoparkfestes am Besucherbergwerk Tiefer Stollen vom Landrat des Ostalbkreises und Vorsitzenden des Geoparks Schwäbische Alb, Klaus Pavel, und Aalens Oberbürgermeister Thilo Rentschler feierlich eröffnet.

Hydrogeologie und Quellen

Die Hydrogeologie befasst sich mit dem Wasserspeichervermögen in Gesteinen, dem unterirdischen Verlauf des eingesickerten Wassers und seiner Abgabe an Quellen. Abhängig ist die Wasseraufnahme und -abgabe eines Gesteines von den anfallenden Niederschlägen, vom Grad der oberirdischen Entwässerung, von der Durchlässigkeit der Böden und vom jeweiligen Gesteinsaufbau selbst. Parameter zur Beurteilung der hydrogeologischen Eigenschaften eines Gesteines sind sein Durchlässigkeitskoeffizient, seine Aquifermächtigkeit (Höhe der wasserspeichernden Gesteinsfolge) und sein Speicherkoeffizient. Die sehr hohe Quellendichte und eine entsprechende Dichte an Bachläufen und Flüssen im Keuperbergland resultiert aus der Wechselschichtung der Keuperabfolge aus Lettenschichten (Ton- bis Mergelhorizonte) und Sandsteinschichten, wobei die Lettenschichten Stauflächen für die jeweils darüber lagernden, wasserführenden Sandsteinschichten sind. Die Speicherfähigkeit in den Sandsteinen ist nicht sonderlich hoch, durch entsprechende Schichtmächtigkeit der jeweiligen Sandsteinfolge ist jedoch genügend Kapazität für größere Einspeicherungen vorhanden. Der Abfluss aus den Sandsteinen ist relativ gleichmäßig, entsprechend sind auch die zahllosen Quellschüttungen recht ausgeglichen, jedoch schwach. Die zivilisatorische Belastung der Gewässer ist aufgrund der überwiegend bewaldeten Einzugsgebiete meist noch gering. Dagegen treten laut Regionalverbandsbericht in Tiefbrunnen häufig schwach reduzierte, sauerstoffarme und gelegentlich etwas eisen- und manganhaltige Grundwasser auf. Der Gehalt an Nitrat-Ionen ist als Folge des reduzierten Milieus oft vermindert. Der gesamte Lösungsinhalt beträgt zwischen 300 und 500 mg/l, die Karbonathärte liegt zumeist zwischen 3,5 und 6,0 mval/l (= 10 bis 16 Grad deutscher Wasserhärte). Im Albvorland mit seinen Schwarzjura- und Braunjurasteinen herrscht noch eine relativ hohe Quellendichte, obwohl zwischen den quellenarmen, wasserstauenden Tonsteinschichten (z. B. Turneriton, Amaltheenton, Opalinuston usw.) und den gering bis mittelmäßig wasserspeichernden Horizonten mit seinen Basisquellen größere Abstände liegen können. Wasserspeichernde Schichthorizonte bestehen in den Kalkstein-, Kalksandstein- und Sandsteinbänken des Schwarzjura Alpha, in den Kalk- und Kalkmergelsteinen des Schwarzjura Gamma (meist Kluftwasserspeicher), in den Sandsteinfolgen im Braunjura beta (ergiebige Porenwasserspeicher) sowie gering in einzelnen, größeren Schichtbänken des mittleren und oberen Braunen Jura.

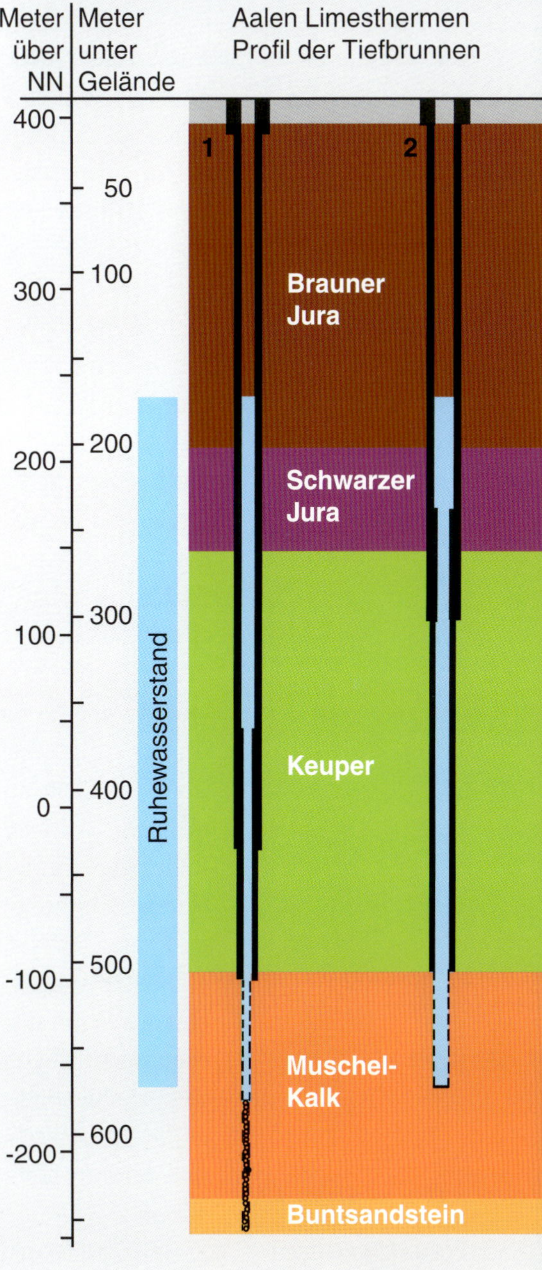

Eine grundsätzlich andere hydrogeologische Situation ist in den Weißjuragesteinen der Schwäbischen Alb gegeben. Einerseits entspringen einige der größten Flüsse unseres Landkreises am Nordrand der Schwäbischen Alb, andererseits ist die Hochfläche und die innere Region der Alb nahezu gewässerlos, während im tiefen Innern der Weißjuraschichten mit die größten Trinkwasservorkommen von ganz Baden-Württemberg lagern. Dieser scheinbare Widerspruch, typisch für ein Karstgebirge, erklärt sich aus einer hydrogeologischen Zweiteilung der Schwäbischen Alb in eine Zone des Seichten Karstes mit Quellen über dem Niveau der Fließgewässer und eine Zone des Tiefen Karstes, gewässerlos und nur mit einigen großen, aber unregelmäßig stark schüttenden Quellen, welche ihr Quellniveau unter dem der großen Täler haben und von unten quelltopfartig nach oben drücken (z. B. Brenztopf, Pfefferquelle, Brunnenmühlenquelle).

Die Zone des seichten Karstes am Albtrauf und Nordsaum der Schwäbischen Alb weist zahlreiche Quellen auf (u. a. die Kocherquellen, die Remsquelle, die Egerquelle), die in den unteren Weißjuragesteinen jeweils an der stauenden Grenzfläche austreten. So stellen die Grenzflächen zwischen Weißjura-Alpha-Mergeln und -Beta-Kalken sowie zwischen Weißjura-Gamma-Mergeln und -Delta-Kalken die häufigsten Quellhorizonte dar. Sind durch größere tektonische Strukturen im Untergrund, z. B. in der Zone des Schwäbischen Lineaments noch begleitende Schichtlagerungsmulden vorhanden, so liegen besondere Quellanreicherungen in den Hanganschnitten allseitig wannenartig gelagerter Gesteinshorizonte vor.

Die Remsquelle bei Essingen und die Weißkocherquelle mit ihren Nebenquellen bei Unterkochen und die Egerquelle bei Bopfingen entspringen in Schichtlagerungsmulden. Geht man tiefer in die Schwäbische Alb, befindet man sich nicht nur weitestgehend in Kalkfolgen und Kalkkomplexen des Weißen Jura, sondern auch in der Zone des Tiefen Karstes. Dieser nahezu oberflächengewässerfreie Bereich mit Trockentälern und Dolinen liegt im Ostalbkreis um Bartholomä, Aalen-Ebnat, Neresheim und den Härtsfeldanteil von Lauchheim und Bopfingen, seine eigentliche Verbreitung ist jedoch in den südwestlichen bis südlichen Nachbarlandkreisen gegeben. Diese Landstriche waren vor der Fernwasserversorgung schlimme Wassermangelgebiete, in denen Zisternen mit all ihren unhygienischen Nebeneffekten betrieben werden mussten. Größere Zisternen, die so genannten Dorfhülen, dienten Mensch und Tier als Wasserspender, auch wenn dieses Wasser Tage und Wochen alt war.

Die ins Kalkgebirge versunkenen Niederschläge werden ab 40 bis 70 m Tiefe im riesigen Kluftgrundwasserspeicher des Kalkgebirges gesammelt und driften entsprechend dem generellen Schichtlagerungsgefälle nach Süden. Im Süden und Südosten der Schwäbischen Ostalb, bei Langenau, Burgberg und Dischingen, wird dieses Karsttiefenwasser aus großen Quellfassungen abgepumpt und von der Landeswasserversorgung über weite Teile Mittel- und Nordostwürttembergs verteilt. Da das Kalkgebirge nur eine geringe Filter- und Reinigungskraft für das Karstgrundwasser hat, ist dieses besonders umweltgefährdet und bedarf eines besonderen Schutzes. Große Teile der Trockenregionen Albuch und Härtsfeld sind daher Trinkwasserschutzgebiet. Die dem Ostalbkreis angehörigen Riesrandgemeinden gehören hydrogeologisch überwiegend dem Keuperbergland und dem Albvorland an und profitieren nur gering von dem überall im Ries vorhandenen sehr hohen Grundwasserstand.

Böden
Hubert Schliffka

Die Böden der Ostalb

Neben Wasser und Luft ist der Boden die wichtigste Grundlage für alles Leben an Land. Dies ist uns meist nicht so bewusst, weil sich dieses Wunderwerk unter unseren Füßen befindet und wir auf den ersten Blick nichts von seiner Schönheit und seinem Artenreichtum sehen können. Im Bewusstsein der Öffentlichkeit spielt der Boden meist nur dann eine Rolle, wenn es um den Besitz von Grund und Boden geht. Landwirte wissen jedoch, dass der Boden auch ihre wichtigste Existenzgrundlage ist.

In vielen Kulturen wurde er als Mutter Erde angesehen. Das sprichwörtliche Samenkorn, welches in die Erde gesteckt wird und dann aufgeht, ist auch heute noch ein häufig gehörtes Beispiel. Oft ist aus dem Erdboden jedoch ein neutraler Gegenstand, eine Sache geworden, die man gebraucht und verbraucht. Die scheinbare Beherrschung der Natur und unsere naturferne, technisierte Lebensweise hat zu dieser Abkehr von dem gemeinsamen Band zwischen Mensch und Natur geführt.

Ganz rational betrachtet ist Boden die oberste Schicht der Erdkruste und besteht zum größten Teil aus mineralischen Bestandteilen und organischen Stoffen (Humus) und umfasst zumeist den obersten Meter der Erdoberfläche. Im Boden leben unzählige Kleinlebewesen (Bakterien, Pilze, Insekten usw.), die dafür sorgen, dass im Boden vielschichtige Umwandlungsprozesse ablaufen, die den Boden zunehmend mit organischen Substanzen anreichern und die Bodenfruchtbarkeit erhalten. Der humose Oberboden enthält den Hauptanteil der Pflanzennährstoffe und wird auch als Mutterboden bezeichnet. Die mineralischen Bestandteile werden unterschieden nach ihrer Korngröße, nämlich in aufsteigender Reihenfolge Ton, Schluff und Sand. Im Ostalbkreis dominieren die tonigen Böden.

Funktionen der Böden

Die heutige Bodenkunde hat neben der Ertragsfähigkeit, die als natürliche Bodenfruchtbarkeit bezeichnet wird, die Beschreibung des Bodens erheblich erweitert und ordnet ihm die folgenden Funktionen zu:

* Ausgleichsköper im Wasserkreislauf mit dem Hauptaugenmerk auf einer Grundwasserneubildung.

* Filter und Puffer für Schadstoffe. Dies bedeutet, dass Boden wie ein Filter wirkt und das Grundwasser vor dem Eintrag von gelösten Stoffen schützen kann.

* Standort für naturnahe Vegetation. Hiermit wird beschrieben, welche Verknüpfung die Vegetation mit dem Boden hat. So können feuchte Heidegebiete mit Erika auf bodensauren, torfigen und grundwasserbeeinflussten Böden entstehen, und trockene Wacholderheiden benötigen, um die volle Biotopstruktur ausbilden zu können, den nährstoffarmen und nicht sauren Boden vom Typ Rendzina.

* Archiv der Natur- und der Kulturgeschichte. Hier wird die regionale Besonderheit bei der Entstehung zum Beispiel selten vorkommender Böden dokumentiert und die Einflussnahme des Menschen erfasst.

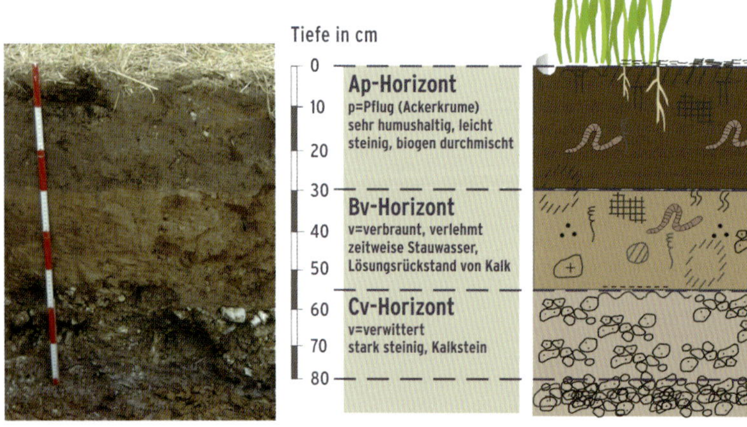

Bodentyp: Braunerde - Ausgangsgestein: Kalkstein
A-Horizont: Oberboden
B-Horizont: Unterboden mit Besonderheiten: T (Lösungsrückstand von Kalkstein)
                                                      S (Stauwassereinfluss)
C-Horizont: Untergrund

In der Region bedeutsam und als Archiv der Kulturgeschichte überregional bekannt ist natürlich der römische Limes. Aber auch die Besiedlungsgeschichte spiegelt im Boden menschliche Handlungsweisen und Kulturtechniken wider. So sind Grabhügel und Grabhügelfelder im Wald häufig noch heute erkennbar. Im Bereich östlich von Bopfingen bei Osterholz und Trochtelfingen wurden keltische Viereckschanzen in den vergangenen Jahren archäologisch erfasst und sind häufig im Bodenaufbau und im Geländerelief mit bloßem Auge zu erkennen.

Rutschhänge

Die Rutschhänge im Bereich der oberen Keuperschicht (Knollenmergel) hingegen geben uns Zeugnis von Geschehnissen der Naturgeschichte. Hier entstanden durch Verwitterung Tonböden in Hanglage und neigen bei Nässe zu starken Rutschbewegungen. Auf diesen sogenannten Buckelwiesen kann der Boden in 100 Jahren oft mehrere Meter wandern oder auch schlagartig abrutschen. Normalerweise werden diese Böden als Wiese mit Streuobstbestand oder als Weide genutzt. Entlang der Hänge des Leintals sind diese „verrutschten" Böden landschaftsprägend und auf den ersten Blick zu erkennen. Einen Eingriff verzeihen diese Böden schlecht. Wird dort abgegraben oder aufgefüllt oder ein Weg in das Gebiet gebaut, kann ein ganzer Hang in Bewegung geraten und Unheil anrichten.

Anteil am Klima und Entwicklung der Böden

Nicht unterschätzen darf man auch den Anteil der Böden am weltweiten Klima. Der Humusanteil im Boden gilt nach den Ozeanen als zweitgrößter CO_2-Speicher und übersteigt sogar den Kohlenstoffanteil, der in allen Pflanzen eingebunden ist. Die Freisetzung von CO_2 aus trockengelegten Mooren und durch Zerstörung von Böden muss neben dem menschlichen Verbrauch der fossilen Rohstoffe als wichtiger klimabeeinflussender Faktor gesehen werden.

Der Boden speichert aber auch die als Altlasten bekannten Schadstoffe aus früheren Müllkippen und Unfällen mit umweltgefährdenden Stoffen. Auch diese Sünden der Vergangenheit sind leider oft im Archiv der Kulturgeschichte gespeichert.

Böden brauchen sehr lange Zeit, um sich zu entwickeln. Unsere Auenböden können jünger als 1.000 Jahre, die Podsole unter 5.000 Jahre und die Braunerden bis 10.000 Jahre alt sein. Über das genaue Alter der Lößentstehung und Verfrachtung bis in unsere Region soll hier nicht spekuliert werden, da die Fachmeinungen darüber noch auseinandergehen.

Im Ostalbkreis finden wir hauptsächlich zwei unterschiedliche Arten der Bodenentstehung: die durch Gewässer angeschwemmten Böden (Alluvialböden), die überwiegend im Auenbereich der Flüsse zu finden sind, und die Verwitterungsböden, deren mineralischer Anteil durch Verwitterungsprozesse der Gesteinsschichten entstanden ist. Dazu kommen noch in manchen Gebieten Lößbestandteile, die durch Windverfrachtungen in den Zwischeneiszeiten herbeigeschafft wurden (pleistozäne Ablagerung). Diluvialböden, also eiszeitliche oder Tertiärböden, sind nur kleinräumig vorhanden. Als weitere Besonderheit kann noch die Moorbildung im Ries genannt werden. Auch wenn die Niedermoorbildung überwiegend im Alpenvorland stattfindet, hat auch der Ostalbkreis ein solches Moor zu bieten. Südlich von Goldburghausen liegt ein ca. 29 ha großes Niedermoor. Moore entstehen bei hohem Grundwasserstand, wenn dort mehr organische Substanz durch Pflanzen gebildet als zersetzt wird. Der ca. 1 m mächtige Moorboden wird bodenkundlich als Erdkalkniedermoor angesprochen und ist einem abflussarmen Bereich des heutigen Rösslesgraben, der von der Goldbergquelle gespeist wurde, über einem wasserundurchlässigen Seeton des Nördlinger Rieses entstanden. Die im Jahr 1928 begonnene Entwässerung mittels Drainagen und Abflussgräben konnte zwar den Grundwasserstand um ca. 1 m absenken, der Hauptbe-

Moor bei Goldburg-
hausen.
Foto: H. Schliffka

Rendzina.
Foto: H. Schliffka

durch die Renaturierung der Moorboden erhalten und wieder verbessert werden, und hoffentlich wird die Pflanzen- und Tierwelt kleinräumig eine deutliche Aufwertung erfahren.

Böden und Naturräume

Wir können die Böden im Kreis sehr grob den Naturräumen zuordnen: Albuch und Härtsfeld mit der Geologie aus Kalkstein, das Albvorland mit hohem Tonanteil, das Keuperbergland mit der Geologie Sandstein und die Talauen entlang der Flüsse.

Im Bereich Albuch und Härtsfeld finden wir häufig sehr flachgründige Böden aus Kalksteinverwitterungslehm (Rendzina). Auf diesen oft nur 10 bis 20 cm starken und landwirtschaftlich ertragsarmen Böden erscheint jedes Jahr im Frühjahr auf Äckern an der Oberfläche eine dichte Schicht aus Steinen. Das ist der durch den Frost abgesprengte Bestandteil des geologischen Untergrunds. Übrigens muss 2 m Kalkgestein verwittern, um eine 20 cm mächtige Rendzina-Bodenschicht entstehen zu lassen. Dementsprechend dauert es sehr lange, bis bei diesem Boden ein Erosionsabtrag wieder ausgeglichen ist. Als Erosion wird ein Verlust an humosem Oberboden durch Wind- oder Wasserabtrag verstanden. Übersteigt dieser Verlust die natürliche, aber sehr langsame Neubildung des Bodens, wird dieser Boden immer weniger wert. An manchen steilen Stellen ist dies gut zu erkennen, wenn der nackte Fels bereits sichtbar wird. So haben die Felsformationen zum Beispiel im Wental bei Bartholomä zwar eine besondere ökologische Wertigkeit, bilden aber aufgrund der offenen Oberfläche nur noch einen reduzierten Schutz des Grundwassers vor Schadstoffeinträgen.

An sonnigen Standorten trocknet der Bodentyp Rendzina schnell ab. Es haben sich deshalb besonders artenreiche Magerrasenstandorte auf diesen Flächen gebildet. Die heute als Biotope besonders geschützten Flächen entwickelten sich unter der Schafbeweidung zu Wacholderheiden. Es finden sich hier viele besondere Pflanzenarten der Heilkräuter und Orchideen.

standteil des Moors, der sogenannte Torf, blieb jedoch relativ gut erhalten. Momentan wird geplant, im Rahmen eines Flurneuordnungsverfahrens das Moor zu renaturieren. Auch wenn keine gespenstische Filmkulisse wie für einen Hitchcock-Film entstehen wird, so kann doch

Leider wurde auch an vielen Stellen versucht, Rendzinen als Ackerstandort zu verbessern, indem stark gedüngte ortsfremde Böden aufgebracht wurden. Die Ertragsfähigkeit konnte zwar gesteigert werden, dies wurde jedoch mit einem Verlust an Artenreichtum auf den ehemaligen Heideflächen erkauft. Auch verschärfte sich dadurch das Problem der Nitratbelastung im Grundwasser, da diese neu entstandenen Böden nur eine geringe Wasserspeichermöglichkeit haben und Schadstoffe sowie Stickstoff aus der Düngung nur reduziert zurückhalten können.

Im Albvorland dominieren die schweren Tonböden. Pelos bedeutet im Griechischen Ton; deshalb heißen die typischen Bodentypen Pelosole. Die Tonböden sind besonders empfindlich gegenüber Verdichtungen und bilden dann staunasse Schichten aus. Obwohl es sich eigentlich um ertragsreiche Böden handelt, wurde häufig mit Drainagen, also dem gezielten Ableiten von Bodenwasser, versucht, die Staunässe zu beseitigen, um die Flächen ganzjährig bewirtschaften zu können.

Ton schrumpft beim Austrocknen häufig und es entstehen in einem trockenen Sommer Risse im Boden. Idealerweise werden diese Böden deshalb eher als Grünland genutzt. Das Welland westlich von Aalen zeigt hier auf einer Geologie aus Opalinuston typische Pelosolböden.

Wenn zu diesen Tonböden auch noch Löß durch Windverfrachtungen in den Zwischeneiszeiten (Pleistozän) hinzukam, entstanden die ertragreichsten Böden in der Region. Die tiefgründigen Lößlehmböden sind aufgrund der Kombination aus Ton (als Verwitterungsprodukt aus den geologischen Schichten des Schwarzjura) und aus Schluff (Hauptkorngröße des Löß) ideale Ackerböden mit hohem Ertrag. Einziger Wermutstropfen: Diese Böden sind meist verdichtungsempfindlich und oft staunass, sodass häufig drainiert wurde. Der Lößlehmboden ist ein schwerer Boden, sodass gewichtige Maschinen zum Einsatz kommen, was die Verdichtungsgefahr wieder erhöht. Leider sind deshalb diese Böden aus der Sicht der Bodenkunde heu-

Lößlehm mit Moorbodenanteil.
Foto: H. Schliffka

te im Ostalbkreis häufig nur noch in einer reduzierten Zustandsstufe anzutreffen (mittlere bis geringe Güte). Die Zustandsstufe beschreibt die natürliche Alterung des Bodens und die dabei stattfindenden Prozesse, aber auch den menschlichen Einfluss durch die Bewirtschaftung (Hemerobie). Die natürliche Bodenverwitterung, die durch chemische, mechanische und mikrobiologische Prozesse aus dem mittelgroßen Schluff einen feinkörnigen Lehm gemacht hat, stellt einen sehr langsamen aber kontinuierlich arbeitenden Prozess dar.

Ganz anders sieht es im Bereich des Keuperberglands im Norden des Ostalbkreises aus. Hier dominiert als Geologie der sogenannte Stubensandstein. Dementsprechend sind die darüber entstandenen Böden zumeist sandige Lehmböden. Der Bodentyp ist häufig ein sogenannter Podsol. Podsole haben eine Besonderheit, nämlich einen ausgebleichten, aschgrauen Horizont. Hier wurden durch ein typisch saures Milieu Nährstoffe gelöst und mit dem Regenwasser in tiefere Schichten versickert. Die Gebiete des Keuperberglands wurden immer schon häufig als Wald genutzt. Die Aufforstung mit Nadelhölzern verstärkt den Effekt der Podsolisierung jedoch noch. Der Boden hat dann einen hellgrauen Horizont aus gebleichten Quarzkörnern, der wie gepudert aussieht. Darunter liegen dunkelbraune Horizonte, die mit Humus und Eisenoxiden angereichert sind. Die sauren Bedingungen verstärken diesen Ausbleicheffekt.

Aber auch in diesen Gebieten konnten im waldfreien Bereich durch die Zersetzung von organischen Pflanzenbestandteilen Braunerden entstehen, die gut als Acker genutzt werden können. Hier hat der menschliche Einfluss über die viele Jahrhunderte andauernde Bewirtschaftung einen Einfluss gezeigt. Die entwaldeten Flächen wären heute ansonsten eher saure Heideflächen und als Acker nur gering ertragsfähig.

Die Verbraunung ist ein wesentlicher Prozess der Bodenentstehung (auch als Pedogenese bezeichnet), bei dem sich im Boden durch Verwitterung intensiv gefärbte Eisenverbindungen

bilden, die die Bodenfarbe beeinflussen. Dieser allmählich ablaufende Prozess der Bodenbildung und -veränderung ist auch von der regionalen Klimazone abhängig. In Mitteleuropa leben wir seit der letzten Eiszeit in einer gemäßigten Klimazone. Dies hat die Bodenbildung stark beeinflusst. Die Verbraunung findet somit hauptsächlich als bräunliche Eisenhydroxidbildung statt. Wären wir in einer stärker tropisch dominierten Klimazone, hätten sich eher Roterden gebildet, wie wir sie bereits vereinzelt in Südeuropa antreffen können. Neben der Verbraunung ist übrigens die Verlehmung, bei der die Korngröße mechanisch und biologisch ständig verkleinert wird, ein wichtiger Faktor der Bodenbildung. Der hohe Tonanteil, der insbesondere den einstmals vorhandenen hohen Schluffanteil im Löß bereits deutlich verändert hat, ist auch ein Zei-

Braunerde Terrafusca.
Foto: H. Schliffka

chen für das Alter der Böden. Dazu kommen die als semiterrestrisch bezeichneten Böden der Flussauen. Hier entstanden durch regelmäßige Anschwemmungen von Ton, Sand und Schluff Braunerden, die auch besonders gut als Acker genutzt werden können, sofern diese nicht (und das ist der Nachteil aus Landwirtschaftssicht) durch Hochwasser überstaut sind oder (quasi von unten) durch einen hohen Grundwasserstand einen nassen Fuß bekamen. Die Bodenkunde spricht dann von Pseudovergleyung oder (bei Dauerstau) von Gleyboden. Er besteht aus fein geschichteten Ablagerungen von Sedimenten (z.B. Sand und Ton), die der Fluss bei Hochwasser auf den Überflutungsflächen angeschwemmt hat. Wer schon einmal einen solchen Boden aufgegraben vor sich gesehen hat, erinnert sich sicher an den fauligen Geruch des tonigen und auffallend graugrünen Unterbodens in 60 bis 80 cm Tiefe. Der Verrottungsprozess im organischen Anteil findet weitgehend ohne Sauerstoff statt, was zu dieser auffälligen Veränderung dieses Bodenhorizonts geführt hat.

Da die regelmäßigen Hochwasser in Stunden eine komplette Getreideernte vernichten konnten, wurden die Flussauen überwiegend als Wiesen und Weiden genutzt. Die Talauen waren jedoch schon immer auch die Hauptsiedlungsgebiete der Menschen, sodass im Ostalbkreis von diesen Böden heute nur noch ein Teil übriggeblieben ist.

Der Nassgley ist übrigens zum Boden des Jahres 2016 bestimmt worden, um dessen Bedeutung hervorzuheben und den Schutz zu unterstützen. Im Ostalbkreis finden wir den Nassgley hauptsächlich als Auenlehm über See- und Bachsedimenten im Bereich der Rotach bei Wört, im Bereich der Röhlinger Sechta nördlich von Muckental und im Fischbachtal zwischen Ellwangen-Rindelbach und Jagstzell.

Ertragsfähigkeit und Bodengrundzahl

Die Böden werden seit den 30er-Jahren des vergangenen Jahrhunderts in ganz Deutschland nach einem einheitlichen System geschätzt und einer Bodengrundzahl (0 bis 100) zugeordnet. Diese Einstufung diente hauptsächlich der Besteuerung der Eigentümer durch das Finanzamt.

Die Landwirte der damaligen Zeit spürten noch ganz direkt, ob ein toniger, schwerer Boden leicht oder schwer zu pflügen war, ob er ertragreich war oder ob im Frühjahr Steine aufgesammelt werden mussten. Im Ostalbkreis gibt es Böden mit der Grundzahl unter 25 auf einer flachgründigen Rendzina der Albhochfläche und mit der Grundzahl über 74 im Bereich der tiefgründigen Parabraunerden aus Löß und Lößlehm am Rand des Nördlinger Rieses. Das Bewertungssystem dokumentiert auch deutlich, dass durch intensive Bewirtschaftung, also der Reduzierung der Zustandsstufe, die Ertragsfähigkeit eines Bodens um bis zu 50 Prozent reduziert werden kann. So ist ein verdichteter Unterboden ebenso ein Hinderungsgrund für hohe Erträge, wie auch eine tiefgründige, humusreiche und wenig verdichtete Krume mit allmählichem Übergang zum Unterboden hohe Erträge ermöglichen kann. Dieser Zustand der jeweiligen Bodenart und des Bodentyps wird neben dem menschlichen Einfluss natürlich auch durch Vorgänge in der Natur beeinflusst. Extreme Bodenverdichtungen sind nahezu irreparabel und können weder durch natürliche Auflockerungsvorgänge noch durch Maschineneinsatz schnell beseitigt werden. Hier kann nur die Natur durch Regenwürmer und durch Pflanzen mit ihren Wurzeln in langen Zeiträumen helfen. Übrigens wird der im Verborgenen lebende Regenwurm gerne unterschätzt. Bei der Auflockerung der Böden hat er einen ganz entscheidenden Anteil. Untersuchungen haben auch gezeigt, dass erosionsgefährdete Böden mit hoher Regenwurmpopulation deutlich mehr Regenwasser aufnehmen können und damit nicht so stark abgeschwemmt werden.

Die Hauptbedrohung für das wichtige Naturgut Boden stellt jedoch die Inanspruchnahme der Fläche durch Siedlung und Verkehr dar.

Vor- und Frühgeschichte
Bernhard Hildebrand

Vor- und Frühgeschichte

Die vor- und frühgeschichtliche Landwirtschaft und damit die direkte Lebensgrundlage der damaligen Menschen war in weitaus größerem Maße von den Rahmenbedingungen, modern ausgedrückt von den Standortfaktoren der jeweiligen Landschaft abhängig, als wir uns dies heute vorstellen können.

In erster Linie bestimmte die Qualität der Böden die Attraktivität einer Landschaft. Aber auch das Vorhandensein von Wasser, der Reichtum an Holz, das Vorkommen von Bodenschätzen und für den Handel die verkehrsgeografische Lage sind wichtige Kriterien. Ein weiterer Umstand, der erst seit wenigen Jahren Beachtung erfährt, sind die teilweise starken Klimaschwankungen, die sich auf eine reine Agrargesellschaft naturgemäß sehr direkt ausgewirkt haben.

Für die zuerst genannten Standortfaktoren sind die geologischen Voraussetzungen im Ostalbkreis direkt verantwortlich und die reichen von ganz gut bis eher schlecht. Die Ostalb und ihr Vorland bilden hier einen typischen Ausschnitt aus dem „Südwestdeutschen Schichtstufenland" und gleich vier geologische Formationen liefern den Untergrund für die Böden. Die Formationen sind angeordnet wie die Stufen einer Treppe. Es sind von Nord nach Süd aufgezählt die Keuper-Formation, im Gebiet des Ostalbkreises ist es die Unterformation des Stubensandsteins (in Bayern auch Burgensandstein genannt), dann folgen Schwarzer Jura und Brauner Jura und schließlich bildet die Weißjurahochfläche der Schwäbischen Alb die höchste dieser Treppenstufen.

In diesen Albkörper raste vor etwa 15 Millionen Jahren ein riesiger Meteorit und stanzte gleichsam ein fast kreisrundes, 22 x 24 km großes Loch in die Alb, das heute als Nördlinger Ries die Schwäbische von der Fränkischen Alb trennt. Durch die Sedimente des Rieskraters und Lößanwehungen liegen hier die fruchtbarsten Böden im Vorland der Schwäbischen Alb. Noch die Beschreibung des Oberamts Neresheim berichtet 1872, dass der Bauer auf dem Härtsfeld etwa den halben Ertrag pro Hektar Getreide erwirtschaftet als sein Kollege am Riesrand.[1]

Seit den 30er Jahren des letzten Jahrhunderts gibt es in Bezug auf die Bodengüte Zahlen, die einen direkten Vergleich ermöglichen und die eine sehr deutliche Sprache sprechen. Die sogenannte „Landwirtschaftliche Vergleichszahl" reicht bis zum Spitzenwert 100, der damals für Böden in der Magdeburger Börde, einer Lößlandschaft, festgestellt wurde. Die Böden des Nördlinger Rieses in den Gemeinden Trochtelfingen, Pflaumloch und Goldburghausen liegen im Durchschnitt der Gemarkung bei einer LVZ von 42,3 bis 49,7, das Albvorland ist nur noch mit 20 bis 30 dabei und den Negativrekord hält Degenfeld auf der Alb mit 13,7.[2]

Der nächste Standortfaktor, das Wasser, war auch nicht überall in ausreichendem Maße vorhanden. Während im Vorland der Alb auf dem Gebiet des Ostalbkreises gleich drei größere Flüsse entspringen, Rems, Kocher und Jagst, war das westliche Härtsfeld und der Albuch durch die Verkarstung des Kalksteins bis um das Jahr 1900 so gut wie ohne Wasser. Dort musste man das Regenwasser in Zisternen bei den Häusern sammeln und auf den Fluren und in den Dörfern wurden sogenannte Hülen oder Hülben angelegt, in denen sich das Regenwasser als dreckige Brühe sammelte.

Der aus Lorch stammende Pfarrer, Naturforscher und bedeutende Geologe Oscar Friedrich von Fraas hat dies im Jahr 1873 auf den Punkt gebracht:[3] „Wehe dem Fremden, den in einem der primitiven Albdörfer, wo die Strohdächer überwiegen und man rein auf Regenwasser angewiesen ist, ein Bedürfnis anwandelt nach einem Glase Wasser. (…) Strohgelb bis Kaffeebraun hat sich das Wasser gefärbt, das von den Strohdächern niederrinnt, nur wer von Jugend auf an den Anblick dieses Wassers sich gewöhnt hat, vermag ohne Abscheu das Glas an die Lippen zu setzen."

In trockenen Jahren mussten die Menschen dieser Albdörfer ihr Trinkwasser mit Fuhrwerken aus den Tälern holen. Das Dorf Bartholomä ist aus Mangel an Löschwasser gleich zwei Mal zum großen Teil abgebrannt, die Chronik verzeichnet allein zwischen 1754 und 1884 insgesamt zwölf größere und kleinere Brandereignisse. Erst mit der Albwasserversorgung um 1900 wurden diese Missstände beseitigt.

Geht es um den Standortfaktor der Bodenschätze ist die Albhochfläche dagegen eher privilegiert. Auf dem Härtsfeld gibt es große Bohnerzvorkommen, die noch im 19. Jahrhundert in der Größenordnung von mehreren zehntausend Zentnern im Jahr von den Bauern abgebaut und an die Schwäbischen Hüttenwerke in Wasseralfingen geliefert wurden. Dort mischte man das Bohnerz wegen seines hohen Eisengehaltes dem Stuferz in der Eisenproduktion im Hochofen bei.[4]

Ein weiterer, begehrter Rohstoff des westlichen Härtsfeldes war ein qualitativ brauchbarer Töpferton – die Feuersteinlehme bilden hier eine mächtige Auflage auf den Weißen Jura. Ebnat hieß deswegen früher „Häfner-Ebnat" und von Oberkochen aus dem Kochertal gab es Anfragen, ob man den Ton dort nicht abbauen dürfe.

Als weiterer Standortfaktor ist schließlich der Holzreichtum anzusprechen. Hier sind nur für die Römerzeit größere Rodungen zu erwarten. Die jungsteinzeitlichen Bauern und die Kelten der Vorgeschichte waren sicherlich ausreichend mit Holz versorgt.

Der letzte der genannten Standortfaktoren, die verkehrsgeografische Lage, war vor allem für die Römer interessant, die hier als erste befestigte Straßen gebaut haben. Die antike B 29 z. B. verband Stuttgart-Bad Cannstatt mit Bopfingen seit ca. 160 n. Chr. und war schon damals genauso breit wie die heutige zweispurige Bundesstraße. Auch die wichtige Verbindung von der Donau durch den bequemen Albdurchgang des Kocher-Brenz-Tales nach Norden, mit der Verlängerung über die Hohenloher Ebene nach Schweinfurt, wurde bis an das Limestor in Dalkingen, an dem wahrscheinlich eine wichtige Handelsroute den Limes querte, mit einer Straße ausgebaut.

In diesem so heterogenen Raum spielte sich nun eine Siedlungsgeschichte ab, wie sie spannender nicht sein könnte. Gleich drei große Kulturen, Kelten, Römer und Alamannen haben ihre bedeutenden Spuren hinterlassen, die auch schon von den Zahlen her überraschen: Allein den Kelten werden fast 700 noch existierende Grabhügel zugeschrieben, die Römer bauten allein hier im Ostalbkreis mit dem Limes eine 59 km lange Grenzmauer, bewacht von sieben kleineren und größeren Kastellen.[5]

Alt- und Mittelsteinzeit
Jäger und Sammler

Die Menschen der Alt- und Mittelsteinzeit lebten in kleinen Gemeinschaften als Jäger und Sammler und durchstreiften auf ihrer Beutesuche weite Gebiete. Die Abhängigkeit von der Beute erforderte ein Nomadenleben ohne feste Wohnsitze. Allenfalls als kurzzeitige Unterkünfte dienten die vielen Höhlen der Schwäbischen Alb, denen wir auch die meisten Funde aus Feuerstein und Knochen der Altsteinzeit verdanken.

Altsteinzeit

Das Leben in der Altsteinzeit war seit dem Mittelpaläolithikum (vor etwa 200.000 bis 300.000 Jahren) von einer eiszeitlichen Landschaft geprägt. Die Schwäbische Alb und ihr Vorland waren damals eine offene Steppenlandschaft. Die Menschen ernährten sich hauptsächlich von der Jagd auf große Herden.

Der Fundanfall dieser Epoche aus dem Ostalbkreis ist sehr bescheiden. Nur die Höhlen des Rosensteinmassivs sowie fünf Freilandfundstellen erbrachten bis jetzt entsprechende Fundstücke. Erklärt wird dieses sehr dünne Fundbild damit, dass die sicherlich früher in größerer Zahl vorhandenen Höhlen auf der Nordseite der Schwäbischen Alb inzwischen der Erosion zum Opfer gefallen sind, auf der anderen Seite aber

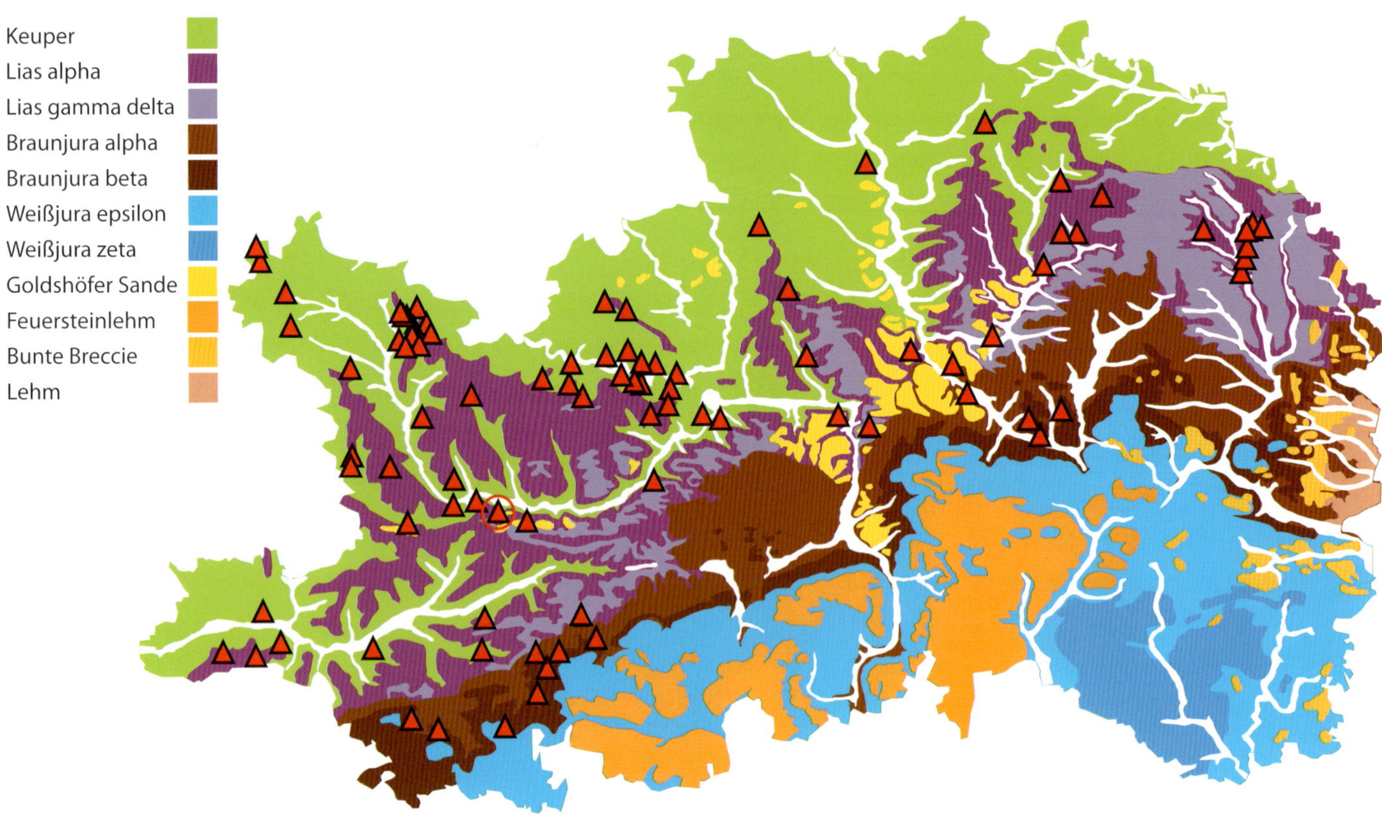

Fundstellen der Mittelsteinzeit im Ostalbkreis

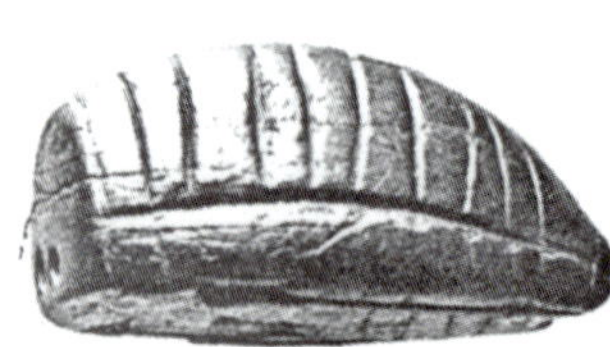

Rentierdasselfliegenlarve. Abbildung aus den Fundberichten aus Schwaben von 1935

die Freilandfundstellen unter mächtigen, eiszeitlichen Lößanwehungen und in tieferen geologischen Schichten verborgen sind.

Das bekannteste Fundstück stammt aus der Höhle „Kleine Scheuer" im Rosenstein bei Heubach. Es ist gleichzeitig das älteste Kunstwerk vom Gebiet des heutigen Ostalbkreises: Die 3,8 cm lange Darstellung einer Rentierdasselfliegenlarve aus Gagat stammt aus dem Magdalénién und ist damit an die 15.000 Jahre alt. Die Deutung als Larve der Rentierdasselfliege ist seit der Veröffentlichung des Fundes 1935 umstritten. Die Larven wachsen in der Haut der Rentiere als Parasiten und sind auch heute noch bei den Eskimos eine beliebte Delikatesse. Genauso könnte es bei den Eiszeitjägern gewesen sein und das kleine Kunstwerk würde damit auch durchaus Sinn machen.[6]

Mittelsteinzeit (10000 bis 5500 v. Chr.)

Etwa 10000 v. Chr. endete die letzte Eiszeit. Die rasch einsetzende Erwärmung sorgte für eine genauso rasche Ausbreitung großer und dichter Wälder. Für die Menschen damals kam der Wandel von einer Steppen- in eine Waldlandschaft einer Umweltkatastrophe gleich. Die großen Rentierherden verloren ihren Lebensraum und zogen nach Norden ab und eine radikale Umstellung der Jagdgewohnheiten von der Herdenjagd auf die Einzeljagd war erforderlich. Auch die vorher leicht zugänglichen Feuersteinvorkommen scheinen bald von der Vegetation überwuchert worden zu sein. So jedenfalls werden die neuen kleinen und kleinsten Werkzeuge der Mittelsteinzeit erklärt, die auf einen Mangel an Rohmaterial hindeuten könnten. Auf der anderen Seite beweisen diese oft winzigen Mikrolithen ein großes technisches Können der nacheiszeitlichen Jäger bei der Herstellung ihrer Waffen und Werkzeuge.

Überraschend dicht ist das Fundbild der Mittelsteinzeit im Ostalbkreis. Nicht weniger als 116 Fundstellen erbrachten Werkzeuge, Waffenbestandteile und Bearbeitungsrückstände aus dieser Epoche. Die Palette reicht dabei von Einzelfunden bis hin zur ergiebigsten Fundstelle im

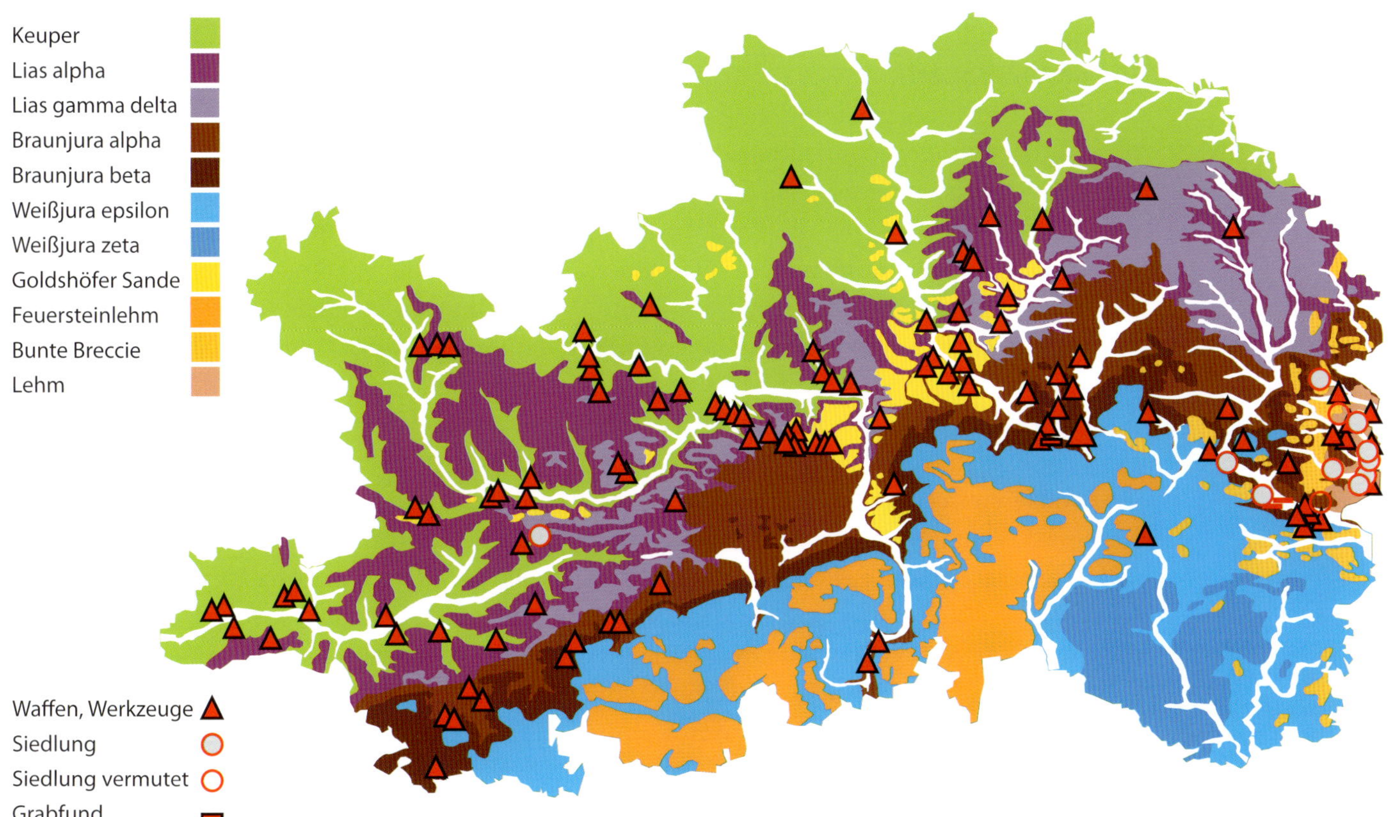

Ostalbkreis auf der Flur Birkichäcker bei Iggingen-Brainkofen, die allein über 5.000 (gemeldete) Feuersteinwerkzeuge und Bruchstücke lieferte.[7]

Die Verbreitungskarte für das Gebiet des heutigen Ostalbkreises zeigt eine fast gleichmäßige Streuung der Fundpunkte über das ganze Kreisgebiet. Nur das Härtsfeld scheint nicht zum Jagdrevier der nacheiszeitlichen Jäger gehört zu haben. Besonders auffällig ist, dass die ergiebigsten Fundstellen alle im Bereich der sogenannten Goldshöfer Sande liegen.

Eine 1923 abgeschlossene Tübinger Dissertation des Aaleners Heinrich Pahl über diese Anschwemmsande der Urbrenz bestätigt das massenhafte Vorkommen des Feuersteins darin.[8] Somit haben die Menschen der Mittelsteinzeit die Goldshöfer Sande gezielt zur Rohstoffgewinnung für ihre Waffen und Werkzeuge ausgebeutet.

Die große Zahl der gemeldeten Fundstellen deutet auf einen guten Forschungsstand für die Epoche hin, in der Literatur ist sogar „von der größten Konzentration von Oberflächenfundplätzen in Württemberg" die Rede.[9] Dieser Forschungsstand ist das Ergebnis der Aktivitäten einiger weniger Sammler, die sich vor allem im Raum Schwäbisch Gmünd auf die mittelsteinzeitlichen Fundstücke spezialisiert hatten und haben. Werner Raschke z. B. hat allein 51 Fundplätze neu entdeckt und weitere 24 regelmäßig begangen. Seine Sammlung umfasst 85.000 Einzelstücke.[10]

Dadurch ist aber auch eine Verbreitungskarte der Fundstellen mit Vorsicht zu interpretieren: Die Sammler haben alle in relativer Nähe zu ihren Wohnsitzen gesucht und zum Teil auch ihre „Reviere" gegeneinander abgesteckt. Ein gutes Beispiel ist die Umgebung von Aalen-Dewangen. Von dort waren so gut wie keine Funde bekannt. Die Aktivitäten eines einzelnen Sammlers erbrachten in den 1980er und 1990er Jahren zahlreiche Fundstellen und auf der Karte wird damit jetzt eine stark erhöhte Anwesenheit der Jäger und Sammler vorgetäuscht.

Jungsteinzeit (5500 bis 2300 v. Chr.)
Die ersten Bauern

Vor 7.500 Jahren begann die Umwandlung des Albvorlandes in eine Kulturlandschaft. Damals, um 5500 v. Chr., kamen die ersten Bauern hier an. Es waren Einwanderer, die aus dem sogenannten „Fruchtbaren Halbmond" in Kleinasien stammten und die über den Donauraum schrittweise nach Norden ihr Siedlungsgebiet ausdehnten.

Aus Kleinasien brachten sie eine fertige Kultur und eine gänzlich neue Lebensweise mit: die Bandkeramische Kultur. Zu den wichtigsten Kulturerscheinungen gehörten die Sesshaftigkeit in Siedlungen aus mehreren Gehöften, der Getreideanbau, die Haus- und Nutztiere sowie die Vorratshaltung. Ganz charakteristisch für diese ältesten Siedler ist ihre Keramik mit bandförmigen Verzierungen, die der ganzen Kultur den Namen gab. Ebenfalls neu ist die Bestattung der Toten in der typischen Hockerlage.

Von diesen Siedlern ist weiter bekannt, dass sie sich nur auf landwirtschaftlich erstklassigen Flächen, wie z. B. den Lößböden des Neckarraumes, niedergelassen haben.

Die Einwanderer trafen zwangsläufig mit den einheimischen Jägern und Sammlern zusammen. Über den Kontakt und die Folgen für die Einheimischen gibt es Theorien von der Assimilation bis hin zur Verdrängung. Das Fundbild im Ostalbkreis zeigt eine ganz andere Entwicklung.

Parallelgesellschaften in getrennten Lebensräumen

Auf den ersten Blick zeigt die Verbreitung der Fundstellen im Ostalbkreis große Ähnlichkeit zur Mittelsteinzeit, mit Ausnahme zweier Punkte auf dem Härtsfeld. Erst eine Trennung der Fundarten bringt ein deutliches Ergebnis: Die sicher nachgewiesenen Siedlungen der ersten Bauern liegen alle im Ries und am Riesrand, während die Waffen- und Werkzeugfunde aus Feuerstein über das ganze Kreisgebiet streuen. Die vielen Pfeilspitzen, Klingen und Scha-

ber bis in die Gegend um Gschwend stammen aber sicher nicht alle von Jagdausflügen der ersten Bauern. Dafür sind sie zu zahlreich und zu weit von den Siedlungen entfernt. Zudem haben Ausgrabungen ergeben, dass die Jagd bei den Bandkeramikern eine eher untergeordnete Rolle gespielt hat.

Nach dem Fundbild im Ostalbkreis haben damit die zwei so unterschiedlichen Bevölkerungsgruppen längere Zeit in ihren jeweiligen Lebensräumen nebeneinander gelebt und hatten, wie ganz wenige Keramikfunde nahelegen könnten, vielleicht sogar Kontakt untereinander. Die Forschung spricht hier mittlerweile von sogenannten Parallelgesellschaften und auch genetische Untersuchungen haben Kontakte zwischen den verschiedenen Menschengruppen gezeigt. Allerdings wohl nur in eine Richtung. Den Frauen der Bauern war der umherschweifende Lebenswandel der Jäger und Sammler wohl zu anstrengend.[11] Die Jäger und Sammler haben jedenfalls die Goldshöfer Sande auch in der frühen Jungsteinzeit ausgebeutet, wie die Karte in aller Deutlichkeit zeigt. Ebenfalls neue genetische Untersuchungen zeigen, wie die Besiedlung in der Magdeburger Börde abgelaufen ist, die wie das Nördlinger Ries zu den am ältesten besiedelten Landschaften in Deutschland überhaupt gehört. Demnach kamen die ersten Bauern, die Bandkeramiker, vom Balkan zu uns und die Bandkeramische Kultur bestand bis um 4900 v. Chr. Erst um 3100 v. Chr. wurde die Magdeburger Börde wieder besiedelt, jetzt von der sogenannten Trichterbecherkultur, getragen von Einwanderern aus Skandinavien. Ihnen verdankt Norddeutschland die Hinkelsteine und Hünengräber. Um 2800 v. Chr. tauchten dann die Schnurkeramiker aus der russischen Steppe auf. Die letzten Einwanderer kamen dann von der iberischen Halbinsel, es waren die Leute der Glockenbecherkultur.[12]

Mit Ausnahme der Trichterbecherkultur, die auf Norddeutschland beschränkt war, kann man sich das Neolithikum im Ries ganz ähnlich vorstellen. Nachgewiesen sind hier die Bandke-

ramische Kultur, als Phase Goldberg I die mittelneolithische Rössener Kultur, als Goldberg II die jungneolithische Michelsberger Kultur und im Endneolithikum die Goldberg III Gruppe.[13]

Das besondere Bodendenkmal im Ostalbkreis

In der zweiten Stufe der Jungsteinzeit ab etwa 4900 v. Chr. (Phase Goldberg I = Rössener Kultur) besiedelten die Menschen bevorzugt Berge und Anhöhen. Einer der wichtigsten Fundplätze dieser Epoche in Deutschland ist der Goldberg bei Riesbürg-Goldburghausen. Die Ausgrabungen Gerhard Bersus zwischen 1911 und 1929 waren richtungweisend für alle weiteren Siedlungsgrabungen und waren Schulungsort für eine ganze Generation von deutschen Archäologen.

Als Ergebnisse brachten sie neue Erkenntnisse zur Abfolge der Jungsteinzeit in Süddeutschland. Bersu konnte allein für die Jungsteinzeit drei verschiedene Siedlungsphasen auf dem Goldberg nachweisen. Die Funde vom Goldberg sind heute im Goldbergmuseum in Riesbürg-Goldburghausen zu sehen.[14]

Bronzezeit (2300 bis 1200 v. Chr.)

Der neue Werkstoff Bronze, eine Legierung aus 90 Prozent Kupfer und zehn Prozent Zinn, revolutionierte nicht nur die Waffen- und Werkzeugherstellung. Das Zinn wurde in Spanien und den Britischen Inseln abgebaut und über weite Entfernungen gehandelt. Zusätzlich zum Fernhandel ließ die Verarbeitung vor Ort den neuen Beruf des Bronzegießers entstehen.

Das Fundaufkommen aus dieser Epoche ist landesweit äußerst bescheiden. Nur die mittlere Bronzezeit hinterließ Grabhügel auf der Schwäbischen Alb, Grabungsbefunde von den zahlreichen befestigten Höhensiedlungen und viele sogenannte Hort- oder Versteckfunde, wie der 1923 entdeckte Bronzehort von Unterwilflingen.[15] Die beiden letztgenannten Denkmalgattungen deuten auf unruhige Zeiten hin.

Dementsprechend ist auch der Bestand an Fundstellen und Bodendenkmalen im Ostalbkreis. Die Karte zeigt zunächst eine leichte Ausdehnung des besiedelten Gebiets nach Westen bis ins Remstal, das Ries bleibt allerdings noch

Riesbürg, der Goldberg am Riesrand.
Foto: B. Hildebrand

Rainau-Schwabsberg, Jungsteinzeitliche Spitze.
Foto: B. Hildebrand

223

immer der bevorzugte Siedlungsraum. Gleich drei Berghöhen werden in der Bronzezeit aufgesiedelt und befestigt: Der Ipf bei Bopfingen, die Kocherburg (Schlossbaufeld) bei Aalen-Unterkochen und das Rosensteinplateau bei Heubach. Die durch Wälle befestigten Flächen haben teilweise riesige Ausmaße, sodass die Funktion solcher Siedlungen immer noch unklar ist: Waren es dauernd bewohnte Siedlungen oder aber nur reine Fliehburgen? Das Fundbild im Ostalbkreis deutet auf beide Möglichkeiten hin: Während der Ipf bei Bopfingen mitten in einer bronzezeitlichen Siedlungskammer liegt und beide Nutzungsmöglichkeiten denkbar sind, haben die Kocherburg und der Rosenstein nach dem heutigen Forschungsstand überhaupt kein bronzezeitliches Umfeld. Hier liegen wohl dauernd bewohnte Höhensiedlungen vor.

Grabhügel aus der Bronzezeit haben sich, anders als auf der mittleren Alb, auf der Ostalb sehr wenige erhalten. Abgesehen von einem Befund auf dem Albuch bei Essingen[16] gibt es nur noch ca. 40 Grabhügel auf der Gemarkung Neresheim-Schweindorf. Sie wurden von dem Nördlinger Apotheker und Heimatforscher Frickhinger in den 30er Jahren des 20. Jahrhunderts ausgegraben.[17] Die Pläne der Grabhügelfelder

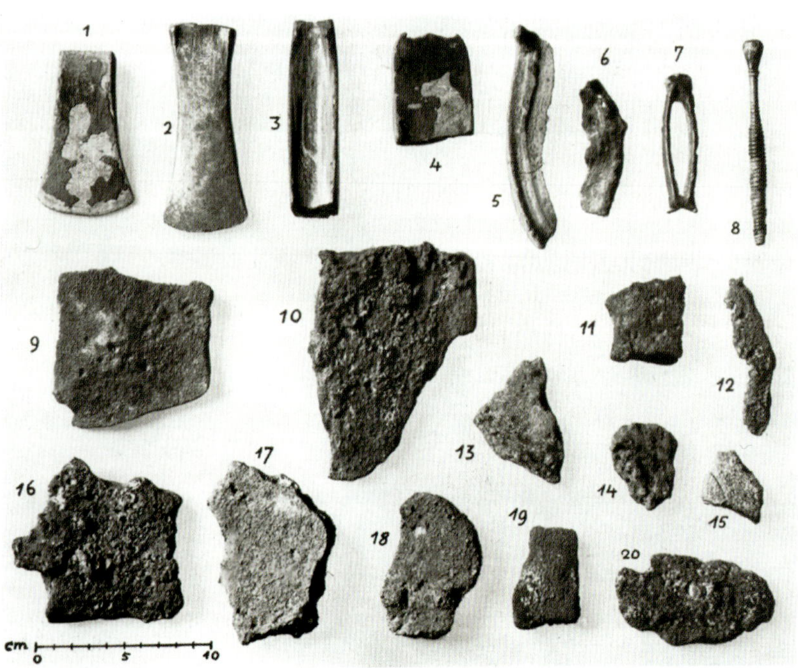

zeigen das typische Bild: Die bronzezeitlichen Grabhügel sind sehr flach und lang gestreckt, teilweise oval und relativ niedrig. Damit unterscheiden sie sich schon von der Form her von den Hügeln späterer Epochen.

Urnenfelderzeit (1200 bis 800 v. Chr.)

Von der älteren Forschung wurden der Wechsel in der Bestattungssitte, die wiederum vielen befestigten Höhensiedlungen und die genauso zahlreichen Hortfunde mit dem Eindringen der kriegerischen Urnenfelderleute erklärt. Die moderne Forschung dagegen sieht in der Urnenfelderkultur mehr eine spätbronzezeitliche Erscheinung und betont die Kontinuität in der Entwicklung, die nicht nur bei der Keramik sichtbar ist.

Die neue Bestattungsart – Verbrennung der Toten auf dem Scheiterhaufen und Beisetzung der Asche in einer Urne in kleinen Gräberfeldern – sorgt für einen sehr schlechten Forschungsstand. Die Entdeckung der Urnenfelder mit ihren kleinen und tief angelegten Grabgruben unterliegt letztlich dem Zufall. Genauso wenige Flachlandsiedlungen sind bis jetzt bekannt. Nur die befestigten Höhensiedlungen, ein Hortfund bei Jagstzell-Dankoltsweiler[18], ein Grabfund[19] und einige Einzelfunde deuten das Siedlungsbild der Epoche an.

Die Verteilung der Funde und Bodendenkmale im Ostalbkreis ist fast identisch mit der vorhergegangenen Bronzezeit. Wiederum bildet das Ries den deutlichen Siedlungsschwerpunkt um die Höhensiedlungen Goldberg und Ipf. Der Rosenstein bei Heubach ist ebenfalls in der Urnenfelderzeit besiedelt. Erstmals geben sich jetzt im Fundbild die wichtigen Verkehrsachsen im Ostalbkreis durch Funde zu erkennen:[20]

Die wichtige Ost-West-Achse vom Nördlinger Ries entlang dem Albtrauf in die Aalener Bucht und weiter durch das Remstal in das Neckarland, und die nicht minder bedeutende Nord-Süd-Verbindung vom Main über die Hohenloher Ebene durch das Jagsttal und durch das Kocher-Brenz-Tal zur Donau. Beide natürli-

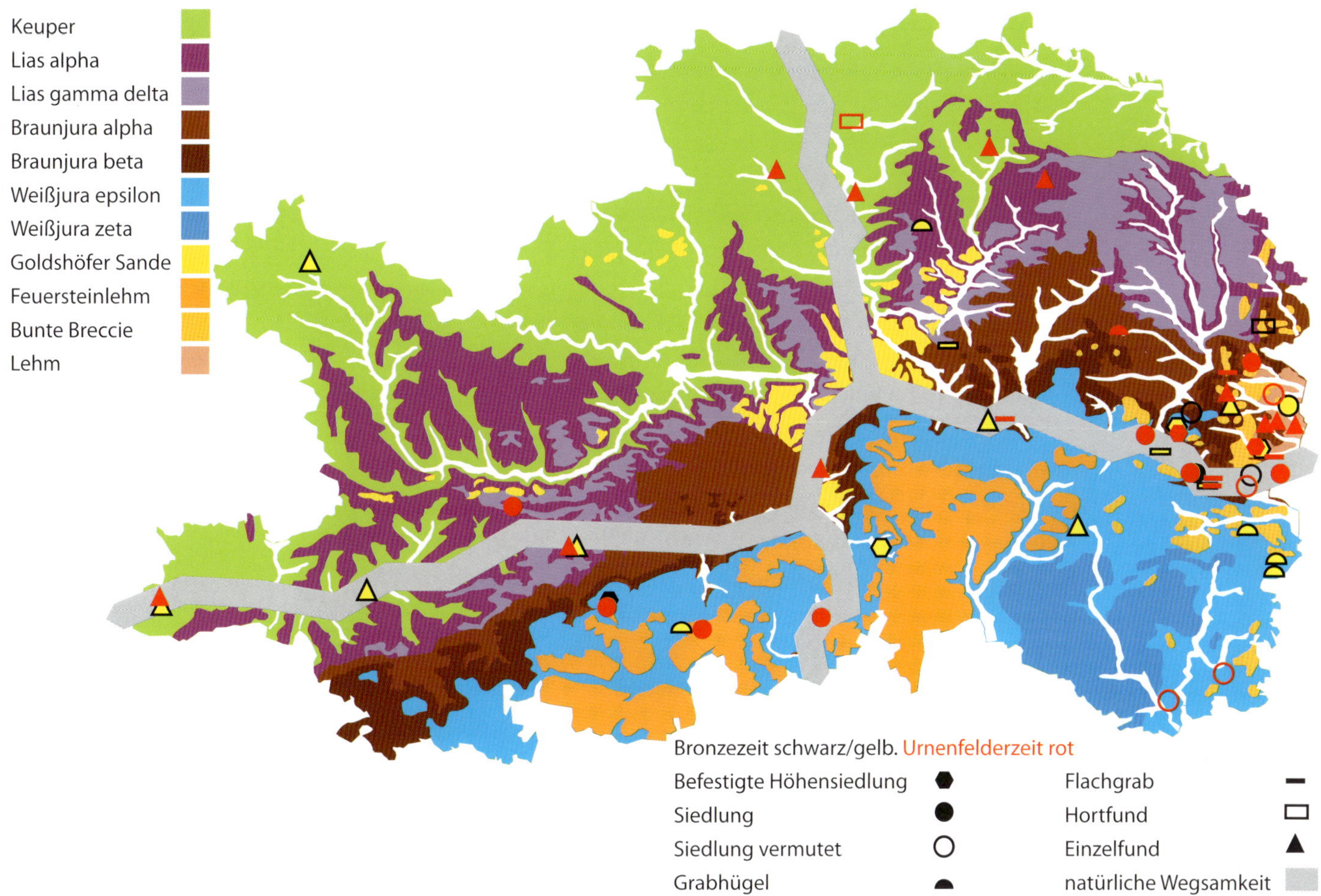

Siedlungsbild der Bronze- und Urnenfelderzeit

che Wegsamkeiten behalten durch die gesamte Vor- und Frühgeschichte ihre Bedeutung und werden heute durch Bundesstraßen und Eisenbahnlinien markiert.

Für den Untergang der Urnenfelderkultur wird heute ein sehr dramatischer Klimawandel verantwortlich gemacht. Um das Jahr 800 v. Chr. ist es anscheinend zu einer wesentlichen Abkühlung gekommen und gleichzeitig zu einer starken Zunahme der Niederschläge.

Wolfgang Behringer formuliert das in seiner Kulturgeschichte des Klimas folgendermaßen: „Funde der Urnenfelderzeit sind in weiten Teilen Europas unter dicken Schlammschichten begraben."

So mussten anscheinend viele Siedlungen an Seeufern und in den Flusstälern aufgegeben werden und es kam in der Folge zu umfangreichen Migrationsbewegungen.[21]

Hallstattzeit (800 bis 475 v. Chr.)
Fürsten, Krieger, Bauern

Nach einem Fundort in Österreich am Hallstätter See wird der ältere Teil der vorrömischen Eisenzeit bezeichnet. Zum ersten Mal für die Vor- und Frühgeschichte wird eine materielle Kultur mit einem historisch bezeugten Volk in Verbindung gebracht: den Kelten. Der große Hallstatt-Kulturkreis, der von Paris im Westen bis nach Böhmen im Osten reichte, wurde damals von wenigen, mächtigen Dynastien beherrscht. Mangels einer schriftlichen Überlieferung werden sie heute als Fürsten bezeichnet, die Zentren ihrer Macht lagen auf befestigten Berggipfeln. Mindestens 11 solcher Fürstensitze sind bis heute durch Funde und Ausgrabungen bekannt geworden, die am besten erforschte Anlage ist die Heuneburg bei Hundersingen an der Donau.

Ein erneuter Wechsel in der Grabsitte erlaubt für die Hallstattzeit erstmals eine relativ genaue

Beurteilung des Siedlungsgebietes. Die frühen Kelten bestatteten ihre Verstorbenen mit teilweise reichen Beigaben in Grabhügeln, von denen sich Tausende in Süddeutschland erhalten haben.

So zeigt sich auch für den Ostalbkreis eine vergleichsweise dichte Besiedlung. Neben den großen befestigten Höhensiedlungen Goldberg, Ipf, Kocherburg (?) und Rosenstein (?) markieren 45 Grabhügelfelder mit insgesamt mindestens 404 Grabhügeln ein Siedlungsbild, das jetzt fast die gesamte Südhälfte des Landkreises umfasst und nur das Keupergebiet im Norden als unbesiedelt zeigt. Auch die Braunjuragebiete des Albvorlandes sind relativ dünn besiedelt. Die höchste Fundstellendichte bringt nach wie vor das Nördlinger Ries und seine Randgebiete, obwohl sich hier durch die intensive Landwirtschaft keine Grabhügel erhalten haben. Die schon erwähnte Klimaänderung führte wohl auch dazu, dass jetzt die Hochflächen der Alb, bei uns Albuch und Härtsfeld, nach Aussage der Grabhügel besiedelt wurden.[22]

Bohnerz – das „Gold" des Härtsfeldes

Nach einem sehr zaghaften Beginn der Besiedlung in der Bronzezeit sind jetzt das Härtsfeld und auch ein Teil des Albuchs[23] schlagartig in das besiedelte Land mit einbezogen. Zumindest die Grabhügel zeugen davon, denn jeder Hügel und jedes Grabhügelfeld setzt eine zugehörige Siedlung voraus. Selbst die extremen Hochflächen der Alb, die an permanentem Wassermangel leiden, werden besiedelt. Die ältere Forschung erklärte die Besiedlung der Alb durch die Kelten damit, dass diese Viehhirten waren und deshalb der Wassermangel nicht so sehr ins Gewicht fiel. Mittlerweile ist zusätzlich zum Klima auch einer der Bodenschätze des Härtsfeldes wieder vermehrt in das Bewusstsein der Archäologie gerückt: das auf dem Härtsfeld weitverbreitete Bohnerz. Noch im 19. Jahrhundert wurden hier aus den Gruben bei Michelfeld und Dorfmerkingen jährlich fast 24.000 Zentner des begehrten Erzes gewonnen.[24] Die Verbreitungskarte zeigt ein deutliches Bild: Die Grabhügel auf Albuch und Härtsfeld liegen fast alle sehr dicht bei den Bohnerzvorkommen, während die klimatisch günstigeren Flächen des inneren Härtsfeldes im Bereich des Weißjura Zeta nach dem Fundaufkommen so gut wie unbesiedelt bleiben. Ein weiterer „Bodenschatz" des Härtsfeldes dürfte für die Kelten fast genauso interessant gewesen sein: Der Feuersteinlehm um Ebnat und Waldhausen eignet sich sehr gut als Töpferton. Ebnat hieß im 18. Jahrhundert deswegen zeitweise „Häfner-Ebnat", und selbst die Töpfer in Oberkochen verarbeiteten gern den Ton vom Härtsfeld.

Fürst oder nicht Fürst

Spätestens seit den Forschungen des Tübinger Professors Wolfgang Kimmig wird der Ipf bei Bopfingen aufgrund entsprechender Funde vom Hochplateau zu den keltischen Fürstensitzen gerechnet. Die Kriterien Kimmigs wurden vom Ipf aber nur zum Teil erfüllt: Neben einer imposanten befestigten Höhensiedlung und importierten Luxusgütern aus dem Mittelmeerraum fehlten bislang die großen Grabhügel, die zu jedem dieser Fürstensitze gehörten.[25] Deswegen war es in Fachkreisen immer umstritten, welche Bedeutung dem Ipf zuzumessen ist. Die Palette der Meinungen reichte dabei vom einfachen Häuptlingssitz (Jörg Biel) bis hin zur keltischen Königsburg (Gerhard Bersu).

Im Spätsommer des Jahres 2001 schaffte der Luftbildarchäologe des Landesdenkmalamtes Otto Braasch hier Klarheit: Er entdeckte bei dem kleinen Weiler Osterholz die Kreisgräben von zwei ehemals monumentalen Grabhügeln mit 17 und 60 Metern Durchmesser.[26] Der kleinere von beiden wurde mittlerweile unter der Leitung von Rüdiger Krause ausgegraben und erbrachte eine Brandbestattung der älteren Hallstattzeit (späte Stufe C) mit einer umfangreichen Keramikausstattung. Während hier im kleineren Grabhügel wohl eine Vorfahrin der Dynastie vom Ipf bestattet ist, wird im größeren

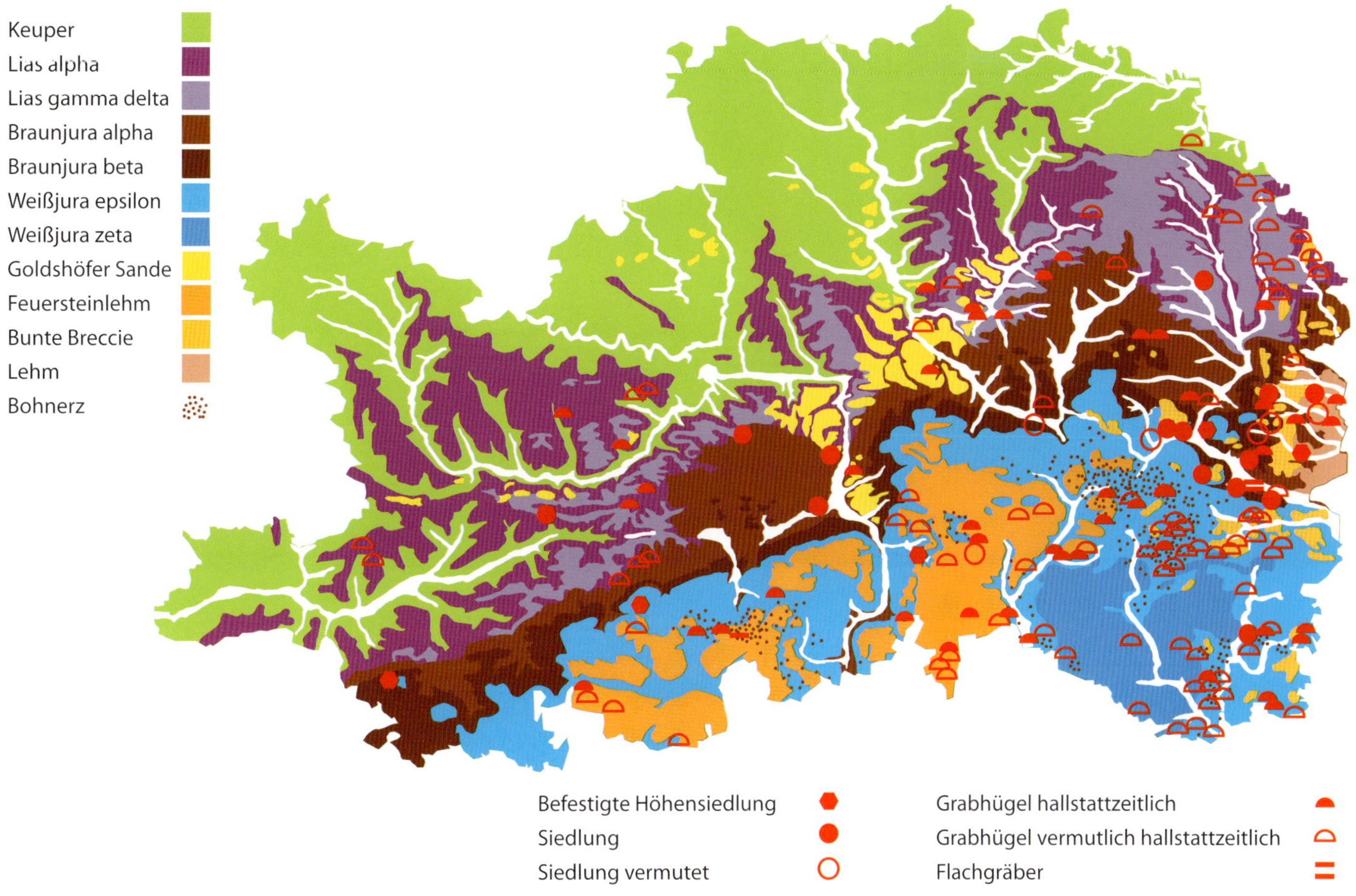

Siedlungsbild der Hallstattzeit

Hügel ein Vertreter der schon erwähnten Fürstenschicht vermutet.

Der Umzug des Fürsten?

Sabine Rieckhoff[27] bringt in dem Standardwerk zur Geschichte der Kelten in Deutschland den schon erwähnten Goldberg mit dem Ipf in Verbindung. Als Phase Goldberg IV ergab die Ausgrabung dort einen hallstattzeitlichen Herrensitz, der bis zum Wechsel der Stufe Hallstatt D2 zu Hallstatt D3 um die Jahre 510/525 v. Chr. bestand. Der Herrensitz auf dem Goldberg wurde offensichtlich damals aufgegeben und der Ipf zur repräsentativen Höhenburg ausgebaut. Wechselte die reiche Dynastie ihren Wohnsitz und zog vom Goldberg auf den nahegelegenen Ipf?

Seit dem Jahr 2015 gibt es unterhalb des Ipf eine Freilichtanlage mit Rekonstruktionen zum keltischen Fürstensitz: Unter anderem ist die schon von Hertlein festgestellte „Pfostenschlitzmauer" in ihrer ursprünglichen Höhe und auf 20 Metern Länge nachgebaut. Erst die Dimension dieses Nachbaues lässt den Umfang der damaligen antiken Großbaustelle erahnen und zeigt gleichzeitig auch, welche Machtfülle dieser Fürst auf dem Ipf haben musste.

Archäologie eines Fürstensitzes

Die langjährigen Forschungen Rüdiger Krauses, unterstützt von interdisziplinären Projekten, brachten eine Fülle neuer Erkenntnisse zum Ipf und seinem keltischen Umfeld, die in zwei aktuellen Publikationen vorgestellt werden.[28] Deswegen soll hier nur zusammenfassend zur Geschichte des Fürstensitzes berichtet werden.

Der Fürst residierte auf dem Ipf am Rande einer dicht besiedelten keltischen Kornkammer im westlichen Ries. Anhand von Keramikfunden und anderen Fundstücken lässt sich sein

Einflussbereich abgrenzen, der bis weit ins bayerische hineinreichte. Importierte griechische Keramik deutet auf die weiträumigen Handelsbeziehungen hin. Der Ipf war eingebettet in ein Geflecht von Handelswegen, die in unserem Fall nicht wie vielfach angenommen über das Rhône-Tal in Südfrankreich führten, sondern sich mehr östlich in Richtung Venetien orientierten. Der Fürstensitz Ipf entstand am Beginn der Phase Hallstatt D3, je nach Datierungsansatz in den Jahren zwischen 525 und 510 v. Chr. Auf dem 2,3 ha großen Hochplateau darf man sich die „Burg" des Fürsten vorstellen, während darunter auf dem wesentlich größeren Areal keine besonders verdichtete Besiedlung vorhanden war, sondern sogenannte 60 mal 60 m große „Rechteck- oder Quadrathöfe", die wohl von den Gefolgsleuten des Fürsten bewohnt waren.

Die äußeren Befestigungen zeigen zwei unterschiedliche Phasen: Aus der Anfangszeit des Fürstensitzes einen Wall, der praktisch den ganzen Berg umschließt und eine zweite Befestigung mit deutlich reduzierter Fläche aber immer noch 2,4 km Länge, die aus der schon erwähnten Pfostenschlitzmauer bestand und am Übergang zur Stufe Latène A errichtet wurde. Damit bestand der Fürstensitz vermutlich über 100 Jahre und endete im Laufe der frühen Latènezeit. Auf der nahegelegenen Höhe über dem

Egertal beim Weiler Osterholz lagen der Bestattungsplatz der Dynastie und mehrere Rechteckhöfe, die den Funden nach ebenfalls in direktem Zusammenhang zu den Fürsten zu sehen sind. Der spektakulärste Befund ist die Versiegelung eines Gebäudes mit einer großen Steinpackung aus 50 Tonnen Steinen, das hier gleichsam beerdigt wurde. Zu einem Fürstensitz dieser Dimension gehört in der Regel eine große Außensiedlung, wie sie im Falle der Heuneburg nachgewiesen ist. In Bopfingen lag diese wohl im Bereich der heutigen Stadt, der Höhenrücken bei Osterholz wird als Standort seit den geomagnetischen Messungen dort jedenfalls ausgeschlossen.

Obwohl das Ries eine überaus fruchtbare Landschaft ist, fällt es schwer, nur in der landwirtschaftlichen Produktion oder auch im Fernhandel die alleinige Machtbasis des Fürsten zu sehen. Hier bieten sich vielmehr die Bodenschätze des benachbarten Härtsfeldes an, also eine Eisenproduktion auf Grundlage der mächtigen Bohnerzvorkommen. Eine keltische Eisenverhüttung konnte schon in einem Rechteckhof beim Weiler Osterholz nachgewiesen werden. Befunde, die aber auf eine Eisenproduktion im großen Stil hindeuten, fehlen bis jetzt. Der neuzeitliche Bohnerzabbau dürfte hier viele der keltischen Spuren bereits beseitigt haben.[29]

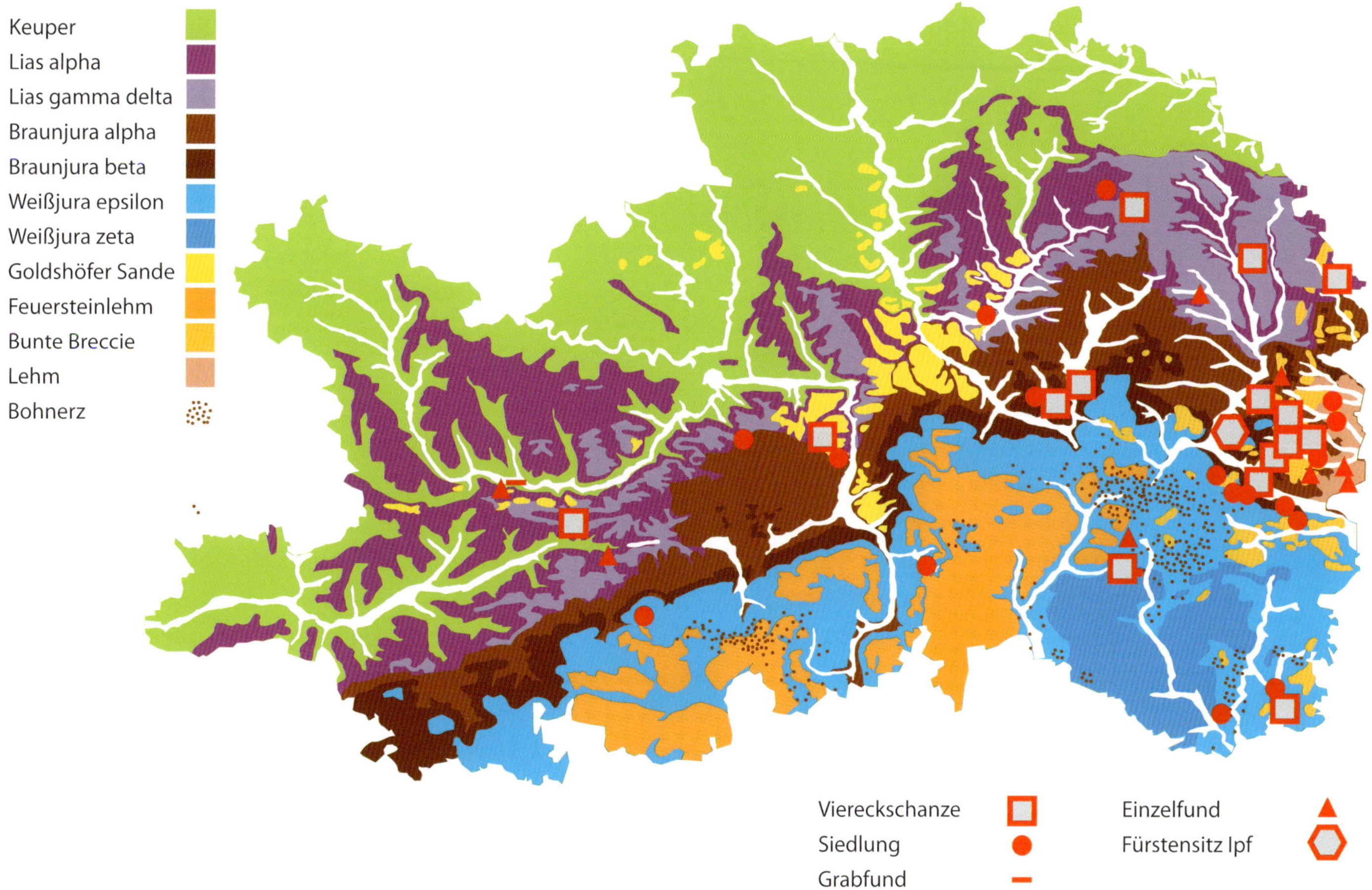

Latènezeit (450 bis 80 v. Chr.)

Im Jahr 1857 wurden in einer Untiefe (franz. La Tène) am Neuenburger See in der Schweiz massenhaft eiserne Waffen gefunden, die in der Forschung der zweiten Hälfte der vorrömischen Eisenzeit ihren Namen geben sollten: Latènezeit. Die Epoche ist geprägt von einem tief greifenden Wandel.

Die großen Fürstensitze verschwinden und die Kelten legen ab etwa 150 v. Chr. stadtartige Siedlungen an, die Julius Caesar als Oppida bezeichnet. Auch die Bestattungssitte ändert sich. Die reichen Bestattungen in teilweise großen Grabhügeln verschwinden in der Frühphase der Epoche und werden von kleinen Flachgräberfeldern abgelöst, die archäologisch weit unauffälliger sind.

Das Siedlungsbild wird jetzt besonders in Süddeutschland durch die so genannten Viereckschanzen markiert. Erstmals prägten die Kelten aus Gold und Silber ihr eigenes Geld, dessen typische Form im Volksmund zu der Bezeichnung Regenbogenschüsselchen geführt hat.

Die neue Grabsitte beeinflusst direkt das uns heute bekannte Siedlungsbild: Im ganzen Ostalbkreis ist nur eine Bestattung (in Leinzell) bekannt, und das Fundbild ist lange nicht mehr so dicht. Die wenigen frühen Höhensiedlungen und die insgesamt 14 Viereckschanzen der ausgehenden Mittel- und Spätlatènezeit markieren aber im Prinzip das gleiche Siedlungsbild wie das der vorangegangenen Hallstattzeit. Immer noch werden die Keuperwaldberge gemieden und auch der Braune Jura ist kaum besiedelt. Auf dem Härtsfeld liegen zwei Viereckschanzen in der Nähe der Bohnerzvorkommen.

Der Ipf bei Bopfingen ist nach wie vor im Brennpunkt der Besiedlung, ein Oppidum oder eine größere Siedlung an Stelle des Fürstensitzes wird jedoch heute ausgeschlossen.

Die Viereckschanze bei
Bopfingen-Flochberg

Die Funktion der Viereckschanzen wurde lange Zeit sehr kontrovers diskutiert. Die Erklärungen reichten von Viehpferchen über befestigte Stammesmittelpunkte bis hin zu Kultplätzen. Nachdem einige moderne Ausgrabungen im Innern der Anlagen nur Brunnenschächte und höchstens einen kleinen Holzbau erbracht hatten, schien die Deutung als keltische Heiligtümer oder Kultanlagen (Nemeton/Temenos) sicher.[30] Erst die Ausgrabungen in Bopfingen-Flochberg brachten wieder Bewegung in die Diskussion. Hier wurden mächtige Ständerbauten im Innern der Schanze gefunden, die auf eine Funktion als Stammes- oder Herrschaftszentrum hindeuten.[31] Eine weitere, einfachere Erklärungsmöglichkeit sieht die Viereckschanzen als keltische Gutshöfe oder einfach ländliche Herrenhöfe.[32] Die anderen Viereckschanzen im Ostalbkreis sind bis jetzt unerforscht. Besonders die sehr gut erhaltene Schanze bei Kirchheim-Jagstheim ist einen Ausflug wert.

Das Ende der keltischen Kultur

Ungeklärt ist bis heute das Ende der keltischen Kultur im Gebiet östlich des Schwarzwaldes und nördlich der Alb. Für die letzten Jahrzehnte vor Christi Geburt fehlen die archäologischen Zeugnisse genauso wie für blutige Eroberungen der Römer gut ein Jahrhundert später. Das Ende der keltischen Besiedlung in Süddeutschland wird heute in den Jahren um 80 v. Chr. vermutet (Ende der Stufe Latène D2).[33] Damit gewinnt die von Claudius Ptolemäus[34] erwähnte Helvetiereinöde wieder an Wahrscheinlichkeit und auch der Name des keltischen Stammes, der hier siedelte, wird genannt: die Helvetier.

Die Zeit des Alblimes
Prinzip der Raumdeckung[35]

Seit dem Jahr 15 v. Chr. gehörte das Alpenvorland zum Weltreich der Römer. Die Donau wurde als Reichsgrenze 60 Jahre später durch römische Kastelle gesichert. Der Rhein bildete die andere Reichsgrenze gegenüber dem freien Germanien. Für die Römer waren Rhein und Donau ideale Grenzen, da aufwendige Befestigungsanlagen angesichts der Breite der beiden Flüsse nicht notwendig waren. Trotzdem entschloss sich Rom spätestens im Jahr 74 n. Chr., die Flussgrenzen aufzugeben und noch ein Stück in Richtung freies Germanien vorzurücken. Grund dafür war die schlechte Verkehrsverbindung zwischen den beiden Provinzen Obergermanien und Rätien. Wer z. B. von Mainz nach Augsburg reisen wollte, musste einen riesigen Umweg entlang der beiden Flüsse über Basel auf sich nehmen. In einer ersten Eroberungswelle wurde das Gebiet um Rottweil besetzt. Grund dafür war die militärische Sicherung der neuen Fernverbindungsstraße von Straßburg durch den Schwarzwald nach Tuttlingen an die Donau.[36]

Den nächsten Schritt bildete die Besetzung des Neckarlandes in den Jahren nach 85 n. Chr., der Ostalb um 100 n. Chr. und des Nördlinger Rieses. Jetzt erst war eine direkte Straßenverbindung von Mainz nach Augsburg möglich.

Die Römer auf der Ostalb
(ca. 100 n. Chr. – 254 n. Chr)

Mit der militärischen Besetzung der Ostalb wohl um das Jahr 100 n. Chr. gingen umfangreiche Baumaßnahmen einher. Das neu eroberte Gebiet musste nicht nur militärisch gesichert werden, vielmehr galt es zunächst, eine Infrastruktur aufzubauen. Das heißt konkret, die Nachschubwege mussten durch ausgebaute Straßen garantiert werden. Für die Soldaten wurden befestigte Kasernen, die Kastelle, errichtet. So entstanden die heute noch sichtbaren Straßen auf dem Härtsfeld zur Anbindung der Kastelle Oberdorf und Lauchheim an das wichtige Kastell Heidenheim und die Provinzhauptstadt Augsburg. Gleiches ist für das Kastell auf den Weiherwiesen bei Essingen[37] anzunehmen. Vom Kastell Oberdorf aus bewachten ca. 500 Soldaten den wichtigen Albaufstieg, in Lauchheim und Essingen waren wohl kleinere Einheiten mit je ca. 160 Mann stationiert. Zusätzlich ist damit zu rechnen, dass bei den Militärlagern schon bald Zivilsiedlungen entstanden. Hier lebten nicht nur die Familien der Soldaten, sondern auch Handwerker und Händler sowie die Betreiber der zahlreichen Schankwirtschaften, die von der Kaufkraft der Soldaten profitierten.

Für die Zeit des Alblimes ist noch keine geschlossene und befestigte Grenzlinie nachgewiesen. Die Grenze scheint der Albtrauf oder die Verbindungsstraße zwischen den Kastellen gewesen zu sein. Nach dem Prinzip der Raumdeckung kontrollierten die Römer die wichtigen Verkehrswege. Beachtenswert ist die Tatsache, dass seit dieser Zeit, ab etwa 100 n. Chr. eine direkte und gut ausgebaute Straßenverbindung von Bopfingen nach Rom bestand.

Der Bau des Limes
Die Grenze wird dichtgemacht

Ebenfalls um 100 n. Chr. wurde in Heidenheim die größte Auxiliartruppe der gesamten Provinz Rätien stationiert, eine 1.000 Mann starke Reitereinheit. Diese ALA II FLAVIA baute sich hier am strategisch wichtigen Albdurchgang ein 5 ha großes Kastell, das damit für lange Jahre die Schaltzentrale dieses Abschnitts des Alblimes war. Erst um 160 n. Chr., in den letzten Regierungsjahren des Kaisers Antoninus Pius, bekam die Truppe aus Rom einen neuen Marschbefehl und die Römer veranstalten in den Folgejahren im Vorland der Ostalb ein gigantisches Bauprogramm. Neue dendrochronologische Datierungen und Inschriften lassen die Ereignisse relativ genau nachvollziehen.

Zunächst wurde das Kastell in Heidenheim planmäßig abgebrochen und der Grund einplaniert.[38] Noch brauchbare Teile der hölzernen Soldatenbaracken hat man nach Aalen transportiert, wo sich die Truppe ein neues Lager errichtete, das nach Aussagen einer Inschrift bereits 164 n. Chr. fertiggestellt ist. Das Kastell in Rainau-Buch wurde 161 n. Chr. errichtet,[39] die Remstalkastelle Böbingen, Schwäbisch Gmünd-

Schirenhof sowie das Kleinkastell Freimühle (?) wohl in gleicher Zeit.

Der Limes entstand zunächst als Schneise durch die Wälder und wurde als Grenze von Wachtürmen in Sichtverbindung untereinander überwacht. Bei der Grenze zur Nachbarprovinz Obergermanien im Rotenbachtal in Schwäbisch Gmünd fand man, wie in Rainau-Schwabsberg auch, Teile der hölzernen Limespalisade. In Schwäbisch Gmünd wurden die Eichen in den Jahren 163/164 n. Chr., in Schwabsberg 165/166 n. Chr. gefällt. In diesen Jahren hat man folglich die durchgehende Limespalisade errichtet. Die Holzbauphase ist durch neuere Forschungen auch für diesen westlichsten Teil des rätischen Limes nachgewiesen. Vermutlich 25 bis 30 Jahre später waren die Holztürme baufällig geworden. Sie sind durch Steintürme in gleicher Höhe ersetzt worden.[40]

Der Verlauf des Limes und das
»Limesknie« bei Lorch

Der Verlauf der neuen Grenzziehung des Obergermanisch-Rätischen Limes und vor allem das sogenannte Limesknie bei Lorch hat schon immer die Forschung beschäftigt. Fest steht, dass die sehr guten Böden des Neckarlandes und des Nördlinger Rieses für die Römer zur Versorgung ihrer Grenztruppen sehr interessant waren. Die verkehrstechnischen Vorgaben wurden ebenfalls berücksichtigt. Was aber bewog die Römer, das Fils- und Remstal in Besitz zu nehmen? Von den landwirtschaftlichen Möglichkeiten her sind beide Landstriche, sowohl um Göppingen als auch um Schwäbisch Gmünd herum, eher durchschnittlich. Eine deutliche Aussage liefern die Karten mit der Verbreitung der römischen Gutshöfe in Baden-Württemberg (aktuellste Karte im Katalog „Imperium Romanum").[41] Dort sind die deutlichen Schwerpunkte der zivilen Besiedlung im Neckarraum und am Rande des Nördlinger Rieses zu erkennen, während um Göppingen und Schwäbisch Gmünd nur eine ganz geringe zivile Besiedlung bekannt ist. So ist es wohl zunächst die große verkehrs-

Rainau, Limes-Park. Rekonstruierter Limesturm. Foto: B. Hildebrand

technische Bedeutung beider Talschaften, die den Römern wichtig war.

Die Entstehung der Limeslinie nördlich des Remstals in dieser Form hat aber noch einen ganz anderen Grund: Nördlich der Limeslinie liegt die geologische Formation des Keupers, die zumindest im Gebiet des Ostalbkreises von allen vor- und frühgeschichtlichen Kulturen gemieden wurde. Dort gibt es keine jungsteinzeitlichen Bauern, keine keltische Besiedlung und auch keine alamannischen Gräberfelder. Im Ostalbkreis wurden diese Keuperwaldberge erst ab dem 8. Jahrhundert n. Chr. aufgesiedelt, im königlichen Bannwald Virngrund um Ellwangen vom dort 764 n. Chr. neu gegründeten Kloster aus. Wie schlecht diese Böden dort für eine vorindustrielle Landwirtschaft geeignet sind, zeigen auch die vielen spätmittelalterlichen Wüstungen, von denen sich nur die Namen und oft auch noch die sogenannten Wölbäcker in den Waldgebieten erhalten haben. Wie der archäologische Beitrag in der Kreisbeschreibung von Schwäbisch Hall zeigt, gibt es dort aber eine relativ dichte Besiedlung der Keuperformation – also ein auf den ersten Blick gänzlich anderer Befund. Das Rätsel löst sich erst mit einem Blick auf die geologische Karte von Baden-Württemberg. Auf dieser Karte aus dem historischen Atlas sind die einzelnen geologischen Formationen des Keupers detailliert abgebildet. Die Projektion des Limesverlaufs auf die Karte zeigt dann sehr deutlich, was im Vorland der Schwäbischen Alb den Limesverlauf bestimmte: Die Limeslinie spart ganz deutlich die sogenannte Löwenstein-Formation aus (früher als Stubensandstein bekannt) und das nicht nur auf württembergischer Seite.[42] Dort dürfte sich in römischer Zeit ein dichter Urwald befunden haben, der für die Römer wirtschaftlich gänzlich uninteressant war.[43] Durch diesen Urwald gab es nach den vorgeschichtlichen Funden zu urteilen nur eine sogenannte „Natürliche Wegsamkeit", das Tal der Jagst, das als Verlängerung des Kocher-Brenztales wohl eine uralte Nord-Südverbindung von der Donau an den Main war

und das auch von den Römern militärisch stark geschützt wurde.

Zivile Besiedlung

Im Schutz der nun geschlossenen Grenze entwickelte sich eine rege zivile Besiedlung. Nicht nur im Umfeld der Militärlager, wo vor allem die Familien der Soldaten lebten, sondern auch auf dem flachen Land. Es war immer schon römische Politik, die Truppen möglichst von standortnahen landwirtschaftlichen Betrieben zu versorgen. Allein im heutigen Ostalbkreis sind 47 solcher römischer Gutshöfe nachgewiesen, das Nördlinger Ries war noch wesentlich dichter besiedelt. Allerdings liegt im Ostalbkreis der Schwerpunkt der römischen Landwirtschaft am Westrand des Rieses und im östlichen Härtsfeld, während das Remstal für die Landwirtschaft wenig interessant war.

Auch in den Vici, den Lagerdörfern bei den Kastellen, machte sich die römische Hochkultur breit. Zu jedem Kastell entstand ein großes Badegebäude für den römischen Badevorgang. Damit war im Vorland der Ostalb im 2. Jahrhundert ein Standard gesetzt, der erst wieder im 20. Jahrhundert erreicht wurde. Zwei der Bäder – Schirenhof und Buch – sind ausgegraben und haben interessante Datierungen erbracht. Wie die Funde daraus zeigen, standen die Badegebäude nicht nur den Soldaten zur Verfügung – unter den Fundstücken war jedenfalls auch Frauenschmuck.

Die Teufelsmauer

Von unseren Vorfahren stammt der Begriff der Teufelsmauer für die letzte Bauphase des Rätischen Limes. Sie konnten sich das mächtige Bauwerk nicht anders erklären. Auch heute noch nötigen seine Dimensionen Respekt vor den Römern ab: Die etwa 3 Meter hohe und 1,1 bis 1,2 m dicke Mauer war 168 Kilometer lang. Allein zum Bau der Mauer mussten die Römer damals mindestens eine halbe Million Kubikmeter Steine abbauen, zum Limes transportieren und dort verarbeiten, falls nicht vor Ort (wie

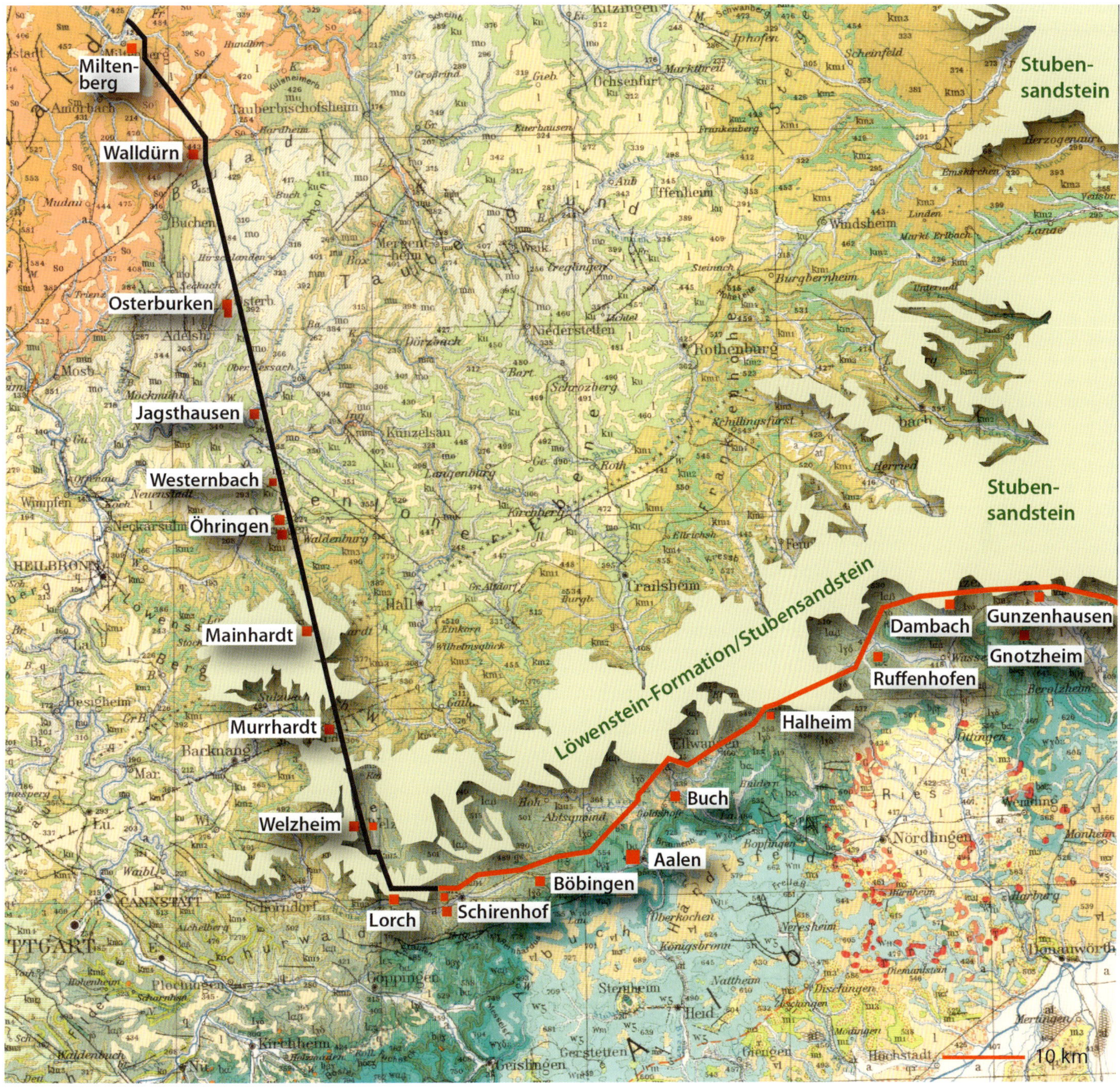

in Bayern nachgewiesen) Steinmaterial zu Verfügung stand.

Zusätzlich wurden noch viele der schon vorhandenen Steintürme neu gebaut, wie die Ausgrabungen des WP 12/77 im Mahdholz in Rainau-Buch zeigten.[44]

Das Baudatum der Teufelsmauer war lange Zeit umstritten. Erst ein Grabungsbefund beim bayerischen Kastell Dambach brachte vor wenigen Jahren einen Hinweis: Dort musste in sumpfigem Gelände für die Limesmauer ein Pfahlrost als Begründung gebaut werden.

Die dendrochronologische Untersuchung der Pfähle ergab ein Fälldatum der Hölzer in den Wintermonaten der Jahre 206/207 n. Chr. In dieser Zeit wird seitdem der Bau der durchgehenden Limesmauer vermutet.[45]

Limes, Kastelle und geologische Formationen in Südwestdeutschland.
Kartengrundlage: Historischer Atlas von Baden-Württemberg. Karte II.03.
Karte: B. Hildebrand

Caracalla: Das Imperium schlägt zurück. Das Limestor bei Dalkingen[46]

Im Frühjahr 213 n. Chr. meldeten römische Fernaufklärer eine neue Gefahr für den Limes. Aus dem Gebiet der mittleren Elbe hatte sich ein Kampfverband aus verschiedenen germanischen Stämmen gebildet, der nach Süden zog und den Limes bedrohte. Der römische Kaiser Caracalla entschloss sich zur Offensive und sammelte ein gewaltiges Truppenaufgebot. Neben Verbänden aus Obergermanien und Rätien wurden Abteilungen der LEGIO II TRAIANA aus dem ägyptischen Alexandria und Teile der LEGIO II ADIUTRIX aus Aquincum/Budapest an den Limes beordert.[47]

Bereitstellungsraum für die Truppen war mit großer Wahrscheinlichkeit die Gegend um Aalen. Von hier aus brach der Kaiser mit weit über 10.000 Soldaten zum Feldzug auf und überschritt am 11. August 213 n. Chr. den Limes, sehr wahrscheinlich beim Limestor Dalkingen.

Am Main traf er auf einen germanischen Kampfverband und besiegte nach den Berichten der römischen Propaganda die Angreifer völlig. Bereits am 6. Oktober des gleichen Jahres war der Sieg in Rom bekannt und Caracalla legte sich einen neuen Ehrentitel zu: GERMANICUS MAXIMUS (der größte Germanenbezwinger).

Aufgrund des glanzvollen Sieges wurde an der Stelle, an der Caracalla den Limes überschritten hatte, ein Siegestor gebaut:

Das Wachgebäude am Limestor Dalkingen bekam eine Prunkfassade in Form eines römischen Triumphbogens, der nach den vorliegenden Rekonstruktionsvorschlägen ca. 12 Meter hoch war. In einer Nische über dem Durchgang oder auf einem Podest vor dem Bauwerk stand eine überlebensgroße Bronzestatue des „Germanenbezwingers".

Eine ganz andere Version des Geschehens überliefert der römische Schriftsteller Cassius Dio, der zu den Kritikern der umstrittenen Kaiserpersönlichkeit gehörte: Caracalla habe den Sieg – oder was so aussah – mit Geld erkauft. Dio erwähnt auch noch einen anderen Namen für die Angreifer, der damals zum ersten Mal in der Geschichte auftaucht: Alamannen.[48]

Auf jeden Fall gaben die Alamannen daraufhin 20 Jahre Ruhe. Erst im Jahr 233 n. Chr. begannen neue Stürme auf den Limes, die auch zur Zerstörung des Dalkinger Ehrenbogens führten. Auch die Badeanlagen Schirenhof und Buch waren betroffen, der Baubestand beider Anlagen wurde nach 233 n. Chr. deutlich reduziert.

Das Ende des Limes

Schon die Reichslimeskommission vermutete das Ende des Limes in den Jahren 259/260 n. Chr. und lag damit gar nicht so falsch. Eine aktuelle Freiburger Dissertation von Marcus Reuter 2007 brachte als wichtigstes Ergebnis, dass der Rätische Limes im Frühjahr 254 n. Chr. in einem verheerenden Germaneneinfall zerstört wurde.[49] Was war passiert? In den Kämpfen um den Kaiserthron nahm der rätische und norische Provinzstatthalter Valerianus 253 n. Chr. einen großen Teil der Limestruppen mit nach Rom, um seine Ansprüche durchzusetzen. Er wurde so zwar römischer Kaiser (253-260 n. Chr.), der aber jetzt schwach bewachte Limes hatte den anstürmenden Germanen nichts mehr entgegenzusetzen. Kastelle und Zivilsied-

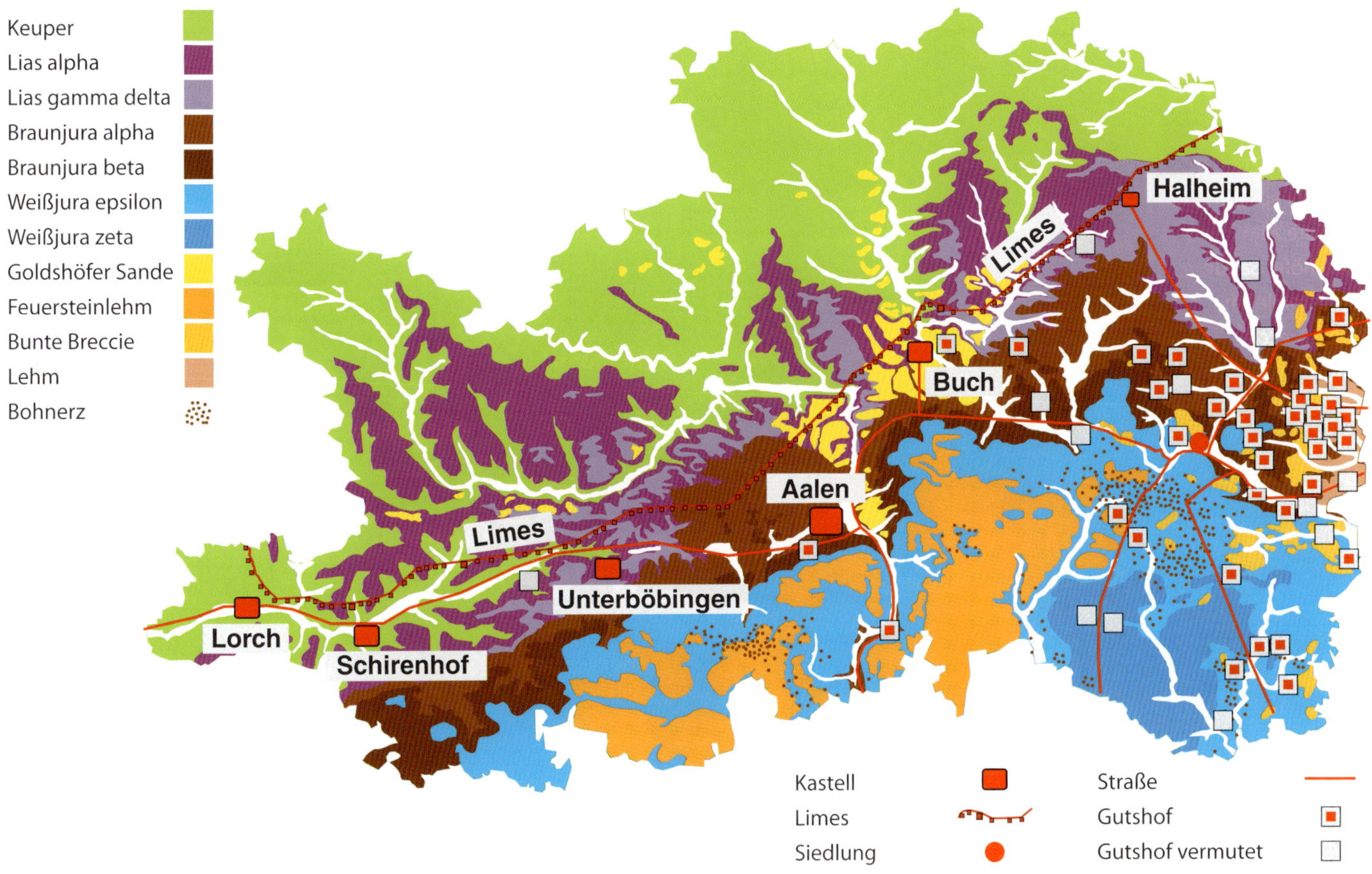

Militärische und zivile Besiedlung zwischen 160 und 254 n. Chr.

lungen wurden zerstört und die Archäologen finden heute noch überall Brandschichten aus dieser Zeit.

Frühes Mittelalter
Die Alamannen: Neue Männer braucht das Land (254 n. Chr. – 700 n. Chr.)

Die Alamannen waren nach der heutigen Forschungsmeinung zunächst ein Kampfverband, der sich aus verschiedenen germanischen Stämmen, hauptsächlich aus den Sueben (= Schwaben), im Gebiet der mittleren Elbe gebildet hatte. Erst die Ansiedlung in den eroberten Gebieten machte aus dem Kampfverband so etwas wie ein eigenständiges Gebilde: „Das Jahr 260 ist die Geburtsstunde des alamannischen Stammes als Staatsgebilde" (Rainer Christlein).[50]

Auch das Gebiet des Ostalbkreises gehörte zu diesem Staatsgebilde. Die ersten beiden Jahrhunderte der alamannischen Besiedlung sind allerdings schwer fassbar. Die ganz wenigen Funde zwischen 260 n. Chr. und ca. 450 n. Chr. lohnen nicht einmal eine Kartierung.

Erst das 5. Jahrhundert bringt eine Änderung der Quellenlage. Damals übernahmen die Alamannen wohl von den Franken eine andere Bestattungssitte: Die Toten werden jetzt in sogenannten Reihengräberfeldern mit ihrer Tracht und Bewaffnung beigesetzt. Die Friedhöfe befinden sich in typischer Lage zwischen 60 und 300 Metern von der Siedlung entfernt und sind ein Spiegelbild der alamannischen Gesellschaft. Die Beigaben reichen von sehr arm bis sehr reich und die gut erhaltenen Skelette erlauben zusätzlich tiefe Einblicke in Lebensumstände, Krankheiten und Altersstruktur der Bestatteten.

Mit dem Reihengräberfriedhof von Lauchheim-Wasserfurche liegt im Gebiet des Ostalbkreises das bedeutendste frühmittelalterliche Gräberfeld in Mitteleuropa. In der zugehörigen Siedlung in der Flur Mittelhofen kontrollierte im 7. Jahrhundert alamannischer Hochadel die

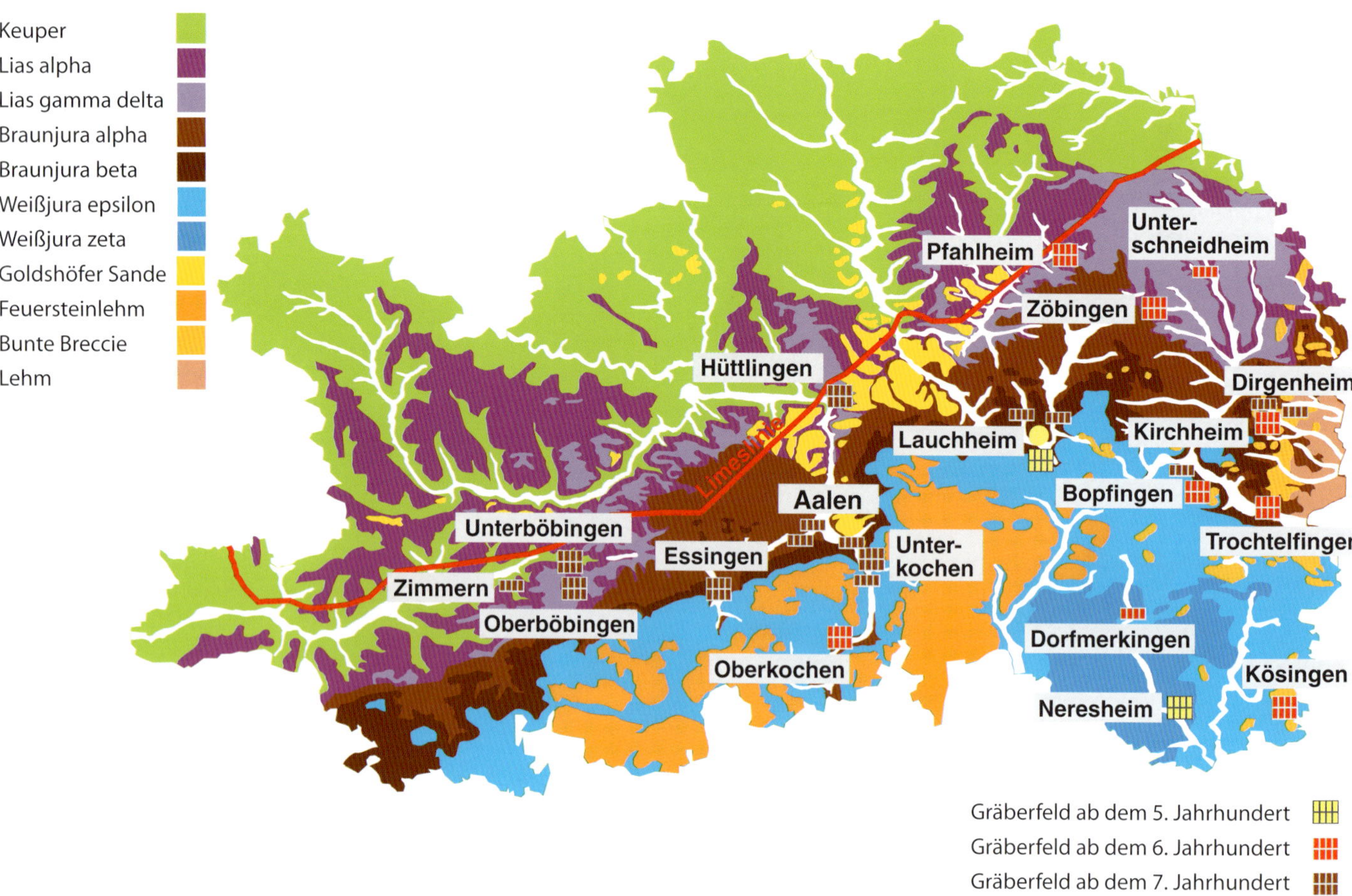

wichtige Handelsstraße am Fuß der Alb und im Bereich der Kapfenburg befand sich wahrscheinlich damals schon eine alamannische Burg.[51]

Anhand der Karte lässt sich die Entwicklung des alamannischen Siedlungsbildes nachvollziehen. Kartengrundlage bilden der Übersichtlichkeit halber die drei Naturräume. Die ältesten alamannischen Siedlungen aus dem 5. Jahrhundert sind das rein bäuerlich strukturierte Neresheim und die Siedlung in Lauchheim mit ihrem überregional bedeutenden Hochadel. Im 6. Jahrhundert entstehen vor allem in der Osthälfte des Landkreises mehrere große und bedeutende Siedlungen, wie z. B. Bopfingen, Kirchheim oder das von seinen Reiterkriegern beherrschte Pfahlheim. Im 7. Jahrhundert dehnt sich das besiedelte Land nach Westen aus und als neue Bestandteile tauchen die kleinen Gräberfelder der Einzelhöfe auf, wie z. B. Aalen-Mauerstraße oder Bopfingen-Kappel.

Das Siedlungsverhalten der Alamannen unterscheidet sich dabei nicht von dem der Römer: Die Alamannen besiedelten das römische Kulturland und der Limes blieb bis zum Ausklingen der Reihengräbersitte weiterhin die Grenze zwischen besiedelter Landschaft und Urwald.

Im frühen 8. Jahrhundert endete dann unter dem Einfluss des Christentums die Beigabensitte, die Reihengräberfelder wurden aufgegeben und zu den neu entstandenen Kirchen in die Ortsmitte verlegt.

In dieser Zeit wurde dann auch die Gegend vor dem Limes gerodet und unter den Pflug genommen. Alle Siedlungen außerhalb des Limes im Ostalbkreis sind Gründungen des 8. Jahrhunderts (wie z. B. Ellwangen) oder entstanden gar noch später.

7.500 Jahre Kulturlandschaft – ein Fazit

Die Verbreitungskarte aller Fundstellen und Bodendenkmale ergibt ein sehr deutliches Bild

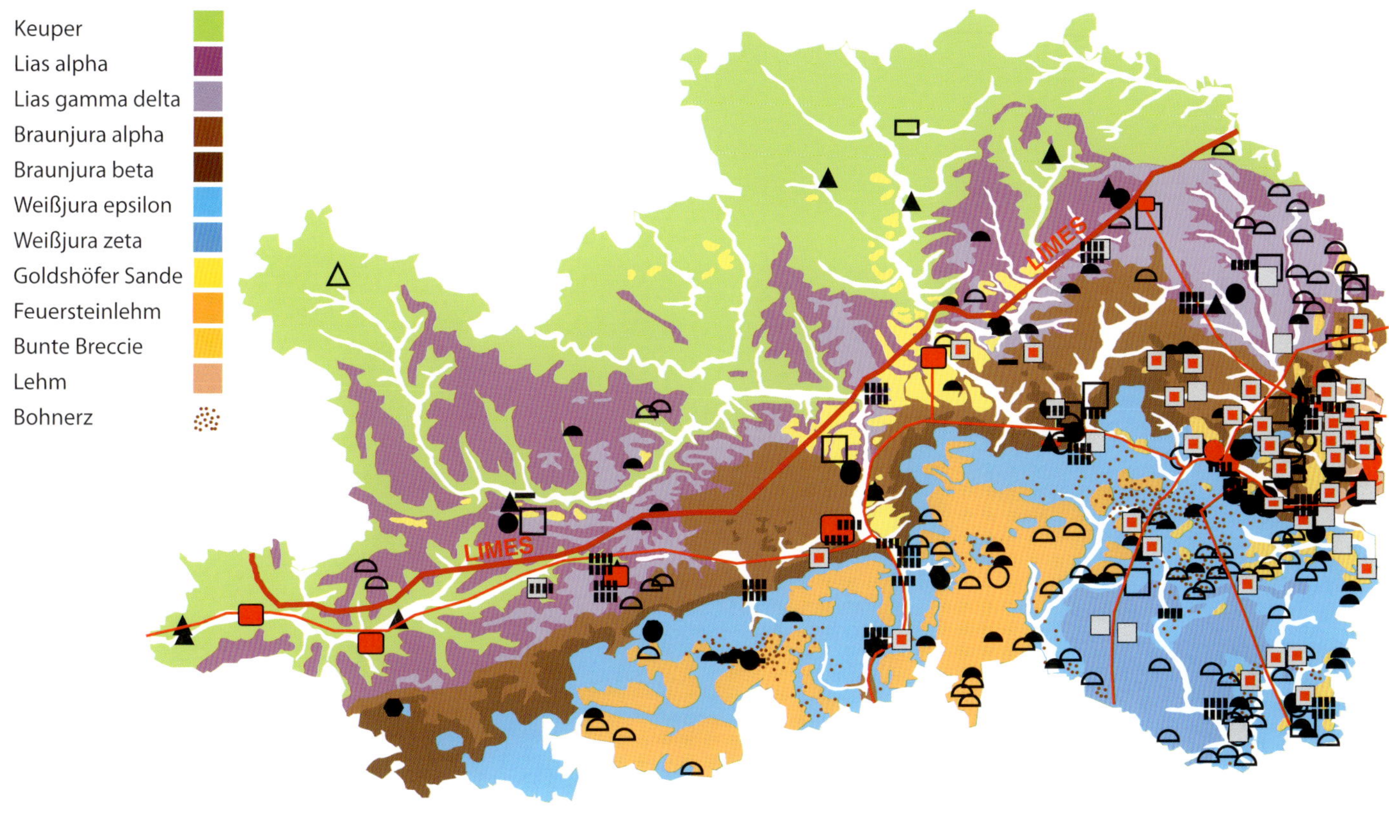

der Siedlungsschwerpunkte im Ostalbkreis. Wie die vielen Neuentdeckungen der letzten Jahre zeigen, ist Kollege Zufall zwar nach wie vor ein wichtiger Begleiter der Forschung, das aufgezeigte Fundbild ist aber immerhin die Zusammenfassung und das Ergebnis von über 100 Jahren archäologischer Forschung. So kann der aufgezeigte Forschungsstand in seiner Aussagekraft durchaus als gefestigt gelten.

Demnach beginnt die Umwandlung der Ostalb und ihres Vorlandes in eine Kulturlandschaft vor 7.500 Jahren im Ries. Diese fruchtbare Ebene und ihre Randgebiete bleiben lange Zeit das Zentrum eines Siedlungsprozesses, der sich erst seit der Bronzezeit langsam nach Westen ausdehnt. Nach dem Kartenbild wird schon in der Hallstattzeit die größte Ausdehnung erreicht und erstmals auch die (freilich spätere) Limeslinie durch wenige Siedlungen überschritten, ein Siedlungsbild, das auch die Römer so beibehalten. Der Limes orientiert sich zwar auch

an strategischen Vorgaben, im Prinzip ist er jedoch nichts anderes als die lineare Abgrenzung der geologischen Formation des Stubensandsteins (Löwensteinformation) und auch des keltischen Siedlungsgebietes.

Aus dem Keupergebiet im Ostalbkreis stammen aus allen Epochen nur ein Hortfund und vier Einzelfunde. Auch innerhalb der Kulturgrenze Limes gibt es spät besiedelte Gebiete. Auf den Karten ist deutlich zu sehen, dass der Braune Jura, wie z. B. im Welland westlich von Aalen, auch nicht zu den begehrten Landschaften gehörte, genauso wie das Rehgebirge südlich von Schwäbisch Gmünd. Überhaupt scheint der Braunjura Alpha durch die ganze Vor- und Frühgeschichte kaum besiedelt gewesen zu sein. Auch die Alamannen beschränken sich lange Zeit auf den beschriebenen Siedlungsraum. Erst im 8. Jahrhundert wird die Kulturgrenze Limes überschritten und der Urwald um Ellwangen und Gschwend teilweise gerodet.

Mittelalter
Immo Eberl

Der heutige Ostalbkreis zwischen Alemannenzeit und Reformation[1]

Die politische Struktur des Kreisgebietes

Der heutige Ostalbkreis wird zusammen mit dem Landkreis Heidenheim als Region Ostwürttemberg bezeichnet, der noch vor kurzem von berufener Seite „gemeinsames Bewusstsein im Sinne von Zusammengehörigkeit oder gar eine Identität" abgesprochen wurde.[2] Der Begriff Ostwürttemberg lässt eine Großräumigkeit erwarten, die in diesem Raum mindestens seit dem Ende der Stauferzeit nicht mehr bestanden hat. Der heutige Ostalbkreis bestand im Zeitraum zwischen 1810 und der ersten Kreisreform von 1938 aus den Landkreisen (Oberämtern) Aalen, Ellwangen, Gaildorf, Gmünd, Neresheim und Welzheim. Damit hatte sich die politische Struktur des Raumes gegenüber der Situation von vor 1803/1806 entscheidend vereinfacht. Bis zur Säkularisation und Mediatisierung hatten nämlich mindestens 24 Herrschaften bestanden, was den im deutschen Südwesten immer wieder genannten „Fleckerlteppich" selbstständiger Herrschaften eindrucksvoll bestätigt. Die überwiegende Zahl der bis 1803/1806 bestehenden Herrschaften besaß eine bis ins Mittelalter zurückreichende Geschichte. Beispielhaft für das Alte Reich sind auch die Unterschiede zwischen den verschiedenen Herrschaften des Raumes: Neben geistlichen Territorien bestanden ritterschaftliche und größere weltliche Territorien wie das Herzogtum Württemberg und die Grafschaft, später Fürstentum Oettingen, sowie eine Reihe von Reichsstädten. Die bedeutendste Stellung nahm zweifellos die Fürstpropstei Ellwangen ein.[3] Als geistliche Territorien sind auch die Deutschordenskommende Kapfenburg und das zur Kommende Ellingen gehörende Unterschneidheim zu nennen.[4] Dazu gehörte ebenfalls das Territorium des Benediktinerklosters Neresheim[5] und das unter oettingischer Landesherrschaft stehende Zisterzienserinnenkloster Kirchheim.[6] Auch das im Westen des heutigen Ostalbkreises gelegene und zum Herzogtum Württemberg gehörende Lorch war bis zur Reformation im 16. Jahrhundert ein Benediktinerkloster mit dazugehörigem Territorium, das Württemberg als landsässige Abtei unterstand.[7] Das Herzogtum Württemberg hatte im Westen des heutigen Ostalbkreises zu dem landsässigen Territorium von Kloster Lorch noch um Heubach und Frickenhofen weiteren Besitz, während im Osten seit dem 13./14. Jahrhundert die Grafschaft Oettingen[8] entstand, die noch weit in das heutige Bayerisch-Schwaben hineinreichte. Der Norden des heutigen Kreisgebiets wurde vom Herrschaftsgebiet der Schenken von Limpurg aus dem Raum um Gaildorf herum berührt.[9] Dazu kamen die Reichsstädte Aalen,[10] Bopfingen[11] und Gmünd[12] sowie Besitz der Reichsstädte Dinkelsbühl, Hall, Nördlingen und Ulm und die ritterschaftlichen Herrschaften der Familien Adelmann, von Holz, von Lang, von Rechberg und von Woellwarth.[13]

Von der Alemannenzeit bis ins frühe 9. Jahrhundert

Die neuere Forschung lässt vermuten, dass die Alemannen nicht 213 erstmals erwähnt wurden, sondern erst 289 in Trier in einer Lobrede auf Kaiser Maximian (286-305, 307-308).[14] Die dabei auftretende Parallele zur ersten Erwähnung der Franken lässt annehmen, dass die Begriffe „Franken" und „Alemannen" von den Römern verwandt und wohl auch maßgeblich geprägt worden sind. Die im 3. Jahrhundert vom Historiker Asinius Quadratus gegebene Erklärung des Namens „Alemannen" als „zusammen gespülte und vermengte Menschen"[15] passt zu der von der neueren Forschung erschlossenen Ethnogenese der Alemannen aus verschiedenen, ethnisch unterschiedlichen Personengruppen.

Die neuesten Forschungsergebnisse zeigen, dass der raetische Limes 254 nach der Zerstörung der Grenzkastelle seine bisherige Bedeutung eingebüßt hatte, zum Teil vielleicht auch zerstört worden war, auf jeden Fall aber als Grenzbefestigung nicht mehr existent war.[15a]

Das „Ausdünnen" der Militärstruktur des gesamten Raumes hatte bereits längere Zeit zuvor begonnen und hatte eine Abwanderung der romanischen Bevölkerung in einem länger andauernden Prozess aufgrund der sich verschlechternden wirtschaftlichen Situation zur Folge. Beispielhaft dürfte für diesen Vorgang der Bericht über den Rückzug großer Bevölkerungsteile aus Ufernoricum in der Vita des Hl. Severin sein, auch wenn dieser rund zwei Jahrhunderte später verfasst wurde. Es gibt Hinweise darauf, dass geringe Reste der romanischen Bevölkerung im Dekumatland sesshaft geblieben sind. Die Herkunft von Berg- und Gewässernamen deutet ebenfalls in diese Richtung. Es wird in der neuesten Forschung vermutet, dass an wichtigen Verkehrsknotenpunkten, wie im heutigen Aalen, Heidenheim und Weißenburg, vielleicht schon im Rahmen des diokletianischen Verteidigungskonzeptes am Ende des 3. und zu Beginn des 4. Jahrhunderts germanische Bevölkerungsgruppen angesiedelt worden sind. Erst ab der Mitte des 4. und ab dem frühen 5. Jahrhundert gehen die Archäologen jedoch von einer flächendeckenden Aufsiedlung des Landes aus.

Die Ergebnisse dieser Untersuchungen werfen auch ein neues Licht auf die alemannische Siedlung bis ins 5. Jahrhundert. Die Neusiedlungen hielten deutliche Abstände zu den römischen Ruinen und suchten die Nähe fließenden Wassers. Die Alemannen waren im Laufe des 4. Jahrhunderts immer wieder in Auseinandersetzungen mit den Römern verwickelt, wobei

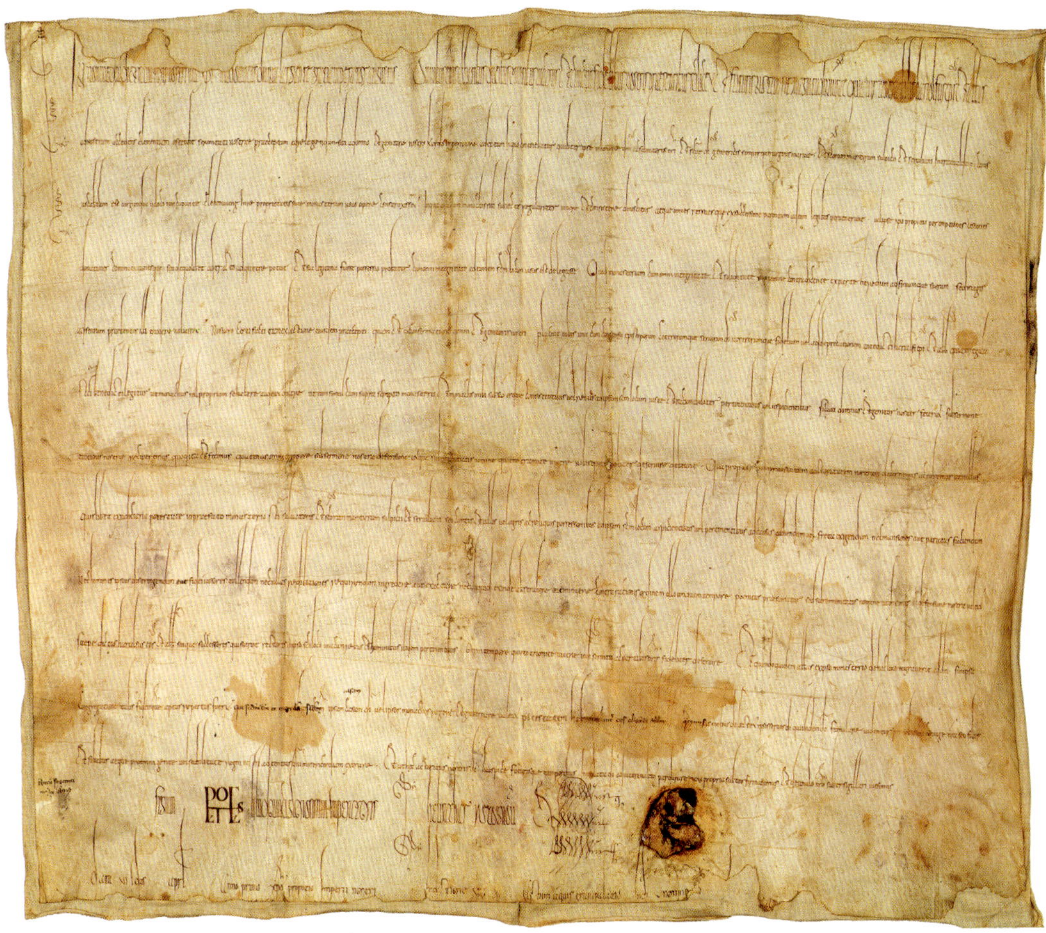

man Auswirkungen auf den Raum des heutigen Ostalbkreises im Einzelnen nicht erkennen kann. Als die Herrschaft der Römer am Rhein zu Beginn des 5. Jahrhunderts zu Ende ging, wurde der Spielraum für die Alemannen insgesamt größer[16] und ihr Herrschaftsgebiet scheint in der zweiten Hälfte des 5. Jahrhunderts am umfangreichsten gewesen zu sein.[17] Mit der von Gregor von Tours auf 496/497 datierten Schlacht von Zülpich zwischen dem Frankenkönig Chlodwig und den Alemannen endete diese Phase.[18] Diese Entscheidungsschlacht war nicht nur der Grund für den Übertritt Chlodwigs zum Christentum in der katholischen und nicht der arianischen Ausprägung, was die Ursache für den weiteren Aufstieg der Franken legen sollte, sondern auch dafür, dass die Alemannen unter fränkische und ostgotische Herrschaft gerieten.[19]

Der Ostgotenkönig Theoderich hat bei den Franken für die Alemannen interveniert, da der südliche Teil ihres Herrschaftsgebietes sich unter seinen Schutz gestellt hatte. Die Grenze dieses Gebietes konnte bislang nicht genau bestimmt werden. Die Franken haben jedoch von Norden und Nordwesten her Druck auf die Alemannen ausgeübt und diese mit ihren Siedlungen nach Süden abgedrängt. Damit hat sich um 500 eine Nordgrenze des alemannischen Raumes ausgebildet, die sich in der Folgezeit als Dialektgrenze zwischen dem „Fränkischen" und dem „Schwäbischen" ausprägte. Sie lag auf einer Linie vom Rhein bei Baden-Baden entlang der Oos über die Hornisgrinde, den Asperg bei Ludwigsburg und den Hohenberg bei Ellwangen zum Hesselberg.[20] Damit verläuft diese Grenze durch den nördlichen Teil des heutigen Ostalbkreises.

Die Ortsnamensforschung hat bislang nicht eine endgültige Abgrenzung zwischen alemannischer und fränkischer Siedlungstätigkeit herstellen können. Die frühere These, dass die Ortsnamen mit der Endsilbe -ingen alemannische und die mit der Endsilbe -heim fränkische Gründungen seien, lässt sich in dieser Form nicht aufrecht erhalten. Die Alemannen gingen im Laufe des 5. Jahrhunderts von der bisherigen Brandbestattung zur Ganzkörperbestattung in Reihengräbern über. Fast gleichzeitig begann die Belegung der ersten großen Reihengräberfelder im ostwürttembergischen Raum (Neresheim, Lauchheim).[21] Vielleicht haben diese Siedlungen schon vorher bestanden. Doch liegen dafür bislang keine Zeugnisse vor. An diese ersten großen Reihengräberfelder schlossen sich bis zum Anfang des 7. Jahrhunderts der Beginn der Belegung weiterer großer Reihengräberfelder Ostwürttembergs an: Bopfingen um 500, Kirchheim, Zöbingen, Kösingen und Oberkochen zwischen 500 und 600 und Pfahlheim, Böbingen und Aalen um 600. Neben diesen größeren Reihengräberfeldern standen eine Reihe kleinerer Gräberfelder, die eine zunehmende Besiedlung im Gebiet des heutigen Ostalbkreises beweisen.[22] Die in der Zeit vor den Reihengräberfeldern bestehende Siedlung dürfte allen Anzeichen nach sehr dünn gewesen sein, denn umfangreichere Brandbe-

stattungsplätze sind bislang nicht aufgefunden worden. Spätestens seit 537 hat der heutige Ostalbkreis zum Merowingerreich gehört, da die Ostgoten auf ihre Oberhoheit über die Alemannen verzichteten. Die Forschung hat die Frage aufgeworfen, ob sich nicht erst durch die von den Franken gezogenen Grenzen die Stammes-, Kultur- und Sprachgrenzen entwickelt haben. Für den im Grenzraum zum fränkischen Sprach- und Kulturraum gelegenen Ostalbkreis dürfte sich dazu feststellen lassen, dass die Bindungen des Raumes in den inneralemannischen Raum gereicht haben müssen, weil er sich zu dieser alemannischen Grenzregion entwickelt hat. Die Bindung des alemannisch besiedelten Südwestdeutschland an das Merowingerreich ist nach den Quellen zwischen der Mitte des 6. bis zur Mitte des 7. Jahrhunderts durch die Tätigkeit der alemannischen Herzöge nachgewiesen.[23] Als nach 643 bis ans Ende des Jahrhunderts kein alemannischer Herzog mehr erwähnt wurde, ist der fränkische Einfluss auf dieses Gebiet anscheinend zurückgegangen. Nach den für die Könige Chlothar II. (613-629) und Dagobert I. (629-638/639) nachgewiesenen gesetzgeberischen und politischen Maßnahmen[24] zeigen aber die archäologischen Funde des 7. Jahrhunderts immer wieder enge Beziehungen Alemanniens zum innerfränkischen Kulturraum. Die in der zweiten Hälfte des 7. und zu Beginn des 8. Jahrhunderts in Alemannien nachweisbaren Adelsfamilien dürften ursprünglich unter merowingischer Herrschaft gestanden haben, wenn sie nicht teilweise sogar im Auftrag der Merowingerkönige in den alemannischen Raum gekommen sind.

Der bis zu seinem Tod 709 regierende alemannische Herzog Gotfrid hatte nachweislich einen Mittelpunkt seiner Herrschaft in Cannstatt und Besitz in Biberburg bei Stuttgart.[25] Die Söhne Herzog Gotfrids, Lantfrid (+ 730) und Theudebald (bis 746) waren zwischen 709 und 746 wiederholt in Kriege mit den karolingischen Hausmeiern verwickelt, in denen 746 Herzog Theudebald endgültig unterlag, worauf auf dem

Cannstatter Gerichtstag das alemannische Herzogtum aufgehoben wurde. Die Hausmeier haben durch ihr Vorgehen den alemannischen Raum ihrer Herrschaft unterworfen. In Ostschwaben deuten in dieser Zeit zahlreiche Indizien auf Verbindungen zur alemannischen Herzogsfamilie und ihren Verwandtenkreis hin, die von der Forschung bislang aber noch nicht zusammengefasst und ausgewertet wurden.[26]

Im heutigen Ostalbkreis hat die Erforschung der alemannischen Besiedelung ergeben, dass die ältesten Siedlungen auf die Namensendungen -ingen und -heim überwiegend auf ehemals römischem Gebiet innerhalb des heutigen Limes lagen. Auf der Höhe zwischen Rems und Kocher befinden sich aber eine Reihe von -ingen-Orten, wie Iggingen, Göggingen und Schechingen, die außerhalb des Limes liegen.[27] Die Kastelle und Straßen waren in römischer Zeit Staatsland.[28] Da seit der Karolingerzeit diese ehemaligen Kastelle und ihr Umland häufig Königsgut waren und die römischen Straßen im Mittelalter als Königsstraßen weiterbenützt wurden, wurde vermutet, dass ihr Besitz von den Römern über die alemannischen Gaufürsten an die Merowingerkönige des 6./7. Jahrhunderts, dann auf die alemannischen Herzöge und von diesen an die Karolinger überging.[29] Im heutigen Ostalbkreis war die Straße von Cannstatt durch das Remstal ins Ries die wichtigste Durchgangsstraße.[30] Ihrem Verlauf folgt heute im Großen und Ganzen die B 29 bis Nördlingen, deren Bedeutung in der Gegenwart noch weiter gestiegen ist. An ihr lagen die ehemaligen römischen Kastelle Lorch, Schirenhof, Böbingen und Aalen.[31] Im Spätmittelalter ist der Straßenverlauf von Cannstatt über Schorndorf, Lorch, Gmünd, Aalen, Bopfingen, Nördlingen in Richtung Donauwörth als Reichsstraße gesichert.[32] Von Aalen aus ging eine Römerstraße über Oberkochen nach Heidenheim, die ebenfalls im Spätmittelalter und in der Frühneuzeit Reichsstraße war.[33] Vom Kastell Aalen ist eine weitere römische Straße nach Norden über das Kastell Rainau-Buch bis zum Limestor bei Dalkingen

auf jeden Fall gesichert.[34] Diese Straße hat seit dem frühen Mittelalter das Verbindungsstück zu der Fernstraße von Wimpfen über Öhringen, Hessental (bei Schwäbisch Hall), Sulzdorf, Stöckenburg (Vellberg), Willa (Gemeinde Rosenberg) nach Ellwangen dargestellt.[35]

Der Straßenverlauf der Spätantike hat in alemannischer Zeit die Ansiedlung zwar keineswegs allein bestimmt, aber doch – soweit erkennbar – entscheidend mit beeinflusst, wie die weitere Entwicklung des Raumes beweist. Ein guter Teil der alemannischen Siedlungen im Ostalbkreis ist in der Nachbarschaft des aufgezeigten Straßensystems entstanden, was in ähnlicher Weise bereits im Bereich Heidenheim festgestellt wurde.[36]

Ob sich die für die frühalemannische Besiedlung in Ostwürttemberg im Heidenheimer Raum aufgezeigte Entwicklung[37] auch für den von der alemannischen Siedlung erfassten südlichen Teil des heutigen Ostalbkreises in Anspruch nehmen lässt, muss bislang offenbleiben. Doch ist auch hier der im ostalemannischen Raum festgestellte Einfluss aus unterschiedlichen Regionen, so aus dem thüringischen und langobardischen sowie innerfränkischen Kulturraum erkennbar.[38] Dieser Vorgang könnte vorsichtig auf Siedlungsbewegungen hingedeutet werden, die anscheinend die Bevölkerungsdichte des ostschwäbischen Raums erhöht haben, aber zahlenmäßig nicht überaus groß gewesen sein dürften.

Im 5. bis 7. Jahrhundert entstanden die Orte des Altsiedellandes vermutlich im zeitlichen Zusammenhang mit dem Beginn der von der Archäologie untersuchten Reihengräberfelder. Die durchschnittliche Ausstattungsqualität der Bestattungen auf den Friedhöfen in Neresheim und Kösingen sowie Umgebung lassen für das gesamte Härtsfeld eine bäuerliche alemannische Bevölkerung mit ihren führenden Vertretern erschließen. Überdurchschnittliche reiche Bestattungen im heutigen Ostalbkreis sind aus dem nördlichen Albvorland bekannt, so in Lauchheim, Pfahlheim und Kirchheim am

Ries.[39] Für die dort beigesetzten Adeligen waren die Orte an den wichtigen Verkehrsachsen ihrer Zeit von besonderer Bedeutung. Es wäre zu untersuchen, ob sich hier eine Fortsetzung der von der Archäologie vermuteten Bedeutung des diokletianischen Verteidigungskonzeptes feststellen lässt. Im 5. Jahrhundert war in der Jagstaue unterhalb der Kapfenburg bei Lauchheim eine Siedlung entstanden, deren Namen unbekannt geblieben ist.[40] Es kann nicht entschieden werden, ob sie mit einem alemannischen Fürstensitz auf der Kapfenburg, vergleichbar dem Runden Berg bei Urach, in Verbindung stand. Nachdem die Alemannen unter fränkische Oberhoheit geraten waren, scheint der Ort zu einem die Straßen sichernden Sitz von Beauftragten der Merowingerkönige geworden zu sein. Die in Pfahlheim gefundenen Beisetzungen haben in einem sehr engen Verhältnis zu den Adeligen in Lauchheim gestanden, da nachweislich Schmuckstücke in beiden Orten mit demselben Model hergestellt wurden. Zeitweise saßen im Dorf im 7. Jahrhundert zwei Adelsfamilien. Ob diese in dem seit dem 6. Jahrhundert bestehenden Ort Lauchheim, der „Siedlung an der Grenze"[41] ihre Kirche bauen ließen, lässt sich nicht mit Sicherheit beweisen. Das Patrozinium der Lauchheimer Pfarrkiche St. Petrus und Paulus spricht aber für ein hohes Alter der erst 1248 erwähnten Pfarrkirche.[42] Um welche Grenze es sich im 6./7. Jahrhundert in dem Ortsnamen von Lauchheim gehandelt hat, lässt sich nur indirekt erschließen, da keine weiteren Zeugnisse überliefert sind. Nach der Bezeichnung und den in Kirchheim am Ries aufgedeckten reichen Adelsgräbern wäre eigentlich nur an eine zwischen Kirchheim und Lauchheim gelegene Grenze zu denken. Damit dürfte sich der Einfluss der in Lauchheim (und Pfahlheim) nachgewiesenen Adeligen nach Norden in Richtung Virngrund und nach Westen in Richtung Aalen erstreckt haben. Tatsächlich sind unter der St. Johannkirche in Aalen, die im unmittelbaren Bereich des ehemaligen römischen Kastells liegt und der schon immer ein hohes Alter, vielleicht

sogar eine Kontinuität zur Spätantike zugeschrieben wurde, Mauerreste aufgedeckt worden, die in die späte Merowinger- oder frühe Karolingerzeit datiert werden. Auch die dabei aufgedeckten Keramikfunde sind in die zweite Hälfte des 7. oder ins 8. Jahrhundert einzuordnen.[43] Die Mauerreste werden einem Herrenhof zugerechnet, zu dem das frühe, in die Christianisierungsphase Alemanniens weisende Patrozinium Johannes des Täufers passt.

Während sich in dem im Westen des Kreisgebiets liegenden Lorch im Ortsnamen ein römischer Personennamen verbirgt,[44] was neben der überaus weiträumigen Pfarrei, dem sehr alten Patrozinium St. Maria und der Lage der Pfarrkirche im Gelände des römischen Kastells[45] trotz der fehlenden alemannischen Funde eigentlich auf eine sehr frühe Anknüpfung an das römische Kastell, wenn nicht sogar auf eine Siedlungskontinuität, hindeuten lässt, liegen remsaufwärts einige Orte mit aufschlussreichen Namen.

Der erste Ort ist Böbingen, der seinen Namen von einem Babo ableitet.[46] Dieser Name wird mit einem Neffen der Königin Hildegard (+ 783), der Ehefrau Karls des Großen, in Verbindung gebracht und dabei auf die Lage Böbingens neben dem römischen Kastell hingewiesen, das als alemannisches Herzogsgut betrachtet wird.[47] In dem benachbarten Zimmern wird 839 erwähntes Königsgut gesehen, das hier ebenfalls in Verbindung zum alemannischen Herzogsgut gebracht wird.[48] Der Name Babo erscheint auch im Lorscher Codex im Zusammenhang mit Schenkungen in der Babenheimer Mark bei Rodenbach im Wormsgau. Dabei wird ein Zusammenhang mit Abt Babo von Lorsch an der Bergstraße (876-881) gesehen und der Name den Rupertinern, den Stammvätern der Königsfamilie der Kapetinger, zugeordnet.[49] Im Umkreis dieses Babo erscheint auch der Name Franco, auf den später noch zurückzukommen ist. Das ca. 8 km nordwestlich von Böbingen gelegene Ruppertshofen führt seinen Ortsnamen auf den Personennamen Ruodberht zurück, der ebenfalls den Rupertinern zugeordnet werden kann,[50] die hier in enger Verbindung zur alemannischen Herzogsfamilie zu sehen sind. In dem zwischen Böbingen und Ruppertshofen gelegenen Mulfingen schenkte 782 ein Huoching mit seiner Frau Erchenswint Besitz an Kloster Lorsch an der Bergstraße.[51] Der seltene Name Huoching führt zu dem gleichnamigen Sohn des alemannischen Herzogs Gotfrid (+ 709), der Urgroßvater der Königin Hildegard (+ 783) war.[52] In dem Mulfingen benachbarten Heuchlingen findet sich im Ortsnamen der Personennamen Huchilo als Verkleinerungsform von Huoching wieder. Auch in dem 854 als Ucchinga mit Lorscher Besitz nachgewiesenen Iggingen steckt der Personenname Huoching.[53] Ebenso weist der in dem nicht weit entfernten Hüttlingen nachgewiesene Personenname Hutilo (Odilo) durch die Aufnahme des bayerischen Herzogsnamens auf diese Familie hin, die mit der alemannischen Herzogsfamilie eng verbunden war.

In dem nahe des Kastells Aalen gelegenen Hammerstadt hatte die Abtei Fulda um 800 Besitz. Kaiser Ludwig der Fromme erwarb in Hammerstadt 839 durch Tausch von Kloster Fulda eine Hube, was als Ergänzung bereits in diesem Ort vorhandenen Königsgutes gesehen wurde,[54] das in Verbindung zu dem ebenfalls im Königsbesitz befindlichen Kastell Aalen gestanden haben soll. Auch die auf den Namen Aholf bzw. Achulf zurückgehenden Ortsnamen auf -alfingen bei Aalen[55] führen zu der alemannischen Adelsfamilie der Alaholfinger im engsten Umkreis der Herzöge, deren Namen meist die Endsilbe -olf besaßen. Dazu passt auch das nach einem Eglolf bzw. Agilolf benannte Eglof bei Röthenberg und die Orte Wagenhofen bei Westhausen und Wagenhofen auf dem Härtsfeld sowie wohl auch Wagenweiler als abgegangener Ort bei Himmlingen. Diese Ortsnamen gehen auf den Personennamen Wago zurück, der ebenfalls bei den Alaholfingern vorhanden war.[56] Auch der Ortsname des zwischen Böbingen und Aalen gelegenen Essingen dürfte eher auf einen Personennamen zurückgehen

als auf den dort getätigten Erzabbau.[57] Der im Altsächsischen vorkommende Personenname Esulf weist hier ebenso den Weg, wie der bei den Alaholfingern nachweisbare Name Asulf.[58] Dieser seltene Name ist auch bei den Thüringern zu finden, was gerade für die mit einigen Funden in Lauchheim festgestellten thüringischen Verbindungen interessant ist.[59] Auch der im Essingen benachbarten Mögglingen nachweisbare Name Megilo weist in die Richtung bayerischer Adelssippen,[60] wobei das Patrozinium St. Peter von der Pfarrkirche Mögglingen auf deren hohes Alter deutet. Dagegen ergibt der dem Ortsnamen Bopfingen zugrunde liegende Personenname Bubo (= Poppo) erneut Verbindungen zu den Rupertinern im mittleren Rheingebiet und auch nach Thüringen.[61] Im Umkreis dieses Namenträgers Bubo stößt man neuerlich auf den Personennamen Franco.[62] Dieser Name erscheint nun auch in der ältesten historischen Quelle des Ostalbkreises, in der Vita Hariolfi, der vom Ellwanger Mönch Ermenrich um 850 verfassten Biographie des Gründers der Abtei Ellwangen.[63] Der dort erwähnte Franco war der weltlich gebliebene, dritte Bruder der Brüder Erlolf und Hariolf, die 764 gemeinsam die Abtei Ellwangen gründeten und einander auf dem Bischofs-

Aalen, die St. Johann Kirche besteht zum Teil aus Spolien aus dem Römischen Kastell und gilt als eine der ältesten Kirchen des Landes. Foto: B. Hildebrand

stuhl in Langres folgten, wobei Hariolf bis in den Zeitraum 814/822 Abt in Ellwangen war.[64]

Die Namen Hariolf und Erlolf passen sich in das durch die Ortsnamen des oberen Rems-, Jagst- und Egerraumes erschließbare Personennamengut hervorragend ein. Sie lassen Verbindungen zur bayerischen Herzogsfamilie der Agilolfinger erschließen, die - was wiederum im Hinblick auf das Lauchheimer Fundgut interessant ist -, im Langobardenreich Könige gestellt hat. Die Namen erscheinen auch unter den Tradenten im Gebiet von Freising sowie im Kreis der Wohltäter des Klosters Lorsch an der Bergstraße.[65] Dort erscheint der Name Erlolf wiederholt zusammen mit Personen, die Namen tragen, die eine Verbindung zu dem im Ortsnamen Röhlingen befindlichen Personennamen Rohilo herstellen lassen,[66] also dem Ort im Umkreis von Ellwangen, der dem Klostergründer Hariolf nach seiner Vita vor der Gründung Ellwangens aus Familienbesitz gehörte. In diesem Zusammenhang ist die neueste Deutung des Ortsnamens Ellwangen als „(Siedlung) beim Weideland des Alaho" besonders interessant,[67] führt doch dieser Name wiederum in den Familienkreis der Alaholfinger aus dem Umkreis der alemannischen Herzogsfamilie.

Die umfangreiche Betrachtung der frühen Ortsnamen im Altsiedelland des Ostalbkreises gibt für das 6. bis 8. Jahrhundert den Eindruck, dass die Besiedlung und Gründung der einzelnen Ortschaften durch eine oder mehrere Adelsfamilien aus dem verwandtschaftlichen Umfeld der alemannischen Herzogsfamilie vorgenommen wurde. Derselbe Familienkreis steht hinter der Gründung des Klosters Ellwangen, das zuerst als adeliges Eigenkloster entstand, aber schon wenige Jahre nach seiner Gründung zum Königskloster wurde. Der fränkische König hatte nach dem Ausschalten der alemannischen Herzöge 746 anscheinend im Umkreis der ehemaligen römischen Kastelle erheblichen Besitz erhalten. Dieser lag neben den Gütern der alemannischen Adelsfamilien, die vielleicht zum Teil durch Konfiskationen im Zusammenhang

mit dem Gerichtstag von Cannstatt 746 ebenfalls in die Hand des Königs gekommen waren. Auf der Schwäbischen Alb im Umkreis von Münsingen konnte aber durch die dort nachweisbaren Schenkungen an das Kloster Lorsch belegt werden, dass sich zumindest dort die Konfiskationen 746 in einem relativ engen Rahmen gehalten haben müssen.[68] Aus diesem Königs- und Adelsbesitz sind wohl noch im 8. Jahrhundert erhebliche Teile an das Kloster Ellwangen gekommen, das seine spätere Stellung in diesem Raum auf diesen frühen Besitzübertragungen aufgebaut hat. Doch haben neben Ellwangen auch andere große Reichsklöster aus diesem Königs- und Adelsgut umfangreiche Schenkungen erhalten. So ist die Schenkung des Königsgutes in Deiningen bei Nördlingen im Jahr 760 durch König Pippin an das Kloster Fulda belegt. Besitz des Klosters Fulda ist darüber hinaus in Pfahlheim, Wössingen, Unterschneidheim, Reichenbach bei Westhausen, Bopfingen, Utzmemmingen, Hammerstadt bei Aalen, Zimmern bei Gmünd, Dorfmerkingen, Kösingen und Riffingen nachgewiesen. Kloster Lorsch hat ebenfalls im ostschwäbischen Raum Schenkungen erhalten. Es muss hier auch auf die sagenhafte Überlieferung für Neresheim hingewiesen werden, die von einer Klostergründung des bayerischen Herzogs Tassilo wissen will, die später - vergleichbar der Gründung Hirsaus - wieder aufgenommen wurde. Wenn diese Klostergründung einen historisch realen Hintergrund hätte, könnte sie eigentlich nur im Zeitraum etwa zwischen 760 und 785 erfolgt sein.

Abt Fulrad von St. Denis, der großen Abtei bei Paris, gründete südlich und westlich von Ellwangen die von seinem Kloster besiedelten Zellen Herbrechtingen (774/775) und Esslingen sowie (um 776) Adelungszell (= Hoppetenzell), dazu kam vielleicht noch eine durch die Forschung bislang nicht eindeutig belegte Zelle in Gamundias (Gmünd). Diese Gründungen lagen, wie die übrigen in dieser Zeit, in näherer und weiterer Entfernung von Ellwangen entstandenen Klostergründungen in Kempten, Ottobeuren, Solnhofen, Heidenheim am Hahnenkamm, Feuchtwangen, Ansbach und Herrieden nicht nur in der gegen Bayern gerichteten Politik Karls des Großen, sondern auch im Interesse des Herrschers und des Adels, in diesem Raum neben einer vertieften Mission für eine Erweiterung der Siedlung durch Rodungstätigkeit und Ansiedlung von Bauern zu sorgen. Im Zusammenhang mit Abt Fulrad von St. Denis ist auch auf die mehr als verschwommene Überlieferung hinzuweisen, die die Möglichkeit einer Übertragung von Vitusreliquien aus St. Denis nach Ellwangen im 8. Jahrhundert zuließe.[69]

Zusammenfassend lässt sich für diese erste Phase der mittelalterlichen Geschichte des heutigen Raumes des Ostalbkreises festhalten, dass sich die Geschichte dieser Zeit natürlich nicht innerhalb der heutigen Grenzen abgespielt hat, sondern in einem Gesamtrahmen des ostschwäbischen Raumes. Die Funde in Lauchheim, Pfahlheim und Niederstotzingen legen nahe, dass die Merowingerkönige des 6./7. Jahrhunderts in diesem Gebiet adelige Mitarbeiter hatten, wie sich dieses für die Bertholde im Raum der Baar und für die Waltramsippe in der Nähe St. Gallens erschließen ließ. Diese Adelssippen, deren weit gespannte Verbindungen sich über die Grenzen des Merowingerreiches hinaus mit den Funden von Lauchheim und Pfahlheim bis in den langobardischen Raum Italiens erschließen lassen, haben die Besiedlung vorangetrieben. Ihre Verbindungen im Merowingerreich und darüber hinaus lassen sich im Namengut der von ihren Mitgliedern angelegten Orten nachweisen. Diese Ortschaften werden in ihrer Gründungszeit nicht nur durch die Reihengräberfelder, sondern auch durch die Patrozinien der Pfarrkirchen dieser Dörfer bestätigt. Durch die politische Schwäche der Merowinger im späten 7. Jahrhundert scheint sich diese Adelsschicht verselbstständigt zu haben, wobei aber zumindest zum Teil die engen Verbindungen familiärer Art nicht verloren gegangen zu sein scheinen. Ausdruck für diese Selbstständigkeit bildete das alemannische Herzogtum. Erst

durch ihren militärischen Sieg über den alemannischen Herzog Theudebald und den Gerichtstag von Cannstatt gelang es den karolingischen Hausmeiern in Alemannien die fränkische Herrschaft wieder zu festigen. Sie scheinen dabei die Besitznachfolge der bisherigen Herzöge angetreten zu haben. Die Gründung des Klosters Ellwangen 764 und die bereits nach kurzer Zeit (ca. 775/780) erfolgende Übertragung dieses adeligen Eigenklosters an den König markiert die Grenze zum nächsten Abschnitt in der Geschichte und Entwicklung des Raumes.

Vom 8./9. Jahrhundert zur Stauferzeit

Das Benediktinerkloster Ellwangen, 764 gegründet, war zwischen dem 9. und 11. Jahrhundert das allein bestimmende politische und kulturelle Zentrum des oberen Rems- und Jagstraumes. Die als adeliges Eigenkloster entstandene Abtei war nach der Überlieferung anfänglich sehr arm, was sich aber rasch änderte, als sie um 775/780 Reichskloster wurde. Die Abtei war nach ihrer Gründung durch den damaligen Bischof Erlolf von Langres, der in Dijon residierte, vermutlich mit einem Gründungskonvent aus dem in Dijon bestehenden Benediktinerkloster Saint Bénigne besiedelt worden. St. Benignus stand daher an der Spitze der auf Langres zurückzuführenden Ellwanger Stiftsheiligen in der bis 1803 auch durch das Konzil von Trient gestatteten alten Ellwanger Liturgie. Bischof Erlolf hat Ellwangen so reich mit Reliquien ausgestattet, dass seine Diözesanen in Langres sich bereits geschädigt fühlten und Widerspruch anmeldeten. Es hat sich dabei um die Reliquien des hl. Benignus, der hll. Drillinge Eleusippus, Meleusippus und Speusippus sowie ihrer Großmutter Leonilla und den Mitmärtyrern Junilla, Neon und Turbon gehandelt. Der Aufstieg Ellwangens zum Reichskloster brachte diesem neben dem 814 in der Bestätigungsurkunde Ludwigs des Frommen genannten Privilegien seines Vaters Karls des Großen auch eine Translation weiterer Reliquien ein. Die Privilegien umfassten die Immunität, d. h. die Freiheit von der weltlichen Gerichtsbarkeit der Grafen, und das Recht der freien Abtswahl. An vielen Orten des Karolingerreiches sind Translationen römischer Katakombenheiliger auf Geheiß des Königs bekannt. Daher kann ein solcher Vorgang für Ellwangen angenommen werden, da neben der Erhebung zum Reichskloster die Reliquien der römischen Katakombenheiligen in Ellwangen nachgewiesen sind. Es hat sich in Ellwangen neben St. Sulpitius und St. Servilianus um die hll. Domitilla, Bonifatius, Euphrosina, Theodora, Quartus und Quintus gehandelt. Obwohl das Kloster den Namen der hll. Sulpitius und Servilianus annahm (so schon in der Urkunde Ludwigs des Frommen 814), ging die Verehrung der mit der Gründung nach Ellwangen gekommenen Langreser Heiligen nicht verloren. Ursache dafür dürfte wohl gewesen sein, dass der Klostergründer Hariolf als Abt bis in die Jahre zwischen 814 und 822 im Amt blieb und dadurch die von ihm und seinem Bruder Erlolf bei der Klostergründung mitgebrachten Heiligen weiterfördern konnte. Es ist im Zusammenhang damit anzunehmen, dass schon bald der erst seit 1353 urkundlich nachweisbare Kalte Markt am Fest der hll. Drillinge und ein weiterer Markt am Fest der hll. Sulpitius und Servilianus entstanden ist.[70] Ellwangen hat vermutlich durch Karl den Großen und dann durch Ludwig den Frommen, vielleicht in mehreren Schenkungen, umfangreichen Besitz in seiner näheren und weiteren Umgebung erhalten. Als nämlich Kaiser Heinrich II. 1024 den Wald im Virngrund zum Bannwald für das Kloster umwandelte, wobei die Grenzen genau beschrieben wurden, gehörte dieser Wald bereits dem Kloster. Auch hat nachweislich Kaiser Ludwig der Fromme 823 der Reichsabtei Ellwangen das Kloster Gunzenhausen an der Altmühl geschenkt.

In dem 817 angelegten Verzeichnis der Reichsklöster stand Ellwangen innerhalb der drei aufgrund des Besitzes gebildeten Kategorien in der mittleren und befand sich damit in derselben Kategorie wie Fulda und Hersfeld. Das Kloster dürfte in dieser Zeit bereits seiner ihm vom Kaiser zugedachten Aufgabe, seine Umgebung rodungs- und siedlungsmäßig weiter zu erschließen, gerecht geworden sein. Darauf weisen die Ortsnamen der Siedlungen im Virngrundwald im nördlichen Teil des heutigen Ostalbkreises ebenso hin, wie die insgesamt neun auf die Silbe -zell endenden Ortsnamen in der Umgebung von Ellwangen.[71] Die Namen der im Virngrundwald entstandenen Siedlungen gehören zum großen Teil der hochmittelalterlichen Rodungszeit (9. bis 13. Jahrhundert) an. Die Ortsnamen dieser Siedlungen enden auf die Silben -berg, -bach, -au, -bühl, -bronn, -rain, -halden, -tal, -wald, -holz, -aich, -lohe, -bann, -tann, -hardt, -schwend, -reute, -roden und -brand. Da die Gründung Ellwangens 764 erfolgte, kann die vom Kloster begonnene Urbarmachung des Virngrundwaldes erst am Ende des 8. Jahrhunderts begonnen haben. Dieser Vorgang hat wohl bis ins Hochmittelalter angehalten und seinen Abschluss erst in der Zeit der Stadtentwicklung in Ellwangen und Umgebung und der ersten Pestkatastrophe von 1349/1350 mit ihren großen Bevölkerungsverlusten gefunden. Seit dem Capitulare monasticum von 817 war der Begriff cella auf eine Niederlassung von nicht mehr als sechs Mönchen festgelegt, die u. a. Einkünfte entfernt gelegener Güter eines Klosters kontrollieren sollten.[72] Nicht vergessen werden darf dabei, dass die Mönche in der Frühzeit die Äcker ihres Klosters auch noch selbst bearbeiteten. Deshalb war es kaum möglich, täglich aus dem Kloster heraus an den eigentlichen Ort der Arbeitstätigkeit zu kommen, weshalb diese cellae dafür sorgten, dass die Mönche schneller vor Ort waren. Wenn die Forschung auch vor einer unkontrollierten Frühdatierung der -zell-Orte gewarnt hat,[73] gibt es doch außer ihrer späten urkundlichen Erwähnung keine schlüssige Begründung, ihrer frühen Entstehung im Zusammenhang mit der Rodungs- und Siedlungstätigkeit des Klosters zu widersprechen.

Der Ellwanger Konvent ist nach den Namenslisten in den Verbrüderungsbüchern der Klöster Reichenau und St. Gallen rasch gewachsen.

Es hat über die Gebetsverbrüderungen hinaus weitere Verbindungen zu den anderen großen Reichsabteien gegeben. Der dem Konvent angehörende Ermenrich, der später die Vita Hariolfi und die Vita Solae, des Gründers von Solnhofen, verfasste, hatte seine Ausbildung in den Klöstern Fulda, St. Gallen und auf der Reichenau erhalten und stand später noch mit Abt Grimald von St. Gallen in Verbindung. Er wurde am Ende seines Lebens Bischof von Passau und war als solcher 870 auf der Synode in Regensburg maßgeblich an der Verurteilung des hl. Methodius beteiligt. Wenn der hl. Methodius während seiner Haftzeit von 870-873 tatsächlich in ein schwäbisches Kloster verbannt war, hat Ellwangen unter allen schwäbischen Klöstern die meisten und besten Gründe, um den Aufenthalt des Heiligen für sich in Anspruch zu nehmen.[74]

Im Laufe des 9. Jahrhunderts haben sich durch die wachsende Bevölkerung im Gebiet des heutigen Ostalbkreises die Diözesangrenzen ausgebildet. Es handelte sich dabei einerseits um die Grenze zwischen den Diözesen Augsburg und Würzburg, die in etwa mit der Stammesgrenze parallel verlief, und andererseits um die Grenze zwischen den Diözesen Augsburg und Konstanz. Die nördlich von Ellwangen liegenden Orte Hohenberg (Gemeinde Rosenberg) und Jagstzell gehörten bereits zur Diözese Würzburg und ebenso im Süden von Gmünd Waldstetten mit Rechberg, Degenfeld und Wißgoldingen bereits zur Diözese Konstanz. Der überwiegende Teil des Ostalbkreises hat damit bis zur Säkularisation, soweit er nicht im 16. Jahrhundert evangelisch geworden war, zur Diözese Augsburg gehört, die im östlichen Kreisgebiet auch teilweise sehr alten Güterbesitz innegehabt hat. Das Netz der Pfarreien hatte sich dabei bis zum 12. Jahrhundert bereits so eng ausgebildet, dass in späterer Zeit kaum Neugründungen erforderlich waren. Ursprünglich waren die Diözesangrenzen größere, siedlungsleere Räume gewesen, die durch die Rodungs- und Siedlungstätigkeit geschlossen worden waren, wodurch die Grenzen

erst unsere heute übliche Form gewonnen haben.[75]

Die beiden Ellwanger Klosterbrände von 1100 und 1182 haben die Überlieferung für die Frühzeit des Klosters weitgehend dezimiert, sodass diese nur in Umrissen zu erkennen ist. Licht in dieses historische Dunkel werden wohl auch die Ausgrabungen im Umkreis der ehemaligen Ellwanger Stiftskirche, der heutigen Basilika, nur zum Teil bringen können.[75a] Nach der Aufwärtsentwicklung der Gründerjahre im 8. und frühen 9. Jahrhundert ist das Kloster in der zweiten Hälfte des 9. Jahrhunderts vermutlich vom Niedergang des Mönchtums und der Klosterwelt dieser Zeit nicht verschont geblieben. Trotz des ihr verliehenen Rechts der freien Abtswahl wurde Ellwangen im 9. und 10. Jahrhundert wiederholt vom König an Erzbischöfe, Bischöfe und Äbte als zusätzliche Pfründe verliehen, was nachweislich in anderen Klöstern der Klosterzucht erheblich geschadet hat. Ellwangen ist zwar von den damals viele Klöster bedrohenden Ungarn oder Wikingern verschont geblieben, hat sich gegen diese Gefahren aber durch einen Ring von Befestigungen geschützt. Man kann diese Befestigungen wahrscheinlich in der aus der im frühen 10. Jahrhundert entstandenen Burg ob Ellwangen, der Vorläuferin des heutigen Schlosses, der Befestigung beim Schafhof, der sog. Rinderburg, den relativ kleinen Befestigungen bei Schwabsberg und der Burg Rotenbach sehen, die das Kloster vor unliebsamen Überraschungen bewahren sollten.

In der zweiten Hälfte des 10. Jahrhunderts ist die Abtei anscheinend von der lothringischen Klosterreform beeinflusst worden. In dieser Zeit kam wohl um 980 vielleicht durch Vermittlung des Königs die Armreliquie von St. Vitus (Veit) nach Ellwangen. Sehr schnell ist St. Vitus an die Stelle der beiden bisherigen Hauptpatrone der Klosterkirche getreten und bis heute Patron der (seit 1964) Basilika geblieben. Ellwangen erhielt 979 vom Papst die Exemtion von der Jurisdiktion und Weihegewalt des Augsburger Diözesanbischofs verliehen. Die Äbte haben enge Ver-

schung als die entscheidende Grundlage für die spätere Reichsstandschaft der Abtei und (ab 1460) Fürstpropstei angesehen.

Ellwangen hatte aber aus seinen Verbindungen zu den deutschen Herrschern nicht nur Vorteile, sondern musste auch Leistungen für den Herrscher und das Reich erbringen. Hatten diese 817 noch hauptsächlich in Gebeten für das Reich bestanden, waren in der Ottonenzeit erhebliche finanzielle Aufwendungen notwendig. Vielleicht wurde dabei der fortgeschrittene wirtschaftliche Entwicklungszustand der Abtei berücksichtigt. Diese Aufwendungen bestanden nachweislich in der kostenfreien Stellung von Panzerreitern für das Aufgebot des Herrschers. Nach der Überlieferung bestand das Heer Ottos II. 981 aus rund

bindungen zum Hof der deutschen Herrscher besessen und ihre Privilegien seit der Karolingerzeit immer wieder bestätigt erhalten. Otto III. hat 987 auf Bitten seiner Mutter Theophanu und des schwäbischen Herzogs Konrad Ellwangen neuerlich in seinen Schutz genommen und dessen Immunität von jeder richterlichen und sonstigen Amtsgewalt bestätigt, wobei er sich auf die Privilegienbestätigungen der Abtei durch seinen Vater und Großvater bezog. Heinrich II. verlieh Ellwangen 1003 die Privilegien der am meisten begünstigten Reichsabteien wie Fulda und Reichenau. Er hat auch 1024 den der Abtei bereits gehörenden Virngrundwald zum Bannforst in genau beschriebenen Grenzen gemacht. Dieses große Privileg wird von der For-

2 100 Panzerreitern, von denen die Bischöfe und Äbte der Reichskirche 1.500 und die weltlichen Fürsten 600 stellten,[76] was die Bedeutung der Reichskirche für den deutschen König in dieser Zeit kennzeichnet. Das Aufgebot hat die aktuelle wirtschaftliche Lage der Bistümer und Abteien berücksichtigt. Während Fulda und die Reichenau je 60 Panzerreiter stellten, entsandte Ellwangen und St. Gallen nur jeweils 40 Panzerreiter, was aber immer noch die wirtschaftliche Bedeutung Ellwangens im späten 10. Jahrhundert im Reich und vor allem in seiner unmittelbaren Umgebung hinreichend beleuchtet.[76a]

Der Ellwanger Abt Gebehard wurde 996 zum Bischof von Augsburg erhoben, was trotz aller fehlenden Nachrichten zu Ellwangen in dieser

Zeit die Bedeutung des Klosters in der Diözese Augsburg und seine Verbindungen zum Königshof beweist. Diese Verbindungen blieben auch im 10. Jahrhundert bestehen, wie insbesondere unter Abt Reginger (1060-1076) zum Ausdruck kam. Dieser Abt war ein Verwandter des Kölner Erzbischofs Anno und hatte wohl deshalb auch seinen Abtsstuhl erhalten. Er hat im Jahr 1072 Reliquien des Hl. Benignus an Erzbischof Anno für dessen Neugründung in Siegburg abgetreten.[77] Ellwangen hat durch diese Reliquientranslation seinen Platz in der beginnenden Reformgeschichte des 11. Jahrhunderts.

Obwohl über den Verlauf des Investiturstreites in Ellwangen nichts bekannt ist, lässt der Hinweis, dass Abt Isambert als „electus" sein Amt ausgeübt hat,[78] darauf schließen, dass es im Ellwanger Konvent zu Auseinandersetzungen gekommen sein dürfte, die eine ordnungsgemäße Abtswahl verhindert haben. Auch zog sich der Neubau der Klosterkirche nach dem Brand von 1100 bis 1124 hin. Ein Eintrag in die Ellwanger Annalen 1113 schließt zumindest nach seinem Wortlaut eine Doppelwahl der Äbte Richard Rufus und Helmerich nicht zwingend aus.[79] Abt Helmerich, dem eine Herkunft aus der Familie der Grafen von Oettingen nachgesagt wird, obwohl dies keine zeitgleiche Urkunde bestätigen kann, hatte nach der Klageschrift des Ellwanger Konvents um 1136 mit diesem heftige Auseinandersetzungen über den Klosterbesitz, die den Abt letztlich 1136 zum Rücktritt gezwungen haben sollen. Es scheint sich dabei wohl auch um Streitigkeiten über die Einführung der Hirsauer Reform gehandelt zu haben. Denn einerseits entsprach die 1124 unter Abt Helmerich geweihte und daher wohl von ihm im Bau maßgeblich beeinflusste Ellwanger Klosterkirche noch nicht dem Schema der Hirsauer Klosterkirchen, während andererseits der Abt Helmerich 1136 folgende Abt Adelbert I. (1136-1173) aus dem nach den Zielen der Hirsauer Reform lebenden Kloster Ottobeuren gestammt haben soll.[80] Die Regierung Abt Adalberts reicht bereits zum größeren Teil in die Stauferzeit. Er soll den Ellwanger

Konvent nach dem Muster Hirsaus reformiert haben. Die Ergebnisse der Grabungen auf dem Marktplatz haben ergeben, dass die ihm im Zuge dieser Reform wohl aufgrund der südlich des Klosters entstehenden Siedlung Ellwangen zugeschriebene Verlegung der Konventgebäude in den Norden der Stiftskirche nicht stattgefunden hat. Die Stiftsgebäude der Abtei haben damit soweit erkennbar immer nördlich der Stiftskirche gelegen. Die Deutung der auf dem heutigen Ellwanger Marktplatz im Zuge der Ausgrabungen festgestellten dreischiffigen Magdalenenkapelle ist noch nicht abgeschlossen.

Am Übergang des 11. zum 12. Jahrhundert sind im heutigen Ostalbkreis, nicht allzu weit von Ellwangen entfernt, zwei Klöster der Reformzeit entstanden: 1095 Neresheim und 1102 Lorch. Die Gründung von Neresheim zeigt Besitz und Stellung der Grafen von Dillingen im Bereich des Härtsfeldes, das schon in der Alemannenzeit eine vom oberen Rems-, Kocher- und Jagstraum unterschiedliche Struktur gezeigt hatte. Ob der Graf von Dillingen bei der Gründung 1095 wie der Graf von Calw bei der Wiederbegründung von Hirsau auf ehemaligen kirchlichen Besitz zurückgegriffen hat, der durch seine Vorfahren einige Zeit vorher säkularisiert worden war, sollte noch von der Forschung unter dem Hinweis auf die sagenhafte Klostergründung Herzog Tassilos im 8. Jahrhundert näher untersucht werden. Die Gründung des Klosters Lorch 1102 erfolgte durch Herzog Friedrich von Schwaben. Seine Familie hatte bereits vor der Mitte des 11. Jahrhunderts das Gebiet zwischen Fils, Rems und Welzheimer Wald erworben.[80a] Sie errichteten einen Herrensitz an der Stelle des späteren Klosters auf dem Bergvorsprung oberhalb der Siedlung Lorch. Der Klostergründer erbaute um 1070 noch vor seiner Erhebung zum Herzog 1079 die Burg auf dem Hohenstaufen, die für seine Familie namengebend wurde. Nachdem der bisherige Herrensitz aufgegeben worden war, stiftete Herzog Friedrich dort das Kloster als Grablege seiner Familie, aber sicher auch, um diesen zentralen Ort für seine Familie durch die Klostergründung sicherzustellen. In diesem Fall stellt sich die Frage ebenfalls, ob dieser Besitz, zumindest zum Teil, nicht aus ehemaligem Klostergut gestammt hat, das die Staufer zu Lehen erhalten oder als Vögte an sich gebracht hatten. Möglicherweise könnte man dann diese Lehen auf ursprünglichen Besitz der Abtei Ellwangen zurückführen.

Im Nordwesten des heutigen Kreisgebietes lag die so genannte Waibelhube, deren Hauptort Ruppertshofen war und die etwa 70 größere und kleinere Güter sowie einige Einzelstücke umfasste. Die weit zerstreuten Güter lagen im oberen Remstal um Lorch und Gmünd und nördlich davon im Vorland des Welzheimer Waldes und der Frickenhofer Höhe, so u. a. in Durlangen, Lindach, Mutlangen, Hussenhofen, Deinbach und Täferrot, aber auch in dem südlich der Rems gelegenen Oberbettringen. Die Waibelhube ist anscheinend aus staufischer Hand später an Württemberg übergegangen, in dessen Besitz sie erstmals 1344 urkundlich genannt ist und weiterhin verblieb. Die Forschung sieht in den Inhabern der Güter der Waibelhube, die zu einem guten Teil noch im Spätmittelalter frei waren, entweder Freie, die bereits in der Karolingerzeit angesiedelt wurden oder Rodungsfreie der Stauferzeit.[81] Obwohl Ruppertshofen als Gründung der Alemannenzeit Hauptort der Waibelhube war, lässt das nach Ortsnamen und Patrozinien eher in die Stauferzeit weisende Siedlungsbild dieses Teil des heutigen Ostalbkreises nordwestlich der Lein, aber auch südlich derselben eher von einer Rodungstätigkeit des 11./12. Jahrhunderts als von der Karolingerzeit ausgehen.

Die Stauferzeit

Während die Alemannen- und frühe Karolingerzeit die Grundlagen für die spätere Entwicklung geschaffen haben, die sich in den folgenden Jahrhunderten bis zur Mitte des 12. Jahrhunderts durch Rodungen weiter verdichteten, wurden erst in der Stauferzeit die Weichen für die weitere Entwicklung des Raumes bis zum Ende des Alten Reiches 1803/1806 gestellt. In der neueren Forschung werden die Staufer als aus dem Ries stammend gesehen, was ältere Herkunftsthesen wieder aufnahm und fortführte.[82] Dabei wird auf die in der Urkunde Ottos III. für die Abtei Ellwangen von 987 genannten Grafen Friedrich und Sigehard hingewiesen. Beide werden als Riesgrafen angesehen, wobei sie entweder Brüder oder Schwäger gewesen sein sollen. Nach ihrer Erwähnung in der Königsurkunde haben sie anscheinend die Vogtei über die Abtei Ellwangen inne gehabt. Diese könnte sich in der Familie weitervererbt haben. Die staufische Grafschaft im Ries gelangte mit Graf Ludwig von Oettingen, der sie seit 1147 als erster Namensträger seiner Familie innehatte, an die Grafen von Oettingen. Diese haben vielleicht seit dieser Zeit auch die Vogtei über die Abtei Ellwangen ausgeübt, die sie später nachweislich innehatten. Doch bleibt dies alles thesenhaft.

Friedrich I. Barbarossa hat 1152 Kloster Ellwangen die Privilegien Ottos III. und Heinrichs II. bestätigt. Dabei wurden die Rechte des Klostervogtes, anscheinend nach Missbrauch, stark eingeschränkt. Er bestätigte dem Kloster 1168 nochmals die Rechte im Virngrundwald. Dabei gestand der Abt jedoch dem Sohn des Kaisers, Herzog Friedrich von Schwaben, Nutzungsrechte im Virngrundwald zu. Die Staufer begannen mit dieser Urkunde auch in Ostschwaben ihre planmäßige Territorialpolitik mit Burgenbau, Gründung von Städten und der Einbindung von Klöstern und Ministerialen durchzusetzen. Aufgrund der Urkunde von 1168 wird vermutet, dass damals die Herrschaft Adelmannsfelden aus dem Besitz des Klosters Ellwangen herausgelöst und verselbstständigt wurde.

In den fast zwei Jahrhunderten seit der Erwähnung der 40 Panzerreiter Ellwangens im Aufgebot des deutschen Königs von 981 hatte sich ein tief greifender sozialer Wandel nicht nur im Ellwanger Raum, sondern auch im ganzen Reich vollzogen. Die Panzerreiter, die sicherlich aus

der klösterlichen familia hervorgegangen waren, hatten für ihre Kriegsdienste vermutlich im Umkreis des Klosters Lehen erhalten, auf denen sie seit dem Ende des 11. Jahrhunderts begannen, zahlreiche kleinere Burgen zu errichten, die den so genannten Ortsadel der Zeit repräsentierten. Seit der Mitte des 12. Jahrhunderts werden die auf diesen Burgen sitzenden Ortsadeligen als Ministeriale im Dienst des Klosters greifbar.[82a] Seit dem 12./13. Jahrhundert traten die Söhne dieser Ministerialenfamilien, soweit erkennbar, in den Ellwanger Konvent ein und sie haben seit der zweiten Hälfte des 13. Jahrhunderts dann auch die Äbte gestellt. Damit geriet Ellwangen in der Folgezeit in die Territorialisierungspolitik dieser Adelsfamilien, die durch ihre selbstständiger werdende Stellung gegenüber ihrem ehemaligen Leibherrn, dem Kloster bzw. Abt, Eheschließungen mit Angehörigen

verarmter, edelfreier Familien und dem Übertritt in die Dienste anderer Herren im Laufe des 14. Jahrhunderts zum so genannten Niederadel wurden. Dieser soziale Entwicklung war natürlich nicht auf das Gebiet der Abtei Ellwangen allein beschränkt, sondern hat das gesamte Reich erfasst, wobei das Eindringen der Ministerialennachkommen in den Ellwanger Konvent und die Übernahme der Klosterämter relativ spät erfolgt ist.

Die Abtei Ellwangen erhielt unter Abt Adalbert I. (1173-1188) 1179 ein Papstprivileg, das ihr neben dem päpstlichen Schutz auch das freie Begräbnisrecht beim Kloster zugestand. Diese Erweiterung der klösterlichen Rechte konnte aber die Verluste nicht ersetzen, die das Kloster durch den Brand von 1182 erlitt. Nach den Ellwanger Annalen ist 1182 das Kloster und die Stadt Ellwangen vollständig zerstört worden. Über Einzelheiten der Brandkatastrophe, die anscheinend nicht durch kriegerische Ereignisse ausgelöst wurde, ist nichts überliefert. Bei der in dieser Überlieferung chronikalisch erstmals als Stadt bezeichneten Siedlung muss es sich um die in der Klageschrift des Konvents von um 1136 neben dem Kloster erwähnten Ansiedlung von Laien gehandelt haben. In der Folgezeit wuchs diese Siedlung weiter und erscheint 1229 urkundlich erstmals als civitas, d. h. als befestigte Siedlung. Wie diese ausgesehen hat, lässt sich aufgrund fehlender Quellen nicht belegen. Da die Stadtmauer erst kurz vor 1400 errichtet wurde, aber steinerne Rote schon 1337 belegt sind, muss von einer gemischten Befestigung ausgegangen werden. Die Stadtentwicklung ist insbesondere unter Abt Kuno I. (1188-1221) keineswegs reibungslos verlaufen, denn nach den Ellwanger Annalen soll der Abt 1201 die Stadt durch Brand zerstört haben. Der Grund für dieses Vorgehen wird nicht berichtet. Abt Kuno ist häufig im Reichsdienst aufgetreten und war insbesondere mit Kaiser Friedrich II. politisch eng verbunden. Er hatte 1193 mit der Abtei Fulda eine Gebetsverbrüderung abgeschlossen.

Kuno I. nahm in der Reichspolitik seiner Zeit eine bedeutende Stellung ein. Er war Teilnehmer an zahlreichen Hoftagen auch in weiter Entfernung von Ellwangen und seine Stellung als Zeuge in den Königsurkunden beweist, dass er zum Beraterkreis der Herrscher gehört hat. Zu Beginn der Doppelwahl von 1198 stand Kuno I. auf staufischer Seite, war er doch 1199 unter den weltlichen und geistlichen Fürsten, die dem Papst die Wahl Philipps zum König anzeigten und sich dabei für ihn einsetzten. Warum der Abt dann anschließend bis zum Tode Philipps von Schwaben auf keinem Hoftag erschienen ist, lässt sich nicht feststellen. Über Differenzen zwischen Abt und König ist nichts bekannt. Doch könnte der Brand der Stadt Ellwangen 1201 in eine solche Richtung gedeutet werden. Der Abt war 1209 Mitunterzeichner der Verlobungsurkunde König Ottos mit Beatrix, der Tochter Philipps von Schwaben. Später ist er von der Partei Ottos zur Partei Friedrichs II. übergetreten, doch erscheint er erst ab 1215 dauernd in dessen Umgebung. Abt Kuno wurde 1218 Abt von Fulda, durfte aber die Abtei Ellwangen weiterhin behalten. Er wurde 1215 als erster Ellwanger Abt als Reichsfürst erwähnt und hat 1220 in Verhandlungen mit dem Papst die Kaiserkrönung Friedrichs II. vorbereitet.

In Ellwangen hat Abt Kuno I. den Neubau der heutigen Basilika St. Vitus nach dem Brand von 1182 entscheidend gefördert und hat vielleicht auch am Schloss ob Ellwangen gebaut, da dessen Errichtung - ohne weitere Hinweise - immer ihm zugeschrieben wird. Die Grafen von Oettingen haben anscheinend nach dem Tode Kunos aufgrund ihrer Stellung als Vögte in Vorgänge um die Propstei Wiesenbach und der Stadt Ellwangen eingegriffen. Die Abtei hat sich auch unter der Leitung des überhaupt nicht in die Reichspolitik eingebundenen Abtes Adalbert III. gegen dieses Vorgehen entschieden zur Wehr gesetzt und 1229 eine Schlichtung erwirkt, die nicht nur erstmals die Stadt Ellwangen als Stadt erwähnt, sondern auch ein erster urkundlicher Beleg für die Ansprüche der Grafen von Oettingen ist. Die Nachfolger Kunos I., Adalbert III. und dessen Nachfolger Siegfried I., resignierten 1240 und 1242. Aus diesem Hinweis ergibt sich, dass ihre Amtszeit nicht einfach war. Der nächste Abt, Rugger, wurde als Anhänger der Staufer gebannt und 1245 abgesetzt, konnte sich aber bis 1247 im Besitz des Klosters halten. Papst Innocenz IV. hatte den seit 1219 in Neresheim amtierenden Abt Gotbold schon 1246 zum Abt in Ellwangen erhoben.[83] Er starb 1249, wobei aus der Überlieferung keine Einzelheiten über seine Tätigkeit in Ellwangen bekannt sind. Der Papst wollte ihn wohl durch seine Versetzung nach Neresheim der schlechten Situation in Neresheim entheben und gleichzeitig den Ellwanger Konvent gewinnen.

In dem päpstlich gesonnenen Kloster Neresheim, das im 12. Jahrhundert enge Verbindungen zum Kloster Zwiefalten gehabt hatte und zwischen 1246 und 1249 mehrfach durch staufische Parteigänger gebrandschatzt wurde, war der Ellwanger Mönch Heinrich 1246-1249 Abt, worauf ihm der in Ellwangen als zu kaisertreu gebannte Rugger bis 1258 nachfolgte. Es hat den Anschein, als hätten sich im ursprünglich päpstlich eingestellten Neresheim ab 1246 wohl mit Unterstützung der Grafen von Oettingen staufertreue Ellwanger Mönche als Äbte durchgesetzt, die sich dann wohl alle in der päpstlichen Partei als mittelalterliche Wendehälse wiederfanden. Die Grafen von Oettingen sind in dieser Zeit auch den Grafen von Dillingen als Vögte des Klosters gefolgt. Neresheim hat 1287 mit Friedrich von Zipplingen nochmals einen Ellwanger Mönch aus einer regional benachbarten Ministerialenfamilie zum Abt gewählt. Damit ist nachgewiesen, dass die Verbindung der beiden Konvente über die politisch bewegte Zeit des Endkampfs der Staufer mit dem Papsttum hinaus weiter bestanden hat. Dabei haben vermutlich die Grafen von Oettingen als Inhaber der Vogtei über die beiden Klöster die entscheidende Rolle gespielt.

Die bislang den Raum dominierende Grundherrschaft des Klosters Ellwangen wurde in der Stauferzeit entscheidend eingeengt. Die Anlage von Reichsstädten und Burgen schuf dafür aber eine intensivere herrschaftliche Durchdringung des gesamten Gebietes. Der Ehevertrag Friedrich Barbarossas mit König Alfons von Kastilien für ihre Kinder Konrad von Rothenburg und Berengaria 1188 zeigte die herausgehobene Stellung Ostschwabens und des Rieses in der staufischen Territorialpolitik. In der Besitzliste für die Morgengabe wurden neben den heute bayerischen Städten Rothenburg o. d. Tauber, Weißenburg und Dinkelsbühl auch die Burg Wallerstein und die im Ostalbkreis gelegenen Städte Schwäbisch Gmünd und Bopfingen sowie die Burgen Flochberg und Waldhausen erwähnt.

Im Rahmen der intensiveren Herrschaftsausübung haben für die Staufer neben den Städten die Burgen eine gewichtige Rolle gespielt. Sie waren neben ihrer Wehr- und Verteidigungsaufgabe für den Schutz der Straßen und benachbarten Siedlungen sowie die Verwaltung der sie umgebenden Gebiete zuständig. Die Staufer haben auf diesen Burgen Ministeriale eingesetzt, die die erforderlichen Aufgaben wahrnahmen.

Diese Ministeriale kamen dabei häufig aus der Ministerialität anderer, oft geistlicher Herrschaften und haben einen beachtlichen Aufstieg ihrer Familien und letztendlich ihrer ganzen Schicht erreicht. Die Remstalstraße hat für die Staufer eine besondere Bedeutung gehabt. Im Westen des heutigen Ostalbkreises liegt Waldhausen, über dem zu Beginn des 12. Jahrhunderts die gleichnamige Burg erbaut worden war. Die Staufer haben die auf ihr seit etwa 1150 nachweisbare Ministerialenfamilie als Kämmerer und Schenken, aber auch als Burgmannen auf dem Hohenstaufen selbst benutzt. Die Burg Waldhausen kam nach 1246 als Reichslehen an Württemberg, bei dem sie blieb, bis sie 1525 von den aufständischen Bauern zerstört wurde. Die Herren von Waldhausen wurden um 1420 Bürger in Esslingen.

Südlich von Schwäbisch Gmünd neben dem Hohenstaufen liegt noch gerade im Ostalbkreis die Burg Rechberg, die bald nach der Mitte des 12. Jahrhunderts errichtet wurde. Auf ihr saß spätestens seit 1179 die gleichnamige Ministerialenfamilie. Diese und der Name der Burg sollen aus dem Raum Günzburg stammen. Die Herren von Rechberg haben unter den Staufern einige Marschälle des Herzogtums Schwaben gestellt. Nach dem Untergang der Staufer haben sie die von ihnen verwaltete Herrschaft als Allod behalten und zu einer ritterschaftlichen Herrschaft im Raum Schwäbisch Gmünd ausbauen können, die bis zum Ende des Alten Reiches bestehen blieb. Die Lauterburg lag südlich des mittleren Remstales am Übergang vom Rems- ins Brenztal und ist anscheinend um 1100 errichtet worden. Sie war zuerst Sitz der mit den Staufern verwandten Edelfreien von Lauterburg, die in der ersten Hälfte des 12. Jahrhunderts das Pfalzgrafenamt des Herzogtums Schwaben innehatten. Die Burg dürfte mit der dazugehörigen Herrschaft über die Staufer an die Grafen von Oettingen gelangt sein, die erstmals 1311 in ihrem Besitz nachgewiesen sind. Die oberhalb von Heubach gelegene Burg Rosenstein hat zur Herrschaft Lauterburg gehört und deren Schicksal geteilt. Im weiteren Verlauf der bedeutsamen Straßenverbindung aus dem Remstal ins Ries lag oberhalb von Lauchheim die Kapfenburg. Es ist bislang ungeklärt, ob sie wie der Runde Berg bei Urach nach den alemannischen Funden am Fuß der Burg Sitz eines alemannischen Fürsten war. Die heutige Burganlage ist im späten 11. Jahrhundert entstanden und in staufischer Zeit weiter ausgebaut worden. Die auf der anderen Talseite in einer kleineren Burg ansässige, ellwangische Ministerialenfamilie von Gromberg übernahm die Burghut, die erstmals 1235 erwähnt wird. Da die Burg 1334 als oettingischer Besitz nachgewiesen ist, ist sie am Ende der Stauferzeit wohl aus staufischem Besitz an die Grafen von Oettingen gelangt. Diesen gehörte auch die oberhalb von Aufhausen gelegene Burg Schenkenstein, auf der seit 1267 die gleichnamige Ministerialenfamilie nachgewiesen ist, die bei den Grafen von Oettingen das Schenkenamt ausübte. Da die Burg wohl bereits vor 1267 bestanden hat, dürfte auch sie über die Staufer an die Oettinger gekommen sein. Woher die Ministerialenfamilie stammte, bleibt dabei offen. Die Burg Flochberg über Bopfingen dürfte nach ihrer ersten Erwähnung 1122 ebenfalls um die Wende des 11. zum 12. Jahrhundert gebaut worden sein. Auf ihr saß eine gleichnamige, edelfreie Familie bis sie in den 40er-Jahren des 12. Jahrhunderts an die Staufer gefallen ist. Sie blieb über das Ende der Stauferzeit in der Hand des Reiches und kam erst im 14. Jahrhundert an die Grafen von Oettingen. Die von den Staufern aus der Flochberg vertriebenen Edelfreien waren anscheinend auch in dem weiter egerabwärts gelegenen Trochtelfingen ansässig, in dem mehrere befestigte Sitze edelfreier Familien nachgewiesen sind. Trochtelfingen hat die Straße nach Nördlingen gesichert. Neben den Staufern hat die Abtei Ellwangen ihr Territorium durch Burgen gesichert. Außerhalb des

heutigen Kreisgebiets liegt am Anfang der ehemaligen Klostergrundherrschaft oberhalb von Bühlertann die Tannenburg, die im späten 12. Jahrhundert erbaut sein dürfte. Dazu kamen die Burg Ellwangen oberhalb der Stadt selbst und die Kochenburg oberhalb von Unterkochen, die beide ebenfalls im 12./13. Jahrhundert ausgebaut worden sind. Die Kochenburg ist der Abtei rasch als Lehen verloren gegangen und konnte erst 1317 zurückgekauft werden. Die Abtei hat 1215 auch die Burg Baldern, zwischen Lippach und Kerkingen gelegen, vom Bischof von Regensburg getauscht, die später an die Grafen von Oettingen gelangte.

Neben den Staufern und Kloster Ellwangen haben die in den Dörfern ansässigen Niederadeligen in vielen Orten des Ostalbkreises Burgen gebaut, deren kreisweite Erforschung leider noch immer aussteht. Ob diese Familien den Burgenbau in eigener Verantwortung oder mit finanzieller Unterstützung ihrer jeweiligen Grundherren, hier vor allem dem Kloster Ellwangen, durchgeführt haben, ist nicht belegt, könnte aber wegen der auch anderwärts nachweisbaren, hohen Verschuldung von Adel und Kirche seit dem späten 13. Jahrhundert möglich gewesen sein. Der Burgenbau lässt auch auf politisch unsichere Zeiten schließen, die für die Siedlungen Befestigungen als Schutz in unmittelbarer Nähe erforderlich sein ließen.

Die Staufer haben den Ausbau ihres Herrschaftsgebietes durch die Anlage der Städte als befestigte Siedlungen vorangetrieben. Diese sollten nicht nur das Territorium sichern, sondern waren auch als Marktorte für eine wirtschaftliche Erschließung des gesamten Raumes gedacht. Bereits dem Vater Kaiser Friedrich I. Barbarossas wird eine lebhafte Städtegründungspolitik nachgesagt. Als erste staufische Stadt im heutigen Ostalbkreis wird 1162 Schwäbisch Gmünd erwähnt. Angeblich wurde sie von Herzog Friedrich I. von Schwaben in Erfüllung eines Versprechens an der Stelle gegründet, wo der verlorene Trauring seiner Gemahlin Agnes wiedergefunden wurde. Tatsächlicher Grund für die Anlage der Stadt dürfte deren Nähe zum Hohenstaufen und zum Haus- und Reichsgut in dessen Umgebung als Verwaltungsmittelpunkt und Schutz gewesen sein. Die Stadt war auch als Handelszentrum für den mittleren Remsraum und als wichtiger Punkt an der Remstalstraße gedacht. Bei der ersten Erwähnung 1162 werden cives erwähnt, d. h. die Stadt war zu diesem Zeitpunkt befestigt und im Besitz des Bürgerrechts. Nach dem Kern der Sagen und weiteren Indizien ist Gmünd wohl endgültig unter König Konrad III. (1138-1152) in mehreren Phasen zur Stadt geworden. Sie gehörte kirchlich bis 1297 zur benachbarten Pfarrei Lorch, während das rechts der Rems gelegene Gotteszell bereits zu der alten Pfarrkirche Iggingen gehörte. Die Stadt ist rasch aufgeblüht, wie das Reichssteuerverzeichnis von 1241 nahelegt. Während Gmünd 160 Mark Silber bezahlte, lag Frankfurt am Main bei 250 Mark, Ulm jedoch nur bei 80 Mark. In dieser ersten Blütezeit unter Friedrich II. wurde die Stadt vermutlich aus ihrem ältesten Kern um den heutigen Münsterplatz und die St. Johanniskirche auf das Gebiet der so genannten inneren Stadtmauer erweitert, die fünf Tore mit Türmen und fünf weitere Türme besaß. Schon 1189 wird erstmalig der Schultheiß als königlicher Beauftragter erwähnt.

Aalen ist nicht mehr in staufischer Zeit zur Stadt aufgestiegen, dagegen gelang dieses, wie bereits gezeigt, Ellwangen zwischen 1136 und 1229 und Bopfingen. In diesem in alemannischer Zeit gegründeten Ort ist im 8./9. Jahrhundert Besitz des Klosters Fulda nachgewiesen. Die Siedlung stand wie die benachbarte Burg Flochberg unter der Herrschaft der Edelfreien von Flochberg, die aber beide in den 40er Jahren des 12. Jahrhunderts den Staufern überließen. Aus der Bezeichnung des Gebietes um Bopfingen durch Konrads III. Sohn Heinrich als terra nostra im Jahre 1150 wird erschlossen, dass es sich um das Hausgut König Konrads III. gehandelt haben dürfte. Die Siedlung wurde in der Folge zur Stadt ausgebaut als sie 1188 erstmals erwähnt ist. Der Ortsadel, der seit 1153

erwähnt wurde, stand in staufischen Diensten. Die Angehörigen dieser Familie sind am Ende der Stauferzeit als Kämmerer und Marschall vermutlich König Konrads IV. genannt. Die in Gmünd nachgewiesene, wirtschaftliche Blüte hat sich auch auf Bopfingen ausgewirkt. Im Reichssteuerverzeichnis von 1241 wird die Stadt mit 50 Mark Silber erwähnt. Die von den Judengemeinden abgeführten Steuern zeigen ein anderes Verhältnis der beiden Städte, das wohl auf der jeweiligen Größe aufbaut. Während die Gmünder Juden 12 Mark Silber abführten, waren es in Bopfingen nur zwei.

Als um die Mitte des 13. Jahrhunderts im Bereich des heutigen Ostalbkreises die Stauferzeit endete, entstand in wenigen Jahren im Anschluss ein neues Herrschaftsgefüge, das vom württembergischen Besitz im Westen bis zum oettingischen im Osten reichte, wobei die Abtei Ellwangen im Norden die Herrschaftskonstante des gesamten Raumes gebildet hat. Dazu kam die Grundlage für sich rasch ausbildende Adels- und Städteherrschaften. Im zeitlich anschließenden Spätmittelalter hat sich diese Entwicklung weiter verbreitet.

Das Spätmittelalter

Der Zeitraum zwischen dem Ende der Staufer und der beginnenden Reformation ist von einer Verfestigung der Territorialisierung geprägt. Die am Ende der Stauferzeit an die Stelle der Staufer tretenden Herrschaften haben ihre Rechte gestärkt oder sind in diesem Zeitraum als eigenes Territorium verschwunden, was insbesondere für den Niederadel gilt. Auch ist darauf hinzuweisen, dass viele der im 12./13. Jahrhundert errichteten Burgen und festen Häuser zu Beginn des 16. Jahrhunderts baufällig, wenn nicht sogar schon Ruinen waren. Ein weiterer Teil ist in den spätmittelalterlichen Kriegen und Fehden, zuletzt im Bauernkrieg von 1525, zerstört und nicht wieder aufgebaut worden, so z. B. Waldhausen im Remstal. Die Aufteilung der Herrschaften hat sich nach der Mitte des 13. Jahrhunderts nicht grundlegend geändert, nur traten an die Stelle der Staufer als alleinige Inhaber verschiedene Nachfolger, was die Situation für die bereits bestehenden Herrschaftsträger politisch erleichterte. Insbesondere hat die Abtei Ellwangen durch diese Entwicklung ihre alte Stellung wieder stärken können. Sie hat nach der Mitte des 13. Jahrhunderts eine Reihe von Gebietsverlusten hinnehmen müssen, wobei die Grafen von Oettingen als Klostervögte zum Nachteil des Klosters gewirkt haben. Sie haben aufgrund ihres Amtes dem Kloster umfangreichen Besitz entzogen, wenn nicht sogar ihre Herrschaft im Ries größtenteils auf ellwangischem Besitz aufgebaut war. Vielleicht haben ihnen auch die Staufer diesen Klosterbesitz als Lehen besorgt, um ihre Herrschaft im Ries abzudecken.

Papst Innocenz IV. hatte 1253 Abt Otto von Wülzburg nach Ellwangen postuliert. Da ein Abt Rudolf in Ellwangen jedoch zwischen 1249 und 1255 erwähnt wird,[84] der bei einer Zerstörung der Stadt Ellwangen 1255 den Tod gefunden haben soll, dürfte dieser die staufische Partei vertreten haben und vermutlich in einer Fehde mit Abt Otto von Wülzburg zu Tode gekommen sein. Für diese Vermutung spricht auch das Privileg von 1253 für Ellwangen, nach dem nur Schulden zu bezahlen waren, die man zum Nutzen des Klosters aufgenommen hatte. Auch die Abtsliste bestätigt diese Vermutung, weil nach ihr Abt Otto erst ab 1256 regierte. Unter Abt Ekkehard von Schwabsberg (1278-1309) wurde 1286 eine Gebetsverbrüderung mit dem Kloster St. Emmeram in Regensburg abgeschlossen. Graf Ludwig von Oettingen brannte 1279 die Burg Ellwangen nieder, wobei es sich um einen neuerlichen Übergriff des Klostervogts gehandelt hat, der damit wohl die nach mehr Unabhängigkeit von seiner Vogtei strebende Abtei unterdrücken wollte. Die Auseinandersetzungen hielten weiter an. Abt Ernfrid von Vellberg hat 1310 mit seinem Konvent eine Friedensabrede und den Nachlass aller Übergriffe bestätigt, die der Graf von Oettingen und seine Beamten gegenüber der Abtei verübt hatten. Diese Strei-

tigkeiten scheinen unter Abt Rudolf von Pfahlheim (1311-1332) nicht weiter gegangen zu sein, vielleicht weil seine Familie Beziehungen zu den Grafen von Oettingen hatte. Seit dem frühen 14. Jahrhundert begann sich die Abtei um einen Erwerb der oettingischen Vogtei zu bemühen, was ihr aber erst 1365 und 1381 gelang. Das Entstehen der eigenen Landesherrschaft der Abtei, die sich nach Ansicht der Forschung erst in dieser Zeit zu entwickeln begann, beruhte aber nicht nur auf dem Erwerb der Vogteirechte, sondern auch auf der Verbindung der niederadeligen Familien der Region mit dem Kloster.[85] Bei diesem Blickwinkel werden die gelebte Tradition des alten Reichsklosters ausgeblendet, die vor allem in den kaiserlichen und päpstlichen Privilegienbestätigungen zum Ausdruck kam. Diese waren eine Grundlage für die Landesherrschaft, ebenso der Bannwald im Virngrund. Entscheidend für die Landesherrschaft war nach der Forschung die arrondierte Grundherrschaft im Nahbereich des Klosters mit diesem und der Stadt Ellwangen.[86] Das Kloster hat sein Hochgericht nicht erst in dieser Zeit entwickelt, sondern es hat dieses durch seinen Vogt sicher schon seit dem frühen Mittelalter ausgeübt. In den vogtfreien Ämtern hatte es sich nur ohne den Einspruch des politisch immer stärker werdenden Vogtes erhalten können.

Die Absichten des Klosters, seine Rechte zu arrondieren und die päpstlichen Bestätigungen der Äbte benötigten höhere Summen. Es überrascht daher nicht, dass nach dem Tode Rudolfs von Vellberg mit Abt Kuno II. von Gundelfingen (1332-1367) der ehemalige Keller (Cellerar) des Klosters zum Abt gewählt wurde. Abt Kuno wurde erst 1334 vom Papst bestätigt und 1335 von Kaiser Ludwig dem Bayern investiert. Die hohen Kosten scheinen die Abtei gezwungen zu haben, 1335 die Burgen Ellwangen und Rotenbach an den Ritter Swigger von Gundelfingen zu verpfänden. Der Abt hat 1337 auch das heute älteste erhaltene Ellwanger Urbar anlegen lassen, das bereits das Bestehen der drei Burgämter Ellwangen, Tannenburg und Kochenburg als jeweiliges Zentrum der klösterlichen Verwaltung belegt. Offen bleibt dabei jedoch, wann diese Verwaltungsstruktur entstanden ist: unmittelbar vor Anlage des Urbars, nach dem Rückkauf der Kochenburg 1317 oder bereits in der Zeit davor. Auch das älteste erhaltene Lehenbuch von 1364 wurde unter der Regierung Abt Kunos II. angelegt. Der Abt erhielt 1347 von Karl IV. für die Abtei das Asylrecht für mehrere Orte verliehen und es gelang ihm 1365 für 3.500 Pfund Heller die Vogtei in Ellwangen auf dem Land außerhalb der Stadt von den Grafen von Oettingen zu erwerben.

Der Konvent hat bei der Wahl des neuen Abts Albrecht Hack von Wöllstein (1367–1400) erstmals eine Wahlkapitulation durchgesetzt.[87] Damit konnte er seine Bedeutung für die Abtei beweisen. Der Konvent hatte auch eine eigene Güterverwaltung. Seit dem 13. Jahrhundert lässt sich die zwischen Abt und Konvent bestehende Gütertrennung (etwa 2:1) nachweisen, die wohl bereits in relativ frühe Zeiten zurückreicht, vielleicht nach westfränkischen Vorbildern schon ins 9. Jahrhundert. Diese Teilung würde auch die Klageschrift des Konvents von 1136 verdeutlichen. Unter dem neuen Abt Albrecht Hack wurde dem Kloster eine Sparung aufgedrängt, die die weitere Verschuldung des Klosters aufhalten sollte. Im Rahmen einer solchen Sparung wurde der Abt mit einem festen Deputat auf drei bis sieben Jahre von der Leitung des Klosters abgelöst und die Einkommen der Klosterämter ebenfalls in die Sparung einbezogen sowie ein oder mehrere Pfleger mit der Wirtschafts- und Finanzführung des Klosters betraut. Obwohl sich die Sparungen in den Folgejahren von 1384-1454 mehrfach wiederholten und das Kloster 1377 und 1380 die Herrschaften Adelmannsfelden und Wöllstein verkaufte, blieb es verschuldet, konnte aber dennoch 1381 für 3 200 Gulden die Vogtei der Grafen von Oettingen über die Stadt Ellwangen erwerben, nachdem es 1368 die Herrschaft Adelmannsfelden, 1372 Haisterhofen und 1372 Wöllstein gekauft hatte.

Karl IV. hatte 1360 dem Grafen Ulrich von Helfenstein Schutz und Schirm über das Kloster übertragen, mit der er dann 1370 Graf Eberhard von Württemberg beauftragte, an dessen Gericht er 1372 auch mit dem Privileg de non evocando auch die Fremden verwies. Die noch bestehende Vogtei der Oettinger blieb davon unberücksichtigt.

Die Klosterzucht hat in den Jahrzehnten des 14. Jahrhunderts sehr gelitten. Auch hatte die Zahl der Mönche abgenommen, 1384 waren es noch sieben und zwei Novizen. Die hohen Kosten für den Rückkauf der Güter und der Vogtei haben den Konvent stark belastet. Im Jahr 1384 wurde von der Stadt (Schwäbisch) Hall wegen der bei ihr aufgelaufenen Schulden durchgesetzt, dass Abt und Konvent bei der Sparung ihre Siegel abgeben mussten. Der Pfleger Kraft von Killingen, der Mönch im Kloster war, konnte die Finanzen der Abtei sanieren, weshalb er als novus restaurator et fundator Ellwangens galt. Der von ihm in den Hintergrund gedrängte Abt Albrecht Hack hat 1400 resigniert.[88]

Unter dem neuen Abt Stefan Gerlacher (1400-1427), dem einzigen bürgerlichen Abt Ellwangens, begannen in Absprache mit dem Grafen von Württemberg Reformversuche. Der Abt war 1417 bei der Äbteversammlung im Kloster Petershausen am Rande des Konstanzer Konzils einer der Präsidenten und wurde dort mit der Visitation des Klosters St. Gallen beauftragt. Sein Konvent ist ihm auf dem Weg der Reform jedoch nicht gefolgt. Daher überrascht es auch nicht, dass nach seinem Tode Ellwangen in der Reformbewegung keine Rolle mehr gespielt hat. Der Abt hatte auch im Konvent kein Scriptorium durchsetzen können, das die von ihm entliehenen Bücher abgeschrieben hätte.[89] Die Abtei hat im Laufe des 15. Jahrhunderts die weitgehend verarmten Herren von Pfahlheim, Röhlingen, Killingen und Schwabsberg auskaufen und damit einen großen Teil der Dörfer im engen Umkreis um die Abtei wieder unter ihre unmittelbare Herrschaft bringen können. Insbesondere war damit der Versuch der Herren von Pfahlheim gescheitert, mit den ellwangischen Lehen eine eigene Herrschaft aufzubauen. Die Abtei hat diese Politik des Rückkaufs von Lehen bis in die Neuzeit fortgesetzt.

Unter Abt Johann I. von Holzingen (1427-1452) und Johann II. von Hürnheim (1452-1460) wurden die Bemühungen um eine grundlegende Reform des Klosters fortgesetzt. Die Bemühungen der Grafen von Württemberg und des Bischofs von Augsburg, die klösterliche Zucht zu heben, hatten keinen Erfolg. Der Konvent hatte 1452 vergeblich versucht, sein freies Wahlrecht auszuüben, denn der zum Abt gewählte Albrecht Schenk von Schenkenstein konnte sich nicht durchsetzen und der Augsburger Bischof drängte dem Konvent Johann von Hürnheim als Abt auf. Nach dem Klosterbrand von 1443 hatten die Mönche das gemeinsame Leben endgültig aufgegeben, zumal der Abt schon länger ein eigenes Haus am Rande der Klausur bewohnt hatte (heute Oberamtsstr. 2). Die nochmaligen Versuche des Bischofs, 1454 das klösterliche Zusammenleben wieder herzustellen und den Konvent zu einem geregelten Lebenswandel anzuhalten, scheiterten erneut. Da sich sogar die Familien der Mönche in die Auseinandersetzungen einmischten, stellten Abt und Konvent 1459 den Antrag an die Kurie, das Kloster in ein Chorherrenstift umzuwandeln. Dieser Antrag wurde 1460 genehmigt und vom Kaiser bestätigt.[90]

An die Stelle des Abtes trat ein Fürstpropst mit einem Kapitel von zwölf Chorherren, von denen drei bürgerlich sein durften, sofern sie an einer Universität graduiert worden waren. Tatsächlich blieb der Konvent aber in Zukunft ausschließlich adelig. Der neue Fürstpropst Johann von Hürnheim musste schon im Januar 1461, wohl auf Druck des Kapitels, resignieren. Ihm folgte der zunächst (bis 1466) noch minderjährige Albrecht I. von Rechberg (1461-1502), unter dem sich die Umwandlung Ellwangens zur Fürstpropstei endgültig vollzog. In diesem Zusammenhang wurde z. B. 1486 das Spital aus dem ehemaligen Pfortenbereich des Klosters in

die Stadt verlegt und ein Neubau errichtet (nach barocken Umbauten heute Rathaus, Spitalstr. 4). Albrecht von Rechberg erscheint immer wieder unter den Räten der württembergischen Herzöge. Doch verstand er es, die Fürstpropstei, die nicht unter der erblichen Schirmherrschaft Württembergs stand, sondern jedem Grafen (ab 1495 Herzog) neu verliehen wurde, vor einer endgültigen Unterwerfung unter die Landesherrschaft Württembergs zu bewahren. Vor allem dürfte dabei auch die Randlage Ellwangens zu Württemberg entscheidend gewesen sein. So trat die Fürstpropstei 1488 auch dem Schwäbischen Bund als einzige geistliche Institution unter württembergischer Schirmherrschaft bei,[91] was als Ausdruck dieser Eigenständigkeit gewertet wird.

Nach der kurzen Regierung des Fürstpropsts Bernhard von Westerstetten (1502-1503) führte Albrecht II. Thumb von Neuburg (1503-1521) die an Württemberg orientierte Politik bei gleichzeitiger Wahrung der selbstständigen Stellung fort. Albrecht II. war sittenrein und gelehrt, was seine Verbindungen zu den Reformkreisen unterstreicht. Obwohl seine Familie mit Württemberg eng verbunden war, nahm er 1519 über den Schwäbischen Bund an der Vertreibung Herzog Ulrichs teil. Doch musste er trotzdem 1521 durch den Verlust des württembergischen Rückhaltes resignieren. Mit diesem Schritt endete nach Ansicht der Forschung die Sonderexistenz der Fürstpropstei, die jetzt in die frühneuzeitliche Politik der fürstlichen Familien eingebunden wurde.[92] Die Daten 1460 und 1521 markieren beide entscheidende Bruchstellen in der Geschichte Ellwangens von der mittelalterlichen zur frühneuzeitlichen Geschichte.

Württemberg hatte bereits am Ende der Stauferzeit noch zu Lebzeiten Konrads IV. und Konradins das staufische Erbe im Westen des heutigen Ostalbkreises an sich gerissen. Nachweislich hat sich die Burg Waldhausen schon 1253 in württembergischer Hand befunden. Die Vogtei über Kloster Lorch ging ab 1251 allmählich und seit 1332 unbestritten in württembergischen Besitz über.[93] Grundbesitz und Macht des Klosters waren am Ende der Stauferzeit zu unbedeutend, um sich gegen die Ansprüche Württembergs behaupten zu können. Obwohl das Kloster seit Rudolf von Habsburg immer wieder die Stellung als Reichskloster bestätigt und das in der Siedlung Lorch bestehende Chorherrenstift 1327 aufgehoben wurde und teilweise im Kloster aufging, gelang es diesem nicht, diesen Anspruch aufrecht zu erhalten. Der Abt erhielt 1440 das Recht vom Papst verliehen, die bischöflichen Insignien zu tragen, doch wurde Lorch in der zweiten Hälfte des 15. Jahrhunderts endgültig zu einem landsässigen Kloster Württembergs. Durch seine Rechte über Lorch und dessen Besitz drang Württemberg in den Raum Gschwend, Frickenhofen und die Dörfer um Schwäbisch Gmünd vor und konnte seine Oberhoheit bis zur Reformation verfestigen.

Württemberg griff aber noch weiter remsaufwärts. Die Herrschaft Lauterburg, zu der vermutlich schon zu dieser Zeit die Burg Rosenstein und das Dorf Heubach hinzugehört haben, war 1257 im Besitz der edelfreien Familie Hack, die hier die Nachfolge der Staufer angetreten hatte. Seit 1338 nannten sich Mitglieder dieser Familie nach der Burg Rosenstein. Es wird vermutet, dass 1345 die Grafen von Oettingen die Herrschaft Lauterburg zusammen mit der Burg Rosenstein, Aalen und Heubach erwarben, aber schon 1357 an Graf Eberhard von Württemberg weiter verpfändeten. Graf Eberhard musste die Herrschaft 1360 an Kaiser Karl IV. abtreten, wobei dieser nur Aalen auslöste, während die obigen Teile der Herrschaft als nicht ausgelöstes Reichspfand bei Württemberg blieben, das sie wiederum 1413 an die Herren von Woellwarth verpfändete, die sie bis ins 16. Jahrhundert behielten. Die Herrschaft gewann für Württemberg durch ihre Brückenfunktion zu der isoliert gelegenen Herrschaft Heidenheim seit dem 15. Jahrhundert an Bedeutung, denn insgesamt gesehen war der württembergische Besitz in diesem Gebiet nicht sehr umfangreich.

Zwischen den württembergischen Gebieten um Lorch und Heubach entwickelte sich die Reichsstadt Gmünd. Nach dem Ende der Stauferzeit musste das wirtschaftlich blühende Gmünd seine Selbstständigkeit gegen seine mächtigen Nachbarn verteidigen. Daher beteiligte sich die Stadt an den Städtebündnissen im 14./15. Jahrhundert. Sie wurde anfänglich durch den seit 1189 nachgewiesenen Schultheiß als Vertreter des Königs verwaltet. Ihm unterstanden Verwaltung, niedere Gerichtsbarkeit, Polizeigewalt und die Finanzen sowie die militärischen Angelegenheiten. Die Verfassung der Stadt entwickelte sich im Spätmittelalter weiter. Nach dem Ende der Stauferzeit entstand der mit dem Bürgermeister 1284 erstmals genannte Rat. Das aus der Ministerialität des Stadtherrn und aus der Schicht der Kaufleute entstandene Patriziat forderte durch den es vertretenden Bürgermeister die städtische Selbstverwaltung. Anfang des 14. Jahrhunderts kam es zu einer neuerlichen Stadterweiterung mit einem Mauerring, von dem noch 24 Türme und Halbtürme erhalten sind. Als die Stadtverwaltung um 1370 vom Schultheiß unabhängig wurde, war das Ziel der städtischen Selbstverwaltung erreicht. In dieser Zeit hatten aber die in den Zünften organisierten Handwerker durch die Einführung der Zunftverfassung begonnen, Einfluss auf das Stadtregiment zu nehmen. Die Friedensordnung von 1344 bezeugte erstmals diesen Einfluss, was Karl IV. 1373 bestätigte. Jedoch erst durch die Verfassungsänderung von 1462 wurden Zunftmeister in den Rat aufgenommen. Ob es vor 1344 zu größeren Auseinandersetzungen zwischen Patriziat und Zünften gekommen ist, lässt sich nicht nachweisen.[94] Während der Schultheiß immer dem Patriziat entstammte, war dieses bei den Bürgermeistern nur bis zur Mitte des 15. Jahrhunderts der Fall.

Die Stadt hatte schon 1343 von Kaiser Ludwig dem Bayern die Befreiung von fremden Gerichten erkauft, was ihr 1373 Karl IV. bestätigte. Sie erwarb 1430 als ein später nie eingelöstes Pfand das Schultheißenamt des Reiches und 1433 erlangte sie von Kaiser Sigismund den Blutbann, das Recht Maß und Umgeld festzulegen, Bürger und Beisassen aufzunehmen und die Zusage, sie vom Reich aus nicht zu verpfänden.[95] Damit war die Reichsfreiheit Gmünds endgültig bestätigt worden.

Die Verfassungsänderung 1462 schuf die drei Ratsbänke: die Bürgerbank, Gemeindebank und Zunftmeisterbank mit je 13 Mitgliedern. Während die beiden ersten durch die Kaufleute und am Handel beteiligten Handwerker bestimmt wurden, wurde die letztere von den Handwerkern besetzt, die keinen Handel trieben. Eine erneute Verfassungsänderung 1488 kürzte die Zahl der Ratsherren von 39 auf 24 und die Zahl der Zünfte von 13 auf acht. Dadurch wurde die Arbeit im Rat effektiver, bis es in der Mitte des 16. Jahrhunderts zu einer erneuten Verfassungsänderung kam. Neben dem Rat gab es noch den seit 1410 erwähnten Großen Rat, dem zusätzlich je zwölf Meister der einzelnen Zünfte angehörten. Seine Aufgaben sind im Einzelnen nicht festzustellen.[96] Die Stadt gehörte seit 1376 dem Schwäbischen Städtebund und seit 1495 dem Schwäbischen Kreis an. Auf den Sitzungen nahm sie den 13. Platz ein, während sie auf den Kreistagen selbst auf dem zehnten saß. Die Verfassungsänderung von 1488 und das Entstehen des Schwäbischen Kreises 1495 sowie die nicht erfolgte Reformation, die sich im Scheitern der Reformationsversuche 1525 und im Erwerb des Patronatsrechtes der Pfarrkirche als Geschenk des Domkapitels Augsburg an die Stadt für ihr Spital 1544 ausdrückt, sind die entscheidenden Einschnitte in der Stadtgeschichte zwischen Mittelalter und Frühneuzeit. Schwäbisch Gmünd hat das Vordringen Württembergs remsaufwärts bereits unmittelbar nach dem Ende der Stauferzeit verhindert und gewissermaßen einen Sperrriegel gegen die württembergische Expansion bedeutet.

Die Entwicklung der zweitgrößten Reichsstadt des Ostalbkreises im Alten Reich, Aalen, verlief später und unbedeutender. Sie wurde 1339 erstmals als Stadt erwähnt und ist vermutlich nach ihrer planmäßigen, quadratischen mit zwei Toren versehenen Anlage nördlich des gleichnamigen Dorfes neben einem Burgstall begründet worden. Es dürfte nicht mehr zu klären sein, ob dieses erst kurz zuvor durch die Grafen von Oettingen oder noch zwischen 1241 und 1246 durch die Staufer erfolgte. Aalen ist im Reichssteuerverzeichnis von 1241 noch nicht erwähnt. Dabei wird auch behauptet, diese Nichterwähnung gehe darauf zurück, dass die Bürger wegen des Mauerbaus aus eigenen Mitteln steuerfrei waren. Die Grafen von Oettingen haben die Stadt mit der Herrschaft Lauterburg an Württemberg verpfändet. Kaiser Karl IV. hat sie 1360 erobert und im Unterschied zur übrigen Herrschaft Lauterburg aus der württembergischen Pfandschaft gelöst und zur Reichsstadt gemacht. Aalen war auf Besitz des Klosters Ellwangen gegründet worden, dem auch die schon 1340 genannte Pfarrkirche der Stadt inkorporiert war. Aalen ist 1377 dem Schwäbischen Städtebund beigetreten und hat dieses Bündnis bis ins 15. Jahrhundert immer wieder erneuert. Die Stadt hat dadurch ihre Reichsfreiheit gegen ihre Nachbarn erfolgreich geschützt, obwohl die Zerstörung des alten Dorfes Aalen südlich der Stadt und des Burgstalls 1388 die Gefahren für die Freiheit der Stadt verdeutlichte.

Aalen konnte 1401 den Blutbann und 1418 das Ammannamt erwerben, was die Reichsfreiheit weiter absicherte und bestätigte. Es gelang der Stadt aber nicht, ein größeres Territorium aufzubauen, sondern dieses blieb kleiner als die heutige Stadtmarkung. Die zweitorige Ackerbürgerstadt mit den wirtschaftlichen Schwerpunkten in der Textilherstellung und der Lederverarbeitung ist politisch nicht hervorgetreten. Auf der Städtebank des Reichstags nahm sie den 35. und auf der des schwäbischen Kreistags, dem sie seit der Gründung 1495 angehörte, die 26. Stelle ein, doch begann diese Entwicklung erst mit dem Wormser Reichstag von 1495. Den Rat der Stadt haben wenige ratsfähige Familien gebildet, erst 1514 bildete sich der Rat als eine breitere Vertretung der Bürgerschaft aus. Dieser Schritt stellt den entscheidenden Übergang Aalens vom Mittelalter zur Frühneuzeit dar, da die Reformation erst sehr spät, 1575, eingeführt wurde und somit ein neuzeitliches Ereignis war.[97]

Auch die dritte Reichsstadt im heutigen Ostalbkreis, Bopfingen, hat keine besondere politische Rolle gespielt. Die erste Stadtanlage wurde durch eine Erweiterung im 14. Jahrhundert zu einer kleinen, zweitorigen Anlage ausgebaut. Die wiederholten Verpfändungen unter Adolf von Nassau und Karl IV. haben die Selbstständigkeit Bopfingens weniger gefährdet als die Ansprüche und Pfandrechte der Grafen von Oettingen. Diese hatten die Blutgerichtsbarkeit auf der gesamten Markung Bopfingens außerhalb der Mauern inne, was sich auch nach dem Erwerb der oettingischen Güter innerhalb der Stadt 1362 durch diese nicht änderte. Die Stellung von Bopfingen wurde wie die von Aalen durch die Mitgliedschaft im Schwäbischen Bund gestärkt und bewahrt. Es gelang ihr zwar, die ortsadelige Familie, die das Schultheißenamt wahrgenommen hatte, nach der Zerstörung seiner vor dem Südtor gelegenen Burg 1377 aus der Stadt zu vertreiben und 1384 das Ammannamt an sich zu bringen, doch konnte es mit Ausnahme eines Teils von Oberdorf und zerstreuten Höfen sowie eines Teils von Dirgenheim, das dem Spital gehörte, keine geschlossene Herrschaft aufbauen. Auch war das Patronat der Stadtkirche St. Blasius von den Grafen von Oettingen 1358 an das Kloster Kirchheim im Ries geschenkt worden, das es bis 1774 behielt. Das Kloster Kirchheim dürfte als Patronatsherr der Stadtkirche auch zu deren Umbau und 1472 zu den Kosten des von Friedrich Herlin in Nördlingen geschaffenen Wandelaltar beigetragen haben, weil die Figur der Madonna in hohem Maße dem Siegelbild der Zisterzienserinnenklöster entspricht. Die Ackerbürgerstadt sicherte sich einen gewissen Wohlstand im Spätmittelalter durch das Textil- und Ledergewerbe. Eine Judengemeinde bestand in der Stadt seit vor 1241 bis zur Vertreibung von 1500, worauf sie sich in Oberdorf niederließ.[98] Die Ge-

schichte Bopfingens lässt, wenn man nicht die Reformation von 1544/1545 als solchen nehmen will, einen Einschnitt zwischen Spätmittelalter und Frühneuzeit vermissen. Seit 1495 war sie im Reichstag die 35. und letzte Stadt auf der Bank der schwäbischen Reichsstädte, was ihre damalige Bedeutung im Verhältnis zu den übrigen Reichsstädten beleuchtet. Auch die Klöster haben die Stadtentwicklung gefördert, Ellwangen hat dieses mit seiner namengebenden Residenzstadt getan und ebenso Neresheim mit der gleichnamigen Siedlung unterhalb des Klosters. Diese war im 13. Jahrhundert entstanden, denn sie wird 1298 als „oppidum" bezeichnet, 1343 als Markt und 1350 als Stadt.[99]

Neben den Klöstern Ellwangen, Lorch und Neresheim haben sich im Spätmittelalter noch weitere Klöster und der Deutsche Orden im Bereich des heutigen Ostalbkreises entwickelt. Hier ist vor allem das durch die Grafen von Oettingen 1267 gestiftete Kloster Kirchheim am Ries zu nennen, das landsässiges Kloster in der Grafschaft seiner Gründerfamilie blieb und eine größere Rolle nur in seinem engsten Einzugsbereich gespielt hat.[100] Das Kloster hat kein geschlossenes Territorium aufbauen können, sondern hatte umfangreichen Streubesitz in vielen Gemeinden im östlichen Teil des heutigen Ostalbkreises und darüber hinaus in das benachbarte Bayerisch Schwaben hinein. Die Äbtissinnen und Nonnen entstammten überwiegend der Familie Oettingen selbst und deren Ministerialenfamilien. Ähnliches gilt auch für die in und bei Schwäbisch Gmünd entstandenen Klöster. Es hat sich dabei um das bald nach 1220 gegründete Franziskanerkloster gehandelt, das 1284 gegründete Augustinerkloster, das 1294 entstandene Dominikanerkloster, das 1445 gegründete Franziskanerinnenkloster St. Ludwig und um das Kloster Gotteszell, das zuerst dem Augustinerorden angehörte, aber 1246 in ein Dominikanerinnenkloster umgewandelt wurde. Da in diese Klöster immer wieder Söhne und Töchter des Niederadels aus der Umgebung eintraten, haben diese Klöster zahlreichen Besitz etwa im Raum zwischen Mittelbronn bei Gschwend, Heisenberg bei Aalen, Kitzen südlich von Schwäbisch Gmünd und Pfahlbronn an der Lein erworben. Auf dieser Besitzstruktur seiner Klöster konnte die Stadt Gmünd im 14./15. Jahrhundert ihr Territorium aufbauen. Dazu haben die Klöster durch ihre Priestermönche den Gottesdienst in der Stadt gefördert und waren auch ein bedeutender wirtschaftlicher und kultureller Faktor der spätmittelalterlichen Stadt.[101]

Die Deutschordenskommende Mergentheim kaufte 1364 von den Grafen von Oettingen für 4.100 Pfund Heller die Kapfenburg mit Hülen und Waldhausen. Die Kapfenburg hatte den Oettingern wohl seit vor 1311 gehört, wobei sie die Herren von Gromberg in Lehensabhängigkeit verwaltet haben, die sie 1363 dem Deutschen Orden übergaben. Die Kommende Kapfenburg entstand 1384. Zu ihrem Herrschaftsbereich gehörten die Stadt Lauchheim und eine Reihe von Ortschaften auf dem Härtsfeld und im oberen Jagsttal. Unter der Herrschaft des Ordens erhielten Lauchheim und das Dorf Neubronn 1397 das Befestigungsrecht, Lauchheim und die Kommende 1398 die Hochgerichtsbarkeit, 1402 das Recht, drei Jahrmärkte abzuhalten, und zuletzt 1431 das Stadtrecht mit den Freiheiten der Stadt Bopfingen, blieb aber unter der Herrschaft des Deutschen Ordens.[102] Die Kommende Kapfenburg hat im Orden und in der Region eine nur auf den engsten Bereich beschränkte Rolle gespielt. Ein deutlich sichtbarer Einschnitt in der Geschichte zwischen Spätmittelalter und Frühneuzeit fehlt.

Das Gebiet des heutigen Ostalbkreises wurde im Spätmittelalter auch durch Adelsherrschaften geprägt. Die bedeutendste war die der Grafen von Oettingen. Als Vögte der Abteien Ellwangen und Neresheim haben sie umfangreichen Besitz an sich bringen können. Als sie nach dem Ende der Staufer die Vogtei über Neresheim erlangten und neben Aalen auch die Herrschaft Adelmannsfelden, die Kapfenburg, Lauterburg und Essingen, die Burg Rosenstein mit Heubach sowie die Burgen Hohenalfingen, Kochenburg, Leinroden und Hohenstadt besaßen, hatten sie Ellwangen von drei Seiten eingekreist. Sie konnten aber nach der Mitte des 14. Jahrhunderts Bopfingen und Aalen ihrer Herrschaft nicht endgültig unterwerfen, der Deutsche Orden begann sich auf der Kapfenburg, in Nordhausen, Unterschneidheim und Zipplingen festzusetzen, die Herrschaft Lauterburg mit Heubach, Rosenstein und Aalen ging an Württemberg und die Herrschaft Adelmannsfelden und die Vogtei über die Stadt Ellwangen gingen an das Kloster Ellwangen verloren. Damit waren die Oettinger am Ende des 14. Jahrhunderts auf ihre Ausgangsbasis vom 13. Jahrhundert im Ries und auf dem Härtsfeld zurückgeworfen. Die Teilung des Hauses auf die Linien Oettingen, Flochberg und Wallerstein hat im 15. Jahrhundert seinen politischen Einfluss weiter verringert. Seit dieser Zeit war das Haus mit der Wahrung seiner bisherigen Besitzstruktur beschäftigt, was einen weiteren Ausbau der Herrschaft nicht mehr möglich gemacht hat.

Die Schenken von Limpurg waren aus einem Reichsministerialengeschlecht im Umkreis der Staufer hervorgegangen. Sie hatten sich ihre namengebende Burg 1215 oberhalb von Schwäbisch Hall errichtet und nach 1251 versucht, die Stadt Hall an sich zu bringen, was ihnen aber nicht gelang. Doch war die Familie durch ihren umfangreichen Waldbesitz und das Schenkenamt, das die Goldene Bulle von 1356 bestätigte, auch politisch einflussreich. Im 14. und 15. Jahrhundert konnte die Familie ihren Besitz im nördlichen Bereich des heutigen Ostalbkreises weiter ausdehnen. Sie erwarb 1380 die Herrschaft Adelmannsfelden vom Kloster Ellwangen und ab 1410 neben Unter- und Obergröningen auch Altersberg und die Waibelhube. Ihr Besitz war in der Folge jedoch mit Gütern und Rechten der Gmünder Patrizier und Klöster sowie Gütern der Klöster Lorch und Adelberg gemischt, was eine nachhaltige Stärkung des Hauses durch diese Erwerbungen verhinderte. Dazu teilte sich die Familie 1441 in drei Linien, was, wie bei den Oettingern, ihre politische Macht entscheidend gemindert hat.

Die zahlreichen kleinen Herrschaften des Niederadels waren über weite Teile des Kreisgebiets verstreut. Die vor allem aus der ellwangischen, staufischen und oettingischen Ministerialität, aber auch aus reichsstädtischen Patrizierfamilien stammende Adelsschicht hatte im 14. Jahrhundert wachsende Wirtschaftsprobleme, die zu Besitzverkäufen bis zum Ausverkauf zwangen. Dabei konnte vor allem die Abtei Ellwan-

Hüttlingen, Burg
Niederalfingen
Foto: B. Hildebrand

mannsfelden begonnen, ist dann in das Patriziat der Reichsstädte übergegangen und hat von dort aus im 16. Jahrhundert in Hohenstadt eine ritterschaftliche Herrschaft aufzubauen begonnen.

Die im 15. Jahrhundert sich mehr und mehr organisierenden Adelsherrschaften schlossen sich im 16. Jahrhundert der in den Ritterkantonen organisierten Reichsritterschaft an. Macht ist von diesen regionalen Herrschaften nur in einem relativ beschränkten Rahmen im Umkreis der unmittelbaren Herrschaft ausgegangen.

Ihre kulturelle Ausstrahlung war dabei in vielen Fällen wesentlich größer als ihre politische Macht. Diese begann sich aber erst im späten 15. Jahrhundert zu entwickeln und hat sich im Laufe der Neuzeit insbesondere auch durch den Umbau der Burgen zu Schlössern fortgesetzt. Es hat sich aber dabei um ein Phänomen der frühneuzeitlichen und nicht mehr mittelalterlichen Geschichte gehandelt.

Das Gebiet des heutigen Ostalbkreises hatte am Übergang vom Spätmittelalter zur Frühneuzeit in etwa zweieinhalb Jahrhunderten eine politisch-kulturelle Struktur geschaffen, die letztlich die drei folgenden Jahrhunderte bis zum Ende des Alten Reiches 1803/1806 entscheidend mit-, wenn nicht sogar vorbestimmt hat. Der Ostalbkreis hat aber durch diese gemeinsame Entwicklung trotz seiner angeblichen Zersplitterung eine wesentlich größere gemeinsame Basis als im ersten Augenblick angenommen werden kann.

Er muss sich diese Gemeinsamkeit nur bewusst machen, was durch eine Darstellung und Untersuchung dieser gemeinsamen Entwicklungen erfolgen kann, die damit für den Landkreis und seine Gemeinden identitätsstiftend sind.

gen ihre ursprünglich an diese Familien ausgegebenen Lehen wieder zurückkaufen. Auf diese Weise haben die Herren von Röhlingen, Killingen, Schwabsberg und Pfahlheim ihren Besitz an die Abtei abtreten müssen. Bei der Familie der Herren von Pfahlheim war dadurch der Versuch gescheitert, eine kleine Territorialherrschaft aufzubauen. Einige dieser verarmten, niederadeligen Familien sind bald nach dem Ausverkauf ihres Besitzes auch im Mannesstamm erloschen.

Eine Sonderrolle nahmen die Herren von Woellwarth ein, die ihre Herrschaft um Essingen, Laubach und Hohenroden bis in die Neuzeit und Gegenwart bewahren konnten. Im Westen des Kreisgebiets hatten die Herren von Rechberg eine größere Herrschaft aufgebaut, die aber Geschlossenheit vermissen ließ und durch zahlreiche Teilungen schon im Spätmittelalter bis auf einen Kernbestand verloren ging. Die Familie Adelmann hat ihre Geschichte als Ministerialenfamilie des Klosters Ellwangen in Adel-

Abtsgmünd-Leinroden, Bergfried der ehemaligen Burg, von
1409 bis 1815 im Besitz der
Herren von Woellwarth.
Foto: B. Hildebrand

Frühe Neuzeit
Klaus Jürgen Herrmann

Reformation, Bauernkrieg und Gegenreformation im Ostalbkreis

Martin Luthers Thesen über den Ablass vom 31. Oktober 1517 markieren den Beginn der Reformation: Sein reformatorisches Programm setzte sich in der Anfangsphase vor allem kritisch mit dem hierarchischen Aufbau der Kirche und hier insbesondere mit der Stellung des Papsttums auseinander. Rückhalt hatte Luther im steigenden Maß in den Reichsstädten und kleinen Territorien des deutschen Südwestens. Das kirchliche Leben in Schwäbisch Gmünd unterschied sich in der Zeit unmittelbar vor der Reformation wenig von dem in den übrigen Reichsstädten Schwabens. Es gab in der Stadt fünf Klöster: Dominikaner, Franziskaner, Franziskanerinnen, Augustiner und das Dominikanerinnenkloster Gotteszell. Wie anderswo auch, versuchte der Magistrat Einfluss auf die Verwaltung und das Vermögen der Klöster zu bekommen.

Die Besetzung der Schwäbisch Gmünder Pfarrstelle stand dem Augsburger Domkapitel zu, das dieses Recht 1297 vom Kloster Lorch übernommen hatte. Als Stadtpfarrer amtete seit 1520 Thomas Köllin, der aus einer Schwäbisch Gmünder Sensenschmiedsfamilie stammte. Von ihm allerdings sollten reformatorische Ideen nicht ausgehen. Der Mann, der versuchen sollte, die Reformation in Schwäbisch Gmünd durchzusetzen, hieß Andreas Althamer und wurde wahrscheinlich um 1500 in Brenz bei Heidenheim geboren. Für die Erziehung sorgte ein Onkel, der als Geistlicher in Augsburg fungierte. Er ermöglichte ihm den Besuch der dortigen Lateinschule. Hier in Humanistenkreisen erwarb sich Althamer ein solides Wissen, auch die Vorliebe zur Geschichte – und besonders zu den Überresten der Römerzeit auf deutschem Boden – eine Liebe, die sich später in mehrfach aufgelegten Kommentaren zur „Germania" des Tacitus niederschlagen sollte. Althamer

ging nach seinem Augsburger Schulbesuch 1516 auf die Universität Leipzig. Im Jahr 1518 wurde er an der Tübinger Universität immatrikuliert und erlangte dort im selben Jahr den Grad eines Bakkalaureus.

In den Jahren 1523 oder 1524 muss Althamer zum Priester geweiht worden sein, obwohl er damals anscheinend schon reformatorischen Ideen anhing. Anfang des Jahres 1524 tauchte er als Pfarrgehilfe des Stadtpfarrers Köllin in Schwäbisch Gmünd auf. Er hielt sich demnach noch nicht lange in der Reichsstadt auf, als Köllin am 22. Juni 1524 starb. Althamer erkannte die Möglichkeit, die sich ihm bot: Er bewarb sich beim Magistrat um die vakante Stadtpfarrerstelle, die das Augsburger Kapitel nach Rücksprache mit dem Gmünder Magistrat aber nicht dem neu hereingeschneiten Althamer verlieh, sondern einem Schwäbisch Gmünder Bürgersohn namens Ulrich Schleicher. Anfangs ertrug Althamer noch seinen neuen Chef, aber bereits einige Monate später kam es zum Streit, und der neue Stadtpfarrer entließ seinen Helfer deshalb im Januar 1525.

Zuvor hatten sich die Spannungen in der Bürgerschaft verschärft. Der Magistrat – und hier besonders der Bürgermeister Wilhelm Egen – war darauf bedacht, die Reformation in Schwäbisch Gmünd zu verhindern. Am 4. Oktober 1524 rief er den Großen Rat, in dem vor allem die Zunftvertreter saßen, zusammen und schwur sie darauf ein, alles zu vermeiden, was zum Aufruhr führen könnte. Und in seinen Augen bedeutete Aufruhr auch die Aufgabe der alten Religion. Als am 15. November 1524 fünf Schwäbisch Gmünder Bürger eine Bittschrift vorlegten, in der sie einen Prediger forderten, der das Evangelium predigen sollte, empfand dies der Magistrat als Umsturzversuch. Erneut wurde der Große Rat zusammengerufen und der musste beschwören, dass man das auf dem Reichstag beschlossene Verbot der

Lehre Luthers strikt einhalten würde. Damit war die Grundlage für die Ablehnung der Bitte für einen Prediger geschaffen: Den fünf Bürgern wurde vor Augen gestellt, sie verstießen mit ihrer Anfrage gegen kaiserliche und Reichsgesetze. Aber auch nach dem Verbot des Magistrates predigte Althamer weiterhin evangelisch, was zu seinem Rauswurf durch Pfarrer Schleicher im Januar 1525 führte. Beide klagten vor dem Rat: Althamer um Wiedereinstellung, Schleicher darum, dass er den missliebigen Althamer nicht mehr einstellen musste. Der Rat aber hielt sich aus dieser Angelegenheit heraus und wollte nicht Schiedsrichter spielen. So blieb es faktisch bei der Entlassung des Hilfspredigers Althamer.

Am 2. Februar 1525 erneuerten Schwäbisch Gmünder Bürger ihre Bitte an den Magistrat, einen Prediger einzustellen, betonten aber gleichzeitig, sie wollten keine Aufrührer sein. Diesmal war der Magistrat vorsichtiger und nachgiebiger, da die Neugläubigen inzwischen in der Stadt eine starke Position einnehmen konnten. Ihr Zentrum war die Schmiedezunft und entweder im Schmiedezunfthaus oder im Haus eines der Mitglieder hielt Althamer seine Gottesdienste ab, die der Rat dann auch am 22. Februar 1525 offiziell zulassen musste. Anfangs bezahlten die Gläubigen ihren Pfarrer selbst, ab März 1525 übernahm die Stadtkasse die Besoldung. Althamer hatte – wenn er zum Gottesdienst ging – immer 40 bis 60 Personen als Leibgarde bei sich, um gegen Überfälle gewappnet zu sein.

In der Folgezeit wurde diese rein theologische Auseinandersetzung durch eine politische Bewegung überlagert, deren Zweck es war, eine Änderung der städtischen Verfassung herbeizuführen und die alten Eliten kaltzustellen. In Schwäbisch Gmünd bestanden – auch wegen der verschiedenen Glaubensprofile – Spannungen zwischen dem Magistrat und der Bürgerschaft, die nun zum Austrag kamen. Revolutionär wurde ein Ausschuss von 52 Mann gebildet, der große Ausschuss, dem ein kleiner Ausschuss als lenkendes Organ vorgeschaltet war. Dieser Ausschuss wollte den bisherigen Magistrat entmachten und es bestand mehr als die Möglichkeit dazu, weil alle 13 Schwäbisch Gmünder Zünfte in diesem Ausschuss vertreten waren und somit die gesamte Handwerkerbevölkerung repräsentiert wurde. Aber noch war es nicht soweit, im Gegenteil: Am 27. März verpflichtete sich der Rat mit feierlichem Schwur, in allen Fällen einmütig mit dem neuen Bürgerausschuss zu handeln, um von der Stadt alle Gefahr abzuwehren. In Schwäbisch Gmünd war es ein Abwehrbündnis beider Kräfte in der Stadt gegen einen gemeinsamen Gegner vor den Toren: die aufständischen Bauern. In der Nacht zum 27. März erhoben sich die Bauern des Schwäbisch Gmünder Landgebiets und formierten sich am nächsten Tag als „Gemeiner Heller Haufen". Das Programm der anfangs rund 2.000 in Iggingen lagernden Bauern war im Kern eigentlich erzkonservativ: Man bejahte die bestehenden Abgaben an die Grundherren und die dazu geforderten Dienste und Fronen, verwahrte sich aber gegen Neuerungen, die eine weitere Belastung nach sich zogen. Im Übrigen war man, was Glaubenssachen anging, lutherisch eingestellt: Man forderte in Zukunft freie Pfarrerwahl, die allgemeine Predigt des Evangelium und das einzige revolutionäre Element stellte die geforderte Abschaffung der Leibeigenschaft dar.

Der Schwäbisch Gmünder Magistrat sandte seinen Spitalmeister zu den Bauern, der diese beruhigen sollte. Als er sich am nächsten Tag die Antwort abholte, war die Gefahr für Schwäbisch Gmünd erst einmal gebannt. In einer demokratischen Abstimmung hatten sich die Bauern entschieden: 2.432 Mann waren fürs Heimgehen, 1.060 fürs Weitermachen. Die Minorität beugte sich der Majorität. Vorher schwor man sich aber noch Beistand für den Fall, dass einem der ihren wegen der Teilnahme am „Hellen Haufen" Nachteile entstehen würden.

Der Eid, den sich Rat und Bürgerausschuss am 27. März geschworen hatten, war mehr als fragwürdig: Beide Seiten in der Stadt belauerten

Andreas Althamer (geboren um 1500 in Brenz, gestorben 1539 in Ansbach), der verhinderte Reformator von Schwäbisch Gmünd. Kupferstich des 18. Jahrhunderts nach einer älteren Vorlage. Stadtarchiv Schwäbisch Gmünd

falls, dass die Neugläubigen bewaffnet auf dem Marktplatz zusammenliefen und in den frühen Morgenstunden des 16. Aprils das Dominikanerkloster – den heutigen Prediger – stürmten. Fakt war auch, dass von diesem Augenblick der Bürgerausschuss Herr in der Stadt war und der Rat nur noch als seine vorgeschobene Marionette fungierte. Das Spiel schien für den Rat verloren, Schwäbisch Gmünd stand ganz nahe vor der Reformation, da spielte der Gang der Ereignisse zu einem neuen Kapitel auf: Ebenfalls am 16. April 1525, Ostersonntag, eroberten die Neckartäler und Odenwälder Bauern Weinsberg und trieben ihre adligen Gefangenen durch die Spieße. Das war das Zeichen für den zweiten Aufstand auch der Remstäler Bauern, die sich bereits am 17. April, Ostermontag, spontan bewaffnet um Hohenstadt und Gaildorf versammelten. In der Folge verbrannte der Bauernhaufen Kloster Lorch – nicht ohne dass der Anführer Jörg Bader aus Böbingen das Heilige Sakrament und einige kostbare Reliquien vor den Flammen rettete, für einen überzeugten Lutheraner eine beachtenswerte Tat – und am 29. April legte ein weiterer Haufen unter der Anführerschaft ebenfalls von Jörg Bader die Burg auf dem Hohenstaufen in Schutt und Asche.

Das waren alles keine vertrauensfördernden Maßnahmen für die Forderung des Hellen Haufens, die Reichsstadt Schwäbisch Gmünd solle sich ihnen anschließen oder ihnen zumindest den Durchzug erlauben. Der wirklich regierende Bürgerausschuss wie auch der Rat lehnten alle Forderungen der Bauern ab und das noch im verstärktem Maß, als das Kloster Gotteszell vor den Toren der Stadt durch einen Haufen der Bauern abgefackelt wurde.

Trotz der Spannungen innerhalb der Bürgerschaft hatte der Bürgerausschuss dem Bürgermeister Wilhelm Egen in Ulm von der Belagerung Schwäbisch Gmünds durch die Bauern berichtet. Aber je länger die Sache dauerte, um so zuversichtlicher wurde man in der Stadt selbst: Den Belagerern und nicht den Belagerten gingen langsam die Lebensmittel aus und

sich, trauten der anderen Seite nicht. Als Bürgermeister Wilhelm Egen, der die katholische Sache vertrat, in diesen Tagen zum Schwäbischen Bund nach Ulm aufbrach, argwöhnte man von Seiten des Bürgerausschusses, er wolle Truppen des Schwäbischen Bundes nach Schwäbisch Gmünd holen. Stürmisch verlangte man vom Magistrat, der Eid vom 27. März müsse dem Schwäbischen Bund bekannt gemacht werden, damit dieser sehe, dass es in Schwäbisch Gmünd keinen Grund zum Eingreifen gebe.

Da kam in der Osternacht vom 15./16. April der Umsturz fast von allein: Fakt war jeden-

allzu eng konnte die Einschließung der Stadt wohl nicht gewesen sein, denn am 10. Mai erreichte die Stadt ein Schreiben aus Esslingen, dass der Hauptmann des Schwäbischen Bundes, der Truchsess von Waldburg, Herrenberg von den Bauern eingenommen hätte und am 16. Mai wurde in Schwäbisch Gmünd bekannt, dass in der für die württembergischen Bauern verheerende Schlacht von Böblingen „3.000 Bauern erstochen und die übrigen entloffen seien". Auf diese Nachricht hin lief auch ein Teil der Remstäler Bauern auseinander, ein anderer Teil agierte noch eine Zeitlang um Schlechtbach.

Die Rolle, die Althamer bei den politischen Auseinandersetzungen während des Bauernkrieges in der Stadt gespielt hatte, war offensichtlich sehr gering. Einer aber zog aus den Tumulten und Anfeindungen seine Konsequenzen: Stadtpfarrer Schleicher gab seine Stelle auf und diesmal bemühte sich Althamer nicht mehr um diese Stelle. Er will die Kirche nicht von innen unterwandern, sondern sie gleichsam systematisch über eine Kirchenordnung im lutherischen Sinn reformieren. Zu diesem Zweck schrieb auf seine Anregung der regierende Bürgerausschuss und der entmachtete Rat an die drei reformierten Nachbarreichsstädte Nördlingen, Dinkelsbühl und Nürnberg und bat um Rat, wie man die Reformation in Schwäbisch Gmünd einführen könne.

Während Althamer noch an einer neuen Kirchenordnung für Schwäbisch Gmünd bastelte, kam es wiederum zu einem Umschwung: Der Bürgerausschuss konnte am 2./3. Juni 1525 bei der Neuwahl des Magistrates zwar einen Teil der alten Ratsmitglieder entfernen, der übrig gebliebene Rest blieb aber nicht untätig und forderte – angeblich, um sich vor einem erneuten Aufstand der Bauern zu schützen – Bundestruppen an. Mitte Juni kam endlich nach mehreren vergeblichen Anläufen ein Bundeskontingent von 63 Mann nach Schwäbisch Gmünd und das genügte für eine katholische Gegenrevolution.

Am 4. Juli enthob man Althamer seines Dienstes als Prediger, vorgeblich, weil er sich

am 12. Juni mit einer Schwäbisch Gmünderin namens Anna (Nachname unbekannt) verheiratet hatte, einen Tag noch vor Luthers Heirat. Am 11. Juli kam der Tag der Rache: Der Bürgerausschuss wurde vor den wiederhergestellten Rat der Stadt zitiert und ihm befohlen, sich aufzulösen. Der Bürgerausschuss sah angesichts der fremden Besatzung keine Möglichkeit zum Widerstand. Althamer hatte sich schon zuvor der drohenden Verhaftung durch die Flucht entzogen. Am 21./22. August fand schließlich in der Stadt ein Städtetag statt, an dem Ratsbotschaften von Ulm, Nördlingen, Esslingen und Hall teilnahmen.

Einem der Anführer des Tumults in der Osternacht, Jakob Messerschmied, wurden am 30. August die Schwurfinger abgehauen, zwei weitere Männer aus der Stadt verwiesen. Den Mitgliedern des Bürgerausschusses wurden teilweise beträchtliche Geldstrafen auferlegt. Gleichzeitig schritt man gegen die Bauern ein: Sie wurden entwaffnet, eine unbekannte Zahl von Bauern gefangen genommen, eine Reihe von ihnen hingerichtet. Die zünftische Bewegung in Schwäbisch Gmünd war damit gescheitert, ebenso auch die Einführung der Reformation durch den Bürgerausschuss und durch Althamer.

Gerade einmal ein paar Jahre hatte die Reichsstadt Zeit, bis sich 1528/29 neue religiöse Gegensätze in der Stadt bemerkbar machten. Bereits im Sommer 1528 sickerten wiedertäuferische Prädikanten (Prediger) in die Stadt ein. Sie wa-

Schwäbisch Gmünd, Titelblatt der Bürgermeister und Rat gewidmeten Predigt Althamers über die Priesterehe. Druck von Philipp Ulhart d. Ä. in Augsburg 1525

stanten ab und zu die Messe. Ausgewiesen trafen die beiden Wiedertäufer in Augsburg den späteren Kopf der Schwäbisch Gmünder Wiedertäufer, Martin Zehentmaier. Von Beruf war er Maler und wurde – nach eigenen Angaben bei einem späteren Verhör in Schwäbisch Gmünd – im Sommer 1528 im Lech bei Augsburg wiedergetauft. Dann hätten ihn die beiden aus Schwäbisch Gmünd ausgewiesenen Täufer aufgefordert, in die Reichsstadt an der Rems zu gehen. Zehentmaier muss also im September 1528 in Schwäbisch Gmünd eingetroffen sein, wo er dann im Laufe kürzester Zeit über 100 Personen wiedertaufte. Sollte diese Zahl einer späteren Chronik auch etwas zu hoch erscheinen, so zeigt sich doch, dass es in Schwäbisch Gmünd zu dieser Zeit schon eine zahlenmäßig stabile Anhängerschaft der Wiedertäufer gab.

Dem Rat blieb in der kleinen Reichsstadt mit seinen eben einmal 4.000 Einwohnern das Wirken der Wiedertäufer nicht verborgen und auf Grund des kaiserlichen Dekrets gegen die Wiedertäufer verhaftete man bereits Mitte Februar 1529 sieben Wiedertäufer mit Martin Zehentmaier an der Spitze. In der Folgezeit mussten weitere Personen verwarnt werden, sie sollten sich des „Rottierens" enthalten. Rottieren bedeutete im damaligen Sprachgebrauch jede Versammlung von Bürgern in einer dem Rat nicht genehmen Art. Noch das ganze Jahr über verwarnte der Schwäbisch Gmünder Magistrat einzelne Bürger, nicht zu den Predigten der Täufer zu gehen.

Am 13. November 1529 war der Magistrat dann aber gewillt, das leidige Problem der Wiedertäuferei rigoros zu lösen. Zu diesem Termin lud man den Großen Rat der Reichsstadt ein,

ren ehemalige Schüler Zwinglis, denen die Reformation nicht weit genug ging und die vor allem die Kindertaufe ablehnten, da erst der erwachsene Mensch bestimmen könne, ob er die Nachfolge Christi antreten wolle. Weil sie ihre erwachsenen Anhänger wieder tauften, erhielten sie den Namen Wiedertäufer. Am 4. Januar 1528 wurde auf dem Reichstag zu Speyer die Wiedertäuferei durch kaiserliches Mandat verboten, eine Anordnung, die in Schwäbisch Gmünd durch einen eigenen Erlass im Februar noch verschärft wurde.

Dennoch verhielt man sich gegenüber den beiden Köpfen der Täufer in Schwäbisch Gmünd, zwei Beinlesdrehern aus Augsburg, für diese grobianische Zeit äußerst zurückhaltend: Man warf sie am 25. August nur einfach aus der Stadt. Wie alle Quellen einstimmig berichteten, hielten die Schwäbisch Gmünder Wiedertäufer ihre Abendmahlsfeiern in ihren eigenen Häusern ab und verschmähten es, sich vor dem Tod mit dem Sakrament versehen zu lassen, besuchten auch nicht zur Tarnung wie die Prote-

dem auch alle Zunftvorsteher angehörten und ließ sich diese harte Linie absegnen. Gleichzeitig – um gegen etwaige Aufstände der Bürgerschaft gewappnet zu sein – rief man wieder Truppen des Schwäbischen Bundes in die Stadt. Die Schwäbisch Gmünder Chroniken verzeichnen auf dem Höhepunkt der Verfolgung 40 so genannte Wiedertäufer in den Schwäbisch Gmünder Gefängnissen. Während dieser Aktionen befragte man Zehentmaier und Konsorten gütlich wie auch peinlich – das heißt unter der Folter. Wie sich die Bekehrungsversuche der sieben Kerngefangenen im Gefängnis außerhalb der Folter gestaltet haben, ist schwer zu sagen. Wohl auch Geistliche haben versucht, sie von ihren Standpunkten los zu bringen. Am 1. Dezember kamen die erwünschten Bundestruppen nach Schwäbisch Gmünd. Mit diesen Soldaten im Rücken begann der finale Akt im Wiedertäuferkapitel.

Die Urteilsverkündung erfolgte am 4. Dezember nach der Blutgerichtsordnung Kaiser Karls V. Alle gefragten Räte erkannten gegen die sieben Wiedertäufer auf Todesstrafe. Am 7. Dezember erfolgte die Hinrichtung nach festgelegter Zeremonie. Die sieben Verurteilten waren: Martin Zehentmaier, Melchior Nachtrieb, Klaus Baur von Göppingen, Bonaventura Bopf, Wolf Eßlinger, Hans Geisels Mutter und ein Junge von 15 Jahren. Die Täufer wurden übrigens nicht auf die sonst üblichen Hinrichtungsstätten bei St. Katharina oder an der Oberbettringer Straße gebracht, sondern auf den Remswasen an der östlichen Ausfallstraße nach Aalen.

Hatte sich die Urteilsverkündung schon durch Tumulte ausgezeichnet, so erst recht der Gang zur Hinrichtung. Besonderes Mitempfinden wurde dem 15jährigen Verurteilten, einem Kind, entgegen gebracht. Spätere Quellen berichten, sogar einige Adlige hätten zu seinen Gunsten interveniert, der Magistrat und der Knabe selbst seien in ihren jeweiligen Standpunkten jedoch hart geblieben.

Das exemplarisch strenge Urteil hatte auf die übrigen in Verhaft liegenden 33 Wiedertäu-

fer kein abschreckendes Beispiel ausgeübt: Sie standen zunächst alle fest zu ihrem Glauben. Man war jetzt in Schwäbisch Gmünd bereit, mit dem evangelischen Geistlichen von Göppingen, Franz Stadion, zusammenzuarbeiten. In den nächsten Tagen gelang es dem Mann, 14 Personen zum Widerruf zu bewegen und bis zum 20. Dezember war auch der Widerstand der restlichen gefangenen Widertäufer gebrochen. Mit diesem harten Vorgehen hatte der Schwäbisch Gmünder Rat die Täufergemeinde praktisch ausgelöscht.

Vom 18. bis 20. Januar 1532 weilte Kaiser Karl V. auf einer Reise vom Reichstag in Regensburg nach den Niederlanden drei Tage in der Reichsstadt an der Rems, wo man ihn mit größten Ehren empfing und ihm huldigte. Dabei ließ „der Kaiser erkennen, dass er mit der Stadt und besonders mit der Regierung zufrieden war. Besonders bemerkenswert ist, worauf sich diese Zufriedenheit gründete, nämlich auf die Einhaltung des nunmehr elf Jahre zurückliegenden Beschlusses des Wormser Reichstags und die Befolgung des Wormser Edikts, das die Lehre Luthers verbot." [1] Im Jahre 1534 kehrte Herzog Ulrich von Württemberg mit Hilfe des Landgrafen Philipp von Hessen in sein Land zurück und führte sofort die Reformation ein. In kürzester Zeit war das Gebiet der Reichsstadt Schwäbisch Gmünd mit der benachbarten Grafschaft Rechberg und der Fürstpropstei Ellwangen katholische Enklave im weitgehend protestantisch geprägten Umland. Auch das unter württembergischem Schirm stehende Kloster Lorch wurde reformiert, die Mönche teilweise vertrieben oder auf den Aussterbeetat gesetzt.

Im Jahr 1544 gelang es der Reichsstadt Schwäbisch Gmünd das Patronatsrecht – also das Recht der Bestellung des Pfarrers – an ihrer Stadtpfarrkirche durch Tausch vom Domkapitel in Augsburg zu erwerben: Der erste vom Schwäbisch Gmünder Magistrat berufene Stadtpfarrer war bezeichnenderweise ein ehemaliger Mönch des Klosters Lorch, der gelehrte Jakob Spindler. Mitte 1546 hatten die Feindseligkeiten zwi-

schen den Schmalkadenern – einem Bündnis protestantischer Adliger und Reichsstädte, die ihren Namen davon bezogen, dass sie sich im thüringischen Schmalkalden gegründet hatten – und dem Kaiser ihren Höhepunkt gefunden. Im Sommer lagen sich das kaiserliche Heer und das der Schmalkaldener – angeführt von Kurfürst Johann Friedrich von Sachsen und Landgraf Philipp von Hessen – an der Donau und bei der Reichsstadt Giengen an der Brenz wochenlang untätig gegenüber. Anfang November rückten die Schmalkaldener aus taktischen Gründen ab und erreichten am 25. November die Reichsstadt Schwäbisch Gmünd. Da man augenscheinlich etwas für das lädierte Selbstbewusstsein machen musste, forderte man von der katholischen Reichsstadt die Öffnung der Stadttore, eine Kriegsabgabe von 20.000 Gulden, die Herausgabe aller geistlichen Güter in und bei der Stadt und generell den Übertritt zum Pro-

testantismus. Da die Stadt zur Kriegskasse der Schmalkaldener aber schon 8.000 Gulden beigesteuert hatte – man war eben eine Kaufmannsstadt und wollte es sich mit keiner Partei verderben – weigerte sie sich, diesen neuen Forderungen nachzugeben und nach einer Versammlung der Bürgerschaft im Schwörhaus, bei der sich der Magistrat diese feste Haltung bestätigen ließ, wurde die Stadt in Verteidigungszustand versetzt. Am folgenden Tag fand ein mehrstündiges Artillerieduell statt, bei dem die Schwäbisch Gmünder den Kürzeren zogen. Die Stadt ergab sich und es fand daraufhin eine Plünderung statt. Konfisziert wurden natürlich auch die städtische Kasse und die des Spitals. Für eine zusätzliche Abgabe von 7.000 Gulden, die der Magistrat nicht sofort aufbringen konnte, nahm man zwei Geiseln mit, die später freigelassen wurden. Ein anderer Schwäbisch Gmünder, der Stadtarzt Dr. med. Leonhard

Haug wurde von einem sächsischen Adligen als Geisel verschleppt und soll im Eilenburger Land verstorben sein.

Der Schwäbisch Gmünder Magistrat hatte den Schmalkaldenern eidlich versprechen müssen, das Papsttum in ihrer Stadt und ihrem Landgebiet abzuschaffen und das lutherische Bekenntnis anzunehmen. Karl seinerseits setzte sofort eine kaiserliche Gesandtschaft nach Schwäbisch Gmünd in Marsch, die die den Schmalkaldenern gemachten Zugeständnisse für null und nichtig erklärte und von Magistrat und Bürgerschaft den erneuten Treueid auf den Kaiser abnahm. Ab dem 19. Dezember 1546 – dem Tag der erneuerten Huldigung – war Schwäbisch Gmünd nominell wieder eine katholische Reichsstadt.

Im Übrigen mussten die anderen protestantischen Reichsstädte in Süddeutschland an Schwäbisch Gmünd wegen der erlittenen Plünderungsschäden Ausgleichszahlungen vornehmen. Die Städte waren allerdings säumige Zahler – am längsten sträubte sich die Reichsstadt Nördlingen – zumal Schwäbisch Gmünd mit diesen Reparationsforderungen die immer noch über alle Konfessionsgrenzen hinweg geltende, reichsstädtische Solidarität verletzte. Dass die Reichsstadt Aalen keine Reparationen zahlen musste, bestärkt die These, dass in dieser Stadt zu dieser Zeit das neugläubige Bekenntnis noch nicht eingeführt war.

Schwäbisch Gmünd hat seine Kaisertreue und sein Beharren bei der alten Religion jedoch wenig genutzt: Kaiser Karl V. ließ im Jahr 1552 in allen oberdeutschen Reichsstädten eine Verfassungsänderung durchsetzen, die den Einfluss der stark dem Protestantismus zuneigenden Zünfte abschaffen und die Macht in den Händen einiger weniger – wenn möglich – altgläubiger Familien konzentrieren sollte. Der Mann, der diese Reform durchführte, der kaiserliche Rat Dr. Heinrich Haas, ritt am 21. Januar 1552 in der Reichsstadt an der Rems ein und forderte die Verringerung des Kleinen Rats von 24 auf 21 Personen und die des Großen Rats von 96 auf 64

Personen. Nach einer handverlesenen Liste wurden fünf Geheime als die eigentliche Regierung der Stadt auf Lebenszeit ernannt. Die acht jährlich gewählten Zunftmitglieder, die in den Kleinen Rat – die Regierung – abgeordnet worden waren, gab es nicht mehr. Der Große Rat wurde im Übrigen dem Kleinen Rat unterstellt und musste ihm Gehorsam leisten. Die Mitregierung der Zünfte war damit beendet.

Auf dem Reichstag zu Augsburg 1555 musste Karl V. das lutherische Bekenntnis – nicht das der Zwinglianer und Calvinisten – anerkennen mit dem Zusatz, dass jeder Landesherr über seine Konfession selbst bestimmen könne. Lediglich in den Reichsstädten sollte es möglich sein, dass katholisches wie evangelisches Bekenntnis nebeneinander bestehen könne.

In Schwäbisch Gmünd war die Sachlage folgende: Am 13. September 1554 klagte Pfarrer Jakob Spindler in einem Memorandum an den Magistrat: Es gebe in der Stadt Täufer, Zwinglianer und Lutheraner, die in ihren Häusern geduldet ihre Gottesdienste abhielten. Zahlreiche Personen hätten schon über 20 Jahre nicht mehr kommuniziert und im vergangenen Jahr 1543 sei mehr als die Hälfte der Gemeinde an Ostern nicht zur Kommunion gegangen. Da der Magistrat in Schwäbisch Gmünd verfügt hatte, dass man beim Sterben die Sakramente empfangen musste, widrigenfalls der Verstorbene vom Henker auf dem Schinderwasen vergraben werde, warteten die Lutheraner, Täufer und Zwinglianer, bis der Betroffene nicht mehr reden konnte, um ihm dann die Kommunion applizieren zu lassen und eine unehrenhafte Bestattung zu umgehen. Besonders beklagte sich Spindler über den Spitalprediger Jakob Schreppel, der praktisch im Spital eine konkurrierende, zweite Stadtpfarrkirche eingerichtet hatte und offen lutherisch predige. Er verweigerte die Fürbitte für die Verstorbenen, lehnte die Beichte ab und gab das Abendmahl unter beiderlei Gestalt aus. Angesichts dieser außerordentlichen Schwierigkeiten bot Spindler seinen Rücktritt an, den der Rat jedoch nicht annahm. Im Gegenteil: Der

Prediger Schreppel wurde aus der Stadt geworfen. Damit hatte der öffentliche evangelische Gottesdienst in der Stadt sein Ende gefunden und man konnte nun mit einigem Recht im Jahr 1555 behaupten, zu diesem Stichjahr der Duldung habe in Schwäbisch Gmünd gar keine offizielle lutherische Gemeinde bestanden und es hat auch keinen offiziellen Prediger gegeben.

Auf dieser Grundlage – katholischerseits negierte man einfach die Existenz einer evangelischen Gemeinde – gab es dann für fast zwei Jahrzehnte so etwas wie eine friedliche Koexistenz. Das änderte sich jedoch schlagartig, als 1573/74 im Zug der Gegenreformation nach dem Konzil von Trient der junge, neue, dynamische Stadtpfarrer Jakob Meyer die Gangart verschärfte und die Taufe von Neugeborenen davon abhängig machte, ob die Mutter sich vor der Niederkunft hatte einsegnen lassen. Das Vorgehen des Pfarrers führte dazu, dass viele Schwäbisch Gmünder ihre Kinder jetzt außerhalb der Stadt taufen ließen. Als das der Magistrat verbot und nach einem bischöflichem Vorschlag alle Andersgläubigen aufforderte bis zum 29. September 1574 zum Katholizismus überzutreten oder – da man ja katholischerseits die Existenz Andersgläubiger negierte – seinen Katholizismus öffentlich darzustellen oder anderenfalls unter Bezahlung der Abzugssteuer die Stadt zu verlassen, protestierten 15 Bürger gegen diese Verfügung mit der Drohung, man werde sich woanders Hilfe holen. Hilfe kam tatsächlich in Person dreier Räte des Herzogs von Württemberg am 23. Oktober 1573, die im Namen ihres Herren, des Landgrafen Wilhelm von Hessen und dreier Pfalzgrafen bei Rhein, den Magistrat aufforderten, den Evangelischen in Schwäbisch Gmünd eine Kirche für ihren Gottesdienst zu überlassen oder wenn nicht, sie doch wenigstens als Bürger der Stadt zu dulden. Die Räte erreichten beim Magistrat, der auf stur schaltete, gar nichts als eine Fristverlängerung auf den 13. März 1575. Jetzt schalteten sich auch andere protestantische Reichsstädte in die Affäre ein. Erhalten sind Botschaften aus Straßburg,

Ulm, Esslingen, Worms, Regensburg, Nördlingen, Dinkelsbühl, Heilbronn und besonders aus dem reichen Frankfurt a. M., die in schärfster Form das Vorgehen Schwäbisch Gmünds rügten und darauf hinwiesen, dass man es mit der katholischen Minderheit in ihren Städten genau so machen könnte. Angesichts dieses fast reichsweiten Protestes ließ man auch die zweite Frist verstreichen und unternahm vorerst nichts gegen die protestantischen Mitbürger.

Wenig eindeutig sprach sich der von Schwäbisch Gmünd um eine Entscheidung angegangene Kaiser Maximilian II. aus: In nichtssagenden Worten rief er beide Seiten zur Besonnenheit auf. Da man sich von der kaiserlichen Autorität nicht unterstützt sah, ging man zu neuen Praktiken über. Man änderte den Bürgereid für aufzunehmende neue Bürger um den Passus, dass sie immer der katholischen Religion zugetan sein mussten und schrieb ebenso die jährliche Osterbeichte und Osterkommunion für sie fest. Wer ein städtisches Amt ausüben wollte, musste seine katholische Gesinnung demonstrieren. Und eben aus dieser Zeit stammt auch der Brauch, der dann bis zum Ende der Reichsstadt im Jahr 1802 Gültigkeit hatte, dass die Ratsherren zu jeder Ratssession mit offen getragenem Rosenkranz – dem Sinnbild des Katholizismus – zu erscheinen hatten.

Eingesessenen Bürgersöhnen durfte man diesen Eid nicht abverlangen und so bestand theoretisch durchaus die Möglichkeit, dass über Mischehen das protestantische Element in der Stadt noch verstärkt wurde. Da kam dem Magistrat die kirchliche Seite zu Hilfe: Hatten bis dahin die Evangelischen um des lieben Friedens willen Taufe und Trauung vom katholischen Stadtpfarrer vornehmen lassen, so verlangte der 1582 neu ins Amt gekommene Stadtpfarrer Johann Schroth von allen Brautleuten nun auch noch das katholische Glaubensbekenntnis. Im Jahr 1583 verweigerten Hans Enslin und Anna Bader das geforderte Bekenntnis. Beide Brautleute stammten aus reichen und angesehenen Familien. Das Problem löste man dadurch, dass sich die Brautleute von dem katholischen Pfarrer in Schechingen trauen ließen, der dieses Glaubensbekenntnis noch nicht verlangte.

Der Schwäbisch Gmünder Magistrat versuchte in der Folgezeit auch dieses letzte Schlupfloch zu stopfen, indem er den Kaiser bat, den Bürgereid auf die alteingesessenen Bürgersöhne ausdehnen zu dürfen. Aber auch diesmal war die Antwort des Kaisers wenig aussagekräftig. Also löste man das Problem anders: Da die katholische Partei die Macht in der Stadt besaß, bestimmte man einfach, dass auch alteingesessene Bürgersöhne den katholischen Bürgereid abzuleisten hätten. Da sich dagegen kein Protest erhob, war dies Stadtgesetz bis zum Jahr 1802. Doch auch diese Praxis musste irgendwann zu einem Fall führen, der die Grundsätzlichkeit der Schwäbisch Gmünder Religionspolitik auf den Prüfstand stellte.

Und dies war der Fall, als im Jahr 1593 der reiche Sensenfabrikant Veit Enslin, ein Witwer, die Tochter des aus Venedig eingewanderten Kaufmanns Sebastian Terzago heiraten wollte. Beide Brautleute legten nicht das geforderte Glaubensbekenntnis ab, sondern ließen sich vom protestantischen Pfarrer in Lorch trauen und nahmen in Schwäbisch Gmünd nur ihr Hochzeitsmahl ein. Die Strafe über 50 Gulden beunruhigte Veit Enslin nicht weiter.

Wahrscheinlich wäre diese Praxis so noch einige Zeit weiter gelaufen, wenn nicht Sebastian Terzago diesen Fall zum Anlass genommen hätte, endlich die Rechte der Protestanten in Schwäbisch Gmünd überprüfen und feststellen zu lassen. Im Jahr 1581 erlaubte ihm der Magistrat, Gagat in der Steiermark und in Spanien aufzukaufen, aus dem in Schwäbisch Gmünd die katholischerseits beliebten Rosenkränze hergestellt wurden: Ein Protestant war demnach der größte Produzent von Rosenkränzen in der Stadt. Bis zum Eklat bei der Verheiratung seiner Tochter schien Terzago konfessionell eher zurückhaltend gelebt zu haben, nun aber wird er zum Vorkämpfer der protestantischen Gemeinde in der Stadt.

Terzago beschwerte sich über die Schwäbisch Gmünder Kirchenpraxis bei mehreren anderen Reichsstädten und besonders bei Ulm, die die Sache ihrem Reichstagsgesandten zustellte, damit dieser sie den evangelischen Reichsständen bekannt machen konnte. Um seiner Forderung nach Freiheit der evangelischen Gemeinde größeren Nachdruck zu verleihen, reiste Terzago selbst zum Reichstag 1594 nach Regensburg, wo er vom Schwäbisch Gmünder Gesandten argwöhnisch beobachtet wurde. Gleich nach seiner Rückkehr nach Schwäbisch Gmünd warf ihn der Magistrat mit dem Vorwurf der Anrufung einer fremden Macht um Hilfe ins Gefängnis, aus dem er sich nur befreien konnte, indem er eine Urfehde unterschrieb, die beinhaltete, sich in dieser Angelegenheit nie mehr an auswärtige Mächte zu wenden. Im Jahr 1596 heiratete Terzago in Schwäbisch Gmünd in zweiter Ehe Salome Schedel. Ob diese Ehe nach katholischem Ritus geschlossen wurde, darf bezweifelt werden, denn nach der Geburt seines Sohnes Johann Benedikt verließ er die Stadt, behielt aber noch seine Wohnung bei.

Der Stein des Anstoßes, seine Tochter Anna Maria und sein Schwiegersohn Veit Enslin, scheinen sich später mit der katholischen Kirche ausgesöhnt zu haben, sonst wären als Patin ihrer Kinder wohl schwerlich die Äbtissin von Gotteszell und die streng katholische Ursula Dorothea Fugger im Taufbuch des heutigen Münsters aufgeführt. Nach dem Tod ihres Mannes Terzago ist die Witwe Salome Schedel wieder nach Schwäbisch Gmünd gezogen und dort wohl unter dem Druck des Umfeldes wieder katholisch geworden. Mit ihr endet auch die offizielle Geschichte der evangelischen Gemeinde in der Reichsstadt Schwäbisch Gmünd. Die Stadt an der Rems blieb bis zum Übergang an Württemberg im Jahr 1802 eine der wenigen Reichsstädte in Deutschland, die rein katholisch blieben.[2]

In den beiden anderen Reichsstädten Aalen und Bopfingen kam die Reformation in den ersten Jahrzehnten des 16. Jahrhunderts über Ansätze nicht heraus. Weder 1529 auf dem Reichstag in Speyer („Protestationsreichstag") noch in Augsburg 1555 stellte sich die Reichsstadt Aalen in die Reihe der protestantischen Städte. Auch unter den Städten, die nach der Eroberung Schwäbisch Gmünds durch die Schmalkaldener im Jahr 1546 auf kaiserlichen Befehl hin Reparationen an Schwäbisch Gmünd zu leisten hatten, wie etwa Bopfingen, wird sie nicht aufgeführt.

Erste zögerliche Versuche, „protestantisch" zu predigen, konnte der Ellwanger Propst als Kirchenpatron der Aalener Stadtkirche zuerst noch verhindern: Im Jahr 1533 kam es zu einer Einigung zwischen dem Magistrat der Reichsstadt und Stadtpfarrer Konrad Dolphin, in der man übereinstimmte, dem Stadtpfarrer wie bisher das „Vieropfer" zu reichen, deutliches „Indiz dafür, dass die alte Kirchenordnung noch intakt war"[3]. Der Stiftspropst von Ellwangen als Patronatsherr wusste in der Folgezeit reformatorische Tendenzen geschickt zu blockieren. In einem Vertrag vom 27. Juli 1546 zwischen der Fürstpropstei und der Reichsstadt am Kocher wurde dem reformatorisch angehauchten Pfarrer ein katholischer Kaplan beigegeben, zur „Fortpflanzung der Jugend in der katholischen Religion". Im Jahr 1560 – nach dem Tod des Pfarrers – hatte man anscheinend wieder stärker versucht, einen „gelehrten" Pfarrer anzustellen und deutsche Psalmen im Gottesdienst zu singen, starke Hinweise dafür, dass sich zumindest Teile der Bevölkerung stärker dem Protestantismus zuneigen wollten.

Als im Jahr 1575 die Stadt Aalen dann endgültig beschloss, die Reformation einzuführen, wehrte und weigerte sich Fürstpropst Christoph in Ellwangen, Pfründe und die Stadtkirche für einen neugläubigen Pfarrer freizugeben. Die Reichsstadt suchte darauf Hilfe beim Herzog von Württemberg, der als Schirmherr der Fürstpropstei fungierte: Seinem Druck musste Ellwangen nachgeben. Im Juli 1575 räumte der katholische Pfarrer seine Stelle. Liturgische Gewänder und Reliquien wurden entfernt und später an Ellwangen und Unterkochen abgegeben.

Nur 40 Bürger der auf 2.000 Personen geschätzten Einwohnerschaft der Reichsstadt Aalen lehnten die Reformation ab. Mit Hilfe Herzog Ludwigs von Württemberg führte Jakob Andreä, Propst in Tübingen, die neue kirchliche Ordnung in nur vier Wochen ein. Als ersten evangelischen Pfarrer bestellte man Adam Salomon, zuvor Seelsorger in Stetten im Remstal.

Im darauf folgenden Jahr 1576 kam es dann doch noch zu einer vertraglichen Regelung im Kirchenwesen zwischen dem Patronatsherren Ellwangen und der Reichsstadt, die im Wesentlichen darauf hinauslief, dass Ellwangen den lutherischen Pfarrer und Diakon mit dem Kleinzehnten besoldete, während die Abgaben vom Großzehnten auch in Zukunft der Fürstpropstei verblieben. Der Vertrag galt erstmals für neun Jahre, wurde aber dann immer wieder verlängert und dauerte praktisch bis zur Aufhebung der Reichsstadt im Jahr 1802 fort.

Von 1576 an präsentierte die Reichsstadt Aalen jeden neuen Pfarrer dem Stiftspropst und dem Stiftskapitel in Ellwangen als dem zuständigen Patronatsherren. Versuche Ellwangens, für die noch bestehende katholische Minorität 1606 eine eigenen Messdienst bei St. Johann einzurichten, scheiterten am Widerstand des Aalener Magistrats, der seit 1610 seinerseits dem Augsburger Bischof, unter dessen Sprengel die Stadtpfarrkirche nominell noch stand, jegliche geistliche Jurisdiktion in der Reichsstadt absprach.[4]

Auch in der Reichsstadt am Kocher führte der kaiserliche Rat Haas am 24. Januar 1552 – ähnlich wie in Schwäbisch Gmünd und Bopfingen – eine Ratsreform in aristokratischem Sinn durch, die letztendlich die Entmachtung der Zünfte bewirkte. Innere Zerwürfnisse innerhalb der Stadtbevölkerung machten aber schon im Jahr 1591 eine Revision dieser Haasschen Stadtverfassung von 1552 nötig: Jetzt musste der Bürgerschaft durch die Schaffung eines 24-Männer-Gremiums mehr Mitbestimmung bei der Verwaltung der Finanzen zugestanden werden. Aber damit waren die Misshelligkeiten in der

Bürgerschaft auf Dauer noch nicht beseitigt: In den Jahren 1605, 1614 und zuletzt am 22. April 1615 wurden wiederum große Änderungen vorgenommen; die letztere sanktionierte „eine Polizeiordnung der Stadt Aalen, welche… alle Willkür beseitigen sollte".[5]

In Bopfingen kann der erste Reformationsversuch wohl ins Jahr 1522 datiert werden, als der aus Reutlingen stammende Wolfgang Vogel in die Reichsstadt am Ipf kam und dort anscheinend unter großem Beifall und Zuspruch der Bevölkerung lutherisch predigte. Wie auch in der Reichsstadt Schwäbisch Gmünd hatte der Rat Bopfingens Bedenken, die Reformation gegen den erklärten Willen des Kaisers und der Kirchenpatronin der Stadtpfarrkirche – Kloster Kirchheim im Ries – durchzuführen und unternahm deshalb nichts für die Festanstellung Vogels, der einige Zeit später aus der Reichsstadt abzog. Nach Freiwerdung der Maria-Magdalenen-Pfründe an der Stadtpfarrkirche einige Monate später, die der Magistrat selbst besetzen durfte, wurde diese mit dem lutherisch gesinnten Jakob Jedler bestückt, während die übrigen Geistlichen den katholischen Kultus weiterführten. Wie auch in Schwäbisch Gmünd überlagerte sich die politische und kirchliche Entwicklung stark mit Ereignissen im Bauernkrieg: Auch in Bopfingen kam es zu politischen Differenzen zwischen dem konservativ-altgläubig eingestellten Magistrat und einem großen Teil der Bürgerschaft, die ihren Ausdruck darin fand, dass die Bürgerschaft am 11. März 1525 in Artikeln ultimativ die Einführung der Reformation und die Festeinstellung Jedlers forderte und insgemein alles Altgläubige abschaffen wollte. Als politische Forderungen erhob man eine größere Mitgestaltung der Bürgerschaft bei Entscheidungen, die die Stadt betrafen, Verringerung der Steuern, Kommunalisierung der Frondienste und Abstellung anderer Missstände. Von den aufrührerischen Bauern bedroht und von der eigenen Bevölkerung bedrängt, war der Rat zu Verhandlungen bereit: Den ausgehandelten Schiedsspruch der Nach-

barreichsstadt Nördlingen nahm der Magistrat jedoch nicht an und lavierte in der Folgezeit zwischen den Forderungen der Bauern und der eigenen Bürgerschaft, ohne sich festzulegen.

Ein Teil der Bauern hatte sich um den 27./28. März am Ipf gesammelt und forderte alle Bauern der Umgegend auf, zu ihnen zu stoßen. Ein anderer Teil der Riesbauern hatte sich in Deiningen zusammen gefunden und forderte ihrerseits die Ipfbauern auf, sich mit ihnen zu vereinen, was diese mit etwa 300 Mann auch vollzogen. Während die Reichsstädte Donauwörth, Dinkelsbühl und Nördlingen jegliche Unterstützung des nun vereinigten Bauernhaufens ablehnten, legte Bopfingen sich nicht fest, spielte auch hier eine unentschlossene Rolle. Um den 11. April löste sich der Bauernhaufen langsam selbst auf und nur ein harter Kern von ungefähr 200 Mann ging mit dem radikaleren Ellwanger Haufen zusammen, der vor Dinkelsbühl dann auch Erfolge verbuchen konnte. Unter dem Eindruck dieser Siege brach der Bauernaufstand im Ries erneut los, richtete sich diesmal aber in erster Linie gegen die Klöster Kirchheim/ Ries, Maihingen und Klosterzimmern. Der Rieser Bauernhaufen, völlig disziplinlos und ohne Kampferfahrung, wurde allerdings am 7. Mai von Truppen des Markgrafen Kasimir von Ansbach einige Kilometer östlich von Wassertrüdingen geschlagen. Der Ellwanger Bauernhaufen versuchte noch vergeblich am 10. Mai Burg Baldern und die Kapfenburg zu erobern. Nach der allgemeinen Niederlage der schwäbischen Bauern am 12. Mai in Böbingen löste sich auch der Ellwanger Haufen am 17. Mai in Ellwangen selbst auf.

Hatte sich der Rat in Bopfingen während des Bauernkrieges noch bereit gefunden, die Artikel der Bürgerschaft zu diskutieren und wenigstens die Anstellung des protestantischen Predigers Jedler zuzugestehen, so nahm er das jetzt teilweise zurück, wohl dabei nicht unerheblich von den noch verbliebenen altgläubigen Klerikern in der Stadt unterstützt. Da der Prädikant Jedler sich während des Bauernkriegs stark mit

te, tat er es nicht. Die Sache hatte im Übrigen ein Nachspiel: Der erste protestantische Prediger in Bopfingen, Wolfgang Vogel, zu dieser Zeit Prediger in Eltersdorf bei Nürnberg, verfasste ein Schreiben an den Bopfinger Magistrat, in dem er dessen Religionspraxis heftig kritisierte. Auf Betreiben der Reichsstadt Bopfingen entschuldigte sich nach Klärung der Verhältnisse die Reichsstadt Nürnberg beim Bundestag für die Vorgehensweise Vogels. Im Übrigen: Vogel gab sich später als Wiedertäufer zu erkennen und wurde am 26. März 1527 mit dem Schwert in Nürnberg hingerichtet.

Erst 1529 schickte ausgerechnet das katholische Kloster Kirchheim als Inhaber des Patronats nach wiederholten Bitten aus der Bevölkerung den lutherischen Prediger Magister Johann Vogler aus Wemding. Der Rat hielt aber auch in den nächsten Jahrzehnten seine unentschlossene Haltung in kirchlichen Angelegenheiten bei, konnte sich nicht definitiv auf die eine oder andere Linie festlegen: „Erst in den folgenden Jahren trat ein Umschwung ein, vermutlich als die alten Ratsherren wie der alte Pfarrer Con (1536) allmählich aus Amt und Leben schieden. Die nachrückende Generation warf das Ruder herum"[6]. Johann Vogler wurde neuer Pfarrer und führte 1536 das Simultaneum (gemeinsames Nutzungsrecht verschiedener Konfessionen) ein.

Zu Beginn des Jahres 1546 hatte anscheinend die Reformation gesiegt: Von da ab gab es drei protestantische Geistliche in der Stadt, einen Pfarrer, einen Prediger und einen Diakon.

Nach einigem Zögern war die Reichsstadt am 21. September 1546 trotz Warnungen Kaiser Karls V. dem Schmalkaldischen Bund beigetreten. Als Anfang Oktober das Kriegsgeschehen zwischen dem Kaiser und den verbündeten protestantischen Ständen sich in die Gegend um Donauwörth verlagerte, beschwerte sich die Reichsstadt am Ipf bei Kurfürst Johann Friedrich von Sachsen und Landgraf Philipp von Hessen über die Menge der Proviantlieferungen an die hessischen und sächsischen Kriegsvölker

der Sache der Bauern identifiziert hatte, musste oder wollte man ihn loswerden. Am 11. August 1525 versammelte deshalb der Rat die gesamte Bürgerschaft auf dem Rathaus und erbot sich, für den zu entlassenden Jedler einen neuen protestantischen Prediger einzustellen. Als es zur Abstimmung kam, votierten zehn Mann gegen das Begehren des Magistrats, vier revidierten am nächsten Tag ihre Meinung und die restlichen brachte man mit Gefängnis auf den Weg der Einsicht. Damit war die Sache der Reformation in der Reichsstadt vorerst gestoppt: Denn obwohl der Magistrat die Pfründe sofort hätte besetzen können, wie er es selbst angeboten hat-

und das Plündern von Soldaten der Schmalkaldener in Oberdorf. Aber es sollte noch wesentlich schlimmer kommen: Nach dem Zusammenbruch der protestantischen Front rückte der Kaiser am 26. November in die Reichsstadt Bopfingen ein. Man bat vergeblich um Gnade. Zwei Wochen lagen spanische und niederländische Truppen in und um die Stadt herum und hausten entsetzlich: Vergewaltigung und Plünderung waren anscheinend an der Tagesordnung. Als der Kaiser mit seinem Hauptquartier nach drei Tagen am 29. November 1546 aus Bopfingen abrückte, hielt eine spätere Chronik seine angebliche Stellungnahme mit den Worten fest „Par Dio, dem Städtlein haben wir`s grob gemacht".

Als politische Folge ergab sich, dass der Treueid auf den Kaiser erneuert werden und der Reichsstadt Schwäbisch Gmünd, der für ihre Eroberung durch die Schmalkaldener vom Kaiser Reparationszahlungen der schwäbischen und fränkischen Reichsstädte zugestanden worden waren, 300 Gulden entrichtet werden mussten. Bopfingen schrieb an Schwäbisch Gmünd: Man solle ihnen die 300 Gulden doch nachlassen; an dieser Summe könne der Stadt nicht viel gelegen sein, es sei ihr damit doch nicht geholfen – sie, fast die unvermögendste Stadt im Reich, habe das Geld nötiger. Die Reichsstadt an der Rems blieb hart. Bopfingen musste zahlen, obwohl man auch dem Kaiser schon 1.000 Gulden als Kriegsentschädigung hatte abliefern müssen.

Die von Karl V. am 30. Mai 1548 von Bopfingen geforderte Einführung des Interims wurde anfangs nur schleppend befolgt: Zwar schien man den protestantischen Prediger Kupferberger noch im selben Jahr entlassen zu haben.[7] Erst auf andauerndes Drängen des Bischofs von Augsburg entließ der Rat im Jahr 1549 oder 1550 auch Pfarrer Vogler und setzte an seine Stelle den Interimspriester Castolus Simon Moosburger, den man trotz einiger Bedenken in moralischer Hinsicht – er hatte eine Tochter mit seiner Köchin gezeugt – im Herbst 1551 offiziell in das Amt einsetzte. Um die Vorherrschaft der herrschenden konservativen Eliten zu stärken, erschien auch in der Reichsstadt Bopfingen acht Tage nach seinem Auftreten in Schwäbisch Gmünd am 29. Januar 1552 der von Kaiser Karl V. beauftragte kaiserliche Rat Haas, um die bestehende Magistratsverfassung im kaiserlichen Sinn umzugestalten. Anders wie in Schwäbisch Gmünd konnte er bei seiner Auswahl der Räte für den Magistrat nicht auf katholische Senatoren zurückgreifen und musste daher – von kleinen Auswechslungen abgesehen – personell alles so belassen, wie er es vorfand. Auch in Bopfingen regierten in Zukunft zwei Bürgermeister, die sich alle vier Monate im Vorsitz ablösten und zehn Räte zuzüglich eines Ersatzmannes. Die Mitregierung der Zünfte war damit praktisch ausgeschaltet, ein geschlossener Herrschaftszirkel durch Kooptation (Hinzuwahl) bewahrt. Die althergebrachten Ordnungen hatte man schon im Jahr 1550 schriftlich im so genannten „Merzending" oder „Merzenrecht" zusammengefasst, das jährlich zum 1. März der Bevölkerung zur Erneuerung vorgelegt und vorgelesen wurde.[8]

Einen neuerlichen Umschwung in der Kirchengeschichte der Reichsstadt bewirkte der Frontwechsel des Kurfürsten Moritz von Sachsen, der als Neugläubiger bisher bedingungslos die Linie Karls V. mitgetragen hatte und nun eine Koalition alt- wie neugläubiger Reichsfürsten anführte, die mit der rigiden, auf keinerlei Ausgleich abzielenden Religionspolitik des Kaisers unzufrieden waren. Im April 1552 stand das aufrührerische Heer Moritz von Sachsens bereits vor Augsburg. Ein auf den 30. April einberufene Versammlung der Reichsstädte in Augsburg entschied, die religiöse Situation wieder herzustellen, wie sie vor der Einführung des kaiserlichen Interims geherrscht hatte: Bopfingen unterschrieb natürlich diese Erklärung.

Nach dem Ende des Schmalkaldischen Krieges (1546/47) hatten die protestantischen Fürsten Graf Ludwig XV. und sein Sohn Ludwig XVI. von Oettingen ins Exil gehen müssen. Die Fürstenkoalition setzte beide am 4. Mai 1552 wieder ein und sofort begann Ludwig XVI. den Protestantismus in seinem Gebiet und Einflussbereich wieder einzuführen. Als Vogt des Klosters Kirchheim erkannte er dessen Interimspriester Moosburger in Bopfingen nicht an, der daraufhin am 5. Juli 1552 seine Stelle in der Reichsstadt räumen musste. Der Graf lieh der unvermögenden Stadt am 30. Juli 1552 den ehemaligen Windsheimer Spitalprediger Jerg Hummel als neuen protestantischen Stadtpfarrer aus, der auch einen erneuten konfessionellen Umschwung unter dem katholisch gebliebenen Friedrich von Oettingen überstand. Trotz allem hielt sich die nun wieder protestantisch gewordene Stadt ein Hintertürchen für alle Eventualitäten in Religionsangelegenheiten offen: 1554 präsentierte der Bopfinger „Hasenrat" auf die freigewordene Nicolaipfründe in der Stadtpfarrkirche dem Bischof von Augsburg den altgläubigen Hans Lüben, den man sich auch auf dieser Stelle bestätigen ließ.

Nach dem Augsburger Religionsfriede von 1555 übernahm in Bopfingen der Rat dann – wie auch in den anderen protestantischen Reichsstädten – das Kirchenregiment, die Kirchenordnung selbst ließ man sich von der Reichsstadt Nürnberg kommen.[9]

Auch in der Fürstpropstei Ellwangen gab es – wie in der Reichsstadt Schwäbisch Gmünd – zu Anfang des Jahrhunderts Missstände bei der Geistlichkeit, wie etwa ein Erlass des Stiftsdekans gegen Konkubinarier aus dem Jahr 1517 aufzeigt. Im Januar 1521 verzichtete Propst Albrecht II. auf sein Amt. Was nun folgte, löste wohl letztendlich den Versuch der Reformation in der Stiftspropstei mit aus. Gegenüber drei hochadligen Konkurrenten wählte das Stiftskapitel einen aus den eigenen Reihen. Der Chorherr Johann von Gültingen konnte sich aber nicht gegen Pfalzgraf Heinrich, den Bruder des Kurfürsten von der Pfalz, durchsetzen und musste auf seinen Anspruch verzichten. In der Folgezeit „öffnete er sich nun für die Formen des neuen Glaubens"[10] und gewann mit den Stiftsherren Wilhelm von Hesperg und Sig-

mund von Woellwarth eifrige Bundesgenossen. In der Stadt selbst sympathisierte Stadtpfarrer Georg Mumpach offen mit der Reformation. Er hatte in Heidelberg studiert und sich wohl dort dem Protestantismus zugewandt. Ein weiterer Streiter für die Formen und Inhalte des neuen Glaubens wurde der Ellwanger Stiftsprediger Johann Kreß, der seit 1524 offen gegen die Messe predigte. Pfarrer Mumpach schlug 1524 wie sein großes Vorbild Luther Artikel an der Stadtpfarrkirche in Ellwangen an, in der er sich im Wesentlichen gegen die Messe und die kirchlichen Traditionen aussprach. Als ihn der Bischof von Augsburg deswegen vor sein Gericht zitierte, weigerte sich Mumpach und appellierte zugleich an ein zukünftiges Konzil. Die Bannung des aufrührerischen Stadtpfarrers löste bei der Bevölkerung in Ellwangen einen Solidarisierungseffekt aus: Im März 1525 verlangte man stürmisch, der Stadtpfarrer solle weiter protestantisch predigen. Vor der aufgeheizten Stimmung in der Bevölkerung und weil sie um ihr Leben fürchteten, verließen die meisten Stiftsherren die Stadt.

Die Reformation machte nun Riesenfortschritte. Demonstrativ und ostentativ luden Stadtpfarrer und Stiftsprediger in der Karwoche zum öffentlichen Fleischessen ein. Wie in Schwäbisch Gmünd und Bopfingen wurde diese politische wie ideologische Entwicklung durch den nun beginnenden Bauernkrieg noch fokussiert und beschleunigt. Am Ostermontag, den 17. April 1525 zogen erste Bauernhaufen durchs Ellwanger Land.

Der Stiftsprediger Kreß begab sich auf die politische Schiene und predigte, man dürfe nur einer frei gewählten Obrigkeit untertan sein. Das war Wasser auf die Mühlen der aufständischen Bauern – gerade und weil er deutsch predigte und offen die Meinung vertrat, alle leibeigenen Bauern seien frei und man müsse alle Klöster zerstören.

Besonders durch seine enge Verbindung mit den Bauern wurde der revolutionäre Zug auf Ellwanger Territorium immer schneller. Am

26. April ließen die Städter die Bauern in ihre Stadt und nahmen deren 12 Artikel an: Die Messe wurde abgeschafft, im Gottesdienst die Kommunion unter beiderlei Gestalt ausgeteilt. Johann von Gültingen beabsichtigte, unter Assistenz von Kreß und Mumpach, die Propstei zu säkularisieren und in eine weltliche Herrschaft umzuwandeln.

Mit 2.000 bewaffneten Bauern zogen Hesperg und Gültingen gegen die Reichsstadt Dinkelsbühl. Nach deren Kapitulation und der Zerstörung des Klosters Mönchsroth ging es nach Ellwangen zurück, wo die Häuser der geflüchteten Stiftsherren geplündert wurden. Gegen so viel Rigorismus formierte sich städtischer Widerstand, dem es gelang, die aufständischen Bauern aus der Stadt zu drängen. Am 17. Mai 1525 kamen Truppen des Schwäbischen Bundes und schlugen die Bauern vernichtend. Die Niederlage bedeutete – ähnlich wie in Schwäbisch Gmünd – den Anfang vom Ende des Protestantismus in Ellwangen.

Stadtpfarrer und Stiftsprediger wurden von den Bundestruppen am 30. Juli 1525 festgenommen und dem geistlichen Gericht ihres Bischofs in Augsburg überstellt; am 20. Oktober mussten sie sich in Dillingen in 18 bzw. 25 Punkten rechtfertigen. Kreß blieb dabei, dass die Messe Gotteslästerung sei, während Mumpach weiterhin die Meinung vertrat, der Papst sei der leibhaftige Antichrist. Als beide im Wesentlichen bei ihren Behauptungen blieben, stieß sie das geistliche Gericht aus den Reihen des Klerus aus und übergab sie wegen Aufruhrs dem weltlichen Gericht: Nachdem beide schuldig gesprochen worden waren, richtete man sie am 7. November 1525 in Lauingen mit dem Schwert.

Der Stiftsprediger Kreß hatte angesichts des Todes noch widerrufen. Johann von Gültingen gelang dagegen die Flucht nach Straßburg, wo er sich später verehelichte und dort auch unbehelligt verstarb.

Nach der Rückkehr von Propst und Chorherren brach über Bürger und Bauern von Ellwangen ein Strafgericht herein: Jeder der auf-

rührerischen Bauern musste 6 Gulden Strafgeld entrichten, 32 Bürger wurden 1526 zum Tode verurteilt, aber letztlich nur drei davon hingerichtet. Um in Zukunft gegen alle Versuche von Seiten einzelner Stiftsherren, die Reformation einzuführen, sicher zu sein, hatten alle Stiftsherren einen Eid abzuleisten, in Zukunft katholisch zu bleiben.

Was folgte, war wie in Schwäbisch Gmünd ein jahrzehntelanger Kampf zur „Austrocknung" der evangelischen Gemeinde in Ellwangen. Die Praxis, den katholischen Kult wie in Schwäbisch Gmünd über Ausweisung oder jährlich nachgewiesene Kommunion zu stärken, blieb immer eine Gratwanderung für den Fürstpropst und sein Kapitel, da das reformierte Württemberg als Schirmherr der Fürstpropstei fungierte und die protestantischen Glaubensbrüder schützte. Der Schlusspunkt dieser Entwicklung wurde im Jahr 1598 erreicht, als die immer wieder verlängerte Schirmherrschaft des Herzogtums Württemberg über die Fürstpropstei Ellwangen erlosch bzw. nicht mehr verlängert wurde: Ellwangen hatte sich damit aus eigener Kraft zu einem souveränen Fürstentum entwickelt.

Im Jahr 1571 etwa gingen in Ellwangen 492 und auf dem Landgebiet 600 Personen zur Osterkommunion; lediglich neun in der Stadt und 20 in den Dörfern waren „ungehorsam" – also protestantisch – geblieben. Die Rekatholisierung wurde durch die seit 1585 regelmäßig durchgeführten Volksmissionen der Dillinger Jesuiten noch forciert. Seit dem Jahr 1611 bestand eine eigene Jesuitenniederlassung in der Stadt.

Nachfolger von Fürstpropst Heinrich, der neben Ellwangen auch die Bistümer Worms (seit 1523), Utrecht (seit 1524) und Freising (seit 1540) verwaltete, wurde Otto Truchsess von Waldburg, nebenbei noch Bischof von Augsburg und späterer Kardinal, eine „der markantesten Persönlichkeiten der katholischen Erneuerung".[11] Vorausgegangen war ein politisches Intermezzo: Im Jahr 1540 versuchte Kaiser Karl V. den Deutschmeister Wolfgang Schutzbar genannt Milchling als Fürstpropst durchzusetzen, um den durch die Säkularisation Ostpreußens stark geschwächten Deutschorden in der Ellwanger Gegend zu entschädigen; nur durch strikte Opposition des Stiftskapitels konnte diese Absicht verhindert werden und auch gegenüber Otto von Truchseß selbst wahrte das Kapitel seine Wahlfreiheit und ließ den Gewählten eine Wahlkapitulation unterschreiben: Damit begann „eine dauerhafte Tradition: Die Eigenständigkeit und eine Art der Mitregierung des Kapitels."[12]

Auf Kardinal Otto von Truchseß, der seine kleine Nebenresidenz die meiste Zeit von Rom aus regierte, folgte Christoph von Freyberg. Damit wurde zumindest für einige Zeit die sehr enge Verbindung mit Rom gelöst, aber lediglich bis zum Jahr 1591, als es dann ständiger Usus wurde, dass die gewählten Fürstpröpste ihr Wahlprotokoll mit der Bitte um Bestätigung nach Rom sandten. Im Protokoll des neuen Stiftpropstes Johann Jakob Blarer aus dem Jahr 1621 wird berichtet, „dass das Ellwanger Gebiet rein katholisch sei, weil keine Andersgläubigen darin geduldet würden, dass es aber auf allen Seiten von protestantischen Territorien umgeben sei".[13] Der Prozess der Rekatholisierung war auf Ellwanger Territorium somit erfolgreich abgeschlossen.

Gesteigertes Repräsentationsbedürfnis bewirkte in dem Jahrzehnt vor Ausbruch des Dreißigjährigen Krieges den Umbau der mittelalterlichen Burg in ein Fürstenschloss der Spätrenaissance: „Fürstpropst Johann Christoph von Westerstetten ließ 1603–1608 anstelle der mittelalterlichen Burg als Hauptbau ein Fürstenschloß der Spätrenaissance in der Form einer vierflügeligen Anlage um einen Innenhof mit mehrgeschossigen Arkaden und hohen achteckigen Ecktürmen errichten, dessen Außenbild und Arkadenhof im Wesentlichen noch heute erhalten sind. Neueste Forschungen haben den bisher unbekannten Baumeister des Schlosses entdeckt. Es war der welsche Maurermeister Peter Riegeisen aus Rovereto in Graubünden".[14]

Partiell anders stellte sich die Reformationsgeschichte und die des Bauernkriegs auf dem Gebiet der Abtei Neresheim und des gleichnamigen Ortes dar, als dessen Grundherr bis zum Jahr 1764 die Benediktinerabtei „in monte sita" selbst fungierte. Die Vogtei über das Kloster selbst aber übten bis zum selben Jahr 1764 die Grafen von Oettingen aus.

Im Jahr 1497 hatte das Kloster durch den Prior Johannes Vinsternau Anschluss an die strenge Reformrichtung von Melk gefunden; von 1510 bis 1529 lenkte der Reformprior und belesene Humanist – der „Seneca, Cicero, Erasmus von Rotterdam und Aeneas Silvio Piccolomini in den Gesichtskreis seines Konvent" stellte[15] – selbst als Abt die Geschicke des Konventes und der dazu gehörigen Güter im Härtsfeld, im Brenz- und Donautal sowie im Ries. Im Jahr 1555 waren dem Kloster in 55 Ortschaften immerhin 535 Untertanen zinspflichtig.[16]

Nach einer Erbteilung im oettingischen Grafenhaus mit Wirkung vom 6. Februar 1523 kamen Amt und Kloster Neresheim unter die Vogtei des katholisch gebliebenen Grafen Martin von Oettingen-Wallerstein, während der östliche Grafschaftsanteil unter der Linie Oettingen-Oettingen die neue Lehre annahm.[17] Auch hier nahm der Bauernkrieg starken Einfluss auf die Entwicklung der Geschichte: Der sich am 29. März 1525 vereinigende Bauernhaufen, der Rieser Haufen, forderte vehement Stadt und Abtei Neresheim auf, sich ihm anzuschließen und seine Ziele zu unterstützen. In ihrer Not wandten sich die Neresheimer an Graf Martin von Oettingen und erhielten von ihm die Erlaubnis 40 bis 50 Mann zum Bauernhaufen zu schicken, gelobten aber von sich aus, auf seine Aufforderung den Bauernhaufen „ungelübdet" wieder zu verlassen, was sie auch nach acht Tagen vollzogen.

Die Lage blieb gespannt: Abt Johannes Vinsternau flüchtete die wichtigsten Wertsachen des Klosters und sich selbst unter den Schutz des Grafen Martin in dessen Residenzstadt Wallerstein. Durch geschicktes Verhandeln der Grafen von Oettingen und einiger Reichsstädte wie

Nördlingen und Dinkelsbühl mit den Bauern gelang es, eine Übereinkunft abzuschließen: Danach löste sich der Rieser Bauernhaufen am 12. Mai selbst auf.

Der vielmehr agilere und gewalttätigere Ellwanger Bauernhaufen blieb aber weiterhin auch eine Gefahr für das Ries. In dieser Situation erlaubte es Abt Vinsternau seinen in der Abtei verbliebenen Mönchen, bei Not ebenfalls zu fliehen. Graf Martin setzte sich am 4. Mai in einem Brief an die Stadt und die Landschaft der Vogtei Neresheim energisch für die Belange des Klosters ein und konnte so wahrscheinlich verhindern, dass das Kloster von den nun auch wieder im Ries aktiven Bauern geplündert wurde. Das Ende des Aufstandes ist auf den 7. Mai zu setzen, als Truppen des Markgrafen Casimir von Ansbach die Bauern bei Ostheim vernichtend schlugen. Der Ellwanger Haufen löste sich zehn Tage später nach einer militärischen Niederlage selbst auf.

Mitglieder des Schmalkaldischen Bundes – der Interessenvertretung der protestantischen Stände – waren auch die protestantischen Grafen Ludwig XV. und dessen Sohn Ludwig XVI. von Oettingen-Oettingen, während Martin von Oettingen-Wallerstein der katholischen Lehre verhaftet blieb. Als Anfang August 1546 schmalkaldische Truppen vor Wallerstein lagen, flüchtete der katholische Martin nach Dürrwangen und Ludwig XV. übernahm die Verwaltung für die gesamte Grafschaft: Das hatte Auswirkungen auf die Stadt und die Abtei Neresheim. Am 9. Oktober besetzten verbündete hessische Reiter die Abtei und am 20. Oktober übernahm Ludwig XV. das Kloster und die Stadt, setzte den Rat ab und verbot im Kloster die Messe. Das protestantische Intermezzo dauerte nur knapp einen Monat. Im November bereits standen Truppen Kaiser Karls V. im Ries und am 25. November 1546 übernachtete der Kaiser selbst im Kloster Neresheim, wo er am nächsten Tag die Messe hörte und dem wieder eingesetzten Abt eine „kostbare, von Gold und Edelsteinen schimmernde Mitra" übergab.

Auswirkungen hatte dieser glänzende kaiserliche Sieg für die beiden Ludwige von Oettingen. Sie mussten – vom Kaiser geächtet – ihrerseits den Weg ins Exil antreten, während der Bruder Ludwigs XVI., Graf Friedrich V., die Erbtochter des katholischen Grafen Martin von Oettingen-Wallerstein, Euphrosine, heiratete, katholisch blieb und seinem Schwiegervater Martin im Jahr 1549 im Wallersteiner Grafschaftsteil nachfolgte. Noch einmal wandte sich das Kriegsglück, als nach dem Abfall des Kurfürsten Moritz von Sachsen die Sachlage sich zugunsten der protestantischen Partei änderte: Graf Ludwig XVI. konnte zurückkehren und erreichte am 27. April 1552 unter dem Schutz der Truppen des Markgrafen Albrecht von Brandenburg-Kulmbach Kloster Neresheim, wo er flugs den Mönchen als neuer Herr 10.000 Gulden abpresste. Am 1. Mai plünderten dann sächsische Landsknechte das Kloster, wobei das Archiv, die Bibliothek und Kircheneinrichtungen schweren Schaden erlitten. Abt und Konvent flüchteten in die Stadt Neresheim. Die Hilfeersuchen an den neuen Landesherrn Ludwig XVI. zugunsten des Klosters blieben ungehört. Im Gegenteil: Ludwig ließ am 6. Mai Abt Johannes III. Schweickhofer (1545–1566) verhaften, erpresste vom Kloster nochmals 12.000 und von der Stadt Neresheim weitere 8.000 Gulden, schaffte die Messe ab und ließ sich von allen Pfarrern der Gesamtgrafschaft huldigen. Sein katholisch gebliebener Bruder Friedrich musste derweil ins Exil gehen.

Im Herbst 1552 wandte sich das Blatt wiederum für die kaiserliche Sache: Ludwig XV. seinerseits musste weichen und sein katholischer Bruder Friedrich übernahm die Herrschaft in der Gesamtgrafschaft. Erst als der Kaiser im März 1553 die beiden protestantischen Ludwige begnadigte, stabilisierten sich die Machtverhältnisse in den beiden Grafschaften Oettingen. Neresheim und das Benediktinerkloster Neresheim verblieben in der Grafschaftshälfte von Oettingen-Wallerstein und somit katholisch. Bis zum Ende des Jahrhunderts blieb die poli-

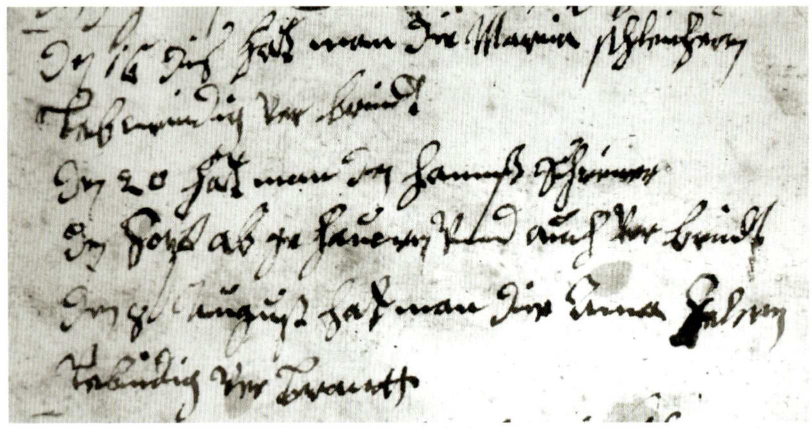

tische Lage stabil und unverändert: Das kam nicht zuletzt dem intellektuellen wie kulturellen Leben im Kloster zugute. Abt Johannes III. Schweickhofer konnte in noch schweren Jahren den Buchbestand der Bibliothek erweitern. Sein Nachfolger Abt Georg III. Gerstmayr trug den gestiegenen Anforderungen der Zeit Rechnung und errichtete eine neue Klosterbibliothek. Er begründete die enge Zusammenarbeit mit der seit dem Jahr 1563 von Jesuiten geleiteten katholischen Universität in Dillingen an der Donau. Der nachfolgende Abt Melchior Hönlin (1584– 1616) richtete im Kloster eine eigene Schule ein. „Vier großformatige Chorbücher mit Illuminationen, die er erwarb und die sich heute in der württembergischen Landesbibliothek befinden, gehörten ursprünglich dem evangelisch gewordenen Kloster Lorch".[18]

Das Kloster Lorch, eine ursprünglich staufische Gründung wahrscheinlich des frühen 12. Jahrhunderts, erlebte nach Jahrhunderten des schleichenden Niedergangs mit einer Reform um 1462 durch Graf Ulrich V. von Württemberg eine neue Blütezeit, die trotz Einbrüchen im Bauernkrieg über siebzig Jahre andauern sollte. Über das Kloster Wiblingen hatte das Benediktinerkloster schon relativ früh Anschluss an die strenge Melker Reformbewegung gefunden.[19] Der Bauernkrieg machte sich auf dem Territorium des Klosters Lorch Ende des Monats März 1525 bemerkbar: Am 26./27. März 1525 versammelten sich in Spraitbach limpurgische und gmündische Bauern, die die Bauern des Klosters Lorch aufforderten, zu ihnen zu

stoßen.[20] Nachdem sich der Bauernhaufen Ende März 1525 nach einer demokratischen Abstimmung vorerst selbst aufgelöst hatte, formierte er sich unter dem Eindruck der Eroberung Weinsbergs wieder neu und nannte sich fortab nach seinem Sammelpunkt Gaildorf „Gaildorfer Haufen". Von Gaildorf zogen die Bauern nach Kloster Murrhardt, das man plünderte und weiter nach Kloster Lorch, das am 26. April eingenommen wurde. Abt und Konvent hatten wohl die wichtigsten Archivteile und wahrscheinlich auch den bedeutenden Reliquienschatz nach Schwäbisch Gmünd oder Schorndorf gerettet und sich selbst auf ein Klostergut in Münster bei Stuttgart in Sicherheit gebracht. Der Großteil des Gaildorfer Bauernhaufens blieb bis zum 3. Mai im Kloster stationiert.

Über den Brand und die Zerstörung des Klosters an diesem Tag gibt es zwei Varianten, wobei beide von ein und demselben Zeugen, dem Frickenhofer Pfarrer Wolfgang Kirchenesser stammen, der gezwungenermaßen als Sekretär den Bauern diente und den man nach deren Niederlage darüber befragen konnte. Nach seiner ersten Version hätten die Bauern im Dorf Lorch selbst das Kloster angezündet. In seiner zweiten, viel ausführlicheren berichtete er, dass beim Abrücken der Bauern ihr Anführer Jörg Bader aus Böbingen – der im Übrigen auf einem Streifzug am 29. April die Burg Hohenstaufen erobert und verbrannt hatte – der Nachhut, sechs noch im Kloster verbliebenen Bauern, verboten habe, das Kloster anzuzünden. Während sich aber nicht alle seiner Meinung anschließen wollten und anfingen zu diskutieren, habe bereits das Bauhaus im östlichen Teil der Klosteranlage in Flammen gestanden. Als Bader noch um Verstärkung rief, um die im Klosterhof stehenden Geschütze bergen zu lassen und selbst in die Kirche eilte, um Sakrament und Reliquien zu retten, griff draußen das Feuer schon auf das Konventsgebäude über und vernichtete dabei einen großen Teil der wertvollen Bibliothek. Abt Sebastian Sitterich hat im Übrigen diese Katastrophe nicht lang überlebt: Sein Nachfolger, der bisherige Prior Lorenz Autenrieth, wurde schon am 29. Dezember 1525 gewählt und baute das Kloster in den Jahren 1526 bis 1531 wieder vollständig auf.

Im Jahr 1534 kehrte Herzog Ulrich von Württemberg aus dem hessischen Exil in sein Land auch mit dem festen Vorsatz zurück, die Reformation einzuführen. In Lorch besaßen die Grafen von Württemberg seit 1322 die Schutzvogtei, seit Ende des 15. Jahrhunderts war das Kloster selbst württembergischer Landstand d. h. integraler Bestandteil des Herzogtums, wobei Rechte und Pflichten jedoch juristisch nicht präzise definiert waren. Zuerst musste das Kloster alle während der österreichischen Besatzung angelaufenen Steuern nachentrichten und die Hälfte seiner diesjährigen Einkünfte an die herzogliche Finanzkasse abführen. Doch nicht genug damit: Im November 1534 erteilte Herzog Ulrich den Befehl, den gesamten Klosterbesitz aufzunehmen, um einer eventuellen Verschleuderung durch Abt und Konvent zuvorzukommen: Zu diesem Zweck ließ er auch das Klosterarchiv beschlagnahmen, in dem alle Gerechtsame und Privilegien aufbewahrt wurden. Das war ein schwerer Eingriff in die behauptete Souveränität des Klosters, der dadurch noch verschärft wurde, dass ein neuer Landtag im März 1535 für alle Klöster im Land neuerlich hohe Steuern bestimmte und abermals die Hälfte der Einnahmen abforderte. Zu diesen fiskal-administrativen Eingriffen kamen nun auch solche, die das religiöse Leben der Mönche stark berührten: Wohl schon zu Beginn des Jahres 1535 schickte die herzogliche Administration Lesemeister (protestantische Geistliche) in die Klöster, um die Mönche auf den Weg zur Reformation zu bringen. In Lorch selbst hatten sie nur wenig Erfolg. Im Juli 1535 wurde daraufhin der Zwang forciert: Eine neue Klosterordnung schaffte Messe und Beichte grundsätzlich ab und wohl noch im selben Monat erschien im Kloster eine herzogliche Kommission, die die Durchsetzung dieser Ordnung überwachen sollte. Es blieb allerdings den Mönchen freigestellt, ob sie das Kloster unter Mitnahme ihres eingebrachten Vermögens oder unter Bezug einer jährlichen Pension von 40 Gulden „freiwillig" verlassen wollten. Das Angebot zeigte aber keinen Erfolg: Lediglich ein Mönch nahm an.

Da alle diese Maßnahmen offensichtlich nicht fruchteten, wurde Abt Lorenz im Herbst nach Stuttgart bestellt und ihm dort eröffnet, dass das Kloster vollständig aufgelöst werde. Gegen diese Absichtserklärung protestierten Abt und Konvent von Lorch einmütig – natürlich ohne Erfolg. Im Dezember 1535 führte der Obervogt von Schorndorf die herzoglichen Befehle durch und stellte die Mönche in Lorch vor die Alternative: Entweder Rente oder Rauswurf, d. h. sofortige Unterbringung im Kloster Maulbronn als Sammelkloster für alle, die Mönche bleiben wollten. Auch diesmal fruchtete der Protest von Abt und Konvent gegen diese Maßnahme am 30. Dezember 1535 nichts. In der Folgezeit mussten 14 Mönche das Kloster verlassen, einige durften noch bleiben. Abt Lorenz war nun nicht mehr Vorsteher eines Klosters, sondern nur noch der herzogliche Verwalter von Klosterbesitzungen. Auch hier traute der Herzog dem Abt nicht ganz. Zur Kontrolle stellte er ihm einen Klosterverwalter zur Seite, und selbst die Reste der im Bauernkrieg verschonten Bibliothek – rund 60 Bände – mussten nach Stuttgart abgeliefert werden. „Es ist deutlich, dass Abt Lorenz, der vor allem aus politischen Rücksichten nicht hatte ausgewiesen werden können, im Kloster eben geduldet wurde und man im Übrigen zuwarten wollte, bis er sterben würde. Doch bis es dahin kam, sollte das Kloster durch den Gang der großen Politik eine Neubelebung erfahren".[21]

Die Reformation im Dorf Lorch gestaltete sich zur gleichen Zeit lediglich aus kirchenrechtlichen Aspekten schwierig, ihre Durchführung im praktischen Sinn dagegen als leicht. Der immer noch außerordentlich große Sprengel des Pfarrbereichs wurde von vier Pfarreien bedient, die ihren Ursprung in dem im 14. Jahrhundert aufgelösten Stift Lorch hatten, wo eine Klerikergemeinschaft hauptsächlich im Messenlesen für das Andenken an die Staufer sorgte. Das Pfarrbesetzungsrecht teilten sich Kloster Lorch und das Augsburger Domkapitel: Jedem stand darüber hinaus noch das Besetzungsrecht über je eine weitere Pfarrpfründe zu.

Mit der festen Absicht des Herzogs, die Reformation in allen Klosterorten durchzuführen, war die Stellung derjenigen Kleriker, die nur Messe lasen, unhaltbar geworden. In Verhandlungen mit dem Domstift in Augsburg reduzierte man die vier Pfarreien auf zwei – Augsburg verzichtete auf die Besetzung der ihm zustehenden zwei Stellen, nicht aber auf deren Einkünfte – verpflichtete sich aber nichtsdestotrotz, „künftig vom Einkommen der beiden Pfründen jährlich einen festen Geldbetrag sowie Naturalien an den Geistlichen Verwalter in Schorndorf zu liefern. Diese Geld- und Naturalleistungen wurden dazu verwendet, die Besoldung der beiden verbliebenen Lorcher Geistlichen aufzubessern."[22]

So konnte dann am 11. November 1535 eine württembergische Visitationskommission – bestehend aus dem Theologen Erhard Schnepf und dem Kirchheimer Obervogt Friedrich Thumb – im Dorf Lorch, wo bis dahin die Messe gelesen wurde, die Reformation einführen. Die beiden ersten protestantischen Pfarrer wurden der aus Schwäbisch Gmünd stammende Jeremias Mayer, die zweite Stelle besetzte Johann Rotdach (Rottach) aus Kempten. „Gerne wüssten wir, wie Reformation und Gegenreformation von den Leuten im Ort [Lorch] aufgenommen wurden. Hierfür gibt es freilich keinerlei Nachrichten. Es muss aber angenommen werden, dass es einige Zeit brauchte, bis die neuen Glaubens- und Gottesdienstformen eingewurzelt waren. Allgemein ist jedoch zu beobachten, dass der 1548 erfolgte Rückschlag nicht zu einer Zuwendung zur alten Kirche führte, sondern dass man schon so weit mit der Reformation war, dass man keine erneute Änderung wollte."[23]

Nachdem Kaiser Karl V. den Schmalkaldischen Krieg erfolgreich beenden konnte, sollte eine von ihm eingeführte neue Kirchenordnung – das am 15. Mai 1548 in Augsburg dekretierte Interim – Katholiken und Protestanten annähern. Dieses Interim bedeutete in letzter Konsequenz, dass die Mönche auch nach Lorch zurückkehren durften. Es war dies aber keine einfache Restitution, sondern die einzelnen Punkte wurden in zähen Verhandlungen festgelegt, die für beide Seiten bindend sein sollten. Die bereits im Sommer zurückgekehrten Mönche anerkannten in einem Vertrag den Herzog als Landesherren an und waren ab dem 30. November offiziell wieder Herren ihres Klosters und dessen Besitzungen. Bei ihrer Rückkehr hatten die Konventualen den alten Abt Lorenz Autenrieth „ganz alt und kindisch" vorgefunden und wählten deshalb – nach seinem Rücktritt – im Beisein der Äbte von Hirsau und Murrhardt Benedikt Rebstock zum neuen Abt, der seine Wahl direkt dem Herzog anzeigen musste.[24]

Der Passauer Vertrag 1552 und letztlich der Augsburger Religionsfriede 1555 beendeten die Geschichte der Klöster in Württemberg, jedoch mit dem signifikanten Unterschied, dass zumindest die Männerklöster nach erlassener Klosterordnung zu evangelischen Klosterschulen umgewandelt werden sollten, um dort die zukünftigen protestantischen Pfarrer auszubilden. Gemäß dieser Ordnung wurde im Kloster Lorch 1556 eine protestantische Klosterschule eingerichtet; daneben bestand aber weiterhin auch der katholische Konvent, der sich im Interim 1548 unter Abt Benedikt Rebstock und sechs Konventualen gebildet hatte. Allerdings verließen aus Protest gegen die neue württembergische Klosterordnung drei Mönche den Lorcher Konvent. Als Abt Rebstock am 16. Mai 1563 verstarb, baten die noch verbliebenen drei Mönche die württembergische Administration einen aus ihren Reihen zum neuen katholischen Abt wählen zu dürfen. Württemberg lehnte ab und bestimmte den Bietigheimer Pfarrer M. Georg Udal zum neuen, ersten protestantischen Abt. Die drei katholischen Mönche traten daraufhin aus dem Kloster aus und nahmen eine jährliche, lebenslange Pension von 40 Gulden an: Damit war die Geschichte des katholischen Klosters Lorch vorerst beendet.[25]

Das im Jahr 1270 von den Grafen von Oettingen gestiftete Zisterzienserinnenkloster Kirchheim am Ries überstand das Zeitalter des Bauernkriegs und der Reformation ohne größere Verluste: Das Kloster – gestärkt in einer inneren Reform im Jahr 1465 durch die Äbtissin Margaretha, eine Gräfin von Oettingen, und gefestigt durch eine neue Klosterordnung im Jahr 1500 – wurde im Bauernkrieg weder angegriffen noch zerstört. Zwei Anläufe des protestantischen Schutzherrn des Klosters, Graf Ludwig XV. von Oettingen, das Kloster in den Jahren 1543 und 1545 der Reformation zuzuführen, schlugen fehl: Weder ein eigens aufgestellter Pfleger für das Kloster noch das Angebot des Grafen, die Besitzungen des Klosters durch Pensionszahlungen an die Nonnen aufzukaufen, änderten etwas an der Tatsache, dass das Kloster altgläubig blieb, während im Ort Kirchheim selbst die Reformation eingeführt wurde. Während des Schmalkaldischen Krieges geriet der protestantische Graf Ludwig XV. von Oettingen in kaiserliche Acht:

Die Schirmvogtei über das Kloster übernahm von da an sein katholischer gebliebener Sohn Graf Friedrich. Nach dem Passauer Vertrag von 1552 und der Loslösung des alten Grafen vom Bann kamen jedoch zuerst die wirtschaftlichen Vorteile, die sich aus der Schirmhoheit über das Kloster ableiten ließen und dann die Schirmvogtei selbst wieder an die protestantische Grafenlinie zurück.[26]

In dem woellwarthischen Ort Heubach widersetzte sich der Patronatsherr der Stadtpfarrkirche, das Kloster Königsbronn, lang und mit Erfolg gegen die Einführung der Reformation, während der weltliche Herr Georg VII. von Woellwarth († 11. Februar 1551) mit seiner neugläubigen Haltung nicht hinter dem Berg hielt: Von Heubach aus starteten im Schmalkaldischen Krieg 1546 Kurfürst Friedrich von Sachsen und Landgraf Philipp von Hessen mit ihren Truppen

ihre Rochade gegen die katholische Reichsstadt Schwäbisch Gmünd, die zu deren Eroberung am 26. November führte.[27]

Aber erst der Nachfolger Georgs, Reinhard von Woellwarth († 3. September 1569), führte die Reformation ab 1556 planmäßig ein: „Heubach wurde zu einem Bollwerk des Protestantismus in einer katholisch bestimmten Umgebung, geriet aber zugleich in eine mitunter unangenehme Frontstellung gegenüber der katholischen Reichsstadt Gmünd und deren Dörfer"[28], etwa in Lautern, wo sich beide die Herrschaft teilten.

Letztlich durchgesetzt hat sich die Reformation allerdings erst, als es dem Herzogtum Württemberg im Jahr 1579 gelang, die an Woellwarth verpfändete Herrschaft auszulösen und selbst in Gänze die Herrschaft wieder zu übernehmen. Das war nicht ohne Reibungsverluste und Streitereien vor sich gegangen: Woellwarth hat sich lange gegen den Rückkauf der Herrschaft gesträubt und konnte in einem Vertrag vom 11. November 1563 zwar den Wiederkauf noch einmal auf 16 Jahre herauszögern, doch übernahm das Herzogtum schon von diesem Zeitpunkt an die landesherrliche Obrigkeit, ehe die Stadt und ihr Gebiet dann zum 31. Oktober 1579 mit allen Rechten und Pflichten wieder offiziell württembergisches Territorium wurden. Heubach bildete von nun an die Landbrücke zu den altwürttembergischen Besitzungen um Heidenheim, wurde im Jahr 1563 auch Sitz einer eigenen Oberamtei für die württembergischen Mitbesitzungen in Beuren, Buch, Ober- und Unterböbingen, Lindach und anderen meist gmündischen Ortschaften.

Als es im Jahr 1553 Württemberg gelang, den katholischen Patronatsherrn von Heubach, Abt Ambrosius Boxler von Kloster Königsbronn, abzusetzen und Herzog Christoph 1556 den Kirchensatz in Heubach erwerben konnte, hatte sich die Reformation endgültig durchgesetzt. Erster evangelischer Pfarrer wurde Johann Jacob Ezri Jacobäus aus Wemding; 1579 nach der endgültigen Rückkehr zu Württemberg soll

Jakob Andreä eine evangelische Kirchenordnung in Heubach zusammen mit Pfarrer Jacob Ulßamer eingeführt haben.

Bauliche Veränderungen erlebte die Stadt in diesem Jahrhundert noch zu woellwarthischen Zeiten: Im Jahr 1501 ließ man auf älterer Bausubstanz ein Rathaus errichten, das dann in württembergischer Zeit 1581 mit einem Fachwerk-Oberbau mit „Tansboden und Küche" versehen vor allem bei öffentlichen Festlichkeiten diente. Im Jahr 1524 bauten die Woellwarths ein älteres Adelshaus zu ihrem Stadtschloss um, wohl als Verwaltungs- und Repräsentationsmittelpunkt für ihre Besitzungen im Heubacher Raum bestimmt.[29]

Politik und Krieg – Strukturen im Ostalbkreis im 17. Jahrhundert: Die Ostalb im Dreißigjährigen Krieg

Die Anfänge des Krieges

„In disem Jahr", so vermeldete der Schwäbisch Gmünder Chronist Friedrich Vogt die Kampfhandlungen im Schwäbisch Gmünder Gebiet zum Jahr 1619 am Anfang des Dreißigjährigen Krieges, „ligt die ganze württembergische Kriegsheer um Gmünd herum". Es war dies auch für die Reichsstadt im Remstal die Folge einer sich zuspitzenden Krise internationalen Formats. Der böhmische Aufstand und die Einsetzung Friedrichs von der Pfalz als Gegenkönig in Böhmen und Mähren hatte die latent vorhandenen Spannungen zwischen Altgläubigen und Protestanten im Reich zum militärischen Ausbruch gebracht. Zwei beinahe gleichgroße Machtblöcke standen sich in dieser Konfrontation gegenüber: Die Reichsstadt Schwäbisch Gmünd hatte sich in diesem 1619er Jahr ziemlich spät der schon 1608 gegründeten katholischen Liga „zur Verteidigung und Erhaltung der wahren katholischen Religion, zur Fortpflanzung des gemeinen Friedens, zur Abwendung besorgter Gefahr und zur Handhabung der Reichsordnung" angeschlossen, ein Schritt, den das der protestantischen Union angehörige

Herzogtum Württemberg offenbar als offenen Affront und Kriegserklärung betrachtete.

Am 6. September 1619 erfolgte der württembergische Angriff auf Schwäbisch Gmünder Territorium von Lorch aus; am folgenden Tag marschierte das württembergische Kriegsvolk zwischen 7 und 8 Uhr morgens mit brennenden Lunten in die offene, nicht verteidigte Stadt ein. Die Schwäbisch Gmünder Chronisten konnten sich nicht genug tun, die Gräuel der Soldateska zu schildern: „Kirchen und Pfarrhöfe übergeweltiget, Sacristey und Tabernacul erbrochen, die Heiligtumber und priesterliche Kleydungen... geraubet, die Bildnußen der Heiligen entunehret, die Altär zerschlagen...".

In einem Faszikel von 73 Folien fasste später der reichsstädtische Magistrat die Beschwerden über diesen „Einmarsch ohne Kriegserklärung" zusammen. Weniger die wohl übertriebenen Schilderungen der Schändungen sakraler Gegenstände durch rohe Soldatenhaufen erzürnte da den Schwäbisch Gmünder Magistrat und die Bürgerschaft, als vielmehr die Einstellung des Kommandierenden der Okkupationsarmee, der, auf die Verwüstungen und Repressionen angesprochen, antworten ließ, man sei „nicht auf Freund Grund und Boden, man muss sich nicht anders als feindlich erzeigen".

Die Besetzung der Stadt und einiger umliegender Ortschaften – etwa Bargau – dauerte drei Wochen; der unglückliche Kriegsverlauf für die protestantische Union in Böhmen wie auch sanfter Bestechungsdruck von Seiten des Magistrats ließ die Württemberger endlich abziehen. Immerhin, die laufenden Kosten hielten sich gering, das „württembergisch Union-Volck" verzehrte in den Ortschaften lediglich, wie ein Bericht penibel festhielt, für 2.085 Gulden, 14 Batzen und 3 Kreuzer. Einer erneuten Teilbesetzung um den 23. Oktober 1619 entging man schließlich nur durch aktive Bestechung, wollte man nicht weiter riskieren, dass die Zufahrtsstraßen nach Schwäbisch Gmünd blockiert blieben und der Handelsstadt so großer wirtschaftlicher Schaden entstand. Der auf rund 40.000

Gulden angeschlagene Gesamtschaden wurde – obwohl Schwäbisch Gmünd beim Kaiser nachhaltig gegen die Verletzung seiner Souveränität protestierte und Recht erhielt – von Württemberg nie bezahlt.

Die Standfestigkeit und Treue, die Schwäbisch Gmünd der katholischen Liga und damit dem Kaiser entgegenbrachte, machten sich in den nächsten Jahren bezahlt: Im Zeitraum von 1619 bis 1621 erneuerte Kaiser Ferdinand II. die Privilegien seines Vorgängers Mathias wie die Belehnung mit dem Schultheißenamt, dem Fasszieheramt und dem Blutbann, erlaubte am 3. November 1623 die Erhöhung des Weggelds auf den Schwäbisch Gmünder Straßen – eine willkommene zusätzliche Einkommensquelle für den Stadtsäckel – und steigerte im Jahr 1624 die erst 1605 angehobenen Diäten der Bürgermeister und Ratsherren noch einmal erheblich.

Obwohl die Hauptkriegsschauplätze im Zeitraum der Jahre 1624 bis 1630 vornehmlich im Norden und Westen des Reiches lagen, wurde Schwäbisch Gmünd nicht von Einquartierungen kaiserlich-ligistischer Truppen und zusätzlichen Kontributionen verschont. Mehrmals – etwa 1625 – diente die Stadt sogar mehrere Wochen lang als Musterungsplatz; Schutzbriefe, die der Magistrat sich vom jeweiligen Platzkommandanten wie etwa 1628 vom kaiserlichen Kriegsrat Oberst von Ossa ausstellen ließ, um Übergriffe gegen die Zivilbevölkerung zu vermeiden, waren oft nicht das Papier wert, auf dem sie ausgestellt wurden. Mit List und Gewandtheit taktierte der damalige Ratsschreiber und nachmalige Bürgermeister Jakob Wertwein auf dem Regensburger Reichstag des Jahres 1630 und erreichte zumindest eine nominelle Herabsetzung der Abgabenbelastung und, nachdem er zwei einflussreiche Herren mit Wein „aktiviert" hatte, einen zusätzlichen Schutzbrief des kaiserlichen Kriegsrats von Holck am 18. Juli 1630.

Der Sieg des Kaisers über die Unionstruppen unter Führung Christians IV. von Dänemark machte den Weg frei zu einer kirchlichen Neugestaltung, zur Restitution oder Wiederherstellung des katholischen Kultus auch in bereits protestantischen Gebieten. Unter Oberst von Ossa hatten die kaiserlichen Kommissare, die die Restitution vor allem im Kloster Lorch und den protestantisch gewordenen Klosterorten durchführen sollten, in Schwäbisch Gmünd Quartier genommen, nachdem bereits zwei Versuche am 11. und 17. Juni 1630, das Kloster in Besitz zu nehmen, am Widerstand der protestantischen Insassen gescheitert waren. Am 17. August 1630 gelang unter militärischer Assistenz von Ossas die Einnahme des Klosters; das Personal wurde vom Treueid gegen Württemberg entbunden, das Kloster rekatholisiert und die protestantischen Pfarrer nach Schwäbisch Gmünd zitiert, wo ihnen die Ausübung ihres Kultes unter Strafe verboten wurde. Noch im September 1630 begannen auf dem Schwäbisch Gmünder Rathaus die Unterhandlungen mit den Vormundschaftsräten des Herzogs von Württemberg, die sich im Wesentlichen um die Frage der Freigabe der in der Reformationszeit enteigneten Güter des Klosters drehten. Im Kloster Lorch ließen sich in den Jahren 1630 bis 1632 Mönche des Schwarzwaldklosters St. Blasien nieder, die ihr Kloster mit dem in Lorch vereinten. Im Dezember 1630 gründeten die Administratoren der rekatholisierten Güter und geistlichen Besitzungen in Württemberg in Rottenburg einen Sonderbund zum Schutz ihrer Interessen; Sitz der Kasse dieses Bundes wurde die Reichsstadt Schwäbisch Gmünd, wo auch ihr Syndikus saß.

Auch in Aalen kam das protestantische Bekenntnis nun unter Druck, da man im Jahr 1552 – dem Stichjahr des Restitutionsedikts – augenscheinlich noch katholisch gewesen war: Im März 1628 räumte eine kaiserliche Kommission in Aalen die Stadtpfarrkirche wieder einem katholischen Priester ein und die Bevölkerung wurde mit sanfter Gewalt aufgefordert, das katholische Bekenntnis anzunehmen. Ein Teil der Einwohnerschaft kehrte auch tatsächlich zum alten Glauben zurück, der protestantische Teil hielt seine Gottesdienste mit ihrem Geistlichen in der Spitalscheuer ab. Deswegen erschien im

August desselben Jahres eine zweite kaiserliche Kommission, die nun durchaus rigider vorging: Der protestantische Pfarrer wurde entlassen, wer nicht katholisch werden wollte, sollte auswandern. Auch der Rat wurde radikal rekatholisiert, die erst 1605 eingeführte 24er Kommission als zu „demokratischer" Ansatz im aristokratischen Magistratssystem abgeschafft.[30]

Im Juli des Jahres 1630 hat man in Auswirkung dieser Rekatholisierung in Schwäbisch Gmünd ein seltsames Schauspiel beobachten können: Wohl unter dem massiven Druck der kaiserlichen Restitutionskommissare musste der Magistrat der Reichsstadt Aalen seine neu gewonnenen, katholischen Einsichten auch öffentlich demonstrieren. „Den 9. Juli", so vermerkte etwas süffisant der Schwäbisch Gmünder Chronist Friedrich Vogt, „ist ein Ehrsamer Rath der Reichsstat Aalen mit Creuz und Fahnen naher Schwäbisch Gmünd der Pfarrkirch zu Unser Lieben Frau wallfahrten gangen".

Die Reichsstadt Bopfingen war – was militärische Aktionen anging – im ersten Jahrzehnt des Dreißigjährigen Krieges nur peripher betroffen. Zwar musste man Kontributionen an die kaiserlichen Truppen erlegen, hatte auch im Jahr 1622 Einquartierung von Truppen des Schwäbischen Kreises zu erdulden, die Auswirkungen darauf, nämlich Steuererhöhungen, waren für die Bürgerschaft aber noch erträglich. Innenpolitisch wurde es in der Reichsstadt Anfang Juli 1627 enger, als man erfahren musste, dass der Kaiser nach seinen militärischen Siegen daran dachte, etliche Reichsstädte in Schwaben, darunter auch Aalen und Bopfingen, zu rekatholisieren. Während der Kaiser am 2. Dezember 1627 Aalen die Wiederannahme des katholischen Kultus verordnete, geschah in Bopfingen zuerst nichts. Dann verkündete Kaiser Ferdinand II. am 6. März 1629 das Restitutionsedikt – das im Wesentlichen beinhaltete, dass alle seit 1552 (dem Zeitpunkt des Passauer Vertrags) zugunsten der Protestanten gemachten Änderungen ungültig seien. Unter diesen Vorbehalt fiel auch die Reichsstadt Bopfingen, weil

dort bis Juli 1552 der Interimspriester Moosburger seine katholische Tätigkeit ausgeübt hatte und später noch Hans Lüben.

Aus seiner Sicht folgerichtig verlangte der Kaiser von der Reichsstadt am Ipf deshalb am 29. September 1630 die Kirchen in Bopfingen und Oberdorf wieder dem katholischen Ritus zuzuführen. Vollstrecker dieser Rekatholisierungsmaßnahmen sollte der katholische Graf Hans Albrecht von Oettingen werden: Seine Gehilfen waren auf militärischer Seite Obristleutnant von Schlez und auf administrativer Seite Amtmann Kleinhanß aus Wallerstein, die beide am 30. Oktober in Bopfingen eintrafen.

Ein schon vorbereitetes Protestationsschreiben der beiden Bürgermeister und des Stadtschreibers Enßlin zerriss Kleinhanß eigenhändig. Während von Schlez in Flochberg Musketiere für die militärische Besetzung anwarb, trafen am 31. Oktober in der Reichsstadt zwei bischöfliche Räte aus Augsburg, Dr. Pappus und Dr. Vischer, ein. Als am darauf folgenden Tag, dem 1. November 1529, Dr. Pappus noch einmal die kaiserliche Linie vertrat, 1552 sei Bopfingen noch nicht protestantisch gewesen, widersprach wiederum der Stadtschreiber vehement. Da man von kaiserlicher Seite einsah, dass momentan in Bopfingen selbst gegen den Widerstand des Magistrats und der Bevölkerung nichts zu erreichen war, zog man nach Oberdorf, ließ dort gewaltsam die Kirchentür aufbrechen und feierlich eine Messe lesen.

Am 6. November forderte Kleinhanß noch einmal vergeblich in Bopfingen, den protestantischen Gottesdienst einzustellen. Jetzt sollten militärische Mittel greifen: Am 7. November 1629 begann Obristleutnant von Schlez mit der Belagerung der Stadt, Wasserzufuhren wurden abgegraben, Stellungen für schweres Geschütz ausgehoben. Die Soldateska brach in der Folge die Friedhofskirche auf, auf dem Beerdigungsplatz selbst kam es anscheinend zu unschönen Grabschändungen. Unter dem Eindruck all dieser Ereignisse bot die Stadt am 8. November Verhandlungen an: Es wurden dann aber keine

Verhandlungen geführt, sondern nach erneuten Drohungen besetzte Kleinhanß ganz ohne Widerstand die Stadt und ließ am 9. November die protestantischen Geistlichen und Lehrer aus Bopfingen ausweisen.

Als neuen Stadtpfarrer präsentierte der Amtmann den Bopfingern den geistlichen Rat Dr. Vischer. Die etwas hemdsärmelig-radikale Rekatholisierung der Reichsstadt Bopfingen hat im Übrigen protestantischen Deutschland für Erstaunen und Unruhe gesorgt und nicht zuletzt auch dazu beigetragen, dass sich in Abwehr solcher kaiserlicher Übergriffe am 12. April 1631 in Leipzig der protestantische Leipziger Bund gründete, dem die Reichsstadt am Ipf dann auch prompt am 21. April 1631 beitrat – gewiss nicht zur Freude des Kaisers und der kaiserlichen Truppen, die in der Gegend um Bopfingen lagen. Dr. Vischer konnte sich anscheinend in der Bevölkerung nicht durchsetzen – man trug die neugeborenen Kinder nach Goldburghausen zur Taufe, man ließ die Toten ohne priesterlichen Segen beerdigen – und so versuchte man es mit einem Personenwechsel: An seine Stelle trat der katholische Pfarrer Conrad Dorath.

Die schwedische Episode

Der Verlauf der Kriegshandlungen im Frühjahr und Sommer 1631 änderte die Vormachtstellung der kaiserlich-ligistischen Truppen in Südwestdeutschland entscheidend: Der bayerische General Tilly musste vor den heranrückenden Schweden unter König Gustav Adolf von Schweden die Fronten begradigen und fast ganz Südwestdeutschland aufgeben. Die örtlichen kaiserlichen Truppen, unter von Ossa in Schwäbisch Gmünd gelegen, rückten wahrscheinlich im Dezember 1631 oder Anfang des Jahres 1632 aus der Stadt an der Rems ab. Der Magistrat handelte schnell. Um den abrückenden Truppen das Plündern und Erpressen zu erschweren, erbat man sich von kaiserlicher Seite einen erneuten Schutzbrief, den Tilly auch am 4. Dezember 1631 ausstellte. Dass die Lage nun prekär wurde, merkten die Schwäbisch Gmünder spätestens,

als sich am 7./8. Februar 1632 der katholische Administrator des Klosters Lorch klammheimlich in ihre Reichsstadt vor den heranrückenden Schweden absetzte.

Die allgemein unsichere Lage nutzten einige Marodeure zum Plündern und Rauben. Anfang Januar 1632 mussten Schwäbisch Gmünder Ordnungskräfte einen gewissen Leonhard Waldburger aus Trier und seine Kumpane aufbringen, die auf der Landstraße bei der Stadt besonders Weinfuhrleute überfallen und ausgeraubt hatten, am 8., 12. und 13. Februar wurden unschuldige Bürger bei oder innerhalb der Stadtumwehrung von desertierten oder marodierenden Soldaten erstochen oder erschossen.

Die erste Kontaktaufnahme mit dem heranrückenden schwedischen Truppenteil erfolgte wohl in der letzten Aprilwoche 1632. Der Führer des schwedischen Truppenkontingents, Freiherr Christoph Martin von Degenfeld, war den Schwäbisch Gmündern jedenfalls wenigstens kein Unbekannter, hatte er doch bis zum Jahr 1616 ein Haus in der Stadt besessen. Mit einem fast-Schwäbisch Gmünder glaubte man, trotz politischer wie konfessioneller Differenzen, eher zu einer gütlichen Übereinkunft zu kommen. Die an ihn abgefertigte Ratsdelegation sollte zumindest erreichen, dass die Stadt katholisch bleiben konnte und in ihren Privilegien ungeschmälert. Als Handelsstadt wusste man in realistischer Einschätzung der Lage, dass das nicht eben billig abgehen würde. Und tatsächlich mussten am Ende der Verhandlungen am 19. Mai 1632 zu den bereits geforderten 4.000 Gulden noch einmal 9.000 Gulden zugelegt werden.

Das Ergebnis dieser offensichtlich geheim geführten Verhandlungen brachte Teile der Bürgerschaft gegen den Magistrat auf, die sich der Übernahme durch die Schweden widersetzen wollten. Die gereizte Stimmung nutzte ein abgemusterter Hauptmann namens Michael Roß, um gegen den Magistrat zu putschen oder doch zumindest einen Putschversuch zu unternehmen. Nur mit Mühe konnte die Obrigkeit ihren

Christoph Martin von Degenfeld, geboren 1599 in Eybach. Im Dreißigjährigen Krieg kämpfte er zunächst auf kaiserlicher Seite unter Wallenstein und Tilly. Im Jahr 1632 wechselte er in schwedische Dienste über. In den Jahren 1633 und 1634 übertrug ihm die schwedische Krone als Ausgleich für ausstehende Soldgelder alle Klöster in der Reichsstadt Schwäbisch Gmünd und das Repräsentationsgebäude „Fuggerei". Nach der Schlacht von Nördlingen 1634 wurde von Degenfeld Generaloberst der ausländischen Reiterei in Frankreich, 1645 in Diensten Venedigs Generalgouverneur von Dalmatien. Christoph Martin von Degenfeld starb am 13. Oktober 1653 auf seinen schwäbischen Gütern. Stadtarchiv Schwäbisch Gmünd

Bürgern klarmachen, dass Widerstand gegen die Schweden zwecklos sei, ja sogar ein Blutbad hervorrufen würde. Noch kurz vor dem Einmarsch der Schweden um den 30. Mai ermahnte der Magistrat die Bürgerschaft erneut, alle Waffen abzugeben und auch mit dem öffentlichen Lästern über schwedische Offiziere aufzuhören.

Zu den geforderten Kriegszahlungen kamen nun noch die laufenden Quartier- und Versorgungskosten, die für den Zeitraum vom 22. April bis 30. Juni 1632 rund 21.000 Gulden ausmachten; allein für die Tafel und die Küche des Herrn Obersten mussten 2.386 Gulden aufgebracht werden, die Herren Stabsoffiziere speisten immerhin noch für rund 2.200 Gulden.

Am 10. Oktober ordnete der schwedische Statthalter, Graf Friedrich von Hohenlohe, an, dass Freiherr von Degenfeld mit seinen Regimentern in Schwäbisch Gmünd, Lauchheim, Aalen und Kapfenburg Unterstand nehmen solle. Der Reichsstadt an der Rems wurde darüber hinaus eine außerordentliche Schatzung von 630 Reichstalern, zahlbar alle zehn Tage im November und Dezember 1633, zudiktiert. Die gehäuften Zahlungen und Kontributionen, augenscheinlich die gesamte verfehlte „Schwedenpolitik" des Magistrats, lastete man dem Amtsbürgermeister Karl Seibold an, der anscheinend nach erneuten Unruhen in der Bürgerschaft seinen Hut nehmen musste. Das war gegen die reichsstädtische Verfassung gerichtet, die eine lebenslange Amtszeit der Bürgermeister vorsah. Entsprechende Vorstellungen des Gefeuerten in Wien und auch etliche Präsente an der richtigen Stelle bewirkten, dass Seibold wieder in sein Amt eingesetzt werden musste. Er starb auf seinem Posten im gesegneten Alter von 101 ½ Jahren erst lange nach dem „Großen Krieg" im August 1667.

Hatte man von Schwäbisch Gmünder Seite geglaubt, durch die anstandslose Erlegung aller geforderten Mittel von schwedischer Seite in Zukunft verschont zu bleiben, so kam das böse Erwachen im Frühsommer 1633, zu einer Zeit, als durch den Tod Gustav Adolfs bei Lützen am 6. November 1632 und das untätige Verharren seines Gegenspielers Wallenstein die Fronten eingefroren waren und kaum noch größere Kriegshandlungen stattfanden: Am 6. August 1633 erreichte den Schwäbisch Gmünder Magistrat ein Schreiben des Martin von Degenfeld, in dem dieser die Konfiszierung aller klösterlichen Güter auf Schwäbisch Gmünder Territorium ankündigte, um mit dem Erlös ausstehenden Sold für seine Truppen bezahlen zu können. Das bedeutete nicht mehr oder weniger als die Säkularisierung aller Klöster oder deren Einkünfte. Die Argumentation des Degenfelders musste vordergründig einleuchtend erscheinen: Erhalte nicht er, sondern andere die Güter, so seien sie für die Stadt endgültig verloren. Er lasse, was eine spätere Rückerstattung angehe, jedenfalls mit sich verhandeln. Was die Schwäbisch Gmünder wahrscheinlich nicht wussten oder erst später erfuhren: Ihre Klöster waren als Kompensation für die Kapfenburg gedacht, die der schwedische General Gustav Horn zuerst 1631 an den Degenfelder vergeben hatte, am 13. Mai 1632 aber vom schwedischen Kanzler Oxenstierna samt dazugehörendem Ordensgebiet dem Grafen von Hohenlohe übertragen wurden. Degenfeld hat diesen schönen Besitz im Übrigen nur ungern geräumt und seinem Nachfolger das Schloss ziemlich ausgeplündert hinterlassen.

Glaubte also der Magistrat noch aus diesen Zeilen herauslesen zu dürfen, die Säkularisation der Klostergüter oder deren Einkünfte läge lediglich im Bereich des Möglichen oder sei zumindest noch verhandlungsfähig, so wurde er am 8. oder 9. August eines Besseren belehrt. Obrist Christoph Martin von Degenfeld, der immerhin noch am 1. August der Stadt 7.000 Gulden – aus eigener Tasche – kreditiert hatte, teilte dem Magistrat kurz und bündig mit, er sei von der schwedischen Krone in die klösterlichen Besitzungen eingewiesen worden und werde aus dieser Vermögensmasse das Geld ziehen, das er vorab für die Besoldung seiner Truppen benötige. Die Einkünfte aus diesen Besitzungen wurden nun beschlagnahmt. Die alarmierte Klostergeistlichkeit und der aufgeschreckte Rat sahen in dem Einzug eine Verletzung der Übereinkunft vom 19. Mai 1632, in der die Unantastbarkeit aller Privilegien zugesichert worden war. Bereits am 17. August forderte der Degen-

feldische Amtsvogt beim Magistrat der Stadt an, er solle „berichten, wie viel in jedem Closter sich noch Geistliche befindten".

Da nun bereits mit der Beschlagnahmung der Einkünfte ein erster Schritt zur endgültigen Besitzergreifung getan war, versuchte der Magistrat, beim Vorgesetzten des Degenfelders, Feldmarschall Horn, zu intervenieren: Schwäbisch Gmünd könne die geforderten Kontributionen nicht mehr bezahlen, da die Stadt aus den Einkünften der Klöster die meisten Abgaben bezöge. Gleichzeitig sandte der Magistrat zwei persönliche Agenten zum Grafen von Brandenstein, Königlich Geheimer Schwedischer Rat, nach Augsburg, um in derselben Sache vorstellig zu werden. Man musste auch dort erfahren, dass die Schenkung beschlossene und unabänderliche Tatsache sei. Am 19. Oktober 1633 ratifizierte der schwedische Kanzler Oxenstierna in Frankfurt a. M. ein Dokument, das die Einweisung von Degenfeld in die Klöster verfügte. Bald darauf scheint der Oberst schon die Gefälle und Erträge aus seinen neuen Besitzungen bezogen zu haben: Im November 1633 klagte die Geistlichkeit, sie könne kaum noch ihren Unterhalt für ihr eigenes tägliche Leben aufbringen.

Im Winter 1633/34 steigerten sich die Quartierlasten wieder beträchtlich, als Feldmarschall Horn das Schlammersdorfische Regiment zu Fuß nach Schwäbisch Gmünd verlegte und dazu noch Verwundete und Rekonvaleszenten. Am 11. April 1634 schlug Herzog Bernhard von Sachsen-Weimar sein Hauptquartier in der Stadt auf, Soldateska des „Bayreutischen Regiments zu Pferd" hausten einige Tage in den reichsstädtischen Dörfern Herlikofen, Brainkofen, Lautern und Iggingen. Einer Bittschrift an den Kaiser aus dem Jahr 1636, in der Herabsetzung von steuerlichen Lasten gefordert und das Leben unter der „Schwedenherrschaft" im nachhinein in den schwärzesten Farben geschildert wurde, entnehmen wir, dass man eben zu dieser Zeit auch versuchte, die Johanniskirche für den protestantischen Gottesdienst zu bestimmen, ein Versuch, der jedoch offensichtlich am hartnäckigen Widerstand des Magistrats scheiterte.

Im Frühjahr 1634 kam auch wieder Bewegung in die „Degenfeldische Besetzung". Die gesamte Klostergeistlichkeit wurde wiederum beim Magistrat vorstellig und bat um Schutz für ihre Einkünfte. Am 14. April 1634 wurde die Schenkungsurkunde für Degenfeld, von schwedischer Seite modifiziert, erneuert: Zwar wurden die Klosterschenkungen bestätigt – der Oberst erhielt darüber hinaus u. a. auch die so genannte Fuggerei in der Stadt selbst – aber es wurde ihm auferlegt, die Geistlichkeit nicht aus den Klöstern zu vertreiben, sondern sie bis an ihr Lebensende zu unterhalten. Hatte Martin von Degenfeld es bisher vermieden, die Klöster tatsächlich zu besetzen und sich tatsächlich nur mit ihren Einkünften zufrieden gegeben, so besetzte er Anfang April 1634 „per forza" das Dominikanerinnenkloster Gotteszell vor den Toren der Stadt und begann, wenig rücksichtsvoll, seine Rechte einzutreiben. Eine lebhafte diplomatische Korrespondenz der Stadt mit anderen Reichsstädten, dem schwedischen Kanzler Oxenstierna sowie dem Schwäbischen Kreis, in der erneut die Rechtsposition der Stadt dargelegt wurde, verlief in ihren Auswirkungen im Sand.

Die Sache erledigte sich dann von selbst. Noch vor der Nördlinger Schlacht 1634, als deren Konsequenz die Schweden vorerst aus Süddeutschland herausgedrängt wurden, hatte von Degenfeld neue Dienste im französischen Heer, später in venezianischen Diensten angenommen. Schwäbisch Gmünd hat von ihm und seinen Ansprüchen augenscheinlich nie wieder etwas gehört. Mit Vertrag vom 7. Juli 1649 gelang Ellwangen sogar in seinem Lehen Eybach-Degenfeld die stellenweise Wiedereinführung der katholischen Lehre und gemeinsame Nutzung der Kirche (Simultankirche).[31]

Hartnäckig hielt sich aber von 1632 bis zum Ende der Reichsstadtzeit 1802 in der Stadt Schwäbisch Gmünd der so genannte Schwedenkreuzer, der auf jedes Maß Wein oder Bier erhoben wurde und ursprünglich nur zur Bezahlung der schwedischen Truppen dienen sollte, dann aber letztendlich in den allgemeinen städtischen Säckel wanderte.[32]

Die Propstei Ellwangen war wie die katholische Reichsstadt Schwäbisch Gmünd aktives Mitglied der katholischen Liga, allerdings schon seit deren Gründungsjahr im Jahr 1609. Nach den Erfolgen der katholischen Seite im ersten Jahrzehnt des Dreißigjährigen Krieges, wurde es auch für Ellwangen nach dem Sieg König Adolfs von Schweden bei Breitenfeld 1631 eng: Am 18. Oktober 1631 floh Fürstpropst Johann Jakob Blarer mit der Mehrzahl seiner Stiftskapitularen aus seiner Residenz ins noch sichere Bayern und dann nach Innsbruck.

Die Stellung hielten lediglich der Statthalter Bernhard Cramer und einige Räte. Noch herrschte Frieden. Aber wie selbst die eigenen Verbündeten auf Ellwanger Territorium hausten, etwa General Pappenheim am 2. Dezember 1631 – „hätten diemaßen übel gehaust, daß es also der Feind außer des Brennen und Mordens selber nit vil ärger machen können" – ließ für die Zukunft und in Erwartung der feindlichen schwedischen Truppen nichts Gutes erwarten.[33]

Ellwangen sah sich nun von verschiedenen Seiten unter Druck gesetzt: Der schon erwähnte ellwangische Lehensmann Graf Martin zu Degenfeld stellte eigenmächtig die ellwangischen Ämter Heuchlingen und Abtsgmünd unter schwedischen Schutz, Oberstleutnant Georg Friedrich Holtz dagegen wollte der Propstei gar wieder württembergischem Schutz zuführen.

All diesen Spielereien machte der schwedische Obrist Klaus Dietrich von Sperreuter ein Ende, als er am 17. Mai 1632 die Stadt ultimativ aufforderte, die Tore ohne Bedingungen zu öffnen. Nach einigem Hin und Her, fehlgeschlagenen Verhandlungen und der Drohung, die Stadt einzuäschern, lenkte Ellwangen ein und so wurde die Stadt den schwedischen Obersten von Degenfeld und Sperreuter übergeben.

Die Zahlung von 8.000 Reichstalern und eine zusätzliche Kontributione brachte man nur zusammen, weil Extrasteuern ausgeschrieben und silbernes Tafelgeschirr wirklich versilbert wurde.

Neuer Landesherr wurde der schwedische Verbündete Graf Craft von Hohenlohe-Neuenstein, dem alle Bürger und die Untertanen auf dem Land am 25. Mai 1633 schwören mussten. In der Schlosskapelle fand der erste protestantische Gottesdienst statt, der in der Stiftskirche folgte nach. Aber die schwedische Episode blieb wie bei den anderen katholischen Ständen im Ostalbkreis nur kurzes Intermezzo. So auch in Ellwangen: Am 9. September 1634 – nach der für die schwedische Seite desaströsen Niederlage bei Nördlingen – musste sich Graf Craft aus der Stadt und dem Territorium zurückziehen. Das Gros des kaiserlichen Heeres unter Oberst Buttler erreichte wenige Tage später die Stadt und stellte die alten Machtverhältnisse wieder her. Der Fürstpropst selbst kehrte allerdings erst im Jahr 1635 nach Ellwangen zurück.

Ähnlich gelagert war die Anfangsgeschichte des Dreißigjährigen Krieges auf dem Gebiet der Abtei Neresheim: Auch hier herrschte im Wesentlichen Ruhe bis zum Einmarsch der schwedischen Truppen und ihrer Verbündeten im Jahr 1632. Nach ihrem Einmarsch ins Ries musste der katholische Graf Johann Albrecht von Oettingen-Wallerstein seine Besitzungen verlassen. Seine Grafschaft teilten die siegreichen Schweden ihrem verbündeten General Lorenz Freiherr von Hofkirchen zu, der, um seine neue Herrschaft zusätzlich zu legitimieren, sich 1633 mit der protestantischen Gräfin Agathe von Oettingen-Oettingen verehelichte.[34] Im April 1634 ging der General daran, den katholischen Kultus abzuschaffen: „... ist Herr Pfarrer zu Nöreshaimb abgeschafft wurden und ein Predicant eingesetzt und das erste Mahl lutherisch gepredigt worden...“

In der Reichsstadt Bopfingen änderte sich die konfessionelle Lage in Folge des schwedischen Sieges über die katholische Liga im Jahr 1632 ebenfalls nachhaltig: Die 1630 von dem Restitutionskommissar vertriebenen Prediger Aulber und Christ konnten am 22. April wieder einen protestantischen Gottesdienst abhalten. Wer aber gedacht habe, der militärische Freund übe Verschonung, der hatte sich getäuscht: Quartierlasten und Kontributionen durch die verbündeten Schweden steigerten sich: Im November 1632 musste man in der Reichsstadt am Ipf feststellen, dass man statt der vereinbarten 1.800 Gulden bereits 8.800 Gulden bezahlt und deshalb hoch verschuldet sei. Doch es kam noch schlimmer: Am 16. August 1634 plünderte kaiserliche Soldateska die Stadt und belegte sie mit einer Besatzung von 15 Mann. Im Vorfeld der Nördlinger Schlacht brachen die schwedischen und mit ihnen verbündete deutsche Truppen am 22. August von Aalen in östlicher Richtung auf, warfen die Kaiserlichen zurück und besetzten oder befreiten am 23. August Bopfingen. Von nun an bis fast Mitte September wird die Stadt und ihr näheres Umland Aufmarschgebiet für die schwedischen Truppen – mit allen Konsequenzen – auch in materieller Hinsicht – für eine völlig ausgelaugte Landschaft.[35]

Nach der Schlacht von Nördlingen 1634 bis zum Ende des Jahrhunderts

Während sich ab Mitte August 1634 vor heranrückenden kaiserlichen Verbänden die Schweden und ihre Verbündeten allmählich aus Schwäbisch Gmünd zurückzogen, wartete die katholisch gebliebene Reichsstadt auf ihre Befreiung. In der Nacht des 20. August 1634 kamen die Befreier aber erst einmal anders als erwartet: Eine starke kaiserliche Partei auf Beutezug überstieg „mit List“ die Stadtmauer und plünderte in der Stadt. Der Schaden belief sich im Spital immerhin auf 4.000 Gulden; ein erneuter Angriff in der folgenden Nacht wurde rechtzeitig von den wachsamen Bürgern entdeckt und vereitelt, sodass bei dem Überfall lediglich ein Toter zu beklagen war. Angesichts der Tatsache, dass Schwäbisch Gmünd während der schwedischen Besatzung allerhand zu erleiden hatte, bekam die Stadt nach der Nördlinger Schlacht nur zwei Kompanien Reiter in ihre Mauern gelegt, mit „ordre, daß selbige iren Underhalt von der Graffschaft Haidenhalmb haben und nehmen sollen," eine Auflage, die jedoch nie erfüllt wurde. Schwäbisch Gmünd erlebte dennoch in den folgenden Jahren eine etwas ruhigere Zeit, zumal der Kriegsschauplatz sich mehr und mehr entfernte. Problematischer schien sich dagegen das Verhältnis der Stadtbürger zu den einliegenden kaiserlichen Truppen zu entwickeln: das Totenbuch vermeldete im Jahr 1635 mehrere von Soldaten erschlagene oder erschossene Bürger. „Eine Soldatenfrau so erstochen worden", meldete das Sterbebuch zum 11. Februar 1635 die offensichtliche Verrohung der Sitten, „Hatt sich dapfer geweret mit dem Degen".

Für die Nachbar-Reichsstadt Aalen bewirkte der Ausgang der Nördlinger Schlacht dagegen eine existentielle Katastrophe: Während des Rückzuges der schwedischen und ihrer alliierten deutschen Truppen aus der Stadt und vor der Einnahme durch kaiserlich-kroatische Truppen in der Nacht vom 6./7. September zündeten die beiden Kornetts Johann und Jesaias Nietner aus dem abrückenden Heer Bernhards von Weimar Munitionswägen an, um sie nicht in kaiserliche Hände fallen zu lassen. Das katastrophale Ergebnis: Fast die gesamte Stadt – auch das Archiv mit wertvollen Archivbeständen – brannte ab, ein Schlag, von dem sich die Stadt aber verhältnismäßig – was die materielle Seite anging – schnell erholte. Bereits im Jahr 1636 begann man, das Rathaus wieder aufzubauen, für das – da es auf Ellwanger Grund und Boden stand – bis zum Jahr 1802 an die Fürstpropstei jährlicher Mietzins zu entrichten war. In diesem Katastrophenjahr 1634 sank die Einwohnerzahl der Reichsstadt am Kocher auf 60 Familien; im Jahr 1653 – also rund fünf Jahre nach Ende des Dreißigjährigen Krieges – hatte sich die Bevölkerungszahl schon um gut ein Drittel auf 98 Familien erhöht, ein deutliches Indiz dafür, dass man in Aalen – zumindest populationsmäßig – den Krieg relativ gut überstanden hatte.[36]

Schlimmer sah es auf dem zersplitterten Territorium der Herren von Woellwarth aus, die als eifrige Parteigänger der Schweden galten. Ein kaiserlicher Notar beschrieb im Dezember 1638 die Herrschaft folgendermaßen: „so haben wir nichts anders befunden, als daß die Schlösser Neubronn, Fachsenfeld, Essingen, die Oberburg und Hohenroden ruiniert, sollten dieselben aber wieder bewohnt werden, würd dies ein namhaftes kosten. So seien auch die Flecken und Höf verbrannt und unbewohnt, sonderlich Fachsenfeld, darin kein Mensch mehr ist. Die Felder liegen öde, wüst und unbebaut"[37]

Nach ihrer Niederlage bei Nördlingen flohen zahlreiche schwedische und deutsche Söldner in Richtung Neresheim, von kaiserlichen Truppen verfolgt. Was folgte, ging als „Neresheimer Blutnacht" in die Annalen der Geschichte ein: Während der geschlagene Herzog Bernhard von Weimar sich noch auf württembergisches Gebiet nach Heidenheim abzusetzen vermochte, fiel seine Kriegskasse bei Neresheim kaiserlichen Kroaten in die Hände. Die metzelten am 10. September an die 200 Bürger in der Stadt nieder – Historiker sprechen von einem Drittel der Bevölkerung – und erschossen den protestantischen Pfarrer. Überhaupt zeitigte die Schlacht bei Nördlingen im Ries die größten Nachwirkungen: Die Gesamtbevölkerungszahl wurde zahlenmäßig durch die Kriegsereignisse nach unten korrigiert, die Pest tat das Übrige dazu.

Der Sieg der kaiserlichen Truppen in Nördlingen 1634 hatte auch gravierende Folgen für die Gegend am Ipf. Kroatisch-kaiserliche Truppen stellten auch hier dem Feind nach: Trochtelfingen, schon vor der Schlacht teilweise abgefackelt, brannte jetzt wieder, in Bopfingen raubten Kroaten Teile des dort zurückgelassenen schwedischen Militärgerätes. Immerhin entging die Stadt der Zerstörung wie die benachbarte Reichsstadt Aalen. Im Zug der Heere aber kam die Pest nach Bopfingen. Am 12. September meldete man den ersten Pestfall, bis zum Jahresende waren daran bereits 381 Personen verstorben, in den Anfangsmonaten des Jahres 1635 erlagen noch einmal 187 Einwohner dem Virus. Die Seuche hatte bis dahin – nach vorsichtigen Einschätzungen – rund drei Viertel der Einwohner hinweg gerafft. Als Folge des kaiserlichen Sieges versuchte der letzte amtierende katholische Priester in Bopfingen, Dorath, wieder Fuß zu fassen. Die Auseinandersetzungen über seine Wiedereinführung zogen sich bis weit in das Jahr 1635 hin und verliefen dann im Sande.

Aus einer erhaltenen Quartierliste vom Januar 1636 ist zu erfahren, das am 27. Januar 1636 in der Reichsstadt Schwäbisch Gmünd 343 bürgerliche Haushaltungen existierten. Am 9. Juli 1636 kam König Ferdinand persönlich nach Schwäbisch Gmünd, „welchen ein Ehrsamer Rath und der Stattschreiber Herr Michael Wingert... von Rinderbacher Thor biß in die Fuggerey begleitet; indessen aber die Kirch besucht, die zwei schöne Capellen zu S. Salvator, ob welchen sich Ihro Majestät sehr verwundert. In Abreisung auf Stuttgart ist einer Bürgerschafft, deren etlich 40 gewesen, so die Wacht gehalten, 100 Gulden verehrt worden". Wohl anlässlich dieses Besuches übergab der Magistrat dem König eine Bittschrift, in der er beredt Klage über die bis jetzt geleisteten Abgaben führte und darum bat, von weiteren Kontributionen verschont zu werden, eine Bitte, die angesichts der immensen Kriegskosten illusorisch war; die Kriegskontributionen gingen unvermindert weiter.

Im Winter 1638 wandte sich das Kriegsglück wieder einmal. Im Februar 1638 fluteten geschlagene kaiserliche Armeen über Niederschwaben. In Schwäbisch Gmünd lagerten vom 22. März bis 2. April gleich drei Generalstäbe mit ihren Truppen, die augenscheinlich entsetzlich hausten, da sie in dieser kurzen Zeit einen Schaden von 15.000 Gulden verursachten. In Iggingen und Bargau steckten sie darüber hinaus die Pfarrkirchen in Brand. Wie bei allen ihren Beschwerden, erfuhr die Stadt außer tröstlichen Worten auch diesmal keine praktische Hilfe von kaiserlicher Seite. Diplomatischen Flankenschutz erhielt Schwäbisch Gmünd zu jener Zeit von Georg Friedrich von Holtz, der 1638 als Obrist in kurbayerische Dienste eintrat und sich und seine Familie in der Reichsstadt einquartierte.

Zu dem auf den 26. Juli 1640 nach Regensburg ausgeschriebenen Reichstag, der Friedensmöglichkeiten diskutieren sollte, entsandte die Reichsstadt an der Rems als besondere Gesandte Bürgermeister Rochus Ramser und Stadtschreiber Michael Wingert mit der Instruktion, sich bei ihrem Abstimmungsverhalten nach den katholischen Ständen der schwäbischen Bank zu halten. Den Vorstellungen, besonders die Kriegskontributionen zu halbieren, schien in der Folgezeit ein, wenn auch vorübergehender Erfolg beschieden gewesen zu sein. Im Zeitraum von 1640 bis 1648 herrschte in und um Schwäbisch Gmünd relativer Frieden, wenn auch Durchzüge bayerischer, französischer und hessischer Truppen nicht verhindert werden konnten. Zumindest hielt man es in dieser Lage für opportun, wichtige briefliche Dokumente und einen Teil des Archivs im Jahr 1646 in das besser geschützte Ulm verlagern zu lassen.

Am 17. Februar 1645 stürzte die Stadtmauer in Schwäbisch Gmünd auf einer Länge von 200 Schuh (ca. 60 m) ein, eine Tatsache, die schlagkräftig erhellt, wie wenig die Bürgerschaft in diesen andauernden Kriegszeiten sich für die Instandhaltung ihrer Wehrmauern interessiert hatte und wie wenig sie noch für eine vernünftige Verteidigung nützlich erschien. Dasselbe Phänomen konnte man ebenfalls im benachbarten Neresheim beobachten: Auch dort wurde die beschädigte Wehrmaueranlage nach dem Ende des Dreißigjährigen Krieges nur noch mangelhaft restauriert.

Die letzten Kriegshandlungen in diesem mörderischen Krieg musste Schwäbisch Gmünd von April bis August 1648 über sich ergehen lassen: Truppen des Generals von Wrangel verbrannten die städtische Sägmühle, und am 18. Juli und 27. August legte der Kommandant von Schorndorf, Oberst von Rußwurm, bei einem Streifzug auf Schwäbisch Gmünder Territorium die Freimühle und den Vogelhof in Schutt und

Asche und stibitzte bei dieser Gelegenheit noch zehn Schwäbisch Gmünder Geschütze. In der benachbarten Grafschaft Rechberg wurde die gleichnamige Burg im Jahr 1648 ebenfalls von der französischen Besatzung Schorndorfs eingenommen.

Nachdem am 24./25. Juli 1645 französische Truppen die Reichsstadt Bopfingen am Ipf erobert und „schändliche Mißhandlungen" verübt hatten, durfte das Gemeinwesen zum Ausgang des Krieges nochmals 3.204 Gulden – beschönigend „Friedensgeld" genannte Reparationen – an die „verbündeten" Schweden erlegen. Im Frühjahr 1648 schlug die Kriegsfurie dann noch einmal heftiger im Bopfinger Raum zu: Am 15. April sprengten die Schweden die Burg auf dem Flochberg in die Luft, am 25. März brannten sie Schloss Wallerstein nieder, Schloss Harburg wurde lediglich geplündert.

Auch die Stadt Lauchheim, in der Schwedenzeit 1632 vorübergehend wie die gesamte Kommende Kapfenburg an Graf Georg Friedrich von Hohenlohe verliehen, hatte in diesen letzten Kriegsjahren unter marodierendem Militär zu leiden: Am 10. August 1645, nach der Schlacht von Alerheim, fackelten französische Söldner unter dem Duc d' Enghien fast alle Gebäude der Stadt ab; die Bewohner flüchteten ins katholische Schwäbisch Gmünd, wohin die Komturen von der Kapfenburg besonders enge und herzliche Verbindung hielten.

Nicht besser erging es der württembergischen Oberamtsstadt Heubach – die schon im Jahr 1634 abgebrannt wurde – im Jahr 1645: Sie musste eine Garnison ertragen und galt als Hauptquartier des französischen Generals de la Tour. Am Ende dieses Krieges charakterisierte ein Zeitgenosse die württembergische Stadt als „ein elendes Städtlen ... darinnen nicht wohl mehr 10 Burger zu finden".[38]

Man hat im Übrigen die Bevölkerungsabnahme Württembergs im Zeitraum von 1634 bis 1639 auf jährlich 15,4 Prozent berechnet. Zwar fehlen in unserem Bezugsraum statistisch auswertbare Zahlen: aber in Vergleichen darf auch

für den Ostalbkreis rückgeschlossen werden, dass „die Gesamtbevölkerung... 1639 nur knapp ein Viertel und 1645 kaum 30 Prozent des Bestandes von 1634 erreichte"[39]. Dann endlich war nominell Frieden. Am 24. Oktober 1648 schlossen die Hauptkriegsparteien in Münster und Osnabrück den Vertrag. Durch ihren Vertreter bei den Friedensverhandlungen, Dr. jur. Johann Leuchselring, einem kompromisslosen Vertreter der katholischen Sache, erfuhren die Schwäbisch Gmünder am 12. November von dieser Tatsache. Am Montag, dem 14. Dezember, feierte man zu „Ehren der allerheiligsten Dreyfaltigkeit ein hl. Amt, das Te Deum (wurde) gesungen und alle Glocken zusam gelitten. Alles Geschütz auf den Thürmen gelöst worden". Soweit der Schwäbisch Gmünder Chronist Vogt über die begreifliche Freude der Schwäbisch Gmünder über den allgemeinen Friedensschluss. Trotz schwerer Belastungen war die Stadt relativ ungefährdet über den Krieg gekommen: Die finanziellen Aufwendungen für die Jahre 1619 bis 1646 beliefen sich auf knapp über eine Million Gulden, eine Summe, die, wenn auch nicht unbedeutend, so doch nichts gegenüber einer totalen Zerstörung wie in Aalen oder Lauchheim wog.

Die Reichsstadt Bopfingen, die sich auf dem Friedenskongress in Münster und Osnabrück wie die protestantischen Nachbarreichsstädte Aalen, Giengen und Ulm durch den Straßburger Syndikus Dr. Marx Otto vertreten ließ, bezifferte ihre aufgelaufenen Kriegskosten allein für die letzten zwanzig Kriegsjahre auf 350.000 Gulden. Diese gesamte Schuldenlast – und einige noch dazukommende Verbindlichkeiten – hat man erst im Jahr 1755 bis auf den kleinen Rest von 4.000 Gulden tilgen können.[40]

In der Nachbarreichsstadt Aalen lag bei Kriegsende noch eine Abteilung von nominell verbündeten schwedischen Reitern bis zum Jahr 1649 in Garnison. Offiziell erst am 14. und 15. September 1650 – „nachdem man aller Garnisonen erledigt" – wurde ein öffentlicher Dankgottesdienst zum Ende des Großen Krieges gefeiert und auch offiziell mit dem Wiederaufbau begonnen. Bereits zwanzig Jahre später – genauer gesagt im Jahr 1672 – hatte man alle Schulden und Verbindlichkeiten bis auf 800 Gulden abgelöst. Auch das Zisterzienserinnenkloster Kirchheim am Ries musste einige Beschwernisse im Dreißigjährigen Krieg durchstehen, etwa seine Vergabe an den schwedischen Obristen Sperreuter im Jahr 1632 – ein Faktum, das nach der Nördlinger Schlacht 1634 und der Niederlage der Schweden bedeutungslos wurde. Eine Besetzung und Plünderung durch ausgerechnet kaiserliche Soldaten im Jahr 1639 konnte die protestantische Nachbarreichsstadt Nördlingen mit militärischer Präsenz abwehren. Nach dem Westfälischen Frieden 1648 sah man von Klosters Seite den Zeitpunkt als günstig an, den protestantischen Schirm- und Vogtherrn Oettingen-Oettingen abzuschütteln und suchte sich als neue Schutzherren Bayern und das Bistum Eichstätt aus.

Eine Klage des gräflichen Hauses Oettingen beim Reichshofrat in Wien bewirkte jedoch im Jahr 1669 eine Rücknahme und stellte den alten Zustand wieder her. Als Ausfluss dieses Rechtstreites ging man jetzt von beiden Seiten aufgeschlossener daran, das gegenseitige Verhältnis juristisch neu zu definieren: Das Grafenhaus Oettingen-Oettingen anerkannte ohne Wenn und Aber die Katholizität des Klosters und erlaubte, dass dessen Beichtvater die katholischen Hintersassen des Klosters in Kirchheim, Jagstheim und Osterholz betreuen durfte, wenn er dies zuvor dem jeweiligen protestantischen Ortspfarrer angezeigt und ihm dafür die Stolgebühren überließ.[41]

Nach der Nördlinger Schlacht waren die aus Kloster Lorch geflüchteten Mönche wieder dorthin zurückgekehrt. Sie verblieben dort – sieht man von ihrer Gefangennahme durch Protestanten am 1. Januar 1643 ab – unbehelligt bis zum Westfälischen Frieden 1648, als das Kloster zu Württemberg zurückkehrte, der Zustand des Jahres 1563 wieder hergestellt, die Mönche für immer das Kloster verlassen und die Gegenreformation eingestellt werden musste. Auch die

Ortschaft Lorch hatte unter den Kriegsereignissen stark zu leiden. Vor der Schlacht von Nördlingen zählte das Dorf 850 Einwohner, im Jahr 1648 nur noch 305. Immerhin erneuerte Württemberg im Jahr 1660 das schon vor dem Dreißigjährigen Krieg abgegangene Marktrecht im Dorf selbst.[42]

Relative Ruhe herrschte nach der Nördlinger Schlacht bis zum Jahr 1645 im Gebiet der Stadt und des Klosters Neresheim, als französische Truppen nach der am 3. August 1645 gewonnenen Schlacht bei Alerheim gegen das kaiserlich-bayerische Heer aufmarschierten und das Leiden von Neuem begann: Der Klosterort Elchingen blieb zerstört, in den Jahren 1648 bis 1668 sogar ganz unbewohnt, die Stadt Neresheim selbst zur Hälfte verbrannt, Kloster und Klostergebäude arg ramponiert. Im Jahr 1648 wurde die Abtei selbst noch einmal von marodierenden Truppen geplündert. Der Abt des Dreißigjährigen Krieges, Benedikt I. Rohrer, starb 1647 im Exil im österreichischen Admont. So unsicher waren die Zeitläufe, dass für die Jahre 1633 bis 1653 keine Zinsbücher angelegt wurden, das Kloster anscheinend auf seine Einnahmen ganz verzichtete. In dem Klosterort Elchingen war von ursprünglich 110 Haushaltungen nach dem Krieg nur noch einer übrig, in Auernheim sanken die Haushaltungen von 60 auf 24, in Kuchen von 58 auf 14 und in Ohmenheim von 86 auf 24.[43]

Der offizielle Krieg auf dem Gebiet des heutigen Ostalbkreises war nun beendet, Reparationsforderungen verschiedener ehemaliger Kriegsparteien dauerten aber unvermindert an: Am 1. September 1649 musste der Magistrat in Schwäbisch Gmünd aus Geldmangel dem in ihrer Stadt wohnenden Obersten und erzfürstlich-salzburgischen Kammerrat Friedrich von Schletz und seiner Frau Barbara wegen noch ausstehender Gelder für die Schweden den großen Fruchtzehnten in Bargau für 4.000 Gulden verkaufen. Folgerichtig entsandte man am 27. April 1652 auf den allgemeinen Reichstag nach Regensburg Syndikus Jacob Steinhayl und

Stadtschreiber Michael Wingert mit der besonderen Auflage, bei einer Steuerneufestsetzung hartnäckig und zäh auf einer Reduzierung zu bestehen. Der Schwäbisch Gmünder Magistrat suchte nun auch – so gut es ging – während des Krieges eingerissene Missbräuche abzustellen: Bereits im Jahr 1648, dann wieder 1651 erließ die Obrigkeit Beschlüsse, keine Bettler mehr in die Stadt einzulassen und den unkontrollierbaren Hausiererhandel ganz zu unterbinden. „Zigeuner und Gesindel" wurden unnachsichtig für vogelfrei erklärt. Besonders bei der in den Kriegsläufen hart gebeutelten Untertanenschaft im Reichsstadtgebiet glaubte man „allerhand Unordnungen, Mißbräuche und höchststräfliche Laster" besonders im „politischen Wesen" entdeckt zu haben. Eine Kommission regelte das dörfliche Leben neu: Die Untertanen wurden eidlich fest an das Regiment des Rats gebunden; „Ehebruch und unehrliche Schwängerungen und Beywohnungen" stellte man ebenso unter Strafe wie das Jagen von Wildpferden und Fohlen. Trotz dieser „fürsichtigen" Verhaltensregeln blieb das Verhältnis der Untertanen auf den Dörfern zu ihrer städtischen Schwäbisch Gmünder Obrigkeit gespannt, ja aufmüpfig.

Am Ende des Jahrhunderts überreichten 350 Schwäbisch Gmünder Untertanen am Kaiserhof in Wien eine von Juristen wohl ausformulierte Schrift, in der sie beredt darüber Klage führten, „nicht wie Christen und trew gehorsambste Underthanen, sondern erger als leibeigene Sklaven unter denen Barbaren mit unendtlichen Steurgaben und ybernohmener Soldateneinquartierung gequält zu werden."

In der württembergischen Oberamtsstadt Heubach suchte man die Bevölkerungsverluste des Großen Krieges um 1650 durch Ansiedlung vertriebener protestantischer Tagelöhner aus der Steiermark und dem Salzburgischen Wett zu machen. Andere gezielte Maßnahmen der württembergischen Administration betrafen am Ausgang des Jahrhunderts finanzielle Unterstützungen der Bauern bei der Anschaffung von Ackergeräten und dem dazu gehörenden Saatgut. Im Jahr 1689 ließ der Amtsvogt sogar Patente anschlagen, die abgemusterte Soldaten und andere „freie Personen" zum Erwerb von Grund und Häusern in der Stadt förmlich aufforderten.[44]

In Aalen musste die gesamte Administration nach dem Krieg von Grund auf neu aufgebaut und organisiert werden: Da im Katastrophenjahr 1634 alle Urkunden und Privilegien verbrannt waren, sollten die städtischen Gesetze und Gerechtsame aus Abschriften und Kopien eruiert und wieder schriftlich zusammengefasst werden. Endergebnis dieser Bemühungen wurden „der Reichsstadt Aalen Artikul, Ordnungen und Statute", ein Stadtbuch aus dem Jahr 1653, eine 1651 aufgesetzte Eheordnung, eine Zollordnung aus dem Jahr 1656, eine Feuerordnung von 1664 und schließlich eine Schulordnung aus dem Jahr 1696, die man im Jahr 1740 überarbeitete und den Zeitbedürfnissen anpasste.[45]

Für das Kloster Neresheim begann die Nachkriegszeit 1647 in Augsburg: Dort und nicht im unsicheren Hauskloster wurde der neue Abt Meinrad Dennich gewählt. Zu dieser Zeit saßen im Kloster auf dem Härtsfeld nur noch vier Mönche. Abt Dennich konsolidierte in den folgenden Jahren das Kloster und seine Wirtschaft, führte überdies die Wallfahrt bei Maria Buch ein.[46] Aber es war erst Abt Simpert Niggl aus Schwangau (1682–1706) vergönnt, die Folgen des Dreißigjährigen Krieges energisch anzugehen: Er brachte die klösterliche Wirtschaft wieder in Schwung und machte sich darüber hinaus auch in literarischen Kreisen Europas als geistlicher Berater des kaiserlichen Botschafters Graf Wolfgang IV. von Oettingen-Wallerstein in Istanbul am Hof des Sultans einen Namen. Überdies förderte er die theologische Nachwuchsbildung und führte die allgemein zugängliche, vierklassige Klosterschule in Neresheim ein.[47]

Die immateriellen Schäden des Dreißigjährigen Krieges und der französischen Kriege auf dem Gebiet des heutigen Ostalbkreises jedoch blieben gewaltig: Der ganze deutsche Südwesten gerät von nun ab bis weit über die Mitte des 19. Jahrhunderts hinweg politisch in den Windschatten der größeren deutschen Flächenstaaten, verliert auch wirtschaftlich in seinen staatlich zersplitterten Kleinstterritorien, die nicht mehr mit den merkantilistisch geprägten Wirtschaftssystemen der größeren Staaten mithalten können. Und nur noch – rückblickend – auf dem kulturellen Sektor wird das 18. Jahrhundert in einigen dieser geistlichen und weltlichen Kleinstterritorien und Reichsstädten noch einmal so etwas wie eine Spätblüte entfalten können, von deren Bauten im Barock und Rokoko noch heute Touristen etwa in Schwäbisch Gmünd, Ellwangen, Baldern, Lauchheim und Neresheim begeistert sind.

Hexen- und Aberglaube, Pest und Notzeiten im 17. Jahrhundert im Ostalbkreis

Hexenwahn und die daraus resultierenden Verfolgungen haben im heutigen Ostalbkreis während des gesamten 17. Jahrhunderts – in Ellwangen auch schon im ausgehenden 16. Jahrhundert – vielen Menschen das Leben gekostet. Die Beweggründe für die Verfolgung decken im Wesentlichen alle Facetten religiösen Verbesserungstums und Wahns ab und waren weitgehend von einer tiefen, ursprünglich ernst gemeinten Furcht vor dem Teuflischen und letztlich Unerklärbaren im menschlichen Alltag geprägt.

Die Hexenverfolgungen in Schwäbisch Gmünd – Verfolgungswünsche aus der Bürgerschaft wegen zweier Unwetter, die man sich rational nicht erklären konnte – begannen im Juli 1613 auch als Folge von Ellwanger Verfolgungen seit 1611 und endeten vorerst im Jahr 1617 mit knapp fünfzig als Hexen hingerichteter Frauen, auch zweier Männer als Hexer. Der erste Brand im Oktober 1613 konnte nicht zuletzt deshalb durchgeführt werden, weil die protestantische Nachbarstadt Aalen mit dem Geständnis einer dort gefolterten, angeblichen Hexe aufwarten konnte. Aus dem benachbarten Ellwangen wurden ebenfalls „Hexenlisten" in die Reichs-

stadt an der Rems versandt; der Stadtschreiber Wolfgang Ziegler reiste persönlich im Juli 1613 in die Fürstpropstei, um sich dort über das Hexenwesen „kundig" zu machen. Das sprunghafte Anschwellen der bis dahin unbekannten Hexendenunziationen in Schwäbisch Gmünd, beunruhigte anscheinend den Magistrat, der seinen erfahrenen Ratskonsulenten Dr. Leonhard Kager beauftragte, die juristische Tragbarkeit von Hexenprozessen überhaupt zu überprüfen. Die Anklagen wegen Hexerei – sie umfasste nach dem Verständnis der Zeit besonders die sexuelle Komponente der Teufelsbuhlschaft und das Abschwören – beschäftigten sich in den meisten Prozessen mit dem Hinausfahren zum Hexentanzplatz, der Verleugnung Gottes und der Entfachung von Stürmen und Seuchen. In zwei ausführlichen Denkschriften versuchte der Schwäbisch Gmünder Stadtsyndikus Dr. Leonhard Kager die Hexenverfolgung durch Denunziationen unter der Folter einzuschränken. Nach seinen juristischen Darlegungen stellte sich die – auch von ihm im Grundsatz nicht geleugnete Hexerei – in ihren Auswirkungen in Teilen als „geistiges" Verbrechen dar, das nicht unbedingt die Todesstrafe nach sich ziehen musste: Denunziationen müssten darüber hinaus in Zukunft auf eine legale, rechtlich einwandfreie Basis gestellt werden, um gegen Anfechtungsprozesse etwa vor dem Reichskammergericht geschützt zu sein.

Diese Argumentation überzeugte anscheinend den Magistrat in Schwäbisch Gmünd nicht: Wohl zuerst als Hilfskraft des alternden Dr. Kager, dann seit dem 13. September 1613 als offizieller Beamter der Reichsstadt, übernahm der Jurist Dr. Leonhard Friz augenscheinlich die Hexengeschäfte. Derselbe Mann, der sich als Verfasser einer Beschreibung der Geschichte des Salvators in der Stadt als fast rational-historisch schreibender Autor zu erkennen gab, zerpflückte in einem Gegengutachten die Argumentation des Dr. Kager in wesentlichen Teilen als „uncatholisch" und stufte Hexerei in jedem Fall als „Ausnahmeverbrechen" ein, das auf jeden Fall mit dem Tod zu bestrafen sei. Dies überzeugte den Magistrat und so wurde das Gutachten des Dr. Friz – auch was die Frage der unbedingten Folterung von Hexen anging – zur Rechtsgrundlage für alle weiteren Verfolgungen in der Reichsstadt an der Rems.

Mit in den Rahmen dieser ersten großen Hexenverfolgung in Schwäbisch Gmünd gehörte der Prozess gegen den Priester und Benefiziaten an der Heilig-Kreuz-Pfarrkirche Melchisedech Haas aus den Jahren 1616/17, der zeigte, dass die Verfolgung auch vor der Geistlichkeit nicht Halt machte. Der offensichtlich geistig verwirrte Mann wurde unter anderem bezichtigt, dem Teufel gehuldigt zu haben. Haas wurde verurteilt und in Dillingen an der Donau, am Sitz des Augsburger Bischofs, gerichtet: Ihm wurde zuerst die rechte Hand und dann der Kopf abgeschlagen. Alle geistlichen Handlungen, die der Priester vorgenommen hatte, mussten aus kirchenrechtlichen Gründen wiederholt werden. Sein Haus – angrenzend an den Garten der Fuggerei – ließ der Magistrat bis auf die Grundfesten niederreißen, um die Erinnerung an den angeblichen „Teufelspriester" für alle Zeiten zu löschen.

Während im Zeitraum des Dreißigjährigen Kriegs die Hexenprozesse in der Reichsstadt an der Rems weitgehend einschliefen, und nur aus der Zeit kurz vor und nach dem Kriegsende einige Prozesse bekannt sind, stieg die Hexenverfolgung im Jahr 1684 – mitten im tiefsten Frieden und einer Zeit wirtschaftlicher Prosperität – noch einmal kurz an und forderte vier Opfer. Diese letzten Hexenverbrennungen in Schwäbisch Gmünd hatten „eindeutig sozialdisziplinierend Ziele mitverfolgt...", die Opfer stammten stellenweise aus dem ehemaligen Aussätzigenspital St. Katharina vor den Toren der Stadt, das „sich zu einem Sammelpunkt für Randgruppenangehörige entwickelt" hatte.[48] Über Hexenverfolgungen in der Reichsstadt Aalen ist aus Quellenmangel nur wenig bekannt. Im Juli 1613 folterte man für Ermittlungen in der Nachbarreichsstadt Schwäbisch Gmünd eine Hexe „er-

folgreich" und im selben Jahr predigte der protestantische Magister Gerhard Laubenberger in der Stadt „ettwas wider die Hexenlaith". Ob er als der Initiator von nachgewiesenen Hexenprozessen in diesem Jahr gelten kann, ist mit Sicherheit nicht mehr auszumachen – jedenfalls musste die Reichsstadt am Kocher, um diese Prozesse finanzieren zu können, ein Darlehen von 1.000 Gulden bei der protestantischen Nachbarreichsstadt Giengen an der Brenz aufnehmen, „welches man in Verbrennung der Hexen gebraucht". Der Vater und Großvater des späteren Aalener Pfarrers Georg Simon wurden übrigens als Hexer in Ellwangen verbrannt.[49]

Der erste quellenmäßig belegte Hexenprozess auf dem Territorium der Grafen von Rechberg fand - als Ausfluss der Schwäbisch Gmünder Hexenprozesse von 1613 bis 1617 - im Dezember 1617 gegen Anna Bützin von Böhmenkirch statt, über deren weiteres Schicksal jedoch nichts Näheres bekannt ist. Von 1623 bis 1646 saß – wohl mit zeitlichen Unterbrechungen – im Gefängnis auf dem Hohenrechberg Hans Sturm ein, der seiner Verurteilung immer wieder dadurch entgehen konnte, dass er neue Hexen und Hexer angab, vornehmlich aus dem Gebiet der benachbarten Reichsstadt Schwäbisch Gmünd. Ende des Jahres 1644 griff man auf Rechberger Territorium vier Landstreicher, zwei Schwestern mit ihren jeweiligen Partnern, auf: Die Männer wurden wegen Diebstahls, Unzucht und als Hexer hingerichtet, die Frauen konnten auf das Territorium der Reichsstadt Schwäbisch Gmünd fliehen. Beide Männer hatten unter der Folter nicht weniger als 200 Personen in Schwäbisch Gmünd als Hexer und Hexerinnen denunziert. In der Reichsstadt an der Rems wurden die Frauen erneut aufgegriffen und auf Grund der schon in Rechberg erstellten Inquisitionsprotokolle als Hexen auch hier unter der Folter befragt. Im März wurden sie dann als überführt verbrannt, beide ein Beispiel dafür, wie man durch enge Kooperation zwischen den verschiedenen Herrschaften versuchte, die Hexen überall zu stellen und zu vernichten.[50]

Im Gegensatz zu den Reichsstädten Aalen und Schwäbisch Gmünd,
in denen Hexenverfolgungen erst
im zweiten Jahrzehnt des 16. Jahrhunderts auftraten, fanden erste Hexenprozesse in der Fürstpropstei
Ellwangen bereits ein gutes Men-
schenalter zuvor in der Regierungszeit von Fürstpropst Wolfgang von
Hausen statt. Ausschlaggebend für
dieses frühe Einsetzen der Hexenprozesse scheinen extraterritoriale
Impulse gewesen zu sein, besonders
das Ansteigen dieser Verfolgungen
im ganzen südwestdeutschen wie el-
sässisch-lothringischen Bereich.[51]

Als Initialzündung zur Hexen-
hatz in der Stiftspropstei erwies sich
aber ein intraterritorialer Impuls:
Gerichtliche Untersuchungen von
nächtlichen Saufgelagen und angeblichen Orgien in Ellwanger Bürgerhäusern im August 1588 konzen-
trieren sich auf den 17jährigen Jacob Sinai, der
daraufhin seine eigene Mutter als Hexe denun-
zierte, um sich selbst zu entlasten. Da Ellwangen
zu dieser Zeit keinen eigenen Scharfrichter besaß, lieh man sich als Experten Hans Vollmair
aus, der als Hexenjäger im Stift Obermarch-
tal und im Bistum Augsburg schon eine blutige
Spur gezogen hatte.

In den nun einsetzenden Verfahren erlangte
Vollmair gegenüber den juristisch gebildeten
Räten der Fürstpropstei eine dominante Stellung: „Geführt wurde in Ellwangen ein so genannter processus Extraordinarius; signifikant
für diese Prozessform war einerseits die radikale
Beschneidung der Verteidigungsmöglichkeiten
der Angeklagten, vor allem durch massiven
und unregulierten Foltereinsatz, andererseits
die Herabsetzung der indizienrechtlichen Kriterien für die Inhaftierung und Folterung von
Verdächtigen".[52] Die Zahl der Hingerichteten
des Jahres 1588 ist nicht mehr genau festlegbar:
Aus den noch vorhandenen Quellen lassen sich

17 Opfer feststellen. Im Übrigen fiel dieser ersten Verfolgungswelle nur ein Mann zum Opfer.
Der fürstpröpstliche Kanzler Johann Hilden-
brand stoppte nach diesen ersten Prozessen weitere Verfolgungen: Die Verbrennungen hatten
jedoch keinen Vorbildcharakter für die nähere
und weitere Umgebung wie die späteren Hexen-
brände zwischen 1611 und 1620. Noch war der
Wahn lokal begrenzt und temporär fixiert.

Die dritte Hexenverfolgungswelle in Ellwangen begann im Jahr 1611 unter Fürstpropst Johann Christoph von Westerstetten und diesmal zeitigte sie „überregionale Impulse" auch
in Richtung Aalen und Schwäbisch Gmünd im
übernächsten Jahr 1613. Auslöser in Ellwangen
war ein angeblicher Hostienfrevel durch eine
70jährige Frau und in den folgenden, durch Denunziationen angeheizten Prozessen fielen in
den Jahren 1611 und 1612 über 260 Menschen
dem Hexenwahn zum Opfer. Während Fürstpropst Christoph 1613 auf das Bistum Eichstätt
wechselte und dort seine in Ellwangen gemach-

Schwäbisch Gmünd,
die Karte zeigt in
der Mitte (gelb)
das Territorium der
Reichsstadt und
ihre Umgebung. Um
1704. Stadtarchiv
Schwäbisch Gmünd

ten Erfahrungen in Hexenprozessen weiter verfeinerte und fortführte, setzte der neue Fürstpropst von Ellwangen, Johann Christoph II. von Freyberg und Eisenberg, die Verfolgungen zunächst aus. Aber im Jahr 1618 – im Anfangsjahr des Dreißigjährigen Kriegs – wurden in Ellwangen wieder über 100 Personen als Hexer und Hexen verbrannt. „Die Prozessstruktur dieser Verfolgungswelle war in dominanter Weise von Hexenfamilien- und Hausgenossenprozessen geprägt.

Die Konsequenz dieser prozesssteuernden Mechanismen in den Ellwanger Verfahren war weitreichend: Sie bewirkten den völligen Bruch des dämonologischen Hexenstereotyps... und die nahezu vollständige Entspezifizierung der in die Verfahren involvierten Personenkreise; diese Entwicklung wurde allein durch das Kriterium der Verwandtschaft bzw. der engen sozialen Bindung zwischen den Opfern konditioniert und reguliert".[53]

In den letzten Verfolgungsphasen traf es Personen jeglichen Alters und Standes. Der Männeranteil an den Hexenprozessen stieg auf 20 Prozent. Lediglich die Mitglieder der höchsten weltlichen wie geistlichen Familien blieben von Denunziationen und Prozessen verschont. „Nach Ende der großen Ellwanger Hexenverfolgung der Jahre 1611 bis 1618 zeigte sich in der Fürstpropstei eine hochgradige Resistenz gegen die Einleitung weiterer Verfolgungswellen. Es fanden zwar noch bis zum Jahr 1694 noch fünf Verfahren statt, jedoch wurden nur noch in den Jahren 1622 und 1627 zwei Todesurteile vollstreckt".[54]

Zeitlich ziemlich spät – im Vergleich zu anderen Gebieten – grassierte die Hexenverfolgung das erste Mal im Gebiet der Stadt Neresheim. In einer dort eher stillen Phase des Dreißigjährigen Krieges im Jahr 1629 wurden in Neresheim 24 Frauen als Hexen und drei Männer als Hexer hingerichtet; 1630 verbrannte man je einen Mann und eine Frau und im darauf folgenden Jahr 1631 nochmals eine Frau. Weitere Prozesse lassen sich nicht nachweisen.[55]

Die Realität des täglichen, normalen Lebens war für Bauern wie Städter in diesem Jahrhundert im Großen wie im Kleinen unkalkulierbar: Kriegszüge, Pest, Hunger und Teuerungsschübe haben das allgemeine Leben belastet, das Überleben schwerer als sonst gemacht. Konnte schon zu Friedenszeiten die Versorgung mit hochrangigen Lebensmitteln – etwa mit Fleisch – in den Städten nicht immer aus eigener Produktion sichergestellt werden, so gestaltete sich der Versorgungssektor, auch bedingt durch den Wertverfall des Geldes, für die Bevölkerung in den Kriegszeiten geradezu kritisch. Zu Beginn des Jahrhunderts waren die Preise für landwirtschaftliche Erzeugnisse, nach einem wahren „fièvre agricole", vorübergehend gefallen. Es war dies Ausfluss einer deutlich veränderten Marktlage. Das erste Mal herrschte in Europa ein deutliches Überangebot an Lebensmitteln.

Anfang des Krieges aber stiegen die Preise konjunkturbedingt – und blieben während der ganzen ersten Hälfte des Jahrhunderts durch gesteigerte Nachfrage (Versorgung der kriegführenden Parteien) extrem hoch. Trotz exorbitanter Verkaufspreise erlitt die landwirtschaftliche Produktion durch Kriegsverheerungen fast einen totalen Kollaps. Der offensichtlichen Verteuerung suchte man durch Ausgabe schlechten Geldes (Kipper- und Wipperzeit) zu begegnen. Die Folge war die Hortung guter Münzsorten, vornehmlich von Gold. Spekulationsgeschäften mit Goldwährung standen Tür und Tor offen, Münzfälscher suchten auch auf dem Territorium der Reichsstadt Schwäbisch Gmünd ihre „verbesserte Ware" loszuwerden.

Für ein gemeines Bauernpferd musste man um 1622 in Schwäbisch Gmünd 400 Taler bezahlen, der Spekulationswert für ein Paar Ochsen stieg sogar auf 900 Gulden. Zur gleichen Zeit machte sich die rasante Kursverschlechterung der ausgegebenen, kurrenten Münzen bemerkbar. Anfang 1621 fiel der Dukaten, bisher 20 Gulden wert, in einem Monat auf 9 Gulden, der Reichstaler, bisher mit 16 Gulden bewertet, auf 6 Gulden.

Noch zweimal während des Krieges, in den Jahren 1626 und 1634, machten sich Teuerung und Münzverfall nachdrücklich bemerkbar. Für die Versorgung der Bevölkerung und den allgemeinen Gesundheitszustand infolge mangelnder Ernährung musste das Wirkungen zeigen. „Mit Eicheln, Brot aus Mühlenstaub, Kleie, Nesseln, Schnecken, Schwämmen, Wurzeln, Mäusen, Hunden, Katzen, gefallenen Pferden wurde das Leben gefristet". Unzureichende Hygiene und dieser allgemeine Mangel führte folgerichtig im Oktober 1634 zum Ausbruch der Pest, des allseits gefürchteten Schwarzen Todes. Als die Epidemie im November 1635, also etwa nach 13 Monaten Dauer, abklang, waren in der Reichsstadt Schwäbisch Gmünd 983 erwachsene Menschen gestorben, etwa zwölf Mal soviel als sonst in einer solchen Zeitspanne. Vorsichtige Schätzungen – verstorbene Kinder wurden nicht im Totenbuch verzeichnet – beziffern den Gesamtverlust auf etwa ein Drittel der Gesamtbevölkerung Schwäbisch Gmünds.

Im Dorf Mögglingen – einem Kondominat von Württemberg und dem Spital in Schwäbisch Gmünd – starben in den Jahren 1635 bis 1637 rund 80 Prozent der Bevölkerung an Seuchen.[56] Auch in Bopfingen – das 1632/33 noch etwa 900–1.000 Einwohner besaß – waren die Folgen der Pest hoch: Im Jahr 1634 wurden nur noch 300 Einwohner gezählt, „mehr als 2/3 gestorben".[57] In Lauchheim grassierte die Pest bereits im Jahr 1633, eine Typhusseuche ist in den Jahren 1673 bis 1676 nachzuweisen und in den Jahren 1680 bis 1686 notierte man eine nicht näher bestimmbare „Seuche mit Geschwüren".[58]

Besonders die Pestschübe haben lange kollektiv das Bewusstsein der Menschen geprägt: Pestkreuze und Pestprozessionen – zumindest in den katholischen Gebieten zur Erinnerung und zukünftiger Abwehr – waren ein beredter Ausdruck dafür. In der reichsstädtischen Schwäbisch Gmünder Verwaltung fand diese Haltung etwa noch über die Jahrhundertmitte hinweg Ausdruck, wenn Bediensteten in Zeugnissen beim Wegzug ihre gesundheitliche In-

tegrität mit den Worten attestiert wurde: „das God Lob in langen Zeiten und Jahrenn hero bis dato bei unns einige Contagion oder anfallende Erbsucht (d. h. ansteckende Krankheiten, Pest) nit grassirt".[59]

Das 18. Jahrhundert im Ostalbkreis – Zwischen Kultur und Krieg

Den Auftakt zum eigentlichen barocken Bauboom in der Reichsstadt an der Rems bildete der Konventsneubau des Franziskanerklosters durch den Vorarlberger Baumeister Eusebius Moosbrugger im Jahr 1718. Die Dominikaner zogen nach und ließen den 1724 vollendeten Neubau ihres Konvents durch Dominikus Zimmermann entwerfen. Das dritte Männerkloster, die Augustiner, berief für seinen Klosterneubau den Elchinger Baumeister Christian Wiedemann, die Deckenfresken stammen von Johann Anwander und seinem Gehilfen Franz Ferdinand Dent. Auf Betreiben des reichen Handelsherrn Franz Achilles Stahl baute 1753 Johann Michael Keller das Stammhaus der Patrizierfamilie am Marktplatz im neuen Stil um. Die Bauweise Kellers wurde für das barocke Schwäbisch Gmünd richtungweisend, so bei der Umgestaltung der Augustinerkirche, der Dominikaner- und der Franziskanerinnenkirche. In den Jahren 1775 bis 1777 barockisierte der Meister die ehemals gotische Leonhardskapelle. Im Jahr 1764 errichtete er das Kapitelhaus des 1761 eingerichteten Kollegiatsstiftes an der Pfarrkirche, 1770 das Pfarrhaus auf dem Salvator, einer schon nach Um- und Ausbau im 17. Jahrhundert viel besuchten Wallfahrtsstätte; außerdem baute er Patrizier-Wohnhäuser, die bis heute das Stadtbild prägen, im Jahr 1780 auch ein Lusthaus (im heutigen Stadtgarten) für Bürgermeister Georg Franz von Pfeilhalde.

Außerhalb der Schwäbisch Gmünder Stadtumwehrung erbaute Keller im heutigen Ostalbkreis 1760 das Pfarrhaus in Mögglingen, für den Deutschen Orden Pfarrhaus und Kirche in Westhausen und auch an der Erstellung der Klosteranlage in Neresheim war er nicht unwesentlich beteiligt. Weitere Kellerbauten sind die katholische Pfarrkirche in Unterkochen, die evangelische Pfarrkirche in Alfdorf und das Rathaus in Neckarsulm. In den Jahren 1783–85 baute er am Oberen Marktplatz in Schwäbisch Gmünd auch ein Patrizierhaus zum neuen Schwäbisch Gmünder Rathaus um.

In den Jahren 1765/66 fand Keller Gelegenheit, sein baumeisterliches Können in der Nachbarreichsstadt Aalen unter Beweis stellen zu können. Die alte evangelische Stadtkirche war am 28. März 1765 durch den Einsturz des Turmes stark beschädigt worden. Keller erbaute unter Verwendung eines Entwurfs des württembergischen Baumeisters Johann Adam Groß das Sakralgebäude als barocke Quersaalanlage wieder auf, die Deckenfresken gestaltete Anton Wintergerst.

In Ellwangen machte das gesteigerte Repräsentationsbedürfnis im Barock den letzten großen Umbau der schon unter Fürstpropst Johann Christoph von Westerstetten in den Jahren 1603–1608 umgebauten Burg in ein Fürstenschloß der Spätrenaissance notwendig: Die Durchführung lag in den Händen des Deutschordensmeisters Franz Keller. So entstand zwischen „1720 und 1727 das doppelläufige Treppenhaus; der Festsaal und die fürstpröpstlichen Appartements im Südflügel wurden im Stil des Barocks und des Rokokos ausgestaltet. Wegen baulicher Schäden mussten im Jahr 1789 die achteckigen oberen Teile der beiden Westtürme, die doppelt so hoch über das Schloss hinausragten, abgetragen werden".[60]

Das wohl größte Bauprojekt wurde jedoch mit dem Konvent und dem Neubau der Klosterkirche in Neresheim durchgeführt. Abt Aurelius Braisch (1739–1755) gelang es, Balthasar Neumann als Architekten für die neue Abteikirche zu gewinnen. Zusammen mit dem Maler Martin Knoller schuf er ein „Gesamtkunstwerk von großer Wirkung"[61] und das alles, ohne „in bedrückende Schulden zu geraten".[62] Aber erst der letzte Reichsabt Michael Dobler konnte 1792 die fertig gestellte Kirche feierlich einweihen.

Grundlage des Baubooms fast über drei Viertel des 18. Jahrhundert bildete in Schwäbisch Gmünd die gute Wirtschaftslage: Um 1700 waren in der Reichsstadt etwa 70 Hauptgewerbetreibende in acht Zünften zusammengeschlossen. Sieht man von den traditionellen Berufen ab, die lediglich den reichsstädtischen Markt und das nähere Umland belieferten, fällt vor allem das Kunstgewerbe auf, das starken Export nachweisen konnte. So entwickelte sich ab etwa 1750 ein schwunghafter Handel mit geschnitzten Pfeifenköpfen in silbernen Beschlägen und verzierten Blechdeckeln vor allem in die Schweiz und nördliche Staaten Deutschlands. Ebenso schwunghaft gestaltete sich der Exporthandel für Perlstickerei an Taschen, Geld- und Tabaksbeuteln sowie Uhrbändern. Große Bedeutung erlangte bereits während des 17. Jahrhunderts die Produktion von so genannten Paternostern aus Gagat, Holz, Elfenbein oder Kristall. Als Hauptabsatz- und Umschlagsmärkte fungierten Venedig, Mailand, Lyon, Lissabon und Istanbul. Im Verlauf des 18. Jahrhunderts verlor jedoch auch dieser Gewerbezweig seine wirtschaftliche Bedeutung: Die Jahre 1724 und 1726 bringen die letzten schriftlichen Aufzeichnungen über diese Zunft und die Zuliefererindustrie der Kristallarbeiter. Geringere Bedeutung für die Exportwirtschaft hatten Produkte der heimischen Waffenschmiede und Büchsenmacher. Die Beindreher oder Elfenbeinschnitzer, ein anderer Kunstgewerbezweig, erlebten in der Mitte des 17. Jahrhunderts eine wirtschaftliche Blütezeit.

Im Lauf des 18. Jahrhunderts verloren alle diese Gewerbezweige aber langsam an Bedeutung, allein das Gold- und Silberhandwerk behielt seine überregionale Bedeutung. Die Mehrzahl der in diesem Gewerbe tätigen Schmiede befasste sich jedoch hauptsächlich mit der Herstellung von Bijouteriewaren. Nicht mehr größere Arbeiten, sondern vielmehr im Verlagssystem produzierte Kleinstücke wie Beschläge und Schließen charakterisierten die zünftische Kunst. Konkurrenzkampf und Überproduktion drängten zur verbilligten Massenware. Der Magistrat zeigte sich nicht ganz schuldlos an dieser Entwicklung, da er durch Einführung fester Verkaufstaxen die Schwankungen am Markt zu wenig berücksichtigte. Schwäbisch Gmünd war – trotz merkantilistischer Schutzpolitik einiger Flächenstaaten wie Bayern und Österreich – auf fast sämtlichen deutschen Messen vertreten; über Geschäftsverbindungen in Nürnberg gelang es in den 1750er-Jahren, die „Gmünder Waaren“ – so die Bezeichnung der Bijouterieerzeugnisse – bis nach Russland zu exportieren. Über Kompensationsgeschäfte vor allem mit südlichen Ländern in Europa kamen in die Stadt Weine, Seide, Gewürze und Baumwolle. Zur Wende zum 18. Jahrhundert zählte man in der Reichsstadt 94 Werkstätten, 1739 sogar 250 Gold- und Silberschmiedemeister.

Merkantilistische Schutzpolitik, vor allem in dem für den Absatz des kirchlichen Devotionalienschmucks so wichtigen, österreichischen Raumes, sowie Überproduktion bewirkten im letzten Viertel des 18. Jahrhunderts eine Wirtschaftskrise. 1739/40 und wiederum 1785/86 wanderten hoch qualifizierte Goldschmiede nach Wien und in den Donauraum aus, wo sich etwa ein Johann Kaspar Holbein oder Patriz Franz durch ihr Können großes Ansehen erwarben. Daneben entwickelten sich bemerkenswerte Ansätze zu einer heimischen Wollindustrie. Eine umfangreiche Schafzucht lieferte im letzten Drittel des 18. Jahrhunderts das Rohmaterial für die Produktion von Wollmützen, Handschuhen und Strümpfen.

Eine besondere Stellung nahm die Schafzucht auch im Bereich der Reichsstadt Aalen ein, wo neben den Schäfern auch die Fischer eine gewisse lokale Rolle spielten. Die Wolle als Rohstoffbasis nutzten die Wollweber und Gerber der Stadt, deren Erzeugnisse – besonders Wolltuche und Loden – im bescheidenen Ausmaß auch in den Export gingen. Im Jahr 1766 gab eine dem Grundstein der Stadtkirche beigegebene Urkunde als wichtigste Erwerbsgrundlage neben dem agrarischen Sektor die „wollenen Handwerke“ an; eng mit ihnen hing die Bedeutung der als Heimarbeitsgewerbe betriebenen Woll- und Baumwollspinnereien zusammen.

In den Reichsstädten herrschte seit der Verfassungsänderung Karls V. 1552 eine geschlossene aristokratische Schicht, die sich durch Kooptation immer wieder selbst ergänzte. Zwar überlebten genossenschaftliche Elemente der alten Zunftherrschaft im Großen Rat, jedoch war die Macht nun im Wesentlichen dem abgeschlossenen Kleinen oder Geheimen Rat übertragen, eine Machtfülle, die ein kaiserlicher Vereinigungsrezess (Vergleich) von 1755/58 in Folge eines Bürgeraufruhrs in der Reichsstadt an der Rems nur unwesentlich schmälerte. Je mehr im Verlauf der Entwicklung absolutistischer Tendenzen das Bürgertum an Mitspracherechten zu verlieren schien, um so mehr griff die Erkenntnis Platz, in einem gesetzlich geregelten Verhältnis eigene Rechte bewahren zu können. In der Reichsstadt Schwäbisch Gmünd musste der Magistrat durch kaiserliche Anstände im 18. Jahrhundert gleich dreimal zu Verträgen mit der eigenen Bürgerschaft gezwungen werden: Hauptergebnisse waren hier die Festsetzung des Stadtrechts sowie gewisse Mitspracherechte der Bürgerschaft bei Wahlen und in der Finanzverwaltung.

Anders als in Schwäbisch Gmünd einigten sich in der Reichsstadt Aalen Bürgerschaft und Magistrat auf gütlicher Verhandlungsebene: Der seit dem Ende des 17. Jahrhunderts entmachtete 24er Rat wurde 1736 wieder eingesetzt, bekam Überwachungskompetenzen für die Finanzen zugestanden. In Schwäbisch Gmünd gelang es dagegen nicht mehr, dem Großen Rat neue Kompetenzen zuzuführen. Hier versuchte man durch Einführung zweier vom Magistrat in etwa unabhängiger Bürgerkonsulenten ein gewisses Maß an Kontrolle zu schaffen. Beide Kontrollorgane in Aalen wie Schwäbisch Gmünd schienen aber Auslaufmodelle zu sein: Der 24er Ausschuss in Aalen liquidierte sich zu Ende des 18. Jahrhunderts gar selbst: Er unterlag in einem vor dem Reichshofrat in Wien geführten Prozess gegen den Magistrat der Reichsstadt; die hohen Prozesskosten trugen zur Selbstauflösung bei.

Als wichtigstes Ergebnis dieser als „Bürgerunruhen des 18. Jahrhunderts" in die Geschichte eingegangenen Verfassungskämpfe in vielen Reichsstädten stellte sich zumindest für Schwäbisch Gmünd die schriftliche Kodifizierung seines Stadtrechts dar. Das im Jahr 1707 vom Ratskonsulenten Eustachius Jeger ursprünglich als Privatsammlung alter Rechte und Verordnungen konzipierte Buch erhielt 1753/58 offiziellen Charakter.

Mussten die Bürger Schwäbisch Gmünds und Aalens ihre Rechte über Prozesse und kaiserliche Untersuchungskommissionen reklamieren, hielten sich aber bis zum Jahr 1802 zumindest Reste republikanischer Traditionen etwa an den jährlichen Schwörtagen, so zeigte sich das Gebiet der Fürstpropstei Ellwangen und der Abtei Neresheim als geschlossenes, weitgehend vom jeweiligen Fürstpropst oder Abt absolutistisch geführtes Territorium. Neresheim gelang erst jetzt als einer der letzten schwäbischen Abteien, unter dem rührigen Abt Benedikt Maria Angehrn (1755–1787) im Jahr 1764 die Reichsunmittelbarkeit zu erlangen. Erreicht wurde das durch eine Übereinkunft mit dem Haus Oettingen-Wallerstein, das für die Aufgabe seiner Vogteirechte über das Kloster die Grundherrschaft in der Stadt Neresheim selbst und über neun Dörfer sowie die „ungeheuerlich" Summe von insgesamt 49.000 Gulden erhielt.[63]

Konnte in den Reichsstädten der Sinn von Magistratsverordnungen angezweifelt werden, galt in Ellwangen oder Neresheim letztlich das Wort des Fürstpropstes oder des Abtes selbst. Nicht zuletzt dem Regierungsstil des Fürstpropstes Franz Georg Graf von Schönborn (1732–1756), nebenbei Bischof von Worms und Erzbischof von Trier, verdankte Ellwangen die Segnungen absolutistischer Gesetzes- und Wirtschaftspolitik. Die Voraussetzung für eine effiziente Verwaltungsadministration schuf sich der Fürstpropst durch Neuordnung und Umstrukturierung seiner Regierungsbehörden. Eine weitgehend nach Sach-

gebieten organisierte Verwaltung ermöglichte die Ausbildung eines zentralistisch organisierten Staates. Das besondere Charakteristikum in der Herrschaftsübertragung, die Wählbarkeit des jeweiligen Propstes durch die Stiftskleriker, förderte Mitsprachefunktionen der Wählerschaft. Die faktische Einschränkung der ungehinderten Herrschaftsausübung manifestierte sich in den Bestimmungen von Wahlkapitulationen, die jeder Elekt seinen Wählern bei Regierungsantritt zusagen musste. Zwar hatte das Papsttum 1695 und der Kaiser wenig später diese Vorabversprechungen als ungültig erklärt, es deckten sich Verfassungswirklichkeit und -idee in diesem Punkt aber keineswegs. Das Stiftskapitel in Ellwangen drang weiter darauf, Spitzenpositionen in Verwaltung und Wirtschaft mit seinen Kandidaten zu besetzen. Franz Georg hat diese Mitregierungsversuche von Anfang an zurückgewiesen; am Ende seiner Regierungszeit hatte sich das absolutistische Regierungsprinzip durchgesetzt. Er selbst residierte nicht in Ellwangen, griff aber in entscheidender Art und Weise hier auch in der Wirtschaft ein: Nicht zuletzt die Reorganisation des Eisengewerbes in Abtsgmünd und in Ober- und Unterkochen geht auf seine Initiative zurück. Im Jahr 1752 gründete sich auf seine Veranlassung hin die Fayencefabrikation in Schrezheim.[64]

Als der eigentliche Promotor der fürstpröpstlichen Industrialisierungsversuche galt jedoch Arnold Friedrich Prahl (1709–1756). Die seit 1727 in Ellwangen heimische Woll- und Leinenindustrie wurde durch sein tatkräftiges Bemühen gefördert. Zusammen mit dem Kaufmann Zucchi gründete er eine „Leinwanth fabrique Compagnie", die 1757 nach der Verlegung nach Heidenheim allerdings als wirtschaftlicher Faktor ausfiel. Vielversprechende Ansätze gab es für ein ellwangisches Eisenwerk in Oberkochen. In der Nähe des Kocherursprungs betrieb Prahl eine „Schlackenwäscherei", deren Produkte der Eisenindustrie zugute kamen, die sich im Lauf des 18. Jahrhunderts einen Namen gemacht hatte – etwa durch die Ellwanger Eisenwerke

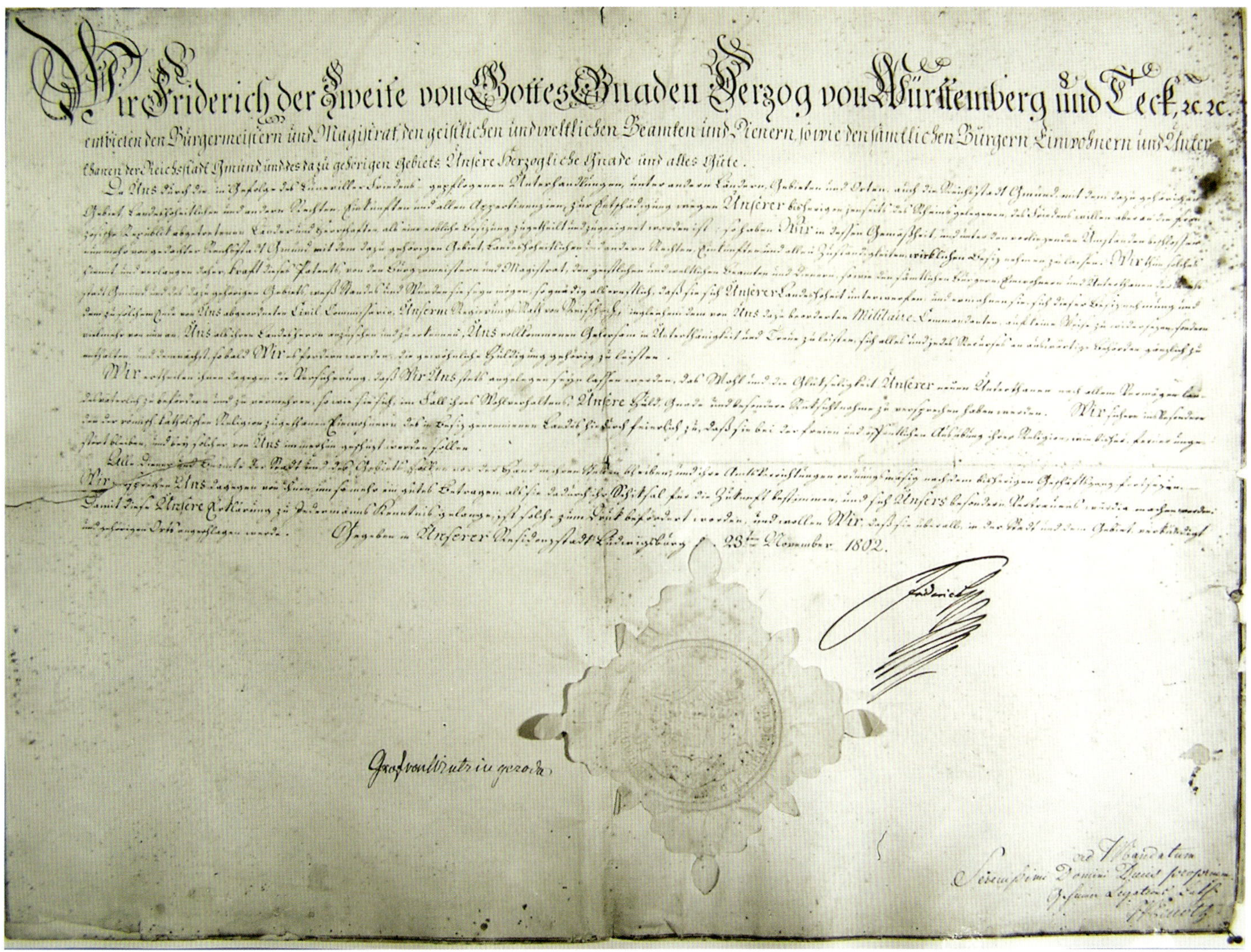

in Abtsgmünd, Unterkochen und Wasseralfingen, wo bereits Fürstpropst Franz Ludwig von der Pfalz die fortschrittliche Technik der schlesischen Eisenindustrie einführen ließ. Prahl konnte mit Stolz und Recht behaupten, dass „das Eisen größten Teils außer Landes nach Franken und Oberschwaben gehet" und zur Produktion von Öfen, Ofenplatten, Kesseln und Kaminplatten diente.

Als 1794/95 Schwäbisch Gmünd mit Schürfungen nach Eisenerz auf seinem Territorium allzu großes Interesse an der Errichtung eines eigenständigen Schmelz- und Hammerwerks erkennen ließ, intervenierten die bisherigen Alleinproduzenten im ostwürttembergischen Gebiet (Herzogtum Württemberg und Fürstpropstei Ellwangen) gemeinsam beim Gmün-

der Magistrat und drohten mit Sanktionen, die die Gmünder zum Schutz ihres Handels dazu bewog, dieses Unternehmen schnellstens einzustellen. Von den Glashütten des Stifts arbeitete mit einigem Gewinn die Rosenberger Glashütte unter der Regie verschiedener Pächter, die Produktion wurde jedoch 1782 eingestellt. Weit über die Grenzen der Fürstpropstei bekannt galten die Produkte der Ellwanger Papiermühle in Unterkochen: Das dort hergestellte Kanzlei-, Konzept- und Regalpapier fand außerordentlichen Absatz. Die 1748 in Utzmemmingen im Gebiet der Abtei Neresheim gegründete Porzellanfabrik, die die Witwe Prahls nach Ellwangen verlegte, konkurrierte mit der von Unternehmer Johann Bux in Schrezheim geführten Majolika- und Fayencefabrik; beide ruinierten nicht

Schwäbisch Gmünd, im Besitznahmepatent vom 23. November 1802, das dem Schwäbisch Gmünder Magistrat eröffnet wurde, bekundete Herzog Friedrich II. von Württemberg seinen Anspruch auf Anerkennung als neuer Landesherr. Stadtarchiv Schwäbisch Gmünd

zuletzt das Zinngießerhandwerk in Schwäbisch Gmünd, das im 16. und 17. Jahrhundert seine Blütezeit gehabt hatte. Der Publikumsgeschmack wandte sich von den Zinnkannen und -krügen ab und dem nun modisch gewordenen Porzellan oder Fayence zu.

Der letzte Fürstpropst von Ellwangen, der aus dem polnisch-sächsischen Könighaus stammende Clemens Wenzeslaus, Erzbischof von Trier und Bischof von Augsburg, hat den absolutistischen Regierungsstil ausgebaut, ihn allerdings durch aufklärerische Tendenzen abgeschwächt. Seine Intentionen zur Förderung und Hebung des Schulunterrichts – u. a. die 1790 erlassene neue Schulordnung für das Collegium Ignatium – trafen sich in etwa mit Bestrebungen im reichsstädtischen Schwäbisch Gmünd. Hier fand 1776 durch die Einrichtung einer Zeichenschule zur praktischen Ausbildung von Gold- und Silberschmieden der fortschrittsgläubige, pädagogische Geist des letzten Drittels des 18. Jahrhunderts sichtbaren Ausdruck, genauso wie mit den Modellen zur Schulreform im Reichskloster Neresheim, das in dieser Zeit zur Keimzelle der katholischen Schulreform in Oberdeutschland überhaupt wurde. Der 1797 von Wenzeslaus berufene Hof-, Stadt- und Landphysikus Joseph Alois von Frölich, der durch seine Forschungen den Grundstein zu einer im 19. Jahrhundert gerühmten Ellwanger Botanikerschule legte, fand sein reichsstädtisches Pendant in der Person des Schwäbisch Gmünder Stadt- und Landphysikus Wenzel Aloys Stütz, einem Gelehrten, der für das frühe 19. Jahrhundert als Kapazität galt. Und auch im Kloster Neresheim wurde die „letzte Periode des nunmehrigen Reichsklosters durch naturwissenschaftliche und technische Arbeiten, durch Musik- und Theaterpflege charakterisiert".[65]

Besonders der letzte Reichsabt von Neresheim Michael Dobler (1782–1802) stand den Naturwissenschaften nahe: Auf ihn geht die Förderung von Erstellungen von Blitzableitern zurück, der Ausbau einer Münz- und Naturaliensammlung und die kartographische Aufnahme der klösterlichen Besitzungen. Auch um die Gesamtpflege der Bibliothek hat sich Dobler verdient gemacht. Bei der Säkularisierung 1802 wurden über 12.700 Bände verzeichnet.[66]

An Versuchen, durch Erschließung der Infrastruktur das Handelsvolumen zu steigern, hat es im 18. Jahrhundert nicht gefehlt; der Ausbau der Chausseestraße von Stuttgart über Cannstatt, Schwäbisch Gmünd nach Nürnberg über Aalen und Ellwangen ermöglichte einen schnelleren Anschluss an die Wirtschaftsräume im Osten und Süden und diente damit allen Herrschaften im ostwürttembergischen Raum.

Das kulturelle Leben im weitesten Sinn prägten sowohl in der katholischen Reichsstadt Schwäbisch Gmünd wie in der katholischen Fürstpropstei Ellwangen nicht unwesentlich die Klöster. In Ellwangen wirkten vor allem die Jesuiten im schulischen Bereich: Im Jahr 1661 ließen sie sich in der Residenzstadt nieder, doch es sollte gegen Widerstände aus dem eigenen Orden noch bis zum Jahr 1668 dauern, bis ein regulärer Schulbetrieb aufgenommen werden konnte. Fast revolutionär gestaltete sich das Schulprogramm. Prügel war verpönt, Schulgeld wurde keines erhoben, dagegen führten die Jesuiten Schulzeugnisse ein. Nach Neubau und Ausbau der Jesuitenschule in den Jahren 1722/23 schritt der innere Ausbau der Schule weiter fort bis hin zu einer „Philosophisch-theologischen Akademie, an der ein Teil des Theologiestudiums absolviert werden konnte".[67] Die bestehende städtische Lateinschule ging jedenfalls in der Jesuitenschule auf. Den Ausbau des höheren Schulwesens in der Reichsstadt Schwäbisch Gmünd im 18. Jahrhundert übernahmen die Franziskaner. Nach mehreren vergeblichen Anläufen gelang es ihnen in ihrem Klosterbereich ein Gymnasium einzurichten, das 1736 den Lehrbetrieb aufnahm und später in die Schmalzgrube (Schwörhaus) wechselte. Mit der städtischen Lateinschule im heutigen Stadtarchiv am Münsterplatz einigte man sich übrigens auf eine Aufgabenteilung: Die unteren Klassen der Lateinschule wurden in der städtischen La teinschule, die höheren Klassen bei den Franziskanern durchgeführt. Über die Stadtgrenzen der Reichsstadt hinaus berühmt wurden die bei den Franziskanern aufgeführten, von den Lateinschülern gespielten Theaterstücke sowie die jährlich nach dem Ende des Dreißigjährigen Krieges vor dem Hauptportal der Stadtpfarrkirche, von den Patres betreute Passionsspiele. An ihnen nahmen die ganze Stadt und das katholische Umland lebhaft teil und sie wurden bis zur Mediatisierung der Reichsstadt im Jahr 1803 mit steigenden Zuschauerzahlen aufgeführt.

In der Fürstpropstei dienten die Jahresabschlusskomödien der Jesuitenschüler und nach der Aufhebung des Jesuitenordens später der Eleven des Collegiums ebenfalls der Zurschaustellung gelehrter Materie wie auch – wenn gewünscht – dem Repräsentionsgehabe des fürstpröpstlichen Hofes. Schätzungen gehen von bis zu 600 aufgeführten Dramen bis zum Ende des 18. Jahrhunderts in Ellwangen aus.[68]

In Ellwangen wie auch in Schwäbisch Gmünd machte sich im 17. und 18. Jahrhundert das Wirken der Kapuziner bemerkbar: Während in Ellwangen die Jesuiten die Kapuziner lange Zeit als lästige Konkurrenz empfanden und die Kapuziner es erst 1728 erreichten, sich eine Niederlassung schaffen zu dürfen, kamen die Kapuziner als jüngster Orden – von Bürgermeister und Rat gerufen – bereits 1644 als sechster Mönchsorden in die Reichsstadt Schwäbisch Gmünd, um den Weltklerus bei seiner Arbeit, besonders bei der Wallfahrt auf den Salvator bei Schwäbisch Gmünd, zu unterstützen. In kurzer Zeit hatten sie sich durch Beichtehören und Krankenbesuche so unentbehrlich gemacht, dass Pläne für eine feste Niederlassung auftauchten. Nach einigem Hin und Her fand man mitten in der Stadt am Wildeck an der staufischen Stadtmauer ein geeignetes Baugelände, das die Mönche 1649 ankauften. Am 21. Juni 1651 erlaubte der zuständige Augsburger Bischof die Errichtung eines Klosters mit einer dazugehörigen Kirche. Nach etlichen Vorarbeiten – etwa dem Abbruch etlicher Häuser auf dem Bauareal – fand

Clemens Wenzeslaus Herzog von Sachsen. Der letzte Ellwanger Fürstpropst war Sohn des Kurfürsten von Sachsen und Königs von Polen. Nach seinem Eintritt in die kirchliche Laufbahn wurde er 1763 bis 1768 Bischof von Freising und Regensburg. Diese Ämter gab er auf, als er 1768 Erzbischof und Kurfürst von Trier und Bischof von Augsburg wurde. 1770 wählte ihn das Ellwanger Kapitel zum Koadjutor des Fürstpropsten Anton Ignaz, der ihm 1777 die Landesregierung unter bestimmten Vorbehalten überließ. Im Zuge der Säkularisation verzichtete er am 25. April 1802 auf sein Trierer Amt, am 3. November auch auf Ellwangen, während er das Bistum Augsburg als Bischof, aber nicht mehr als Reichsfürst, bis zu seinem Tode (27. Juli 1812) in Marktoberdorf behielt. Er hat in Ellwangen die Verwaltung reorganisiert, neue Gesetze erlassen und für die Bevölkerung wertvolle Einrichtungen, wie z. B. die Feuerversicherung, geschaffen. Dennoch hat Ellwangen für ihn immer den Rang einer Nebenresidenz eingenommen, wie seine wenigen Aufenthalte beweisen.

nach einem feierlichen Gottesdienst in der Heilig-Kreuz-Pfarrkirche und einer Prozession ans Wildeck dort am 2. Juni 1652 die Grundsteinlegung statt und bereits am 29. September 1654 konnten Kirche und Kloster dem Hl. Ulrich geweiht werden.

In Ellwangen brauchte ihre Akzeptanz dagegen einige Zeit: Erst das gespannte Verhältnis des Fürstpropstes Franz Georg (1732–1756) zu den Ellwanger Jesuiten und seine Hinwendung zu den Kapuzinern, die fortan als seine und des Hofes Beichtväter fungierten, ließen sie allmählich zu Ehren kommen – auch im Bewusstsein der Bevölkerung. Nach der formellen Aufhebung des Klosters während der Säkularisierung 1802/03 wurde das Ellwanger Kapuzinerkloster dann eines der vier Zentralklöster der Kapuziner in Württemberg, die hier auf den Aussterbeetat gesetzt wurden.

Auch die Kapuziner von Schwäbisch Gmünd mussten 1803 in das Ellwanger Kloster umziehen. Das Territorium der Reichsstadt Schwäbisch Gmünd, in wesentlichen Teilen vom 14. bis zum 16. Jahrhundert erworben, gehörte zum größten Teil den Schwäbisch Gmünder Klöstern und Stiftungen, allen voran dem Dominikanerinnenkloster Gotteszell und dem Spital zum Hl. Geist.

Da die Ausübung aller wesentlichen Herrschaftsfunktionen beim Magistrat als Schirmherr lag, konnten diese Besitzungen wie die städtischen zentral verwaltet werden: Das ursprünglich in vier Ämter aufgeteilte Gebiet erfuhr im Jahr 1728 eine administrative Straffung bei der Zusammenlegung von je zwei Ämtern unter einen Vogt. Allerdings blieb auch das Verhältnis des Magistrats zu den auf dem Land lebenden Untertanen ungeklärt; Prozesse über Struktur und Qualität der Herrschaft wurden das ganze 18. Jahrhundert über geführt und bis in die württembergische Zeit nach 1802 verschleppt.

Die Koalitionskriege, die das Reich 1792–1797 und 1799–1801 gegen die französische Republik führte, schlugen in ihrer Auswirkung auch auf das Gebiet der Ostalb zurück: Besatzungen und Kontributionen höhlten die letzten wirtschaftlichen Ressourcen aus, spätestens seit 1797 etwa war die Stadt Schwäbisch Gmünd, verursacht auch durch Misswirtschaft und eingeschränkte Exportmöglichkeiten in Kriegszeiten, bankrott.

Die Reichsstadt Bopfingen hatte sich niemals von den Schulden aus dem Dreißigjährigen Krieg erholt und galt seit dem Siebenjährigen Krieg eigentlich als zahlungsunfähig.

Der Friede von Lunéville (9. Februar 1801) und ein französisch-württembergischer Geheimvertrag vom 20. Mai 1802 besiegelten endgültig das Ende der Freien Reichsstädte, der Fürstpropstei Ellwangen sowie des Reichsklosters Neresheim. Schwäbisch Gmünd mit seinem damals 160 km² großen Gebiet, rund 15.000 Einwohnern, da-

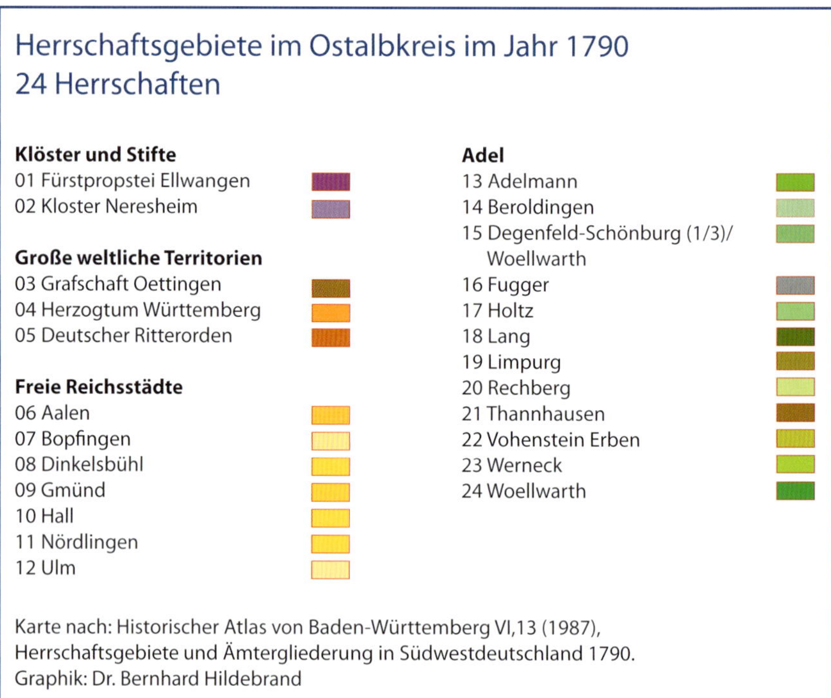

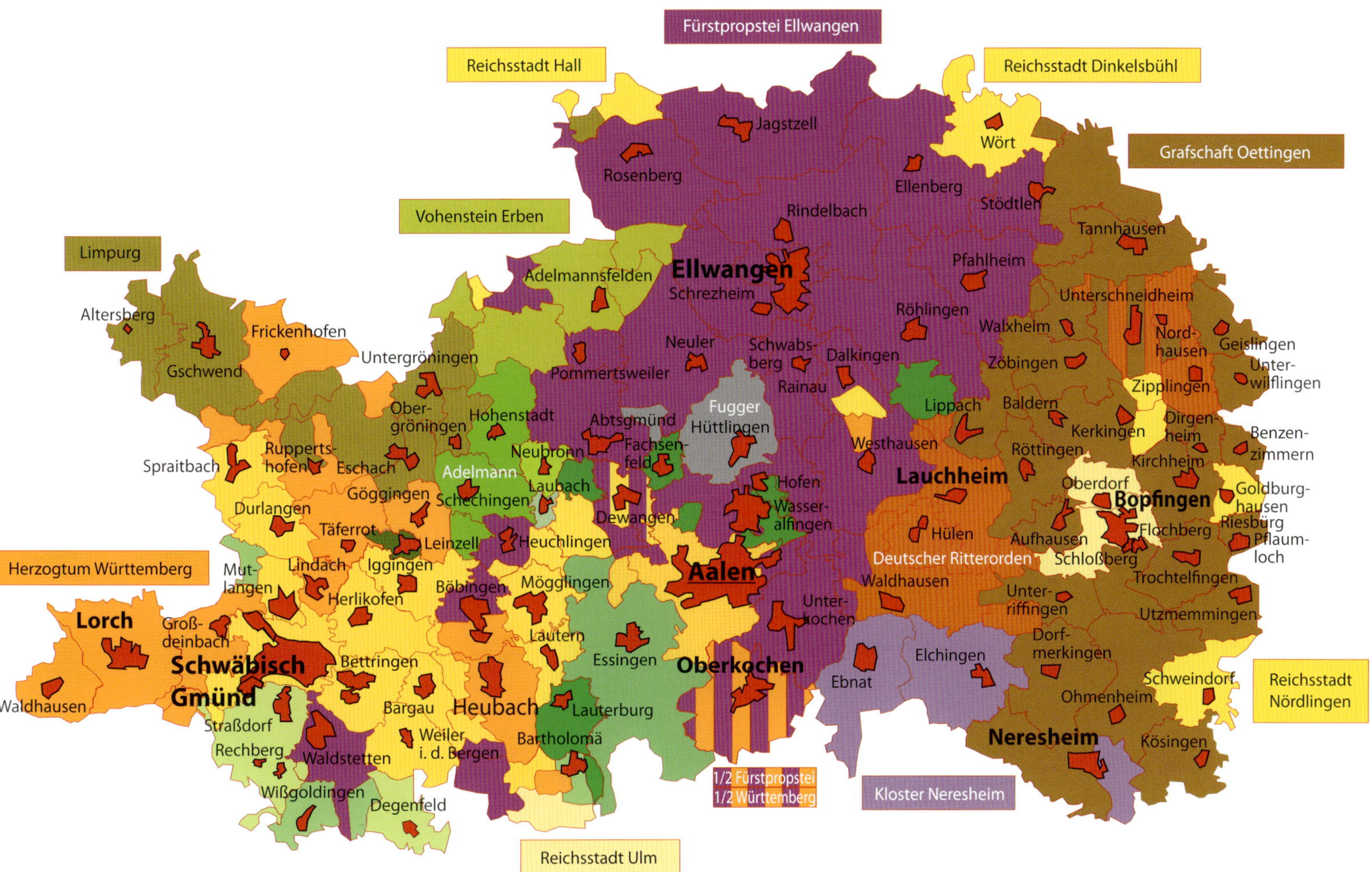

von etwa 5.000 in der Stadt selbst lebend, sechs Klöster in der Stadt inbegriffen, fiel im November 1802 mit einem Schuldenstand von gut einer Million Gulden Schulden in diversen Kassen an das Herzogtum Württemberg.

Die Nachbarreichsstadt Aalen selbst besaß beim Übergang an Württemberg kein eigenes Territorium und war im Wesentlichen eine Ackerbürgerstadt mit rund 4.000 Einwohnern. Im Gegensatz zu Schwäbisch Gmünd oder Bopfingen kam die Stadt aber ohne Schulden an die neuen Herren.

Bopfingen selbst fiel 1802/03 mit einer Gemarkung von 0,8 Quadratmeilen und etwa 2.000 Einwohnern zunächst an Bayern und 1810 an das Königreich Württemberg.

Die Abtei Neresheim wurde 1802 säkularisiert und ging an das fürstliche Haus Thurn und Taxis über. Der große Landbesitz etwa in Neresheim selbst, aber auch in Ebnat und Elchingen, Groß- und Kleinkuchen, Affalterwang und Kirchwang kam 1806 unter bayerische, 1810 dann unter württembergische Landeshoheit.[69]

Das Gebiet der Fürstpropstei Ellwangen umfasste zu Ende des 18. Jahrhunderts etwa 400 km² mit ungefähr 25.000 Einwohnern in der Stadt Ellwangen, dem Ort Bühlertann, 20 Pfarr- und sonstigen Dörfern sowie 180 Weilern und Höfen.

Nach dem Übergang an Württemberg wurde die Stadt immerhin bis 1806 Hauptstadt des neu geschaffenen Staates Neuwürttemberg.[70]

Der Ostalbkreis im Jahr 1790.
Im ausgehenden 18. Jahrhundert zeigt sich die Karte des alten Reiches wie ein Flickenteppich. Etwa 1.800 große und kleine geistliche wie weltliche Staatsgebilde waren als souveräne Herrschaften direkt dem Kaiser unterstellt. Besonders stark war die Besitzzersplitterung in Süddeutschland, sodass die Karte des heutigen Kreisgebietes ein Spiegelbild der Zustände im Alten Reich darstellt. Mindestens 24 Herrschaften hatten im Gebiet des heutigen Ostalbkreises zusammenhängende Besitzungen.

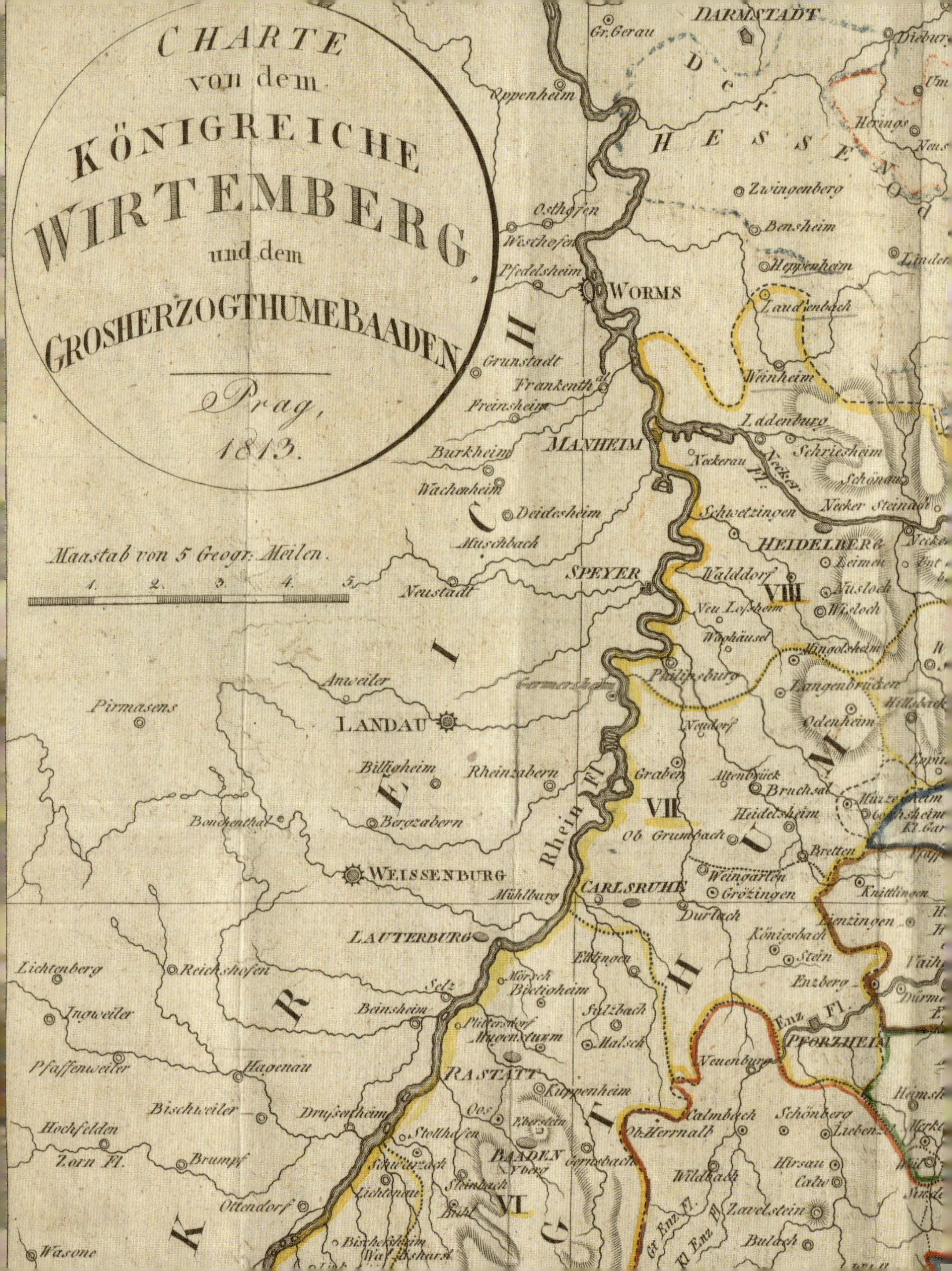

CHARTE
von dem
KÖNIGREICHE
WIRTEMBERG,
und dem
GROSHERZOGTHUME BAADEN.
Prag,
1813.
Maasstab von 5 Geogr: Meilen.
1. 2. 3. 4. 5.
DARMSTADT
Gr. Gerau
Dieburg
Um
Oppenheim
HESSEN
Hörings
Neus
Zwingenberg
Osthofen
Bensheim
Westhofen
Heppenheim
Linden
Pfedelsheim
WORMS
Laudenbach
Grunstadt
Weinheim
Frankenthal
Ladenburg
Freinsheim
Neckerau
Necker Fl.
Schriesheim
MANHEIM
Schönau
Burkheim
Schwetzingen
Necker Steinach
Wachenheim
HEIDELBERG
Necker
Deidesheim
Leimen
Muschbach
SPEYER
Walddorf
VIII
Nusloch
Neu Losheim
Wisloch
Waghäusel
Mingolsheim
W.
Neustadt
Philipsburg
Langenbrücken
Anweiler
Germersheim
Odenheim
Willsbach
Pirmasens
Neudorf
LANDAU
Graben
Altenbrück
Evita
Billigheim
Rheinzabern
Bruchsal
Münzesheim
Kl. Gar.
Bergzabern
Rhein Fl.
VII
Heidelsheim
Bonchenthal
Ob Grumbach
Bretten
WEISSENBURG
Weingarten
Pfaff.
Mühlburg
CARLSRUHE
Grözingen
Knittlingen
LAUTERBURG
Durlach
Lienzingen
H.
Lichtenberg
Reichshofen
Elkingen
Königsbach
Stein
Vaih.
Selz
Mörch
Enzberg
Durm.
Ingweiler
Bietigheim
Sulzbach
Enz Fl.
Beinsheim
Plittersdorf
Malsch
PFORZHEIM
Pfaffenweiler
Augensturm
Neuenburg
Heimsh.
Hagenau
RASTATT
Calmbach
Schönberg
Bischweiler
Druschheim
Oos
Kuppenheim
Ob. Herrnalb
Liebenzell
Merkl.
Hochfelden
Eberstein
Wildbad
Hirsau
Zorn Fl.
Stollhofen
Gernsbach
Calw
Brumpf
BAADEN
Schönberg
Gr. Enz Fl.
Zavelstein
Ottendorf
Schützbach
Steinbach
VI
Fl. Enz
Bulach
Wasone
Bischoffsheim
Brühl
Gr. Enz Fl.

Neuzeit
Roland Schurig

Die historischen Wurzeln des heutigen Ostalbkreises

Im 29. Stück seiner „Nationalchronik der Teutschen", die 1805 in Gmünd erschien, berichtete der Herausgeber Johann Gottfried Pahl über einen bemerkenswerten Zwischenstopp des Kurfürsten Friedrich II. auf dem Weg in die Hauptstadt Neuwürttembergs. Der Landesherr sei im Sommer nach Ellwangen unterwegs gewesen und habe auf dem Hagberg bei Gschwend einen Halt befohlen. Nicht nur den Gegensatz zwischen der Kulturlandschaft – die Anhöhe war bis zur Spitze mit Getreide angebaut – und den weitläufigen Waldflächen der Umgegend hätten dem Kurfürsten gefallen. Vielmehr sei der Hagberg wegen seines Panoramas von Schwäbisch Hall bis zum Hohenstaufen, ja bis zur Teck und der Achalm bei Reutlingen ein idealer „Schauplatz". Von hier oben aus habe Friedrich II. bis weit ins Altwürttembergische blicken können.

Bereits durch seine naturkundlichen und historischen Erläuterungen hob sich dieser Artikel von der üblichen Hofberichterstattung in anderen Blättern ab. Offensichtlich ist aber auch, dass Pahl Natur und Geschichte in Dienst nahm, um seine politischen Aussagen zu verschleiern. So habe der Kurfürst nicht nur auf Berge und Täler gesehen, sondern vielmehr auf „Denkmale" geblickt, welche „die Gegenwart in die Vergangenheit zurückführen".

Vom Hagberg aus sei eine Landschaft zu betrachten, die so erscheint, wie sie einst unter der Herrschaft der staufischen Kaiser und Könige als unzerteiltes Ganzes, also ohne die Grenzen des Jahres 1805, bestanden habe. Mit dem listigen Hinweis, die Bürger von Gschwend hätten in Erinnerung an den hohen Besuch eine Bank auf die Anhöhe gestiftet, kaschierte der Zensur erfahrene Autor zudem seine Aufforderung an die Leser, den symbolträchtigen Ausblick des Kurfürsten nachzuvollziehen.

Pahl bezog sich mit seinem Artikel gleichermaßen auf die Gegenwart wie auf die Zukunft. Aus luftiger Höhe konnte im Grunde jeder das Ergebnis des Reichsdeputationshauptschlusses sehr gut erkennen: Durch ihn wurde wieder zusammengeführt, was eigentlich zusammengehörte. Der Garant für das Zusammenwachsen dieser ungleichen Teile war aber nur Kurfürst Friedrich II., der seit 1803 in Personalunion Alt- und Neuwürttemberg regierte.

Württemberg wächst

Überblickt man aus einem Abstand von 200 Jahren den Prozess der territorialen Neuordnung, den Württemberg zwischen 1803 und 1811 durchlief, so fällt auf, dass jahrhundertealte staatliche Strukturen in diesem Zeitraum aufgehoben werden, ohne dass die Form des Neuen, in dem sie aufgingen, bereits endgültig feststand. Auf der Grundlage des Friedens von Lunéville (1801) und den Beschlüssen der Reichsdeputation in Regensburg (1803) fasste Friedrich von Württemberg seine Gebietsgewinne in einem Staatsgebilde zusammen, das er Neuwürttemberg nannte.

Bereits drei Jahre später war die nächste Etappe der politischen Flurbereinigung erreicht. Die bislang getrennt verwalteten Landesteile des Kurfürstentums wurden inklusive der Gebiete des Deutschen Ordens und der Reichsritterschaft 1806 zum Königreich vereinigt. Diesen erneuten Landgewinn wie auch die Standeserhöhung verdankte König Friedrich I. seinem Beitritt zu dem von Napoleon dominierten Rheinbund. Weitere vier Jahre später erfolgte der Grenzausgleich mit Baden und Bayern. Der Vertrag vom 18. Mai 1810 brachte dem Königreich ein zusammenhängendes Gebiet von Ulm bis zum Bodensee ein. Verglichen damit, bildete der Landstrich zwischen Bopfingen und Neresheim eine kleine, aber deswegen nicht weniger wertvolle Arrondierung an der nordöstlichen Grenze des Landes.

Sechs Jahre nach seinem Halt auf dem Hagberg kam König Friedrich I. im Sommer 1811 nach Bopfingen. Die Organisatoren des Besuchsprogramms wussten um den Wert symbolischer Gesten in der Politik und sahen das

Plateau des Ipf für einen Zwischenstopp des Landesherrn vor.

Zwei Wochen nach dem Besuch am 9. Juli berichtete die Schwäbische Chronik in Stuttgart, dass an diesem Tag der Ausblick vom westlichen Rand des Berggipfels besonders ansprechend gewesen sei. In einer Höhe von 667 m genoss der König den „prächtigen Ausblick unter einem Horizont von mehr als sechzig Stunden im Umkreis". Dies entsprach immerhin einer Entfernung von 250 bis 300 Kilometern.

Vor allem in Blickrichtung Westen gab es keine nichtwürttembergischen Staatsgrenzen mehr. Der Besuch des Landesherrn markiert somit das Ende der politischen Flurbereinigung, die unter den Stichworten Säkularisation und Mediatisierung zusammengefasst wird und an dem Friedrich als Herzog, Kurfürst und schließlich als König mit so großer Fortune partizipierte, dass sich die Fläche Württembergs innerhalb von zehn Jahren um mehr als die Hälfte seiner ursprünglichen Ausdehnung vergrößerte. Der langwierige Prozess des inneren Staatsaufbaus war allerdings längst noch nicht abgeschlossen.

Fundamente des neuen Staates

In den Staats- und Organisationsmanifesten, die Friedrich als Kurfürst und König zwischen 1803 und 1818 erließ, spiegeln sich die Bemühungen, aus einem Konglomerat von Gebieten ohne inneren politischen Zusammenhang einen neuzeitlichen Rechts- und Einheitsstaat zu formen. Innerhalb kürzester Zeit hatten die württembergischen Zivilkommissäre nach der Übernahme der Entschädigungslande die Effizienz der Verwaltungen sowie die Höhe ihrer Einkünfte durchleuchtet. Als die Reichsdeputation in Regensburg ihrem Entschädigungsplan im Februar 1803 schließlich die offizielle Form verlieh, war in Stuttgart bereits Ernüchterung eingetreten.

Württemberg hatte durch das Verhandlungsgeschick des Gesandten Normann, aber auch durch den gezielten Einsatz beträchtlicher Geld-

summen sowie durch die engen verwandtschaftlichen Beziehungen zu Russland und England etwa doppelt so viel an Land und Untertanen gewonnen als es mit Mömpelgard und den Besitzungen im Elsaß verloren hatte. Als nach der Zivilbesitznahme im November 1802 jedoch die ersten Berichte aus den besetzten Reichsstädten und aus der Fürstpropstei Ellwangen eingingen, musste der neue Landesherr erkennen, dass die dortigen Kassen zum größten Teil leer waren und bei der Kernerarbeit des Verwaltungsaufbaus in Neuwürttemberg kaum auf Vorhandenes zurückgegriffen werden konnte.

Wie Kurfürst Friedrich in seinem Staatsmanifest vom 1. Januar 1803 formulierte, sollte für die neue Verwaltung das Leitprinzip der durchgängigen Einheitlichkeit und Gleichförmigkeit gelten. In unserem Zusammenhang ist besonders die Gestaltung der unteren Stufe der Staatsverwaltung von Interesse. Hier wurde die altwürttembergische Oberamts- und Gemeindeverfassung übernommen. Das Gebiet nordöstlich der alten Landesgrenze bei Lorch teilten sich fortan die neuwürttembergischen Oberämter Gmünd, Aalen und Ellwangen.

Die Gebiete um Bopfingen und auf dem Härtsfeld wurden erst 1810 nach der Übernahme von Bayern bzw. Oettingen im Oberamt Neresheim zusammengefasst.

Tatsächlich sorgte die Mediatisierung der ritterschaftlichen Güter und des Deutschordensgebietes 1806 dafür, dass sich die Fläche der Oberämter auf der Ostalb vergrößerte. Auch gab es im Zeitraum bis 1818 immer wieder kleinere Korrekturen am Grenzverlauf. Im Vergleich zu den grundlegenden Veränderungsschüben, denen die übergeordnete Provinzialverwaltung 1806, 1811 und 1817/1818 unterworfen war, erwies sich die Oberamtseinteilung jedoch von Beginn an als äußerst stabil. Sie entwickelte sich zu einem festen und tragfähigen Fundament des jungen Königreichs.

Organe des Regenten

Ihrer Stellung und Funktion nach waren bereits die jungen württembergischen Beamten, die als so genannte Hofkommissäre ab November 1802 ihren Dienst in Gmünd, Aalen und Ellwangen antraten, provisorische Oberamtmänner. Wie ihre Nachfolger, die diesen Titel offiziell trugen und im Februar 1803 auf die Ostalb kamen, hatten sie die Aufsicht über die Verwaltung und Gerichtsbarkeit in der jeweiligen Oberamtsstadt und den umliegenden Orten. Ihre Verweildauer auf den Posten war allerdings immer noch sehr kurz. Schon nach vier Monaten wurden Oberamtmann Mieg in Aalen und Oberamtmann Potschka in Gmünd wieder versetzt. Am Regierungssitz Ellwangen dagegen gab es die erste Ablösung erst 1804. Johann Baptist Dobler, vormals Hofkammerrat und Stadtammann in Ellwangen, war nach der Inbesitznahme in den württembergischen Staatsdienst gewechselt und im Februar 1803 zum ersten Oberamtmann in Ellwangen ernannt worden. Im folgenden Jahr gab er seinen Posten auf und trat in wallersteinische Dienste. Offensichtlich konnte oder wollte er die Arbeitsweise der neuwürttembergischen Verwaltung nicht mehr mittragen.

Mit der Munizipalverfassung hatte Kurfürst Friedrich II. bereits im Juli 1803 die Verwaltungsstruktur der Oberamtsstädte gemäß seinen Prinzipien festgelegt. In Gmünd, Aalen und Ellwangen griff man auf die ehemaligen Amtsträger aus der Zeit der politischen Selbstständigkeit zurück und besetzte mit ihnen die Magistratsposten zur Erledigung der Verwaltungsaufgaben, die nebenberuflich und gegen eine Aufwandsentschädigung erfolgte. Außerdem wurde mit dem Rat eine Repräsentation für die Bürgerschaft eingerichtet.

Einer Selbstverwaltung der Städte und Dörfer wurde jedoch kaum Raum gelassen. Wie in der altwürttembergischen Gemeindeverfassung war der Oberamtmann der Vorsitzende der Dorf- und Stadtmagistrate. Ohne sein Wissen durfte nichts entschieden oder verfügt werden. Den Dorfgerichten wurde die Rechtssprechung abgenommen, den Stadtgerichten die Justiz in erster Instanz neben den Verwaltungsaufgaben jedoch belassen. Hieraus ergab sich ein gewisses Konkurrenzverhältnis, da bis zur Einführung der Amtsgerichte im Jahr 1811 auch der Oberamtmann für die Rechtssprechung in erster Instanz im Bezirk zuständig war.

Entgegen der altwürttembergischen Praxis hatte der Repräsentant des Landesherrn in den neuwürttembergischen Amtsbezirken jedoch keinen Einfluss mehr auf das Finanzwesen. Hierfür war der Kameralbeamte mit der Dienstbezeichnung eines Steuereinnehmers zuständig. Die Amtsbezirke der Kameralämter wurden jedoch erst 1840 den Oberamtsgrenzen angepasst.

Es fällt auf, dass mit den Oberamtmännern, die im Juli 1803 ihren Dienst auf der Ostalb antraten, die Phase der kurzfristigen Postenwechsel endete. Offensichtlich sollten Hofgerichtsadvokat Ludwig Muff in Gmünd und Kanzleiadvokat Dr. Walther in Aalen mehr Zeit als ihre Vorgänger haben, um die Vorgaben aus Stuttgart planmäßig und zielstrebig umzusetzen. Ganz in diesem Sinne äußerte sich Oberamtmann Ludwig Muff bei seiner Amtseinsetzung am 22. Mai 1804 in Gmünd: „Ich habe die Obliegenheit auf mir, als Organ dieses erhabenen Regenten seinen Willen zu vollführen, Recht und Gerechtigkeit zu handhaben und Ruhe und Ordnung zu erhalten."

Wie Johann Gottfried Pahl rückblickend schrieb, war der neue „Geist der Thätigkeit", der damit verbunden war, allenthalben spürbar. Dies bedeutete aber nicht, dass dadurch automatisch auch die Herzen der neuen Untertanen gewonnen wurden. Vielmehr versäumte man laut Pahl „jede Maßregel, die dazu hätte dienen können, [den Untertanen] den Übergang in das neue Leben zu erleichtern."[1]

Die neuen Verhältnisse

Als Erste hatten die Ordensbrüder und -schwestern in Gmünd sowie die Chorherren des Stiftskapitels in Ellwangen die Auswirkungen der neuen Zeit zu spüren bekommen. Ihre Klöster

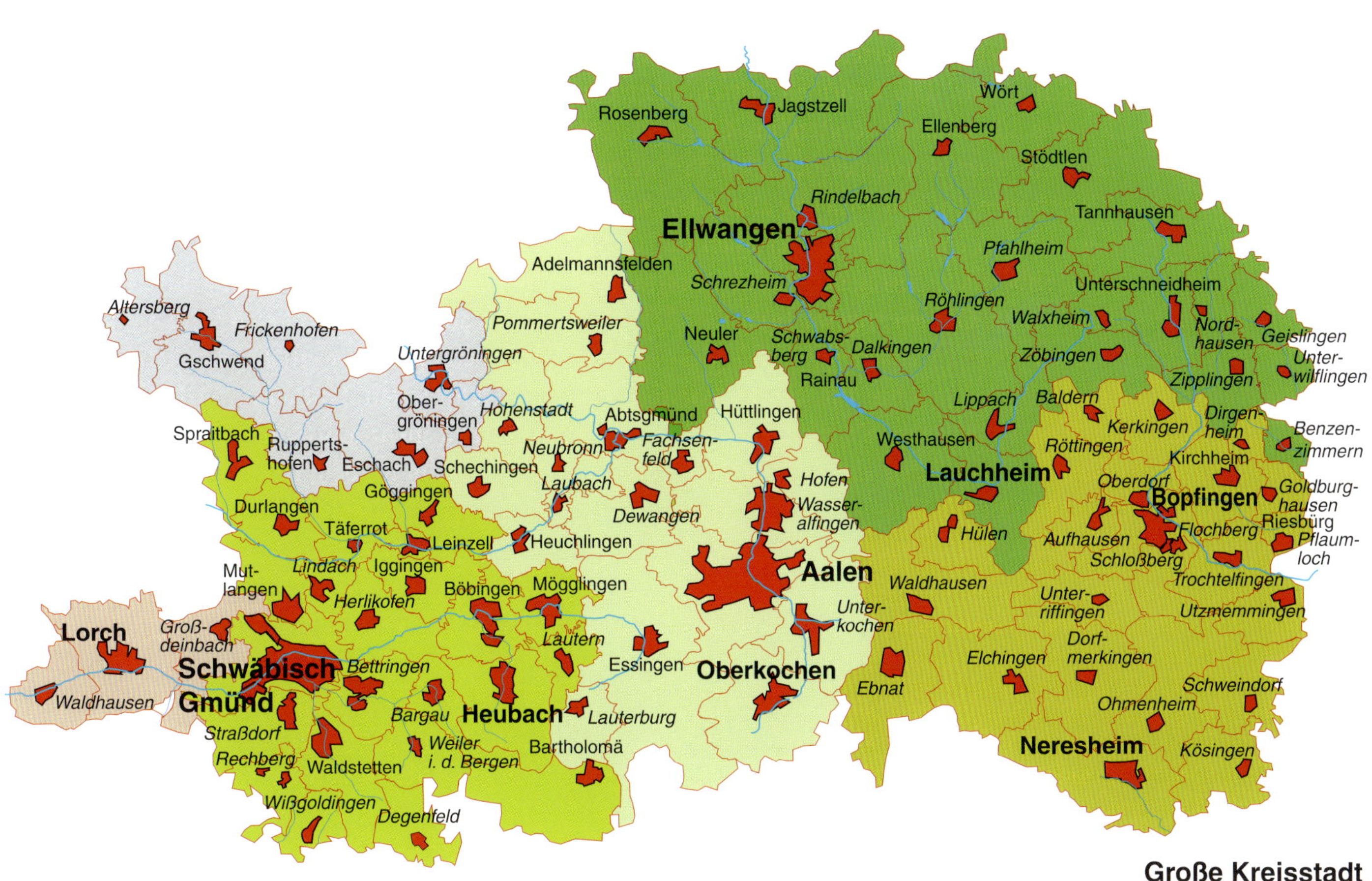

Ostalbkreis, Zugehörigkeit der heutigen Städte und Gemeinden zu den Württembergischen Oberämtern (1810–1938).

und Konvente wurden aufgehoben. Ohne Weiterverwendung durch ihre Orden blieb ihnen nur eine kärgliche staatliche Pension oder wie den Kapuzinern das Zentralkloster in Ellwangen, das auf den Aussterbeetat gesetzt war. Das Gmünder Dominikanerkloster wurde zur Kaserne, die Klosterkirche diente als Holzmagazin. Oberamtmann und Steuereinnehmer hatten das Franziskanerkloster als Dienst- und Wohnsitz zugewiesen erhalten. Schließlich fand der Staat auch für das Dominikanerinnenkloster vor der Stadt ab 1808 eine neue Nutzung. Es wurde in ein Männergefängnis umgewandelt, an dessen Unterhaltung sich auch die Oberämter finanziell zu beteiligen hatten.

Dieses Geld konnte nur von den Untertanen kommen. Neben zahllosen Verordnungen, Sporteln und Taxen gab es immer höhere Steuern, von deren Existenz die Neuwürttemberger bislang nie etwas gehört hatten. Für die Finanzierung der Aufgaben im Oberamt wurde der so genannte Amtsschaden erhoben. Daneben gab es die Staatssteuer sowie zahlreiche Sondersteuern. Alle Beträge wurden nach einem bestimmten Steuerfuß auf die Städte und Dörfer der Oberämter umgelegt. Bis 1818 ist das Thema einer gerechten Steuerverteilung auf die Oberamtsorte ständig auf der Tagesordnung der Amtsversammlungen. Die ehemals ritterschaftlichen Ortschaften sahen sich zu Unrecht mit den ehemals fürstpröpstlichen gleichgesetzt und beide Gruppen widersprachen den Städten. Es wurde hinhaltend taktiert, Beschlüsse durch neue Eingaben verwässert, natürlich bildete man auch Ausschüsse, um die Diskussion aus der großen Versammlung zu verlagern. All dies diente dem Ziel, den Anteil zu verringern, den man an der Steuerlast zu übernehmen hatte.

Der Staat zeigte sich durchaus kooperativ. Über den Verteilerschlüssel ließ er mit sich reden, an der geforderten Summe änderte sich freilich nichts. Die enormen Altschulden der Reichsstadt Gmünd sorgten im Oberamt wie auch im Verwaltungsbezirk Aalen für weitere Belastungen. Im Jahr 1818 war allein der Betrag, der von den ehemaligen Untertanen der Gold- und Silberstadt getragen werden musste, auf über 80.000 Gulden angewachsen.

Auch der „Menschenhunger" des Staates war völlig ungewohnt für die neuwürttembergischen Untertanen. Konskriptionen in immer kürzeren Abständen zogen die jungen Männer in die Armee. Wenn im März 1805 die gesamte Landvogtei Ellwangen 17 Kavalleristen und 92 Infanteristen zu stellen hatte, entfiel auf das Oberamt Aalen ein Anteil von drei Berittenen und 15 Fußsoldaten. Als bereits im November weitere 24 Männer angefordert wurden, musste man feststellen, dass die Zahl der „zur Auswahl fähigen jungen Leute" in den Amtsorten mittlerweile so gering war, dass das übliche Losverfahren nicht mehr durchgeführt werden konnte.

Als ob diese „neuen Verhältnisse" noch nicht ausreichten, kam im Herbst des Jahres 1805 der Krieg auf die Ostalb zurück. Wie 1796 war das Remstal in diesem 3. Koalitionskrieg Operationsgebiet der österreichischen und französischen Armeen. Kurfürst Friedrich kämpfte an der Seite Frankreichs gegen die verbündeten Heere von Russland, England und Österreich. Schon im September hatten die Amtsversammlungen in Gmünd, Aalen und Ellwangen die Aufforderung erhalten, Vorräte an Früchten, Fleisch und Mehl anzulegen. Am 13. November wurde in Ellwangen eine Relais- und Umspannstation für die französische Armee eingerichtet. Hierfür waren täglich 60 drei- bis vierspännige Wagen zu stellen. Lebensmittelablieferungen, Vorspanndienste und Einquartierungen sorgten für weitere Belastungen. Für die beiden Lazarette in Ellwangen und Aalen wurde Bargeld gefordert. Das Oberamt Aalen sollte mehr als 700 Gulden aufbringen. Ende Dezember 1805 beliefen sich die Kriegskosten allein in diesem Bezirk auf 148.931 Gulden. Neue Befehle

aus Stuttgart kündigten nichts Gutes an. Mittlerweile war die Dreikaiserschlacht bei Austerlitz geschlagen und der Friede von Pressburg unterzeichnet. Statt der kurfürstlichen meldete sich im Januar 1806 die königliche Prästationskommission aus Stuttgart und kündigte an, was innerhalb von drei Tagen für die Armee Napoleons auf dem Rückmarsch an den Etappenplätzen bereitgestellt werden sollte. Längst konnten die geforderten Zentner an Mehl, Heu und Hafer nicht mehr aus den Beständen in den Ämtern gestellt werden. Es gab keine Vorräte mehr.

In Aalen beriet daher die Amtsversammlung über eine Kapitalaufnahme, um die geforderten Lebensmittel kaufen zu können. Kaum, dass man zu einer Entscheidung gefunden hatte, kam der nächste Schlag. Im Februar 1806 hatte die gesamte Landvogtei Ellwangen ein Kontingent von 37.700 Mann und 8.750 Pferden zu verpflegen. Hierfür wurden 9.277 Pfund Brot, 3.093 Pfund Fleisch und 27.288 Pfund Heu benötigt.

Vier Jahre später waren auch die Bauern und Bürger aus dem Raum Bopfingen und Neresheim dabei, als es darum ging, logistische Meisterleistungen zu vollbringen. Bis zu 70 Gespanne aus den vier Oberämtern waren zeitweise unterwegs bis nach Ehingen, Engen im Hegau oder Gengenbach. Die Probleme und Belastungen, die sich aus dem staatlichen Umbau und der Kriegszeit bis 1814/15 ergaben, wurden von der Bevölkerung als sehr schmerzlich empfunden. Doch ist auch deutlich zu erkennen, dass die Oberämter im Nordosten des jungen Königreichs im ersten Jahrzehnt ihres Bestehens immer mehr zu einer tragfähigen und eingespielten Verwaltungsorganisation fanden. Nicht nur die Zeitumstände und gemeinsam durchgestandene Kriegsnot, auch gemeinschaftlich getragene Aufgaben wie etwa im Straßen- und Brückenbau trugen hierzu bei. Der Ausbau der Chaussee nach Bopfingen oder der Verbindungen von Ellwangen nach Hall bzw. von Gmünd über Waldstetten nach Göppingen beschäftigte die jeweiligen Amtsversammlungen ab 1811. Er förderte die Zusammenarbeit bei Planung und Durchführung und brachte die Menschen im wahrsten Sinne des Wortes schneller zueinander.

Verfassungsdiskussion 1815

Aufmerksam verfolgten die Vertreter der Amtsgemeinden und der Städte auch die weitere politische Entwicklung in Stuttgart. Nachdem sich König Friedrich den Forderungen des Wiener Kongresses auf Einführung einer landständischen Verfassung nicht mehr länger verschließen konnte, berief er auf 15. März 1815 einen Landtag ein. Zusammen mit den übrigen Abgeordneten lehnten auch die Repräsentanten der Oberämter Aalen, Gmünd, Ellwangen, der Stadt Ellwangen sowie Neresheim die Annahme des königlichen Verfassungsentwurfs ab. Bei dem Kampf ums alte Recht, der sich in den folgenden Monaten entwickelte, standen Neu- und Altwürttemberger einhellig zusammen, um sich gegen den König behaupten zu können. Als sich nach der Wiederaufnahme der Verfassungsberatungen im Oktober 1815 dessen Bereitschaft abzeichnete, zumindest die „innere Gültigkeit" der alten Verfassung für Altwürttemberg anzuerkennen, beriet die Amtsversammlung in Aalen über die drohende Gefahr, wieder in alte Bahnen zurückzufallen. „So würden Allerhöchstdieselbe genötigt sein, das neue Land von dem alten zu trennen und jedem eine besondere Verfassung zu geben." Es ist bemerkenswert, dass sich die Vertreter der ehemals fürstpröpstlichen und woellwarthischen Gemeinden mit den ehemaligen Reichsstädtern einig darüber einig waren, dass dies auf jeden Fall als Rückschritt zu betrachten sei. Auch die Ellwanger und Gmünder Repräsentanten wurden von ihren Oberamtsversammlungen gebeten, sich für eine gesamtstaatliche Verfassung einzusetzen. Es blieb König Wilhelm I. vorbehalten, den Verfassungskonflikt zu beenden und den Staatsaufbau seines im Oktober 1816 plötzlich verstorbenen Vaters durch die elf Edikte vom 18. November 1817 und die fünf Edikte vom 31. Dezember 1818 auf eine feste Grundlage zu stellen. Zuvor hatte er seinen Verfassungsentwurf nach der Ablehnung durch die Ständeversammlung im Sommer 1817 bei den Amtsversammlungen und Magistraten des Landes zur Abstimmung gestellt. Dass sich zumindest eine schwache Mehrheit dafür aussprach, ist auch den Ja-Stimmen aus Ellwangen, Gmünd und Aalen zuzuschreiben. Die Amts- und Stadtdeputierten erledigten diesen Tagesordnungspunkt in ihren Junisitzungen recht zügig. Eine Diskussion war nicht erwünscht. Wohl auch deshalb, weil, wie dem Protokoll der Amtsversammlung in Aalen zu entnehmen ist, die gegenwärtige „Sorge für Lebensmittel ohnehin viel näher liegt als jede andere Angelegenheit".

Hungerjahre

Die katastrophale Missernte des Jahres 1816 hatte zu einer dramatischen Steigerung der Lebensmittelpreise geführt. Feldfrüchte und Obst waren durch wochenlange Regengüsse und Hagelschauer nahezu vernichtet worden. Im Herbst hatten zudem unerwartet frühe Schneefälle und Frost das Einbringen der Sommerfrüchte verhindert. War der gewöhnliche Ertrag eines Ackers üblicherweise mit 28 bis 30 Simri Roggen veranschlagt worden, so blieben jetzt nach dem Dreschen lediglich 6 bis 8 Simri übrig.

Mit großer Wahrscheinlichkeit handelte es sich bei den Wetterturbulenzen um die Spätfolgen eines Vulkanausbruchs im indonesischen Archipel. Bei der Eruption des Tambora am 10. April 1815 wurden gewaltige Asche- und Gesteinsmassen in die Atmosphäre geschleudert. Drei Tage lang blieb der Himmel über weiten Teilen Indonesiens verdunkelt. Gas und Massen feinsten Staubes begannen, sich mit den Winden um die ganze Erde zu verteilen und sorgten auch in Europa dafür, dass das Jahr 1816 ein „Jahr ohne Sommer" wurde.

Durch Aufkauf von ausländischem Getreide versuchte man von staatlicher Seite der größten Not entgegenzuwirken. Die Bedarfserhebung wie auch die Verteilung der Fruchtmengen in den Verwaltungsbezirken wurde ab November 1816 zu einer der wichtigsten Aufgaben von

Aalen, Ansicht von Westen um 1790

Oberamtsbehörde und Amtsversammlung. Als im Januar 1817 eine größere Menge an Getreide im Heilbronner Hafen angelandet wurde, galt es den Transport der von Stuttgart aus zugewiesenen Fruchtmenge zu organisieren und im Bezirk an die Dörfer und Städte abzugeben. Um das Getreide bezahlen zu können, beschlossen die Amtsversammlungen eine Kreditaufnahme von 20.000 Gulden. Schnell wurde jedoch deutlich, dass diese Mittel nicht ausreichten.

Deputationen wurden nach Stuttgart geschickt, um die Genehmigung für die Aufnahme zusätzlicher Schulden zu erreichen. Gleichzeitig waren aber auch das Organisationstalent sowie weit reichende Beziehungen gefragt, denn der Dienstweg in die Landeshauptstadt erwies sich teilweise als sehr lang. Während Oberamtmann Groß für Ellwangen Getreide direkt aus seinem Heimatort Gaildorf besorgte, unterhielt Schwäbisch Gmünd Verbindungen bis nach Darmstadt und Worms. Im Oberamt Aalen tat sich besonders der Essinger Schultheiß König hervor. Ihm gelang es u. a. im Frühjahr 1817, bei Ludwigsburg 1.200 Simri Kartoffeln zu erwerben, die dringend für die Aalener Suppenanstalt gebraucht wurden. Die Kombination von Miss-

wuchs, Hunger und politischer Unzufriedenheit barg genügend Zündstoff. Im Gegensatz zu Stuttgart blieb die Lage in den ostwürttembergischen Städten jedoch ruhig. Der besorgte Antrag der Ellwanger Amtsversammlung, den Bürgern „das Tragen von Schießgewehren" zu erlauben, weil die täglichen Diebstähle allmählich Überhand zu nehmen drohten, fand in Stuttgart offensichtlich kein Gehör. Eine Waffenfreigabe konnte auch nicht im Interesse der Bezirksverwaltungen sein, die ihre Funktionen als Ordnungsmacht nur ungern schmälern lassen wollten. Die Autorität der Behörde war zudem eine wichtige Grundlage für die Anstrengungen, die zusammen mit den Amtsdeputierten abgestimmt und durchgeführt wurden, um mit den Auswirkungen der Hungerkrise fertig zu werden. Mag sein, dass dies nicht immer im wünschenswerten Umfang gelang, es ist jedoch festzustellen, dass die Einrichtung der Suppenküchen, die Beschaffung von Lebensmitteln oder die ehrenamtlich organisierte Armenversorgung unbedingt zur Identitätsbildung der Oberämter beigetragen haben. Einen ersten Ausdruck in der Öffentlichkeit fand dieses wachsende Zusammengehörigkeitsgefühl im Juli 1817, als die voll beladenen Erntewagen von den Amtspersonen und Einwohnern gemeinsam mit Gesang und geschmückten Pferden in die Städte geholt wurden.

Neuorganisation der Oberämter

Der von König Wilhelm I. weiter vorangetriebene Umbau der Staatsverwaltung nahm auch die Oberamtsbezirke nicht aus. Das IV. Edikt vom 18. November 1817 regelte zunächst das Verhältnis zu den vorgesetzten Behörden neu. Statt der bisherigen zwölf Landvogteien sollte es nur noch vier Mittelinstanzen geben. Man erhoffte sich davon eine wesentliche Steigerung der Leistungsfähigkeit. Den vier Kreisregierungen wurden zwischen 14 und 17 Oberämter unterstellt. Der Aufsicht der Regierung für den Jagst-Kreis, die von 1818 bis zur Auflösung im Jahr 1924 ihren Sitz in Ellwangen hatte, unterstanden auch die Verwaltungen der Oberämter Gmünd, Aalen, Ellwangen und Neresheim. Im Mai 1818 wurde von König Wilhelm I. eine Kommission eingesetzt, die sich mit dem zukünftigen Aufbau der Oberamtsbehörden beschäftigen sollte. Nach eingehenden Diskussionen kam der Ausschuss zu dem Ergebnis, sich für eine freiere Gestaltung der Organe von Oberämtern und Gemeinden auszusprechen. Das königliche Edikt über die Gemeinde- und Oberamtsverfassung vom 31. Dezember 1818 nahm diese zukunftsweisenden Gedanken auf und ordnete die „untere bürgerliche Verwaltung" nach dem Prinzip der Selbstverwaltung und der Gewaltenteilung. „Der Gemeindeverband ist die natürliche Grundlage des Staatsverbandes...; Die Staatsbürgerlichen Angelegenheiten, welchen der Gemeinde-Verband nicht genügt, werden durch den Bezirksverband befördert...; Der Oberamtmann ist nicht mehr Richter, auch nicht mehr unmittelbarer Vorsteher der Oberamtsstadt."

Nach wie vor behielt er jedoch seine Doppelfunktion als staatlicher Bezirksbeamter und als Leiter der Oberamtskorporation. Wie in § 65 der württembergischen Verfassung vom 25. September 1819 formuliert wurde, sollten die „Rechte der Gemeinden durch die Gemeinderäte unter gesetzmäßiger Mitwirkung der Bürgerausschüsse, die Rechte der Amtskörperschaften durch die Amtsversammlungen verwaltet" werden. Gemäß § 64 bildeten „sämtliche zu einem Oberamt gehörigen Gemeinden die Amtskörperschaft".

Wie im restlichen Land wurde auch in den Oberämtern Gmünd, Aalen, Ellwangen und Neresheim die Annahme der Verfassung am 28. Oktober 1819 mit Dankgottesdiensten und Tanzveranstaltungen gefeiert. Ausdrücklich ließ der Aalener Oberamtmann Groß in seiner letzten Sitzung als Vorsitzender des Stadtmagistrats vermerken, dass aus diesem besonderen Anlass am Festtag den Gastwirten in der Stadt „das Tanzen ohne Tax erlaubt" sei.

Aus der Sicht der Landstände war die neue Organisation der Oberämter allerdings zunächst mit einem wesentlichen Makel behaftet: der König hatte die „Reform von oben" ohne Beteiligung landständischer Organe verfügt. Als der erste ordentliche Landtag des Königreichs nach Abschluss des Verfassungswerks schließlich doch noch die Möglichkeit erhielt, die Organisationsedikte zu prüfen, stimmte er im Prinzip den Anordnungen zu. Von den 57 Änderungsanträgen wurden einige in das Verwaltungsedikt für die Gemeinden, Oberämter und Stiftungen vom 1. März 1822 aufgenommen. Es blieb bis 1891 in Kraft.

Nach wie vor sollten die Gemeinden des Oberamtsbezirks eine geschlossene Körperschaft des öffentlichen Rechts bilden, um mit vereinigten Kräften den Anteil an den öffentlichen Lasten zu tragen und gemeinschaftliche Ziele auf gemeinschaftliche Kosten verfolgen. Die Vertretung der Amtskörperschaft war die aus 20 bis 30 Abgeordneten bestehende Amtsversammlung, die unter dem Vorsitz des Oberamtmanns tagte. Bei Stimmengleichheit gab sein Votum den Ausschlag. Wie viele Vertreter jede Gemeinde neben dem Schultheißen in die Amtsversammlung entsenden konnte, richtete sich nach ihrer Beteiligung an dem so genannten Amtsschaden, der jährlich erhobenen Amtssteuer. Gemeinden mit größerer Steuerkraft, wie z. B. die Städte, konnten zukünftig jedoch nicht mehr als ein Drittel aller Abgeordneten stellen. Dadurch wurde der alte Streit um das politische Gleichgewicht zwischen der Amtsstadt und den umliegenden Dörfern zu Gunsten der letzteren entschieden. Die Amtsversammlung wählte auch den Oberamtspfleger (Kämmerer) und den Amtsversammlungsaktuar.

Mit seiner verhältnismäßig freien Verfassung und der Selbstverwaltung der Ämter und Gemeinden zählte das Königreich Württemberg zu den fortschrittlichsten Staaten im Deutschen Bund. In vielen Landesteilen konnte die Amtskörperschaft an verwandte, örtliche Traditionen anknüpfen. Auch im Nordosten des Königreichs war das genossenschaftliche Element bereits aus den reichsstädtischen Verfassungen bekannt. Die Gliederung in Bezirke und eine gewisse Beteiligung der Amtsorte an der Regelung gemeinschaftlicher Aufgaben hatte es auch in der Fürstpropstei Ellwangen gegeben. Für die ehemaligen Untertanen der Standesherrschaften waren die neuen, landesweiten Regelungen jedoch etwas ungewohnt. Der Adel hatte in den Amtsversammlungen weder Sitz noch Stimme. Der schon im Altwürttembergischen während des 18. Jahrhunderts feststellbare bürgerlich-bäuerliche Charakter der Amtskörperschaften wurde nun auch ein Kennzeichen der Verwaltungsbezirke in den neuen Landesteilen. Allerdings sollte es noch über eine Generation dauern, bis durch die Reform des Agrarrechts und die Einführung der Gewerbefreiheit in Württemberg die Grundlagen zum Aufbau einer neuen Wirtschaft und Gesellschaft geschaffen wurden.

Straßenbau und Armenunterstützung

Wenn das Leben der Amtskörperschaften in den folgenden Jahrzehnten in eher ruhigen Bahnen verlief, so war dies auch eine Folge des § 125 der Verfassung. Er verbot der Regierung oder den Landständen ausdrücklich, Erklärungen einzelner Oberamtsbezirke zu Landtagsangelegenheiten einzuholen. Ebenso wenig war die Amtsversammlung als politische Vertretung der Amtsangehörigen gedacht, weder gegenüber der Regierung oder dem Landtag noch gegenüber dem staatlichen Oberamtmann. Deshalb kann man von ihr auch keinen Beitrag zu den großen politischen Themen des Vormärz oder der Revolutionsjahre 1848/49 erwarten. Das Ringen um den modernen Staat und die politische Freiheit und Gleichheit aller Staatsbürger wurde im Stuttgarter Landtag bzw. zwischen Landständen und Regierung ausgetragen. Dagegen nutzten die Korporationen ihr Recht, Aufgaben nach eigenem Ermessen zu übernehmen. Doch war dies mehr Pflicht als Kür. Das Dauerthema Finanzen beschäftigte die Deputierten in unzähligen Sitzungen. Zu den immensen Schulden aus der Kriegszeit waren noch die Aufwendungen für die Fruchtkäufe in den Hungerjahren 1816/17 hinzugekommen. Der kontinuierliche Abbau dieser enormen „Passiva" zählte ebenso zu den zentralen Aufgaben wie die Unterhaltung und der Ausbau der Verkehrswege. Hierzu gehörte in erster Linie die Postverbindung von Cannstatt nach Nördlingen, die bereits im Jahr 1816 im Oberamtsbezirk Aalen fertig gestellt war. Ebenso wie an der Ellwanger Poststraße arbeitete man auch hier in den 1830er-Jahren ständig an der Verbesserung der Wegführung. Weitere Verbindungen wie die Weinsteige, die 1839 bis 1846 bei Aalen gebaut wurde, sollten den Weg aufs Härtsfeld schneller machen. Bereits 1828 hatte man vor Aalen mit dem Bau einer Abzweigung von der Stuttgarter Poststraße in Richtung Unterrombach und Reichenbach begonnen. Die Verbindungen von Gmünd in den Göppinger Raum bzw. von Ellwangen in Richtung Schwäbisch Hall und Gaildorf standen ebenfalls im Mittelpunkt der Bemühungen zur Verbesserung der Infrastruktur.

Für die Amtskorporationen waren diese Baumaßnahmen auch sehr eng mit einem weiteren Aufgabenfeld verbunden: der Armenunterstützung. Viele Projekte wurden oft deshalb beschlossen, weil man sich davon eine Verdienstmöglichkeit für die ärmeren Bevölkerungsschichten und eine Entlastung der Gemeindekassen erhoffte. Zur Unterstützung der so genannten „Armenanstalten" in den Amtsorten bewilligte die Amtsversammlung ebenfalls finanzielle Mittel. Immer wieder diskutierten die Abgeordneten über Sinn und Zweck von Arbeitshäusern und ihre Finanzierung. In allen vier Amtsbezirken unterstanden seit 1822 einige Gemeinden der karitativen Staatsfürsorge und Staatsaufsicht. Im Oberamt Aalen waren dies Armenweiler (heute Hofherrnweiler) und Fachsenfeld, im Oberamt Ellwangen Tannhausen und Forstweiler. Spraitbach und Leinzell zählten im Oberamt Gmünd ebenso dazu wie im Oberamt Neresheim die Orte Dorfmerkingen und Schloßberg/Flochberg.

Die Not der Bevölkerung in diesen so genannten „Vaganten- und Bettlerkolonien" war strukturell bedingt. Im 17./18. Jahrhundert hatten der ritterschaftliche und standesherrliche Adel heimatlose Kolonisten – meist ohne Beruf oder landwirtschaftliche Kenntnisse – angesiedelt, um eine Verbesserung der Einnahmen zu erzielen. Die landwirtschaftliche Nutzfläche der „klassischen Armutsgemeinde" war jedoch so klein, dass sie den Einwohnern im Ort keine Existenzgrundlage bot. Der überwiegende Teil der Nahrung musste von außerhalb hinzugekauft werden. Von 132 Familien in Fachsenfeld-Pfannenstiel ernährten sich nur vier von der Landwirtschaft. In Leinzell waren es nur acht von insgesamt 208 Familien.

In ihrer Doppelfunktion als Vorsitzende der Amtskorporationen und als staatliche Beamte koordinierten die Oberamtmänner in enger Zusammenarbeit mit den Dekanen der evangelischen und katholischen Kirchen die Unterstützungsmaßnahmen. Wie der Aalener Oberamtmann Burger 1843 an die Kreisregierung in Ellwangen berichtete, stellte die Amtsversammlung dem 1838 gegründeten Oberamtsarmenverein jährlich 600 Gulden zur Verfügung. Bei der Summe handelte es sich um Strafgelder, die im Laufe des Jahres für Unzuchtsvergehen verhängt worden waren. Wie die Kollegen in Gmünd, Neresheim und Ellwangen engagierte sich auch Burger an maßgeblicher Stelle in diesem Bereich der halb ehrenamtlichen, halb nebenberuflichen Fürsorgetätigkeit.

Eine ähnliche Überschneidung von Verwaltungsfunktion und bürgerlichem Engagement der Oberamtmänner findet sich auch im Bereich von Ackerbau und Viehzucht. Bereits 1828 wurde der Landwirtschaftliche Bezirksverein Ellwangen gegründet, einer der ältesten im Land. Ab 1835 sollte ein gemeinsamer Verein die neuen Erkenntnisse in der Landwirtschaft der Oberämter Gmünd und Aalen voranbringen. Im Jahr 1841 spaltete sich jedoch Aalen als eigener Bezirk ab. Schon vier Jahre zuvor war auch im Oberamt Neresheim die Gründung eines Bezirksvereins erfolgt. In allen Vereinigungen sind die Oberamtmänner an maßgeblicher Stelle anzutreffen.

Es liegt auf der Hand, dass sie über entsprechende Einblicke verfügten, für die man sich auch in Stuttgart interessierte. Die von den Oberamtmännern ermittelten Zahlen und Statistiken wurden samt Beiberichten über die Kreisregierung in die Landeshauptstadt weitergeleitet, wo sie in den jeweiligen Behörden Verwendung fanden. In ihnen spiegelt sich der Wandel von Wirtschaft und Gesellschaft, wie er sich auch in Nordostwürttemberg zwischen den 1830er- und 1890er-Jahren vollzog.

Landwirtschaftliche Struktur und Erträge

Bis in die Mitte des 19. Jahrhunderts lebte in allen vier Oberämtern der überwiegende Teil der Bevölkerung von der Landwirtschaft. Neben dem Ackerbau widmete man sich in den Bezirken Ellwangen und Aalen insbesondere der Viehzucht. Diese wurde auch in den Ämtern Gmünd und Neresheim sehr stark betrieben. Im Westen entstand klimabedingt zusätzlich ein Schwerpunkt im Obstbau, während im Osten der fruchtbare Riesrand, zum Teil auch das

Härtsfeld insbesondere für den Getreideanbau genutzt wurden.

Noch in den 1890er Jahren waren 60,4 Prozent der Gesamtfläche (42.762 ha) des Verwaltungsbezirks Neresheim landwirtschaftlich genutzt. Im Raum Gmünd belief sich der Anteil auf 73 Prozent (von 26.395 ha), in Ellwangen auf 60 Prozent (von 54.771 ha) und in Aalen auf 58,2 Prozent (von 30 751 ha). Der Anteil der Landwirtschaftsbetriebe mit einer Fläche von 1,6 Hektar und kleiner lag in Ellwangen bei unter 40 Prozent, in Neresheim zwischen 40 bis 49 Prozent. Mit 50 und 59 Prozent war die Konzentration von Klein- und Kleinstbetrieben in den Oberämtern Gmünd und Aalen am höchsten. Die Bevölkerungsdichte bezogen auf den Quadratmeter landwirtschaftliche Nutzungsfläche lag 1846 in den Oberämtern Ellwangen und Neresheim zwischen 80 bis 119 Personen. Dagegen betrug sie in den Oberämtern Aalen und Gmünd zwischen 120 bis 159 Personen.

Ausgehend vom Katasterreinertrag der landwirtschaftlichen Nutzfläche ergab sich um 1830 eine Ergiebigkeit der landwirtschaftlichen Produktion in den Oberämtern Aalen, Ellwangen und Neresheim von unter 10 Gulden pro Hektar, in Gmünd lag der Ertrag zwischen 10 bis 11,99 Gulden. Zum Vergleich: In den Oberämtern Cannstatt, Ludwigsburg oder Marbach ist von einem Betrag von über 20 Gulden pro Hektar auszugehen. Im landesweiten Vergleich wiesen die Ämter zwischen Lorch und der bayerischen Landesgrenze somit die geringste landwirtschaftliche Ergiebigkeit auf.

Im Verhältnis Anbaufläche/Bevölkerungsstand im Jahr 1834 ergab sich freilich ein positiveres Bild. Mit 10 bis 12 Gulden/Person im Raum Ellwangen bzw. 8 bis 10 Gulden in den Oberämtern Gmünd, Aalen und Neresheim war eine Ergiebigkeit vorhanden, mit der viele Oberämter in Zentralwürttemberg nicht konkurrieren konnten.

Aussagekräftig sind auch die durchschnittlichen Getreideerträge. Während in den Oberämtern Ellwangen und Gmünd 1846 zwischen 4,6 bis 5,5 Scheffel Dinkel, Hafer und Sommergerste pro Kopf geerntet wurden, lag im Raum Aalen der Pro-Kopf-Ertrag bei 3,6 bis 4,5 Scheffeln. In Neresheim wurden dagegen 6,6 bis 8,5 Scheffel erreicht. Bei einem durchschnittlichen Jahresbedarf von 5 Scheffeln für eine Person wird sehr schnell deutlich, dass die Bevölkerung im Oberamt Aalen bereits in Normaljahren gar nicht in der Lage war, ihren Eigenbedarf zu decken. Gmünd und Ellwangen bewegten sich immer im Grenzbereich. Lediglich im Oberamt Neresheim war dagegen eine überdurchschnittliche Versorgung gewährleistet.

Politische Unruhe 1848/49

Missernten wie in den Jahren 1845 bis 1847, die durch Regen, Unwetterschäden oder Pilzbefall, hervorgerufen wurden, mussten zwangsläufig zu einer Versorgungs- und Wirtschaftskrise führen. Diese dramatische Verschlechterung der Lebensumstände war auch eine wichtige Voraussetzung dafür, dass in den Revolutionsjahren 1848/49 die politische Ordnung in den Oberamtsstädten Gmünd, Aalen und Ellwangen erschüttert wurde. Das Geschäftsgebaren der Getreidehändler, die in der lokalen Presse immer wieder als „Kornkipperer" kritisiert wurden sowie die auf Ruhe und Ordnung abzielenden Maßnahmen der Oberamtsbehörden sorgten bei der hungernden Bevölkerung für erhebliche Unruhe. Das nächtliche Lärmen vor den Fenstern der standesherrlichen Schlösser in Essingen oder Hohenstadt hing dagegen eher mit der stockenden Ablösung der so genannten Feudallasten zusammen.

Schon 1817 hatte König Wilhelm I. mit der Aufhebung der Leibeigenschaft damit begonnen, die Unfreiheit der Landbevölkerung durch neue Gesetze zu beseitigen. Im Jahr 1821 wurde die generelle Ablösbarkeit der im Besitz des Staates befindlichen Gefälle erklärt. Den 16 bis 20fachen Betrag hierfür aufzubringen, war allerdings nicht leicht. Als 1836 Fronen, Beeden und ähnliche steuerliche Abgaben abgeschafft werden sollten, legten zudem zahlreiche Stan-

Ellwangen, Ansicht von 1818

desherrn Widerspruch ein. Obwohl die Abgabepflichtigen die Möglichkeit hatten, das 10 bis 16fache eines Jahresbetrages in Raten abzuzahlen und der Staat bereit war, den Rest zum 20fachen Wert zuzuschießen, verhielten sich auch die Bauern in den Oberämtern Gmünd, Neresheim, Aalen und Ellwangen äußerst zurückhaltend. Einem Bericht der Regierung des Jagstkreises aus dem Jahr 1838 zufolge fehlte ihnen hierzu auch das Geld. Weit stärker befürchteten sie jedoch, dass der Staat die Steuern drastisch erhöhen würde, wenn erst einmal die Ablösungen alle durchgeführt waren.

Als endlich der Gesetzgebungsprozess zur Beseitigung der restlichen Grundlasten 1848/49 zu Ende gebracht werden konnte, geschah dies in politisch bewegten Zeiten. In seinem Bericht vom 15. Juli 1849 beleuchtete der Ablösungskommissär Germann das schwierige Verhältnis zwischen den Bauern und den Standesherrn in den Oberämtern Aalen und Schwäbisch Gmünd: „Der Hauptgrund aber, warum die Gefällablösungen im diesseitigen Bezirk bis jetzt nicht weiter gediehen ist und gedeihen konnte, liegt in dem allgemeinen und vollsten Misstrauen gegen die betreffenden Gutsherren, hervorgegangen aus der seitherigen Behandlung der Pflichtigen entweder von Seiten des Gutsherrn selbst oder dessen Rentbeamten." Schließlich einigte man sich doch. Die letzten Ablösungsraten wurden von den Dörfern in der zweiten Hälfte der 1870er-Jahre bezahlt.

Gewerbe und Industrie

Zahlenmäßig stand die Berufsgruppe der Gewerbetreibenden kaum hinter den Bauern und Beschäftigten in der Landwirtschaft zurück. Von den 77.125 Berufstätigen, die 1822 im Jagstkreis gezählt wurden, entfielen 30 Prozent auf den Bereich des Gewerbes und 31,9 Prozent auf die Landwirtschaft. Dreißig Jahre später hatte sich der Anteil der in der Landwirtschaft beschäftigten auf 52,1 Prozent erhöht. Jedoch waren 24 Prozent hiervon als Teillandwirte tätig.

Dies belegt sehr deutlich, dass die Grenze zwischen Landwirtschaft und Gewerbe bis zur Mitte des 19. Jahrhunderts immer fließender verlief.

Während der Prozentsatz der Teillandwirte in den Oberämtern Ellwangen und Gmünd über dem Kreisdurchschnitt bei 25 bis 29,9 Prozent anzusetzen ist, lag er im Oberamt Neresheim im Grenzbereich, d. h. zwischen 20,9 bis 24, 9 Prozent. Allein im Oberamt Aalen wies er weit unterdurchschnittliche 20 Prozent auf. Der Anteil der Meister und Gehilfen, die ein Handwerk ausübten lag – bezogen auf die Wohnbevölkerung – in Aalen und Gmünd bei 100 bis 109 Promille, in Ellwangen und Neresheim lediglich bei 70 bis 80 Promille.

Das Gewerbe war hauptsächlich in den Oberamtsstädten angesiedelt. Neben dem allerorts gewohnten Bild der Bäcker, Müller, Metzger oder Schuster, die für die Versorgung des lokalen Marktes sorgten, gab es auch unterschiedliche Schwerpunkte. In Aalen waren die Gewerbe der Loderer und Wollenweber mit ihren Tuchen, Flanellen und Frieswaren besonders stark vertreten. Noch um 1850 gab es in der Stadt 38 selbstständige Tuchmacher mit insgesamt 42 Gehilfen. Während in Bopfingen das Gerberhandwerk dominierte, wurde in Ellwangen das Bau- und Kunsthandwerk am schwungvollsten betrieben. Die Gewerbelisten von Neresheim und Lauchheim weisen dagegen einen Schwerpunkt im Bereich der Holzverarbeitung auf. Wie bereits im 18. Jahrhundert war in Schwäbisch Gmünd das Goldschmiedehandwerk das Gewerbe, das alle anderen überragte.

Auch in den Dörfern waren Schneider, Schmiede und Wagner zu finden. Daneben bildete sich in Fachsenfeld auch ein Schwerpunkt der Spinnerei und Schachtelfabrikation. Um Pommertsweiler und Adelmannsfelden wurden, wie in zahlreichen Virngrundgemeinden, Gebrauchsgegenstände aus Holz wie z. B. Teller, Becher, Löffel oder Rechen hergestellt, die man dann im Hausierhandel vertrieb.

In Oberkochen und Ebnat auf dem Härtsfeld war das Hafnergewerbe heimisch. Um 1840 zählte man in Oberkochen 30 Hafnermeister. Ihre Zahl ging erst in den 1850er-Jahren mit dem Aufkommen der Bohrermacherei zurück.

Die Töpferwaren wurden in Süddeutschland, in der Schweiz und in Italien stark nachgefragt und fanden hier einen guten Absatz. Neben dem traditionellen Erscheinungsbild des Gewerbes gab es seit den 1820er-Jahren auch neue Ansätze. Die Eisenindustrie mit Zentrum Wasseralfingen ist hier an erster Stelle zu nennen. Unter der Leitung des Hüttenverwalters Faber du Faur (1811 bis 1843) entwickelte sich die „Eisenschmelze" zu einem fortschrittlichen und für die Technik der Eisenverhüttung bahnbrechenden Betrieb. Waren 1812 beim Schmelzofen und in der Gießerei noch 20 Arbeiter beschäftigt gewesen, so belief sich ihre Zahl um 1839 auf 164 Männer. Auch auf der Grube am Braunenberg hatte sich zu diesem Zeitpunkt die Zahl der Bergleute auf 109 Männer nahezu verdoppelt.

Das in Wasseralfingen hergestellte Masseleisen wurde in der Hammerschmiede Abtsgmünd veredelt. Ungefähr 50 Arbeiter stellten in den 1820er-Jahren jährlich 13.000 bis 14.000 Zentner Schmiedeerzeugnisse, Blech- und Zaineisen her, darunter Wagenachsen, Schaufeln und Hauen. Auch in Unterkochen befasste man sich mit der Veredelung des Wasseralfinger Roheisens. Das so genannte Unterkochener Vogeleisen war vor allem wegen seiner Härte geschätzt. Im Jahr 1821 wurde hier zunächst ein Walzenscheidwerk zur Herstellung von Fassreifen eingerichtet, ab 1850 wurde das Werk ausschließlich als Walzwerk betreiben, 1856 erfolgte die Verlegung nach Wasseralfingen.

Auf Initiative der Aalener Bürger Betzler, Fürgang und Anderwerth entstand 1827 das Eisen- und Drahtwerk Erlau. Unter Leitung des vormaligen Hüttenverwalters Weberling entwickelte sich der Betrieb ab den späten 1840er-Jahren sehr rasch. Seine Produkte, Drahtstifte und Ketten, waren bald auf dem süddeutschen Markt sehr gefragt. Um den beträchtlichen Holzkohlebedarf der Hochöfen und Frischfeuer zu decken, wurde die Köhlerei in den Waldgebieten der Oberämter Aalen, Ellwangen und Neresheim in großem Umfang betrieben. Noch heute zeugen zahlreiche Kohlplatten auf den Höhen des Albuchs und des Härtsfelds wie auch in den Nadelwäldern des Virngrunds von der weiten Verbreitung des Gewerbes. Um die Koh-

Aalen-Wasseralfingen, Königliches Hüttenwerk, Ansicht von 1866

lezufuhr zu den Hüttenwerken zu ermöglichen, wurde in den 1820er-Jahren im Kochertal eigens eine „Kohlstraße" angelegt. Für die Durchführung des Bauprojekts war die Oberamtsbehörde Aalen zuständig.

Ansätze zu einem allmählichen Wirtschaftswandel gab es auch im Raum Bopfingen. Hier entstand 1820 die Lederlackierfabrik von I. M. Moellen. Zehn Jahre später wurde in Oberdorf am Ipf die Leim- und Düngerfabrik von Veit Weil & Co. gegründet. Im Jahr 1842 entstand schließlich die Schaflederfabrik und Pelzverrichtung von Hieber, der in den folgenden Jahren einige kleinere Lederverarbeitungsbetriebe nachfolgten.

Die Schrezheimer Fayencefabrik, die bereits in der Mitte des 18. Jahrhunderts gegründet worden war, blieb im Raum Ellwangen eine der wenigen nennenswerten Industriebetriebe. Sie bestand bis 1872. Auch wenn in Rosenberg 1829 eine Glashütte gegründet wurde, bleibt doch festzustellen, dass der Funke der Industrialisierung auf die „gute Stadt" Ellwangen nicht so recht überspringen wollte.

Dagegen war in Gmünd zu diesem Zeitpunkt das traditionelle Gold- und Silbergewerbe wieder auf 240 Beschäftigte angewachsen. Die Herstellung von Filigran-, Semilor- und Tombakschmuckwaren, die von den einzelnen Goldschmiedefamilien in Akkordarbeit angefertigt und durch einheimische Kaufleute auf Messen und Jahrmärkten vertrieben wurden, erhielt starken Auftrieb. Wie bereits im 18. Jahrhundert wurden auch weiterhin aus den Amtsorten Rechberg oder Waldstetten Pfeifenköpfe und Tabaksdosen aus Holz bezogen, die dann Beschläge aus Gold und Silber erhielten. Bis in die Mitte des 19. Jahrhunderts war in den Amtsorten die Perlstickerei weit verbreitet. Sie wurde im Verlagssystem betrieben. Hinzu kam der Vertrieb von Perltaschen und -beuteln. Die rege Woll- und Baumwollverarbeitung aus reichsstädtischer Zeit verschwand dagegen bis in die 1840er-Jahre völlig als eigenständiger Gewerbezweig.

Allein zwischen 1820 und 1837 entstanden in Gmünd sechs neue Silberwarenfabriken. Von nun an waren vor allem rationale Herstellung und sinnvolle Ausgestaltung der Erzeugnisse gefragt. Der Industrielle Nikolaus Ott beschritt neue Wege bei der galvanischen Vergoldung. Während sich der 1844 erstellte Neubau der Firma Ott & Comp. noch im ursprünglichen Stadtbereich ansiedelte, ging Eduard Forster mit seinem spätklassizistischen Neubau am unteren Tor bereits über den eigentlichen Stadtkern hinaus.

Wenn auch der weitere Ausbau der Industrie eher schleppend vorankam, so waren doch diese ersten Ansätze eines wirtschaftlichen Wandels nicht zu übersehen. Dass der Bevölkerungsanstieg von den traditionellen Erwerbsbereichen Landwirtschaft und Handwerk nicht mehr aufgefangen werden konnte, belegt auch die Entwicklung des Bevölkerungsstandes im Königreich zwischen 1849 und 1855. Während die Ämter Gmünd, Ellwangen und Neresheim zwischen 3 bis 6 Prozent ihrer Bevölkerung verloren, konnten als einzige Bezirke in Ostwürttemberg Aalen (8 Prozent) und Heidenheim (5 Prozent) einen Zuwachs der Wohnbevölkerung verzeichnen.

Dennoch bot die erst aufkeimende Industrie viel zu wenig neue Arbeitsplätze, um den starken Schwund der Verdienstmöglichkeiten in den traditionellen Bereichen auffangen zu können. Wie instabil die wirtschaftliche Lage in der ersten Hälfte der 1840er Jahre war, spiegelt sich in der großen Zahl von Konkursen in Landwirtschaft und Gewerbe der Region.

Zwischen 1840 und 1847 standen in den Oberämtern Gmünd und Aalen jährlich 5 bis 7 Promille der ortsanwesenden Familien vor dem wirtschaftlichen Aus. Im Raum Ellwangen belief sich die Zahl dagegen nur auf 3 bis 4 Promille, im Oberamt Neresheim lag die Zahl bei 4 bis 5 Promille. Bis 1853 hatte sich die Situation insofern entspannt, als in Ellwangen, Aalen und Gmünd der Jahresdurchschnitt der Konkurse auf 3 bis 4 Promille sank und in Neresheim gar auf 2 bis 3 Promille zurückging. Dramatisch erscheint auch der prozentuale Rückgang der versteuerten Handwerksbetriebe im Oberamt Aalen in den Jahren von 1847 bis 1856. Die Verluste lagen hier über 30 Prozent, in Gmünd zwischen 25 bis 25,9 Prozent. Die Oberämter Ellwangen und Neresheim hatten einen Schwund von 20 bis 24,9 Prozent der versteuerten Handwerksbetriebe zu verzeichnen.

Wie viele Menschen und welche Altersgruppen im heutigen Kreisgebiet auf diese Entwicklungen mit Auswanderung in andere Gebiete des Deutschen Bundes, vor allem jedoch nach Nordamerika reagierten, ist bislang noch nicht genau untersucht. Die Wanderungsbilanz der mittleren Bevölkerung betrug zwischen 1856 und 1895 in den Oberämtern Ellwangen und Aalen 5 bis 7,4 Promille. In Gmünd dagegen lag sie unter 2,5 Promille. Der Bezirk Neresheim dagegen weist eine durchschnittliche Abnahme von mindestens 10 Promille der 30 bis 40jährigen pro Jahr auf.

Die Eröffnung der Eisenbahnlinie von Cannstatt nach Wasseralfingen am 25. Juli 1861 sowie der Ausbau der Verbindungen bis zur Landesgrenze beschleunigten den begonnen Prozess der Industrialisierung um ein Vielfaches. Wie in Gmünd entstanden auch in Aalen neue Betriebe. Im Jahr 1867 wurde die Ostertag-Geldschrank-Fabrik gegründet, 1874 folgten die Zuckerwarenfabrik Gustav Pahl, 1879 die Maschinenfabrik Heinrich Rieger oder im Jahr 1883 die Union-Werke mit ihrer Streichholzund Schuhwichseproduktion.

Hatte sich der steuerbare Ertrag der selbstständigen Gewerbebetriebe in der Kocherstadt 1877 noch auf 696.304 Mark belaufen, so stieg er bis zum Jahr 1904 auf 1.102.373 Mark. In Gmünd war die Summe etwas mehr als doppelt so hoch. Die Bezirke Ellwangen und Neresheim dagegen hatten weniger von dieser Entwicklung profitiert. Die überwiegende Erwerbsquelle in dem zweitgrößten Oberamtsbezirk des Königreichs war nach wie vor die Landwirtschaft, von der sich zwei Drittel der Bevölkerung ernährten.

In Neresheim lebten 1895 noch 40,5 Prozent der Stadtbevölkerung von der Land- und Forstwirtschaft.

Auf dem Weg ins 20. Jahrhundert

Mag sein, dass die seit 1818/22 nicht mehr veränderte Bezirksverwaltung für diese Oberämter noch ausreichte. Mittlerweile waren die Veränderungen im Raum Gmünd und Aalen soweit fortgeschritten, dass eine Umbildung unausweichlich schien. Innenminister Julius Hölder fasste 1881 nicht zuletzt unter dem Eindruck der zehn Jahre früher begonnen preußischen Verwaltungsreform den Plan einer grundlegenden Neuordnung der Oberämter im gesamten Königreich. Dieser Plan sah vor, eine Stufenfolge von modernen Organen der Selbstverwaltung zu schaffen. Ausgehend von den Gemeinden über die Amtskörperschaften bis zu der Kreisverwaltung sollte dieses bewährte Prinzip Anwendung finden. Hinter diesen Plänen blieb allerdings die Verwaltungsnovelle von 1891 weit zurück. Das alleinige Recht der Ortsvorsteher auf die Stelle des ersten Amtsdeputierten der Gemeinde wurde beseitigt. Erstmals war es auch möglich, alle wahlberechtigten Bürger in die Amtsversammlung zu wählen. Dabei wurden dieser erstmals Kräfte aus der Bevölkerung als ehrenamtliche Laien zugeführt. Die im Rahmen der Industrialisierung stark gewachsenen Städte erhielten dadurch eine angemessenere Vertretung. Die Höchstzahl der Abgeordneten wurde von ein Drittel auf zwei Fünftel erhöht. Weitere leichte Veränderungen ergaben sich aus der Bezirksordnung des Jahres 1906. Der von der Amtsversammlung gewählte Ausschuss bestand aus sechs Mitgliedern und wurde fortan als Bezirksrat bezeichnet. Drei seiner Mitglieder sollten keinen Sitz in der Amtsversammlung haben, sondern von außen kommen. Weitere Laien aus der Bevölkerung, insbesondere aus der freien Wirtschaft wurden hierdurch beigezogen. Von großer Bedeutung ist ebenfalls, dass der Bezirksrat die Körperschaft nach außen vertrat. Eine größere Bewegungsfreiheit der

Amtskorporationen ergab sich schließlich daraus, dass sie das Recht erhielten, ihre eigenen Verhältnisse durch Satzungen mit Gesetzeskraft zu regeln. Zugleich wurden die unmittelbaren rechtlichen Beziehungen zur Bevölkerung des Bezirks enger geknüpft.

Dies kam insbesondere in den Bereichen innere Sicherheit, öffentliche Sitte und Ordnung, im Gesundheitswesen oder bei Zwangsvollstreckungsverfahren zum Tragen. Für die Militärbehörden erledigten die Oberämter die Musterung der Rekruten oder die Beschaffung der Mobilmachungspferde. Nebenamtlich engagierten sich die Bezirksvorstände nach wie vor als Vorsitzende in den Vereinen zur Förderung der Landwirtschaft oder zur Behebung sozialer Probleme.

Technischer Fortschritt und Landflucht

Dass die Eisenbahn und die Fabriken mit ihren Schloten nicht nur für eine Veränderung des Landschaftsbildes gesorgt hatten, wurde Anfang des 20. Jahrhunderts immer deutlicher. Durch die Konzentration der Industrieanlagen

entlang des Kochers zwischen Wasseralfingen und Aalen bzw. Oberkochen oder im Stadtgebiet von Gmünd und Bopfingen, behielt die Region weitgehend ihren ländlichen Charakter. Außer im Oberamt Ellwangen war jedoch die Zahl der Erwerbstätigen in der Land- und Forstwirtschaft rückläufig. Während hier zwischen 1895 und 1907 ein Anstieg um 388 Erwerbstätige inklusive Familien und Dienstboten auf insgesamt 19.069 Personen verzeichnet werden konnte, standen im Verwaltungsbezirk Aalen nur noch 9.390 Personen mit der Landwirtschaft in Verbindung, das waren 683 weniger als zehn Jahren zuvor. In den Oberämtern Gmünd und Neresheim belief sich der Verlust auf 636 (Erwerbstätige: 11.683) bzw. 467 (Erwerbstätige: 12.447) Personen. Wesentlich erhöht hatte sich dagegen die Zahl der Erwerbstätigen und ihrer Familien, die in der Industrie eine Beschäftigung gefunden hatten. Im Oberamt Aalen war ein Anstieg um 2.516 auf insgesamt 16.789 Personen zu verzeichnen und im Bezirk Gmünd um 4.820 auf 22.293 Personen. Auch im Bereich von Handel und Verkehr konnten die beiden ehemaligen

Reichsstädte mit großen Wachstumsraten aufwarten (Aalen: plus 899 Erwerbstätige inkl. Familien, Gmünd: plus 502). Die Bevölkerungsverschiebung verlief zugunsten der beiden Städte. Das Problem der „Landflucht" begann die Politik zu beschäftigen. Die bäuerliche Wirtschaft verfügte zudem nicht über die notwendigen finanziellen Reserven, um den Mechanisierungsdruck aufzufangen, der sich aus dem Arbeitskräfteschwund ergab. Im Jahr 1907 gab es im Oberamt Ellwangen lediglich 47 Dampfdreschmaschinen, im Verwaltungsbezirk Gmünd wurden 553 gezählt. Das Oberamt Aalen konnte immerhin mit 277 aufwarten.

Wer nicht gleich mit seiner ganzen Familie umziehen wollte, pendelte zwischen Wohnort und Arbeitsplatz. Die 1901 eröffnete Härtsfeldbahn übernahm hier eine wichtige Zubringerfunktion. Im Jahr 1906 wurde die Strecke bis nach Dillingen fertiggestellt. Die Diskussion um den Ausbau von Nebenstrecken der Bahn wie z. B. der Kochertalbahn war noch immer nicht abgeschlossen. Mit dem Bau der Nebenbahn von Gmünd nach Göppingen wurde 1906 begonnen.

Aber nicht nur für das Hinterland waren Verkehrsfragen von besonderer Bedeutung. Die Industrieerzeugnisse, die im heutigen Kreisgebiet entstanden, wurden größtenteils in andere Regionen transportiert. Der aus diesem Fernbedarf zurückfließende Erlös führte zu einer Hebung der Einkommensverhältnisse. Schon länger wurde auch darüber nachgedacht, wie die Heranführung der Rohstoffe für die Metallindustrie billiger gestaltet werden könnte. Im Jahr 1906 befasste man sich in den Oberamtsbehörden mit einem Wasserstraßenprojekt, das Neckar und Donau miteinander verbinden sollte. Auf Einladung von Oberamtmann Schlaicher sprach der Sekretär des Neckar-Donau-Kanal-Kommitees, A. Marquard aus Stuttgart, im Februar 1906 in Aalen. Bei dem württembergischen Groß-Schifffahrtsprojekt war daran gedacht, eine Wasserverbindung von Stuttgart aus durch das Rems- Kocher- und Brenztal bis

nach Lauingen an der Donau zu erstellen. Man ging davon aus, dass der technische Fortschritt die immensen Kosten senken würde, die allein für die Erdbewegungen und den Bau der Staustufen anzusetzen waren. Während dieses Projekt nie verwirklicht wurde, kam schon bald ein Fortschritt ganz anderer Art in die Region. Im Jahr 1910 errichtete die Berliner Bergmann-Elektrizitätsunternehmung ein E-Werk, das den gesamten Regierungsbezirk mit Strom belieferte. Der sukzessive Ausbau des Anschlussnetzes ließ das „Überlandwerk Jagstkreis" (UJAG) sehr schnell zum größten Unternehmen des Ellwanger Raumes werden. Bis zum Juli 1915 waren neben den Städten Ellwangen, Aalen und Gmünd 141 weitere Gemeinden an das Hochspannungsleitungsnetz angeschlossen, das rund 600 km lang war.

Aber nicht nur Elektromotor und Glühbirne, sondern auch das Automobil sorgten dafür, dass der technische Fortschritt die abgelegensten Landstriche erreichte. Im Jahr 1909 wurden die ersten privaten Kraftwagenlinien zwischen Ellwangen und Bühlertann in Betrieb genommen. Zu diesem Zeitpunkt dachte man bereits in Stuttgart über eine Lösung der Probleme im Bereich der Wasserversorgung der Landeshauptstadt nach. Nach den Plänen von Baurat Oskar Groß sollte das Wasser bei Niederstotzingen und Langenau im Donauried entnommen, mit Pumpenkraft bis zu einem Scheitelbehälter am Albtrauf gehoben und einem Endbehälter bei Stuttgart zugeleitet werden. Die Gemeinden entlang der Leitungstrasse, die durch das Brenz-, Kocher- und Remstal führte, konnten sich ebenfalls anschließen lassen. Durch den Albdurchstich am Osterbuch südwestlich von Aalen mit einem 12.000 Kubikmeter fassenden Behälterstollen wurde die Strecke der Druckleitung erheblich verkürzt. Um die hydraulischen Verhältnisse besser in den Griff zu bekommen, wurde die Fallleitung durch das Remstal in fünf Abschnitte unterteilt. Einer der Zwischenbehälter, die als Druckregler wirken sollten, wurde auf dem Rechberg bei Schwäbisch Gmünd gebaut. Von hier aus wurde das Trinkwasser über weitere Stationen bis zum Endbehälter bei Fellbach geleitet. Mit dem Ausbruch des 1. Weltkriegs kamen die Bauarbeiten erheblich ins Stocken. Am 1. Juli 1917 wurde die Wasserlieferung vom Werk Niederstotzingen aufgenommen. Zehn Städte, 41 Gemeinden und Teilgemeinden sowie fünf Wasserversorgungsgruppen zählten bis dahin zu den so genannten „Gründergemeinden".

Im Ersten Weltkrieg 1914/1918

Mit Ausbruch des Krieges kamen auf die Oberämter und Amtskörperschaften eine ganze Reihe von ungewohnten kriegswirtschaftlichen Aufgaben zu. Der staatliche Automobilverkehr wurde im August 1914 eingestellt. Die Postautos bzw. Busse zur Personenbeförderung dienten ab sofort militärischen Zwecken und wurden durch Kutschen ersetzt. Bereits am 4. August 1914, dem dritten Mobilmachungstag, trat im Bereich der Eisenbahn der Militärfahrplan mit der Folge in Kraft, dass für eine Hin- und Rückfahrt von Ellwangen nach Stuttgart oder Ulm mehr als zwölf Stunden veranschlagt werden mussten.

Großvieh, Getreide, Kartoffeln oder andere Lebensmittel, die aus den landwirtschaftlichen Betrieben in den Oberämtern Ellwangen, Aalen und Gmünd kamen, wurden während des Krieges zu Tausenden als Frachtgut zum Nahrungsmittelausgleich verschickt. Große Schwierigkeiten machte der Ersatz für die Pferde, die man an die Militärverwaltung hatte abgeben müssen. Ebenso wie bei der Musterung und dem Einzug der Tiere waren die Oberamtsverwaltungen bei der Rückführung kriegsuntauglicher Tiere gefordert. Schon im Frühjahr 1915 kamen solche Pferde zusammen mit Tieren, die in den besetzten Gebieten in Belgien und Nordfrankreich eingezogen worden waren, in die Verwaltungsbezirke zur Versteigerung. Nur Landwirte, die Pferde hatten abgeben müssen, durften sich an den Auktionen beteiligen.

Je länger der Krieg dauerte, umso deutlicher war zu erkennen, dass die heimische Wirtschaft nicht in der Lage war, den Bedarf der Menschen zu decken. Vor allem bei Getreide hatte mit Kriegsbeginn eine große Preissteigerung eingesetzt. Fleisch, Milch, Butter und Käse waren dagegen zunächst billiger geworden. Mit der Abnahme der alten Vorräte sah sich jedoch der Bundesrat veranlasst, Höchstpreise festzusetzen. Diese galten auch für Kraftfutter und Kunstdünger. Neben der Preisüberwachung hatten die Oberämter dafür zu sorgen, dass die immer knapper werdenden, landwirtschaftlichen Produkte und Bedarfsartikel gleichmäßig verteilt wurden.

Laut Verfügung des württembergischen Innenministeriums waren ab April 1916 „für sämtliche Orte des Bezirks, in denen Butter hergestellt wird, Vermittler aufzustellen". Diese sollten den Verkehr mit Butter- und Milcherzeugnissen zwischen Produzenten und Endverbrauchern beaufsichtigen und im Detail regeln.

Nahezu schockiert hatten die Bauern zwischen Ellwangen, Neresheim, Aalen und Gmünd zur Kenntnis nehmen müssen, dass die Oberamtsbehörden im zweiten Kriegsjahr begannen, Brotgetreide zu beschlagnahmen und dessen Verfütterung zu verbieten. Lediglich 9 Kilogramm wurden noch pro Kopf zugestanden. Zugleich erging die Verfügung, das Getreide zu 82 Prozent auszumahlen. Bis 1918 wurde eine Ausmahlung von 94 Prozent festgelegt. Sollte beim Backen zunächst das Weizenmehl mit Roggenmehl und das Roggenmehl mit Kartoffeln gestreckt werden, so nahm mit dem weiteren Kriegsverlauf die Verwendung von Ersatzstoffen ständig zu. Auch der Haferverbrauch für die Pferde wurde von zunächst 1 ½ Kilo pro Tag kontinuierlich gesenkt.

Bei der letzten Zählung vor dem Krieg hatte man im Oberamt Ellwangen noch einen Bestand von 14.766 Schweinen festgestellt. Kraftfuttermangel und damit verbundene Notschlachtungen sorgten dafür, dass die Zahl bis 1917 auf 4.969 Stück zurückging. Der Rindviehbestand dagegen veränderte sich zunächst kaum. Durch die großen Heulieferungen an das Militär verminderte sich jedoch das durchschnittliche Lebendgewicht der Tiere. Dies hatte wiederum eine strikte Rationierung des Fleischangebots auf 250 Gramm pro Person und Woche zur Folge. Im Jahr 1917 musste das nötige Schlachtvieh im Raum Ellwangen auf dem Wege der Zwangsenteignung beschafft werden.

Um das Futter zu strecken, sammelten im folgenden Jahr Schüler im gesamten Oberamtsbezirk 1.015 Zentner „Laubheu". Im Oberamt Gmünd wurden bei den Sammlungen von Metallen, Gummi, Kork oder Stoffresten, Frauenhaaren und Obstkernen die besten Ergebnisse des ganzen Landes erzielt. Der Erlös wurde für die Unterstützung von Soldatenfamilien und andere Zwecke der Wohlfahrt verwendet.

Wie die Amtsversammlung in Aalen am 2. November 1918 feststellte, war zur Begleichung der Kriegwohlfahrts- und Wirtschaftszwecke eine Schuldaufnahme der Amtskorporation von insgesamt 2.239.112 Mark notwendig. Einem Gmünder Chronisten zufolge fehlte es jedoch weniger am Geld, neben den Städten hatten auch die Oberämter im März 1918 achteckige Geldstücke mit der Aufschrift „Bezirkskriegsmünze" ausgegeben. Vielmehr trat in diesem letzten Kriegsjahr „ein gähnender Mangel und ein unstillbarer Warenhunger zu Tage". Hinzu kam eine einsetzende Grippewelle von bislang unbekannten Ausmaßen, wodurch die Oberamtsbehörden auch im Bereich der Gesundheitsfürsorge stark in Anspruch genommen wurden.

In der Weimarer Republik

„Eine gewaltige, aber glücklicherweise unblutige Revolution hat sich heute vollzogen: Die Republik ist erklärt. Eine neue Epoche der Demokratie und der Freiheit bricht an, die alten Gewalten treten ab und das Volk, das die Revolution bewirkt hat, übernimmt die politische Macht." Der Plakatanschlag, mit dem die provisorische Landesregierung Blos-Crispien am 9. November 1918 die Staatsumwälzung in Stuttgart bekannt gegeben hatte, wurde am folgenden Tag auch in Gmünd, Aalen und Ellwangen angebracht. Er bestätigte die Meldungen der lokalen Extrablätter von der Abdankung König Wilhelm II. Die beigefügte Erklärung des in Unterkochen geborenen Generals von Ebbinghaus, im Einvernehmen mit dem Soldatenrat dafür zu sorgen, dass die militärische Ordnung in Stuttgart aufrecht erhalten blieb, beruhigte manchen, der mit Sorge die Umtriebe am Samstagabend in Gmünd beobachtet hatte. Bereits auf der anberaumten Versammlung im „Bären" hatten die Redner zu Ruhe und Ordnung aufgerufen. Auch in Aalen und Ellwangen kam es zu „Lärmszenen" in den Gasthäusern oder auf den Straßen, rote Fahnen wurden aufgehängt und wieder abgenommen. Am 12. November bildete sich ein Arbeiter-Rat, der durch die Oberamtsbehörde bei allen Verfügungen und Anordnungen, welche die Arbeiterschaft berührten, gehört werden sollte. Insgesamt blieb die Lage jedoch ruhig und die vielen „Rote-Schleifen-Männer" verschwanden bald aus den Städten.

Die Wahlen zur konstituierenden Landesversammlung sowie zur Deutschen National-Versammlung wurden wie geplant durchgeführt. In allen vier Oberämtern konnte das Zentrum die meisten Stimmen auf sich vereinigen. Ab jetzt regierte sich das Volk auf Reichs- und Landesebene durch seine Parlamente selbst. Die gewandelten Verhältnisse hatten jedoch kaum Auswirkungen auf die württembergische Amtsverfassung. Vielmehr hielt auch der neue demokratische Volksstaat zunächst an den alten Verwaltungsstrukturen fest. Lediglich der Bezirksrat wurde im Oktober 1919 um zwei weitere Laienmitglieder ergänzt. Im Bereich der Aufgaben sahen sich die Oberamtsbehörden auch im neuen Staat keinesfalls entlastet.

Bis zur Mitte des Jahres 1921 konnte die Rationierung der Lebensmittel stufenweise abgebaut werden. Die Getreide- oder Kleiderstellen in den Bezirken wurden dadurch zwar überflüssig. Demobilmachung, Wiedereingliederung der Kriegsheimkehrer in den Arbeitsprozess, Arbeitsbeschaffung durch Notstandsarbeiten sowie zahlreiche neue Aufgaben im Bereich der Arbeitslosen-, Jugend- oder der so genannten gehobenen Fürsorge sind nur einige Stichworte, die für das Anwachsen der öffentlichen Aufgaben anfangs der 1920er-Jahren stehen.

Die Auswirkungen der Inflation ließen jedoch nicht nur die Zahlen der Bedürftigen dramatisch ansteigen. Nach der Einführung der Rentenmark im November 1923 sah sich die Staatsverwaltung selbst zu gravierenden Einsparungen veranlasst. Im April des folgenden Jahres wurden die vier Kreisregierungen in Ellwangen, Ulm, Reutlingen und Ludwigsburg aufgehoben und ihre Aufgaben zum Teil den Oberämtern übertragen.

Dies verhinderte freilich nicht, dass auch die Bezirksbehörden im Rahmen dieser Staatsvereinfachung ins Visier der Sparkommissare gerieten. Das Eisenbahnnetz, die technische Entwicklung der modernen Nachrichtenübermittlung, aber auch die zum Teil gravierenden Unterschiede im Bereich von Gewerbe, Industrie und Landwirtschaft, die zwischen den einzelnen Oberämtern festzustellen waren, ließen einen „Umbau" als dringend notwendig erscheinen. Der Proteststurm, der sich daraufhin erhob, veranlasste Staatspräsident Johannes Hieber allerdings, von der Planung abzuweichen und statt 20 nur sieben kleinere Oberämter aufzulösen. Hierzu sollte auch das Oberamt Neresheim zählen.

Ausführliche Leserbriefe in der Aalener Presse beleuchteten die Vor- und Nachteile der anstehenden Veränderungen. „Staatsvereinfachung und Beamtenabbau ist die Losung des Tages. Mit Recht, denn der Steuerzahler kann die aufgeschwemmte Wirtschaftsweise, wie bisher besteht, nicht auf die Dauer ertragen... Das Ries soll dem Bezirk Ellwangen zugeteilt werden. Die Entfernung beträgt 39 Kilometer und mehr. Die Bahnverbindung ist schlecht. Kein Bewohner des eigentlichen Rieses hat noch je den Wunsch geäußert, nach Ellwangen zu kommen. Aalen läge verkehrstechnisch günstiger." Ein anderer rief dazu auf, sich gegen die geplante „Vergewaltigung" durch den Staat zu wehren.

Es dauerte nicht lange und die Unruhe griff von den Bezirken auf den Landtag in Stuttgart über. Mit Blick auf die bevorstehenden Neuwahlen suspendierten die Abgeordneten die Hiebersche Notverordnung. Die neue Regierung unter Staatspräsident Wilhelm Bazille hob sie schließlich im Juni 1924 auf.

Nach der Inflations- und Stabilisierungszeit gewann die wirtschaftliche Entwicklung in Gmünd und Aalen wieder an Dynamik. Viele der Oberamtsgemeinden nahmen die Arbeiten zum Ausbau der Infrastruktur, die sie bereits vor dem Krieg begonnen hatten, wieder auf. Das Stromnetz der UJAG wurde erweitert. Die Zahl der Haushalte, die mit Licht und fließendem Wasser ausgestattet wurden, wuchs stetig. Die Oberamtsstädte wiesen neue Flächen für Wohngebäude aus und sorgten damit für eine Belebung des lokalen Gewerbes. Im Mai 1926 wurde das neue Gebäude der Amtskörperschaft Aalen an der heutigen Stuttgarter Straße seiner Bestimmung übergeben.

In den weniger industrialisierten Bezirken wie Neresheim oder Ellwangen hatte sich die Lage in wirtschaftlicher Hinsicht eher stabilisiert. Neue Kraftpostverbindungen sorgten auch hier für einen Fortschritt bei der Erschließung der ländlichen Gebiete. Ab 1. Oktober 1927 gab es erstmals die Möglichkeit mit dem Bus von Unterschneidheim nach Ellwangen zu fahren. Im folgenden Jahr stieg die Gesamtzahl der Beförderungen im Raum Ellwangen mit öffentlichen Postkraftwagen auf 751 Fahrten.

Auch die Motorisierung der Privathaushalte nahm zu. Im Jahr 1930 wurden im Oberamt Ellwangen 267 Krafträder und 212 Pkws gezählt. Zwei Jahre später gab es im Verwaltungsbezirk Aalen bereits 384 Motorräder, obwohl sich die wirtschaftliche Lage wieder deutlich verschlechtert hatte.

Der Reichssparkommissar fordert

Bevölkerungszahlen, Steueraufkommen oder der Beschäftigungsanteil der Bevölkerung im Bereich Landwirtschaft und Industrie waren auch die Kriterien bei der erneut aufgeflammten Diskussion um die Zusammenlegung einzelner Oberamtsbezirke im Juni 1929. „Leistungsstarken Industriegegenden sind dünn bevölkerte und steuerschwache Landesteile anzugliedern. Der Sitz dieser Selbstschutzverwaltungskörper ist tunlichst an einen Verkehrsmittelpunkt zu legen, der bisher nicht notwendigerweise Sitz einer Bezirksverwaltung gewesen sein muss." Diesen Leitlinien folgte der Entwurf des Landtagsabgeordneten Mößner aus Stuttgart-Münster, der aus den 62 Amtskörperschaften in Württemberg elf Kreise machen wollte. Der Kreis Aalen sollte mit Teilen der Oberämter Heidenheim (15 Gemeinden), Gmünd (21 Gemeinden), Welzheim (8 Gemeinden), Gaildorf (5 Gemeinden), Ellwangen (25 Gemeinden) sowie dem ganzen Oberamt Neresheim neu zusammengesetzt werden und zukünftig 185.405 Einwohner aufweisen.

Soweit wollte Reichssparkommissar Saemisch zwar nicht gehen, doch dachte auch er über eine Neustrukturierung der Verwaltungsbezirke nach, die mit der Zusammenlegung ehemals selbstständiger Einheiten zu tun hatte. Seiner Meinung nach sollten die ländlichen Teile auf der Ostalb mit dem stark industrialisierten Oberamt Aalen vereinigt werden. „Durch die vorgeschlagene Zusammenfassung tritt ein Ausgleich zwischen dem steuerkräftigeren Gebietsteil Aalen und dem sehr viel steuerschwächeren Gebietsteil Ellwangen, Neresheim und Crailsheim ein". Diesen fiskalischen Überlegungen konnte und wollte der überwiegende Teil der Bevölkerung in den betroffenen Oberämtern nicht folgen. Im Februar 1931 kamen die Vertreter aus zahlreichen Verwaltungsbezirken in Stuttgart zusammen, um ihren Protest gegen die Landesregierung mit aller Deutlichkeit zu artikulieren. „Diese Vorschläge bedeuten eine heute schwerer denn je zu nehmende wirtschaftliche Schä-

digung weiter Volkskreise, sowie eine neue Belastung derselben mit neuen Opfern an Zeit und Geld, sodann eine Zerstörung kultureller Werte und eine Förderung der schädlichen Landflucht." Noch im selben Monat entschied Staatspräsident Eugen Bolz, eine so „grundstürzende Änderung" wie die Umbildung der Oberamtsbezirke nicht gegen den Willen großer Teile der Bevölkerung durchzuführen. Damit zeigte sich erneut, dass eine Gebietsreform in Württemberg unter den parlamentarischen Verhältnissen der Weimarer Republik nicht möglich war.

Zu den schärfsten Gegnern einer Neugliederung des Landes hatten 1931 noch die Nationalsozialisten gehört. Sieben Jahre später wurden unter ihrer Herrschaft nicht weniger als 27 Kreise aufgehoben. Eine parlamentarische Beteiligung gab es längst nicht mehr. Unter den 34 verbliebenen Landkreisen waren auch die neuen Verwaltungsbezirke Aalen und Schwäbisch Gmünd.

Bis auf die Gemeinden Bühlertann und Bühlerzell, die an den Landkreis Schwäbisch Hall fielen, ging das alte Oberamt Ellwangen im Landkreis Aalen auf, ebenso die nördlichen Teile des Oberamtes Neresheim.

Insgesamt 13 Gemeinden aus den benachbarten Oberämtern Gaildorf, Welzheim, Aalen und Göppingen wurden dem Landkreis Schwäbisch Gmünd zugeordnet. Lediglich die Gemeinden Reichenbach und Winzingen wurden Bestandteile des Landkreises Göppingen.

Die württembergische Kreisordnung vom 27. Januar 1927 machte die Bezirksverwaltungen zu einem Bestandteil des von der NSDAP beherrschten totalen Staates. Kreistag und Kreisrat hatten keine Beschlüsse mehr zu fassen, sondern nur noch den Landrat zu beraten. Er war jetzt oberstes Vertretungs- und Verwaltungsorgan des Kreises – kontrolliert durch den Kreisleiter der Partei. Eine solch umstürzende Änderung hatten die staatlichen Verwaltungsbezirke an den Oberläufen von Jagst, Rems und Kocher in ihrer 135jährigen Geschichte noch nicht erfahren.

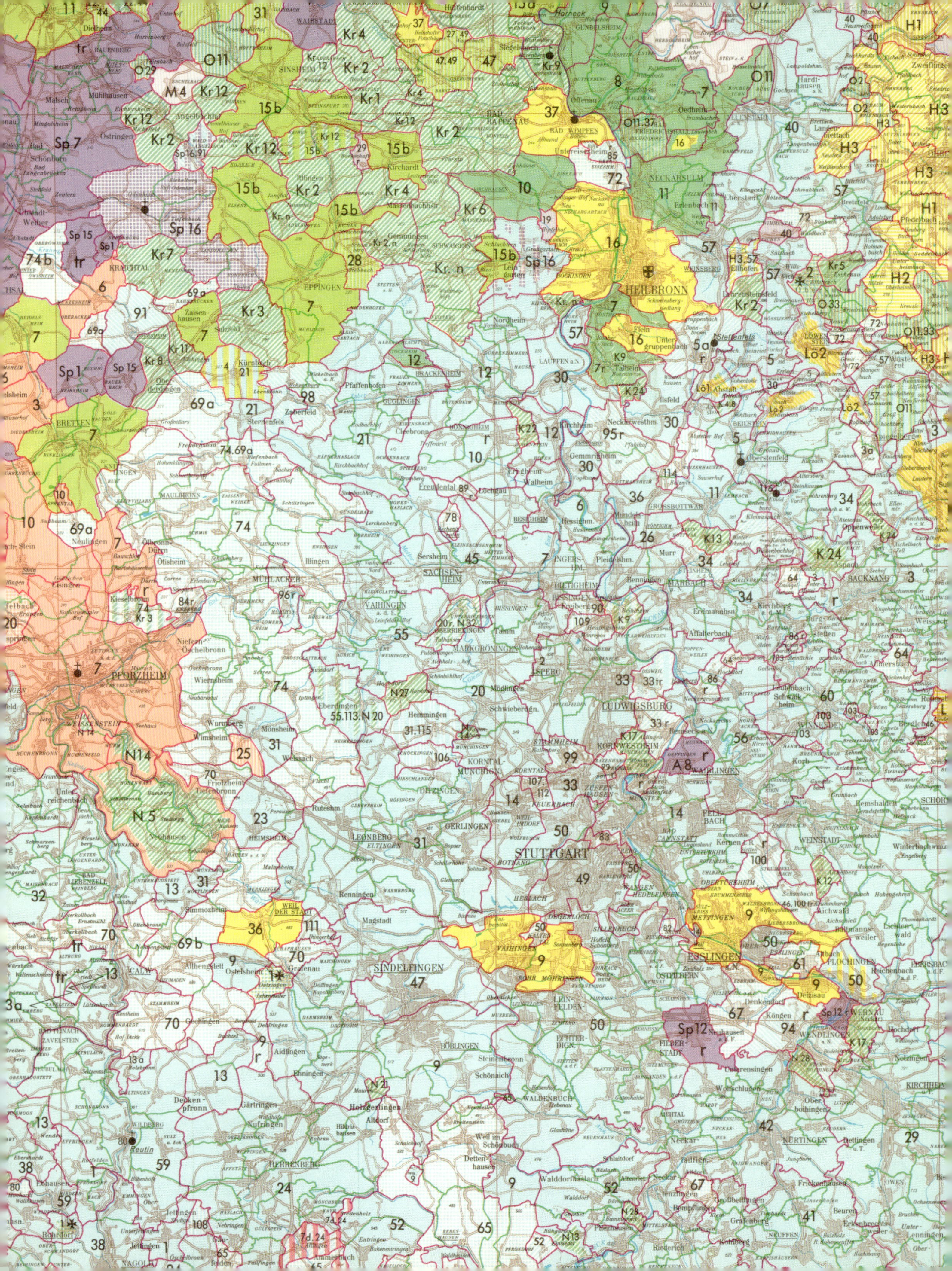

HEILBRONN
NECKARSULM
BAD RAPPENAU
BAD WIMPFEN
SINSHEIM
EPPINGEN
BRETTEN
KRAICHTAL
BRACKENHEIM
PFORZHEIM
MAULBRONN
MÜHLACKER
VAIHINGEN
SACHSENHEIM
BIETIGHEIM
MARBACH
BACKNANG
LUDWIGSBURG
KORNWESTHEIM
WAIBLINGEN
MARKGRÖNINGEN
ASPERG
KORNTAL-MÜNCHINGEN
DITZINGEN
GERLINGEN
LEONBERG
WEIL DER STADT
MAGSTADT
SINDELFINGEN
STUTTGART
FELLBACH
WEINSTADT
SCHORNDORF
ESSLINGEN
PLOCHINGEN
WENDLINGEN
FILDERSTADT
NÜRTINGEN
KIRCHHEIM
CALW
WILDBERG
NAGOLD
HERRENBERG
GÄRTRINGEN
BÖBLINGEN
WALDENBUCH
SCHÖNAICH
NEUFFEN
BEUREN

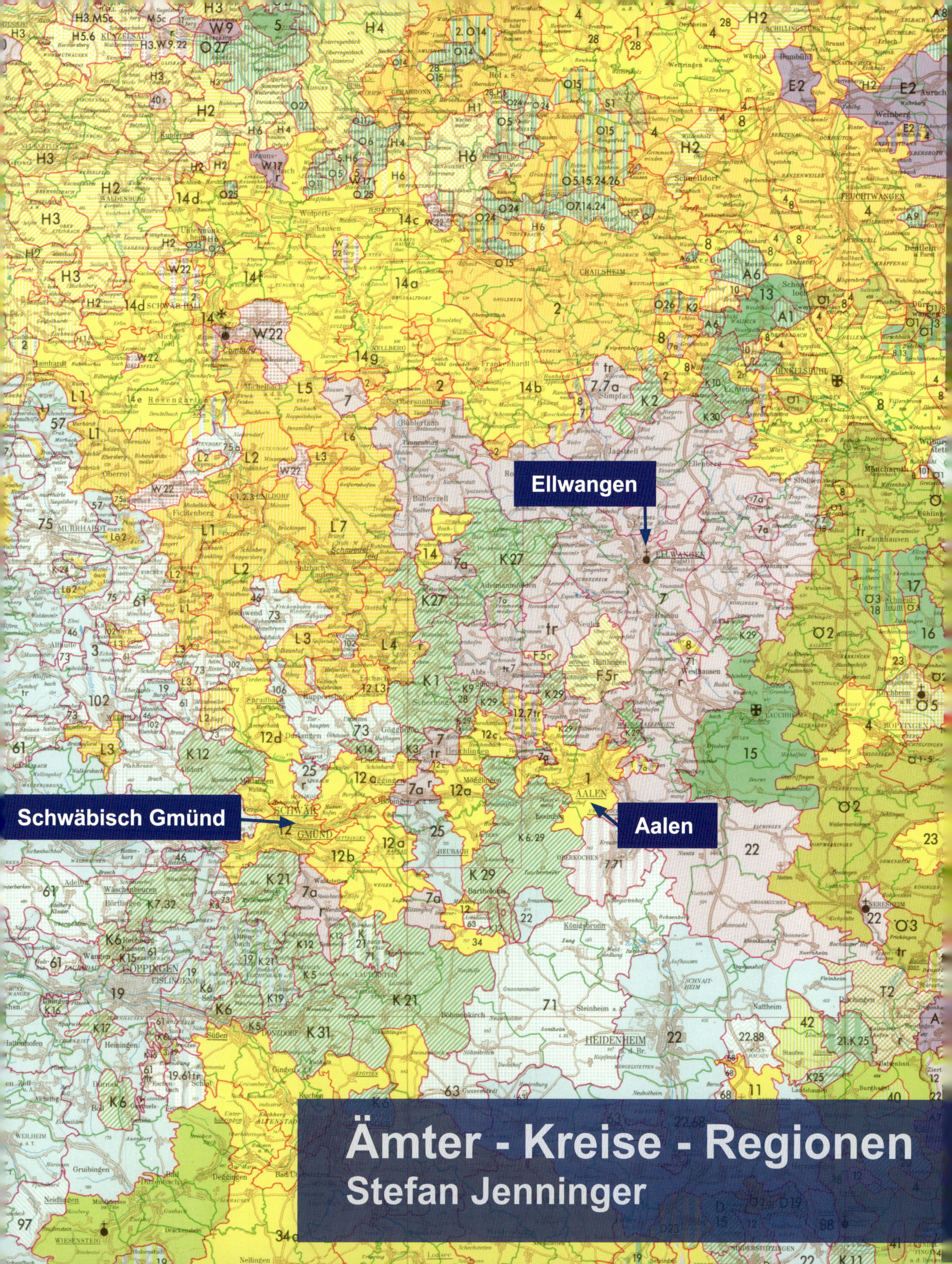

Ellwangen
Schwäbisch Gmünd
Aalen
Ämter - Kreise - Regionen
Stefan Jenninger

Ämter - Kreise - Regionen
Die Entstehung des heutigen Ostalbkreises

Gegen Ende des Heiligen Römischen Reichs deutscher Nation stellte der heutige Ostalbkreis mit seinem „Flickenteppich" aus 24 eigenständigen Herrschaften ein Abbild des deutschen Südwestens dar. Die Riege der Machthaber reichte von geistlichen (Klöster Kirchheim und Neresheim, Fürstpropstei Ellwangen), über reichsritterschaftliche (Grafen von Rechberg, von Woellwarth, u. a.), dem Deutschen Ritterorden, den Reichsstädten (Aalen, Bopfingen, Dinkelsbühl, Gmünd, Hall, Ulm und Nördlingen) bis hin zu bedeutenden Adelsgeschlechtern (Fürsten von Oettingen, Herzog von Württemberg).

Im Sommer 1789 fegte in Frankreich eine Revolution die absolutistische Adelsherrschaft hinweg. Auf der Ostalb ahnte zu diesem Zeitpunkt wohl noch kaum jemand, dass dies auch für unsere Gegend der Ausgangspunkt für einschneidende Veränderungen sein würde. Drei Jahre später marschierte die aus Freiwilligen und Wehrpflichtigen gebildete französische Revolutionsarmee (Levée en masse), unter dem Banner von Freiheit - Gleichheit - Brüderlichkeit, gegen die Berufsheere der europäischen Fürstenhäuser und schlug diese vernichtend. Besonders stach dabei ein junger korsischer General auf dem italienischen Kriegsschauplatz heraus, der später noch von sich reden machen sollte: Napoléon Bonaparte. Auch die Ostalb besuchte er später auf seinen Feldzügen. Dabei hat er sich der Legende nach im Jahr 1805 bei einem Abendessen im Hotel Krone-Post (heute Cafe Podium) die Nase an einem geschlossenen Fenster blutig gestoßen, als er nachschauen wollte, warum seine Soldaten auf dem Markplatz so herzhaft lachten.[1]

Durch den Frieden von Campo Formio am 17. Oktober 1797 endet der Erste Koalitionskrieg mit der Annektierung aller linksrheinischen Gebiete durch Frankreich. Der Herzog von Württemberg büßte dadurch seine Grafschaft Mömpelgard (heute Montbéliard im Département Doubs) südlich der Vogesen ein. Kurze Zeit später begann der Zweite Koalitionskrieg (1799 - 1801). Wieder blieb das revolutionäre Frankreich Sieger über eine Koalition der anderen europäischen Großmächte. Der Friede von Lunéville vom 9. Februar 1801 bestätigte nicht nur die Grenzverschiebungen von Campo Formio, sondern verpflichtete gleichzeitig das Reich zur Entschädigung der von Gebietsverlusten betroffenen deutschen Fürsten.

Die Umsetzung dieser vertraglichen Vereinbarung erfolgte im Jahr 1803 durch den Reichsdeputationshauptschluss. Herzog Friedrich II. von Württemberg wurde im Pariser Vertrag vom 20. Mai 1802 mehr als großzügig für den Verlust von Mömpelgard entschädigt: Er stieg zum Kurfürst auf und erhielt umfangreiche kirchliche und weltliche Ländereien als Kompensation.

Bereits im September 1802 wurden kirchliche Herrschaften wie die Fürstpropstei Ellwangen und das Kloster Neresheim säkularisiert und zusammen mit den Reichsstädten Aalen und Gmünd durch Württemberg in Besitz genommen. Die Freie Reichsstadt Bopfingen ging an Bayern, das Kloster Kirchheim an die Fürsten von Oettingen und das Kloster Neresheim fiel an das Haus von Thurn und Taxis.[2]

Seit dem Tübinger Vertrag von 1514 mussten die Herrscher von Württemberg den Landständen ein Mitspracherecht bei der Regierung des Herzogtums einräumen. Friedrich beabsichtigte aus diesem Grund, seine neugewonnenen Ländereien in alter, absolutistischer Tradition ohne Beteiligung der Untertanen zu regieren. Dazu fasste er sie unter der Bezeichnung Neuwürttemberg in einem eigenen Staat zusammen. Hauptstadt und damit gleichzeitig Regierungssitz des neuen Landes wurde Ellwangen.

Der Herzog nutzte Neuwürttemberg als Experimentierfeld für eine neue, dreistufige Verwaltungsgliederung. Im Gegensatz zum zweistufigen Aufbau in Altwürttemberg wurden die neuwürttembergischen Gebiete in die drei

Landvogteien Ellwangen, Heilbronn und Rottweil, auf der Ebene darunter in Ober- und Stabsämter und auf der untersten Stufe in die Gemeinden gegliedert. Die straffe Organisation der Verwaltung durch die neuen Landesherren war für die Neuwürttemberger, auch auf der Ostalb, zunächst gewöhnungsbedürftig. Das teilweise despotische Verhalten der württembergischen Schreiber trug ein Übriges dazu bei, dass die Untertanen mit ihrem neuen Staat zunächst wenig anzufangen wussten.[3]

Im Dritten Koalitionskrieg 1805 kämpfte das Württembergische Heer an der Seite Frankreichs. In der entscheidenden Dreikaiserschlacht von Austerlitz blieb Napoléon erneut glänzender Sieger. Anschließend beförderte er Friedrich für dessen Unterstützung und seinen Beitritt zum Rheinbund vom Kurfürsten zum König von Württemberg. Gleichzeitig erhielt Württemberg Gebiete des geschlagenen Österreichs hinzu. Am 31. Dezember 1805 hob König Friedrich I. die ständische Verfassung von Altwürttemberg auf und vereinigte es mit Neuwürttemberg zum Königreich Württemberg. Anfang des Jahres 1806 wurden die reichsritterschaftlichen Territorien mediatisiert, d. h. dem Königreich einverleibt. Die in Württemberg bisher unbekannten Kreise wurden als mittlere Verwaltungsebene von Neuwürttemberg auf das gesamte Land übertragen. Die Gliederung des Königreichs erfolgte nach geografischen Gesichtspunkten in zwölf Kreise, wobei der 12. Kreis seinen Sitz in Ellwangen hatte.[4] Mit spätabsolutistischer Macht überwand der Herrscher damit die auf mittelalterliche Verhältnisse zugeschnittenen, kleinräumigen Herrschaftsstrukturen im deutschen Südwesten. Bei der Verwaltungsgliederung orientierte sich der Monarch streng an den Grundsätzen der Einheitlichkeit und Gleichförmigkeit. Es wurden historisch gewachsene Ämter zerschlagen, ehemalige Territorialgrenzen verwischt, Neu- und Altwürttembergische Landesteile und teilweise auch unterschiedliche Konfessionen in neuen Einheiten zusammengefasst.[5]

Um sich bei der Mediatisierung nicht ins Gehege zu kommen, schlossen Bayern und Württemberg am 3. Juni 1806 einen Grenzberichtigungsvertrag. Darin wurde als Grenze zwischen den beiden Königreichen der ehemalige Grenzverlauf zwischen der Fürstpropstei Ellwangen und der Grafschaft Oettingen-Spielberg festgelegt. Das Gebiet des Deutschen Ritterordens um Lauchheim wurde Bayern zugeschlagen, die Besitzungen des Klosters Neresheim gingen an Württemberg.[6]

Im Fünften Koalitionskrieg im Jahr 1809 waren Bayern und Württemberg erneut als Verbündete Frankreichs am Sieg Napoléons über Österreich beteiligt. Dafür wurden sie vom französischen Kaiser im Frieden von Schönbrunn wiederum mit österreichischen Gebieten belohnt. Durch den am 18. Mai 1810 in Paris geschlossen Grenzvertrag zwischen König Maximilian I., Joseph von Bayern und König Friedrich I. von Württemberg wechselte der östliche Teil des heutigen Ostalbkreises, von Tannhausen über Bopfingen bis Neresheim, von bayerischer zur württembergischen Landeshoheit.[7] Dieser Grenzvertrag bildete gleichzeitig das Ende der politischen Flurbereinigung in unserer Region.

Ab jetzt stand für Württemberg die Reorganisation und Integration der neugewonnenen Gebiete im Mittelpunkt. Im Jahr 1810 teilte Friedrich sein Königreich nach französischem Vorbild in zwölf Landvogteien (Départements) von je etwa 100.000 Einwohnern, 64 Oberämter (Grands Baillages) zu durchschnittlich etwa 20.000 Einwohnern sowie die Residenzstadt Stuttgart ein. Den heutige Ostalbkreis wies er dabei teilweise der Landvogtei am Kocher mit Sitz in Ellwangen und teilweise der Landvogtei an der Fils und Rems mit Sitz in Göppingen zu. Zu ersterer gehörten die Oberämter Aalen, Gaildorf, Ellwangen, Heidenheim, Neresheim und Crailsheim. Zu letztgenannter die Oberämter Gmünd, Göppingen, Schorndorf, Lorch und Geislingen.[8] Diese Umorganisationen fanden im Umfeld ständiger kriegerischer

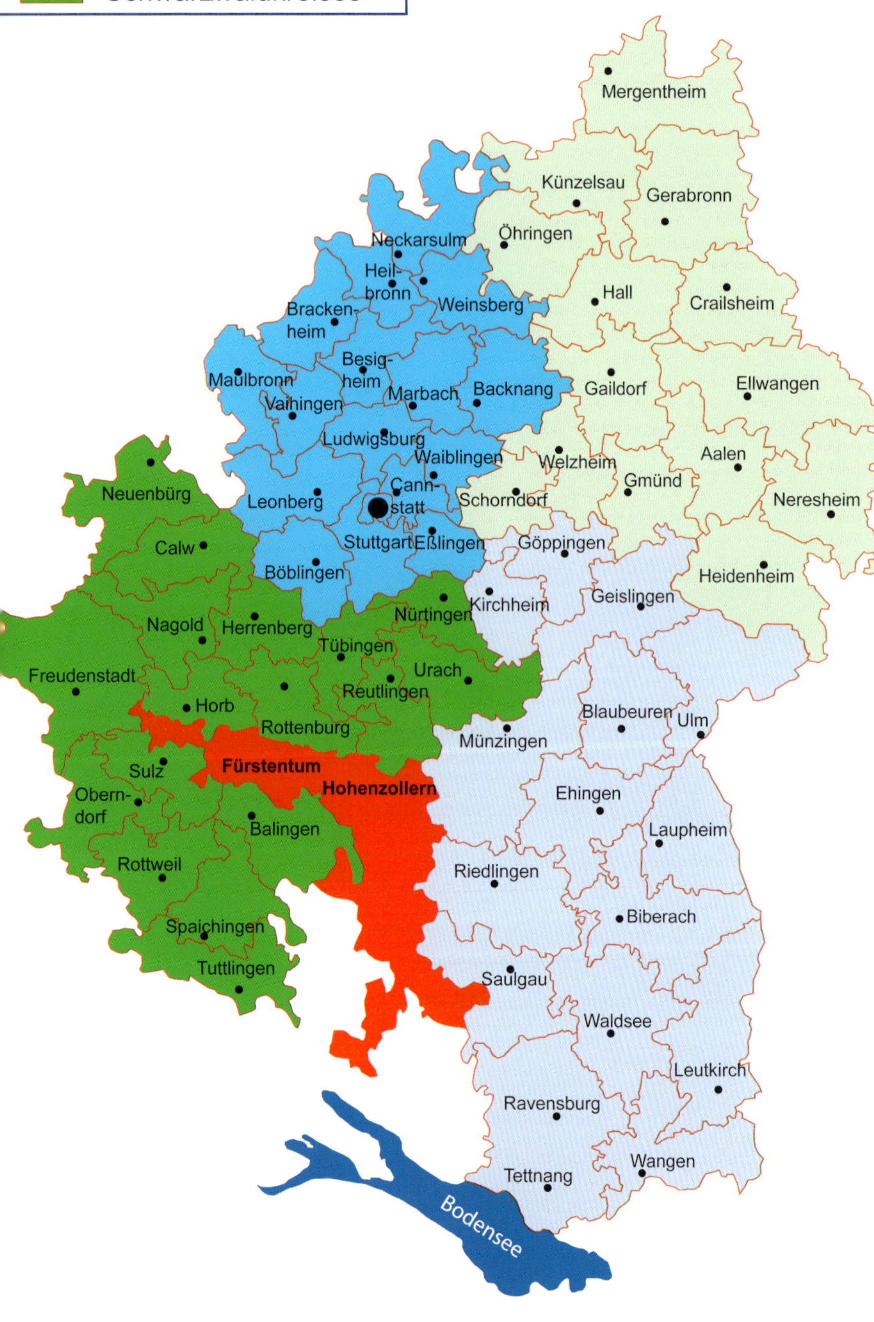

Auseinandersetzungen statt. Aushebungen, Einquartierungen, wie auch die Bereitstellung von Nahrungsmitteln und Pferden stellten eine große Belastung der neuen württembergischen Untertanen dar. Unter diesen schwierigen Rahmenbedingungen mussten sich Verwaltung und Bevölkerung in ständig wechselnden Verwaltungsstrukturen zurechtfinden.

Wäre General Karl Friedrich Lebrecht von Normann-Ehrenfels mit seinen württembergischen Truppen in der Völkerschlacht von Leipzig am 18. Oktober 1813 nicht in letzter Minute befehlswidrig in das Lager der Alliierten und damit der Sieger übergelaufen, wer weiß ob König Friedrich seine als Mitglied des Rheinbundes von Napoléon erhaltenen neuen Ländereien wie die Ostalb hätte behalten dürfen. So jedenfalls wurden die neuen Grenzen auf dem Wiener Kongress 1814/15 bestätigt. Durch die Unterzeichnung der Bundesakte trat Württemberg am 1. September 1815 dem Deutschen Bund bei.

Am 30. Oktober 1816 verstarb König Friedrich I. Sein Sohn und Nachfolger König Wilhelm I. leitet einen Politikwechsel ein und brachte u. a. den beinahe zwei Jahrzehnte andauernden Reform- und Veränderungsprozess zu einem Abschluss. Am 1. Januar 1818 erfolgte die Neueinteilung des Landes in die vier Verwaltungsbezirke Donaukreis (mit Sitz in Ulm), Neckarkreis (Ludwigsburg), Schwarzwaldkreis (Reutlingen) sowie Jagstkreis (Ellwangen). Jeder Kreis umfasste 14 bis 17 Oberämter. Im Jagstkreis zusammengefasst waren u. a. die Oberämter Aalen, Ellwangen, Gaildorf, Neresheim, Lorch und Gmünd,[9] wobei Lorch den Oberamtssitz 1819 an Welzheim abgeben musste.[10] Ellwangen behielt damit seine Stellung als herausragende Verwaltungsstadt im Osten Württembergs. Mit dem königlichen Edikt über die Gemeinde- und Oberamtsverfassung vom 31. Dezember 1818 wurde die kommunale Selbstverwaltung in Württemberg festgeschrieben. Darin heißt es: „Der Gemeindeverband ist die natürliche Grundlage des Staatsverbandes (…).“ Des Weiteren führte das Edikt die Trennung von Verwaltung und Justiz im Land ein.

Nach langem und zähem Ringen erhielt Württemberg am 25. September 1819 erstmals eine Verfassung für das gesamte Königreich. Auf der Ostalb feierte die Bevölkerung das Ereignis mit Dankgottesdiensten und Tanzveranstaltungen. In der Verfassung festgeschrieben

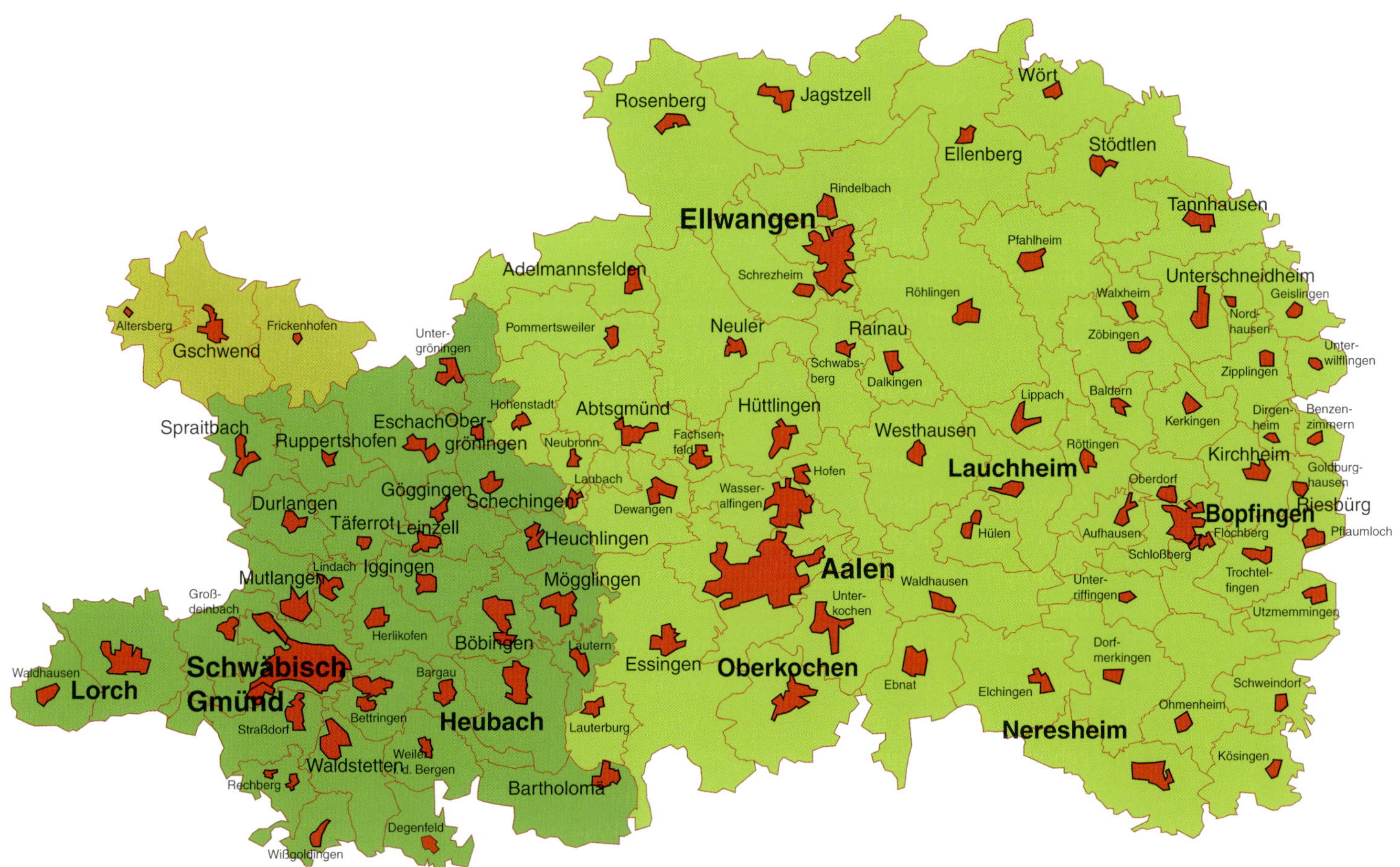

Städte und Gemeinden des heutigen Ostalbkreises und ihre Zugehörigkeit zu den Landkreisen bis zur Reform 1973. Grafik: B. Hildebrand

waren u. a. die Stellungen der Gemeinden und Oberämter. Mit dieser freiheitlichen Verfassung, seiner straffen Behördenorganisation und dem Modell der kommunalen Selbstverwaltung gehörte Württemberg zu dieser Zeit zu den fortschrittlichsten Staaten in Deutschland.[11]

Die Verwaltungsstruktur von 1818 erwies sich als äußerst robust und langlebig. Weder die revolutionären Unruhen der Jahre 1848/49, die verheerende Niederlage Württembergs an der Seite Österreichs im Deutschen Krieg von 1866, noch die Gründung des Kaiserreichs im Jahr 1871 führten zu wesentlichen Änderungen. Erst der Zusammenbruch der Monarchie nach der Niederlagen Deutschlands im 1. Weltkrieg und die Gründung des Volksstaates Württemberg im November 1918 bildeten die Basis für grundlegende Reformen der Verwaltungsstruktur. Der Krieg hatte enorme Herausforderungen an die Verwaltung gestellt. Gerade im sozialen Bereich, der Lebensmittel- aber auch der Gesundheitsversorgung mussten große Leistungen von den Kreisen, Oberämtern und Gemeinden erbracht werden. In dieser Zeit bürgerte sich der Begriff vom „Vater Staat" ein, der die Aufgaben der an der Front stehenden oder gefallenen Männer übernehmen musste. Nach Kriegsende kamen weitere Aufgaben bei der Wiedereingliederung der Kriegsheimkehrer sowie der Arbeitsbeschaffung durch Notstandsarbeiten hinzu.

Die Hyperinflation zu Beginn der 1920-er Jahre ließ die Zahl der Arbeitslosen und Bedürftigen rapide ansteigen und der öffentlichen Hand begann das Geld auszugehen. Um die Verwaltung im Land zu verschlanken, löste die Staatsregierung am 1. April 1924 die Kreise auf. Fortan gab es zwischen den Oberämtern und den Ministerien keine Mittelinstanzen mehr. Zu weitreichenderen Reformen, wie der Auflösung einiger Oberämter, fehlte der württembergischen Regierung die politische Kraft.

Ein weiterer Reformversuch im Jahr 1929 scheiterte ebenfalls. Das Konzept sah eine Neugliederung des Landes in elf Kreise vor. Darunter sollte sich ein Großkreis Aalen mit Gemeinden aus den bisherigen Oberämtern Ellwangen (25 Gemeinden), Gaildorf (5), Gmünd (21), Heidenheim (15), Welzheim (8) und dem gesamten Oberamt Neresheim befinden. Auch ein weniger weitreichender Vorschlag aus dem Jahr 1931 stieß auf den erbitterten Widerstand der betroffenen Einwohner und wurde vom Landtag abgelehnt. Der Vorschlag des Reichssparkommissars Dr. Friedrich Sämisch hatte für die Ostalb den Zusammenschluss des steuerkräftigen Oberamts Aalen mit den finanzschwachen Ämtern Ellwangen, Neresheim und Crailsheim vorgesehen.[12]

Für eine Neugliederung sorgten am Ende die Nationalsozialisten, die 1931 noch zu den entschiedensten Gegner einer Verwaltungsreform gehört hatten. Zunächst ersetzten die neuen Machthaber den traditionsreichen württembergischen Begriff des Oberamts im Januar 1934 durch die deutschlandweit gebräuchliche Bezeichnung Kreisverband. Durch die Kreisordnung vom 27. Januar 1934 sowie die Deutsche Gemeindeordnung vom 30. Januar 1935 beseitigten sie die kommunale Selbstverwaltung mit einem Federstrich und degradierten die Kreise und Gemeinden zu bloßen Gliedern und Befehlsempfängern des totalitären, nationalsozialistischen Einheitsstaates. Die Gliederung der Verwaltung schnitten die Nationalsozialisten nach dem Führerprinzip auf den Landrat bzw. den Bürgermeister zu und stellten sie auf das Prinzip von Befehl und Gehorsam um. Kreistag, Kreisrat sowie Gemeinderat wurden von nun an „bestellt", nicht mehr gewählt. Eine Mitsprache war nicht mehr vorgesehen. Sie dienten lediglich als Beratungsgremium für den Landrat bzw. den Bürgermeister.

Am 1. Oktober 1938 wurden die Kreise völlig neu zugeschnitten.[13] Ziel der Neuorganisation war es, den Unterbau der staatlichen Verwaltung einfacher und wirksamer zu gestalten, die Gebietskörperschaften leistungsfähiger zu machen und die „durch die Entwicklung des Verkehrs und der Wirtschaft vielfach überholte Einteilung des Landes neu zu ordnen", wie es in der Präambel des Gesetzes über die Landeseinteilung heißt. Von den bisher 61 Kreisen wurden 27 aufgehoben und ihr Gebiet den verbleibenden 34 zugeschlagen. Auf der Ostalb waren die Kreise Ellwangen und Neresheim betroffen, zu deren Rechtsnachfolger der Kreis Aalen erklärt wurde. Ausnahmen bildeten die Gemeinden Bühlerzell und Bühlertann, die bisher zum Kreis Ellwangen gehört hatten und zum Kreis Hall kamen, sowie die südlichen Gemeinden des Kreises Neresheim, die an den Kreis Heidenheim gingen. Die Gemeinden Heuchlingen und Schechingen wechselten vom Kreis Aalen zum Kreis Gmünd. Dieser erhielt zudem Eschach, Obergröningen, Ruppertshofen, Untergröningen und Vordersteinenberg vom Kreis Gaildorf, Maitis vom Kreis Göppingen und Alfdorf, Großdeinbach, Lorch, Pfahlbronn und Waldhausen vom Kreis Welzheim. Im Gegenzug musste Gmünd Reichenbach unter Rechberg und Winzigheim an Göppingen abtreten.

Zur Vorbereitung der Kreisreform hatte die NSDAP ihre Parteiorganisation zwei Jahre zuvor an die neuen Kreisgrenzen angepasst.[14] Im Gegensatz zur württembergischen Demokratie wenige Jahre zuvor war eine Mitsprache der Bürger über die neuen Kreisstrukturen in der nationalsozialistischen Diktatur nicht vorgesehen. Kritik an den aufgezwungenen, neuen Strukturen wurde unterdrückt. Die Gebietsreform des Jahres 1938 verlief daher weitgehend geräuschlos.

Nach Ende des 2. Weltkriegs blieb die Verwaltungsstruktur zunächst lange Zeit unangetastet. Ein erster zaghafter Reformversuch der Landesregierung, welcher die Auflösung von drei kleineren Landkreisen und einige Gebietskorrekturen vorsah, scheiterte am hartnäckigen Widerstand der Menschen in den betroffenen Landkreisen. Bei einem Termin im südbadischen Landkreis Mühlheim gingen auf gebrachte Bauern mit Dreschflegeln auf die Landtagsabgeordneten los.[15] Der Landtag lehnte in der Folge den Gesetzentwurf der Landesregierung am 29. September 1955 ab und es blieb zunächst alles beim Alten.[16]

Mitte der 1960-er Jahre stieg der Reformdruck im Land immer weiter an. Während sich die Rahmenbedingungen in den Jahren seit 1945 wesentlich geändert hatten, verharrte die Verwaltung in ihren Vorkriegsstrukturen. Die Bevölkerungszahl in Baden-Württemberg war nach Ende des 2. Weltkriegs durch die Aufnahme von Millionen Flüchtlingen und Heimatvertrieben explodiert. Damit verbunden war ein enormer Ausbau der Infrastruktur. Der Zusammenschluss von Badenern und Württembergern im Jahr 1952, das Wirtschafswunder, der technische Fortschritt sowie der Strukturwandel von der Agrar- zur Industriegesellschaft und die damit verbundenen Wanderungsbewegungen der Bevölkerung führten dazu, dass die Verwaltung vielerorts ihren Aufgaben kaum noch Herr wurde.

Seit Ende des Jahres 1966 regierte im Stuttgarter Landtag eine Große Koalition aus CDU und SPD unter Führung von Ministerpräsident Hans Filbinger (CDU). Die Landtagswahl am 28. April 1968 brachte heftige Verluste für die SPD und den erstmaligen Einzug der NPD in das Landesparlament. Trotzdem setzten die Christ- und die Sozialdemokraten ihr Bündnis fort. Durch eine Dreiviertelmehrheit der Regierungsparteien waren damit, im Gegensatz zum Jahr 1955, die politischen Weichen für eine Verwaltungsreform gestellt. Neue Impulse gingen von der Vorlage des Landesentwicklungsplans Anfang des Jahres 1968 aus.

Dieser stieß neue Diskussionen über die richtige Struktur der Verwaltung zur Verwirklichung der Landesentwicklung an.[17] Einen Höhepunkt erreichte die Diskussion am 29. Januar 1969, als der Landtag über den Haushaltsplan des Innenministeriums debattierte. Innenminister Walter Krause (SPD) erklärte sich daraufhin gegenüber den Abgeordneten bereit, ein Denk-

modell über eine Gebiets- und Verwaltungsreform vorzulegen.

Anfang Dezember 1969 stellte Innenminister Krause sein Denkmodell der Öffentlichkeit vor.[18] Es sah im Wesentlichen eine Verringerung der Zahl der Stadt- und Landkreise von 63 auf 25 vor, wobei jeder Landkreis eine Mindestgröße von 125.000 Einwohner haben sollte. Die Regierung strebte eine relative Gleichwertigkeit (Fläche, Zahl der Gemeinden, Einwohner) aller Landkreise an. Die Zahl der Regierungspräsidien wollte sie von vier auf zwei halbieren. Dabei sollte durchgehend der Grundsatz der „Einräumigkeit und Einheit der Verwaltung" erreicht werden. Die Aufgaben der unteren Verwaltungsbehörden sollten dazu auf die Landkreise übertragen und die Zuständigkeit für die Regionalplanung in den allgemeinen Verwaltungsaufbau integriert werden. Ziel war der wirtschaftliche Einsatz von Personal und technischen Hilfsmitteln und die Schaffung zukunftsfähiger Verwaltungsstrukturen inklusive der Aufgabenverlagerung nach unten. Die Landesregierung beabsichtigte zudem, die Zahl der Gemeinden durch Zusammenschluss zu Einheiten mit mindestens 5.000 Einwohnern wesentlich zu verringern.

Für Ostwürttemberg schlugen die Autoren des Denkmodells die Bildung eines neuen Landkreises aus den Mittelbereichen Aalen, Bopfingen, Ellwangen, Heidenheim und Schwäbisch Gmünd vor. Dieser neue Landkreis hätte bei einer Fläche von 2.139 km² rund 387.000 Einwohner umfasst. Als Kreissitz empfahl das Denkmodell aufgrund seiner zentralen und verkehrsgünstigen Lage Aalen. Gleichzeitig bescheinigte es der Stadt am Kocher die besten Voraussetzungen für die Entwicklung zum Oberzentrum.

In allen betroffen Landkreisen und Kommunen setzten unmittelbar nach Veröffentlichung der Pläne hektische Beratungen ein. Wie sollte man sich positionieren? Den vorhandenen Vorschlag als Grundlage anerkennen und durch Verhandlungen versuchen das Beste daraus zu machen? Oder besser eine grundlegende Überarbeitung der Vorschläge anstreben?

Der Kreistag von Schwäbisch Gmünd befasste sich bereits am 16. Dezember 1969 erstmals mit den Inhalten des Denkmodells. Landrat Dr. Friedrich Röther räumte dabei den Reformbedarf der Verwaltung ein. Im Gegensatz zum Denkmodell sprach er sich für eine Beibehaltung der Eigenständigkeit des Landkreises Schwäbisch Gmünd aus.[19] Am 3. Januar 1970 legte der kommunalpolitische Ausschuss des SPD-Kreisverbands Schwäbisch Gmünd als Gegenmodell das Konzept eines „Remskreises" aus den Mittelbereichen Schwäbisch Gmünd und Schorndorf mit Sitz in Schwäbisch Gmünd vor.[20] Der Entwurf sah starke Eingriffe in die umliegenden Landkreise vor. Während er vom Landkreis Aalen die Einbeziehung der beiden Gemeinden Lauterburg und Hohenstadt vorsah, waren darin 18 Gemeinden des Landkreises Waiblingen enthalten. Dementsprechend verhalten fiel das Echo bei den Kommunalpolitikern in Waiblingen aber auch in Schorndorf selbst aus. Hier wollte man an der Einheit des Remstals von Waiblingen bis Plüderhausen festhalten. Ein Problem stellte zudem die Zuordnung von Schorndorf zur Region Stuttgart und von Schwäbisch Gmünd zur Region Ostwürttemberg dar. Innenminister Krause erteilte dem Modell daher bei einer Besprechung am 8. Mai 1970 in Stuttgart eine klare Absage.[21]

In der Zwischenzeit hatte sich die Diskussion auch auf Landesebene weiterentwickelt. Zunächst legte am 19. Januar 1970 der CDU-Landtagsabgeordnete und Überlinger Landrat Karl Schieß ein revolutionäres Konzept vor. Darin schlug er die Rückkehr zu einem nur noch zweistufigen Verwaltungsaufbau aus Regionalkreisen und Gemeinden, unter Eingliederung der unteren Sonderbehörden sowie der Auflösung der Regierungspräsidien, vor. Für Ostwürttemberg hätte dieses Konzept keine Änderung zur Folge gehabt. Es sah weiterhin einen „Regionalkreis" Aalen-Heidenheim-Schwäbisch Gmünd vor.

Im März 1970 präsentierte die CDU-Kommission für die Regional- und Kreisreform ein weiteres Gegenmodell. Die Kommissionsmitglieder sahen darin eine wesentlich geringere Reduzierung der Zahl der Landkreise vor.[22] Sie planten mit 38 Landkreisen, unter gleichzeitiger Beibehaltung der Regierungspräsidien. Zudem sollten 13 Regionalverbände als Körperschaften des öffentlichen Rechts neu gebildet werden und dadurch die Planungshoheit von den Landkreisverwaltungen getrennt bleiben. Die Regionen sollten so angelegt sein, dass sie zu Großkreisen weiterentwickelt werden konnten. Für die Ostalb schlug die Kommission nur noch den Zusammenschluss von Aalen und Schwäbisch Gmünd ohne Heidenheim vor.[23]

Noch bevor der Plan eines Remskreises endgültig begraben war, brachte der Göppinger Oberbürgermeister Dr. Herbert König den Vorschlag für die Bildung eines „Hohenstaufenkreises" aus den beiden Landkreisen Göppingen und Schwäbisch Gmünd ins Gespräch.[24] Diese Idee nahm man in Schwäbisch Gmünd dankbar auf, da man hier, wie die Rems-Zeitung schrieb, „…jeden anderen Anschluß als den an den Kreis Aalen vorzieht".[25] Bei der Besprechung mit Innenminister Krause lehnte dieser den Vorschlag nicht vollständig ab, machte jedoch deutlich, dass er eine Schwächung der Region Ostwürttemberg nicht mittragen werde. Göppingen wollte seine Zugehörigkeit zur Region Stuttgart nicht aufgeben, weshalb der dortige Kreistag am 31. August 1970 einen Wechsel zur Region Ostwürttemberg nachdrücklich ablehnte.[26] Damit hatte auch dieser Plan keine Chance auf Verwirklichung.

Unterdessen legte im Juli 1970 die von der Landesregierung eingesetzte „Experten-Kommission für die Reform der Staatlichen Verwaltung in Baden-Württemberg" ihr Gutachten vor. Anstatt 25 Kreise wie im Denkmodell, empfahlen die Experten 36 bis 38 Landkreise und zusätzlich die Gründung von zwölf bis dreizehn regionalen Planungsverbänden. Dies bedeutete die Abkehr vom Prinzip der Einheit zwischen Pla

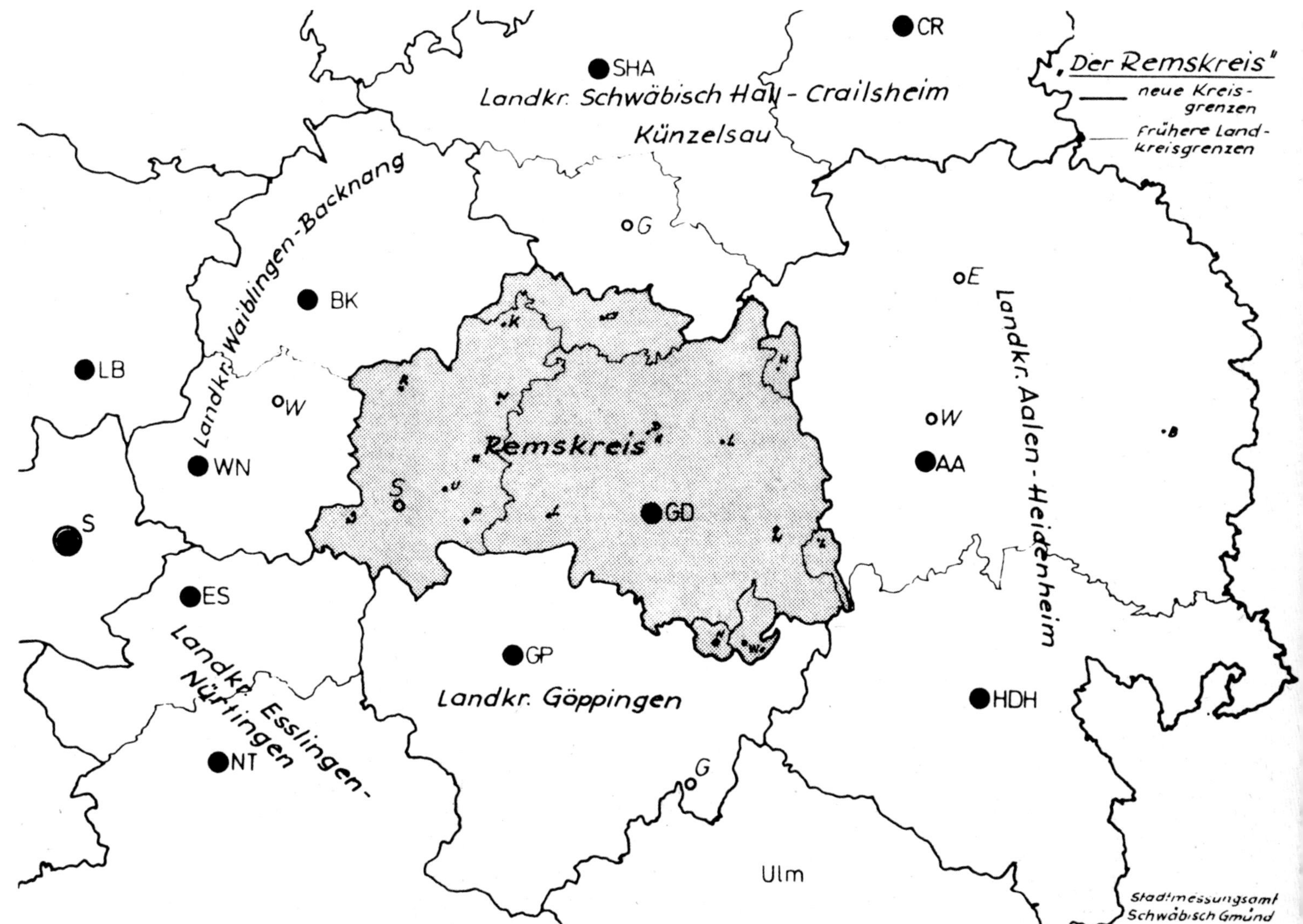

FÜR EINEN „REMSKREIS" spricht sich der Landkreis Schwäbisch Gmünd in seiner Stellungnahme zum Denkmodell aus. Unsere Skizze soll veranschaulichen, wie sich der „Remskreis" in die Nachbarkreise einfügt. (GT-Repro)

nungs- und Verwaltungseinheiten. Weiter empfahl die Kommission eine Beibehaltung der vier Regierungspräsidien. Für die Landkreise schlug sie eine Mindestgröße von 120.000 Einwohnern vor.[27]

Die Kommission untersuchte auch die möglichen Alternativen in den einzelnen Landkreisen. Gegen einen selbständigen Fortbestand des Landkreises Schwäbisch Gmünd sprach aus ihrer Sicht die zu geringe Größe und eine zu starke Dominanz der Kreisstadt (60.000 von 110.000 Einwohnern lebten nach Abschluss der Eingemeindungen innerhalb der Stadtgrenze von Schwäbisch Gmünd). Den Remskreis verwarf die Kommission wegen der Orientierung von Schorndorf nach Waiblingen, den Hohenstaufenkreis wegen der mangelnden sozio-ökonomischen Verflechtung zwischen den beiden Landkreisen. Einen Großkreis Aalen mit Heidenheim und Schwäbisch Gmünd sahen die Kommissionsmitglieder als flächenmäßig zu groß und damit nicht mehr administrabel an. Somit blieb im Ergebnis die Empfehlung zur Einrichtung einer Region Ostwürttemberg mit einem Großkreis Aalen und dem unveränderten Landkreis Heidenheim. Aalen sollte nach Vorstellungen der Kommission neben dem Kreissitz auch den Sitz des Regionalverbandes erhalten.[28] Weiter heißt es im Bericht: „Nach Auffassung der Kommission ist es möglich, das in dieser Re-

Der von Schwäbisch Gmünd favorisierte Remskreis.
Grafik aus der Gmünder Tagespost vom 22.02.1970

gion im Entwurf des Landesentwicklungsplans vorgesehene Oberzentrum im Raum Aalen entsprechend planerisch zu fördern.“[29]

In Aalen hatte man sich in den Diskussionen bis dahin ruhig verhalten. Alle Modelle waren ganz im Sinne des Landkreises ausgefallen. Ein erster kritischer Moment ergab sich durch den Vorschlag aus dem Gutachten zur Kreisreform, eine Zuordnung des Härtsfelds um Neresheim zum Kreis Heidenheim zu prüfen. Zunächst bekannte sich der Gemeinderat von Neresheim klar zu Aalen. In einer Bürgerbefragung am 27. Juni 1971 stimmte dann jedoch eine Mehrheit von 53 Prozent der Befragten für den Landkreis Heidenheim und lediglich eine Minderheit von 47 Prozent für Aalen. In den Teilorten Schweindorf, Kösingen, Stetten und der in Eingemeindungsverhandlungen mit Neresheim stehenden Gemeinde Elchingen fielen die Ergebnisse hingegen deutlich zugunsten von Aalen aus.[30] Der Gemeinderat von Neresheim beschloss daraufhin in seiner Sitzung am 28. Juni 1971 mit 13:12 Stimmen, beim Landtag einen Antrag auf Zuordnung zum Landkreis Heidenheim zu stellen.[31]

Im November 1970 wurden Begehrlichkeiten des Landkreises Crailsheim nach Gemeinden des Landkreises Aalen bekannt. Da Crailsheim mit 90.000 Einwohner deutlich zu klein für ein selbständiges Fortbestehen war, streckte man die Fühler nach den Gemeinden Rosenberg, Jagstzell, Ellenberg und Wört aus, um den eigenen Kreis zu vergrößern und damit im letzten Moment zu retten. Diese Bestrebungen lehnten der Kreistag von Aalen und die betroffenen Gemeinden strikt ab.[32]

Nach dem Scheitern der beiden Alternativpläne begann man sich in Schwäbisch Gmünd mit den Gegebenheiten abzufinden und das Gespräch mit dem ungeliebten Partner in Aalen zu suchen. In die Gespräche ging der Kreistag von Schwäbisch Gmünd mit der Forderung, entweder den Kreissitz oder den Regionalsitz zu erhalten. Besonderen Wert legte das Gremium auf den Umstand, dass der Landkreis Schwäbisch Gmünd in einem künftigen Großkreis geschlossen erhalten bleiben sollte. Die Aalener Seite unterstützte vorbehaltlos die Schwäbisch Gmünder Bestrebungen, sowohl nach Erhalt der Unabhängigkeit als auch nach einem geschlossenen Übergang des Landkreises im Falle eines Zusammenschlusses.[33]

Als im September 1970 bekannt wurde, dass sich der Landkreis Rottweil nicht mehr für seine Selbstständigkeit einsetzte und damit im Konzept mit 35 Landkreisen ein Platz frei wurde, keimten in Schwäbisch Gmünd nochmals kurzzeitig Hoffnungen auf einen selbständigen Weiterbestand des Landkreises auf. Der Wunsch wurde durch die Kreistage in Aalen und Heidenheim mit Resolutionen unterstützt.[34] Dadurch wäre eine Region Ostwürttemberg mit drei etwa gleich großen, selbständigen Landkreisen entstanden. Wegen der Kopflastigkeit der Kreisstadt Schwäbisch Gmünd zum restlichen Landkreis lehnte die Landesregierung den Wunsch erneut ab. Daran änderte auch eine Bürgerbefragung am 7. Februar 1971 nichts mehr. Bei einer Beteiligung von über 66 Prozent der Wahlberechtigten sprachen sich 97,1 Prozent für den Erhalt eines selbständigen Landkreises Schwäbisch Gmünd aus.[35] Ministerpräsident Filbinger erklärte darauf in einem Brief an Landrat Röther, dass der Landtag als Vertretung des Landes als Ganzes entscheide und nicht der Wille einzelner Gemeinden oder Landkreise maßgeblich sei.[36]

Für den Fall des Scheiterns der Bemühungen um die Selbständigkeit kämpfte man in Schwäbisch Gmünd parallel um den Regionalsitz. Die Kommunalpolitiker an der Rems schätzten die zukünftige Bedeutung des Regionalverbandes als hoch ein und sahen hierin einen angemessenen Ausgleich für den Verlust der Selbständigkeit und des Kreissitzes.[37] Darüber hinaus hofften sie, dass der Regionalverband den Nukleus einen künftigen Regionalkreises bilden würde. Dieses Anliegen wurde vom Kreistag in Aalen abgelehnt. Nachdem alle Modelle Aalen als Sitz der Region vorgesehen hatten, beharrte man in der Stadt am Kocher neben dem Sitz des Landkreises auch auf dem des Regionalverbandes. Als Hauptgrund wurde die zentrale und verkehrsgünstige Lage in der Mitte sowohl des neuen Landkreises als auch der Region Ostwürttemberg genannt.[38]

Der erste Entwurf eines Kreisreformgesetzes Anfang Oktober 1970 sah die Bildung eines neuen Landkreises Aalen aus allen Gemeinden des bisherigen Landkreises Aalen, den Gemeinden des bisherigen Landkreises Schwäbisch Gmünd mit Ausnahme von Alfdorf, Maitis, Pfahlbronn, Vordersteinenberg und Wißgoldingen sowie der Gemeinde Auernheim vom Landkreis Heidenheim vor.[39] Der erste Entwurf eines Regionalverbandsgesetzes drei Wochen später plante mit einem Regionalverband Ostwürttemberg aus den Kreisen Aalen und Heidenheim mit Sitz in Aalen.[40] In einer gemeinsamen Resolution vom 7. Dezember 1970 sprachen sich die Kreistage von Aalen und Schwäbisch Gmünd nochmals für den Erhalt des Landkreises Schwäbisch Gmünd aus.[41]

Anfang 1971 wurde bekannt, dass der Regierungsentwurf zum Regionalverbandsgesetz Schwäbisch Gmünd als Regionalsitz vorsah. Der Kreistag in Aalen verabschiedete daraufhin eine Resolution, in welcher er nochmals den Regionalsitz für Aalen beanspruchte.[42] Bei der endgültigen Entscheidung über den Regionalsitz dürfte eine nicht unwesentliche Rolle der Umstand gespielt haben, dass zu diesem Zeitpunkt mit Prof. Erich Ganzenmüller (CDU) der Landtagsabgeordnete des Wahlkreises Schwäbisch Gmünd Vorsitzender der größten Fraktion im Landtag war. Er hatte frühzeitig dafür geworben, Schwäbisch Gmünd den Regionalsitz als Kompensation für den Verlust des Kreissitzes zuzusprechen.[43] Der Antrag des Aalener Landtagsabgeordneten Dr. Anton Huber, als Sitz der Region doch noch Aalen anstelle von Schwäbisch Gmünd zu bestimmen, wurde im Sonderausschuss des Landtags zur Verwaltungsreform letztendlich mit 16 zu einer Stimme bei sieben Enthaltungen abgelehnt.[44]

Am 23. Juli 1971 beschloss der Landtag in Stuttgart die Endfassung des Kreisreformgesetzes und drei Tage später die des Landesplanungsgesetzes (Gründung der Regionalverbände). Im parlamentarischen Beratungsprozess hatten sich noch Änderungen zu den ursprünglichen Plänen der Landesregierung ergeben. So blieb die Gemeinde Wißgoldingen, welche bis zur zweiten Lesung dem Landkreis Göppingen zugerechnet war, beim Ostalbkreis. Umgekehrt beschlossen die Abgeordneten, Auernheim beim Landkreis Heidenheim zu belassen. Neu zum Ostalbkreis kamen die Gemeinden Altersberg, Frickenhofen und Gschwend vom bisherigen Landkreis Backnang sowie Rechenberg und Stimpfach vom bisherigen Landkreis Crailsheim.[45] Die beiden letztgenannten wechselten am 31. Dezember 1975 zum Landkreis Schwäbisch Hall, nachdem sie sich im Zuge der Gemeindereform mit Weipertshofen zur Gesamtgemeinde Stimpfach zusammengeschlossen hatten. Während der Kreissitz des Ostalbkreises wie vorgesehen nach Aalen kam, wurde beschlossen, den Sitz des Regionalverbandes Ostwürttemberg im Gegenzug in Schwäbisch Gmünd einzurichten.[46] Dadurch bildet Ostwürttemberg bis heute die einzige Region, bei welcher der Regionalverband nicht in einer Kreisstadt sitzt. Die ursprüngliche Planung zur Entwicklung von Aalen zum Oberzentrum wurde nach anhaltenden Protesten aus Heidenheim und Schwäbisch Gmünd zugunsten einer Struktur mit vier Mittelzentren in Aalen, Ellwangen, Heidenheim und Schwäbisch Gmünd aufgegeben. In der parallel zur Kreisreform stattfindenden Gemeindegebietsreform wurde die Zahl der Gemeinden im Ostalbkreis von ursprünglich 100 durch Zusammenschlüsse und Eingemeindungen auf die heute noch vorhandene Anzahl von 42 reduziert.

Die Bezeichnung „Ostalb" als Landschaftsbezeichnung für den neuen Landkreis, anstatt der im Regierungsentwurf vorgesehenen Bezeichnung „Landkreis Aalen", findet sich erstmals in einer Vorlage von Aalens Landrat Gustav Wabro

(CDU) für die Sitzung des Kreistags am 8. September 1970. Die Kreisräte lehnten diesen Vorschlag mehrheitlich ab. Stattdessen beschloss der Kreistag die Formulierung „Als Name für den vorgeschlagenen neuen Kreis könnte auch eine landschaftliche oder geschichtliche Bezeichnung gewählt werden".[47]

Die Entscheidung über den Namen für den neuen Landkreis traf ein Sonderausschuss des Landtags am 22. Juni 1971. Auf Antrag aus den Reihen der Abgeordneten versah man den Ostalbkreis, neben neun weiteren Kreisen, mit einem Landschafts- anstelle eines Städtenamens. Unklar war lediglich die richtige Schreibweise: Die Schwäbische Post sprach in ihrer Ausgabe am nächsten Tag einmal vom „Ostalb-Kreis" und an anderer Stelle vom „Ostalbkreis".[48]

Eines der zunächst gesteckten Ziele, die Einheit und Einräumigkeit der Verwaltung, verfolgte die Landesregierung im Reformprozess der 1970er-Jahre nicht weiter. Erst Ministerpräsident Erwin Teufel (CDU) griff die Idee Anfang der 1990er wieder auf und ließ 1995 die unteren Sonderbehörden in den allgemeinen Verwaltungsaufbau eingliedern. Hierbei übertrug das Land die Aufgaben der staatlichen Veterinärämter, der Ämter für Wasserwirtschaft und Bodenschutz und der Gesundheitsämter auf die Stadt- und Landkreise als untere Verwaltungsbehörden.[49]

Eine weitere Verlagerung von Zuständigkeiten erfolgte zum 1. Januar 2005 durch das Verwaltungsstruktur-Reformgesetz. Hierin übertrug das Land die Aufgaben der staatlichen Schulämter, der Ämter für Flurneuordnung und Landentwicklung, der Gewässerdirektionen, der Forst-, Versorgungs-, Gewerbeaufsichts-, Straßenbau- und Landwirtschaftsämter sowie die Aufgaben im Bereich der Lebensmittelüberwachung ebenfalls an die Stadt- und Landkreise.[50]

Damit stieg beim Landratsamt Ostalbkreis die Zahl der Mitarbeiter über Nacht von 1.080 auf über 1.650. Einen Teil der Reform machte der Landtag nach kurzer Zeit rückgängig, indem die Schulverwaltung den Stadt- und Landkreisen zum 1. Januar 2009 wieder entzogen wurde.[51]

Als Options-Landkreis wurde im Ostalbkreis zum 1. Januar 2013 das Jobcenter in kommunale Trägerschaft überführt.[52] Es bildet seitdem einen eigenen Geschäftsbereich im Sozialdezernat der Landkreisverwaltung. Seit der Aufgabenübertragung sitzen den Kundinnen und Kunden ausschließlich Mitarbeiter des Landkreises gegenüber, welche alle Leistungen aus einer Hand anbieten.

Anfang des Jahres 2016 lebten über 310.000 Menschen im Ostalbkreis (zum Vergleich: bei der Gründung am 1. Januar 1973 waren es 276.500 Einwohner). Flächenmäßig steht der Ostalbkreis mit 1.512 km² an dritter Stelle unter allen Landkreisen in Baden-Württemberg.[53] Zu Beginn des 19. Jahrhunderts, am Ausgangspunkt der Entwicklung zum heutigen Ostalbkreis, waren Verwaltungseinheiten dieser Größe für die Menschen unvorstellbar.

Das gesamte Königreich Württemberg hatte im Jahr 1812 eine Bevölkerungszahl von etwa 1,4 Millionen. Entfernungen wurden in Stunden zu Fuß gemessen. Mehr als 20 km (4 Stunden) einfache Strecke zur Oberamtsstadt waren an einem Tag kaum zu bewältigen. Dabei mussten Anliegen überwiegend persönlich vorgetragen werden.

Heute, im Zeitalter des Internets, können von überall auf der Welt gestellte Anfragen innerhalb von Minuten beantwortet werden. Mit dem Auto oder öffentlichen Verkehrsmitteln ist die Anreise zu Terminen auch über größere Strecken in kurzer Zeit möglich. Wir dürfen damit gespannt sein, wie sich die Verwaltungsstrukturen im Ostalbkreis in Zukunft weiterentwickeln werden.

Konrad Burkhardt
Landrat des Landkreises
Schwäbisch Gmünd
1945 bis 1961

Dr. Anton Huber
Landrat des Landkreises
Aalen
1946 bis 1970

Dr. Friedrich Karl Röther
Landrat des Landkreises
Schwäbisch Gmünd
1961 bis 1972

Dr. h. c. Gustav Wabro
Landrat des Landkreises
Aalen 1970 bis 1972
Landrat des Ostalbkreises
1973 bis 1980

Dr. Diethelm Winter
Landrat des Ostalbkreises
1980 bis 1996

Klaus Pavel
Landrat des Ostalbkreises
seit 1996

Kunstgeschichte
Heidrun Heckmann

Der Ostalbkreis und seine Kunst- und Kulturdenkmale

Für auswärtige Gäste mag es oft überraschend sein und den Einheimischen ist die Vielfalt nicht immer bewusst: Der Ostalbkreis ist äußerst reich an Kunst- und Kulturdenkmalen. Geheimnisvolle Burgen und Burgruinen, ehrwürdige Klöster, Kirchen mit reicher Ausstattung, stattliche Bauten des Bürgertums, romantische Schlossanlagen, volkstümliche Kapellen und Wallfahrtskirchen und so manches Kleinod am Wegesrand sind Zeugen aus längst vergangenen Epochen und Ergebnisse der jeweils vorherrschenden Weltanschauung. Die Kunst- und Kulturdenkmale im Ostalbkreis sind Stein gewordene Geschichte und berichten uns heute noch vom Leben vergangener Jahrhunderte.

Die Beschäftigung mit der Kunstgeschichte des Ostalbkreises ist immer eine Beschäftigung mit Hermann Baumhauer, der zu diesem Thema die wichtigsten Grundlagenwerke geschaffen hat. Sein höchsten Ansprüchen genügender Beitrag „Geschichte und Höhepunkte der Kunst" in der Kreisbeschreibung von 1992 ist eine immer noch gültige Auseinandersetzung mit den Kunstepochen und ihrem Niederschlag im Ostalbkreis.[1]

Neben der chronologischen Aufarbeitung Baumhauers besteht auch die von Konrad Theiss im Jahr 2000 in zweiter Auflage erschienene Bearbeitung der „Kunst- und Kulturdenkmale im Ostalbkreis". Die ortsalphabetische Sortierung bei Theiss gibt einen schnellen Überblick und ist als Handbuch für unterwegs ein nützlicher Begleiter.[2]

Das Inventarbuch der Kunst- und Kulturdenkmale öffnet sich im Ostalbkreis in der Römerzeit. Zwar sind aus dieser Zeit keine vollständigen Gebäude erhalten, die römischen Freilichtanlagen geben aber dennoch einen Einblick in die damaligen Bauten und Anlagen.

Römische Hinterlassenschaften finden sich auch in der Johanniskirche in Aalen, die im 8./9. Jahrhundert aus Spolien des benachbarten Römerkastells errichtet wurde. Somit ist

sie nachweislich der älteste Bauzeuge nachrömischer Zeit, der im Ostalbkreis zu finden ist. In der Friedhofskapelle St. Martin in Kirchheim am Ries steht als Altar ein Sockelstein eines römischen Weihealtars, der umgekehrt aufgestellt wurde und dadurch den Triumph des Christentums über das Heidentum versinnbildlichen soll.

Mit der Gründung des Benediktinerklosters in Ellwangen im Jahr 764 und der Entstehung der „Cella Gamundia" 784 waren die Grundsteine

für die weitere kulturelle und somit auch bauliche Entwicklung des heutigen Ostalbkreises gelegt. Von hier gingen auch Impulse auf die Umgebung aus, hier finden sich - neben der Abteikirche auf dem Ulrichsberg in Neresheim - die hochkarätigsten Kunst- und Kulturdenkmale unserer Heimat.

Wie alles anfing: Hinterlassenschaften der Romanik

Die Romanik kennzeichnet die kunstgeschichtliche Epoche zwischen 1000 und 1250. Typisch für die romanische Baukunst sind Rundbögen, festungsartige Mauern mit kleinen Fenstern und Würfelkapitelle an den Säulen. In der Frühromanik ist die flache Kassettendecke vorherrschend, die später vom Kreuzgratgewölbe abgelöst wird. Die Bezeichnung „romanesque"

führten um das Jahr 1820 französische Gelehrte ein, die damit die Verwandtschaft zur römischen Architektur ausdrücken wollten. So
wurde im Kirchenbau beispielsweise auch die
Form der römischen Basilika übernommen, die
sich in der Romanik als mehrschiffige Kirche
ausbildete, deren Mittelschiff die Seitenschiffe
überragt.

Kloster Lorch

Die Familie der Staufer legte für das Kloster
Lorch den Grundstein. Mit einer Schenkungsurkunde vom 3. Mai 1102 übergab Herzog Friedrich I. von Schwaben das Kloster dem päpstlichen Stuhl. Diesem Ereignis wurde im Jahr
2002 mit einer großen und viel beachteten Son-
derausstellung gedacht. Ab 1140 war das Kloster
auch Grablege des Adelsgeschlechtes. Dennoch
finden sich keine staufischen Kaiser oder Könige
hier begraben, da die Familie ihr Machtzen-
trum vom Hohenstaufen nach Süditalien verlagerte. Irene von Byzanz, Gemahlin König Philipps von Schwaben, gehört zu den vornehmen
Vertretern der Familie, die in Lorch ihre letzte
Ruhe fanden.

Die Klosterkirche St. Maria, Peter und Paul ist
eine flach gedeckte, dreischiffige Basilika über
dem Grundriss eines lateinischen Kreuzes und
folgt damit der klassischen Vorstellung einer romanischen Kirche. Bemerkenswert ist das West-
werk, das ursprünglich mit zwei Rundtürmen
versehen war, von denen nur der südliche im 19.
Jahrhundert wiedererrichtet wurde. Die Funktion dieses fast wehrhaft ausgebauten Gebäude-
teils lag in der symbolischen Abwehr von Teufel und Dämonen, die man dem Westen - der
Himmelsrichtung des Sonnenuntergangs - zu-
ordnete und denen der Zugang zum Gotteshaus
verwehrt bleiben sollte.

Das Langhaus ist ein schmuckloser Raum, der
ganz im Gegensatz zur Vierung steht, die im frühen 13. Jahrhundert umgestaltet wurde. Hier ist
an den Kämpferkapitellen mit Knospen, Tierfi-
guren sowie Band- und Pflanzenschlingen die
ganze reiche spätromanische Ornamentik zu

Schwäbisch Gmünd,
Johanniskirche.
Foto: S. Karl

finden, die der ansonsten schlichten Kirche ihren besonderen Reiz verleiht.[3]

Johanniskirche, Schwäbisch Gmünd

Die mündliche Überlieferung will es, dass die
Johanniskirche an der Stelle erbaut wurde, an
der die schwäbische Herzogin Agnes, Gemahlin Friedrichs I. von Staufen, ihren verlorenen
Trauring wieder gefunden hat. Ohne auf diese
angebliche Begebenheit im Detail Rücksicht zu
nehmen, ist auch für Richard Strobel, den pro-
funden Kenner der Schwäbisch Gmünder Baudenkmale, die Johanniskirche der „Kronzeuge
für die staufische Vergangenheit Gmünds".[4]

Erbaut wurde die Johanniskirche zwischen
1210 und 1230 anstelle zweier Vorgängerbauten
an prominenter Stelle in der Stadt. Sie ist eine für
die Romanik ganz übliche dreischiffige, flach gedeckte Basilika. Die reiche Bauzier an der Außenhaut mit Tieren, Fratzen und Dämonen
gibt dem Betrachter viel Anlass zum Schmun-
zeln und Grübeln. Georg Dehio schreibt dazu
im Handbuch der deutschen Kunstdenkmale:
„Hauptbeispiel des wurzelechten, schwäbischen
Spätromanismus… das Ornament will auch ge-

genständlich der Phantasie zu tun geben, auch auf den Fensterbänken kauern die Ungeheuerchen." 5

Hervorzuheben ist die staufische Madonna von der Südwestecke der Kirche, die heute im Innenraum platziert ist und die in distanzierter Vornehmheit und Schlichtheit wie aus dem Steinblock heraus genommen scheint. Über dem westlichen Portal der Südfassade findet sich im Tympanon die absonderliche Darstellung zweier Löwen unter dem geschorenen Kopf eines Büßers in einer geöffneten Schere. Auf der Westseite zeigt ein Tympanon die beschädigten Figuren eines Bischofs und des hl. Petrus, ebenfalls mit einer Schere und einem Adler. Das Tympanon des Hauptportals an der Westfassade ziert eine Kreuzigungsgruppe.

In Gotik und Barock wurde die Kirche verändert, der Historismus des 19. Jahrhunderts hat jedoch vor allem die Zutaten des Barock wieder ausgemerzt. Diese Re-Romanisierung macht es heute dem flüchtigen Betrachter schwer, echte Romanik von Neoromanik zu unterscheiden. Auch die Außenhaut des markanten Kirchturmes ist ein Ergebnis der Restaurierungsmaßnahmen Mitte des 20. Jahrhunderts. Trotz der vielen Überformungen und Veränderungen über die Jahrhunderte bleibt die Johanniskirche nach wie vor einer der wichtigsten Bauten der Spätromanik in Württemberg. Heute wird sie als Lapidarium für originale Bauplastik des Heilig-Kreuz-Münsters und der Johanniskirche genutzt und bringt damit Bauteile, die normalerweise in schwindelnder Höhe angebracht sind, in Augenhöhe des Betrachters.6

St. Veit-Basilika, Ellwangen

Die Stadt Ellwangen, deren Anfänge auf die Gründung eines Klosters durch den Bischof von Langres Erlolf und seinen Bruder Hariolf im Jahr 764 zurückgeht, kann mit der Basilika St. Veit ebenfalls hochkarätige romanische Baukunst vorweisen. Nach zwei großen Bränden wurde immer wieder neu aufgebaut und die heute noch bestehende Kirche erhielt ihre Weihe im Jahr 1233.

Und wieder melden sich die Kunsthistoriker zu Wort: Georg Dehio sagt, St. Veit ist „der bedeutendste unter den wenig zahlreichen Gewölbebauten Schwabens"7 und für Bruno Bushart ist die Basilika „eines der bedeutendsten, eindrucksvollsten Zeugnisse der spätromanischen Architektur rechts des Rheines".8

Dem Langhaus ist im Westen eine zweigeschossige Vorhalle mit Turm vorgelagert. Über der Westvorhalle liegt die Michaelskapelle, deren noch ursprüngliche Gestaltung einen Eindruck des originalen Innenraums der Hauptkirche geben mag. Kapitelle, Kämpfer und Bögen zeigen aufwändigen geometrischen und figürlichen Schmuck, von denen die beiden Pflanzenkapitelle der westlichen Ecksäulen besonders erwähnt werden sollen. Dass für die Kapelle der hl. Michael als Patron gewählt wurde, ist kein Zufall: Der Erzengel Michael hat Luzifer aus dem Himmel vertrieben und soll als Patron der Kapelle im Westteil der Kirche auch alles Böse vom Kircheninneren, in das ein mehrfach gestuftes romanisches Rundbogenportal führt, fernhalten.

Im Osten wird das Langhaus durch ein Querschiff unterbrochen, an dem in den Winkeln zum Chor zwei Türme aufragen. Die dreischiffige Choranlage schließt das Gebäude mit drei Apsiden ab. In seiner Gesamtansicht wirkt St. Veit weniger wie eine Klosterkirche, sondern ähnelt mehr den deutschen Domen der Spätromanik, was sicher auch an den Einflüssen der elsässisch-mittelrheinischen Architektur liegen mag. Von der Westseite gesehen wirkt die Basilika sehr schmal und schlicht, im Osten entfaltet sich die ganze imposante Erscheinung des Bauwerks. Die steinsichtige Kirche weist in der Verzierung und damit Gliederung der Außenhaut die typischen Rundbogenfriese und Lisenen der Romanik auf. Das Portal auf der Südseite ist von einem dreifach abgetreppten und in romanischer Manier verzierten Rundbogen umschlossen. Das Tympanon zeigt den segnenden Christus in der Mandorla begleitet von zwei weiteren Figuren, die sehr wahrscheinlich Maria und Johannes darstellen.

Im Inneren ist durch die barocke Umgestaltung die ursprüngliche Wirkung der romanischen Basilika verändert. Neben Westvorhalle und Michaelskapelle gehört allerdings auch die dreischiffige Vierungskrypta noch zur romanischen Ausstattung der Kirche. Die im besten Sinne des Wortes einfach gestaltete Krypta ist von den Seitenschiffen her zugänglich. Das Gratgewölbe wird von niedrigen Säulen mit pflanzlichem und tierischem Dekor an den Kapitellen getragen. Durch die Krypta wird der darüber liegende Hochaltar bühnenartig erhöht und dadurch das Hauptaugenmerk schon beim Betreten der Kirche darauf gelenkt.[9]

Wehrhafte Zeugen des Glaubens: Chorturmkirchen

Der mittelalterliche Kirchentypus der Chorturmkirche, bei der sich ein stämmiger Turm direkt über dem Chor erhebt, findet sich vor allem in Süd- und Westdeutschland. Im Ostalbkreis ist eine Anzahl von Chorturmkirchen erhalten geblieben, auch wenn der gesteigerte Platzbedarf bei den meisten zu Vergrößerungen führte und den eigentlichen Altarraum zum Nebenraum degradierte.

Der Chorraum ist meist mit einem Kreuzgratgewölbe versehen, seltener findet sich ein Tonnengewölbe. Vielfach wurde es in gotischer Zeit mit Malereien ausgestaltet, die allein schon sehenswert sind. Wo es noch aus der Erbauungszeit erhalten geblieben ist, fügt sich ein einfach gestaltetes Langhaus an den Chorturm an.

Vergangene Macht und Pracht: Burgruinen im Ostalbkreis

Burgen zu bauen, hatte zumeist den Grund wichtige Handelswege zu schützen oder ein Herrschaftsgebiet an seinen Grenzen zu festigen. Deshalb liegen viele Burgen strategisch günstig auf einer Anhöhe, einem Berg oder einem Bergsporn. Auf diesen Burgen saßen die Ministerialen, also Dienstleute, die für ihre adeligen oder kirchlichen Grundherren als Guts- und Geldverwalter fungierten. Im 12. und 13. Jahrhundert erreichen die Ministerialen den Stand des niederen Adels und nach dem Niedergang vieler Herrschaftshäuser gingen die Burgen in ihren Besitz über.

Übrig geblieben ist von der ehemaligen Macht und Pracht der meist auf staufischen Ursprung

Zweifel die Burgmauer mit dem dazu gehörenden Burggraben, die die Bewohner vor Angriffen schützen sollte. Im Spätmittelalter kamen noch die so genannten Zwinger dazu. Unter Zwinger versteht man den Bereich, der durch eine der Ringmauer vorgelagerte zweite Mauer geschaffen wurde. Angreifer waren im Zwinger den Verteidigern der Burg ungeschützt ausgeliefert.

Weithin sichtbares und somit Wahrzeichen einer jeden Burg war der Bergfried, ein Turm, der für die Burgbewohner die letzte Rückzugsmöglichkeit bildete. Der Eingang zum Bergfried war immer einige Meter über dem Boden. Der Zugang erfolgte über Leitern oder Holztreppen, die im Notfall in den Bergfried hereingezogen wurden und so die Eroberung durch die Angreifer unmöglich machten.

Jede größere Burg verfügte über einen Palas, dem zentralen Wohngebäude mit einem repräsentativen Saal im ersten Obergeschoss. Ein Muss war auch die Kapelle, die in das Wohngebäude integriert sein konnte, oft aber ein eigenes Gebäude auf der Burganlage war. Nebengebäude wie Stallungen, Lagerräume oder Brunnenhäuser waren oft nur aus Holz errichtet und daher bei Bränden die ersten Opfer der Flammen.

Im Osten: Schenkenstein und Flochberg

Was ist im Ostalbkreis von diesen Burgen überhaupt erhalten geblieben? In Bopfingen-Aufhausen stand einst die Burg Stein (Schenkenstein), die erstmalig im 12. Jahrhundert erwähnt und von aufständischen Bauern im Jahr 1525 zerstört wurde. Im 18. Jahrhundert waren wohl noch größere Teile der Burg erhalten, heute zeugt aber nur noch die Ruine des Bergfrieds von der ehemaligen Burganlage.

Auch an der Eingangspforte zum Ries steht in Bopfingen-Flochberg nur noch eine Burgruine. Die ehemals stattliche Burg war ein Bollwerk an der östlichen Grenze des staufischen Schwaben zu den welfischen Bayern. Schon 1149/50 erlitt die Burg eine Belagerung, aber der Sturm auf die Feste missglückte. Erst zwischen 1319 und 1322

zurückgehenden Burgen kaum etwas, denn vieles wurde im Laufe der Zeit überformt und so manche Burg fiel kriegerischen Auseinandersetzungen oder Bränden zum Opfer.

Welche Baulichkeiten gehörten nun aber zu einer Burganlage? Ein wichtiger Bauteil ist ohne

wurde die Burg im Zuge der Auseinandersetzungen um die Thronfolge zwischen Friedrich von Österreich und Ludwig von Bayern durch die Württemberger zerstört. König Ludwig belehnte die Grafen von Oettingen 1330 mit dem Burgstall und erlaubte, dort wieder eine Burg zu bauen. Dem Bauernkrieg 1525 konnte die Burg standhalten, aber während des dreißigjährigen Krieges beschädigten die Schweden die Anlage stark. Danach wurde die Burg dem Verfall preisgegeben. Als 1722 die Siedlung Schlossberg gegründet wurde, diente die Ruine bis 1820 als Steinbruch. Noch heute lassen die hohen Mauern der ausgedehnten Ruine auf die ehemalige Größe und Stärke der alten Feste schließen.[10]

Im Süden: Lauterburg, Rechberg und Rosenstein

Von der Burgruine in Essingen-Lauterburg sind noch Teile der Vorburg erhalten. Von der eigentlichen Burg zeugen heute aber nur noch die mächtigen Buckelquader einiger Außenmauern. Um 1125 soll sie von den Grafen von Dillingen-Donauwörth errichtet worden sein, kam im Laufe ihrer Geschichte an die Grafen von Oettingen und die Herzöge von Württemberg, bis sie 1405 an die Herren von Woellwarth verpfändet wurde. Ab 1594 ließ Georg Wolf von Woellwarth die alte Burg bis auf den inneren Torbau abbrechen und an deren Stelle ein neues Herrenhaus erbauen. Im Jahr 1732 brannte die Burg vollständig nieder und blieb als Ruine zurück.[11]

Die noch relativ gut erhaltene Burgruine in Schwäbisch Gmünd-Rechberg gehört neben dem Hohenstaufen und dem Stuifen zu den Dreikaiserbergen des Albvorlandes. Sie hat wohl schon vor der ersten Nennung der Herren von Rechberg - staufische Ministeriale von hohem Rang und Einfluss - im Jahr 1179 bestanden. Eine grundlegende Umgestaltung fand in den ersten Jahrzehnten des 13. Jahrhunderts statt. Die imposanten staufischen Buckelquader der Innenburg, die wie ein Schiffsbug aufragende westliche Wand des Palas und der baulich reizvolle Burgzwinger mit seinen Rundbogenfen-

stern geben noch einen Eindruck der vergangenen Pracht. Es ist sehr erstaunlich, dass die Burg niemals Opfer kriegerischer Auseinandersetzungen war. Umso bedauerlicher ist die Tatsache, dass die Zerstörung der Hauptburg erst das Ergebnis eines Blitzschlages im Januar 1865 ist.[12]

Über den Ursprung der Burg auf dem Rosenstein über Heubach ist nichts bekannt. Trotz anderslautender Deutungsversuche zur Entstehungszeit der Burg kann wegen der noch vorhandenen Buckelquader und der Art ihrer Verarbeitung auf ein Baudatum im 13. Jahrhundert geschlossen werden. Das deckt sich auch mit den aus dieser Zeit bekannten schriftlichen Überlieferungen: In einer Urkunde aus dem Jahr 1282/83 wird ein „Hainricus de Rosenstain" erwähnt.[13]

Die Spornlage der Burg ist strategisch sehr günstig, denn das Gelände fällt auf drei Seiten steil ab und die vierte Seite wird dem Hang zu durch einen tiefen und breiten Graben gesichert. Auf diesen Graben führt eine heute noch im Fels gut sichtbare Wagenspur hin, ein Relikt der mittelalterlichen Zufahrt zur Burg. Nach dem Umzug der Bewohner in das Schloss im Ort Heubach um das Jahr 1525 wurde die Burg wegen ihres hochwertigen Baumaterials sehr schnell als Steinbruch verwendet. Eine Darstellung von 1572 zeigt sie schon als Ruine. Übrig geblieben und weit ins Tal sichtbar sind Teile der Westfassade des ursprünglich mehrgeschossigen Palas.[14]

Mittendrin: Burg Roden, Abtsgmünd-Leinroden

Südlich von Abtsgmünd-Leinroden steht auf einem Hügel oberhalb der Lein die Burg Roden, einer der am besten erhaltenen steinernen Bergfriede Süddeutschlands als letzter erhaltener Teil einer staufischen Burganlage mit Ringmauer und Palas. Der 23 m hohe Turm ist im unteren Teil aus großformatigen Buckelquadern aus Stubensandstein erbaut. Die Buckelquader sind mit einem Randschlag sorgfältig bearbeitet. Der frühere Eingang befand sich in einer Höhe von 8,50 m. Das Wohngeschoss in Fachwerkbauweise stammt aus dem 17. Jahrhundert, der Giebelaufsatz sogar erst aus dem 19. Jahrhundert.[15]

Spitzbogen und Maßwerk: Auf Spurensuche nach gotischen Bauzeugen

War in der Romanik noch eine Bauform vorherrschend, die sich durch stämmige und runde Formen kennzeichnete, so findet man in der Gotik den Spitzbogen, das filigrane Maßwerk, schlanke Säulen und hoch aufstrebende Pfeiler. Durch diese entlastenden Strebepfeiler war es möglich geworden, die massigen Mauern der Romanik in einer gerüstartigen Konstruktion aufzulösen. Die großen Fensteröffnungen ermöglichten nun hell durchlichtete Räume. Ein sehr typisches Merkmal der gotischen Architektur ist die besondere Betonung der Vertikalen.

Die Gotik begann in Frankreich bereits in der 2. Hälfte des 12. Jahrhunderts. Die Hauptphase lässt sich zeitlich zwischen 1250 und 1500 einordnen, wobei vor allem in der Tafelmalerei und der Skulptur noch bis weit ins 16. Jahrhundert

hinein auf gotische Stilmittel zurückgegriffen wurde. Der Begriff für die Stilepoche leitet sich vom italienischen Wort „gotica" für fremdartig, barbarisch ab, denn die Italiener waren für diesen aus Frankreich kommenden Kunststil nicht sehr aufgeschlossen.

Heilig-Kreuz-Münster, Schwäbisch Gmünd

Um das Jahr 1310 begann man in Schwäbisch Gmünd anstelle einer romanischen Marienkirche mit einem Neubau, der als Heilig-Kreuz-Münster ein Meisterwerk der Gotik werden sollte. Mit Heinrich Parler kam um 1330 ein berühmter Baumeister aus Köln nach Schwäbisch Gmünd. Er wandelte den bisherigen Bauplan um und Schwäbisch Gmünd erhielt damit die erste gotische Hallenkirche im süddeutschen Raum.

Der Grundstein des Chores wurde 1351 gelegt: Ein dreischiffiger Hallenumgangschor mit Kapellenkranz, der als „Parlerchor" in die Kunstgeschichtsschreibung einging. Das Mittelschiff des Chores ist mit farbig gehaltenen Netzrippen überwölbt, die mit 19 plastisch gestalteten Schlusssteinen verziert sind und von acht Rundpfeilern mit Laubwerkkapitellen gestützt werden.

Der innere Chorbereich ist von einem Kapellenkranz umfasst, deren spätgotische Altäre besonders erwähnenswert sind: Der Sebaldusaltar von 1506 aus der Nürnberger Werkstatt Albrecht Dürers, der figurenreiche Wurzel-Jesse- oder Sippen-Altar von 1510 und der um 1500 entstandene Johannisaltar, in dessen neugotischem Aufsatz gotische Heiligenfiguren verschiedener Herkunft zusammengefasst sind.

In der Chorscheitelkapelle befindet sich das Heilige Grab, das schon um 1350 in der Parler-Hütte entstanden ist. Die erste Kapelle auf der Nordseite ist ein geschlossener Raum, der als Sakristei genutzt wird. Über der Tür ist ein mit Maßwerk verzierter Baldachin, der wie der danebenliegende Zugang zum Treppenturm in typisch spätgotischen Zierformen gehalten ist.

Wie der Chor ist auch das Langhaus dreischiffig angelegt. Das Mittelschiff des Langhauses verfügt im Vergleich zum netzgewölbten Chor über ein schlichteres Rippengewölbe, das in den schmäleren Seitenschiffen etwas feingliedriger ausfällt. Die das Gewölbe tragenden Säulen setzen sich in der Linie der Säulen im Chor fort und führen so den Blick in den erhöhten Chorraum.

In kaum einer anderen Epoche wurde bei der Architektur so viel Wert auf die Gestaltung der Außenhaut gelegt. Schon allein die großen Maßwerkfenster geben dem Gebäude eine rhythmische Gliederung. Die dazwischen liegenden Strebepfeiler mit Figurenbaldachinen gipfeln in zierlichen Fialen, über denen die figürlichen Wasserspeier ihrer Pflicht nachgehen und gleichzeitig den Übergang zum Dach bilden. Über die Traufseite hinaus führen sich die Strebepfeiler in schlanken Pfeilern fort, die ebenfalls von Fialen bekrönt sind.

Ein ganz besonderer Schmuck findet sich über den Portalen. Auf der Westseite ist die spitzbogige Eingangstür mit einem Blendmaßwerk im Tympanon überhöht. Darüber ist ebenfalls ein Blendmaßwerk angebracht, das von zwei Fialen flankiert ist. Auf den Langhausseiten befinden

Schwäbisch Gmünd, Heilig-Kreuz-Münster.
Foto: B. Hildebrand

sich - durch kleine Vorhallen überdacht - die seitlichen Eingangsportale. Das Tympanon des südlichen Portals ist mit dem Tod und der Krönung Mariens geschmückt. Das nördliche zeigt die Geburt Christi und die Anbetung der Könige. Im Tympanon des südlichen Chorportals sind die Auferstehung der Toten und das Jüngste Gericht, in den Archivolten Engel mit Leidenswerkzeugen und Propheten dargestellt. Im nördlichen sind die einzelnen Stationen der Passion Jesu zu sehen. Das Figurenprogramm der Chorportale ist nicht nur außergewöhnlich groß, sondern vor allem sehr detailreich und meisterlich ausgearbeitet. Die ursprünglich farbige Fassung ist heute allerdings nur noch ansatzweise zu erkennen.

Die untere Zone des Chores wird von sechsbahnigen Maßwerkfenstern beherrscht, die nach oben durch eine Maßwerkbrüstung von den oberen vierbahnigen Maßwerkfenstern getrennt sind. Hier wird noch einmal die ganze Filigranität der gotischen Baukunst offenbar.[16]

Gotischer Kirchenbau in Schwäbisch Gmünd

Parler hat auch an der gotischen Leonhardskapelle seine Handschrift hinterlassen. Mit dem Münster schuf er um 1330/40 die stattliche Kapelle am ebenfalls zu dieser Zeit angelegten Friedhof. Die Kirche St. Franziskus, deren Langhaus schon in romanischer Zeit entstanden ist (1223/27), hat einen frühgotischen Chor (um 1260/70) und auch das 1294 erstmals genannte Dominikanerkloster (heute Kulturzentrum Prediger) mit der 1483 geweihten erweiterten Kirche hat gotische Wurzeln. Die Klosterkirche des ehemaligen Dominikanerinnenklosters Gotteszell (heute Frauenjustizanstalt) wurde 1551 in spätgotischen Formen anstelle des frühgotischen Vorgängerbaus neu errichtet.[17]

Zisterzienserinnenkloster Kirchheim am Ries

Im Jahr 1267 wurde die erste Klosterkirche des von Graf Ludwig III. von Oettingen gegründeten Frauenklosters der Zisterzienserinnen in Kirchheim am Ries geweiht. Es ist die heutige Stiftskapelle am südlichen Ende des Westflügels. Ihr quadratischer Raum ist von vier Kreuzrippengewölben überspannt, die von einer Mittelsäule getragen werden.

Im frühen 14. Jahrhundert war die heute noch ummauerte Klosteranlage fertig gestellt. Um das Jahr 1500 wurde der Kreuzgang eingewölbt und die Münsterkapelle erbaut. Wie viele Kirchen dieser frühen Zeit hat auch die Kirchheimer Klosterkirche im Laufe der Jahrhunderte ihre Veränderungen erfahren, der gotische Charakter blieb aber in der Gesamtansicht immer erhalten. Aus dem Jahr 1358 stammen die Gedenksteine für den Klosterstifter und seine Gemahlin, seltene Beispiele früher Grabplastik, die heute etwas versteckt hinter dem Hochaltar ihren Platz gefunden haben.[18]

Gotische Erweiterungen: Kloster Lorch und Basilika St. Veit, Ellwangen

In der Lorcher Klosterkirche ist der aufstrebende Charakter gotischer Kirchen durch die Stufen zum Chor deutlich zu spüren. Im Jahr 1469 wurden sie mit dem spätgotischen Rippengewölbe über der Vierung und den Querhausarmen geschaffen.

Wenige Jahre später wurden die Gebeine aus den Staufergrüften in einen Sarkophag von 1475 umgebettet. Dieses Werk eines Göppinger Steinmetzen ist heute der Mittelpunkt des Langhauses und ein meisterlicher Höhepunkt der Reliefskulptur.

Auch die Basilika St. Veit in Ellwangen erhielt mit dem von 1468 - 1473 errichteten Kreuzgang eine gotische Erweiterung. Der einzige erhaltene Kreuzgang aus dieser Zeit im Ostalbkreis ist stern- und netzgewölbt und jedes der 29 Fenster weist ein etwas anders gearbeitetes Fischblasenmaßwerk auf. Im Westflügel des Kreuzganges liegt die gleichzeitig entstandene Liebfrauenkapelle, in der 1953 der Jesuitenpater Philipp Jeningen (1642 - 1704) beigesetzt wurde. In der Westvorhalle findet sich mit der Grabplatte des

Ritters von Ahelfingen (gestorben 1339) noch
ein qualitätvolles und ausdrucksstarkes Stein-
bildwerk der Gotik.

Fränkische Einflüsse

In Ellwangen zeugen auch die Kirchen St. Maria und St. Wolfgang von gotischer Vergangenheit. Die dreischiffige Marienkirche ist im Jahr
1427 errichtet worden und trotz der Barockisierung weist der Chor noch eindeutig gotische
Züge auf. Der Bau von St. Wolfgang (1473/76) ist
mit der Verlegung des Friedhofes aus der Stadt
in Verbindung zu bringen. Bedingt durch die
kurze Bauzeit ist es ein „Bau aus einem Guss"[19],
wie es Baumhauer in der Kreisbeschreibung von
1992 trefflich beschreibt. Die Wandpfeilerkirche
hat im Außenbereich an den Portalen ihren auf-
fälligsten Schmuck: Die Vorhallen betritt man
durch einen wohlgeformten Schiffsbogen, auf
der Südseite sind im Torbogen zwei Engel zu sehen, die eine Tafel mit dem Baudatum halten.

Alle gotischen Bauwerke, die in Ellwangen erhalten geblieben sind, schuf Hans Stiglitz aus
Miltenberg. Stiglitz gehörte zur Bauhütte von
Nicolaus Eseler d. Ä. (um 1430 - 1482), die vornehmlich in Dinkelsbühl an der Georgskirche
arbeitete, deren Spuren aber immer wieder im
Ostalbkreis zu finden sind: Glockenturm und
Chor von St. Gangolf in Röttingen, St. Ottilia
in Bopfingen-Kerkingen und St. Lukas in Tannhausen zeigen deutlich den fränkischen Einfluss. St. Lukas wurde 1479 anstelle einer frühgotischen Vorgängerkirche gebaut und ist schon
deshalb interessant, weil die Kirche zu dieser
späten Zeit immer noch den Typus der Chorturmkirche vertritt.

Außerdem gehört die zweischiffige Anlage mit
ihren tragenden Mittelsäulen zu den architektonisch eher außergewöhnlichen Kirchenbauten
im Ostalbkreis. Die davon ausgehenden Netz-
rippengewölbe scheinen aus den Säulen förmlich herauszuwachsen, was der ureigensten Idee,
Säulen und Gewölbe sind ein Stein gewordener
Baum, sehr nahe kommt.[20]

Gotische Kirchenausstattung

Der Chorturm der Eschacher evangelischen
Pfarrkirche aus dem 12. Jahrhundert dient heute
nur noch als Sakristei. Das Kirchenschiff wurde
abgebrochen und 1493 südlich des Chorturms
ein Neubau errichtet. Hans von Urach, der auch
zeitweise am Heilig-Kreuz-Münster in Schwäbisch Gmünd gearbeitet hat, schuf hier einen
Chor mit Maßwerkfenstern und Netzrippenge-
wölbe mit bemalten Schlusssteinen sowie ein fi-
ligranes Sakramentshäuschen (1494). Von besonderer Eleganz sind auch die Altarfiguren von
Jörg Syrlin d. J. (um 1455 - um 1521) von 1495:
Eine zentral platzierte Muttergottes wird flankiert von Johannes dem Täufer und dem Evangelisten Johannes. Die Altarflügel von Bartholomäus Zeitblom (um 1455 - um 1520) sind
bedauerlicherweise 1817 an Museen in Berlin
und Stuttgart verkauft worden. In der Eschacher
Pfarrkirche sind heute Kopien angebracht.[21]

Von der romanischen Vorgängerkirche ist bei
der Stadtpfarrkirche in Bopfingen immer noch
die Rundbogenpforte an der Südseite erhalten.
Die Veränderungen und Erweiterungen, die die
Kirche in der Gotik erfahren hat, sind schlicht.
Lediglich das Sakramentshäuschen (1510) gibt
ein Bild von den zierlichen und hoch aufstre-
benden Idealen gotischer Architektur.

Mit dem Friedrich Herlin (ab 1459 in Nördlingen nachweisbar bis 1500) zugeschriebenen
Altar birgt die Bopfinger Stadtpfarrkirche eines

der hervorragendsten Kleinode gotischer Kunst in unserem Raum. Altäre dieser Art dienten mit ihren reichen Skulpturen und dem ausdrucksstarken Bilderschmuck der des Lesens unkundigen Bevölkerung als Bilderbuch: Biblea pauperum (Armenbibel) war daher auch die treffende Bezeichnung. Mit den oft im Hintergrund dargestellten Städten sind die mittelalterlichen Altäre auch wichtige Geschichtsquellen. So sieht man beispielsweise auf dem Herlin-Altar in Bopfingen bei der Darstellung der Gefangennahme des Bischofs Blasius den mittelalterlichen Marktplatz von Rothenburg ob der Tauber. Nicht nur in Holz und Farbe finden sich diese Geschichts-

quellen: Die mit dem Epitaph des Ritters von Ahelfingen in der St. Veit-Basilika in Ellwangen vergleichbare steinerne Grabplatte des Ritters von Bopfingen (um 1330/34) zeigt eine detailgetreue Darstellung einer zeitgenössischen Ritterrüstung.[22]

Neben der Architektur sind aus der Gotik vor allem eine Vielzahl an Heiligenfiguren auf uns überkommen, die alle Veränderungen und Umbauten überdauert haben. Vermutlich hat man es bei allem Modernisierungswillen nicht gewagt, sie gegen Skulpturen des jeweils aktuellen Kunstgeschmacks auszutauschen. So haben noch sehr viele Kirchen im Ostalbkreis hochkarätigen Skulpturenschmuck und mancherorts sogar ganze Altäre aus der Gotik aufzuweisen. Zu nennen sind dabei vor allem die Pietà (um 1400) im so genannten „Weichen Stil" in der Stephanuskapelle in Aalen-Wasseralfingen sowie der dortige von Martin Schaffner (um 1478 - 1549) im Jahr 1530 gearbeitete Altar. Außergewöhnlich ist auch der so genannte Echthaar-Christus (Anfang 16. Jahrhundert) in der evangelischen Pfarrkirche St. Quirinus in Essingen. Weiterhin sehr sehenswert ist der Apostelaltar in der evangelischen Kirche in Obergröningen, wahrscheinlich von Valentin Schopf d. Ä. (um 1470 - 1526), dem auch der Altar in der kleinen Kapelle in Heubach-Beuren zugeschrieben wird.

Bei den Sanierungen vieler Kirchen im 20. Jahrhundert sind auch zahlreiche gotische Wandmalereien wieder entdeckt und freigelegt worden:

Aalen: St. Johann
Aalen-Unterkochen: Barbarakapelle
Bopfingen: Stadtpfarrkirche
Bopfingen-Trochtelfingen: Ev. Margarethenkirche
Durlangen-Tanau: St. Anna
Eschach: Ev. Kirche
Essingen: Marienkapelle
Heubach: Ev. Kirche
Jagstzell-Keuerstadt: Nikolauskapelle
Kirchheim am Ries: Allerheiligenkapelle im Kloster
Lauchheim: Ev. Barbarakapelle
Neuler-Bronnen: Ägidiuskapelle
Riesbürg-Pflaumloch: St. Leonhardt
Schwäbisch Gmünd-Zimmern: Johanneskapelle

Renaissance - Wiedergeburt antiker Ideale

Der Begriff der Renaissance (frz. Wiedergeburt) bezeichnet die kulturelle Epoche, die den Übergang vom Mittelalter zur Neuzeit bildet und die Wiederbelebung beziehungsweise Neuentdeckung antiker Ideale in Literatur, Philosophie, Wissenschaft und besonders in der bildenden Kunst und der Architektur als Grundlage betrachtet. Die Renaissance bildet sich im 15. Jahrhundert in Italien aus und verbreitet sich im 16. Jahrhundert in ganz Mitteleuropa. In Deutschland wird sie um 1650 vom Barock abgelöst.

Die Auftraggeber für Kunst und Architektur des Mittelalters waren vielfach die geistlichen Fürstenhöfe. Mit der Renaissance und der dieser Epoche entwachsenen Reformation kamen zum einen protestantische Auftraggeber hinzu, zum anderen gewann die profane Kunst die Vorherrschaft vor der kirchlichen, was sich in den Schloss- und Bürgerbauten widerspiegelt. Wenn man bedenkt, dass diese Epoche von Kriegen, Hungersnöten und Pest geprägt war, mag es erstaunen, wie viel Neues in dieser Zeit entstehen konnte.

Die Renaissancearchitektur wandte sich vom Monumentalen ab und nahm den Menschen als Maßstab. Die extreme Betonung der Vertikalen in der Architektur der vorangegangenen Gotik wurde durch eine gemäßigte horizontale Ausrichtung ersetzt, die jedoch durch reich verzierte Giebel ihren Akzent erhält.

Abtsgmünd-Leinroden, evangelische Kirche von 1604. Foto: B. Hildebrand

Adelige Patronatsherren als Auftraggeber

Die 1607 erbaute evangelische Pfarrkirche von Essingen-Lauterburg wurde ursprünglich als Schlosskirche erbaut, diente aber seit 1722 auch den evangelischen Untertanen als Gotteshaus. Der Altarraum ist noch von einem spätgotischen Netzgewölbe überspannt, der Stuck im Chor weist mit Blattgirlanden und Engelsköpfen aber schon deutliche Renaissancemerkmale auf. Auf den Adeligen Hans Sigmund von Woellwarth gehen die evangelischen Kirchen in Aalen-

Fachsenfeld (1591) und Abtsgmünd-Leinroden (1604) zurück, die von ihrem äußeren Erscheinungsbild sehr ähnlich sind. Die Fachsenfelder Kirche war der erste, protestantische Kirchenbau in der Umgebung. Sowohl Fachsenfeld als auch Leinroden haben noch einen Chorturm, der sich an mittelalterliche Vorbilder anlehnt. Die Kirchtürme tragen dagegen schon die renaissance-typischen so genannten welschen Hauben („Zwiebelturm"). Die Epitaphe der Stifterfamilie beherrschen den Innenraum der Fachsenfelder Kirche, wie überhaupt Renaissance-Grabdenkmale bestimmende Merkmale vieler Kirchen (z. B. Klosterkirche Lorch) in der Region sind.[23]

Von der Burg zum Schloss

Auch Schloss Laubach geht auf die Bautätigkeiten von Hans Sigmund von Woellwarth zurück, der 1599 mit dem Bau der Anlage anstelle einer Burg aus dem 15. Jahrhundert beginnen ließ. Trotz seines burghaften Charakters ist Schloss Laubach schon ein Repräsentationsbau, dessen welsche Turmhauben die bauherrliche Gemeinsamkeit mit den Kirchen in Fachsenfeld und Leinroden offenkundig machen.[24]

Die Schlösser in Abtsgmünd-Hohenstadt (ab 1595), Abtsgmünd-Untergröningen (ab 1564), Schloss Ellwangen (ab 1603) und die Kapfenburg in Lauchheim erfuhren in der Renaissance ebenfalls die Umwandlung von mittelalterlichen Wehrburgen zu frühneuzeitlichen Schlossanlagen. Im Jahr 1534 begann man auf der Kapfenburg mit dem Bau der Bastei in für damalige Zeiten moderner Festungsbauweise. Umbauten am Hohenlohe- und Kaplaneibau folgten, bis mit der Errichtung des Westernachbaus der markanteste Bauteil der Kapfenburg 1591 erbaut wurde. Weithin sichtbar ist der Giebel an der Ostseite, der mit den für die Renaissance stilbildenden, geschwungenen Formen ausläuft. Der Westernachbau ist auch der Zugang zum inneren Schlosshof, den man über ein prunkvolles Portal erreicht und er ist der Sitz der Repräsentationsräume des Schlosses. Der von Pfeilern gegliederte Rittersaal (1610) hat ein Gewölbe, das

mit reichen Stuckaturen und farbig hervorgehobenen Medaillons überzogen ist. Auch die qualitätvollen Fresken im noch spätgotischen Sterngewölbe der Schlosskapelle (1593) entsprechen diesem Wunsch nach Repräsentation.[25]

Nicht so sehr auf Repräsentation, sondern auf Zweckmäßigkeit ausgerichtet sind die Schlösser in Leinzell (ab 1650) und Heubach (1524). Der Wiederaufbau des Leinzeller Schlosses war nach der Zerstörung der mittelalterlichen Burg im Dreißigjährigen Krieg notwendig geworden, in Heubach war der Umzug vom Rosenstein hoch über Heubach hinunter in die Stadt der Grund für den Bau des Adelshauses in Fachwerkbauweise.

Hervorzuheben sind im Heubacher Schloss die wohl kurz nach der Erbauung entstandenen Malereien auf einer Holzwand im ersten Obergeschoss, die für den Ostalbkreis einzigartig sind. Die Malerei auf grünem Grund ist sehr grafisch in schwarzer Farbe mit hellen Höhungen ausgeführt. Neben Jagdszenen und Heiligenfiguren sind auch ein Affe mit einem Spiegel (Symbol der Eitelkeit) sowie ein Eichhörnchen (Begleiter des Teufels) zu sehen. Das Ganze ist von ornamentalen Blattranken umspielt.[26]

Baulust des Bürgertums

Stattliches Fachwerk kommt auch bei bürgerlichen Bauten zum Tragen. In Bopfingen beherrschen das Rathaus (1585) und das benachbarte Amtshaus den Marktplatz. Das Schwörhaus in Schwäbisch Gmünd (1589/91) präsentiert sich als zweigeschossiges Giebelhaus mit einem an die Antike erinnernden Portalaufbau mit flachen Pilastern, der von einer Inschriftentafel und Wappenhaltern überhöht wird. Den Schwörsaal stützen schwere balusterartige Holzsäulen, die den Raum auch gliedern. Im heutigen Stadtarchiv (1578) in Schwäbisch Gmünd, einem auf einem Steinsockel ruhenden Fachwerkbau, zeugen vor allem die zweiflügeligen Türen im Inneren vom Stile der Renaissance.

Schwäbisch Gmünder Renaissancekirchen

Auf den Schwäbisch Gmünder Renaissancebaumeister Caspar Vogt d. J. (um 1586 - 1646) gehen die Salvatorkirche (1617/23) und die Herrgottsruhkapelle (1622/24) zurück. Mit der Salvatorkirche auf dem Nepperberg ist dem Baumeister eine einzigartige Anlage gelungen, die bereits am Übergang zum Frühbarock steht. Die beiden übereinanderliegenden Felsenkapellen sind mit Altar und Ölbergszene komplett aus dem anstehenden Stubensandstein gehauen und erhalten dadurch eine fast katakombenartige Erscheinung. Die südliche Außenwand mit der für den Wallfahrtsbetrieb wichtigen Außenkanzel weist eine außergewöhnliche und seltene Gestaltung in nahezu kubischen Formen auf. Merkmale der Renaissance sind die Fenster in der oberen Felsenkapelle und der Turm mit welscher Haube. Eine welsche Haube findet sich auch bei der Herrgottsruhkapelle, die im Chor einen schönen Renaissancealtar birgt.[27]

Rückblick auf das Mittelalter

Die seit 1551 im Besitz der Augsburger Kaufmannsfamilie Fugger befindliche Burg in Hüttlingen-Niederalfingen wurde 1575 unter Verwendung von Teilen des Vorgängerbaus im Charakter einer mittelalterlichen Wehrburg in Buckelquadern und mit einem Bergfried neu aufgebaut. Dennoch sind Einzelformen der Renaissance spürbar, so im Giebel des Palas und dem Tor mit seiner toskanischen Säulenordnung.[28]

Prunkvolle Theatralik in Barock und Rokoko

Die Barockzeit nimmt ihren Anfang um 1600 in Italien und kommt von dort in der Mitte des 17. Jahrhunderts nach Deutschland. Ab etwa 1720/30 beginnt mit dem Rokoko die Spätphase des Barock, die um 1750 vom Klassizismus abgelöst wird. Der Stilbegriff Barock stammt vom portugiesischen Wort „barucca", das eine seltsam geformte, unregelmäßige Perle bezeichnet. Im 18. Jahrhundert wird in Frankreich „baroque" für Kunstformen gebraucht, die nicht dem klassischen Geschmack der Franzosen entsprachen. Barock war also zunächst abwertend gemeint und verliert erst im 19. Jahrhundert seine herabsetzende Bedeutung. Das Wort Rokoko leitet sich von dem stilbildenden Ornament der geschwungenen Muschelgehänge - französisch Rocaille - ab.

Der ausgeprägte Repräsentationsanspruch von kirchlichen und weltlichen Herrschern lässt in der Barockzeit Architektur, Malerei und Bildhauerei zu einem theatralischen Gesamtkunstwerk verschmelzen. Die immensen Ausmaße der Gebäude und der Prunk der Dekoration propagieren die Autorität von Kirche und Staat. Während der Kirchenbau die Verherrlichung der gegenreformatorischen Anliegen darstellt, soll der Profanbau eine Huldigung an die Herrschenden sein.

Der barocke Mensch verfügte über eine ausgeprägte, diesseitige Lebenslust. Dennoch war er sich seiner Endlichkeit durchaus bewusst. So waren Vergänglichkeitssymbole oft verwendete Motive bei der Dekoration. Mit den prunkvollen Bauten wollte man sich ein Denkmal über seine eigene Lebenszeit hinaus schaffen.

Wallfahrtskirchen: Schönenberg und Hohenrechberg

Der Grundstein für die Wallfahrtskirche „Unsere Liebe Frau auf dem Schönenberg" in Ellwangen wurde im Jahr 1682 auf Anregung des Jesuitenpaters Philipp Jeningen an der Stelle eines älteren Gnadenortes gelegt und somit die Barockzeit in der Region eingeläutet. Hermann Baumhauer bezeichnet die Ellwanger Wallfahrtskirche als das „Einstandsgeschenk des Barock"[29] für den Ostalbkreis.

Der Vorarlberger Baumeister Michael Thumb (1640 - 1690) verwirklichte auf dem Schönenberg das frühbarocke Konzept einer tonnengewölbten Wandpfeilerkirche. Die Wandpfeiler sind weit in das Kirchenschiff gezogen und bieten der sich rund um das Kirchenschiff und den Chor ziehenden Empore die Basis. In den sich darunter befindenden Nischen entstanden kleine Seitenkapellen mit Altären im Stile des monumentalen Hochaltars.

Die Stuckdekoration von der Hand mehrerer Meister gehört zu den Höhepunkten der Stuckateurkunst des ausgehenden 17. Jahrhunderts. Noch ist das Deckenfresko nicht das alleinbestimmende gestalterische Moment im Kirchenbau. Dem Stuck kommt neben der Schmuckfunktion aber auch noch die Aufgabe zu, die Architektur zu gliedern und zu unterstützen.[30]

Die markante Stellung der Kirche hoch über Ellwangen wird durch die imposante Fassade und die beiden Türme noch verstärkt. Auf den Schönenberg führt eine Allee, die von achteckigen Stationskapellen (1733/34) gesäumt wird. Das Innere der Kapellen wird von den hellblau und rosa getünchten Rokokostuckaturen von Melchior Paulus (1669 - 1745) dominiert, dem bedeutendsten Künstler, den das barocke Ellwangen hervorgebracht hat. Von ihm stammen auch Stuckaturen im Chor, der Decke und den Emporen in der Schönenbergkirche sowie im Ellwanger Schloss auf dem benachbarten Hügel. Inhaltlich widmen sich die Kapellen dem freudenreichen (Kapelle I - V), dem schmerzhaften (Kapelle VI - X) und dem glorreichen Rosenkranz (Kapelle XI - XV). Die Brunnenkapelle mit einer szenischen Darstellung der Lourdesgrotte und die Josefskapelle auf der Hälfte des Weges treten aus der Kapellenkette hervor und geben dem Ganzen einen Rhythmus.[31]

Nach der Aufhebung des Jesuitenordens im Jahr 1773 und dem Rückgang der Wallfahrt geriet die Schönenbergkirche in Vergessenheit und es wurde 1819 sogar ihr Abriss in Erwägung gezogen. Der Ostalbkreis hätte damit eines seiner wertvollsten Kulturdenkmale verloren.

Die Kirche „Zur Schönen Maria" auf dem Hohenrechberg bei Schwäbisch Gmünd wurde anstelle eines Vorgängerbaus in den Jahren 1686 bis 1688 vom Vorarlberger Baumeister Valerian Brenner (1652 - 1715) auf dem Grundriss eines griechischen Kreuzes errichtet. Die Raumschale bildet mit der Innenausstattung und den Stuckaturen eine bemerkenswerte Einheitlichkeit. Der Hochaltar mit dem Gnadenbild einer Madonna mit Kind wird von einem durch Engel gehaltenen Vorhang überkrönt, dem typischen, theatralen Motiv der Barockzeit. Kennzeichnend sind auch die Frucht- und Blumengirlanden am Kanzelkorb, die der Tessiner Prospero Breno außerdem mit vollplastischen Figuren der Evangelisten versah.[32]

Ensemble über dem Kochertal

Zusammen mit dem Schloss der Grafen von Adelmann bildet die Schloss- und Pfarrkirche „Mariä Opferung" in Abtsgmünd-Hohenstadt ein weithin sichtbares Architekturensemble, das im Ostalbkreis seinesgleichen sucht. Der Neubau der Kirche war 1707 notwendig geworden, nachdem bereits 1652 die Heiligenfigur des Viehpatrons Patrizius aus dem protestantisch gewordenen Neubronn ins katholische Hohenstadt gebracht wurde. So kam auch die mit der Heiligenfigur verbundene Wallfahrt nach Hohenstadt.

Baumeister war der Vorarlberger Christian Jochum (geb. 1676), Hofmaurer in Ellwangen, der einen Außenbau in schlichtem Barock schuf. Die einschiffige Wandpfeilerkirche ist innen ganz

weiß gehalten. Das Tonnengewölbe ist mit üppigen Akanthusranken, Kränzen, reichem Muschelwerk und Blumen überzogen. Figürliche Darstellungen im Stuck sind mit Ausnahme des Gottvaters über dem Hochaltar und einem Puttenkopf am Scheitel des Chorbogens nicht zu finden. Die meisterlichen Schnitzereien am Chor- und Kirchengestühl sowie an den beiden Türen im Chorraum von Johann Paulus, dem Vater des Stuckateurs der Schönenbergkirche Melchior Paulus, treten zusammen mit den in warmen, dunklen Tönen gehaltenen Altären in der hellen Kirche in besonderem Maße hervor.[33]

Ehemalige Jesuitenkirche, Ellwangen

Die Grundsteinlegung der Jesuitenkirche „Zur Unbefleckten Empfängnis Mariens" in Ellwangen fand im Jahr 1724 statt. Die Kirche ist jedoch seit 1802 durch herzogliches Dekret zum evangelischen Gottesdienst überlassen. Die schlichte Außenhaut ist lediglich an der Fassade reich ausgestattet und zeigt überlebensgroße Figuren des Ordensgründers Ignatius von Loyola und seinem Gefährten Franz Xaver. Zwei kurze, stämmige Türme erheben sich hinter den imposanten Voluten an den Giebelseiten. Sämtliche die Architektur begleitende Dekoration wird durch eine rötliche Farbe von der hellgelben

Ellwangen, Wallfahrtskirche Schönenberg.
Foto: B. Hildebrand

Fassade abgehoben. Am Eingang zum Kirchenschiff sind prachtvolle schmiedeeiserne Gittertore. Die Schmiedearbeiten ziehen sich als Geländer die gesamte Empore entlang. Stuck ist nur sparsam eingesetzt und wird durch Malerei ersetzt. Die Fresken von Christoph Thomas Scheffler (1699 - 1756), Laienbruder der Gesellschaft Jesu in Dillingen, entstanden in den Jahren 1726 bis 1728. An den Wänden sind die ornamentalen Partien in Grisaille-Malerei ausgeführt, während die Gemälde im Deckengewölbe das Marienleben in warmen, erdigen Farben zeigen. An den Gurtbögen, den Wänden und den Laibungen finden sich zwischen den Gemälden Brokatmalereien in Temperatechnik, die dem Gesamten Hintergrund und Verbindung geben.[34]

Augustinerkirche, Schwäbisch Gmünd

Auch die Augustinerkirche in Schwäbisch Gmünd ist seit 1806 eine evangelische Kirche. Die Raummaße sind seit der Gotik gleichgeblieben. Ihr Rokokogewand erhielt die Kirche in den Jahren 1756 - 1758 durch den Schwäbisch Gmünder Stadtbaumeister Johann Michael Keller (1721 - 1794). Er ließ Spiegeldecken einziehen, vergrößerte die Fenster und öffnete den Chor mit einem hohen und weiten Korbbogen, was der Kirche eine ungemeine Helligkeit und Offenheit gegeben hat. Großer Blickfang sind die Decken- und Wandfresken mit Szenen aus dem Leben des heiligen Augustinus von Johann Anwander (1715 - 1770) aus Lauingen. Er verwirklichte mit seinem Werk die barocke Idee, die Decke förmlich aufzustoßen und den Blick in den Himmel freizugeben. Mit kompositorischem Geschick, Formengewandtheit und der Kraft des Kolorits ist ihm in Schwäbisch Gmünd das Meisterwerk seines Schaffens gelungen.

Die Stuckaturen im Wessobrunner Stil zeigen mit ausladenden Muschelgehängen und Putten die ganze Prachtentfaltung des beginnenden Rokoko. Der Stuck der Augustinuskirche ist nicht beliebige Dekoration: So nehmen etwa stuckierte Musikinstrumente unmittelbaren Bezug zu der darunter befindlichen Orgel.[35]

Stadtkirche, Aalen

Nach dem Einsturz des durch den Stadtbrand von 1634 geschwächten Glockenturms der Aalener Stadtkirche im Jahr 1765 entschloss man sich zu einem Neubau, ebenfalls eine Schöpfung des Gmünder Baumeisters Johann Michael Keller. Es ist eines der wenigen protestantischen Bauwerke Baden-Württembergs, das äußerlich die übliche Langhausform mit einem mächtigen Turm im Osten annimmt, sich im Inneren aber als chorlose Quersaalanlage mit einer nur an der Südseite unterbrochenen Empore präsentiert. Das liturgische Zentrum ist die nach altlutherischer Auffassung zusammengehörende Dreiheit von Kanzel, Altar und Taufstein. Außen findet man an dieser Stelle einen ausgebuchteten Risaliten, der sein Pendant nach Norden durch ein Eingangsportal erhält. Keller hat einen Bau mit betonter Schlichtheit geschaffen, der sogar schon Anklänge an den Frühklassizismus aufweist.

Die Deckenmalerei im Inneren stammt von dem Augsburger Fresko-, Tafelbild- und Portraitmaler Anton Wintergerst (1737 - 1805). Er war seit 1765 als Fürstlich-Oettingischer Hofmaler in Wallerstein tätig. Durch Heirat wurde er mit dem Besitzer der Fayencemanufaktur in Schrezheim verwandt, die er ab 1800 übernahm. An der flachen Decke der Saalkirche hat Wintergerst drei Fresken geschaffen: Das zentrale Bild zeigt das Jüngste Gericht, links und rechts davon die Auferstehung und die Himmelfahrt Christi. Die Stuckierung des Mergentheimer Hans Michael Winneberger mit feinen Rokokogirlanden und Spiegeln beschränkt sich auf den Übergang von der Wand zur Decke und schafft dadurch eine weiche Überleitung.[36] In der Oberamtsbeschreibung aus dem Jahr 1854 heißt es, dass „Einfachheit eine Zierde dieses Betsaales"[37] sei.

St. Maria, Aalen-Unterkochen

Die Kirche St. Maria in Unterkochen weist im Turm noch romanische und gotische Bauteile auf, das gotische Langhaus wurde aber abgebrochen und 1764 bis 1768 von Johann Michael

Keller durch einen neuen Baukörper ersetzt. Architektur und Ausstattung zeigen sich dem Betrachter weitgehend in maßvollem Rokoko.

Auch Johann Anwander war in Unterkochen tätig und seine Malerei weist die ihm eigene Schwere auf. Der Raum wird durch die barocke Scheinarchitektur in den Fresken erweitert. Ebenso führt der Wessobrunner Stuck von Johann Michael Hoiß (geb. 1737) als Übergang des realen Kirchenbaus in die Illusion der Deckenmalerei, die das Marienleben zum Inhalt hat. Die Ausstattung der Kirche, zu der Anton Wintergerst die Altarblätter der Seitenaltäre fertigte, wurde 1788 vollendet. Der Hauptaltar birgt das Gnadenbild einer Madonna mit Kind, das um 1496 in der Manier der so genannten Ulmer Schule geschaffen wurde.[38]

Barocklandschaft Härtsfeld

Die Kirchen des Härtsfeldes sind in Gestalt und Ausstattung fast schon ein barocker Mikrokosmos. So haben die Kirchtürme welsche Hauben, auf den ersten Blick der markanteste Bauteil, der weithin sichtbar die Ortsbilder bestimmt. Die einschiffigen Saalkirchen mit eingezogenem Chor werden überwiegend durch die Deckengemälde von Johann Michael Zink (1694 - 1765) dominiert, von denen das Deckengemälde in der den Heiligen Maria, Moritz und Georg geweihten Kirche in Neresheim-Dorfmerkingen besonders hervorzuheben ist. Zink hat hier das gesamte Spiegelgewölbe schnell und zielsicher mit einem Bildprogramm ausgemalt, das sich vom Langhaus bis in den Chor erstreckt und auch eine imaginäre Stuckdekoration enthält. Der Betrachter fühlt sich dabei eher an die Ausmalungen in einem Schloss erinnert als an die einer Kirche.

Ebenfalls von Zink stammen die Ausmalungen in St. Maria und der Friedhofskapelle in Neresheim, St. Sola in Kösingen, St. Elisabeth in Ohmenheim, der Wallfahrtskapelle St. Ulrich in Dehlingen.[39]

Volksfrömmigkeit, Viehseuchen und Votivbilder

Unübersehbar ist die Anzahl an Kapellen, die den Ostalbkreis überziehen und den zufälligen Besucher oft wegen ihrer qualitätvollen Ausstattung überraschen. Vor allem auf dem Gebiet der ehemaligen Fürstpropstei Ellwangen ist ein reiches Vorkommen zu verzeichnen, das die Gegend mit 46 Kapellen zum kapellenreichsten Oberamt Württembergs machte.

Die Gründe für diesen Reichtum an Kapellen sind vielfältig. Mancherorts führten Gelübde zum Bau einer Kapelle, so etwa bei der Marienkapelle in Hüttlingen-Sulzdorf. Auch bestehende Wallfahrten konnten Anlass für einen angemessenen Kapellenbau sein (Wallfahrtskapelle

zum Heiligen Blut in Neuler-Schwenningen).
Häufig bestand schlicht der Wunsch nach einem
eigenen Gotteshaus im Ort. Die Kapellen entstanden also aus dem Bedürfnis der Bevölkerung heraus und haben daher meist volkstüm-
lichen Charakter. Dazu trägt auch die häufige
Wahl der Patrozinien zu Ehren der Viehheiligen
Patrizius und Wendelin oder der vom Volk besonders verehrten Gottesmutter Maria und dem
daraus resultierenden Bildprogramm maßgeblich bei. Erwähnenswert sind auch die Votivta-
feln, die in vielen Kapellen zu finden sind und
inhaltlich meist auf die Stifter oder den Grund
für den Kapellenbau eingehen.

Die architektonisch anspruchslosen Bauten
weisen fast immer ein rechteckiges Langhaus, einen Chor mit polygonalem Dreiachtelabschluss,
einen Dachreiter sowie einen flach gedeckten
Saalraum mit halbrunden Fenstern auf. Bei den
Baumeistern handelte es sich um einheimische
Zimmerleute und Maurermeister. Selten waren
es ausgebildete Architekten, wie im Fall der Hu-
bertuskapelle von Aalen-Oberalfingen: Der Ellwanger Landbaumeister Arnold Friedrich Prahl
(1709 - 1758) gab der Kapelle mit achteckigem
Grundriss und ovalem Innenraum eine ganz besondere Gestalt.

Auch wenn die Auftraggeber aus der Landbevölkerung über wenig Geld verfügten und selten
einen künstlerischen Anspruch erhoben, wurde auf eine gewisse Qualität in der Ausstattung
großen Wert gelegt. Nicht barocke Repräsentation und Machtgehabe spielten dabei eine Rolle, sondern die Verehrung Gottes, Marias oder
eines Heiligen stand im Vordergrund.

So kann die Antoniuskapelle in Ellwangen-
Schrezheim mit einem außergewöhnlichen Aus-
stattungsstück aufwarten, das seinesgleichen
sucht: Auf dem Altartisch des linken Seitenaltars
steht ein in der Schrezheimer Fayencemanufaktur in geschwungenen Rokokoformen entstan-
dener Fayencealtar (1773/74), der ursprünglich
als Tabernakelaufsatz für den Hochaltar gedacht
war. Die Familie des Manufakturbesitzers fühlte sich der Kapelle in besonderem Maße ver-

bunden, war sie doch auf ein Gelübde hin als
Familienkapelle erbaut worden. Trotz des un-
gewöhnlichen Materials wirkt der Fayencealtar
nicht wie ein Tischaufsatz, sondern man erkennt
auf den ersten Blick seine Bestimmung für einen
Sakralbau, was auf das hohe Können des Künst-
lers schließen lässt.[40]

Krönender Abschluss:
Die Abteikirche auf dem Ulrichsberg

Zweifellos den Höhepunkt des Barocks im Ostalbkreis bildet die Neresheimer Abteikirche von Balthasar Neumann (1687 - 1753), die von 1750 - 1772 auf dem Ulrichsberg anstelle des baufälligen Vorgängerbaus errichtet wurde. Von den Ausmaßen her imposant, bleibt die Außenhülle schlicht, wenn nicht gar streng. Umso mehr überrascht der Innenraum durch seine immense Helligkeit und Weite, die dem Kirchenraum trotz seiner gewaltigen Ausmaße eine ungeheure Leichtigkeit verleihen.

Ebenso meisterlich sind die sieben Kuppelfresken, mit denen Martin Knoller (1725 - 1804) von 1770 - 1775 die Kirche ausschmückte. Zuletzt hat Thomas Schaidhauf (1741 - 1807) mit seinen Stukkierungen, die er anschließend an Knollers Arbeit in den Jahren 1776 - 1778 geschaffen hat, das Gesamtkunstwerk vollendet. Mit bereits klassizistischen Zügen hat er die Stuckdekoration akzentuiert eingesetzt. Sie begleitet und umschmeichelt die Architektur und tritt vor dem Baukörper oder den Fresken nie aufdringlich in den Vordergrund.

Der bedeutende Kunsthistoriker Georg Dehio sagt über die Neresheimer Abteikirche in seinem Handbuch der deutschen Kunstdenkmale vollkommen zu recht: „Die Barockarchitektur, nicht nur in Deutschland, sondern Europas, hat weniges, was sich mit ihm [dem Bau] messen kann"[41]. Und sein Kollege Max von Freeden, der detailreichste Kenner Balthasar Neumanns, spricht gar von einem Raumwunder.

Die Wandgliederung des Kirchenraumes ist dreigeteilt: Auf der in konvexen und konkaven Formen schwingenden Sockelzone ruht das Hauptgeschoss mit den Emporen und der unteren Fensterreihe, die mit dem mächtigen Hauptgesims abschließt. Darüber kommt eine zweite Fensterreihe zwischen den Gewölbeansätzen, die die Basis der sieben Kuppeln bilden.

Vier freistehende Säulenpaare tragen die Hauptkuppel, die den Mittelpunkt der Kirche bildet und um die sich die gesamte Kirche anzuordnen scheint. Die übrigen sechs Kuppelbilder führen inhaltlich zur Hauptkuppel hin, in dem sie in meisterlicher Perspektive aus dem Leben Jesu berichten. Keine der Kuppelfresken hat ihren Platz zufällig erhalten, sondern sie nehmen jeweils auf den darunter liegenden Kirchenraum Bezug: So ist beispielsweise unter der Darstellung des lehrenden Christus im Tempel der Sitz der Kanzel, von wo aus der Gemeinde das Wort Gottes verkündet wird.

In der Hauptkuppel stößt Knoller in seiner Malerei den Kirchenraum förmlich auf und scheint den Blick in den Himmel freizugeben. Spiralförmig sind die Personen angeordnet, die alle auf die Dreifaltigkeit im Zentrum des Deckenfreskos ausgerichtet sind.[42] Der Barockexperte Bruno Bushart bezeichnet Knollers Werk als „Sternstunde abendländischer Freskomalerei".[43]

Erwähnenswert sind in Kloster Neresheim auch der ab 1699 erbaute Konventbau, dessen Korridore und Kapitelsaal von Melchior Paulus reich stuckiert wurden, das säulengestützte Refektorium und der von Dominikus Zimmermann (1658 - 1766) gestaltete Fest- und Theatersaal im Obergeschoss sowie die alte und neue Bibliothek.

Profane Prachtentfaltung

Aber nicht nur mit barocker Kunst im sakralen Bereich kann der Ostalbkreis aufwarten. So steht in der Stadt Ellwangen mit dem 1688 von Michael Thumb erbauten Palais Adelmann einer der bedeutendsten barocken Stadtpaläste in Süddeutschland. Den Giebel ziert eine sehr bewegte Figur des Erzengels Michael aus der Erbauungszeit. Die Portalmadonna ist eine Zutat aus dem Jahr 1750. Besonders prachtvolles und für die barocke Architektur typisches Element ist das Treppenhaus im Inneren des Palais.[44]

In Schwäbisch Gmünd steht im ehemaligen Stahlschen Garten (heute Stadtgarten) das so genannte Rokokoschlösschen, das 1780 von Johann Michael Keller als Lusthaus errichtet wurde. Besonders sehenswert sind die komplett erhaltenen Stuckdekorationen der Säle.

Schloss Baldern, urkundlich 1153 erstmals erwähnt, hat die Lage einer mittelalterlichen Gipfelburg.

Unter Graf Kraft Anton Wilhelm zu Oettingen-Baldern und seiner Frau Johanna Eleonore von Schönborn wurde die Burg von 1718 - 1737 in eine ansehnliche barocke Residenz umgewandelt.

Mit dem Umbau wurde Franz di Gabrieli (gest. 1726) betraut, der auch mit dem Bau der Marienkapelle im nahen Zöbingen befasst war. Nach dessen Tod führte sein Bruder Gabriel di Gabrieli (1671 - 1747) die Baumaßnahmen fort.

Das Hauptwerk des barocken Ausbaus ist zweifellos der Festsaal, dessen Stuck nicht reine Verzierung ist, sondern auf Wunsch des Bauherrn die Ordnung der Welt durch Raum und Zeit dargestellt. Im Zentrum der Decke thront die göttliche Weisheit von Wolken umhüllt. Die von ihr ausgehenden goldenen Strahlen bestimmen den ganzen Raum und verbinden das gesamte Stuckprogramm des Saales. Neben Allegorien wie Wahrheit, Klugheit und Tapferkeit sind auch die Personifikationen der damals bekannten Erdteile Europa, Afrika, Asien und Amerika dargestellt. Außerdem ist das babylonische, das persische, das makedonische und das römische Weltreich zu sehen. Pilaster mit korinthischen Kapitellen gliedern die Wände. Die Nischen an der Längswand korrespondieren gelungen mit den gegenüberliegenden Fenstern.

Unbedingt sehenswert ist auch der Pferdestall auf Schloss Baldern, der für ein Wirtschaftsgebäude mit ungewöhnlich vornehmem Stuck ausgestattet ist, sowie die Schlosskapelle St. Georg. Die Renovierungen im 19. Jahrhundert haben aus Baldern ein „Barockschloss nach dem Geschmack des späten 19. Jahrhunderts gemacht", so Volker von Volckamer. Bereits seit 1896 ist das Schloss der Öffentlichkeit zugänglich.[45]

Wie Schloss Baldern hat auch das Schloss in Ellwangen barocke Modernisierungen erfahren, die wegen eines Brandes notwendig geworden waren. Besonders beachtenswert sind hier vor allem das äußerst repräsentative, doppelläufige Treppenhaus, der Thronsaal und die Schlosskapelle St. Wendelin.

Nicht vergessen werden darf auch die barocke Gartenanlage bei Schloss Hohenstadt, die 1756 im französischen Stil als Heckengarten angelegt wurde. Der Garten ist ganz auf die am Ende gelegene Orangerie ausgerichtet, die mit reizvollen Rokokofresken und zarter Landschaftsmalerei aufwartet.

Barocke Pfarrhäuser, Schlösser und Profanbauten gibt es vielerorts zu bewundern:

Aalen: Heilig-Geist-Spital (heute Seniorenzentrum)

Aalen-Hofen: Pfarrhaus

Abtsgmünd-Neubronn: Schloss

Adelmannsfelden: Schloss

Böbingen: Schlösschen (heute Gemeindezentrum)

Ellwangen: Graf Kuenburgsches Haus (heute Polizeirevier), Heilig-Geist-Spital (heute Rathaus), Jesuitenkollegium (heute Landgericht und Staatsanwaltschaft), Kustorie (heute Staatliches Hochbauamt), Ellwangen Stiftsrathaus (heute Landgericht), Wallersteinscher Domhof

Göggingen-Horn: Schloss

Gschwend-Frickenhofen: Pfarrhaus

Neresheim: Pfarrhaus

Riesbürg-Utzmemmingen: Pfarrhaus

Schechingen: Schloss (heute Rathaus)

Schwäbisch Gmünd: Deblersches Palais (heute Finanzamt), Mohrenapotheke, Rathaus, Refektorium im Prediger, Stahlsches Haus

Täferrot: Pfarrhof

Tannhausen: Schloss

Unterschneidheim-Nordhausen: Pfarrhaus

Unterschneidheim-Zipplingen: Pfarrhaus

Westhausen: Pfarrhaus

Klassizismus contra Barock

Nach der ersten Hälfte des 18. Jahrhunderts werden Barock und Rokoko zunehmend als trivial empfunden und so wird von 1770 - 1830 dem formalen Vorbild des klassischen Altertums nachgeeifert. Strenge Proportionen, ruhige Formen sowie eine klare, fast nüchterne Gliederung bestimmen die architektonische Stilrichtung des Klassizismus. Für die Baukunst bedeutet das blockhafte Grundformen, bei der Plastik steht die kühle, starre Schönheit und in der Malerei ein strenger Bildaufbau, knappe Linienführung und kühle Farbigkeit im Vordergrund. Der Bruch mit den stilistischen Merkmalen des Barock konnte damit nicht deutlicher sein. Das Hauptanliegen der klassizistischen Architektur lag in erster Linie bei monumentalen öffentlichen Bauten und einer bislang nie da gewesenen städtebaulichen Gliederung.

Gewichtige öffentliche Baumaßnahmen, geschweige denn städtebauliche Großtaten wie die Gründung von Karlsruhe, haben in der Zeit des Klassizismus im Ostalbkreis nicht stattgefunden. Dennoch sind eine Anzahl von Gebäuden im klassizistischen Stil erbaut oder in klassizistischer Formensprache ausgestattet.

Klassizistischer Geist im Kirchenbau

Schlichte Schönheit des Klassizismus strahlen die Kirchenbauten von St. Cyriakus (1813) in Schwäbisch Gmünd-Bettringen, St. Gallus (1822) in Bopfingen-Itzlingen und das 1819 errichtete Langhaus von St. Mariä Himmelfahrt in Aalen-Dewangen aus. Die evangelische Pfarrkirche in Neresheim-Schweindorf hat im 19. Jahrhundert einen Predigersaal bekommen, der mit seiner Ausstattung fast schon gemütlich-biedermeierliche Züge aufweist. Die Zeit ist mit diesen Baudenkmalen nicht immer schonend umgegangen und heute ist vor allem im Inneren kaum noch etwas vom ursprünglichen Geist zu spüren.

Der barocke Bildhauer und Stuckateur Thomas Schaidhauf hat sich mit den Innenausstattungen in der Abteikirche in Neresheim, St. Ottmar (1724) in Neresheim-Elchingen und der Pfarrkirche zur Unbefleckten Empfängnis Mariä in Aalen-Ebnat (Langhaus 1721/25, 1789 nach Westen verlängert) bereits der klassizistischen Formensprache verschrieben. Gerade in Ebnat fällt der sehr sparsam eingesetzte, klassizistische Deckenstuck mit Weinranken und Bandelwerk ins Auge. Auch in St. Maria in Heubach-Lautern (1783/85) kommen beim Stuck bereits klassizistische Motive wie Vasen, Girlanden und Kränze zum Tragen, die sich auch an den Gestühlwangen wiederfinden.

In diesem Zusammenhang ist außerdem der mit Flügeln verzierte Stuck der Pfarrkirche St. Benedikt in Neuler (1746) zu nennen, der den Klassizismus bereits spürbar macht. In St. Mauritius (1780) in Westhausen sind die Altäre, in St. Gangolf (1480 – 1519, Barockisierung des Innenraums 1769) in Lauchheim-Röttingen, der Sebastianskapelle (1716) in Ellwangen-Dettenroden und der Kapelle „Zur Schmerzhaften Muttergottes" (vor 1829) in Ellwangen-Hirlbach die Hochaltäre in den strengen Formen des Klassizismus gestaltet. Kanzel und Empore sowie die Chorbänke in der Pfarrkirche St. Martin (erbaut 1733) in Rainau-Schwabsberg weisen mit ihrer weißen Farbigkeit und der blau abgesetzten Garnierung mit Girlanden spätklassizistische, wenn nicht gar biedermeierliche Züge auf.

Rathaus, Schloss, Fabrik

Das nach dem großen Stadtbrand von 1634 errichtete Rathaus in Aalen ließen die Stadtväter im Jahr 1836 grundlegend umbauen. Anstelle des Fachwerks bekam das Gebäude die für die Zeit übliche nüchterne Außenhaut, die durch die beiden Fensterbänder der Obergeschosse eine strenge Gliederung erfuhr. Nach einem Brand im Jahr 1884 erhielt das Aalener „Alte Rathaus" seine heutige Gestalt und ist mit dem Spionturm zum Wahrzeichen der Stadt geworden.[46]

Im Jahr 1827 kam das 1540 von Hans Sigmund von Woellwarth erbaute Schloss in Aalen-Fachsenfeld in den Besitz der Familie von Koenig. Das Schloss war durch den dreißigjährigen Krieg und einen Brand im Jahr 1699 stark in Mitleidenschaft gezogen und eine Quelle aus dem Jahr 1806 besagt, dass es „sich in ziemlich baufälligen Umständen befindet"[47]. So war es vornehmlich die reizvolle landschaftliche Lage, die Wilhelm von Koenig zum Kauf des Anwesens veranlasste. Ab 1829 ließ er es in rund 30jähriger Bauzeit erweitern und in schlicht klassizistischem

Stil erneuern. Auch der unbedingt sehenswerte Schlosspark im Stile der englischen Landschaftsgärten entstand in dieser Zeit und macht Schloss Fachsenfeld zu einer unvergleichlichen Gesamtanlage des 19. Jahrhunderts.[48]

Die 1992 als Silberwaren- und Bijouteriemuseum eröffnete Ott-Pausersche Fabrik ist ein Denkmal der frühen Industrialisierung in unserem Raum. In der ersten Hälfte des 19. Jahrhunderts entstanden erstmalig Manufakturen aus kleinen Handwerksbetrieben und es ist ein absoluter Glücksfall, dass die 1820 gegründete Firma noch in einem so ursprünglichen Zustand erhalten geblieben ist. Einerseits ein Denkmal der Industriegeschichte, ist die Ott-Pausersche Fabrik aber auch ein seltenes und ganz spezielles Beispiel für klassizistische Bauweise im Ostalbkreis. Die das Gebäude dominierenden Fensterbänder begründen sich natürlich erstrangig aus der Notwendigkeit, viel Licht in die Produktionsräume zu bringen, sind aber für die Bauweise des Klassizismus übliche Gestaltungsmerkmale. Auch die schlichte Erscheinung des Gebäudes scheint für eine Fabrik logisch zu sein, ist aber ebenfalls stilbildendes Element des Klassizismus.[49]

Alter Stil im neuen Kleid: Der Historismus

Mit Historismus wird die kunstgeschichtliche Phase zwischen Klassizismus und Moderne bezeichnet und meint damit den Rückgriff auf vergangene Kunstrichtungen. Den Anfang machte bereits in der zweiten Hälfte des 18. Jahrhunderts der an die Kunst der Antike angelehnte Klassizismus. Die Blütezeit des Historismus mit der Wiederentdeckung des idealisierten Mittelalters ist im 19. Jahrhundert. Neben der bildenden Kunst findet der Historismus vor allem auch in der Literatur seinen Niederschlag.

Während man in der Architektur von Neugotik oder Neuromanik spricht, wird die Malerei im Historismus mit dem Nazarenerstil umschrieben. Die Nazarener waren eine 1809 in Wien gegründete und seit 1810 in Rom beheimatete Künstlergruppe, die eine religiöse, vor allem auf die Renaissance zurückgreifende Kunst verfolgte und das Kunstschaffen bis in den Jugendstil immer wieder beeinflusste.

Die Wertschätzung des Historismus in der Folgezeit war sehr gering, tat man ihn doch als billiges Kopieren historischer Baukunst ab. Vor allem in den 1950er- und 1960er-Jahren kam es daher zur Purifizierung vieler der in dieser Epoche erbauten Gotteshäuser, sodass heute leider nur noch wenige in ihrer Gesamtheit erhalten sind.

Wachsende Bevölkerungszahlen und der Zuzug von Arbeitern und ihren Familien im Zuge der Industrialisierung hatten den Bau größerer Kirchen oder auch von Kirchen sonst im Ort nicht üblicher Konfessionen notwendig gemacht. So hat die Phase des Historismus vor allem im Kirchenbau deutliche Zeichen gesetzt und jahrhundertealte Ortsbilder erfuhren durch die markanten Bauwerke eine nachhaltige Veränderung.

Hervorragende Beispiele des Historismus, die in ihrer Gesamtheit erhalten geblieben sind beziehungsweise wieder in ihren ursprünglichen Zustand versetzt wurden, finden sich im Ostalbkreis mit der Herz-Jesu-Kirche in Aalen-Fachsenfeld, St. Michael in Abtsgmünd, St. Peter und Paul in Ellwangen-Röhlingen, St. Nikolaus in Rainau-Dalkingen und St. Leonhard in Stödtlen. Von einer Vielzahl an Kirchen aus dem Historismus ist leider nur die Raumschale geblieben.

Herz-Jesu-Kirche, Aalen-Fachsenfeld

Die Herz-Jesu-Kirche in Aalen-Fachsenfeld hat ihren Ursprung in der 1880 erbauten Gruftkapelle des Ortsadeligen August von Koenig, die dem heutigen Altarraum entspricht. Im Jahr 1895 wurden Kirchenschiff, Turm und Sakristei im neuromanischen Stil angefügt. Am Außenbau erkennt man die Neuromanik am umlaufenden Rundbogenfries entlang der Dachtraufe und des Giebels, das sich innen nochmals im Chor wiederholt. Die Sakristei und der Treppenturm zur Empore verfügen über aus der Romanik übernommene Bi- und Triforienfenster. Das Klee-blatt - fast schon ein Anklang an die floralen Muster des Jugendstils - wiederholt sich als durchgängiges Motiv auf der Emporenbrüstung und den Wangen der Kirchenbän-ke. Das Kirchenschiff besitzt eine gewölbte Holzdecke mit begleitender Bemalung und somit gleichzeitiger Hervor-hebung der Gurtbögen. Die Herz-Jesu-Kirche ist drei-schiffig angelegt, wobei die sehr schmalen Seitenschiffe lediglich einen Durchgang bilden.

St. Michael, Abtsgmünd

Die katholische Pfarrkir-che St. Michael ist als vierte Kirche an dieser Stelle 1885 in neugotischem Stil erbaut worden. Sie verfügt noch über Teile der barocken Aus-stattung (Figur des hl. Mi-chael mit der Seelenwaage von 1751, Grab-denkmale, Taufstein) sowie im unteren Teil des Turmes über den mittelalterlichen Chorturm (heute Sakristei) mit spätromanischen Säulen-kapitellen und Blendarkaden.

Trotz dieser Zutaten aus den Vorgängerbauten erfährt man beim Betreten der Kirche heute ein insgesamt stimmiges, neugotisches Erschei-nungsbild, was einer Renovierung der 1980er-Jahre zu verdanken ist. Der Fußboden im Kir-chenschiff, der Radleuchter und das Gestühl gehen ebenfalls auf diese Kirchenrenovierung zurück und sind behutsam nach altem Vorbild gefertigt. Der Fußboden des Chores, die Fen-ster und die Orgel dagegen sind noch originale Ausstattungstücke aus der Erbauungszeit. Das Kreuzrippengewölbe ist farbig gefasst und tritt dadurch plastisch hervor. Wie schon das Klee-

blattmotiv in der Herz-Jesu-Kirche in Aalen-Fachsenfeld stammt das Efeuornament an der Raumschale und den Kapitellen aus den dekora-tiven Vorstellungen des Jugendstils.[50]

St. Peter und Paul, Ellwangen-Röhlingen

Regierungsbaumeister Pohlhammer erbaute in den Jahren 1898 bis 1901 in Röhlingen die neu-gotische Kirche St. Peter und Paul anstelle eines Vorgängerbaus aus dem ausgehenden 15. Jahr-hundert. Bei der dreischiffigen Anlage sind die beiden Seitenschiffe annähernd so hoch wie das Hauptschiff, was der Kirche einen hallenarti-gen Charakter verleiht. Die originalen Altäre, das Chorgestühl und die Orgel sind aus Holz im Stile der Neugotik geschaffen. Der plastische Schmuck der Altäre dagegen ist aus bemaltem Gips.[51]

St. Leonhard, Stödtlen

Mit St. Leonhard in Stödtlen hat der Archi-tekt und Kirchenbaumeister Josef Cades (1855 - 1943) in den Jahren 1893/94 ein Werk der Neugo-tik geschaffen, das die zisterziensischen Bauten der burgundischen Frühgotik zum Vorbild hat. Der Innenraum wird von einer gewölbten Holz-decke überspannt, sechs spitzbogige Arkaden öffnen in schmale Seitengänge, die von quer ge-stellten, verputzten Tonnengewölben überdeckt sind, während der Chor ein Rippengewölbe auf-weist. Die Ausstattung ist fast vollständig erhal-ten und an den Arkadenpfeilern und in den Al-tären fanden zahlreiche Heiligenfiguren ihren Platz. Die Ausmalung aus dem Jahr 1910 zeigt mit ihren schablonierten Ornamenten einerseits Anklänge an die mittelalterliche Buchmalerei, andererseits aber auch Formen des zu Anfang des 20. Jahrhunderts üblichen Jugendstils.[52]

Von Josef Cades sind auch die Kirchen St. Niko-laus in Ellwangen-Pfahlheim (1891, Neugotik), St. Laurentius in Waldstetten (1905/06, Neuro-manik), St. Jakobus in Schwäbisch Gmünd-Bar-gau (1905, Neuromanik) und St. Bernhard in Heubach (1912, Neuromanik). Ebenso geht die

Aalen, Marienkirche. Die Kirche der Eisen-bahner. Foto von 1981. B. Hildebrand sen.

Restaurierung der romanischen Jakobuskirche in Rosenberg-Hohenberg im Jahr 1896 auf ihn zurück.

Eisenbahn und Kirchenbau

Unter der Leitung des Ingenieurs und Architekten Georg Morlok (1815 - 1896) wurden in den Jahren 1854 - 1856 nicht nur die Königlich-Württembergischen Hüttenwerke in Wasseralfingen modernisiert. Als Mitglied der Eisenbahnkommission des Königreiches Württemberg zeichnete er auch für die Planung der Remstalbahn von Stuttgart nach Wasseralfingen (Fertigstellung 1861) verantwortlich. Neben diesen Aufgaben tat er sich aber auch als Kirchenbauarchitekt hervor: Von ihm stammen St. Maria in Abtsgmünd-Pommertsweiler (1857, Neugotik), St. Peter und Paul in Lauchheim (1869, Neurenaissance) und St. Nikolaus in Rainau-Dalkingen (1871, Neugotik). Die Marienkirche in Aalen (1868, Neugotik) wurde beim Bau der Hochbrücke 1969 abgerissen und durch einen modernen Neubau ersetzt.

Nördlich von Schwäbisch Gmünd

Eine Vielzahl an Kirchen des Historismus verdankt der westliche Teil des Ostalbkreises dem Architekten und Kirchenbaurat Gottlieb Wilhelm Wepfer (1805 - 1878) aus Stuttgart. Bereits 1835 wurde in Schwäbisch Gmünd-Herlikhofen die Kirche St. Albanus anstelle einer gotischen Vorgängerkirche errichtet. Im Jahr 1847 folgte die neuromanische, dreischiffige Hallenkirche St. Georg in Mutlangen, in der eine sehr hochwertige, gotische Figur des Patronatsheiligen aus der abgebrochenen Georgskapelle erhalten geblieben ist. Wepfer erbaute im Jahr 1851 die Kirche St. Cyriak in Durlangen-Zimmerbach, die 1982 renoviert wurde und sich heute in der modernen Ausgestaltung zeigt. Von 1856 bis 1859 entstand St. Martinus in Iggingen und von 1863 bis 1866 St. Blasius in Spraitbach. Beide Kirchen sind im neuromanischen Stil erbaut und von der Außenschale her sehr ähnlich.

Neue Stadtsilhouette für Aalen

Eine weitere erwähnenswerte Kirche dieser Epoche ist die von Regierungsbaumeister Hugo Schloesser (1874 - 1967) geplante Salvatorkirche in Aalen aus dem Jahr 1913 (Neurenaissance), deren Zwiebelturm mit dem der barocken Stadtkirche in der Innenstadt korrespondiert und deren Lage auf einem Hügel das Aalener Stadtbild nachhaltig prägt.

Recycling im 19. Jahrhundert: Dopfersteine

Eine Besonderheit im Raum Aalen sind die Gebäude aus den so genannten Dopfersteinen. Diesen Kunststein stellte die Wasseralfinger Dampfziegelei Dopfer aus Hochofenschlacke her. Dazu zählen auch die Kirchen St. Katharina in Westhausen-Lippach (1895/99, Neuromanik), die evangelische Magdalenenkirche in Aalen-Wasseralfingen (1894, Neugotik) und St. Stephanus in Aalen-Wasseralfingen, die von Hofbaudirektor Felix von Berner (1842 - 1923) im Jahr 1883 im Stil der Neuromanik erbaut wurde. Weil in Wasseralfingen eisenverarbeitende Industrie ansässig war, bestanden bereits 1870 Pläne, diese Kirche in Eisenkonstruktion zu bauen. Leider wurde dieser Entwurf als „Gewächshausarchitektur" niedergeschmettert, sodass der Kunstlandschaft des Ostalbkreises ein wertvolles und einmaliges Baudenkmal entgangen ist.

In diesem Zusammenhang sollen auch die hiesigen Eisenkunstgussprodukte genannt werden, die im 19. Jahrhundert einen ungeheuren Aufschwung erhielten und kaum einen Bereich des Alltags ausließen: Vom Gullydeckel bis zum Briefbeschwerer, wirklich alles wurde aus Gusseisen hergestellt.[53]

Klein, aber fein

Aus der Vielzahl an weiteren Kirchen und Kapellen im Ostalbkreis im Stile des Historismus sei die Kapelle in Westhausen-Immenhofen genannt, die 1890 in neuromanischem Stil als Backsteinbau errichtet wurde. Im Jahr 1906 erfolgte die Ausmalung, die mit den gemalten

Stoffbehängen an den Wänden einerseits an die Traditionen des Mittelalters anknüpft, andererseits mit den Deckengemälden bereits in den Formen des Jugendstils ausgestaltet wurde.

Fabrikantenvilla und Mietskaserne

Nicht nur Kirchen sind im Stil des Historismus entstanden. In diese Epoche fällt nach dem Deutsch-Französischen Krieg von 1870/71 eine als Gründerzeit bezeichnete Phase, die mit dem Eintreten des ersten Weltkriegs 1914 ein jähes Ende fand. Die Bezeichnung Gründerzeit entstand deshalb, weil durch die von Frankreich erhaltenen Reparationszahlungen die Blüte der Industrialisierung mit unzähligen Firmengründungen in Deutschland einsetzte und damit auch eine immense Bautätigkeit. Erstmalig brach man aus den mittelalterlichen Ummauerungen aus und die Stadtbilder wurden in dieser Zeit nachhaltig verändert.

Im Ringstraßenbereich um die Altstadt von Schwäbisch Gmünd finden sich ganz charakteristische Häuserzeilen für die Gründerzeit: Hinter mehrgeschossigen, großbürgerlichen Häusern schließen sich die Fabrikationsstätten gleich an. Die Gebäude sind fast immer backsteinsichtig, wobei die Bürgerhäuser im Gegensatz zu den Fabriken mit Sandsteinverzierungen geschmückt und im Aufbau der Geschosse entfernt an die Gestalt der Renaissancepaläste angelehnt sind. Die ebenfalls für die Gründerzeit typischen „Mietskasernen" der Arbeiterschaft in den Großstädten blieb der Bevölkerung des Ostalbkreises jedoch erspart.

Der Jugendstil - Suche nach neuen Ausdrucksformen

Die Wende vom 19. zum 20. Jahrhundert brachte mit dem Jugendstil eine neue Kunstrichtung hervor, die auch im Ostalbkreis ihren Niederschlag fand. Die Neo-Stile des ausgehenden 19. Jahrhunderts entsprachen nicht mehr dem Zeitgeist der Kunstschaffenden, die nach einer neuen Identität in einer sich rasch ändernden Welt suchten. Der französische Name für diese Kunstrichtung „Art Nouveau" umschreibt diese „neue Kunst" daher sehr treffend.

Der Jugendstil war eine Gegenbewegung zu den zunehmenden Industrieprodukten, die - maschinell und einzeln gefertigt - nur noch zusammengesetzt wurden. Es bestand der Wunsch nach dem Gesamtkunstwerk und es war auch ein Versuch, die Natur in die wuchernden städtischen Ballungszentren zurückzubringen. Ausdruck dafür sind vor allem die Pflanzenornamente mit ihren geschwungenen, fließenden Linien.

Kunst war in der Vergangenheit immer ein Privileg der Reichen und Mächtigen. Das Volk fühlte sich oftmals von der großen Architektur eingeschüchtert und fand zu Gemälden und Plastiken keinen Zugang. Der Jugendstil sollte die Kunst zu den Menschen bringen, sollte Kunst und Alltag verflechten. Die in dieser Zeit zahlreich gegründeten Kunstgewerbeschulen machten es sich daher zur Aufgabe, auch einfache Alltagsgegenstände künstlerisch aufzuwerten. Jugendstil ist hauptsächlich eine Sache der Ausstattung und Dekoration, eine eigenständige Ar-

chitektur hat der Jugendstil nicht wirklich hervorgebracht.

St. Cyriakus, Schwäbisch Gmünd-Straßdorf

Prominentestes Beispiel für den Jugendstil im Ostalbkreis ist die katholische Kirche St. Cyriakus in Schwäbisch Gmünd-Straßdorf, die in den Jahren 1913 - 1915 erbaut wurde, nachdem die alte Cyriakuskirche den Erfordernissen der wachsenden Gemeinde nicht mehr genügte. Als Architekt wurde Hans Herkommer (1887 - 1956), Sohn des Schwäbisch Gmünder Stadtbaumeisters Johannes Herkommer und Schüler von Paul Bonatz, verpflichtet, für den diese Kirche der erste Bau von 28 weiteren Sakralbauten werden sollte.

Im Altarraum wird durch die Verwendung von Mosaiken als gestalterisches Mittel ein byzantinischer Einfluss deutlich, der im Jugendstil immer wieder auftaucht. Altarleuchter und Tabernakel runden das Chorraumensemble ab. Die Ausmalung der Apsiskonche mit stilisierten Pflanzen und goldenen Früchten nimmt die ureigenste Dekorationsform des Jugenstils auf. Die 16 Heiligenfiguren an den Chorraumwänden von Alois Schenk (1888 - 1949) sind dagegen bereits im Stil des Pointilismus gemalt, der zu den späten Formen des Impressionismus gehört.

Auffallend und außergewöhnlich sind die 45 quadratischen Felder des Tonnengewölbes im Vorchor, die unter anderem das christliche Leben, die Sakramente oder das Glaubensbekenntnis symbolhaft darstellen. Das Kirchenschiff ist von einem durch Längsrippen und Gurtbögen mit dezenter Schablonenbrandmalerei gegliederten Tonnengewölbe überspannt.

Die Seitenaltäre werden durch eine Marien- und eine Schutzengelfigur dominiert, denen Wandteppiche einen Hintergrund bieten. Wandteppiche mögen auf den ersten Blick befremdlich für einen Kirchenraum erscheinen, sind aber besonderer Ausdruck der im Jugendstil bewußten Berücksichtigung aller kunsthandwerklichen Richtungen. Die Idee des Gesamtkunstwerks im Jugendstil wird somit nochmals unterstrichen.[54]

Hans Herkommer zeichnete auch für die Anbauten der Kirchen St. Johannes in Waldstetten-Wißgoldingen (1919/20) und St. Michael in Hüttlingen (1921) verantwortlich. Sie sind nicht mehr im floralen und eher überladenen Jugendstil gestaltet, sondern vielmehr vom klar geometrischen und funktionalen Stil des Art Déco (1920 - 1940) im Geiste der Moderne geprägt.

Burg oder Kirche?

Ein glanzvolles Beispiel für Jugendstil im Ostalbkreis ist die vom württembergischen Oberbaurat Heinrich Dolmetsch (1846 - 1908) erbaute evangelische Martin-Luther-Kirche in Wört-Bösenlustnau aus dem Jahr 1905. Auf dem „Lutherischen Hügel" steht neben der Kirche auch das äußerlich angepasste Pfarrhaus. Das Ensemble ist aus groben Quadersteinen erbaut, was der Anlage fast den Charakter einer Burg verleiht und die romantischen Vorstellungen des Jugendstils unterstreicht. Die Wände des Innenraums sind im unteren Bereich mit einem Dekor bemalt, das an ornamentierte Flie-

sen erinnert. Oben sind die Wände durchgängig mit dem typischen Rankenwerk des Jugendstils verziert. Auch die in Formen des Jugendstils ausgestattete evangelische Kirche in Schwäbisch Gmünd-Lindach (1902) ist ein Werk von Dolmetsch.

Seltene Kleinode vor der Haustür

Der Jugendstil taucht auch an verschiedenen Bürgerhäusern im Ostalbkreis auf, hier jedoch meist nur im Innenbereich. So bleiben es für die Allgemeinheit Schätze im Verborgenen. Das Schloss in Fachsenfeld erhielt zwischen 1905 und 1907 einen Anbau, der eine einzigartige Bibliothek und Galerieräume beherbergt. Nicht vergessen werden dürfen auch die Produkte der Gold- und Silberschmiede in Schwäbisch Gmünd, die sich die typischen floralen Ornamente und Formen für ihre kunsthandwerklichen Gegenstände zu eigen machten.

Wie in St. Cyriakus in Straßdorf spielt auch in der Wallfahrtskapelle Maria Buch in Neresheim die im Jugendstil herangezogene byzantinische und frühchristliche Kunst eine maßgebliche Rolle. Die Kapelle ist ein Neubau aus dem Jahr 1890 an der Stelle zweier zerstörter Vorgängerbauten. Die Ausmalung der Kapelle erfolgte aber erst im Jahr 1929 durch Mönche aus dem Kloster Beuron, wo sich eine eigene Kunstschule etabliert hatte. Mit dem Mittel der Abstraktion wurde dort eine eigene Kirchenkunst geschaffen, die sich an der vornehmlich religiösen Malerei der Nazarener orientierte.[55]

Das 20. Jahrhundert

Nach dem Jugendstil kehrte auch im Ostalbkreis der Expressionismus ein. Eine außergewöhnliche und stilistisch nicht unumstrittene Zutat bildet der vom Schwäbisch Gmünder Künstler Alois Schenk in den Jahren 1919 bis 1922 geschaffene Kreuzwegfries in der katholischen Pfarrkirche St. Peter und Paul in Röhlingen. Der Fries erstreckt sich an der gesamten Wand des Langhauses in kräftigem Blau und Gelb mit in Grautönen gemaltem Figurenprogramm. Der in zwei Abschnitten gemalte Fries hat im zweiten Teil nicht mehr die Phantasie des ersten Teils und wirkt mechanischer in der Ausführung. Dennoch ist das Werk von Alois Schenk ein wertvolles Vermächtnis expressionistischer Kunst im Ostalbkreis.[56]

Unbedingt genannt gehört auch die Bifora-Uhrenfabrik in Schwäbisch Gmünd, die 1927/28 nach Plänen des Gmünder Architekten Josef Walter in Stahlskelettbauweise errichtet wurde. Zusammen mit dem überhöhten Treppenhausturm an der nordöstlichen Gebäudeecke ist diese Konstruktion der Bifora-Uhrenfabrik ein hervorragendes Beispiel des Neuen Bauens der 1920er-Jahre.[57]

Bedingt durch die beiden großen Weltkriege fand bis in die 40er-Jahre des 20. Jahrhunderts keine große Bautätigkeit statt. In den 50er- und 60er-Jahren lag das Hauptaugenmerk auf dem Wiederaufbau des Zerstörten und der Schaffung von Wohnraum in neuen Siedlungen. Aber auch der Kirchenbau fand eine neue Blüte in schlichter und in dieser Form nie da gewesener Silhouette. Kennzeichnend für den Kirchenbau bis in die 1970er-Jahre ist die Betonung der schlanken Kirchtürme. Außerdem wurde der neue Baustoff Beton nicht versteckt: Die meisten Kirchen sind bewusst materialsichtig geblieben.

In die kunstgeschichtliche Phase der Postmoderne fällt der Bau der Limes-Thermen (1983/85) in Aalen, bei der sich der Architekt an Elementen römischer Badeanlagen orientierte. Seit den 1970er-Jahren waren aber vornehmlich Verwaltungsgebäude, Schulzentren, Stadthallen oder Kliniken die großen Bauvorhaben, deren Zweckgebundenheit die Gestalt vorgab und an denen sich durchaus der vorherrschende Geschmack des Jahrzehnts ablesen lässt.

Ausblick

In jüngster Zeit sind in der Architektur wieder Tendenzen der klassischen Moderne zu finden. Gebäude wie das Neue Tor in Aalen mit seiner transparenten Glasoberfläche erinnern an die „curtain walls" der Bauhausära. Ganz neue Akzente setzt das Forum Gold und Silber in Schwäbisch Gmünd, dessen goldene Außenhaut an die handwerklichen Traditionen der Gold- und Silberstadt anknüpft. Die 850 Öffnungen in der Fassade nehmen Bezug auf die 850jährige Geschichte der Stadt. Auch so kann also Stadtgeschichte interpretiert und an prominenter Stelle an der Einfallstraße von Stuttgart für jeden sichtbar präsentiert werden.

Neben Bauten in klarer Formensprache findet auch Architektur in biomorpher Erscheinung ihren Platz. Ein hervorragendes Beispiel dafür ist der Dieter-Paul-Pavillon, der anlässlich der Landesgartenschau im Jahr 2014 in Schwäbisch Gmünd errichtet wurde. Vorbild in der Gestaltung war das plattenartig aufgebaute Skelett des Sanddollars, einer Seeigel-Art. Mit dem Dieter-Paul-Pavillon steht im so genannten Himmelsgarten in Wetzgau das weltweit erste Gebäude mit robotisch gefertigtem Tragwerk aus Buche. Die 243 individuell gefertigten Holzplatten sind wie Puzzleteile zusammengefügt. Pate für diese Projekt stand die Bionik, die Phänomene der Natur auf die Technik zu übertragen versucht.

Inwieweit Bauprojekte aus jüngster Zeit ihren Eingang in die Denkmallisten finden werden, wird die Zeit zeigen. Das Inventarbuch der Baudenkmale im Ostalbkreis bleibt auf alle Fälle für die noch kommenden Kunst- und Kulturdenkmale weiterhin geöffnet.

Kleindenkmale
Martina Blaschka
Eva-Maria Krauße-Jünemann

Kleindenkmale prägen die Kulturlandschaft in Baden-Württemberg

Die Erfassung der Kleindenkmale im Land
Martina Blaschka

Kleindenkmale sind eine besondere Gattung innerhalb der Bau- und Kunstgeschichte. Eine exakte Definition für sie zu formulieren ist nicht ganz einfach, da sie sehr vielfältig und unterschiedlich sind. Kleindenkmale lassen sich am ehesten folgendermaßen charakterisieren: Sie sind klein, ortsfest, freistehend und aus einem dauerhaften Material von Menschenhand geschaffen. Sie wurden im Allgemeinen nicht zur Zierde und zum Schmuck der Landschaft errichtet. Es gibt einen Anlass für die Aufstellung, hinter ihnen steht eine Geschichte und sie erzählen Geschichten.

Sie berichten von vergangenen Zeiten und nicht mehr angewandten Wirtschaftsweisen, von alten Herrschafts- und Besitzgrenzen, von Freud und Leid, von großen weltbewegenden Ereignissen und davon, wie sich Weltgeschichte im kleinen Lebensbereich vor Ort widerspiegelt. Sie regen an ihrem Standort in der freien Landschaft oder in einem Ort zum Gedenken, zum Nachdenken und auch manchmal zum Nachforschen an.

Sie sind kein Dekorationsobjekt oder erst recht keine Landschaftsstaffage. Als wichtige Zeugen vergangener und gegenwärtiger Situationen sind sie in der Landschaft verankert, gehören an ihren Platz in der Kulturlandschaft und spielen dort eine wichtige Rolle, wenn es um regionale Identität und Heimat geht.

Kleindenkmale scheinen selbstverständlich, sie sind schon immer da, sie gehören einfach zum Lebensumfeld. Oft werden sie erst bewusst registriert, wenn sie fehlen. Manchmal sind sie so selbstverständlich und unscheinbar, dass ihr Verschwinden nicht einmal bemerkt wird.

Mit diesen Erfahrungen und Überlegungen haben sich die großen Heimat- und Wandervereine, der Schwäbische Albverein, der Schwarzwaldverein, die Badische Heimat und die Gesellschaft zur Erhaltung und Erforschung der Kleindenkmale unter der Regie des Schwäbischen Heimatbunds mit dem Landesamt für Denkmalpflege im Jahr 2001 zusammengetan und das landesweite Projekt zur Erfassung der Kleindenkmale aus der Taufe gehoben.

Erklärtes Ziel des Projektes ist es, die Kleindenkmale aus ihrem Schattendasein zu holen und sie ins Licht und in den Blick der Öffentlichkeit zu rücken. Nur so können sie geschützt, erhalten und gepflegt werden.

Seitdem waren und sind rund 3.000 ehrenamtliche Kleindenkmalforscherinnen und -forscher in Wald und Flur, in allen Straßen und Gassen unterwegs und suchen die Objekte auf, kartieren ihren Standort, beschreiben und fotografieren sie.

Das Besondere ist, dass diese Forschenden ehrenamtlich tätig sind. Sie sind die Fachleute in der Gegend, in der sie leben. Sie kennen das Gebiet, die Wege und Stege und sind vertraut mit den örtlichen Gegebenheiten. Heimatforscher sind darunter, die sich schon über lange Jahre mit der Geschichte des Ortes befassen, genauso aber auch Zugezogene, die ihre neue Heimat kennenlernen und sich ihr auf diese Weise nähern wollen.

Einem Kleindenkmal kann sich jeder nähern. Es steht in den meisten Fällen im öffentlichen Raum und kennt weder Öffnungszeiten noch Zugangsbeschränkungen. Oft kommen die Forschenden mit den Menschen ins Gespräch, die in der Nähe der Kleindenkmale leben, und erfahren so die Geschichte, die sich hinter einem Stein, einem Kreuz, einem Denkmal oder einem Brunnen verbirgt. Geschichten werden erzählt, seien es wahre Begebenheiten oder Sagenhaftes, Zuschreibungen oder das, was man sich seit

Generationen darüber am Ort erzählt. Mündlich Überliefertes oder Geschichten und Erzählungen, die heute oft kaum mehr bekannt sind, können so weitergetragen und „aktenkundig" werden.

Die Forschenden machen sich auch auf die Suche in Archiven, blättern in alten Zeitungen und stöbern in alten Folianten. Eine gute Grundlage der aktuellen Dokumentation sind Berichte, Beschreibungen und Kartierungen vergangener Zeiten. Auf sie kann zurückgegriffen werden, so lassen sich zum Beispiel Veränderungen, wie der Wechsel des Standorts, gut feststellen und nachvollziehen.

Werden in den neueren Kartenwerken die Kleindenkmale nur noch am Rande eingezeichnet, sind ältere Kartenwerke, wie z. B. der Gadner Atlas von Georg Gadner und Johannes Oettinger aus dem ausgehenden 16. Jahrhundert, die Forstkarten von Andreas Kieser aus dem 17. Jahrhundert, Karten der württembergischen Landvermessung aus der ersten Hälfte des 19. Jahrhunderts oder ältere topografische Karten, eine ergiebige Quelle für Kleindenkmalforschende.

Funde in älteren Quellen zusammen mit neueren Erkenntnissen sind ein großer Wissensschatz, der den Kern des Projektes bildet.

Während sich schriftliche Quellen, wie Verträge, in vielen Fällen nicht erhalten haben, weil durch Kriege, große Stadtbrände oder Naturkatastrophen die papierenen Unterlagen vernichtet wurden, haben sich die kleinen Zeugen in der Landschaft behaupten können.

Zu den ältesten erhaltenen und dokumentierten Kleindenkmalen gehören die Grenzsteine. Sie sind eine besondere Gattung unter den Kleindenkmalen, da sie in der Regel nicht einzeln auftreten, auf der Grenze, also einer genau festgelegten Linie, liegen und eine wichtige rechtliche Bedeutung haben.

Sie grenzen weltliche und kirchliche Herrschaftsgebiete ebenso wie privaten Besitz, Gemeinde-, Forst- und Bewirtschaftungsgrenzen ab und schaffen so Rechtssicherheit auf allen Seiten. Ihre Versetzung oder ihr Entfernen wurde mit hohen Strafen belegt. Heute noch bezeugen sie durch ihre Lage eine Grenzlinie. Eine Grenze wird durch die in regelmäßigen Abständen stehen Grenzsteine sichtbar gemacht.

Kleindenkmale gibt es so gut wie in jedem Ort. Nicht immer gibt es Wegkreuze oder Bildstöcke wie in den katholischen Gebieten des Ostalbkreises, es gibt jedoch auch in den evangelischen Orten Grenzsteine, Brunnen oder Denkmale, die einen Zusammenhang mit den großen Kriegen herstellen.

Kleindenkmale machen eine Landschaft lesbar, sie sind ein wichtiger Bestandteil der Kulturlandschaft und tragen zur kulturellen Identität bei und zu dem, was wir Heimat nennen und als solche empfinden.

Kleindenkmale sollten an ihrem angestammten Platz, in situ, stehen, also möglichst an dem Ort stehen bleiben und erhalten werden, an dem sie ihren Sinn und ihren Zweck erfüllen. Ein Grenzstein, der mit weiteren Grenzsteinen in einer Art Museum in der Ortsmitte steht, erfüllt seinen Zweck nicht mehr, zu dem er geschaffen und aufgestellt worden war, nämlich die Grenze zu markieren und einem Rechtsstreit vorzubeugen. Ein Sühnekreuz, das vom Ort des Totschlags, dem Tatort, in die Ortsmitte versetzt wird, verliert durch das Wegtransportieren seine einmalige Aussagekraft.

In Baden-Württemberg werden die kleinen Objekte landkreisweise dokumentiert. Der Ostalbkreis begann im Frühjahr 2010 als 13. Projektkreis im Land mit der Dokumentation und schloss das Projekt im Jahr 2014 mit der Übergabe der bearbeiteten Unterlagen an das Kreisarchiv ab.

Vielzahl und Vielfalt der kleinen Objekte im Kreisgebiet sind beeindruckend und erzählfreudig. Viele Brunnen und Wegweiser sind aus Gusseisen und in Wasseralfingen hergestellt worden. Auf diese Weise begegnet man auch über den Ostalbkreis hinaus in vielen Gemeinden Kleindenkmalen aus dem Ostalbkreis.

Kleindenkmalerfassung im Ostalbkreis – ein Resümee

Eva-Maria Krauße-Jünemann

Am Anfang des Projekts zur Erfassung der Kleindenkmale im Ostalbkreis stand die Schulung der Ehrenamtlichen, die sich dankenswerterweise bereit erklärt hatten, an der Erforschung dieser Objekte mitzuarbeiten. Insgesamt 51 Frauen und Männer nahmen sich Zeit, alles Notwendige über die verschiedenen Dokumentationsschritte zu lernen und machten sich anschließend auf die zum Teil auch beschwerliche Suche nach Kleindenkmalen in den von ihnen zu bearbeitenden Gebieten.

Ergebnis dieser Mühen waren zweieinhalbtausend Kleindenkmalerfassungen, die vom Kreisarchiv an das Landesamt für Denkmalpflege zur endgültigen Bearbeitung weitergereicht wurden. Nicht selten waren von den Ehrenamtlichen sehr umfangreiche Hintergrundrecherchen vorgenommen worden. So lagen einigen Erfassungsbögen Gesprächsprotokolle über die Befragung von Objektkundigen bei. In anderen Unterlagen fanden sich Zeitungsausschnitte. Es wurden Gemeindearchivbestände auf aufschlussreiche Hinweise hin durchforstet oder auch alte Adressbücher zum Dechiffrieren von Bauinschriften durchgesehen.

Nach Sichtung und Sortierung der Materialien im LAD wurden alle Erfassungen verschlagwortet sowie mit Ordnungskennzahlen und Geo-Koordinaten versehen. Anschließend folgten die Digitalisierung der Bild- und Kartierungsdokumente sowie die Erstellung von digitalen Tabellen, in denen gemarkungsweise sämtliche Ob-

Kleindenkmalliste „Projekt zur Erfassung der Kleindenkmale in Baden-Württemberg"   9

Schwäbischer Heimatbund e.V., Stuttgart - Landesamt für Denkmalpflege, RP Stuttgart, Schwäbischer Albverein e.V., Stuttgart - Schwarzwaldverein e.V., Freiburg

Kreis: Ostalbkreis
Gemeinde: Aalen

Gemeinde	Ergänzende Standortangaben	Rechts-wert	Hoch-wert	Kleindenk-mal	Beschreibung	Inschrift	Erfasser	Kenn-ziffer
Aalen	Hofen, Flur Attenhofen, Eccklinge, Flst. Nr. 463	3582711	5415125	**Gedenkstein**	Gedenkstein mit rechteckiger Grundform und abgerundetem Kopf; auf der geglätteten Vorderseite eine eingemeißelte Majuskel-Inschrift zur Erinnerung an die Entdeckung der örtlichen Eisenerzvorkommen durch Hans Sigmund von Wölwart im Jahr 1608. Die Eisenerzvorkommen waren Motor für die weitere Wirtschaftsentwicklung, insbesondere nach Eröffnung des 1. Hochofens in Wasseralfingen 1671.	DURCH GOT / TES GNAD HAT / HANS SIGMUND / VON WÖL-WART / ANNO 1608 DIS / EISENERZ GE-FUN / DEN GOT GEB GNAD / H.J.S. AMEN	Patriz Ilg	014_17
Aalen	Hofen, Flur Attenhofen, Oberalfinger Straße, Flst. Nr. 297	3582705	5415936	**Bildstock**	Steinerner Bildstock mit rundem Schaft und würfelförmigem Bildgehäuse mit vergitterter Nische. Darin eingestellt eine farbig gefasste Marienstatue. Zur Erinnerung an den dort an Erfrierungen verstorbenen Anton Rief.	Hier habe ich an dich gedacht / und diesen Gruß dir mitgebracht	Patriz Ilg	014_18

jekte mit allen Informationen sowie einer kurzen Beschreibung dokumentiert sind.

Bei Abschluss des Projekts lagen für 37 der 42 Gemeinden des Ostalbkreises Kleindenkmal-Inventarlisten vor, die nun dauerhaft den derzeitigen Bestand dokumentieren.

Schon eine kurze Durchsicht der Objektstatistik für den Ostalbkreis lässt erkennen, dass es sich um ein traditionell katholisches Gebiet handelt.

Unangefochtener Spitzenreiter unter den Erfassungen dieses Landkreises sind mit 917 Objekten die Wegkreuze, gefolgt von 232 Bildstöcken. Insgesamt beläuft sich die Zahl religiöser Kleindenkmale auf 1.399 Objekte, also auf mehr als die Hälfte aller Erfassungen. Darunter fallen zum Beispiel auch Hausfiguren, Kreuzwege, Mariengrotten und anderes mehr. Dass die katholische Konfession in diesem Kreis auch heute noch fest im Leben vieler Menschen verankert ist, belegt nicht zuletzt die große Zahl erst in jüngster Zeit neu aufgestellter oder aufwendig restaurierter Kreuze.

Zahlenmäßig auf dem dritten Platz liegen mit 226 Exemplaren die Grenzsteine, darunter zahlreiche außergewöhnlich qualitätsvolle Steine. Bemerkenswert ist beispielsweise ein Grenzstein aus dem Jahre 1620, der heute innerhalb des Gemeindegebiets von Bartholomä steht und den historischen Grenzverlauf zwischen dem einst ulmischen Rötenbach und dem damals zu Gmünd gehörigen Trondelhof markiert. An diesem Stein ist neben dem beträchtlichen Alter bemerkenswert, dass das Gmünder Wappentier, das Einhorn, sehr aufwendig im Relief dargestellt wird und nicht - wie sonst vorherrschend - wesentlich simpler durch eingemeißelte Umrisslinien.

Mit großem Abstand folgen auf diese drei Objektgattungen in der Statistik sodann Brunnen, von denen landkreisweit 129 inventarisiert wurden. Die übrigen Erfassungen sind mehr oder weniger gleichmäßig aufgeteilt auf 93 weitere Kleindenkmalarten, sodass sich für den Ostalbkreis ein wahrlich breit gefächertes Kleindenkmalspektrum ergibt.

Nachfolgend soll anhand ausgewählter Kleindenkmale ein kleiner Einblick in diesen reichen Fundus vermittelt werden.

In Aalen-Fachsenfeld steht mitten auf einer Wiese ein altes Steinkreuz, bei dem es sich nicht um eines der zahlreichen religiösen Kleindenkmale, sondern um ein Sühnekreuz handelt. Sühnekreuze sind dingliche Zeugen von Rechtsverfahren, mit denen man bis in die Frühe Neuzeit hinein langwierige Blutfehden zu verhindern versuchte.

17. November 1495, abgeschlossen zwischen der Familie des Mordopfers, Familie Adelmann, und Jörg Alexander von Coßmeroff, der mit vier Knechten den jungen Christoph Adelmann getötet hatte. Durch diese Schriftquelle wissen wir also, dass das Sühnekreuz auf der Kocherwiese kurz nach 1495 geschaffen wurde.

Mit dem Rechberg-Kreuz in Abtsgmünd besitzt der Landkreis ein weiteres ganz spezielles Sühnekreuz: das 1994 bei der St. Michael-Kirche nach einer Restaurierung neu gesetzte Kreuz stammt aus dem Jahre 1331 und gilt damit als eines der ältesten datierten Steinkreuze Baden-Württembergs.

Im wahrsten Sinne des Wortes singulär ist auch eine Rosenkranzstation, die in Ellwangen-Röhlingen dokumentiert wurde – handelt es sich hierbei doch um die bisher einzige in Baden-Württemberg erfasste! Die dreiteilig aufgebaute Station setzt sich zusammen aus einem aufwendig gestalteten Wegkreuz, das von zwei bearbeiteten Stammholzabschnitten mit eingetieften Figurennischen flankiert wird. Sowohl die farbig gefassten Figuren selbst als auch die kleinen Inschrifttäfelchen geben Aufschluss darüber, dass es sich hier nicht um herkömmliche Bildstöcke handelt. Vielmehr nehmen die Darstellungen Bezug auf die Passionsgeschichte und die kurzen Inschriften zitieren Zeilen aus den sogenannten „Schmerzhaften Geheimnissen" der Rosenkranzgebetszyklen.

Rund einhundert Jahre alt sind die Überreste eines alten Kalkofens auf dem Gemeindegebiet Bartholomä. Die ehemalige Funktion der Mauerreste erschließt sich vermutlich ohne Vorwissen nur den wenigsten Passanten. Dankenswerterweise aber haben die Erfasser mit ihren Nachforschungen Licht ins Dunkel gebracht. Durch Archivrecherchen konnten sie in Erfahrung bringen, dass der Landwirt Johann Baur auf einem ab Januar 1912 von der Gemeinde gepachteten Grundstück diesen Kalkofen errichtete. Es ist davon auszugehen, dass er die Kalkbrennerei nicht als Haupttätigkeit ausübte, sondern dass diese im Nebenerwerb ein Zubrot

Bei Tötungsdelikten wurde der Täter im Rahmen eines privatrechtlich abgeschlossenen Sühnevertrags häufig verpflichtet, Entschädigungszahlungen zu leisten, Messen und Kerzen zu stiften sowie ein Steinkreuz erstellen zu lassen. Sinn und Zweck der Kreuzerstellung war sicherlich zum einen, ein bleibendes Denk- und Mahnmal zu schaffen, zum anderen aber auch, durch das Kreuz Vorüberkommende zu einem Gebet für das Seelenheil des ohne kirchlichen Segen Verstorbenen zu veranlassen.

Nicht nur unter den insgesamt 30 Sühnekreuzen des Ostalbkreises, sondern auch darüber hinaus nimmt dieses Kreuz jedoch eine Sonderstellung ein, da es eines der wenigen Exemplare ist, für das der Sühnevertrag erhalten blieb. Im Gräflich Adelmannschen Archiv in Hohenstadt befindet sich das Original-Pergament des Sühnevertrags vom

Links oben: Aalen-Waiblingen, Sühne-kreuz.
Foto: B. Hildebrand

Links unten: Abts-gmünd, sogenanntes Rechbergkreuz.
Foto: B. Hildebrand

Rechts: Ellwangen-Röhlingen, Rosen-kranzstation.
Foto: K. Kugelart

einbringen sollte. Bereits im Jahre 1917 wurde der Pachtvertrag wieder aufgelöst, da die kriegsbedingte Kohlenverteuerung das Kalkbrennen unrentabel gemacht hatte.

Um ein trotz unspektakulärer Gestaltung bemerkenswertes Kleindenkmal handelt es sich bei einem auf der Gemarkung Lorch erfassten Grenzstein. Dem inschriftlich in das Jahr 1771 datierten Stein kommt eine Sonderstellung zu, da es sich um eines der wenigen erhaltenen Grenzzeichen handelt, mit denen einst Weidebereiche markiert wurden. Seine Funktion als Grenzmarkierung eines Sommerweidebereichs erschließt sich aus dem eingemeißelten lateinischen Kürzel „AEST", Kurzform für „aestas" (zu Deutsch „Sommer") oder auch „aestiva", was unter anderem „Sommergehege" oder auch „Herde auf der Sommerweide" bedeutet.

Zur Markierung herrschaftlicher Territorialgrenzen fanden im 19. Jahrhundert vielfach auch gusseiserne Grenztafeln Aufstellung. Ein gut erhaltenes Exemplar begegnet in Stödtlen. Die gusseiserne Säule mit kapitellähnlich ausgeformtem Kopf trägt ein kreisrundes Schild mit Reliefdarstellung des königlich württembergischen Wappens in der Form, wie es von 1817 bis zur Abdankung des letzten Königs 1918 offiziell genutzt wurde.

Einer von insgesamt neun im Ostalbkreis dokumentierten Ofenfüßen wurde am Oberen Zusenhof in Waldstetten, Gemarkung Waldstetten erfasst. Das farbig gefasste Steinobjekt ist heute in eine Garagenaußenwand eingelassen. Ofenfüße standen einst in Wohnräumen unter gusseisernen Öfen und gewährleisteten ausreichenden Sicherheitsabstand zwischen dem heißen Ofen und dem meist hölzernen Fußboden. Wie sehr häufig bei Ofenfüßen zu beobachten, sind die Seitenränder volutenförmig gestaltet. Bei diesem

Exemplar wird das medaillonförmige Inschriftfeld von volkstümlich interpretiertem Rokoko-Zierwerk gerahmt.

Stellvertretend für die zahlreichen und gut erhaltenen Bildstöcke im Kreis sei abschließend ein prächtiges Exemplar aus Lauchheim vorgestellt. Anhand einer Stifterinschrift ist das Objekt verlässlich in das Jahr 1638, also mitten in den Dreißigjährigen Krieg zu datieren. In der Bildnische des gemauerten und verputzten Bildstocks befindet sich das farbig gefasste Relief einer Kreuzigungsgruppe.

Im Zentrum - hoch aufragend - Christus am Kreuz mit einem ungewöhnlich üppigen, barock ausschweifenden Lendenschurz. Rechts und links davon Maria und Johannes, beide erkennbar an den Aureolen sowie an ihren antik anmutenden Gewändern. Ganz anders gekleidet die im Vordergrund zu Füßen des Kreuzes knienden Stifter, Bürgermeister Georg Mayer nebst Frau, die beide der zeitgenössischen Mode entsprechend zurechtgemacht sind. Er mit Stulpenstiefeln, Sporen und modischem Spitzbärtchen, sie mit üppigem Mühlradkragen und schmückendem Rosenkranz in den gefalteten Händen. Von deutlichem Repräsentationsbestreben zeugt auch das unterhalb des Kreuzes angebrachte Stifterwappen. Dieser aufwendig gestaltete Bildstock stellt also nicht nur ein Zeugnis historischer Volksfrömmigkeit dar, sondern liefert ferner darüberhinausgehende Informationen, wie etwa zu Tracht und Mode oder hinsichtlich stilistischer Darstellungsweisen.

Oben: Bartholomä, Reste eines Kalkofens.
Foto: L. Wolf

Darunter: Lorch, Sommerweide-Grenzstein.
Foto: J. Schmiedt

Im Text: Waldstetten, eingemauerter Ofenfuß.
Foto: H. Betz

Wie allein schon diese kleine Auswahl zeigt, beinhalten die im Ostalbkreis erfassten Kleindenkmale eine Vielzahl an kulturhistorisch und heimatgeschichtlich bedeutsamen Objekten. Die umfangreichen Erfassungsunterlagen samt digitaler Dokumentationen stehen Interessierten zur Einsichtnahme im Kreisarchiv in Aalen zur Verfügung.

Links: Stödtlen, Rathausplatz, Grenztafel des Königreichs Württemberg.
Foto: B. Hildebrand

Rechts: Lauchheim Flur Mittelhofen, Bildstock von 1638.
Ansicht und Detail.
Fotos: B. Hildebrand

Erinnerung an die
Synagoge Schwäbisch Gmünd
Die Synagoge am Einweihungstag, dem 16. Mai 1926
Aufnahme von der Katharinenstraße aus
Die Treppe erinnert an die ehemalige Synagoge von Schwäbisch Gmünd. Das Gebäude, eine frühere Silberwarenfabrik, wurde 1925 von der jüdischen Gemeinde erworben und durch den Stuttgarter Architekten Ernst Guggenheimer zur Synagoge umgebaut. Dabei wurde als wichtiger neuer Bauteil eine repräsentative Zugangstreppe hinzugefügt. Zwischen 1926 und 1939 war die Synagoge das Zentrum des religiösen Lebens der jüdischen Gemeinde dieser Stadt. Im Jahr 1939 wurde das Gebäude dann an die Sparkasse veräußert. 1954 folgte schließlich der Abriss zugunsten eines Neubaus.
Das Erinnerungszeichen lässt in stilisierter Form die Zugangstreppe zur ehemaligen Synagoge in Originalgröße wiedererstehen. Von der Höhe der Treppe blickt man hinüber zu dem Ort, wo die Synagoge einmal stand. Der Zugang zur Treppe wird gesäumt von den Namen der jüdischen Mitbürgerinnen und Mitbürger, die zwischen 1926 und 1939 in Schwäbisch Gmünd lebten und unter den Nationalsozialisten mehrfach Plünderungen und Verwüstungen ihres Gotteshauses erleben mussten. Diese Männer, Frauen und Kinder wurden nach 1933 entrechtet, aus der Stadt vertrieben, verschleppt, verfolgt oder ermordet.
Im Jahr 2015 ließ die Kreissparkasse Ostalb zusammen mit der Stadt Schwäbisch Gmünd dieses Zeichen errichten – als einen Ort der Erinnerung an die Auslöschung jüdischen Lebens in dieser Stadt. Es ist aber auch ein Zeichen der Hoffnung und eine Aufforderung an uns alle, an einer Zukunft mitzuwirken, in der Toleranz und Offenheit stärker sind als Voreingenommenheit, Verblendung und Hartherzigkeit.
Entwurf: Andrea Kastner und HfG Schwäbisch Gmünd
Realisierung: Büro Guntow, Stuttgart
Historische Lage der Synagoge
Standor
Jüdische Geschichte
Felix Sutschek

Zur Geschichte der Juden im Ostalbkreis

Schon in der Antike gab es eine jüdische Gemeinde in Köln. Das beweisen zwei Dekrete Kaisers Konstantins aus den Jahren 321 und 331, die im Kodex Theodosianus überliefert sind. Im Dekret von 321 heißt es:

„An den Rat der Stadt Köln. Allen Behörden gestatten wir durch allgemeines Gesetz, die Juden in den Stadtrat zu berufen. Damit ihnen aber eine gewisse Entschädigung für die frühere Reglung verbleibe, lassen Wir es zu, dass immer zwei oder drei das Vorrecht genießen sollen, durch keinerlei Berufung in Anspruch genommen zu werden."

Dieser Text ist der früheste historische Beweis für die Existenz einer jüdischen Gemeinde in Deutschland. Leider ist nicht bekannt wo die Gemeinde ihre Synagoge und ihren Friedhof hatte[1]. Wahrscheinlich ist, dass es zu der Zeit auch in anderen von Römern gegründeten Städten entlang des Rheins, der Mosel und Donau jüdische Gemeinden gab. Nach den Wirren der Völkerwanderung bezeugen viele Quellen, dass Juden in den Territorien der fränkischen Könige als Unternehmer, Kaufleute, Gutsbesitzer, Zollbeamte, Ärzte und Münzmeister lebten.[2]

Karl der Große (768-814) stellte die Juden unter seinen Schutz, sodass sie sich ihrem religiösen, kulturellen und wirtschaftlichen Leben widmen konnten. Sie durften Grund und Boden erwerben und Waffen tragen. Ludwig der Fromme (814-840) erteilte den Juden Schutzprivilegien, die die Zollbefreiung betrafen und ihnen als Kaufleute des Hofes einen unbehelligten Handel ermöglichten[3]. In vielen neu gegründeten Städten waren Juden willkommen. Judensiedlungen werden in Mainz 906, Worms 960, Magdeburg 965, Köln 1012, Bamberg 1033 und 1066 in Trier bezeugt. Vor allem Kaufmannsfamilien wurden bereitwillig aufgenommen, weil man sich so den Anschluss an den Fernhandel versprach. Aber auch Ärzte und Apotheker waren willkommen.

Judenverfolgung während des ersten Kreuzzuges

Mit dem ersten Kreuzzug (1096-1099) brach für die Juden eine schwere Zeit an. In Teilen des Heiligen Römischen Reiches und Frankreich galten Juden und Muslime ebenfalls als Feinde des Christentums. Nach der Synode von Clermont hielt Papst Urban II. noch in Tours und Rouen Synoden ab, die den Aufruf verbreiteten und dafür sorgten, dass viele einfache Menschen, Abenteurer, Verbrecher und Bauern in den Krieg zogen. Der Aufruf des Papstes richtete sich an die Christen, zum Kreuzzug nach Jerusalem aufzubrechen, um die Feinde des Christentums aus dem Heiligen Land zu vertreiben und das Pilgern zum Heiligen Grab Christi zu ermöglichen. Neben religiösen Ursachen war der Finanzbedarf der Teilnehmer an dem Kreuzzug eine weitere Ursache für die Judenpogrome im Rheinland. Die im Rheinland ansässigen Juden wurden von ca. 15.000 Teilnehmern des Kreuzzuges überrannt und vor die Wahl Taufe oder Tod gestellt. Tausende, die nicht zum Christentum konvertieren wollten, wurden erschlagen.

Rechtslage der Juden

Grundlegende Veränderungen für das Leben der Juden verabschiedete das 4. Laterankonzil 1215 unter Papst Innozenz III. Die Beschlüsse des Konzils zielten auf die Isolierung und Demütigung der Juden. Die Folge war, dass die Juden die Pflicht hatten, in der Öffentlichkeit ein Kennzeichen auf der Kleidung zu tragen, das sie als Juden erkennbar machte, zum Beispiel einen gelben Fleck oder später den spitzen Judenhut. Der Zugang zu den Zünften blieb ihnen verwehrt. Neben dem Handel waren nur noch Erwerbstätigkeiten möglich, die den Christen durch kirchliche Gesetze verboten waren, wie z. B. Geld- oder Pfandleihe.[4]

Im Jahre 1236 erließ der Stauferkaiser Friedrich II. ein Privileg für die Juden im Reich. Das eingeführte Rechtssystem sollte die Rechtsunsicherheit der Juden beenden. Infolge ihrer Schutzbedürftigkeit wurden sie der kaiserlichen „Kammer" als „Knechte" unterstellt. Sie waren nun direktes Eigentum des Kaisers. Diese Sonderstellung als kaiserliche Kammerknechte war für die Juden selbstverständlich mit der persönlichen Verpflichtung verbunden, für den Schutz dem Kaiser ein Entgelt zu zahlen. Die Einnahmen aus dem sogenannten „Judenregal" konnten vom Kaiser bei Geldmangel an Städte oder Territorialherren abgetreten werden. Die Juden waren geduldet, weil sie für den Inhaber des Judenregals von wirtschaftlichem Vorteil waren. Sie wurden sozusagen zu einem „mobilen Handelsobjekt".[5]

Der Wittelsbacher Kaiser Ludwig der Bayer führte 1342 eine neue Judensteuer ein, den später so genannten „güldenen Opferpfennig". Der Kaiser bestimmte, dass „...ihm jeder Jude und jede Jüdin... welche 12 Jahre alt sind und 20 Gulden Wert haben, jeglicher und jegliche, alle Jahre einen Gulden geben sollen zu Zins von Ihrem Leibe".[6]

Reichssteuerverzeichnis von 1241

Das Reichssteuerverzeichnis von 1241 ist ein einzigartiger Fund, der von Jakob Schwalm im Jahre 1896 im Königlichen allgemeinen Reichsarchiv zu München gemacht wurde.[7] Es ist eines der wenigen mittelalterlichen Dokumente, die Auskunft über die Organisation von Königsterritorium und Reichsgut in Staufischer Zeit geben. Das Pergamentblatt hat eine Länge von 36,2 cm und eine Breite von 15,2 cm und beinhaltet 52 Zeilen. Aus dem Verzeichnis lassen sich Einnahmen und Ausgaben ableiten, die ein gewisses Bild gewähren, das aber mangels Vergleichsmaterial nicht sehr aufschlussreich ist. „Die Summe derjenigen Eingänge, die wirklich in die Kammer flossen, betrug von der gewöhnlichen Steuer 4.919 mr., von der Steuer der Juden 853 mr., von den Posten pro expensis regis 533,5 mr. insgesamt 6.305,5 mr."[8]

In dem Reichssteuerverzeichnis werden 104 Städte und Gemeinden als Steuerzahler erwähnt. Davon sind es 23 jüdische Gemeinden, die 853 mr. bezahlen. „Item Iudei de Werda et de Bopphingen II mr.", die Juden von Donauwörth und Bopfingen werden in Zeile 51 erwähnt, dass sie II mr. zusammen zu entrichten haben. Die Höhe der Steuer hat auch mit der Größe der jüdischen Gemeinde zu tun. Die jüdische Gemeinde von Frankfurt zahlt 150 mr., Worms 130 mr., Speier 80 mr., Esslingen 30 mr., Konstanz 20 mr. und Schwäbisch Gmünd 12 mr.[9]

Daraus lässt sich folgern, dass die jüdische Gemeinde von Bopfingen wohl sehr viel kleiner war als die von Gmünd. Über Bopfingen ist nichts Näheres über die jüdische Gemeinde bekannt. Wir könnten uns aber vorstellen, dass die Gemeinde einen Betsaal unterhielt und vermutlich die Einrichtungen der jüdischen Gemeinde von Nördlingen mit nutzen durfte.

In der Reichssteuerliste werden auch die Städte mit ihren Steuern erwähnt. Schwäbisch Gmünd zahlte 160 mr., Ulm 80 mr., Esslingen 70 mr., Konstanz 60 mr. und Bopfingen 50 mr.[10]

Rintfleisch-Verfolgung von 1298

Ihren Namen erhielt die Verfolgungswelle von ihrem Anführer „Rintfleisch". In der Stadt Röttingen an der Tauber (Lkr. Würzburg) wurden die Juden beschuldigt, einen Hostienfrevel begangen zu haben. Das war der Anlass zum Pogrom.

Der Metzger Rintfleisch aus Röttingen verkündete den anwesenden Massen, das er von Gott berufen sei, die Kirchenschändung zu rächen und die schuldigen Juden zu vernichten. Die Rintfleisch–Verfolgung zählt zu den ersten flächendeckenden Judenpogromen seit dem ersten Kreuzzug und stellte den Auftakt zu den Verfolgungswellen der ersten Hälfte des 14. Jahrhunderts dar. Mit seinen marodierenden Haufen zog Rintfleisch durch das Frankenland und danach auch nach Schwaben, wo er jüdische Gemeinden vernichtete.[11]

In Ellwangen hatten die „Judenschläger" den gelehrten Uri, Sohn des Rabbiners Jakob, seine fünf Söhne, seine Schwester und noch weitere drei Juden erschlagen.[12]

Die Judenpogrome unter Rintfleisch betrafen ca. 146 Ortschaften und forderten über 4.000 Opfer.

Der Schwarze Tod 1348/49

In weiten Teilen Europas grassierte in den Jahren 1348/49 der Schwarze Tod. Damit ist die Pest gemeint, eine Krankheit, die man nicht kannte und der die Menschen somit völlig ausgeliefert waren. Aber mit dem Schwarzen Tod bezeichnet man auch die mit dieser Krankheit verbundenen Judenverfolgungen. Den Juden wurde angelastet, sie hätten die Brunnen vergiftet und so die Krankheit herbeigeführt. Die Erinnerung an die vielen ermordeten Juden wurde in sogenannten jüdischen „Memorbüchern" festgehalten. Daraus erfahren wir die Namen der Ortschaften, in denen Juden ermordet wurden. Im Ostalbkreis waren das Bopfingen, Ellwangen und Schwäbisch Gmünd. Sicherlich wird einigen der Tod der Juden nicht ungelegen gekommen sein. Viele Handwerker, Bauern, Städte, Klöster, ja sogar Herrschaften hatten bei Juden Schulden, die jetzt hinfällig waren.[13]

Entwicklung des Judentums bis Ende des 15. Jahrhunderts

In den folgenden Jahren haben wir von den in Bopfingen wohnenden Juden keine Kunde. 1357 wohnt Jud Mosse von Bopfingen samt seinem Schwager in Nördlingen. Ein Jud Seckelmamm aus Bopfingen wird 1378 in Tauberbischofsheim erwähnt. In der Zeitspanne von 1385 bis 1499 werden dann immer wieder Juden genannt, die in Bopfingen Judensteuer zahlten.[14] Auch in Ellwangen werden von 1381 bis 1420 in einem Abgabenverzeichnis aus Grundbesitz Juden als Steuerzahler genannt. 1428 und 1443 beerdigte man Juden aus Ellwangen auf dem jüdischen Friedhof in Nördlingen. 1445 nahm Abt Johannes den Juden Koppelmann aus Wemding mit seiner Familie gegen ein Schirmgeld von 12 Gulden in die Stadt Ellwangen auf.[15] Auch Ulm, Bopfingen und Schwäbisch Gmünd nahmen Juden auf. Aus der Urkunde von 27. Mai 1412 geben wir folgenden Eintrag wieder: „Burggraf Friedrich von Nürnberg bescheinigt den Juden von Ulm, Gmünd, Aalen und Bopfingen, des Reiches Kammerknechten, den Empfang des goldenen Opferpfennigs für die letzten zwei Jahre."[16]

Können aus diesen überlieferten Quellen Angaben zum Alltagsleben der Juden gemacht werden? Obwohl es sich bei den Unterlagen vornehmlich um Rechtsgeschäfte zwischen Juden und Christen handelt, wollen wir versuchen, daraus auch Aspekte des jüdischen Lebens aufzuzeigen.

Am 9. November 1480 nahm die Stadt Schwäbisch Gmünd den Juden Simon von Tannhausen für fünf Jahre in ihren Schutz auf. Dafür verpflichtete sich Simon, jährliche Stadtsteuern zu entrichten.

Aus der Schutzbriefurkunde geht hervor, dass die Stadt in dieser Zeit keinen anderen Juden bei sich aufnehmen wollte, der Geldgeschäfte trieb. Das heißt, dass Simon in Gmünd eine privilegierte Stellung innehatte. Es war ihm auch erlaubt, weitere Juden bei sich aufzunehmen, für die er allerdings Steuern zahlen musste. Für seine Familie und sein Gesinde war ihm auch gestattet, einen Vorsinger zu beschäftigen. Der Schutzbrief regelte auch die Zinsgeschäfte. Für Einheimische waren die Zinssätze gering, während für Auswärtige keine bindenden Vorschriften zu beachten waren. Sein Geschäft durfte er aber nicht vor der „Frühmeß" und am Abend nach den „Wachtglocken" tätigen.

Auch durfte er keine Wehrausrüstungen der Bürger beleihen. David, dem Sohn von Simon, wurde am 3. Januar 1486 gestattet, sich in Schwäbisch Gmünd niederzulassen. Es war ihm sogar erlaubt, sich hier ein Haus zu kaufen.[17]

Ein ähnlicher Vertrag ist auch aus Bopfingen erhalten geblieben. Der Jude Hayam wurde 1499 samt seiner Familie für drei Jahre als Bürger mit gleichen Rechten von der Stadt Bopfingen aufgenommen.[18]

Ausweisung der Juden aus den Städten

Die soziale und wirtschaftliche Stellung der Juden in den Städten wurde in der zweiten Hälfte des 15. Jahrhunderts immer schwieriger. Da viele Bürger durch Schulden bei Juden in wirtschaftlich schwierige Situationen gerieten, warnte nun auch die Geistlichkeit vor dem kirchlich untersagten Wucher der Juden.

Durch die neu entstandenen christlichen Handelshäuser war man auf die Juden nicht mehr angewiesen und zunehmend empfand man sie als lästige Konkurrenz. Abhilfe verschaffte man sich, indem man versuchte sie loszuwerden. Es bestand die Möglichkeit, sie mit Genehmigung des Kaisers zu vertreiben, der gegen eine hohe Geldsumme bereit war, seinen „Kammerknechten" den Schutz zu entziehen. Er erließ „Regale", also Gesetze, die es den Reichsstädten erlaubten, die Juden auszuschaffen. Auch Graf Eberhard V. von Württemberg verfügte 1496 in seinem Testament, dass in Württemberg keine Juden wohnen und Handel treiben dürfen.[19]

Viele Städte entledigten sich ihrer Juden. In Schwäbisch Gmünd regelte Kaiser Maximilian I. 1498 einen Streit zwischen der Stadt und den Juden. Der Kaiser verfügte, dass die Juden unter dem Schutz der Stadt stünden und Steuern zu zahlen hätten. Was allerdings ihre Tätigkeit als Geldleiher betraf, wurde verfügt, dass sie Gmünder Bürgern kein Geld leihen dürften. Auch war es verboten, Immobilien und Kirchengut zu beleihen. Solche finanziellen Einschränkungen konnte die Judenschaft nur schwer verkraften.[20] Trotzdem ging die Stadt einen Schritt weiter und erreichte, dass gegen eine hohe Geldsumme Kaiser Maximilian I. am 24. Februar 1501 von Nürnberg aus ihr erlaubte, die Juden aus der Stadt und ihren Territorien zu vertreiben und in den nächsten zehn Jahren keine Juden aufnehmen zu müssen.

Alle Privilegien der Juden wurden aufgehoben.[21] Im Jahre 1521 entschied dann letztendlich Kaiser Karl V., dass nun künftig keine Juden mehr auf dem Gebiet von Schwäbisch Gmünd weder ansässig werden noch Handel treiben

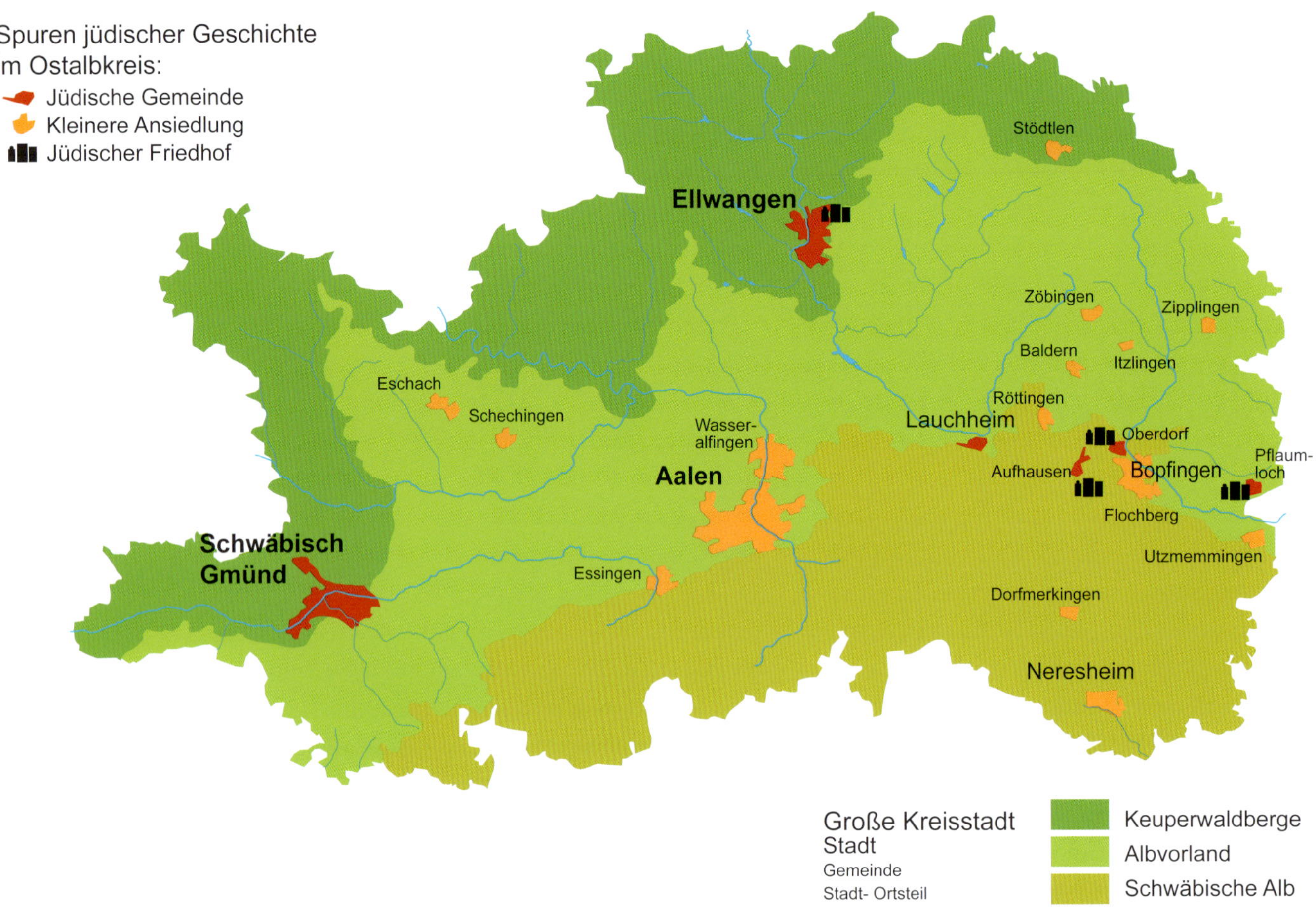

dürfen. Ein Verbot, das bis ins 19. Jahrhundert seine Gültigkeit hatte.[22]

Die Reichsstadt Nördlingen ließ sich die Ausweisung ihrer jüdischen Mitbürger 1.000 Gulden kosten. Dafür gewährte König Maximilian den Nördlingern das Judenausschaffungsregal. Der Kaiser erhielt 800 Gulden und der Rest von 200 Gulden ging an den Vermittler Nikolaus Zigler. Die Juden mussten im Frühjahr 1507 die Stadt verlassen. Sie fanden Aufnahme in den umliegenden Ortschaften auf den Territorien der Grafen von Oettingen.[23]

Entstehung des Landjudentums

Mit der Ausweisung der Juden aus den Städten der Umgebung und deren Ansiedlung als Schutzbefohlene entstand in Schwaben das Landjudentum, in unserem Fall auf den Territorien der Grafen von Oettingen.

Schon Kaiser Ludwig IV., der Bayer, gestattete den Grafen von Oettingen, Juden aufzunehmen und zu besteuern. In der Urkunde, die am 30. Mai 1331 zu Nürnberg ausgestellt wurde, heißt es, dass alle Juden, die bei ihm (dem Grafen) jetzt sesshaft waren, zu ihm fahren oder sesshaft werden sollten zu „nutzen und niezzen (nießen) mit allen rehten eren und gueten gewonheiten".[24]

Zum ersten Mal übertrug der Kaiser den Grafen von Oettingen alle Abgaben der in der Grafschaft als kaiserliche Kammerknechte ansässigen Juden. Im Jahre 1333 erneuerte der Kaiser Ludwig IV. das Privileg.[25] Am 16. Oktober 1347 bestätigte König Karl IV. dem Grafen Albrecht von Oettingen wegen seiner Verdienste alle Rechte über die Juden, die er in seinen Schlössern hatte.[26] Im Dezember des selben Jahres gestattete König Karl IV., auf Widerruf, den Brüdern Ludwig VIII. und Friedrich II., den Grafen von Oettingen, die Aufnahme von Juden in ihren Städten, Märkten, Festen und Dörfern mit allen daraus folgenden Diensten und „Nutzungen".[27]

Wir gehen davon aus, dass die Grafen von Oettingen im Zuge ihres Herrschaftsausbaus nun auf Dauer in den Besitz des Privilegs kamen, Juden bei sich aufzunehmen und zu besteuern. Das heißt auch, dass sich ein neuer Judenschutz entwickelte. Der alte Judenschutz, so wie wir ihn während der Kammerknechtschaft kannten, der ein altes Königsrecht war, wurde nun zu einem wirtschaftlich nutzbaren Hoheitsrecht. So war es möglich, dass auch schon vor der Ausweisung aus den Städten mehrere Juden sich unter dem Schutz der Grafen in Pflaumloch und Wallerstein niedergelassen hatten.

Einige der vertriebenen Juden aus Nördlingen ließen sich in Oberdorf auf den Territorien der Grafen von Oettingen nieder. Für das Jahr 1514 haben wir Kunde von „zwei neuen jüdischen Ansiedlungen zu Flochberg und Oberdorf".[28] Im Jahr 1578 wird zum ersten Mal in Oberdorf „das Judengäßlein" erwähnt.[29] Namentlich lassen sich in Oberdorf die ersten Juden 1587 in den Meßgeleitbüchern der Nördlinger Pfingstmesse nachweisen. Bis zum Jahr 1600 werden darin 23 Juden aus Oberdorf aufgeführt, die die Messe in Nördlingen besucht haben.[30] Für dieselbe Periode erwähnen die Geleitbücher auch 25 Juden aus Aufhausen und 46 Juden aus Pflaumloch, die die Nördlinger Messe besuchten.[31]

Am 11. Juni 1545 verlieh Kaiser Karl V. der Stadt Bopfingen ein Privileg, das für die wirtschaftliche Situation der Juden schwerwiegende Konsequenzen haben sollte. Ab nun war es den Juden nur mit Genehmigung des Bürgermeisters und des Rats der Stadt erlaubt, mit Bopfinger Bürgern Geldgeschäfte zu tätigen.[32] So wurde versucht, die Juden aus dem Geldgeschäft zu drängen. Bürger, die trotzdem sich mit Juden auf Geldgeschäfte einließen, wurden mit der „Haft im Turm" oder mit der Ausweisung aus der Stadt bestraft. Die Stadt trat nun selbst als Geldverleiher auf und ließ sich von Kaiser Rudolf II. das alte Privileg von Karl V. 1578 wieder erneuern. Bis zum Dreißigjährigen Krieg verlieh die Stadt Geld zu einem Zinssatz von 5 Prozent.

Trotz des engen Zusammenlebens von Juden und Christen gab es in den Landgemeinden viele Vorurteile und viel Misstrauen. Als im September 1555 ein Kind eines Ehepaares aus Nähermemmingen verschwand, wurden drei Juden aus Dorfmerkingen in einen Ritualmordprozess verwickelt, der dann jedoch mit ihrem Freispruch endete.[33]

Ein anderer Fall zeigt, dass der Kontakt zu oder die Integration von Juden überhaupt nicht erwünscht war. Laut Überlieferung aus dem Jahre 1594 wollte ein gewisser Thomas Scharf in Neresheim Judenkinder in deutscher Sprache unterrichten. Als das zu Ohren des gräflichen Beamten kam, wurde er gefangen gesetzt. Schließlich befahl dann Graf Wilhelm, den Mann aus dem Gefängnis zu entlassen, ihm aber sein begangenes Unrecht vor Augen zu führen.[34]

Sowohl Christen als auch Juden wurden von dem Dreißigjährigen Krieg mit voller Härte getroffen. Unter den Drangsalen von Hunger, Einquartierungen, Plünderungen und Kontributionen litten alle gleichermaßen. Die Bevölkerung der Landgemeinden begab sich in den Schutz der befestigten Ortschaften. So ist es zu erklären, dass in Oberdorf, Aufhausen und Pflaumloch bis 1618 immer wieder auch Juden genannt werden, aber während des Krieges nicht.

In Ellwangen erhielten kurz vor Kriegsende 1646 sechs Judenfamilien (vier aus Nördlingen, eine aus Baldern und eine aus Neresheim) freien Pass und Herbergsrecht sowie die gleichen Handelsfreiheiten wie die Christen. Offenbar war die Tätigkeit dieser Juden von Vorteil für die im Krieg schwer heimgesuchte Stadt.[35]

Nach Kriegsende wird eine kleine jüdische Gemeinde in Baldern erwähnt. Sie bestand aus sechs Familien, die neben einer Synagoge auch einen Friedhof angelegt hatten. Als die Juden aus Baldern 1658 zusammen mit den Juden aus Neresheim, Aufhausen und Oberdorf um Verlängerung ihres Schutzes bei der Gräfin-Witwe Isabella Eleonora baten, wurde die Erneuerung des Schutzes mit harten Auflagen versehen. Den Juden wurde aufgetragen, bis Jahresfrist die

Grafschaft zu verlassen oder auf das nach dem Krieg menschenleere Härtsfeld zu ziehen und die Ortschaft Elchingen wieder aufzubauen. Dafür konnten sich die Juden nicht entscheiden. So kam es zu vorübergehenden Ausweisungen der Juden aus der Grafschaft.[36]

Auf Betreiben der Bürgerschaft aus Neresheim mussten am 1. Oktober 1658 die Juden die Stadt für immer verlassen. Vor Verlassen der Stadt mussten sie ihre Häuser und ihren sonstigen Besitz verkaufen. Zehn Prozent von dem Erlös verlangte man ihnen als Nachsteuer ab.[37]

In anderen Ortschaften und Städten unserer Raumschaft waren aber Juden weiterhin willkommen. Der Deutschordens-Komtur Philipp von Gravenegg aus Lauchheim stellte im Jahre 1658 sechs jüdischen Familien einen Schutzbrief für sechs Jahre aus, trotz heftiger Bedenken des Stadtpfarrers Mühlich. Die Juden trieben einen lebhaften Vieh- und Güterhandel in der Umgebung. 1678 wohnten in Lauchheim sieben Judenfamilien, deren Zahl sich 1717 auf 61 Juden erhöhte und 1788 18 Familien erreichte. Eine Synagoge wird bereits 1686 erwähnt. Als diese durch Fahrlässigkeit abbrannte, wurde die Judenschaft mit einer Strafe von 10 Reichstalern belegt. 1770 wurde ein neues Gotteshaus mit Einwilligung der Herrschaft errichtet. Ihre Toten beerdigten die Juden auf dem Friedhof in Aufhausen.[38]

Die Zahl der Juden in Pflaumloch stieg nach Beendigung des Dreißigjährigen Krieges stetig an. 1658 werden sieben jüdische Familien erwähnt. Nach zehn Jahren waren es neun und 1687 schon 15. Die Gemeinde wurde 1731 dem

Landrabbinat Wallerstein zugeordnet. Mit gräflicher Genehmigung errichteten die 18 Judenfamilien der Ortschaft 1756 ihre erste Synagoge.[39]

Ab dem Jahr 1686 lassen sich auch in Aufhausen wieder Juden nachweisen. Ihre Zahl stieg 1705 auf 27 Personen an. 1730 erlaubte man der jüdischen Gemeinde, eine Synagoge zu errichten, die dann 1777 durch einen Neubau ersetzt wurde. 1736 wohnten in Aufhausen schon 26 jüdische Familien, 1788 stieg ihre Zahl auf 36 Familien. Die Gemeinde gehörte zum Rabbinat Oettingen.[40]

In Oberdorf sind 1684 schon vier jüdische Familien nachgewiesen, deren Zahl sich 1723 auf 26 erhöhte und 1748 dann 37 Familien erreichte. 1793 lebten in Oberdorf 53 jüdische Familien (318 Personen). 1745 wurde die erste Synagoge in Oberdorf eingeweiht.[41]

Schutzbriefe

Das Verhältnis zu ihren jüdischen Untertanen regelten die Grafen von Oettingen durch Schutzbriefe. Die Schutzbriefe könnte man auch als eine Art Verfassung bezeichnen, da alle wesentlichen Verpflichtungen und Rechte der Juden darin festgehalten wurden. Von 1649 bis 1806 stellten die Grafen von Oettingen der Oberdorfer Judenschaft mehrere Schutzbriefe aus. Deren Gültigkeit erstreckte sich über drei bis zwanzig Jahre. Sie umfassten alle Bereiche des rechtlichen, wirtschaftlichen, sozialen und religiösen Lebens der Juden. Es war Usus, dass nach Ablauf der Schutzperiode die Judengemeinde sich an den Grafen mit einem Bittgesuch, einer „Copia memorial" wandte und um erneute Aufnahme in den Schutz bat. Nachdem die neuen Schutzkonditionen des Vertrages zwischen den Repräsentanten der jüdischen Gemeinde, den Barnosen und den Vertretern der Grafschaft feststanden, wurde ein neuer Schutzbrief ausgestellt. Zu Beginn des Schutzbriefes wurde betont, dass die Gewährung des Schutzes von Seiten des Grafen eine große Gnade sei. Danach wurde darauf hingewiesen, dass die gesamte Judenschaft mit Frauen, unverheirateten Kindern und dem „Brodgesinde" in den Schutz aufgenommen war. Die Juden wurden aufgefordert, sich an die Bestimmungen des Schutzbriefes zu halten und solange sie „toleriert" waren, „unterthänig, getreu und gehorsam" zu sein. Die Vielzahl der Steuern, die die Juden zu entrichten hatten, wurden in dem „Saal und Lagerbuch über Oberndorf von 1793" Band II aufgeführt.[42] In dem Kapitel „Vorerinnerungen über die Abgaben der Judenschaft zu Oberndorf" werden in Reihenfolge folgende Steuern genannt:

Haussteuer,
wenn ein Jude ein Haus besitzt. Die Haussteuer der Judenhäuser unterlag derselben Bemessungsgrundlage wie die Christenhäuser. Der Steuermessbetrag war zwischen 100 und 170 Gulden, je nach Zustand des Hauses.[43]

Grundzins
Der Grundzins war bis 1695 noch in Naturalien zu entrichten. Danach wurde die Steuer in Geld umgewandelt.

Dienstgeld
Das Dienstgeld war eine Abwandlung der Jagd- und Handdienste, die die Juden früher zu leisten hatten. Die Abfindungssumme dafür wurde Dienstgeld genannt. Das Dienstgeld musste jeder Haus- oder Hausanteilbesitzer bezahlen, und zwar eine Familie zwei, eine halbe Familie einen Gulden.[44]

Schutzgeld
Das Schutzgeld wurde jährlich von jeder Familie erhoben, ohne Rücksicht auf Vermögen. Im Jahre 1793 betrug der Satz für eine ganze Familie acht und für eine halbe vier Gulden. Der Betrag konnte aber in jedem neuen Schutzbrief verändert werden. Eine „Moderation des Schutzgeldes hing jederzeit von der Spezial-Gnade des Landesregenten ab".[45] Ab 1766 baten viele Witwen und Witwer um eine Herabsetzung des Schutzgeldes auf den jährlichen Schutzgulden.

Ordinaire Schutzsteuer

Die Schutzsteuer errechnete sich vom Schutzgeld, wobei bei einem Betrag von einem Gulden sechs Kreuzer Schutzsteuer zu entrichten waren, bei einem Schutzgeld von acht Gulden wurden also 48 Kreuzer Schutzsteuer bezahlt.[46]

Viehsteuer

Erlaubt wurde den Juden, drei Rinder pro Haushaltung und Jahr zu schlachten. Das Vieh musste aber vorher durch vereidigte Fleischschätzer geprüft und besichtigt werden. Das nicht für ihren Verzehr benötigte Fleisch durften sie an die Christen verkaufen.

Klepper- und Gänsgeld

Das Gäns- und Kleppergeld wurde ursprünglich in Natura verlangt. Das Gänsgeld war schon 1655 in Geld umgewandelt. Vier Judenfamilien zahlten damals für ein Jahr 1 Gulden und 30 Kreuzer Gänsgeld. Im Jahre 1793 wurde es auf 4 Gulden festgesetzt. Im Schutzbrief vom Jahre 1695 wurde von Wallerstein, Pflaumloch und Oberdorf verlangt, „ ... zway daugliche gesunde, guete Reitpferdt also gleich nach aussfertigung dises Brieff in unser Schloss [zu] stellen".[47] Diese mussten alle zwei bis drei Jahre ausgewechselt werden. Aber schon im Schutzbrief von 1728 mussten die Oberdorfer Juden an das Kastenamt Flochberg 30 Gulden Kleppergeld entrichten. Im letzten Schutzbrief für Oberdorf wurde ein Reitpferd jährlich mit 33 Gulden und 20 Kreuzer abgegolten.[48]

Synagogensteuer

Die Synagogensteuer war eine gemeinschaftliche Abgabe. Im Jahre 1742 wurde sie im Schutzbrief auf fünf Gulden festgesetzt.[49] Danach blieb sie unverändert.

Das Umgeld

Das Umgeld war eine Art Genussmittelsteuer. In dem Saal- und Lagerbuch von Oberdorf von 1793 wird es wie folgt beschrieben: „Das Umgeld wird von dem unter der Judenschaft auszuzapfenden Koscherem und anderen werthen Getränken erhoben, es mag heißen wie es wolle."

Schächtgeld

Das Schächtgeld wurde für das zum Schächten erlaubte Vieh erhoben.

Abzug- oder Nachsteuer

Die Abzugs- oder Nachsteuer wurde dann erhoben, wenn ein Jude die Grafschaft verließ, um sich in einen anderen Schutz zu begeben, und auch fahrende Habe mitnehmen wollte. Auf diese wurde dann eine zehnprozentige Nachsteuer erhoben.

Berufe

In den Schutzbriefen wurden auch die Erwerbszweige genau festgelegt. Den Juden waren generell „allerlei Hantierungen und Gewerbschaften erlaubt", die den Christen nicht schadeten. Das führte aber dazu, dass die Erwerbszweige der Judenschaft sehr eingeengt waren. Viel blieb da nicht übrig. Die Hauptbeschäftigungen waren somit der Trödel- und Schacherhandel sowie der Vieh-, Grundstücks- und der Geldhandel. Es war aber auch erlaubt, eine sogenannte „Profession" auszuüben, für die dann eine Professionssteuer bezahlt wurde. Das Saal- und Lagerbuch berichtet von einem Juden, der in Oberdorf ab 1722 die „Schneiderprofession" betrieb.

Der Geldhandel war zwar erlaubt, aber strengen Bestimmungen unterworfen. Unter anderem war er wie alle anderen Handelstätigkeiten, die einen Wert von über 24 Gulden überschritten, protokollierpflichtig. Um keine Unklarheiten aufkommen zu lassen, wurde der Zinssatz von der Herrschaft in den Schutzbriefen wie folgt festgelegt: 1719 ein Zinssatz von 5 Prozent, 1727 von sechs Prozent, 1735 von sechs Prozent, 1752 von acht Prozent, 1761 von sieben Prozent und 1788 ein Zinssatz von sieben Prozent. Wer sich nicht daran hielt, wurde hart bestraft.[50]

Bei Darlehen war es ab 1798 Usus, ein Faustpfand für das ausgeliehene Geld als Sicherheit zu verlangen. Dieses musste dann ganz genau im Protokoll beschrieben werden. Sollte sich der Schuldner nicht an den Zahlungstermin halten, musste das Pfand auf das Amt gebracht werden, wo es dann versteigert und dem Juden sein Geld ausbezahlt wurde.[51]

Der Grundstückshandel, der Erwerb von Gärten, Äckern, Wiesen und Häusern durch Kauf oder Tausch war den Juden nicht verboten. Diese liegenden Güter mussten in spätestens einem Jahr weiter verkauft werden.

Strenge Bestimmungen regelten den Viehhandel. Diese sollten vor allem die Tierseuchen verhindern. Der jüdische Händler war verpflichtet, dem Käufer auf Verlangen den Herkunftsort der Tiere zu nennen und ihm auch den Gesundheitsschein vorzulegen.[52]

Für den Hausgebrauch und „Ceremonien" wurde den Juden erlaubt, koscheren Wein herzustellen.

In Rechtssachen waren sie auf die erste und zweite Instanz der Grafschaft angewiesen. War ihnen auf dem Instanzenweg kein Recht widerfahren, so war es erlaubt, die Klage vor dem Grafen vorzutragen.

Innerhalb der Gemeinde war der Rabbi oder dessen Substitut ermächtigt, Geldstrafen bis zu fünf Gulden zu erheben. Die Hälfte der Geldstrafeneinnahmen musste allerdings an das Oberamt abgeführt werden. Je nach Schutzzeit war es ohne Genehmigung erlaubt, zwischen 24 Stunden und drei Tagen fremde Glaubensgenossen zu beherbergen.

Das Königreich Württemberg und die Juden

Nach der Auflösung der territorialen Zersplitterung in weltliche und geistliche Herrschaftsgebiete zu Beginn des 19. Jahrhunderts kamen die Ortschaften des Ostalbkreises an das Königreich Württemberg. Durch den Staatsvertrag mit Bayern von 1810 wurden Aufhausen, Oberdorf, Lauchheim und Pflaumloch württembergisch. Aus den hier lebenden Schutzjuden wurden nun Zug um Zug württember-

Bopfingen-Oberdorf, ehemalige Synagoge, heute Gedenk- und Begegnungsstätte.
Foto: B. Hildebrand

gische Staatsbürger. Das 1828 erlassene „Gesetz in betreff der öffentlichen Verhältnisse der Israelitischen Glaubensgenossen"[53] war ein wichtiger Schritt zur bürgerlichen Gleichstellung der Juden. Das Gesetz ordnete an, dass die Juden Familiennamen anzunehmen hatten. Auch die Schulpflicht der jüdischen Kinder vom 6. bis zum 14. Lebensjahr wurde verfügt. Ermöglicht wurde auch die Übersiedlung in andere Ortschaften, wenn die Ausübung eines Handwerks als Erwerbsgrundlage gesichert war. Doch die vollständige Gleichberechtigung mit den übrigen württembergischen Bürgern wurde erst durch das Gesetz von 1864 festgeschrieben.

Der Aufschwung in den jüdischen Gemeinden zu Beginn des 19. Jahrhunderts wird sich auch in einer regen Bautätigkeit widerspiegeln. Es wurden Gebäude errichtet, in denen sich das religiöse, kulturelle und gesellschaftliche Leben der Juden abspielte.

Schon vor dem Gesetz von 1828 erhielten die jüdischen Gemeinden die Erlaubnis, eigene Schulen zu eröffnen. So entstanden 1823 jüdische Schulen in Aufhausen und Oberdorf, 1829 in Lauchheim und 1832 in Pflaumloch. In Oberdorf und Pflaumloch waren in dem Schulgebäude auch das Frauenbad, die Mikwe, und die Lehrerwohnung untergebracht. 1824 errichteten die Juden aus Oberdorf einen Friedhof, die Juden in Pflaumloch verfügten erst ab 1837 über einen Begräbnisplatz. Die Friedhöfe waren notwendig geworden, da der alte jüdische Bestattungsplatz in Wallerstein sich seit 1810 in Bayern befand und die Beerdigungen über die Staatsgrenze mit viel Mühe und vielen Formalitäten verbunden waren.

Neue Gotteshäuser errichteten die jüdischen Mitbürger 1823 in Aufhausen, 1846 in Pflaumloch und 1856 vergrößerten sie die Synagoge in Lauchheim. Die Synagoge in Oberdorf die schon 1745 errichtet wurde, war zu Beginn des 19. Jahrhunderts baufällig und somit beschloss die jüdische Gemeinde, an der Stelle der alten eine neue Synagoge errichten zu lassen. Zu diesem Zweck wurde am 18. Juli 1808 ein Vertrag zwischen den jüdischen Gemeindevorstehern Isak Low und David Abraham und dem Zimmermeister Kaspar Herdeg aus Röttingen und dem Maurermeister Johann Beck aus Oberdorf geschlossen.[54] In dem Vertrag wurden alle anstehenden Arbeiten betreff den Abriss des Altbaus und des Neubaus der Synagoge festgehalten. Laut Vertrag sollte ein an die Synagoge angebautes Wohnhaus auch renoviert werden.

Von einer Vergrößerung der Fläche der Synagoge ist zu keinem Zeitpunkt die Rede, nur die Höhe sollte „wenigstens fünf bis sechs Schuh" mehr betragen als die alte Synagoge. Über dem Beetsaal als auch auf der Empore musste eine Gipsdecke mit Malereien angebracht werden. Insgesamt sollte das Gebäude 24 Fenster haben. Das Pflaster der „Mannsschule" sollte beim Umbau bedeckt werden, um keinen Schaden zu nehmen. Im Vertrag werden zwei „Weiberschulen" genannt, deren Gitter dunkelblau gestrichen sein sollte. Den beiden Meistern wurde aufgetragen, „gute und dauerhafte Arbeit zu verfertigen", die dann von Bausachverständigen geprüft werde.

Zimmermeister Herdeg erhielt für die anfallenden Arbeiten einen Betrag von 839 fl., während Maurermeister Beck mit 775 fl. entlohnt wurde. Die Bauarbeiten wurden ab 1808 bis vermutlich 1812 durchgeführt. Leider ist kein „Einweihungsdatum" für die zweite Synagoge überliefert. Die Inschrift über der Thoraschreinnische weist als Baudatum für die Synagoge das Jahr 1812 aus.

Für „bauliche Nachbesserung ihrer Synagoge" erhielten die Oberdofer 1857 einen Betrag von 200 Gulden von dem Ministerium des Kirchen- und Schulwesens in Stuttgart. Von demselben Ministerium forderte 1885 die jüdische Gemeinde für Reparaturen am Rabbinatsgebäude und an der Friedhofsmauer die Summe von 2.300 Gulden.[55]

Rabbinat Oberdorf

Im Jahre 1832 wurde eine „Verfügung, die kirchliche Einteilung der Israeliten des Königreichs betreffend" erlassen.[56] Die 41 jüdischen Gemeinden Württembergs teilte man 13 neuen

Rabbinaten zu. Oberdorf wurde Rabbinatsitz. Zum Oberdorfer Rabbinat (Nummer 8) gehörten folgende Gemeinden des Jagstkreises: Oberdorf mit 496 Juden, Aufhausen mit 298 Juden, Pflaumloch mit 235 Juden und Lauchheim mit 111 Juden. Insgesamt waren das 1.140 Gemeindemitglieder. In einigen Gemeinden machten die Juden fast 40 Prozent der Gesamtbevölkerung aus. 1838 belief sich die jüdische Bevölkerung Oberdorfs auf 545 Personen. Zum Vergleich, im selben Jahr wohnten 739 Christen in Oberdorf.[57] Bei der Volkszählung 1850 lebten in Aufhausen 378 Juden, in Oberdorf 548 Juden, in Pflaumloch 355 Juden und in Lauchheim 176 Juden.

Zum Rabbinat Oberdorf kamen ab 1850 dann die neu gegründeten jüdischen Gemeinden Bopfingen, Ellwangen und Schwäbisch Gmünd hinzu. In Ellwangen zählte man 1863 20 Juden, 1886 schon 99 Juden. Die jüdische Gemeinde unterhielt hier bereits 1877 einen Betsaal im Gasthof „Rößle". In Gmünd lebten 1869 22 Juden, deren Zahl 1886 67 Personen erreichte. In Bopfingen haben sich 1880 erst sechs Juden niedergelassen. Sie nutzten die Einrichtungen der jüdischen Gemeinde Oberdorf.

Von 1832 bis 1930 wirkten im Rabbinat Oberdorf sieben Rabbiner.[58] Der wohl bekannteste Rabbiner Oberdorfs war Dr. Hermann Kroner. Er leitete die Geschicke des Rabbinats 33 Jahre lang. Er studierte an den Universitäten Marburg und Heidelberg und promovierte in Tübingen mit einer Arbeit über Maimonides, dem bedeutendsten jüdischen Philosophen und Arzt des Mittelalters. Zu seinem 60. Geburtstag wurde er von der Gemeinde Oberdorf in einem Festakt geehrt. Völlig unerwartet verstarb Dr. Kroner am 30. Juli 1930. Nach seinem Tod wurde das Rabbinat Oberdorf dem Rabbinat Schwäbisch Hall eingegliedert. Dr. Hermann Kroner wurde auf dem jüdischen Friedhof in einem Familiengrab bestattet. Seine Frau Sofie Kroner wurde am 22. August 1942 nach Theresienstadt verschleppt, wo sich ihre Spur verliert.[59]

Wirtschaftsleben

Die Juden nahmen im Wirtschaftsleben von Oberdorf eine wichtige Stellung ein. Neue Erwerbszweige wurden von ihnen aufgegriffen. So gründete schon 1830 Veit Weil die Leim-, Collagen- und Degrasfabrik, deren Erzeugnisse auch in Frankreich und Amerika Absatz fanden, 1832 David Heimann eine Webwaren- und Wäschefabrik, die auch Näherinnen in Heimarbeit beschäftigte. Die Familie Wassermann betrieb ein kleines Manufakturwarengeschäft, ein Lebensmittelladen gehörte der Familie Pappenheimer, dazu kommen die Metzgerei der Familie Neumetzger und die Bäckerei und das Café der Familie Schuster. Aber auch der traditionelle Pferde- und Viehhandel, für den die Oberdorfer Juden bekannt waren, wurde weiter betrieben. Seit der Eröffnung der Bahnlinie von Stuttgart nach Bopfingen 1862 belieferten die Viehhändler auch den Stuttgarter Schlachthof.[60]

Auswanderung

Ab der zweiten Hälfte des 19. Jahrhunderts nahm die jüdische Bevölkerung Oberdorfs stetig ab. Grund dafür ist die neu gewonnene Niederlassungsfreiheit. Zunächst verzeichnete man ab 1855 eine Auswanderungswelle in die USA, die allerdings 1872 wieder auslief und insgesamt 86 Oberdorfer Juden betraf, zum anderen wanderten viele Juden nach dem Gleichstellungsgesetz von 1864 verstärkt in die Städte ab, wo sie sich bessere Verdienstmöglichkeiten versprachen.

In den jüdischen Gemeinden wirkten Persönlichkeiten, die weit über die Grenzen ihres Heimatortes bekannt wurden. Isaak Heß wurde 1789 in Lauchheim geboren und ließ sich 1823 in Ellwangen als Buchhändler und Antiquar nieder. 1830 begründete er den „Württembergischen Verein zur Versorgung armer israelitischer Waisen und verwahrloster Kinder", der bis zum Dritten Reich bestand. Er starb 1866 und wurde in Aufhausen beerdigt. Samuel Liebmann wurde im Jahre 1799 ebenfalls in Aufhausen geboren. Schon früh zog er aus seinem Hei-

Bopfingen-Oberdorf, Boykott der Textilhandlung Heimann am 1. April 1933. Foto: Archiv des Trägervereins Ehemalige Synagoge Oberdorf e.V.

matort weg, wanderte 1850 in die USA aus, wo er in New York erfolgreich eine Brauerei eröffnete.[61] Im Jahr 1817 wurde Gabriel Heß in Aufhausen geboren. Er machte sich einen Namen als Industrieller in Paris.[62] In Oberdorf wirkte Dr. David Essinger als praktischer Arzt. In Anerkennung seiner Verdienste und für seine fünfundzwanzigjährige „umsichtige und unermüdliche Berufserfüllung" sowie auch für seine Tätigkeit als „Armenarzt" von Oberdorf wurde ihm am 2. Januar 1869 das Ehrenbürgerrecht der Gemeinde verliehen.[63]

Durch Abwanderung in die Städte ist die Zahl der jüdischen Einwohner in den Judendörfern zu Beginn des 20. Jahrhunderts zurückgegangen. Somit mussten in vielen jüdischen Gemeinden die Schulen und Synagogen geschlossen werden. Im Jahre 1900 wohnten in Oberdorf nur noch 166 Juden, in Aufhausen 56 Juden, in Lauchheim 32 Juden und in Pflaumloch noch 21 Juden.[64]

In Aufhausen wurde wegen Schülermangels die jüdische Schule 1901 geschlossen (fünf Schüler) und 1910 die jüdische Gemeinde, die nur noch 21 Mitglieder zählte, bis 1925 als Filialgemeinde von Oberdorf weitergeführt. 1931 wurde die Synagoge dann geschlossen. Während des Zweiten Weltkrieges diente sie als Heim der Hitlerjugend.[65]

Da in Pflaumloch 1906 keine Juden mehr wohnten, wurde die jüdische Gemeinde aufgelöst. 1907 schenkte der Kommerzienrat Alexander von Pflaum die Synagoge der politischen Gemeinde Pflaumloch. Sie wurde nach Plänen des Stifters umgebaut und beherbergt heute das Rathaus von Riesbürg.[66] Links der Rathaustüre befindet sich eine Gedenktafel mit dem Namen des Spenders.

In Lauchheim wurde 1914 die Schule wegen Schülermangels geschlossen, die Synagoge 1921 verkauft und die jüdische Gemeinde als Filialgemeinde von Oberdorf weitergeführt. 1938 wurde die Synagoge demoliert und danach als Scheune genutzt.

Die ansteigende jüdische Bevölkerung Anfang des 20. Jahrhunderts in den Städten führte zu einem regen jüdischen Leben. In Ellwangen wurde von 1926 bis 1933 ein Betsaal angemietet, der dann auf Betreiben der NSDAP der jüdischen Gemeinde gekündigt wurde. Auf dem jüdischen Friedhof nahm man bis 1938 insgesamt 23 Bestattungen vor. 1935 wurde die jüdische Gemeinde Ellwangen aufgelöst.

In Schwäbisch Gmünd hatte die jüdische Gemeinde 1926 eine Synagoge eingeweiht, die aber schon 1934 innen verwüstet wurde. Vor der Auflösung der jüdischen Gemeinde im Juli 1939 wurde das Synagogengebäude für 21.500 RM an die Kreissparkasse verkauft. Im Jahre 1941 wurden aus Gmünd 22 Juden zwangsdeportiert.[67]

Machtergreifung der Nationalsozialisten

Nach der Machtergreifung der Nationalsozialisten im Januar 1933 setzten auch in Oberdorf die Uniformierung und die Gleichschaltung aller gesellschaftlichen Bereiche ein. Die Repressalien gegen die jüdischen Mitbürger begannen. Eine der ersten Maßnahmen gegen die Oberdorfer Juden war die Aberkennung des 1921 erteilten Ehrenbürgerrechts an Kommerzienrat Karl Weil und die Entlassung des Viehhändlers Aron Meyer aus dem Gemeinderat. Auf Anforderung der Württembergischen Politischen Polizei wurde eine Liste mit allen 87 in Oberdorf woh-

nenden Juden erstellt. Viele Schikanen und Ungerechtigkeiten wurden den Juden angetan. Der erste Kaufmann, gegen den sich der Zorn der Nazis richtete, war David Heimann, dessen Textilhandlung am 1. April 1933 mit Boykott belegt wurde.[68]

Andere Kaufleute wurden wegen verächtlichen Äußerungen gegenüber Adolf Hitler in „Schutzhaft“ genommen. Auch wirkte die NSDAP auf die bei den Juden beschäftigten Christen ein, die als „Judenknechte“ beschimpft und bedroht wurden. Am 1. Oktober 1938 entzog man nun auch den jüdischen Viehhändlern die Handelserlaubnis, was einem Berufsverbot gleichkam.[69]

Bald danach folgten die schrecklichen Ereignisse während der Reichskristallnacht, wobei man auch vor Mord nicht zurückschreckte. In den Morgenstunden des 9. Novembers 1938 wurden die Juden Julius und Josef Schuster von dem SA-Adjutanten Roos und seinen Helfern abgeholt und mit einem Auto in eine Nachbargemeinde gebracht. Danach jagte man beide aus dem Auto. Sie mussten querfeldein

laufen, während die SA-Leute auf sie feuerten. Dabei wurde Josef Schuster getötet und Julius Schuster verwundet.[70] Im Laufe des gleichen Tages erschienen in Oberdorf beim SA-Sturmführer Böss SA-Leute aus Ellwangen, um die Synagoge anzuzünden. Da der SA-Führer Böss sich weigerte, an der „Aktion" teilzunehmen, zogen sie unverrichteter Dinge wieder ab. In den Morgenstunden des 11. Novembers 1938 verschafften sich dann SA-Leute Zugang zur Synagoge durch eine zerschlagene Fensterscheibe und verbrannten hier vorgefundene Schriften und ein Teil des Mobiliars.

Bald bemerkten Anwohner das Feuer in dem Gebäude und die Christen Lotte und Fritz Mahler, Frau Scherup und die Juden Gustav Lamm und Isaak Lehmann löschten es. Nach der Reichskristallnacht wurde die Synagoge geschlossen.[71]

Einige Oberdorfer Juden wurden noch am Abend des 9. Novembers 1938 verhaftet und in Bopfingen festgehalten, von wo sie am nächsten Tag nach Dachau gebracht wurden. Über die unmenschliche Behandlung, der die teils über 60jährigen Juden in Dachau einen Monat lang ausgesetzt waren, hat David Heimann Aufzeichnungen hinterlassen.

Nach der Reichspogromnacht stieg kurzfristig die Zahl der Juden in Oberdorf an, weil aus den umliegenden Städten und Gemeinden 54 Juden hier zwangseinquartiert wurden. Sie fanden Unterkunft bei ihren Glaubensgenossen. Bald sollten aber 88 der hier lebenden Juden in vier Deportationszügen (Dezember 1941 bis August 1942) in die Vernichtungslager des Dritten Reiches verschleppt werden. Danach lebten in Oberdorf keine Juden mehr. Nur eine gebürtige Oberdorfer Jüdin hat das KZ überlebt, ihr Name ist Meta Meyer.

Im Zuge der verordneten Liquidierung des jüdischen Vermögens wurde die Synagoge 1939 an die Gemeinde Oberdorf verkauft, die sie ein Jahr später an den örtlichen Turnverein weiterverkaufte. Während des Krieges waren in der ehemaligen Synagoge Zwangsarbeiter untergebracht. Nach dem Krieg richtete man in der ehemaligen Synagoge eine katholische Kirche ein. Das Gebäude wurde ab 1968 von einem Handwerksbetrieb übernommen und als Lagerraum genutzt.

Eine Gedenk- und Begegnungsstätte entsteht

Die Idee, das Gebäude einer würdigeren Nutzung zuzuführen, entstand Anfang der 80er-Jahre. 1989 war es gelungen, den „Trägerverein ehemalige Synagoge Oberdorf e. V." zu gründen, der dann die ehemalige Synagoge erwarb und annähernd in den Zustand versetzte, den sie vor 1940 gehabt hatte. Ziel der Maßnahme war es, das Gebäude nicht wieder als Gotteshaus, sondern als Gedenk- und Begegnungsstätte zu nutzen.

Am 25. November 1993 konnte in einem Festakt die Gedenk- und Begegnungsstätte der Öffentlichkeit vorgestellt werden. Eigens dafür war der als Kind ausgewanderte Karl Heimann aus den USA angereist und übergab der Gedenkstätte die Thorarolle seiner Familie.

Der nächste Schritt war nun die Erforschung der Geschichte der Juden in Oberdorf und dem gesamtem Ostalbkreis. 1997 konnte dann in der Gedenk- und Begegnungsstätte ehemalige Synagoge Oberdorf das „Museum zur Geschichte der Juden im Ostalbkreis" eröffnet werden. Im Vordergrund der Museumskonzeption steht die Darstellung der Geschichte der Juden in Oberdorf und ihrer Synagoge.

Da aber die Gedenkstätte kreisweit die einzige ihrer Art ist, wurde die Geschichte der jüdischen Ansiedlungen des Landkreises ebenfalls berücksichtigt.

In den Räumen der Gedenkstätte findet seither ein reges Kulturprogramm statt. Es werden Ausstellungen, Vorträge, Konzerte und Museumsführungen geboten. So gelang es, viele tausend Besucher mit der Geschichte, Kultur und den Traditionen der Juden in Oberdorf und dem gesamten Ostalbkreis bekannt zu machen.

Bopfingen-Oberdorf, Innenansicht der ehemaligen Synagoge, heute Gedenk- und Begegnungsstätte.
Foto: B. Hildebrand

Brauchtum
Heidrun Heckmann

Pennäler Schnitzelbank, Blutritte und Thomasbrezel - Brauchtum im Ostalbkreis im Wandel der Zeit

Der Ostalbkreis mit seiner vorwiegend ländlichen Prägung verfügt über eine dichte Brauchtumslandschaft mit einzigartigen Glanzlichtern. Hauptträger des Brauchtums war in früherer Zeit vor allem die bäuerlich-dörfliche Gesellschaft mit ihrem tief verwurzelten Volksglauben. Mit der Modernisierung der agrarischen Welt ist so mancher Brauch in Vergessenheit geraten. Nachdem kirchliche Feiertage nicht mehr die einzigen arbeitsfreien Tage des Jahres sind und somit für viele Menschen an Bedeutung verloren haben, löste sich auch die einstmals enge Bindung an das traditionelle Brauchtum. Nach und nach tauchen diese Bräuche aber wieder vermehrt auf - wenn auch manchmal in modernisierter Form oder an unvermutetem Ort. Die Menschen scheinen in der Hektik unserer Zeit wieder diese Momente der Besinnung und Abwechslung der anderen Art zu brauchen. Brauchtumsträger ist immer eine Gemeinschaft: Familie, Altersgenossen, Kirchengemeinde oder Dorfgemeinschaft sind nur einige davon und der Einzelne kann auch mehreren Gruppen gleichzeitig angehören. Der Brauch regelt somit innerhalb eines sozialen Raumes die Beziehungen der Menschen zueinander.

Weihnachten – eine brauchtumsreiche Zeit

Kaum eine Zeit wird so selbstverständlich in allen Schichten der Bevölkerung mit Bräuchen begangen wie der Weihnachtsfestkreis. Im öffentlichen Raum trifft man überall auf Adventskränze und Weihnachtsbäume und in Kirchen und Privathäusern wird die Weihnachtskrippe aufgestellt. Die Krippe konnte sich deshalb so sehr im Bewusstsein der Menschen festsetzen, weil man hier die eigene Lebenswelt in das Weihnachtsgeschehen einbringen konnte. Daraus resultiert auch die große Bandbreite der Weihnachtskrippe, die in allen Völkern der Welt anders aussieht.

Den realen Begebenheiten ziemlich nah kommt die römische Krippe im Limesmuseum Aalen, die einen Eindruck von der Zeit um die Geburt Jesu gibt. Neben der Darstellung der eigentlichen Weihnachtsgeschichte wird unter anderem auch die Volkszählung gezeigt, die Maria und Josef nach Bethlehem kommen ließ, wo Jesus geboren wurde.

Die Böbinger Jahreskrippe, die alljährlich von Weihnachten bis Ostern das biblische Geschehen dieses Zeitrahmens mit über 300 Figuren und mehr als 30 Einzelbildern zeigt, stellt im weiten Umkreis eine Besonderheit dar. Die 1978/79 ins Leben gerufene Brauchtumsinitiative stellt die Jahreskrippe im Böbinger Schlössle jährlich unter ein anderes Motto, sodass in jedem Jahr neue Szenen in der Krippe zu finden sind. Themen wie Konsumterror und Weihnachtsrummel machen die Böbinger Jahreskrippe zu einem sehr zeitgemäßen Brauch.

Einen Kontrast zum Figurenreichtum der Böbinger Jahreskrippe stellt die Krippe in der Wallfahrtskirche in Hohenstadt dar. In der Weihnachtszeit wird eine Nachbildung des berühmten Prager Jesuleins gezeigt, das vermutlich schon seit 1711 in Hohenstadt zu sehen ist. Damit geht man in Hohenstadt auf die Urform der Krippe zurück – die alleinige Darstellung des neugeborenen Jesuskindes. Wie beim Prager Vorbild wird das Jesuskind in aufrechter Haltung und in prachtvoller Gewandung dargestellt, also ganz in der Tradition des neugeborenen Königs.

In Ellwangen wird seit 1996 mit dem Krippenweg eine alte, fast schon vergessene Tradition wieder belebt: das Krippenlaufen von Krippe zu Krippe, wie es bei unseren Vorfahren üblich war. Jährlich wächst die Zahl der Stationen und das Interesse daran ist groß.

In der Dauerausstellung des Schlossmuseums ist mit der Barockkrippe aus den Jahren 1760/1770 die älteste Krippe des Krippenwegs zu sehen, die nach ihrem letzten Besitzer auch Stubenvoll-Krippe genannt wird. Die fürstpröpstliche Auftragsarbeit mit über 100 Figuren zeigt zwei prachtvoll ausgestattete Szenen: die Hochzeit zu Kana und die Ankunft der Heiligen Drei Könige. Die Stubenvoll-Krippe zählt zu den schönsten Barockkrippen in ganz Süddeutschland.

Das ganzjährig zu besichtigende Krippendiorama in der Wallfahrtskirche auf dem Schönenberg stammt aus Oberammergau und ist in den Jahren 1910/11 gefertigt worden. Der Künstlerpfarrer Sieger Köder hat die Krippe 1992/93 noch ergänzt. Überhaupt sind eine ganze Reihe von Krippen des Ellwanger Krippenweges auf Sieger Köder zurückzuführen. Da sind zunächst die beiden Simultankrippen in den Kirchen zu Hohenberg und Rosenberg. Unter Simultankrippe versteht man Krippen, in denen gleichzeitig mehrere Szenen zu sehen sind, die eigentlich nacheinander gezeigt werden müssten. Außerdem wurden von Sieger Köder noch die Brettkrippe in Hinterbrand, der Flügelaltar von Hütten und die so genannte Arme-Leute-Krippe im Kreuzgang von St. Vitus in Ellwangen gestaltet.

Die Basilika St. Vitus birgt noch weitere Stationen des Krippenweges. So steht auf den Treppen vor dem Chorraum die Krippe des Ellwanger Studiendirektors Johannes Hils. Die Besonderheit der Krippe sind die Figuren der lokalen Kirchengeschichte. Neben dem Jesuitenpater Philipp Jeningen sind auch die Stifter des Ellwanger Klosters Hariolf und Erlolf in das Weihnachtsgeschehen eingebunden.

In der Krypta von St. Vitus schließlich steht die Krippe von Josef Retzbach, der die Figuren in der Zeit von 1928 bis 1936 geschaffen hat. Das Außergewöhnliche an dieser Krippe besteht darin, dass alle Figuren die Gesichtszüge Ellwanger Bürgerinnen und Bürger tragen, die dem Künstler Modell gestanden haben. Als Kulisse hat Retzbach den Torbogen von Schloss Ellwangen gewählt.

Ellwangen, Wallfahrtskirche Schönenberg, Krippe. Foto: B. Hildebrand

Brauchtum im Ostalbkreis ist nicht immer auf jahrhundertealte Traditionen zurückzuführen. Mit den Lichterpyramiden in Ruppertshofen und Unterschneidheim hat vor einigen Jahren erzgebirgische Volkskunst auf der Ostalb Einzug gehalten. In beiden Fällen handelt es sich um großzügige und nicht zu übersehende Geschenke der jeweiligen Partnergemeinden aus dem Erzgebirge. Bereits zur Tradition geworden ist inzwischen das Neujahrsschießen des Schützenzuges der Bürgergarde in Hüttlingen, die von

Trommlern und Marketenderinnen begleitet mit Salutschüssen das neue Jahr begrüßen und in der Gemeinde zum viel beachteten Brauchtermin geworden ist.

Die fünfte Jahreszeit – Fasnachtstreiben im Ostalbkreis

Eine fasnachtliche Besonderheit hat Ellwangen mit dem Rügebrauch der Pennäler Schnitzelbank aufzuwarten. Dabei handelt es sich um einen Fasnachts-Geheimbund, bei dem die „Schwarze Schar" am Abend des Fasnachtssonntags einen Umzug mit Trommeln, Fackeln und Schellenbaum abhält und anschließend in den Wirtschaften die Ellwanger Lokalgeschichte in spitzen Reimen und zur Melodie von „Auf der Schwäbischen Eisenbahn" kommentiert. Die Wurzeln liegen wohl in der Revolutionszeit um 1848, im Jahr 2001 wurden bereits 150 Jahre Pennäler Schnitzelbank gefeiert. Vermutlich wurde der Geheimbund von Tübinger Referendaren begründet, die die verstaubte Obrigkeit vom Lande aufs Korn nehmen wollte. Nachwuchs rekrutierten die Referendare aus der Oberen Klasse am Pennal. Nach wie vor wird die hartnäckige Geheimhaltung der Mitglieder aufrechterhalten.

In Röhlingen haben die Sechta-Narren mit der Brauchtumsgruppe „Der grüne Jäger und das Wilde Heer" eine Sage aus der Beschreibung des Oberamtes Ellwangen (1886) wieder belebt. Die Oberkochener Schlagga-Wäscher haben mit dem Motiv des Bilz-Hannes im Jahr 1998 ebenfalls ein historisches Thema aufgegriffen. Allerdings geht die Figur nicht auf eine Sage, sondern auf eine reale Person der Lokalgeschichte zurück: Der Hüter des Gemeindewaldes Bilz und Flurschütz Matthias Wiedenhöfer (1780-1840) - Bilz-Hannes genannt - stand für die Brauchtumsfigur Pate.

Schlutten machen zur Fasnacht Wasseralfingen unsicher. Eine Schlutt ist ganz zusammengewürfelt gekleidet, vielleicht ist die Verkleidung auf die außergewöhnlich grellbunte Farbigkeit der Wasseralfinger Frauentracht zurückführen.

Außerdem trägt sie ihre Maske am Hinterkopf als Symbol für die verkehrte Welt zur Fasnachtzeit und natürlich zur Irritation der Zuschauer. Am Buntesten trieben es die Wasseralfinger Schlutten in den 20er-Jahren des 20. Jahrhunderts, in den 50er-Jahren tagte das Schluttengericht aber vorerst das letzte Mal. Erst mit der Gründung der Guggenmusikgruppe Schludda-Gugga im Jahr 1998 lebte die Tradition wieder auf.

Aalen hat seit 1966 sein Saures Meckereck, die Fasnachtstradition ist hier aber schon wesentlich älter. Bereits im Jahr 1839 taucht im „Boten von Aalen" erstmals eine Anzeige auf, die zum Maskenball einlädt.

Seit 1984 hat sich Schwäbisch Gmünd mit dem Internationalen Guggenmusiktreffen als Mekka für Guggenmusiker mit Gruppen aus der Schweiz, Lichtenstein und Deutschland etabliert. Im Jubiläumsjahr 2003 nahmen 21 Guggenkapellen mit rund 800 aktiven Musikerinnen und

Musikern beim 20. Festival der schrägen Töne
teil, die Zahl der Schaulustigen geht alljährlich
in die Zehntausende. Vorbild des Gmünder Fasnachtstreibens ist die Basler Fasnacht, die Heimat der Guggenmusik, die nicht als Improvisation verstanden sein will, sondern geprobtes und
bewusstes Falschspielen bedeutet. Höhepunkt
der Veranstaltung sind die Monsterkonzerte aller Teilnehmer auf dem Markt-, Johannis- und
Münsterplatz, wobei jede Gruppe ein anderes
Lied spielt.

Die Neresheimer Fasnacht ist bis in das Jahr
1567 nachweisbar: In einer Landordnung wurde seinerzeit nämlich das Vermummen verboten, wenn auch nicht ausdrücklich von der Vermummung zur Fasnachtszeit die Rede ist. Heute
ist dagegen alle vier Jahre beim großen Narrentreffen Verkleiden oberstes Gebot.

Fastenzeit und Ostern

Für die Weihnachtszeit ist das Aufstellen einer Krippe ganz normal. Fastenkrippen in der
vorösterlichen Zeit sind heute aber beinahe unbekannt. Die Böbinger Jahreskrippe und die
Fastenkrippe in der Antoniuskapelle in Waldstetten bewahren diesen alten Brauch jedoch
vor dem Vergessen. Fastenkrippen zeigen das
Leiden, Sterben und die Auferstehung Christi.

Das Passionsspiel in Schwäbisch Gmünd –
vermutlich im 17. Jahrhundert begründet und
1803 letztmalig aufgeführt - zählte seinerzeit zu
den größten und bekanntesten Schauspielen im
schwäbischen Raum. An Gründonnerstag und
Karfreitag zeigten über 100 Laiendarsteller in jeweils zwölf Aufführungen in barocker Prachtentfaltung und mit musikalischer Untermalung
auf einer Bühne auf dem Münsterplatz die Passion Christi. In neuerer Zeit wird noch in Dirgenheim ein Passionsspiel aufgeführt.

Am Karfreitag verstummen die Kirchglocken
und die Rätschen treten an ihre Stelle. Traditionell wird das Rätschen von den Ministranten
übernommen. Neuler kann mit einer Rätsche
aufwarten, auf der sich Generationen von Ministranten verewigt haben. In Wißgoldingen hat die
Rätsche sogar so ein Ausmaß, dass sie auf einem
Rätschenkarren transportiert werden muss. Wer
einmal in den Genuss einer Rätsche in Aktion
gekommen ist, wird das Geräusch sicher nicht so
schnell vergessen.

Ostern ist auch mit weltlichem Brauchtum
reich gesegnet. Der Aalener Bevölkerung hat
ihre Vorliebe für das Osterspiel sogar den Necknamen „Spitzärsche" eingebracht. Beim Spitzarschen am Karsamstag werden hart gekochte Hühnereier zuerst „Spitz auf Spitz" und dann
„Arsch auf Arsch" geschlagen. Der Gewinner
der Runde gewinnt das beschädigte Ei und sucht
sich einen neuen Partner mit einem noch heilen Ei. Zeitungsinserate aus dem 19. Jahrhundert zeugen von der langen Tradition des Spitzarschens in Aalen.

Die in den letzten Jahren vermehrt auftretenden Osterbrunnen sind ursprünglich nur in
der Karstregion der Fränkischen Schweiz beheimatet gewesen. Im Frühjahr wurden dort die
Brunnen geputzt, wobei man den Begriff putzen
durchaus in doppelter Hinsicht anwenden kann:
Zum einen wurden die Brunnen von Laub und
Dreck befreit, zum anderen schmückte man die
Brunnen aus Dankbarkeit für das lebensnotwendige Wasser in dieser wasserarmen Region. In
Aalen war der fränkische Brauch zuerst zu finden. In den letzten Jahren sind viele Gemeinden des Ostalbkreises diesem Vorbild gefolgt. In
Schechingen beispielsweise machen 3.500 von
Hand bemalte Motiv-Ostereier den Brunnen zu
einem echten Schmuckstück.

Ernte und Dank

Seit 1847 wird in Essingen nach Hungersnöten und Missernten Mitte des 19. Jahrhunderts
der erste Erntewagen geschmückt und feierlich
ins Dorf gefahren. Gschwend dagegen schenkt
seit 1817 aus Erleichterung über das Ende einer
harten und entbehrungsreichen Zeit dem letzten Erntewagen mit Roggengarben besondere Aufmerksamkeit. Außerdem fallen zur Erntezeit im Gschwender Raum die Erntesträuße
auf den abgeernteten Feldern auf, die aus Dank-

Bopfingen-Floch-berg, Wallfahrtskir-che „Unserer Lieben Frau vom Rogge-nacker". Foto: B. Hildebrand

barkeit für gute Ernte, schönes Wetter und unfallfreies Arbeiten während der Ernte aufgestellt werden. Essingen und Gschwend sind die einzigen Gemeinden Baden-Württembergs, die diesen Brauch begehen.

Augenfälligster Bestandteil von Maria Himmelfahrt am 15. August ist der Weihenbüschel, der im Gottesdienst geweiht wird. Als eine Art Erntedankgebinde werden dafür um eine Königskerze Ähren, bestimmte Kräuter und ausgewählte Blumen gebunden. Der Weihenbüschel kommt nach der Weihe unters Dach, wo er die Bewohner vor Unheil schützen soll. Die geweihten Ährenkörner werden unter das Saatgut gemischt und die ohnehin nützlichen und nun segensreichen Heilkräuter übers Jahr als Kräuterapotheke verwendet. Der Legende nach ist aus Marias Grab nach ihrer Auferstehung ein Duft von Blumen und Kräutern entströmt, der zum Brauch des Weihenbüschels geführt haben mag. Die profane Erklärung begründet sich in der Tatsache, dass die Ernte von Heilkräutern in dieser Zeit stattfindet. Natürlich steht nach wie vor der kirchliche Bezug im Vordergrund: Ei-

ner der prachtvollsten Gottesdienste findet an Maria Himmelfahrt auf dem Hohenrechberg in der Wallfahrtskirche mit dem Gnadenbild der „Schönen Maria vom Rechberg" statt. Mögglingen hat im Jahr 2002 im Ferienprogramm das Binden von Weihenbüscheln angeboten, damit die Kinder die Bedeutung und den Nutzen von Heilkräutern kennen lernen. Ein pädagogischer Ansatz in der Brauchbelebung ist hierbei durchaus gewollt.

Das eigentliche Erntedankfest wird am ersten Sonntag im Oktober gefeiert. Weltliche Erntekronen und Erntedankaltäre in den Kirchen sind die Attribute dieses Festes. Im Ostalbkreis werden in vielen Kirchen prachtvolle und in ihrer Gestaltung ganz unterschiedliche Erntedankaltäre errichtet, so z. B. in Elchingen ein jährlich wechselndes Motiv aus Körnern und Samen. Manche Kirchengemeinde geht neue Wege, indem auch Produkte der heimischen Industrie – so in Wasseralfingen schon mit Produkten aus der Metallverarbeitung geschehen - oder Lebensmittel aus Entwicklungsländern auf dem Erntedankaltar zu finden sind. Überhaupt ist der Erntedank oft mit Solidaritätsaktionen zugunsten hungernder Menschen verknüpft. So werden die Gaben nach dem Abbau der Altäre meist auch an Kinderheime oder Tafelläden weitergegeben, also an Stellen, wo die Nahrungsmittel bedürftigen Menschen zugute kommen.

Heiligenfeste

Für den Heiligen Josef - Patron der Familien und Handwerker - hat man sich in Schwäbisch Gmünd etwas Besonderes einfallen lassen. Um den 19. März können sich alle mit Namen Josef die Josefsküchle aus Hefeteig, Quark und Rosinen schmecken lassen und das schon seit über 100 Jahren. Woher der Brauch kommt, weiß heute niemand mehr und heutzutage nimmt man es beim Genuss des Gebäcks mit dem Vornamen auch nicht mehr so genau. Genau nehmen es aber die Mitglieder des im Jahr 2002 in Mögglingen gegründeten „Internationalen Josefsverein". Welche Traditionen daraus noch entstehen, werden bei dieser brandneuen Brauchtumsgesellschaft erst die nächsten Jahre zeigen.

Am 4. Dezember werden die Barbarazweige geschnitten. Als Barbarazweige gelten alle Zweige blühender Bäume, die am Tag der Heiligen geschnitten werden und im Haus ins Wasser gestellt bis Weihnachten erblühen sollen. Der Barbarazweig ist ein Orakelbrauch, da man sich davon Glück, Gesundheit und Erfolg für das nächste Jahr erhofft, wenn der Zweig pünktlich zu blühen beginnt. Wie kommt es aber nun zu diesem Brauch?

Die Legende erzählt, dass sich auf dem Weg zum Kerker im Gewand der Heiligen dürre Zweige verfingen, die im Kerker zu blühen anfingen. Da die Heilige Barbara unter anderem die Schutzpatronin der Bergleute ist, findet sich der Brauch vor allem in Bergbau-Regionen. Die im Jahr 1696 gegründete Barbara-Zunft der Wasseralfinger Bergleute beging den Tag der Heiligen mit einem Fest, eine Tradition, die vom Bergwerksverein mit der Barbarafeier in den 1980er-Jahren wieder belebt wurde.

Wallfahrt und Prozessionen: Ausdruck tiefer Volksfrömmigkeit

Im Jahr 1668 errichteten drei Hirtenkinder aus Ebnat im Wald Scheiterhau an einem Eichenstamm eine einfache Andachtsstätte, die 1692 mit einer Muttergottesfigur Bereicherung fand. Das Gnadenbild wurde jedoch 1745 aus der erst 1738 erbauten Holzkapelle in die Pfarrkirche verbracht und bald schon versiegte der Wallfahrerstrom zu Maria Eich. Wirklich in Vergessenheit geraten war Maria Eich aber nie: Mitte des 19. Jahrhunderts stifteten Privatpersonen einen steinernen Bildstock an der Stelle, der 1925 durch die heutige Waldkapelle ersetzt wurde. Die marianische Verehrung als lebendiges Zeichen der Volksfrömmigkeit hält bis in unsere Tage an und das nicht nur in Ebnat, sondern in vielen Orten des Landkreises.[1]

Bei Böbingen wurde 1680 die Kapelle „Zur Schmerzhaften Muttergottes auf dem Beißwang" errichtet. Wahrscheinlich gab es schon

seit langem eine Wallfahrt zum Gnadenbild der schmerzhaften Muttergottes mit dem Leichnam Jesu auf dem Schoß (um 1450/70), denn der Bau konnte von den Stiftern Georg Steeb und seiner Frau Anna Mayerin unter Zuhilfenahme von Wallfahrtsopfergeldern finanziert werden. Bekannt ist für die Frühzeit nur das Vorhandensein eines Bildstocks von 1670 mit der Figur der gotischen Pieta. Neben der Schmerzhaften Muttergottes wird bis heute am Wallfahrtstag an Mariä Geburt – dem „Beißwanger Fest" - auch die Madonna mit dem lieblichen Gesicht (um 1420/30) den Gläubigen ausgestellt.[2] Leider wurden die Gnadenbilder Ende der 1970er Jahre gestohlen und so sind heute nur noch Kopien davon zu sehen.

Ein konkreter Hinweis auf die Wallfahrt zu „Unserer Lieben Frau vom Roggenacker" in Flochberg geht auf das Jahr 1582 zurück: Das Kind Wilhelm Wintzerer litt an Epilepsie und nach Anrufung der Jungfrau Maria und Gelobung einer Wallfahrt nach Unterkochen – dem damaligen Hauptort der Marienwallfahrt in der Region – erschien eine schöne Frau am Bett des Jungen, die ihn auf einen Roggenacker schickte. Nach einer weiteren Erscheinung der schönen Frau auf dem Roggenacker war der Junge durch ihre Worte fortan geheilt. Der Vater des Jungen errichtet an der Stelle eine eichene Säule mit einem Bild der Erscheinung, das heute noch hinter dem Hochaltar in der Wallfahrtskirche steht. Nach weiteren Gebetserhörungen wurde von den Grafen von Oettingen-Wallerstein im Jahr 1613 eine Kapelle errichtet, die aufgrund der vielen Wallfahrer 1741-46 durch einen Neubau ersetzt wurde.[3]

Der Heilige Silvester erfährt seit Jahrhunderten im Ellwanger Raum als Patron der Pferde besondere Verehrung. Seit 1626 findet am 31. Dezember in Westhausen der Silvesterritt statt, der nach einer 16 Jahre anhaltenden Viehseuche aus Dankbarkeit über deren Ende ins Leben gerufen wurde. Ziel der Reiterprozession, die von einer Reliquie des Heiligen begleitet wird, ist die Silvesterkapelle. Das Altarbild der ersten Kapelle von

1626 ist immer noch in der Kapelle erhalten: Es zeigt die Muttergottes mit Kind, Papst Silvester und die Heilige Ottilia. Den großen Zustrom der Wallfahrer konnte die Kapelle bald schon nicht mehr fassen, sodass sie 1685 abgebrochen wurde und an günstigerer Stelle ein Neubau entstand. Im Jahr 1729 fand die Weihe der neuen Kirche statt. Die Aufklärung und die Zurückdrängung des Pferdes in der Landwirtschaft brachten den Brauch zweimal beinahe zum Erliegen. Heute ist der Silvesterritt bei allen Teilnehmern ein gern begangener und viel beachteter Brauchtermin.

In Schwenningen steht seit 1497 eine Heilig-Blut-Kapelle, zu der seit nun schon über 500 Jahren Wallfahrten stattfinden. In der heutigen Kapelle, ein Bauwerk von 1750, befindet sich im Altarkreuz ein Stein des Golgotha-Felsens, auf dem Jesus gekreuzigt wurde. Vor allem bei auftretenden Blutungen wurde die Kapelle als Zuflucht und in der Hoffnung auf Milderung aufgesucht.

Zwischen 1689 und 1744 weist ein Verzeichnis 73 Gebetserhörungen auf. Schon im 17. Jahrhundert gehörte die Segnung kranker Pferde zur Wallfahrt, die im Laufe der Zeit vergessen und erst 1947 wieder erneuert wurde. An Pfingstmontag reiten die Bürgergarde aus Ellwangen und die Roten Ulanen vom Reitverein Heubach sowie die Blutreitergruppe Härtsfeld in Begleitung weitere Gruppen und Einzelreiter durch Neuler, Adlersteige, Espachweiler, Schrezheim, Schleifhäusle und Schwenningen.[4]

Anlass für den Lippacher Blutritt am Sonntag nach Christi Himmelfahrt ist eine Heilig-Blut-Reliquie, die sich seit 1787 in der Pfarrei befindet. Es handelt sich dabei um Erdreich von der Stelle, an der Jesus bei seiner Geißelung Blut verloren hat. Bereits zwei Jahre später fand die erste Prozession statt, erst seit 1950 allerdings zu Pferde.

Weitere Reiterprozessionen im Landkreis finden jedes Jahr im März in Hohenstadt beim Fest des Heiligen Patrizius, der als Patron der Wallfahrtskirche und als Viehheiliger verehrt wird, und beim Sankt-Georgs-Ritt im April über die Fluren von Waldhausen zur Georgskapelle in Bernlohe statt.

Zu Fuß ist man bei den Palmprozession in der vorösterlichen Zeit unterwegs. Noch heute werden in Anlehnung an das tatsächliche Geschehen in Jerusalem so genannte Palmen mitgeführt. Die hiesigen Exemplare sind aber keine echten Palmwedel, sondern mit Goldpapier umwickelte und mit Buchsbaum gekrönte Palmkätzchenzweige. In früherer Zeit wurde auch noch eine auf einem Esel reitende, lebensgroße Jesusfigur mitgeführt. In Schwäbisch Gmünd wurde über Jahrhunderte hinweg eine Figurengruppe des 13. Jahrhunderts mitgeführt, bis der Brauch in der Aufklärung verboten wurde. Im Jahr 1801 fand die letzte Prozession mit der Palmesel-Gruppe statt. Landauf landab wurden durch die Gendarmerie die meisten dieser Figuren eingesammelt und vernichtet, die ausführenden Gendarmen wurden von der Bevölkerung spöttisch als Eselsmetzger bezeichnet. Das Gmünder Exemplar überstand aber auf dem Dachboden von St. Salvator die Zeiten und kann seit 1994 im Museum im Prediger wieder besichtigt werden. Seit jüngster Zeit ist in Hohenberg eine moderne Palmeselgruppe an Palmsonntag wieder Bestandteil der Prozession.

An Christi Himmelfahrt finden Bittprozessionen durch Feld und Flur - die Öschprozessionen - statt. Unter Öschland versteht man das gemeinsam bearbeitete Land innerhalb einer Gemeinde, das jährlich neu aufgeteilt wird. Nach der Verteilung wurden Bitt- und Wechselgesänge um gutes Wetter und gute Ernte sowie gemeinsame Gebete für die Erhaltung der Natur abgehalten. Auch ein Umtrunk der Männer auf den Feldern war üblich. Vielleicht ist darin ja auch der Ursprung des an Christi Himmelfahrt stattfindenden Vatertags zu suchen.

Ebenfalls eine Prozession zu Fuß wird an Fronleichnam veranstaltet. Das Fest Fronleichnam ist das katholische Hochfest des Leibes und Blutes Christi, dem eine Vision der Heiligen Juliana von Lüttich zugrunde liegt. Bei der Prozession wird die Monstranz mit einer Hostie mitgeführt und an vier mit Blumenteppichen geschmückten Altären zu Ehren der vier Evangelisten Lukas, Markus, Matthäus und Johannes Station gemacht. Das katholische Fest wurde in evangelischen Gebieten nicht gerade positiv aufgenommen: Als in der 2. Hälfte des 19. Jahrhunderts in Aalen eine katholische Pfarrei gegründet wurde und von der Marienkirche die ersten Fronleichnamsprozession losgingen, verschlossen viele evangelische Haushalte entlang des Prozessionsweges aus Ablehnung ihre Fenster.

Kinder im Brauchtum

In Adelmannsfelden und Pommertsweiler bekommen alle Kinder bis ins Konfirmandenalter am Thomastag am 21. Dezember eine Thomasbrezel, eine süße Brezel aus Hefeteig. Der Brauch geht wohl auf eine Gräfin Adelmann von und zu Adelmannsfelden zurück. In den 1930er-Jahren bekamen die Kinder außerdem vom Lehrer Radiergummis, Hefte oder Bleistifte geschenkt. Die Kosten dafür wurden aus einer eigens dafür ins Leben gerufenen Stiftung bestritten.

Bis zum 2. Weltkrieg gingen auf dem Härtsfeld in Neresheim-Ohmenheim die Kinder in der Vorweihnachtzeit durchs Dorf und sagten vor jedem Haus: „Guat toila, guat hoila, gib mir au mein Toil, es isch Springerleszeit". Jedes Kind erhielt dann ein Springerle.

Ebenfalls in die Weihnachtszeit fällt die „Anklopfete", deren Ursprung mit der Herbergssuche und der Verkündigung der Ankunft Christi in Zusammenhang gebracht werden kann. In Schwäbisch Gmünd fand die „Anklopfete" an den letzten drei Donnerstagen in der Adventzeit statt. Die Jungen gingen dabei mit Ruten ausgestattet von Haus zu Haus und warfen Erbsen an die Fenster. Nachdem ihnen geöffnet wurde, sagten sie ihr Sprüchlein auf: „Klopf an, klopf an, wer mir ebbes gibt, ist wohl dran; wer mit aber nix gibt, den schlag i recht an Kopf nan".

In Schlossberg gibt es etwas ganz Ähnliches: den „Pfitzerles-Tag", der nach jahrzehntelanger Vergessenheit im Jahr 1998 wieder entdeckt wurde. Er findet am Tag der unschuldigen Kinder am 28. Dezember statt. Der Spruch der Kinder ist ebenfalls nicht ohne: „Ist der Pfeffer räs, sauer oder siaß: Wenn i nex kriag, kommt's iber d'Fiaß". In anderen Regionen ist der Tag auch als Pfeffertag bekannt. Gemeint ist damit nicht das Gewürz, sondern das Umgangssprachliche „pfeffern" für schlagen oder eben pfitzen.

In allen drei Fällen handelt es ich um Heischebräuche, bei denen die Kinder etwas erheischen, also bekommen wollen. Waren die Erlöse früher meist Süßigkeiten für den eigenen Gebrauch, gibt es heute meistens Geld, das dann einem bestimmten Zweck zugeführt wird. In Schlossberg kommt die Sammelaktion heute dem Kinderheim St. Josef in Unterriffingen zugute.

Mit Zuckerbrot und Peitsche könnte man auch das Rutenfest in Bopfingen umschreiben. Der Brauch datiert bis ins 15. Jahrhundert. Beim Rutenfest tragen die Kinder belaubte Zweige und holen damit den Sommer in die Stadt. Das ist aber nur die eine Seite. Die Kehrseite des Brauches: Wenn die Zweige vom Laub befreit sind, dienen sie in der Schule der Züchtigung der Kinder. Das ist allerdings schon lange kein Thema mehr. Kindergartenkinder und Schüler ziehen begleitet von Fahnen schwingenden Mädchen und Rutentrommlern kostümiert durch die Stadt und geben unter dem mit Girlanden und Blütenwerk geschmückten Rutenbaum allerlei Vorführungen zum Besten.

Mit den Rübengeistern wurden noch vor einer Generation die Lichterbräuche der dunklen Jahreszeit eingeläutet. Harmlose Futterrüben wurden in schlimmen Fratzen verwandelt, von innen beleuchtet und die Nachbarschaft damit erschreckt. Die Kinder auf dem Härtsfeld stellten die Rübengeister nur vor die Türen, klingelten, versteckten sich und kamen erst wieder zum Vorschein, wenn sich die Türen wieder schlossen und bei den Rübengeistern Süßigkeiten zu finden waren. In Oberkochen dagegen wurde und wird heute wieder der Spruch „Wir sind die Rübengeister und haben einen Meister. Der Meister hat befohlen, wir sollen etwas (Süßes) holen" aufgesagt. Als der Mais die Rübe als Futtermittel zunehmend verdrängte, hatte der Brauch sein wichtigstes Requisit verloren und er verschwand. Aktiviert und „modernisiert" wurde er Mitte der 90er-Jahre des 20. Jahrhunderts durch den Siegeszug des amerikanischen Halloween-Kürbis in unseren Breiten. So kann nun alljährlich bei den zahlreichen Wettbewerben mit Rübengeistern und Halloween-Kürbissen im Landkreis ein buntes Gemisch von wieder entdecktem altem und transferiertem neuem Brauchtum bewundert werden.

Was es sonst noch gibt …

Zum 1. Mai werden sie vielerorts und unübersehbar im Ostalbkreis aufgestellt. Gemeint sind die prachtvollen Maibäume, deren Aufstellung der Mithilfe Vieler bedarf. Besonders angespornt sind die Maibauminitiativen seit 1978 durch den alljährlichen Maibaumwettbewerb. Bewertet werden die Gestaltung von Stamm, Krone, Kranz, Zunftzeichen und der umgebende Platz des Maibaumes. Maibäume sind an sich schon seit dem 16. Jahrhundert gebräuchlich und als ein Zeichen des bevorstehenden Sommers zu deuten. Die uns geläufigen Figurenmaibäume kamen dann im 18. Jahrhundert auf und fortan gehörten Handwerkerzeichen, Symbole mit bäuerlichem Gerät und Wappen zum Schmuck des Maibaumes. Der Brauch, seiner Angebeteten ein Birkenbäumchen mit bunten Bändern als Liebesmaien aufs Dach zu stecken, ist allerdings fast schon in Vergessenheit geraten.

Zur Kirchweih am 3. Sonntag im Oktober kommen in Neuler die Goißl-Schnalzer und in Rotenbach bei Ellwangen die Kirbe-Knaller immer noch zum Zuge. Es ist eine Tradition der Hütebuben, die auf der Weide das Vieh hüteten und – teils aus Langeweile, teils aus Notwendigkeit - mit anderen Hütebuben so Kontakt aufnahmen.

Daraus ist dann an der Kirchweih ein richtiger Wettbewerb entstanden, der dank der Initiativen in den beiden Ostalb-Gemeinden weiterhin in Übung ist.

Auf keinen Fall unerwähnt bleiben darf der Kalte Markt in Ellwangen. Er findet schon seit über 1000 Jahren nach Dreikönig statt und Pferdeprämierung und Reiterumzug gehören schon lange zu den wichtigen Bestandteilen dieses Brauchtermins. Die in St. Veit befindlichen Reliquien der kapadokischen Pferdeheiligen Meleusippus, Eleusippus und Speusippus waren in Ellwangen der Grund für diesen Brauchtermin, bei dem auch das Kuttelessen nicht fehlen darf, das der Oberbürgermeister mit dem Erzählen von jährlich drei neuen Pferdewitzen eröffnet.

Der Rosstag in Bartholomä hat ebenfalls das Pferd in den Mittelpunkt gestellt. Die Wichtigkeit des Pferdes in früherer Zeit und das damit verbundene Handwerk in Bartholomä waren die Initialzündung für dieses Fest, das im Jahr 2015 zum 16. Mal stattfand und wieder bei Akteuren und Zuschauern auf große Resonanz gestoßen ist.

Den Auftakt der außergewöhnlich festlich begangenen Altersgenossenfeste in Schwäbisch Gmünd ist das Stadtfest im Juni. Der älteste schriftliche Nachweis für dieses Jahrgangsfest der 40er bis 80er Jahrgänge ist ein Zeitungsartikel aus dem Jahr 1863. Üblicherweise zum 30. Geburtstag gründen die Gmünder Altersgenossen einen Verein, beim 40. Geburtstag wird dann das erste Mal teilgenommen. Der Tag beginnt mit feierlichen Böllerschüssen vom Salvatorberg, Höhepunkt ist dann der Umzug der Jubilare durch die Innenstadt, wo sie unter dem Beifall der Zuschauer mit Blumen beschenkt werden.

Die Ipfmesse in Bopfingen resultiert aus einem Besuch des württembergischen Königs Friedrich I. in Bopfingen am 10. Juli 1811. Im Jahr darauf richtete sich der Stadtmagistrat mit der Bitte an den König, als Gedächtnis an seinen Besuch jährlich ein Volksfest mit einem Markt auf dem Ipf abhalten zu dürfen. In Anlehnung an das seit Mitte des 15. Jahrhunderts belegte Bergfest mit Ipftanz und Bergwallfahrt, das 1808 aufgegeben wurde, sollte das Fest wieder auf dem Ipf stattfinden. Nachdem im Jahr 1837 ein Sturm alle

Bopfingen, Ipfmesse. Größtes Volksfest der Region. Foto: F. Sutschek

Buden und Stände auf dem Ipf zerstörte, verlegte man das Fest auf den Sechtaplatz. Auch die Ipfmesse beinhaltete neben einem respektablen Viehmarkt Jahrmarktsvergnügen, Bierzelte und Tanz.

Brauchtum gestern - heute - morgen

„Brauchtum ist gemeinschaftliches Handeln, durch Tradition bewahrt, von der Sitte gefordert, in Formen vorgeprägt, in Formen gesteigert, ein Inneres sinnbildlich ausdrückend, traditionell an Zeit oder Situation gebunden". So die Definition des Germanisten und Volkskundlers Josef Dünninger, aus dem Jahr 1962.[5] Der Streifzug durch unsere Brauchtumslandschaft hat gezeigt, dass Bräuche auch in unserer modernen Zeit ein Grundphänomen menschlichen Gemeinschaftslebens sind. Sie werden in zäher Tradition festgehalten, aber auch immer wieder in neuen Formen ausgebildet und somit den heutigen Gegebenheiten angepasst. Somit ist Brauchtum eine geschichtliche und gegenwärtige Erscheinung zugleich. Bräuche sind ein Teil sozialer Kontaktaufnahme. Wer am Brauch teilhat, gehört einfach dazu.

Städte und Gemeinden
Immo Eberl

Fotos: Ellwangen: B. Hildebrand. Schwäbisch Gmünd: F. Kopper.
Aalen: B. Hildebrand

Aalen

67.196 Einwohner, 14.663 ha, 378–733 m NN

mit den Stadtteilen Dewangen, Ebnat, Fachsenfeld, Hofen, Unterkochen, Waldhausen, Wasseralfingen

Die heutige, weitgefächerte Markung entstand durch die Gemeinde- und Kreisreform 1972/1973. Die Große Kreisstadt ist Sitz des Landratsamtes und Mittelzentrum mit zentralörtlichen Funktionen für den südöstlichen Teil des Landkreises.

Der obere Kocher zieht sich von Süden nach Norden durch die Markung, die er in eine westliche, überwiegend zum Braunjuravorland gehörende Hälfte (Dewangen, Fachsenfeld, Hofen, Wasseralfingen) und eine östliche, überwiegend auf der Härtsfeldalb gelegene Hälfte (Ebnat, Waldhausen) aufteilt. Fast genau in der Mitte liegt Aalen in einem weiten Albtrichter am Eingang des Kocher-Brenz-Tales in den Albkörper. Die Stadt wird als eine typische „Pfortenstadt" der Schwäbischen Alb bezeichnet. Die Altstadt beschränkte sich dabei auf den Talboden.

Das römische Kastell war mit 6,07 ha als Standlager der Ala II Flavia das größte Kastell am raetischen Limes. Das Kastell wurde mit dem Bau des raetischen Limes in der ersten Hälfte der 160er-Jahre an der vom Remstal her kommenden Straße errichtet. Es wurde durch den Germaneneinfall von 254 n. Chr. zerstört und durch die Aufgabe des raetischen Limes nicht wieder aufgebaut. Neben dem Kastell hat in römischer Zeit eine größere Siedlung in Form eines vicus bestanden. In der heutigen Stadt steht auf dem Gelände des Kastells das Limesmuseum. Die im Eingangsbereich des Kastells gelegene und Johannes dem Täufer geweihte Kirche hat die Frage nach einer Siedlungskontinuität aufkommen lassen, was weitere Funde im Stadtbereich unterstützen, eine frühmittelalterliche Siedlungslücke im 5./6. Jahrhundert und das Fehlen eines Urdorfs aber wieder in Frage stellen.

Das Dorf Aalen wurde in der Klagschrift des Ellwanger Konvents gegen seinen Abt um 1136 erstmals erwähnt. Dieses Dorf lag unmittelbar neben der römischen Kastellmauer. Der Ortsname wurde nach Ansicht der Sprachforschung von dem bei der Siedlung vorhandenen Bach übernommen. Der Ortsnamen deutet auf eine Gründung in der Zeit des jüngeren Ausbaus neben den Ruinen des Kastells und der Johanneskirche hin. Deren Patronat gehörte im Spätmittelalter der Abtei Ellwangen und der um 1136 genannte Cuonradus de Alon scheint Ministeriale der Abtei gewesen zu sein. Damit dürfte die Abtei Ellwangen bereits in früher Zeit in den Besitz der Raumschaft der heutigen Kernstadt Aalen gekommen sein und vielleicht das Dorf beiderseits der Aal angelegt haben, ebenso auch den Burgstall. Im Jahre 1300 wird in Aalen eine Mühle und

ein Maierhof erwähnt, neben dem im Ellwanger Lehenbuch A elf Huben und einige Sölden genannt werden. Neben dem Dorf wurde vermutlich zwischen 1241 und 1246 von den Staufern oder ihren Beauftragten auf Grundbesitz der Abtei Ellwangen die 1339 erstmals als Stadt genannte Siedlung angelegt. Diese sollte vermutlich die Straße von Nördlingen durch das Remstal nach Cannstatt schützen. Reinhard de Snaiteberc erscheint 1244 als burgauischer und die pueri de Snaiteberch 1286 als dillingische Ministerialen im Bereich von Aalen. Damit erscheint als sicher, dass die Grafen von Burgau bzw. die Grafen von Dillingen unter Berücksichtigung der ellwangischen Rechte in Aalen tätig gewesen sind. Das Nikolauspatrozinium der Kirche in der Stadt unterstützt den Zeitpunkt der Gründung der Stadt.

Nach dem Erlöschen der Staufer scheint die neugegründete Stadt Aalen an die Grafen von Oettingen gefallen zu sein, die sie mit ihrer Herrschaft Lauterburg verbanden. Sie verpfändeten Aalen 1358/1559 zusammen mit der Herrschaft Lauterburg an Graf Eberhard den Greiner von Württemberg. Kaiser Karl IVon hat 1360 die Stadt Aalen nach der Belagerung in den Auseinandersetzungen mit Württemberg eingenommen, aus der Verpfändung gelöst und zur Reichsstadt gemacht. Durch Anschluss an den Schwäbischen Städtebund hat Aalen 1377 seine neue Stellung verteidigen können.

Die Stadt ist in der Folge bis 1479 noch 32 mal Bündnissen von Reichsstädten beigetreten. In den Fehden hat die Stadt immer wieder Bedrohungen gehabt: so wurde 1388 im Krieg gegen Bayern das Dorf neben der Stadt, das der Abtei Ellwangen gehörte, und die Befestigung auf dem Burgstall endgültig zerstört.

Die Stadt wurde zuerst von öttingischen und kaiserlichen Amtleuten verwaltet, konnte aber 1374 die Selbstverwaltung erlangen, der der Erwerb des Blutbanns (1401), des Ammannamtes (1418) sowie des Geleits und der Zollhoheit innerhalb der Stadt folgten. Die Stadt blieb in dieser Zeit politisch ohne größere Bedeutung, was die 35. Stelle auf der Städtebank des Reichstags und die 26. auf der des schwäbischen Kreistages ab 1495 beweisen, zumal auch das Territorium der Stadt unbedeutend geblieben ist. Der Rat wurde bis 1514 von einigen ratsfähigen Familien besetzt, denen dann eine Vertretung der Bürgerschaft an die Seite trat, doch hat Kaiser Karl Von diese Verfassung bereits 1552 wieder aufgehoben. Die Stadt hat 1575 mit dem von Württemberg erbetenen Beistand durch Jakob Andreä die Reformation einführen lassen. Da der Fürstpropstei Ellwangen das Patronat der Pfarrei gehörte, kam es in den folgenden Jahren immer wieder zu Versuchen, die Reformation rückgängig zu machen, was aber erst 1628-1632 gelang. Die Bürgerschaft hatte sich vermutlich 1591 eine 24 Vertreter umfassende Bürgerbeteiligung an der Verwaltung gegeben, die sich wie der Rat selbst ergänzte. Sie wurde im Dreißigjährigen Krieg abgeschafft und erst 1736 erneut eingeführt. Aalen schloss sich 1610 der Evangelischen Union an, kehrte nach der zwangsweisen Rekatholisierung 1632 zum evangelischen Glauben zurück und trat 1633 dem Heilbronner Bund bei. Ein großer Stadtbrand im Zusammenhang mit der Schlacht bei Nördlingen (1634) hat die Stadt weitgehend zerstört und wirtschaftlich ruiniert. Erst um die Mitte des 18. Jahrhunderts scheinen die Nachwirkungen dieser Katastrophe überwunden gewesen zu sein, die durch die zahlreichen Truppendurchzüge immer wieder zu neuen wirtschaftlichen Problemen geführt hat. Der Einsturz des Kirchturms 1765, der den gesamten Neubau der Stadtkirche notwendig machte, wird mit dem Stadtbrand und den hastigen Wiederaufbau in Zusammenhang gebracht. Die Stadt wurde über Jahrhunderte von den Zünften und ihrer Wirtschaftsweise geprägt. Dabei scheinen die Einkünfte der Handwerker gering gewesen zu sein, da sie noch die Felder um die Stadt mitbewirtschaftet haben. Im 16. Jahrhundert hat die Viehzucht im Bereich der Stadt zu einem starken lederverarbeitenden Gewerbe geführt. Im 18. Jahrhundert nahm die Textilherstellung und –veredelung den wichtigsten Platz in der Handwerkerschaft ein. Aalen hat in dieser Zeit seine Erzgruben an Württemberg verpachtet.

Mit der Mediatisierung 1802/1803 fiel Aalen an Württemberg. Es wurde Sitz eines Oberamtes. Die Stadt hatte bereits 1850 3.503 Einwohner. Die 1861 eröffnete Bahnlinie Cannstatt-Wasseralfingen hat der Industrialisierung entscheidende Anstöße gegeben. Auf die Einrichtung der Eisenbahnreparaturwerkstätte (1865), die Aalen zu einer Eisenbahnerstadt werden ließ, folgten Gründungen einer ganzen Anzahl von Firmen, die wie die Papierfabrik Palm (1872) und die RUD-Kettenfabrik (1875) bis in die Gegenwart Bestand haben. Hier sind auch im heutigen Bereich der Stadt die damals Königlichen Hüttenwerke in Wasseralfingen zu nennen, die die spätmittelalterliche Tradition (seit 1365) in die noch heute bestehenden SHW-Werke fortführten. Die Industrialisierung ließ die Bevölkerungszahl bis 1905 bereits auf über 10.000 Einwohner klettern. Die Stadt veränderte sich durch die Eröffnung des Gaswerks (1866) und die Einführung des elektrischen Stroms (1912). Die Kreisreform von 1938 führte zur Zusammenlegung der Oberämter Aalen, Ellwangen und Neresheim im neuen Landkreis Aalen mit dem Sitz in Aalen. In gleichen Jahr hat die Stadt neben der Gemeinde Unterrombach auch die Wohnplätze Grauleshof, Hirschhof und Himmlingen eingemeindet. Aalen wurde 1936 Garnisonstadt. Trotz der wirtschaftlichen Probleme stieg die Einwohnerzahl Mai 1945 auf 17.771 Personen. Durch den Zuzug der Heimatvertriebenen wuchs die Einwohnerzahl bis zum Jahresende 1947 auf 24.392 Personen an. Das Wachstum der Einwohnerzahl ging aber weiter. Im Jahr 1955 hatte die Stadt 28.498 Einwohner, von denen 8.512 Heimatvertriebene waren. Die Vergrößerung der Einwohnerschaft zwang ab der Währungsre-

form zur Schaffung von Arbeitsplätzen und Wohnraum. Die Stadt hat sich in wenigen Jahrzehnten nach allen vier Himmelsrichtungen durch neue Baugebiete und Stadtteile erweitert, wozu die Industriegebiete West und Nord und die Erweiterung des alten Industriegebiets Süd hinzukamen.

Damit war das Gesicht der Stadt bereits bis zur Gemeinde- und Kreisreform von 1972 entscheidend verändert worden. Diese machte die Stadt endgültig zur heutigen Flächenstadt. Zwischen 1972 und 1975 wurden die einzelnen Stadtteile eingemeindet und durch die Zusammenlegung der Kreise Aalen und Schwäbisch Gmünd wurde 1973 der heutige Ostalbkreis geschaffen. Die Stadt ist heute mit ihren zahlreichen Industriefirmen allein aufgrund ihrer zentralen Lage das wirtschaftliche Zentrum und größter Arbeitsort der Region OstWürttemberg. Zu der industriellen Bedeutung der Stadt ist auch auf die sogenannten „weichen" Faktoren in dieser Entwicklung im Kulturbereich hinzuweisen, die sich in Schulen, Museen und sonstigen Kulturveranstaltungen ausdrücken. Hinzuweisen ist auch auf das Kreiskrankenhaus Aalen mit seinen Einrichtungen und die staatliche Ingenieurschule, die 1971 zur Fachhochschule erhoben wurde und bis heute durch ihr qualifiziertes Lehrpersonal eine immer bedeutendere Rolle in der Wirtschafts- und Kulturregion OstWürttemberg einnimmt.

Zu Aalen gehören seit der Gemeindereform sieben Stadtteile, die sich vom vorderen Härtsfeld kommend nach Norden, Süden und Osten, aber auch dem Verlauf des Kochers folgend nach Nordwesten um die Kernstadt herumlegen. Alle Stadtteile haben sich nach dem Zweiten Weltkrieg wie Aalen selbst durch den Zuzug der Heimatvertriebenen und Firmengründungen mit Ausweisungen neuer Baugebiete bis zur Gegenwart vergrößert und ihr Gesicht zu einem guten Teil verändert.

Der Stadtteil Ebnat, um 1140/1150 als Besitz des Klosters Neresheim erstmals erwähnt, gehört als Siedlung wohl dem älteren Ausbau an. Kloster Neresheim dürfte den Ort aus dem Besitz der Grafen von Dillingen erhalten haben. Die Grafen von Oettingen haben als Klostervögte die Ortsherrschaft ausgeübt und 1398 eine Zollstätte errichtet, haben aber ihre Rechte 1764 Neresheim abgetreten, als dieses die Reichsstandschaft erhielt. Die Pfarrkirche Zur unbefleckten Empfängnis Mariä (ursprünglich St. Maria) wurde 1298 erstmals erwähnt und befand sich ebenfalls im Besitz von Kloster Neresheim. Die Abtei Neresheim hat im 18. Jahrhundert durch die Bereitstellung von 30 Gnadenhäuslein Zuwanderer angelockt. Der Ort fiel mit der Säkularisation an die Fürsten Thurn und Taxis, 1806 an Bayern und 1810 an Württemberg, wo er zum Oberamt Neresheim, ab 1938 dem Landkreis Aalen zugehörte. Im 18./19. Jahrhundert war der Ort wegen der bei ihm gegrabenen Erden für das Hafnerhandwerk bedeutsam. Während der zu Ebnat gehörende Wohnplatz Affalterwang sich auf Besitz der Abtei Ellwangen zurückführen lässt, den im 15. Jahrhundert Kloster Neresheim erwarb, war Diepertsbuch, ebenso auch Niesitz, früh Neresheimer Besitz.

Der Stadtteil Waldhausen wurde in der älteren Ausbauzeit begründet und 1239 erstmals erwähnt. Die Pfarrkirche St. Nikolaus kann nach dem Patrozinium erst im 12. Jahrhundert entstanden sein. Im 14. Jahrhundert war neben den Grafen von Oettingen auch die Abtei Ellwangen begütert, die vielleicht Gründung des Orts angeregt hat. Das Dorf gelangte durch Kauf der Herrschaft Kapfenburg an den Deutschen Orden, fiel 1806 an Württemberg und gehörte dann bis 1938 zum Oberamt Neresheim, um 1938 zum Landkreis Aalen zu kommen. Die zu Waldhausen gehörigen Wohnplätze haben mit Ausnahme des seit dem 13. Jahrhundert im Besitz des Klosters Neresheim nachweisbaren Beuren eine Entwicklung gehabt, die maßgeblich von der Reichsabtei Ellwangen bestimmt wurde.

Der Stadtteil Dewangen, der in der älteren Ausbauzeit entstanden ist, ist früh im Besitz des Klosters Ellwangen nachweisbar. Auch der 1298 vom Reich zu Lehen gehende Zehnte weist vermutlich auf ursprünglich ellwangischen Besitz hin, der dann über die Staufer an die Herren von Weinsberg gelangt ist. Die ellwangischen Lehen einer Gmünder Patrizierfamilie fielen mit dem Ort 1364 an das Spital Gmünd, für das die Reichsstadt die Hoheitsrechte bis 1802/1803 wahrnam. Die ellwangischen Lehen der Herren Adelmann fielen 1682 an das Stift zurück, das sie bis zur Säkularisation verwaltete. Die seit dem 14. Jahrhundert erwähnte Kirche Unserer Lieben Frau wurde 1414 dem Gmünder Spital inkorporiert. Die zahlreichen zum Dorf gehörigen Wohnplätze waren im Besitz von Kloster, später Fürstpropstei Ellwangen oder adeliger Familien wie der Adelmann, Woellwarth und Rechberg. Einige dieser Wohnplätze sind erst im 19. Jahrhundert neu entstanden. Das Dorf hat seit 1803 zum Oberamt Aalen gehört und dessen Entwicklung geteilt.

Der Stadtteil Fachsenfeld dürfte erst im jüngeren Ausbau entstanden sein. Der erstmals 1230 erwähnte Ort hat zu der 1229 erstmals erwähnten Burg Waiblingen am südlichen Kochertalrand gehört, die ihren Namen entweder von der Amtsbezeichnung „Waibel" oder einem Personennamen herleitet. Nach den Verwaltungsfunktionen von Burgen liegt ersteres nahe, da die Anlage der Burg nicht in der ältesten Siedlungsschicht erfolgt sein dürfte. Die im 13. Jahrhundert im Gefolge der Reichsministerialen von Weinsberg erwähnten Mitglieder einer ortsadeligen Familie von Fachsenfeld waren vielleicht ein Seitenzweig der Familie von Waiblingen, die Lehensleute der Grafen von Oettingen war. Nach beidem dürfte diese seit dem 13. Jahrhundert erwähnte und im 16. Jahrhundert nach Hessen abgewanderte Familie aus der Ministerialität der Abtei Ellwangen hervorgegangen und mit ihrem Besitz von den Staufern an sich gezogen sein, von denen sie an die Grafen von Oettingen gelangt sind. Die Burg

Waiblingen und Fachsenfeld haben sich um 1400 im Besitz der Herren von Woellwarth befunden, die nach ihrem Übertritt zur Reformation, um 1580 eine Pfarrei errichteten, nachdem sie im 16. Jahrhundert ein Schloss am Ort gebaut hatten. Der beim Ritterkanton Kocher immatrikulierte Ort war nach Hüttlingen, Dewangen und Neuler eingepfarrt gewesen. Im 18. Jahrhundert wurde von der Ortsherrschaft die Ansiedlung armer, heimatloser Personen gefördert, um die Einwohnerzahl von 20 Untertanen mit ihren Angehörigen (1718) zu erhöhen. Im frühen 19. Jahrhundert kam Schloss und Ort Fachsenfeld an die Freiherren von Varnbüler, die das Schloss mit Zubehör 1828 an die Freiherren von Koenig verkauften, die anschließend das heutige Schloss errichteten und bis ins 20. Jahrhundert das Patronat der Pfarrei und gemeinsam mit Woellwarth auch der Schulstelle besessen haben. Mit dem Tode des letzten Barons von Koenig fiel das Schloss mit allem Zubehör an eine von der Stadt Aalen verwaltete Stiftung, die im Schloss ein Museum errichtet hat (1993). Ende des 19. Jahrhunderts war im Dorf eine katholische Pfarrei eingerichtet worden.

Der Stadtteil Hofen wurde 1365 erstmals erwähnt. Er gehörte zur Burg Hohenalfingen und seit 1404 zur Herrschaft Wasseralfingen. Der Ort dürfte im älteren Ausbau angelegt worden sein, was für die Wohnplätze (Hohen)alfingen und Attenhofen in gleicher Weise gelten dürfte. Die Pfarrkirche St. Georg und Laurentius als Wehrkirche im ummauerten Friedhof wurde 1328 der Abtei Ellwangen inkorporiert. Sie gilt als Mutterkirche des der Familie von Ahelfingen gehörenden Gebiets. Auf der abgegangenen Burg Hohenalfingen ist die seit 1198 nachweisbare Familie von Ahelfingen nachweisbar, die aus der ursprünglich ellwangischen in die staufische und oettingische Ministerialität übergegangen ist. Sie hat Hohenalfingen und Hofen als ellwangische Lehen bis zu ihrem Erlöschen im 16. Jahrhundert innegehabt. Der mit der Säkularisation an Württemberg gefallene Ort gehörte bis 1845 zur Gemeinde Wasseralfingen, wurde dann selbstständig im Oberamt Aalen, dessen Schicksal er teilte, um 1975 von der Stadt Aalen eingemeindet zu werden.

Der zwischen Hofen und Aalen gelegene Stadtteil Wasseralfingen dürfte mit seinem Wasserschloss auf einem Burghügel in der Nähe des Kochers zur ältesten Siedlungsschicht gehören. Obwohl die Burg erst seit 1337 urkundlich erwähnt ist, spricht ihre Lage für eine Anlage vor der Zeit der Höhenburgen, auch wenn archäologische Untersuchung bislang klare Aussagen der Geschichtswissenschaft behindern. Die Familie von Ahelfingen dürfte von hier aus ihre Entwicklung genommen haben, die über die Höhenburgen Hohen- und Niederalfingen zur Ausbildung eines niederadeligen Herrschaftsgebietes geführt hat. Ob und wie dieses im Zusammenhang mit dem 1299 von dem Graf von Oettingen abgehaltenen Landtag auf der Waibelhube steht, der auf der Flur Bürgle nordwestlich der heutigen Stadt gesucht wird, muss offen gelassen werden. Die Familie von Ahelfingen hat ursprünglich zur Ministerialität der Abtei Ellwangen gehört und ist trotz des Übertritts in die oettingische Ministerialität (vermutlich über eine staufische Zwischenstufe) mit ihrem Besitz in der Lehenschaft der Abtei Ellwangen und nach deren Umwandlung zur Fürstpropstei bis zu ihrem Erlöschen 1545 geblieben. Im späten 14. Jahrhundert wurde Burg und Dorf zwischen den Ahelfingen zu Horn und der Familie Hack geteilt, doch kam der hacksche Anteil 1481 über die Herren von Lierheim an die von Ahelfingen zurück. Die Fürstpropstei Ellwangen bildete aus dem eingezogenen Besitz der von Ahelfingen 1553 das Amt Wasseralfingen, das bis 1802/1803 bestand. Das Dorf , das zur Pfarrei Hofen gehört hat, hatte seit 1353 eine Kaplanei St. Stephan, aus der 1834 eine eigene Pfarrei wurde, während die ursprüngliche erweiterte Kapelle St. Stephan wieder zu diesem Rechtszustand zurückkehrte. Mit dem Beginn des Erzabbaus 1635 und der Einrichtung eines Hochofens 1671 durch die Fürstpropstei Ellwangen begann die Eisenindustrie am Ort, die im 19. Jahrhundert in den bis heute bestehenden Schwäbischen Hüttenwerke SHW und der 1911 von Karl Kessler begründeten Maschinenfabrik Alfing ihre Fortsetzung fand. Seit 1861 war der Ort durch die über Aalen hinausgeführte Bahnlinie an das Eisenbahnnetz Württembergs angeschlossen. Der 1803 rund 350 Einwohner umfassende Ort im Oberamt Aalen wuchs rasch. Er erhielt Marktrecht (1828) und wuchs über 1.410 Einwohner (1854) auf 3.500 Einwohner (1907) weiter, um bei der Eingemeindung über 10.000 zu liegen. Der zur Stadt erhobene Ort (1951) wehrte sich gegen die Eingemeindung, konnte den 1975 vollzogenen Schritt jedoch nicht abwenden.

Der Teilort Unterkochen liegt an der Vereinigung des Schwarzen und Weißen Kochers und ist im jüngeren Ausbau entstanden. Die Familie von Kochen wurde um 1136 in Beziehungen mit der Abtei Ellwangen erstmals erwähnt und wird urkundlich bis zum Beginn des 15. Jahrhunderts genannt. Sitz der Familie dürfte die über dem Dorf gelegene Kochenburg gewesen sein, die vermutlich im frühen 12. Jahrhundert in eine vorgeschichtliche Befestigung eingebaut wurde. Burg und Dorf sind wohl im 13. Jahrhundert an die Herren von Ahelfingen gelangt, die beides 1317 an die Abtei Ellwangen vertauschten. Da beides 1317 von den Grafen von Oettingen zu Lehen ging, ist davon auszugehen, dass die Abtei Ellwangen ursprünglicher Besitzer von Burg und Ort gewesen ist und diese über die Staufer an die Grafen von Oettingen gelangt sind. Die Abtei hat die Kochenburg nach der Wiedererwerbung zum Amtssitz des ellwangischen Oberamts Kochenburg gemacht. Die zu Beginn des Dreißigjährigen Krieges abgegangene Burg wurde von der Fürstpropstei Ellwangen während des Krieges neu errichtet, wurde aber von den Schweden bald darauf zerstört. Im Ort saß 1335-1465 die ellwangische Ministerialenfamilie Malse, deren Besitz an die Fürstpropstei fiel. Die im 16. Jahrhundert von Württemberg betriebene Eisenerzverhüttung wurde 1614 an Ellwangen verkauft. Die Eisenerzverhüttung wurde nach 1802/1803 von Württemberg nach Wasseralfingen verlegt und mit dem dortigen Hüttenwerk vereinigt. Ellwangen hat auch Papiermühlen gegründet, die im 18./19. Jahrhundert gutes Papier erzeugt haben. In dem bei Unterkochen gelegenen Wohnplatz Glashütte bestand zwischen 1508 und bald nach 1660 eine Glasproduktion. In weiteren Wohnplätzen um Unterkochen bestanden im 19. Jahrhundert Papier-, Pulver- und Ziegelproduktion. Die 1248 erstmals erwähnte Pfarrkirche in Unterkochen St. Maria (so 1425) wurde 1328 der Abtei Ellwangen inkorporiert. Nach dem Zweiten Weltkrieg wurde neben der Katholischen auch eine Evangelische Pfarrei errichtet. Der Ort kam mit der Säkularisation zum Oberamt Aalen und wurde 1973 Ortsteil von Aalen.

Abtsgmünd, Zehntscheuer. Foto: Kreisarchiv

Abtsgmünd

7.318 Einwohner, 7.160 ha, 353-555 m NN

Das weitläufige Haufendorf am Kocher in Spornlage gelegen, besitzt durch seine Lage an Lein und Kocher zwei Ortskerne. Ortsname und Patrozinium der Pfarrkirche lassen eine Gründung des Ortes in der ersten Ausbauphase der Abtei Ellwangen in der Karolingerzeit vermuten. Der um 1136 als „Gemunden" erstmals genannte Ort wurde seit 1251 als „Abtzgemunde" bezeichnet. Vermutlich geschah dies im Unterschied zum nahen Schwäbisch Gmünd und als Besitz der Abtei Ellwangen. In dieser Zeit war der Ort Grenzpunkt des limpurgischen Bannforsts. Die Pfarrkirche St. Michael (so 1384) wurde 1328 der Abtei Ellwangen inkorporiert. Doch gestand die Fürstpropstei Ellwangen den Herren von Hürnheim 1471 ein Präsentationsrecht auf die Pfarrei zu, die den Ort bereits 1377 zusammen mit der Burg und Herrschaft Wöllstein von der Abtei Ellwangen gekauft hatten. Die 1269 erstmals erwähnte Burg Wöllstein dürfte um 1200 vielleicht als Sicherung der Herrschaft gegen die Schenken von Limpurg errichtet worden sein. Abtsgmünd hat wohl zur Herrschaft Wöllstein gehört. Burg und Herrschaft Wöllstein gehörten zuerst der Familie Hack, von der es an die Abtei Ellwangen gelangte. Die Zusammenhänge deuten hier auf ursprünglichen Besitz der Abtei Ellwangen hin, auch wenn die Familie Hack in Verbindung zu den Staufern gestanden hat. Nach dem Erlöschen der Herren von Hürnheim 1585 fiel Abtsgmünd an Ellwangen zurück und wurde Sitz des Amtes Heuchlingen. Der geringe Besitz der Familien Adelmann, Schnaitberg, Woellwarth und von der Hefte im Ort fiel an die von Hürnheim bzw. an Ellwangen. In der Altschmiede wurde 1611 das erste Abtsgmünder Eisenwerk begründet, das 1699 in die Neuschmiede verlegt wurde und dort bis ans Ende des 19. Jahrhunderts bestand. Abtsgmünd fiel mit der Säkularisation an Württemberg und das Oberamt Aalen. Im Bezirk Abtsgmünd waren in der Mitte des 19. Jahrhunderts 150 Handwerker ansässig. Der Ort selbst umfasste 1834 113 Gebäude. Dazu kam die Alte Schmiede mit weiteren 17 Gebäuden. Der Ort besaß am Ende des 19. Jahrhunderts einen Arzt (1884) und eine Apotheke (1896). Ein Krankenhaus wurde 1890 eingerichtet und 1929 das Hüttenwerk stillgelegt. Kurz vor dem Zweiten Weltkrieg wurde mit den Planungen der Kocherkorrektion begonnen, die ab 1952 an Kocher und Lein fortgesetzt und abgeschlossen wurde. Das Elektrizitätswerk wurde kurz vor Ende des Zweiten Weltkriegs an das Überlandwerk Jagstkreis AG (heute ODR Ellwangen) verkauft. Nach dem Zweiten Weltkrieg wurde die Gemeinde durch neue Baugebiete erweitert. Dadurch stieg die Einwohnerzahl. Die Eingemeindungen von Laubach und Neubronn sowie Untergröningen (1971), Hohenstadt und Pommertsweiler (1972) ließen die heutige Gemeinde entstehen. Die Ansiedlung und fortgesetzte Erweiterung der Firma Kessler & Co. (ab 1950) gab dabei eine wirtschaftliche und arbeitsplatzmäßige Grundlage der Entwicklung.

Die eingemeindeten Orte wurden alle im 12./13. Jahrhundert erstmals erwähnt. Die Namensformen von Hohenstadt, Laubach, Neubronn und Pommertsweiler deuten auf eine Gründung in die Zeit des jüngeren Ausbaus hin. Untergröningen ist – trotz seines alten Ortsnamens - erst im Zusammenhang mit dem Bau der Burg im ausgehenden 11. Jahrhundert entstanden. Die in Hohenstadt, Laubach, Neubronn und Untergröningen vermutlich im 12./13. Jahrhundert errichteten Burgen lassen sich durch die in ihnen nachweisbaren Niederadelsfamilien auf die ellwangische Ministerialität und die Abtei Ellwangen zurückführen. Dieses gilt auch für die Burg Roden oberhalb von Leinroden. Durch die Belehnungen an die niederadeligen Familien Adelmann, Roden, Woellwarth und Gröningen nahmen die Burgen und dazugehörigen Orte verschiedene Entwicklungen in ritterschaftliche Herrschaften, die erst im Ostalbkreis wieder miteinander verbunden wurden.

Adelmannsfelden, Kirche und Schloss. Foto: Kreisarchiv

Adelmannsfelden

1.722 Einwohner, 2.290 ha, 394-493 m NN

Adelmannsfelden wurde in den Ellwanger Bergen auf einer Stubensandsteinhochfläche über der Blinden Rot errichtet, wobei das Schloss in Spornlage liegt. Das Patrozinium St. Nikolaus der ursprünglich zur Pfarrei Neuler gehörenden Kapelle lässt erschließen, dass der zum jüngeren Ausbau gezählte und zwischen 1113 und 1118 erstmals erwähnte Ort vermutlich nicht sehr viel früher gegründet wurde. Die zeitgleich erwähnte ortsadelige Familie der Herren von Adelmannsfelden gehörte zur Ministerialität der Abtei Ellwangen. Diese hat die Gründung des Dorfes in seiner Kolonisation im 11. Jahrhundert veranlasst. Im 13. Jahrhundert war ein Vertreter der Familie Reichsministeriale, sie war also von den Staufern samt ihrer Herrschaft an das Reich gezogen worden. Tatsächlich traten die Grafen von Oettingen nach dem Interregnum als Inhaber der Herrschaft Adelmannsfelden auf, die sie an die Abtei Ellwangen verkauften (1361). Ellwangen verkaufte sie an die Schenken von Limpurg weiter (1380). Bei der limpurgischen Teilung 1481 kam die Herrschaft an die Linie Limpurg-Speckfeld, die sie 1493 an die Herren von Vohenstein verpfändete. Diese haben sich einer späteren Auslösung erfolgreich widersetzt, 1561 die Reformation eingeführt und 1602 von Kaiser Rudolf II. die Freiheit von fremden Gerichten erlangt. Die bereits seit dem 16. Jahrhundert um die Auslösung der Herrschaft laufenden Prozesse wurden durch das Erlöschen der Schenken von Limpurg (1713) und der Herren von Vohenstein (1737) und den Zerfall der Herrschaft in Sechzigstel an die verschiedensten Erben weitergeführt. Für Vohenstein kamen die Familien von Jungkenn, Nettelhorst, Bernerdin, Gültlingen, Harling und Onz in den Besitz der Erbschaft. Aus diesem Familienkreis stammt die 1748 im Schloss geborene Franziska von Bernerdin, die als Gemahlin von Herzog Karl Eugen von Württemberg (1781) zur Reichsgräfin von Hohenheim wurde. Die limpurgischen Allodialerben setzten sich gegen die vohensteinschen Erben durch, verkauften aber ihr Erbe bis 1828/1830 vollständig an Württemberg. Dieses hatte die Landeshoheit 1806 erworben und das Dorf dem Oberamt Gaildorf zugeschlagen. Es kam 1808 an das Oberamt Ellwangen und 1810 an das Oberamt Aalen. Nach dem Zweiten Weltkrieg wandelte sich das landwirtschaftlich strukturierte Dorf mehr und mehr zu einer Wohngemeinde mit kleineren Industriebetrieben. Dazu wurden Baugebiete und auch ein Gewerbegebiet ausgewiesen.

Die zur Gemeinde gehörenden Wohnplätze Bühler, Haid, Mittelwald, Ottenhof, Stöcken und Vorderwald sind nach ihren Ersterwähnungen und Ortsnamen in der jüngeren Kolonisation der Abtei Ellwangen entstanden und klein geblieben. Sie haben den Herren von Vohenstein und auch der Abtei bzw. Fürstpropstei Ellwangen gehört und wurden erst 1806 in der Gemeinde Adelmannsfelden zusammengefasst.

Bartholomä, Ansicht. Foto: G. Keydell

Bartholomä

2.053 Einwohner, 2 075 ha, 650-755 m NN

In einem flachen Trockental begleitet die Bebauung der Gemeinde mehrere sich kreuzende Straßen, die in ihrer Mitte einen freien Platz umschließen. Die 1365 erstmals unter dem Namen Laubenhart erwähnte Gemeinde behielt diesen Ortsnamen bis ins 16. Jahrhundert. Der zur Herrschaft Lauterburg gehörige Ort dürfte im jüngeren Ausbau entstanden sein, was das Patrozinium St. Bartholomäus der romanischen Chorturmkirche bestätigt. Das Patrozinium gab dem Bartholomäus-Markt seinen Namen und ließ im 16. Jahrhundert den Ortsnamen zum heutigen abändern. Mit der Herrschaft Lauterburg kam das Dorf über die Grafen von Oettingen und die Herren von Rechberg an die Herren von Woellwarth, die das Dorf an den Ulmer Patrizier Hans Jacob Schad verkauften (1638). Das dem Ritterkanton am Kocher immatrikulierte Rittergut kam über die Herren von Wollmershausen zu Amlishagen (1682) an die von Pappenheim (1708) und zuletzt an die vom Holtz zu Alfdorf (1740). Die schlechte wirtschaftliche Lage des Dorfes war dafür verantwortlich, dass die Ortsherrschaft im 18. Jahrhundert katholische Kolonisten und andere Fahrende ansiedelten, die sich als Hausierer ernährten. Das Dorf fiel 1806 an Württemberg und das Oberamt Gmünd bis es durch die Kreisreform zum Ostalbkreis kam.

Das Patronat über die Pfarrkirche war nach 1492 von den Herren von Rechberg an die Herren von Woellwarth gekommen, die 1550 die Reformation einführten. In dem zur rechbergischen Herrschaft Bargau gehörigen Wohnplatz Möhnhof, der als Trontal (Trautal) 1433 erstmals erwähnt wurde, und nach zeitweiligem Wüstfallen im 17. Jahrhundert unter seinem heutigen Namen neu besiedelt wurde, wurde 1767 eine Kapelle errichtet, die 1811 zur Pfarrkirche erhoben und 1840 als katholische Pfarrei nach Bartholomä verlegt wurde.

Württemberg hat 1816 in Bartholomä eine Industrieschule errichtet, um den zahlreichen Ortsarmen eine Erwerbsmöglichkeit zu geben. Die Miederindustrie in Heubach und die Albwasserversorgung vom Brenztal her haben die wirtschaftliche Situation seit Ende des 19. Jahrhunderts gebessert. Nach dem Zweiten Weltkrieg entstanden nach Südwesten, Osten, Norden und Westen neue Wohngebiete, die auch zur Ansiedlung von Industrie führten. Der „Staatlich anerkannte Erholungsort" spielt im Tourismus des Ostalbkreises eine wichtige Rolle. Dazu ist das Haus des Schwäbischen Turnerbundes als Seminar- und Tagungszentrum von Bedeutung.

In der Gemarkung der Gemeinde bestehen einige Wohnplätze, die überwiegend Kleinstsiedlungen waren und noch heute sind. Sie sind seit dem Spätmittelalter, überwiegend aber erst in der Neuzeit im Zuge der immer engeren Besiedlung entstanden. Auf der Gemarkung liegt auch eine abgegangene Burg Michelstein der Herren von Böbingen.

Böbingen, Michaelskirche aus dem Jahr 1084. Foto: Kreisarchiv

Böbingen

4.528 Einwohner, 1.222 ha, 356-410 m NN

Die aus den ursprünglich selbstständigen Orten Ober- und Unterböbingen bestehende Gemeinde entstand durch deren Zusammenschluss 1939 unter dem Namen „Unterböbingen" mit dem Namenswechsel zu Böbingen an der Rems (1957).

Das Obere Remstal durchzieht die mittlere Gemarkung zwischen den Liasplatten über Rems und Lein. Im Bereich der Gemarkung fließt von Norden der Erlenbach und von Süden der Klotzbach in die Rems. An dem durch das Remstal verlaufenden wichtigen Verkehrsweg zwischen Neckar und Donau wurde vom römischen Militär um 161 n. Chr. ein 2 ha großes Kastell zum Schutz des gleichzeitig errichteten raetischen Limes angelegt. In ihm war vermutlich die Cohors VI Lusitanorum stationiert. Das Kastell wurde 254 n. Chr. zerstört und nicht wieder aufgebaut. Eine Kontinuität zur späteren alemannischen Siedlung ist nicht anzunehmen.

Der Ortsname gehört zur ältesten Ortsnamensschicht mit Reihengräberfriedhof und führt in den Familienkreis um das alemannische Herzogshaus. Die in Oberböbingen gelegene Michaelskirche wurde nach den archäologischen Funden im 7. oder 8. Jahrhundert errichtet. Ein Conrad de Bebingen wird um 1120 erwähnt. Seine Hochadelsfamilie nannte sich auch nach Michelnstein und Dapfen (Landkreis Reutlingen). Die im 14. Jahrhundert genannte ortsadelige Familie dagegen war wappen- und wohl auch stammesgleich mit den Herren von Schechingen. Sie war auf einer in Unterböbingen gelegenen Burg ansässig. Nach der dort später genannten Nikolauskirche dürfte sich der Ortsteil Unterböbingen mit Burg und Kirche ab dem 12. Jahrhundert entwickelt haben. Urkundlich lassen sich jedoch Ober- und Unterböbingen erst ab 1349 unterscheiden. Kloster Gotteszell erwarb 1291 einen Hof am Ort. Die 1358 in Oberböbingen durch das Kloster Königsbronn gekauften Güter lassen erschließen, dass dieser Ort teilweise zur Herrschaft Rosenstein-Heubach gehört hat, zumal später auch die von Woellwarth am Ort begütert waren. Das Kloster Königsbronn verkaufte seinen Besitz an das Spital Gmünd (1498, 1545) und die Reichsstadt Giengen. Seinen letzten Besitz verkaufte es an Württemberg (1556). Das Spital Gmünd und das Kloster Gotteszell kauften im 14./15. Jahrhundert weiteren Besitz, vor allem von den Herren von Rechberg. Der größere Teil des Ortes stand unter Gmünder Oberhoheit. 1513 gehörte Oberböbingen zur Waibelhube. Gmünd und Württemberg einigten sich, dass die Hochgerichtsbarkeit und die Gemeindeherrschaft an Württemberg kamen (1587). Dieses übernahm durch die Reformation die Güter des Klosters Königsbronn. Es reformierte seinen Anteil am Ort (1556), weshalb die Gmünder Untertanen ab diesem Zeitpunkt zur Pfarrei Mögglingen gehörten. Der Gmünder Teil des Ortes fiel 1802/1803 an Württemberg, zuerst als Teil des Oberamts Heubach, das 1805 mit dem Oberamt Gmünd vereinigt wurde und später zum Ostalbkreis kam. Die Schultheißerei Böbingen mit Oberböbingen als Hauptort bestand 1803-1805.

Unterböbingen gehörte als eine Ortshälfte mit seiner Adelsburg 1410 den Herren von Woellwarth, während die andere Ortshälfte über Verkäufe an das Kloster Gotteszell, das Gmünder Augustinerkloster und

das dortige Spital unter die Herrschaft der Reichsstadt Gmünd kam. Der woellwarthische Ortsteil kam nach 1580 durch Erbschaften und Verkäufe in den Besitz verschiedener Adelsfamilien, zuletzt 1689 an das augsburgische Stift St. Stephan und 1715 an das Kapitel der Fürstpropstei Ellwangen. Das Kloster Königsbronn hatte im Spätmittelalter das Mesnergut, die Zehntscheuer, das Patronat der Nikolauskirche und die Kolomankapelle erworben, die dadurch mit der Reformation von Königsbronn 1556 an Württemberg gelangten und evangelisch wurden. Während die Kolomankapelle schon vor 1580 abging, blieb die Nikolauskirche evangelisch und wurde erst 1813 als baufällig abgerissen. Die Gmünder Untertanen wurden nach Mögglingen eingepfarrt. Der ebenfalls reformierte woellwarthische Teil wurde nach dem Dreißigjährigen Krieg rekatholisiert. Das Stift St. Stephan gründete 1695 eine Kapelle St. Josef für seine Untertanen, das Kapitel Ellwangen bestellte 1732 einen Priester am Ort. Durch die Säkularisation kamen die beiden Ortshälften wieder zusammen und gelangten über das Oberamt Gmünd zum Ostalbkreis. Für die Katholiken entstand 1813 eine Pfarrkaplanei, die 1821 zur Pfarrei wurde. Mit der Errichtung des Bahnhofs wurde Unterböbingen 1861 an die Remsbahn angeschlossen.

Die Gemeinde umfasste auch den Wohnplatz Beiswang und den bisher zu Heuchlingen gehörigen Birkhof, während die zu Oberböbingen gehörigen Zimmern und Hirschmühle an Hussenhofen abgegeben wurden. Der Zuzug der Heimatvertriebenen veränderte das bisherige Dorf. Durch den Bau des gemeinsamen Schulhauses (1954), die Einführung des heutigen Ortsnamens, den Bau des Rathauses (1963) und der Römerhalle (1981/1982) sowie neue Baugebiete wuchsen die Ortsteile zusammen. Durch die weitgehende Aufgabe der Land- und Forstwirtschaft wurde die dörfliche Struktur zur Pendlerwohngemeinde verändert, wobei die Zahl der Auspendler die der Einpendler weit übersteigt.

Bopfingen

11.829 Einwohner, 7.698 ha, 468 m (Bahnhof), 668 m (Ipf) NN

mit den Stadtteilen Aufhausen, Baldern, Flochberg, Kerkingen, Oberdorf, Schloßberg, Trochtelfingen, Unterriffingen

Die ehemalige Reichsstadt Bopfingen liegt am westlichen Eingang zum Ries im Egertal am Fuß des Ipf, eines Zeugenberges der Schwäbischen Alb. Die Gesamt-markung der heutigen Stadt umfasst einen Teil des Vorlandes der Östlichen Schwäbischen Alb, eine Riesauswurfscholle im Kern des Schlossberges Hohenbaldern und reicht mit Unterriffingen bis auf den Nordrand der Härtsfeldalb. Die bei Aufhausen entspringende Eger fließt am Fuß des Albtraufs entlang nach Südosten, nimmt bei Oberdorf die Schneidheimer Sechta auf, um ihren Weg weiter ins Ries zu nehmen.

Die keltische Siedlung mit dem Fürstensitz auf dem Ipf hat keine Kontinuität besessen, doch dürfte diese in der Kreuzung der beiden Handelsstraßen im heutigen Bopfingen liegen, die von Augsburg über Dinkelsbühl nach Frankfurt und von Nürnberg bzw. Nördlingen durch das Remstal nach Cannstatt und weiter zum Mittelrhein führten. Das römische Kastell Opie (Ipf) ist an diesen Straßen angelegt worden. Nach der Aufgabe des römischen Kastells (spätestens 160) dürfte der Raum nicht mehr siedlungsleer geworden sein. Mehrere Reihengräberfriedhöfe, darunter einer aus dem 5. Jahrhundert, beweisen eine frühe alemannische Ansiedlung. Im 9. Jahrhundert wurde Bopfingen erstmals in den Stiftungsurkunden des Klosters Fulda erwähnt. Der vermutlich auf Fuldaer Kirchenlehen zurückgehende staufische Besitz des Ortes wurde urkundlich erstmals 1188 (burgus Bopfingen) erwähnt. Der zwischen 1153 und dem 16. Jahrhundert genannten Adelsfamilie von Bopfingen, von denen ein Zweig den Beinamen Hahn führte, gehörte die Burg „am Schultor", die 1377 zerstört wurde. Die Familie stellte Ministeriale, Marschälle und Kämmerer der Staufer, aber auch Ammänner in Bopfingen. Die Stadt dürfte um 1230 gegründet worden sein. Im Reichssteuerverzeichnis von 1241 ist sie mit 50 Mark Silber ausgewiesen. Zu dieser Zeit gab es eine größere Judengemeinde in der Stadt, die mit den Pogromen 1349 verschwand, aber rasch neu entstand und erst im 16. Jahrhundert aufgelöst wurde. Nach dem Erlöschen der Staufer fiel die Stadt an das Reich. Das in der Stadt vor 1266 von Marquard dem Kämmerer von Bopfingen gegründete Frauenkloster St. Agnes wurde mit dem Kloster Kirchheim vereinigt (1283). Die Pfarrkirche St. Blasius wurde erstmals 1299 erwähnt. Das Patronat über sie war im 14. Jahrhundert als Zubehör der Burg Flochberg Besitz der Grafen von Oettingen, die es dem Kloster Kirchheim schenkten (1358). Die Pfarrkirche wurde dem Kloster inkorporiert. Die Stadt wurde von Adolf von Nassau und Karl IVon an Brandenburg, Oettingen und Bayern verpfändet, konnte aber nach dem Erwerb der oettingischen Güter in der Stadt (1362) und des Reichsammannamtes (1384) seine immer wieder durch die Grafen von Oettingen bedrohte Reichsfreiheit mit Hilfe des Schwäbischen Städtebundes bewahren. Die als Dreitoranlage mit zuletzt fünf Stadttürmen auf elliptischem Grundriss entstandene Altstadt konnte kein Herrschaftsgebiet entwickeln, sondern musste den Grafen von Oettingen sogar den Blutbann bis vor die Mauern zugestehen. Der Besitz der Stadt umfasste nur einen Teil von Oberdorf, einige Höfe außerhalb der Stadt und indirekt einen Teil von Dirgenheim, der dem vor 1379 gegründeten Heiliggeistspital gehörte. Der Rat führte 1524/1546 die Reformation ein. Die sich daraufhin ergebenden Streitigkeiten über das Patronat wurden erst gelöst, als die Stadt dasselbe durch Tausch erwarb (1774). Die Stadt blieb politisch und wirtschaftlich wenig bedeutsam, so nahm sie auf der Schwäbischen Städtebank im Reichstag die 37. und letzte Stelle ein. 1802 fiel sie an Bayern, 1810 an Württemberg, kam

Bopfingen, Rathaus und Stadtkirche. Foto: Kreisarchiv

zum Oberamt, später Landkreis Neresheim, 1938 zum Landkreis Aalen und mit diesem zum Ostalbkreis. Nach dem Besuch König Friedrichs I. 1811 in der Stadt fand ab 1812 die Ipfmesse zur Erinnerung statt. Sie wurde 1829 von der Kuppe des Berges an dessen Fuß verlegt und findet bis heute alljährlich als Volksfest statt. Die katholischen Einwohner der Stadt waren bis 1885 nach Flochberg eingepfarrt, dann entstand ein Expositurvikariat, das 1906 zur Pfarrei erhoben wurde.

Nach dem Zweiten Weltkrieg wuchs die Stadt durch Anlage von Bau- und Industriegebieten (1970, 1975), die mit dazu beitrugen, dass sich die Stadt zu einem Industriestandort mit rund 3.500 Arbeitsplätzen im produzierenden Gewerbe, aber auch im Dienstleistungsbereich wandelte.

Die heutige Stadt entstand durch die Eingemeindungen im Zeitraum zwischen 1970 und 1975. Die Stadtteile weisen eine überaus lebendige Geschichte auf. In allen Stadtteilen sind nach dem Zweiten Weltkrieg Baugebiete ausgewiesen worden, die zu erheblichen Erweiterungen geführt haben. Flochberg wurde 1970 als erstes eingemeindet. Der Ortsname bestätigt die Anlage des um 1140/1150 erstmals erwähnten Ortes als Burgflecken der gleichnamigen und wohl kurz zuvor errichteten Burg, die 1150 eine welfische Belagerung abwehren konnte. Der zeitliche Ansatz wird durch die Burgkapelle St. Nikolaus (erwähnt 1318) bestätigt. Eine edelfreie Familie erscheint zwischen 1140 und 1340, zog angeblich später nach Trochtelfingen und nahm auch den Namen dieses Ortes an. Neben ihnen sind staufische Ministeriale unter dem Namen der Burg erwähnt.

Die zu Beginn des 14. Jahrhunderts zerstörte Burg wurde durch die Grafen von Oettingen wieder aufgebaut und erst von den Schweden weitgehend zerstört (1648). Unterhalb der Burgruine wurde für die seit dem 16. Jahrhundert bestehende Wallfahrt im Barock in Nachfolge einer Kapelle eine Kirche errichtet, die zur Pfarrkirche St. Maria auf dem Roggen-acker wurde (1747). Im Wohnplatz Härtsfeldhausen saßen zeitweilig Angehörige der Familie von Hürnheim, von denen der Ort an die Schenken von Schenkenstein gelangte, von denen er zum Teil an die Fürstpropstei Ellwangen als erledigtes Lehen heimfiel, während das Allod an die Grafen von Oettingen verkauft wurde. Ellwangen verkaufte seine Anteile am Ort kurz vor der Säkularisation ebenfalls an Oettingen. Das 1971 nach Bopfingen eingemeindete Schloßberg war aus einer Ansiedlung von Bettlern und „Freileuten" entstanden (ab 1689), die ihren Unterhalt durch Taglohnarbeiten, Abdeckerei, auch Betteln und Hausieren verdienten. Zeitweise gehörte der Ort im 19. Jahrhundert zu Bopfingen und Flochberg.

Die Teilorte Kerkingen und Trochtelfingen wurden 1972 eingemeindet. Beide Orte gehören der ältesten Siedlungsschicht an, wobei im letztgenannten ein Reihengräberfeld des 6. Jahrhundert nachgewiesen wurde. In dem 1272 erstmals genannten Kerkingen lag südlich der Pfarrkirche St. Ottilia eine Wasserburg auf der im 13./14. Jahrhundert eine ortsadelige Familie saß. Die Grafen von Oettingen brachten im 14. Jahrhundert den zersplitterten Besitz im Ort samt den Herrschaftsrechten und dem Patronat der Pfarrei aus der Hand verschiedener Niederadels- und Patrizierfamilien an sich. Trochtelfingen wurde um 1140 erstmals erwähnt. Im Ort bestanden vier Wasserschlösser, von denen drei abgegangen sind, und im 15. Jahrhundert zwei Kirchen (St. Andreas und St. Margaretha). Die Edelfreien von Trochtelfingen werden als Zweig der von Flochberg betrachtet und lassen sich bis ins 14. Jahrhundert nachweisen. Der Grundbesitz des Dorfes war schon in früher Zeit sehr zersplittert. Die Grafen von Oettingen übten die Hochgerichtsbarkeit aus. Wegen der Zersplitterung kam es unter den Herrschaften immer wieder zu Streitigkeiten, die dazu führten, dass Ende des 16. Jahrhunderts die Grundherren der Gemeinde eine weitgehende Selbstverwaltung durch einen Sechserrat (ein am Ort ansässiger Adeliger und fünf Mitgliedern aus der Gemeinde) zustanden. Diese wurde deshalb wiederholt als Freidorf bezeichnet. Die Reformation setzte sich im Ort nur teilweise durch. Beide Dörfer kamen 1806 an Bayern, 1810 an Württemberg als Teil des Oberamts Neresheim, mit dem sie 1938 an den Landkreis Aalen gelangten.

Die Dörfer Baldern und Oberdorf kamen 1973 zu Bopfingen. Baldern wurde durch die auf der Burg Hohenbaldern ansässige edelfreie Familie um 1140 erstmals erwähnt. Die Burg befand sich 1215 im Besitz des Hochstifts Regensburg und kam durch Tausch an die Abtei Ellwangen, die ihren Vogt, den Grafen von Oettingen, mit ihr belehnte (1250). Bis zur Gegenwart befindet sich das Schloss im Besitz der Grafen von Oettingen und war 1602-1798 Residenz einer Seitenlinie Oettingen-Baldern. Das Dorf entstand als Burgflecken (Ersterwähnung 1450). Burg und Herrschaft fiel 1798 an die Wallersteinische Linie der Grafen von Oettin-

gen, kam 1806, an Bayern, 1810 an Württemberg zum Oberamt Neresheim und 1938 zum Landkreis Aalen.

Das 1268 erstmals genannte Oberdorf am Fuß des Ipf dürfte in der älteren Ausbauzeit entstanden sein und wurde vermutlich von Bopfingen aus gegründet. Der Ort gehörte zur Burg Flochberg und kam damit von den Staufern an die Grafen von Oettingen, denen die hohe Obrigkeit zustand, obwohl die Stadt Bopfingen um 1700 an Grundbesitz und Vogtei den größten Anteil besaß. Daneben war das Spital Nördlingen, die Klöster Kirchheim und Kaisheim sowie die Grafen von Oettingen im Ort begütert. Die Grafen von Oettingen hatten um 1510 einigen Juden in ihrem Ortsteil gestattet, sich niederzulassen. Zwischen 1656 und 1798 wuchs diese Zahl von fünf auf 52 Schutzjuden. Nachdem die Juden im 19. Jahrhundert zu gleichberechtigten Bürgern wurden, wurden sie durch die Gründung von Fabriken nach 1870 zu den bedeutendsten Steuerzahlern. Die Zahl der jüdischen Bevölkerung wuchs bis 1854 auf 548, d.h. 40 Prozent der Gesamtbevölkerung. Sie ging daraufhin bis 1933 kontinuierlich auf 87 zurück, die dann überwiegend von den Nationalsozialisten ermordet wurden. Eine Synagoge besaß der Ort seit 1704, die 1812 erneuert und zwischen 1832 und 1930 zum Sitz eines Rabbinats wurde, das auch die jüdischen Gemeinden in Aufhausen, Lauchheim, Pflaumloch, Ellwangen und Schwäbisch Gmünd umfasste.

Die Orte Aufhausen und Unterriffingen kamen 1975 zu der Stadt Bopfingen. Das unterhalb der Quelle der Eger gelegene Aufhausen wurde um 1136 erstmals als Ufhusen erwähnt, wobei dieses „Hausen oberhalb" auf Bopfingen bezogen sein dürfte. Der Ort gehörte zum älteren Ausbau. Er gehörte zu der abgegangenen Burg Stein (Schenkenstein), nach der sich seit der Mitte des 12. Jahrhunderts eine edelfreie Familie nannte, deren Mitglied Konrad um 1260 die Burg an das Hochstift Augsburg verkaufte. Die Grafen von Oettingen erzwangen, dass der Verkauf rückgängig gemacht wurde und an sie erfolgte (1263). Sie haben die Burg an einen Zweig ihrer Ministerialenfamilie der Schenken von Ehringen verliehen, die sich nach der Burg nannten und sie von 1267 bis Ende des 16. Jahrhunderts im Besitz hatten. Die Burg wurde im Bauernkrieg 1525 zerstört. Die Herrschaft wurde von den Erben der Schenken, den Herren von Gundelsheim, an die Grafen von Oettingen verkauft (1613), die bis 1750 auch die übrigen Lehen von Ansbach und Ellwangen im Ort erwarben. Seit dem 16. Jahrhundert hatten die Schenken jüdische Familien im Ort angesiedelt, die bis 1806 auf 36 Familien anwuchsen und 1854 ihren Höchststand mit 378 Personen, was 43 Prozent der Bevölkerung entsprach, erreichten. Die jüdische Bevölkerung wanderte noch im 19. Jahrhundert weitgehend ab und lag 1910 bei 15 Personen. Die jüdische Gemeinde wurde 1925 aufgelöst. 1933 waren noch fünf Juden am Ort, von denen vier dem nationalsozialistischen Terror zum Opfer fielen.

Das auf dem nördlichen Härtsfeld gelegene Unterriffingen gehört zur ältesten Siedlungsschicht. Im 8. Jahrhundert war das Kloster Fulda hier begütert. Dieser Besitz dürfte zu Beginn des 13. Jahrhunderts mit anderem Fuldaer Besitz an die Abtei Ellwangen gefallen sein. Bald darauf scheint dieser Besitz über die Staufer an die Grafen von Oettingen gelangt zu sein, denn der 1311 erwähnte Edelknecht von Riffingen hat anscheinend zur Familie der Schenken von Schenkenstein gehört, die einen Teil der Ellwanger Güter als Lehen innehatten. Auch der Besitz der Deutschordenskommende Kapfenburg und wohl auch der der Herren von Zipplingen dürfte ursprünglich ellwangisch gewesen sein. Das Patronat der Pfarrkirche wurde als Württembergisches Lehen, vielleicht aus ursprünglich staufischem Besitz, von Ulrich von Bopfingen an Graf Ludwig von Oettingen verkauft. Dieser schenkte das Patronat dem Kloster Neresheim, dem es 1335 inkorporiert wurde. Nach dem Erlöschen der Schenkensteiner zog Ellwangen die Lehen ein, während der allodiale Besitz von den Erben, den Herren von Gundelsheim, an die Grafen von Oettingen verkauft wurde. Nach langen Streitigkeiten über die Hochgerichtsbarkeit, die Oettingen immer wieder beanspruchte, verkaufte Ellwangen seinen Besitz an Oettingen. Der Ort fiel 1806 an Bayern, 1810 an Württemberg und war bis 1833 Teil der Gemeinde Dorfmerkingen, war dann als selbstständige Gemeinde im Oberamt Neresheim, seit 1938 im Landkreis Aalen.

Durlangen-Tanau, Wallfahrtskapelle St. Anna. Foto: Kreisarchiv

Durlangen

2.939 Einwohner, 1.043 ha, 492-500 m NN

Durlangen liegt im Süden einer Liashochfläche am Ostrand des Welzheimer Waldes. Die Gemarkungsgrenze folgt grob den Bachläufen, weshalb die Gemarkung die Hänge umfasst, die zur Liashochfläche hinaufreichen.

Das Haufendorf liegt mitten in der Gemarkung und hat sich nach dem Zweiten Weltkrieg nicht nur durch die Ausweisung von Baugebieten für Wohnraum, sondern im Südosten und Osten auch für Gewerbeflächen vergrößert.

Das Dorf wird erstmals 1328 in einer späteren Abschrift erwähnt. Es dürfte in der jüngeren Ausbauzeit gegründet worden sein. Einige Güter im Dorf gehörten zu der Waibelhube, in der die Herren von Rechberg als Württembergisches Lehen die Vogtei und Hochgerichtsbarkeit besaßen. Fraglich bleibt, ob die Güter aus staufischem Besitz an Württemberg und Rechberg gefallen waren. Die Herren von Rechberg haben ihre Rechte jeweils zur Hälfte an die Schenken von Limpurg verkauft (1377; 1410). Die Grundherrschaft gehörte zum größten Teil Gmünder Patrizierfamilien. Die Schenken von Limpurg tauschten mit Zustimmung Württembergs 1557 ihre Güter und Rechte mit der Stadt Schwäbisch Gmünd, die damit aus der Waibelhube ausschieden. Der Besitz Gmünds fiel 1803 an Württemberg, gehörte zuerst zur Gemeinde Zimmerbach (bis 1808), dann zu Spraitbach (1809-1815) und zuletzt als selbstständige Gemeinde zum Oberamt bzw. Landkreis Schwäbisch Gmünd bis zu dessen Aufgehen im Ostalbkreis.

Einige Wohnplätze der Gemeinde sind im 19. Jahrhundert entstanden. Nur die Wohnplätze Tanau und Zimmerbach haben eine ältere Geschichte. Der Wohnplatz Tanau erscheint erstmals als Tanheim (1360). Er besitzt eine Marienkapelle (1425) (heute St. Anna) mit spätgotischer Ausstattung. Zimmerbach war ursprünglich wohl rechbergisch und damit vorher wohl staufisch. Einige Gmünder Patrizierfamilien, Kloster Gotteszell und das Predigerkloster besaßen die Grundherrschaft. Das Gmünder Heiliggeistspital erwarb 1476 Güter und die Hälfte des Gerichts, 1537 die zweite Hälfte mit den dazugehörigen Gütern. Ein Württembergisches Lehen kam 1410 an die Schenken von Limpurg. Der Kirchensatz wurde von Heinrich von Rechberg an das Koster Gotteszell verkauft (1360) und demselben inkorporiert (1420).

Ellenberg

1.695 Einwohner, 3.020 ha, 520-579 m NN

Der Ort liegt auf einer schmalen Lias-Platte über den umgebenden Keuperwaldbergen hauptsächlich entlang der Straße nach Dinkelsbühl. Der Ort wurde 1300 erstmals erwähnt. Seine Gründung erfolgte vermutlich in der jüngeren Ausbauzeit von Ellwangen her, weshalb der Ort auch als die zu Ellwangen gehörende Siedlung auf dem Berg bezeichnet wurde. Der Ort wurde schon im 14. Jahrhundert Sitz von klösterlicher Verwaltungsbeamten als Unteramt des Amtes Rötlen. Die Pfarrkirche Unserer Lieben Frau (so 1428) wurde 1328 dem Kloster Ellwangen inkorporiert und im 18. Jahrhundert neu errichtet. Im Bauernkrieg haben sich 22 Bauern aus der Gemeinde den aufständischen Bauern angeschlossen und wurden dafür hart bestraft. Die Gemeinde wurde 1802/1803 Württem-

Ellenberg, Ansicht. Foto: Kreisarchiv

bergisch und kam zum Oberamt Ellwangen. Die Einwohnerzahl wuchs von 1.064 Einwohnern (1939) auf 1.743 (2000), was die Ausweisung neuer Baugebiete erforderlich machte. Es wurde dabei auch ein kleines Gewerbegebiet angelegt, was die strukturellen Veränderungen in der ursprünglich rein landwirtschaftlich geprägten Gemeinde beweist. Die Wohnplätze der Gemeinde wurden mit Ausnahme des 1284 erwähnten Breitenbach alle erst seit dem 14. Jahrhundert erwähnt und sind vermutlich alle im Rahmen der Kolonisation des Klosters Ellwangen im 12./13. Jahrhundert entstanden.

Ellwangen

23.196 Einwohner, 12.740 ha, 425-523 m NN

mit den Stadtteilen Pfahlheim, Rindelbach, Röhlingen, Schrezheim

Die Jagst hat im Stubensandstein der Ellwanger Berge bei ihrem Lauf durch die westliche Gemarkungsfläche mehrfach die Richtung gewechselt. Goldshöfer Sande sind westlich des Jagsttals vereinzelt abgelagert, ebenso zwischen der Jagst und der Liasinsel der Lengenberger Höhe (540 m NN). Östlich der Jagst ragt die Liasstufe des Östlichen Albvorlandes mit den Rattstädter und Pfahlheimer Platten in die Gemarkung. Die Röhlinger Sechta verläuft dort nach Südwesten und nimmt mit einigen kleinen Zuflüssen auch die Ellenberger Rot und den Schlierbach auf. Im Osten und Süden gehört das Randgebiet des Bezirks mit dem Hornsberg (583 m NN) bereits zum Hügelland von Baldern.

Der Limes durchzieht von Westen her die Gemarkung im Bereich der Teilorte Röhlingen und Pfahlheim nach Osten, um dann in Richtung Ruffenhofen weiter zu verlaufen. Nordöstlich des heutigen Wohnplatzes Halheim im Teilort Pfahlheim liegt ein 0,7 ha großes römisches Kastell, über dessen Entwicklung und Besatzung wenig bekannt ist. Es ist anzunehmen, dass es zusammen mit den anderen Kastellen am raetischen Limes angelegt wurde und vermutlich mit diesen im Jahre 254 n. Chr. zerstört wurde. Im Bereich des heutigen Teilortes Pfahlheim ist eine kleine römische Siedlung am Limes zu vermuten, deren Entwicklung zeitlich mit der des Limes korrespondieren dürfte.

Das heutige Stadtgebiet von Ellwangen war in römischer und der daran anschließenden Zeit siedlungsleer, doch ist von einem sich entlang der Jagst nach Norden verlaufenden straßenähnlichen Verkehrsweg auszugehen, der vermutlich in Richtung des heutigen Schwäbisch Hall verlaufen sein dürfte. Fraglich bleibt, ob zuerst der in spätmittelalterlichen Quellen im Norden der heutigen Stadt genannte Wohnplatz Gröningen (abgegangen) oder die im Laufe des 7. Jahrhunderts entstandene alemannische Siedlung Ellwangen am Stelzenbach unterhalb des heutigen Schlosses, die ihren Namen entweder vom abschüssigen Wiesenhang oder vom Weideland des Alacho hergeleitet hat, gegründet wurden. Während die bei Abtsgmünd gelegenen und vom gleichen Personennamen abgeleiteten Orte Ober- und Untergröningen für die älteste Siedlungsschicht der -ingen-Orte beansprucht werden, gibt es zu dem im Spätmittelalter abgegangenen Ellwanger Gröningen keine deutlichen Aussagen. Der gleiche Personenname in den Ortsnamen legt jedoch nahe von Ortsgründungen im etwa gleichen Zeithorizont auszugehen. Die Patrozinien der Orte Ober- (St. Nikolaus) und Untergröningen (St. Michael) sprechen für eine Gründung des ersteren spätestens im 12. Jahrhundert, des letzteren dagegen wohl spätestens im 7./9. Jahrhundert. Da alle drei Orte ursprünglich im Besitz der Abtei Ellwangen gewesen sein dürften, spricht einiges für eine Gründung der ältesten Gröningen-Orte im Rahmen der ersten Siedlungsbemühungen der Abtei.

Bei der ihrer Familie gehörenden Alemannensiedlung gründeten 764 die beiden Brüder Hariolf und Erlolf, Bischof von Langres, aus einer alemannisch-bajuwarischen Adelssippe an der alten Verbindungsstraße vom Rhein zur Donau das Benediktinerkloster Ellwangen, dessen Gründungskonvent aus dem Kloster St. Bénigne in Dijon gekommen sein dürfte. Das anfänglich gering dotierte Kloster wurde von seinen Gründern um 775/780 dem fränkischen König aufgetragen und dadurch zur Reichsabtei. Die Bedeutung dieser Erhebung wurde durch die Translation von Katakombenheiligen aus Rom unterstrichen. Die Abtei erhielt von Karl dem Großen das Privileg der freien Abtswahl und die Immunität, vermutlich auch reichen Besitz zwischen Main und Donau mit den Auflagen, für eine Vertiefung des christlichen Glaubens und die Aufsiedlung zu sorgen. Das Kloster gewann rasch an Bedeutung, wie der zahlenmäßig starke Konvent im ersten Drittel des 9. Jahrhunderts beweist. Seine Privilegien wurden 814 durch Ludwig den Frommen bestätigt und die Abtei ist als Reichsabtei in der zweiten Kategorie der drei Kategorien der Reichsabteien genannt (817). Durch weitere Schenkungen wuchs der Besitz der Abtei (so z. B. urkundlich belegt Kloster Gunzenhausen 823; vielleicht auch die cella Gamundias im heutigen Schwäbisch Gmünd).

In dieser Zeit kam es vermutlich zur Ausprägung eines Klostermarktes (vermutlich Beginn des Kalten Marktes). Die bis in die zweite Hälfte des 9. Jahrhunderts blühende Abtei stellte mit ihrem Mönch Ermenrich nicht nur einen Bischof von Passau, sondern wurde auch zum vermutlichen Aufenthaltsort des Slawenapostels Methodius in den 70er Jahren des 9. Jahrhunderts. Durch eine wiederholte Verleihung als Kommende an geistliche Würdenträger im Ostfränkischen Reich verlor die Abtei an Einfluss und Wirtschaftskraft, die sie erst unter den Ottonen zurückgewann. Sie öffnete sich den Klosterreformen, erhielt 979 vom Papst die Exemtion vom Bistum Augsburg und zwischen 979 und 987 den an die Spitze der Ellwanger Stiftsheiligen tretenden St. Vitus als neues Patrozinium der Abteikirche, die bis zur Säkularisation ihre eigene Liturgie behielt. Am Ende des 10. Jahrhunderts wurde ein Ellwanger Abt Bischof von Augsburg. Zuletzt machte Kaiser Heinrich II. 1024 den Virngrundwald zum Bannforst mit ausschließlichen Jagd- und Fischereirechten des Abts, was Grundlage für die spätere Reichsstandschaft der Abtei wurde. Die Klosterbrände von 1100 und 1182 haben die frühe Überlieferung der Abtei weitgehend zerstört. Nach Auseinandersetzungen zwischen Abt und Konvent über den wohl seit der Karolingerzeit im Verhältnis 2:1 aufgeteilten Klosterbesitz vermutlich im Zusammenhang mit der Einführung der Hirsauer Reform und dem Rücktritt des Abtes erlebte die Abtei im 12. Jahrhundert aufgrund einer zweiten von ihm begonnenen Besiedlungsphase auf seinem Besitz eine neue Blütezeit, die unter Abt Cuno I. (1188-1221) die Abtei auch zu reichsgeschichtlicher Bedeutung gelangen ließ. Abt Cuno wurde als enger Mitarbeiter des Stauferherrschers Friedrich II. nicht nur 1215 erstmals als Reichsfürst erwähnt, was die seitdem durch Ellwanger Ministerialen ausgeübten Hofämter unterstrichen haben, sondern wurde in Personalunion auch Abt des Klosters Fulda, deshalb scheinen Fuldaer Güter im Ries und Umgebung vermutlich in dieser Zeit an Ellwangen gekommen zu sein. Es hat dabei den Anschein, als hätte die Abtei in der zweiten Hälfte des 12. Jahrhunderts Teile ihres Besitzes den Staufern zur Verwaltung überlassen, die dazu vermutlich die Grafen von Oettingen einsetzten.

Aus der Klagschrift des Konvents wird deutlich, dass um 1136 etwa im Bereich zwischen Marktplatz und Spitalstraße einerseits und Apothekergasse und Marktstraße andererseits sich anscheinend eine Ansiedlung von Laien entwickelt hat, die bereits 1182 chronikalisch als „civitas" erwähnt wurde, beim Klosterbrand aber auch weitgehend zerstört wurde. Sie wurde rasch wieder aufgebaut, denn für 1201 wird überliefert, dass Abt Cuno Kloster und Stadt erneut wegen Widerstand gebrandschatzt hat. Erneut scheint die Stadt rasch wieder aufgebaut worden zu sein, denn sie wird 1229 urkundlich erstmals als „civitas" erwähnt, was eine Befestigung sicher beweist, obwohl die steinerne Stadtmauer erst im Übergang vom 14. zum 15. Jahrhundert gebaut wurde. Damit war der Prozess der Stadtwerdung endgültig abgeschlossen. Auch die Abteigebäude waren wohl bei der Weihe der Klosterkirche wieder errichtet worden (1233). Die Stadt und das Kloster wurden in den folgenden zwei Jahrhunderten immer wieder von Bränden heimgesucht (1255, 1304, 1308, 1351, kurz vor 1394, 1433, 1443). Der letztgenannte scheint dabei auf das Kloster mit Refektorium und Kreuzgang beschränkt geblieben zu sein. Der Konvent hatte wohl ursprünglich nur edelfreie Mitglieder, jedoch scheinen im 12./13. Jahrhundert zunehmend Angehörige von Ministerialenfamilien, die zum Niederadel wurden, in den Konvent aufgenommen worden zu sein. Bürgerliche Mitglieder wurden dabei nicht aufgenommen. Das Kloster scheint durch die Wirren des Interregnums und dem sich anschließenden Niedergang der klösterlichen Disziplin in wirtschaftliche Schwierigkeiten gekommen zu sein. Die mindestens seit staufischer Zeit als Klostervögte auftretenden Grafen von Oettingen konnten in den Jahrzehnten um 1300 die Abtei beinahe landsässig machen. Erst die Bestätigung ihrer Privilegien durch Kaiser Ludwig den Bayern machte den Weg zu einem Erhalt der Reichsstandschaft frei. Die Anlage eines Urbars (1337), des Lehenbuches (1364), die Festschreibung der Zahl der Konventsmitglieder (1352) und der Beginn der Rechnungsführung (1380) lassen eine bessere Wirtschaft erkennen, die dazu beigetragen haben dürfte, dass die Abtei kurzfristig zum Inhaber der Herrschaften Adelmannsfelden und Wöllstein wurde, diese aber nicht auf Dauer behalten konnte, aber auch 1381 die Vogtei über die Stadt Ellwangen von den Grafen von Oettingen zurückerwarb, was den Abt zum alleinigen Stadtherrn machte, der die Stadtvögte seitdem ernannte (ab 1386). Das Amt wurde im 18. Jahrhundert in das des „Vicedom" umbenannt.

Das Amt des Stadtschultheißen scheint schon vor 1300 (namentlich bekannt seit 1319), also vielleicht seit Gründung der „civitas" bestanden zu haben. Der Abt verlieh das Amt entweder in Zeitpacht oder mit einer festen Jahresbesoldung. Der Stadtrat und das Stadtgericht waren in der Besetzung identisch, neben der Gerichtsbarkeit nahm das Gremium auch die Verwaltung der Stadt wahr. Die zwölf Richter wählten jährlich am Donnerstag nach Kreuzerhöhung unter dem Vorsitz von Schultheiß und Stadtschreiber im Auftrag des Abtes, später des Fürstpropsts, die beiden Bürgermeister der Stadt zur Verwaltung der städtischen Einnahmen und Ausgaben sowie zur Unterstützung des Stadtschultheiß auf ein Jahr aus ihrer Mitte und anschließend die übrigen städtischen Diener (Torwarte, Nachtwächter, Flurer und Hirten). Schultheiß und Gericht haben auch jährlich die Fleisch-, Brot- und Bierschätzer neu bestellt. Schultheiß und Stadtgericht waren für die Aufnahme neuer Bürger, die Durchführung von Untergängen in der Stadt, die Einbringung von ausstehenden Stadtsteuern, Wach- und Zinsgulden etc. zuständig. Das Amt des Stadtschreibers wurde ab 1402 erwähnt. Der Abt bzw. der Fürstpropst ernannte ihn, seine Besoldung erfolgte aber durch das Stadtgericht. Im 18. Jahrhundert sind die Stadtschreiber mehrfach in höhere Beamtenstellen der Fürstpropstei berufen worden. Der Büttel oder Gerichtsknecht war Inhaber des Stöcker- oder Stockamtes. Er hatte 1381 einen halben Hof in der Stadt inne, aus dem er keine Abgaben bezahlte, wenn er das Stockamt innehatte. Dazu wurde er aus dem Meierhof in Neunheim mit Naturalien besoldet und hatte bis ins 16. Jahrhundert den Zoll der Stadt inne. Die übrigen städtischen Ämter, wie das Eichamt, das Weinziehamt, die Fronwaage, das Hirtenamt und die übrigen Rechte, wie Zoll, Viehhof usw., wurden bis ins 16. Jahrhundert vom Fürstpropst als jährliche Lehen vergeben.

Nach einer rund 200jährigen Phase des Niedergangs wurde die Benediktinerabtei 1460 mit Genehmigung des Papstes in ein Chorherrenstift mit dem Fürstpropst an der Spitze und zwölf Chorherren umgewandelt, da die Mönche sich keiner Reformbewegung anschließen wollten. Die Umwandlung hat zu einer raschen wirtschaftlichen Konsolidierung von Stadt und Stift geführt. Die Neubaumaßnahmen im Stift waren eines der sichtbarsten Kennzeichen (1468-1473). Weitere Baumaßnahmen folgten (Wolfgangskirche 1476; Spitalgebäude 1492; Eichkapelle 1498). Die nicht durchgeführte Reform der Abtei dürfte dafür verantwortlich sein, dass in dieser Zeit kein gotischer Neubau wie in anderen Abteien erfolgte.

Der Abt und ihm folgend der Fürstpropst blieben bis zur Säkularisation unangefochten Stadtherr. Der Bauernkrieg 1525 und Übertritt von Geistlichen und Bürgern zur Reformation konnten daran nichts ändern. Bis ins frühe 17. Jahrhundert waren einzelne evangelische Bürger in der Stadt ansässig. Die Stadt wurde 1588 und 1611 bis 1618 wie zahlreiche andere Gebiete aller Konfessionen von Hexenverfolgungen erschüttert, die aber nicht davon abhielt, dass zuziehende Fremde das Ellwanger Bürgerrecht erwarben. Die Jesuiten haben 1611 auf Einladung des Fürstpropsts eine ständige Niederlassung in der Stadt eingerichtet, die zwischen 1719 und 1729 zum Bau der Jesuitenkirche (heute: Evangelische Stadtkirche) und des Jesuitenkonvikts (heute: Landgericht) mit Theatersaal geführt hat. Auch die Wallfahrtskirche auf dem Schönenberg geht auf sie und P. Philipp Jeningen (1642-1704) zurück, dessen Volksmissionen in Stadt und Umland nicht vergessen wurden und dazu führten, dass sein Seligsprechungsprozess an der Kurie anhängig ist. Die Stadt der frühen Neuzeit wurde auch von Adelshäusern mitgeprägt, von denen das Palais Adelmann noch heute eine herausragende Bedeutung in der Stadt einnimmt.

Seit 1689 wurden nur noch nachgeborene Söhne von Hochadelsfamilien zu Ellwanger Fürstpröpsten gewählt, die aufgrund ihrer Ämter in der Reichskirche nur selten Stadt und Schloss besucht haben. Daher sind die

barocken Neubauten relativ bescheiden geblieben, auch die 1603 bis 1608 zum Residenzschloss umgebaute Burg oberhalb der Stadt erhielt eine sehr maßvolle Barockausstattung (Residenzräume im Schloss) und ebenso die Stiftskirche (1737-1740). In der Stadt bestanden 1733 275 Privatgebäude und 42 herrschaftliche, geistliche und sonstige freie Häuser.

Die seit 1583 gepflasterte Stadt, die bereits ein Netz von Röhren zur Wasserversorgung besaß, erhielt in dieser Zeit ihr bis heute gültiges Gesicht als Barockstadt. Im Laufe des 18. Jahrhunderts nahm die Zahl der Handwerksbetriebe zu; 1698: 198; 1798: 305. Aus Bruderschaften hatten sich im Spätmittelalter Handwerksordnungen entwickelt, die in der frühen Neuzeit bis zur Säkularisation immer mehr verfeinert wurden. Die Fürstpröpste beachteten seit der zweiten Hälfte des 16. Jahrhunderts die Entwicklungen der Deutschen Schulen und des Gymnasiums in der Stadt und dem umgebenden Herrschaftsgebiet und mit der Einrichtung der ersten Apotheke kurz vor 1600 auch die medikamentöse Versorgung der Bevölkerung.

Die Säkularisation 1802/1803 war der tiefste Einschnitt in der Geschichte der Stadt und der umgebenden Landschaft. Ellwangen erhielt 1803 wegen der Schwierigkeiten des neuen Württembergischen Landesherrn mit seinen altWürttembergischen Ständen den Status einer Residenz für das neu geschaffene Land NeuWürttemberg, das die durch die Säkularisation und Mediatisierung erworbenen Gebiete umfasste. Ellwangen behielt diese Stellung bis 1806 als mit der Erhebung Württembergs zum Königreich Alt- und NeuWürttemberg vereinigt wurden. Die Stadt erhielt von König Friedrich I. 1811 das Prädikat einer „guten Stadt", was diese seit der Verfassung von 1819 berechtigte, einen Abgeordneten aus der Stadt und einen aus dem Oberamt in die Zweite Kammer zu entsenden.

In Ellwangen wurde 1812 das Generalvikariat für die katholischen Einwohner des Landes mit Priesterseminar und einer Kath.-Theol. Universität errichtet. Ersteres wurde 1817 nach Rottenburg verlegt und zum Vorläufer des heutigen Ordinariats, letztere dagegen als Kath.-Theol. Fakultät der Universität Tübingen angeschlossen. Das 1803 in Ellwangen errichtete Oberamt, später Landratsamt, blieb bis zur Kreisreform von 1938 bestehen und wurde dann dem Landratsamt Aalen angeschlossen. König Wilhelm I. hatte in Ellwangen 1817 die Kreisregierung des Jagstkreises errichtet, die in ihrer Aufgabenstellung weithin den heutigen Regierungspräsidien entsprach.

Der Jagstkreis wurde 1924 ersatzlos aufgehoben. Im Zuge der Neuorganisation des Königreichs wurde 1819 die Justiz mit dem Landgericht endgültig selbstständig, das über Reformen bis zur Gegenwart mit einem Einzugsbereich von Bad Mergentheim bis kurz vor Ulm bestehen geblieben ist. Die weitere Entwicklung hatte im 19. Jahrhundert zur Errichtung des Amtsgerichts und der Staatsanwaltschaft geführt, die ebenfalls bis heute bestehen und das Bild der Stadt mitbestimmen.

Die Stadt hat die Entwicklung des Landes mitgemacht. Sie musste sich der nationalsozialistischen Gewaltherrschaft beugen, die zu harten Auseinandersetzungen mit der Katholischen Kirche vor Ort geführt haben und 1934 wohl auch die Belegung der im Süden der Stadt gelegenen ehemals vom Württembergischen Militär genutzten Gebäude durch SS-Einheiten geführt hat. Die bis 1945 bestehende SS-Kaserne wurde durch die Errichtung von einem KZ-Nebenlager ergänzt. Die Stadt geriet durch diese SS-Kaserne in den letzten Kriegstagen in höchste Gefahr, konnte dieser aber mit dem Verlust von 22 durch amerikanischen Beschuss zerstörten Häuser entgehen.

Die Bevölkerung der Stadt nahm zwischen 1945 und 1950 durch den Zuzug der Heimatvertriebenen und Flüchtlinge von ca. 9.000 auf 12.000 zu. Diese Entwicklung forderte neben dem Bau von Wohnungen, der überwiegend erst nach der Währungsreform 1948 begann, auch die Schaffung neuer Arbeitsplätze, was durch die relativ kleine Gemarkung der Stadt behindert wurde. Erst die Gemeindereform und die Eingemeindung von Pfahlheim, Rindelbach, Röhlingen und Schrezheim haben der Stadt die entsprechenden Flächen gegeben. In der zweiten Hälfte des 20. Jahrhunderts hat die bis dahin noch immer weitgehend auf den spätmittelalterlichen Siedlungsraum beschränkte Stadt sich im gesamten Talgrund der Jagst mit neuen Baugebieten ausgedehnt und ursprüngliche Wohnplätze wie Mittelhof, den Spitalhof und Seifriedszell in die Stadt einbezogen. Die Bevölkerung wuchs bis 2004 zeitweise auf über 25.000 Einwohner. Dazu wurde seit 1972 an der Autobahn ein Industriegebiet geschaffen, das sich kontinuierlich erweiterte und über 3.000 Arbeitsplätze bereitstellt. Die Schließung der seit 1956 bestehenden Bundeswehrkaserne war ein empfindlicher Schlag für die Wirtschaftskraft der Stadt. Die Planungen für eine Konzeption für das Kasernengelände sind noch im Werden. Die Landesregierung hat dabei einen Teil des Geländes für die 2015 eröffnete Landeserstaufnahmeeinrichtung für Asylanten und Flüchtlinge beansprucht.

Die vier Ellwanger Stadtteile teilen sich jeweils in den namengebenden Hauptort und zahlreiche Wohnplätze auf. Pfahlheim entstand in der frühesten Siedlungsschicht. Im 8. Jahrhundert gehörten einzelne Güter am Ort dem Kloster Fulda, dass sie um 1220 dem Kloster Ellwangen überlassen haben dürfte. Südlich des heutigen Dorfes lagen drei Reihengräberfriedhöfe des 6./7. Jahrhunderts. Die Beigesetzten haben eine enge Verbindung zu den in Mittelhofen bei Lauchheim beigesetzten Adeligen. Ein mittelalterlicher Burgstall lag neben der bereits im Spätmittelalter nachweisbaren Taverne (heute: Gasthaus „Grüner Baum). Die zwischen 1218 und 1504 nachweisbare, ortsadelige Familie hat im 14. Jahrhundert versucht, eine Herrschaft aufzubauen, musste aber in der ersten Hälfte des 15. Jahrhunderts ihren Besitz weitgehend an die Abtei Ellwangen verkaufen. Letztere konnte in der Folgezeit auch die rund ein Drittel des Dorfes ausmachenden freien Bauern unter ihre Herrschaft bringen. Die im 12. Jahrhundert entstandene Kirche St. Nikolaus wurde 1328 der Abtei Ellwangen inkorporiert. Der Wohnplatz Beersbach hat den auf Berolf aufbauenden Ortsnamen, der mit den Namen der Klostergründer Ellwangens zusammenhängt und die frühe Gründung der Siedlung anzeigt. Das Patrozinium der Pfarrkirche St. Johannis der Täufer weist ebenfalls auf eine frühe Gründung. Die seit 1429 erscheinende Allerheiligenkapelle in Halheim fiel bis ins 20. Jahrhundert durch ihr großes Vermögen auf, das angeblich auf eine mittelalterliche Stiftung zurückgehen soll. In Hirlbach bestand der Burgstall einer ortsadeligen Familie, die ein Zweig der Herren von Wört war (Wappen: zwei gekreuzte Hirschstangen). Der im jüngeren Ausbau entstandene Teilort Rindelbach gehört mit seinen bestehenden und im Spätmittelalter abgegangenen Wohnplätzen zu den im Rahmen der jüngeren Kolonisation durch die Abtei Ellwangen, die auch überwiegend erstmals im Ellwanger Urbar von 1337 erwähnt sind. Röhlingen gehörte dagegen zu den Siedlungen der ältesten Siedlungsstufe, wie alemannische Funde bei der Pfarrkirche St. Peter beweisen. Das Patrozinium bestätigt das Alter der bei der Gründung der Abtei Ellwangen erstmals erwähnten Siedlung, die in unmittelbarer Nähe zum Limes errichtet wurde. Die ortsadelige Familie war mit der ortsadeligen Familie im benachbarten Killingen, die ihren Sitz auf der Burg Hornsberg gehabt haben dürfte, stammes- und wappengleich (Wappen: ein Hirschgeweih). Der Besitz der beiden Adelsfamilien kam über Erbschaften zuletzt wieder an die Fürstpropstei Ellwangen. Auch in Erpfental, Haisterhofen und Neunstadt haben Burgställe bestanden und die Siedlungen eine vergleichbare Entwicklung genommen, was auch für die übrigen Wohnplätze gilt. Auch der Teilort Schrezheim hat mit seinen, sich in den Virngrundwald erstreckenden Wohnplätzen, die auch zum Teil bereits im Spätmittelalter wieder abgegangen sind, eine ähnliche Entwicklung genommen. Die Siedlungen werden fast durchweg im ältesten Ellwanger Urbar von 1337 erstmals erwähnt. Eine Ausnahme bildet Rotenbach, das nicht nur vor 1337 erwähnt wird, sondern dessen Burgstall zu dem um die Abtei Ellwangen im 10. Jahrhundert geschaffenen Befestigungsring gehört haben dürfte. Die Teilorte sind mit der Fürstpropstei Ellwangen 1802/1803 an Württemberg gefallen und haben die weitere Entwicklung des Oberamtes Ellwangen geteilt. Die Siedlungen haben alle in der zweiten Hälfte des 20. Jahrhunderts vor und nach der Zugehörigkeit zur Stadt Ellwangen neue Baugebiete ausgewiesen und damit ihr überkommenes Siedlungsbild verändert.

Eschach, Rathaus. Foto: Kreisarchiv

Eschach

1.759 Einwohner, 2.027 ha, 431-542 m NN

Die Gemarkung liegt im südlichen Teil auf der Frickenhofer Höhe, während sie nach Nordwesten hin in das Stubensandgebiet des Kirnberger Waldes reicht. Am Nordrand der Frickenhofer Höhe liegt die Gemeinde in der Talmulde des Eschbachs an den Windungen der Straße.

Nach dem auf die Siedlung übertragenen Bachnamen ist diese im jüngeren Ausbau entstanden. Da der 1361 erstmals erwähnte Ort sich samt Kirchensatz der Pfarrkirche St. Johannes Baptista zu dieser Zeit im Besitz der Grafen von Oettingen befunden hat und Bestandteil der Herrschaft Adelmannsfelden war, hat die Abtei Ellwangen vermutlich den Ort in seiner jüngeren Kolonisation im 11./12. Jahrhundert gegründet. Er dürfte dann über die Staufer an die Grafen von Oettingen gelangt sein, die den Ort an die Herren von Rechberg, den Kirchensatz aber an die Abtei Ellwangen verkauften (1361). Letzterer gelangte 1380 an die Schenken von Limpurg, denen die Rechberger später auch den Ort verkauften (1586). Zwei freie Bauern im Ort unterstellten sich 1587 den Schenken von Limpurg. Diese führten die Reformation ein. Der Ort kam mit dem limpurgischen Landesteil Sontheim-Gröningen 1806 an Württemberg und gehörte bis 1938 zum Oberamt bzw. Landkreis Gaildorf, anschließend bis zur Kreisreform zum Landkreis Schwäbisch Gmünd. Eschach selbst hat bis 1809 zur Gemeinde Untergröningen gehört, um dann selbstständige Gemeinde zu werden. Die Gemeinde hat Baugebiete ausgewiesen und trotz ihrer noch immer starken landwirtschaftlichen Prägung auch ein Gewerbegebiet erschlossen, das ihr einen erheblichen Zuwachs an Arbeitsplätzen gebracht hat.

Der Ort besitzt zahlreiche Wohnplätze, die bei jeweils sehr kleinen Einwohnerzahlen bis zur Gegenwart zumeist im Spätmittelalter erstmals erwähnt werden und im Besitz der Schenken von Limpurg waren. Noch in der Frühzeit waren in mehreren Wohnplätzen freie Bauern nachzuweisen, die dann zunehmend unter den limpurgischen Schirm traten. Die in

Vellbach sitzenden Bauern der freien Waibelhube fielen mit deren Auflösung 1713 an Württemberg, das hier 1800 58 Untertanen gegenüber 21 limpurgischen besaß.

Essingen, Schloss in der Ortsmitte. Foto: Kreisarchiv

Essingen

6.416 Einwohner, 5.850 ha, 465-754 m NN

mit den Ortsteilen Lauterburg, Forst, Dauerwang, Hermannsfeld, Birkenreich und Hohenroden

Der von West nach Ost ziehende Albtrauf teilt die Gemarkung fast in der Mitte in einen südlichen Teil auf der Rosenstein-Randhöhe und der Hochfläche des Albuchs und einen nördlichen im Welland als Teil des Östlichen Schwäbischen Albvorlands.

Das unmittelbar am Fuß des Albtraufs gelegene Haufendorf wurde mit der Schenkung einer curtis und dazugehörigen mansen durch Graf Werner von Grüningen um 1090 an das Kloster Hirsau erstmals erwähnt. Funde frühalemannischer Eisenverhüttung deuten ebenso wie der Ortsname auf die Gründung des Ortes in alemannischer Zeit hin. Da Essingen 1241 mit 5 Mark Silber im Reichssteuerverzeichnis erwähnt wurde, vermutet die Forschung, dass der Besitz des Klosters Hirsau als Lehen an die Staufer gekommen ist, die ihn vermutlich mit der Herrschaft Lauterburg an die Grafen von Oettingen weitergegeben haben. Im Dorf bestanden zwei Pfarrkirchen, was auf zwei alte Besitzteile gedeutet werden kann. Der eine Kirchensatz hat im 12. Jahrhundert Kloster Hirsau gehört (Patrozinium St. Quirinus?). Später haben beide Kirchensätze Kloster Neresheim gehört, das 1313 gegenüber Kloster Ellwangen auf diese Rechte verzichtete. Im 14. Jahrhundert ist im Ort eine ortsadelige Familie (Wappen: schreitende Bracke) erwähnt. Kurz nach der Mitte des 14. Jahrhunderts war der Ort Pfandbesitz Graf Eberhards des Greiners von Württemberg, der ihn 1360 an Kaiser Karl IVon herausgeben musste, aber wieder zurückerhielt (1361). Karl IVon schenkte die Pfarrkirche 1361 zusammen mit der Tochterkirche Kloster Neresheim. Württemberg verpfändete 1410 Essingen an die Herren von Woellwarth und belehnte diese 1479 mit dem Ort. Die Herren von Woellwarth haben im 16. Jahrhundert die Güter der anderen Grundbesitzer im Ort (Spital Gmünd, die Klöster Gotteszell und Kirchheim am Ries, Herren von Horkheim auf Schnaitberg) aufgekauft und 1542 den Blutbann und 1548 die Zollhoheit verliehen bekommen. Sie erwarben von Kloster Neresheim 1538 die Pfarrkirche mit der Tochterkirche und führten die Reformation ein, wobei die zweite Pfarrei erlosch. Ein Privileg für den Markt Essingen von 1480 wurde 1685 bestätigt. Ein Drittel des Ortes mit der Oberburg und Anteil an den Hoheitsrechten verkauften die Herren von Woellwarth 1696/1697 an die Herren von Degenfeld. Der beim Ritterkanton Kocher immatrikulierte Ort fiel 1806 an Württemberg und kam zum Oberamt bzw. Landkreis Aalen. Durch die Ausweisung zahlreicher Baugebiete nach dem Zweiten Weltkrieg wuchs der Ort nach Südosten, Südwesten, Süden und Nordosten sowie Nordwesten, wobei auch eine katholische Pfarrei errichtet wurde (1972). Ein Gewerbegebiet entlang der B 29 kam ebenfalls hinzu. Aus dem landwirtschaftlich geprägten Dorf wurde damit eine Wohngemeinde mit einer durch erhebliche finanzielle Investitionen umgestalteten Ortsmitte.

Im Ortsteil Forst erhielt Kloster Hirsau im 11. Jahrhundert zwölf Huben von der Witwe Mangolds von Rohrdorf geschenkt. Der Grundbesitz von Aalen, Gmünd, der Herrschaft Niederalfingen und den Herren von Woellwarth führte im Ort zur jeweils ausgeübten hohen und niederen Obrigkeit unter der Ortsherrschaft der Herren von Woellwarth. Das bis 1881 Herbatsfeld genannte Hermannsfeld kam im 15. Jahrhundert an die Herren von Woellwarth. Hohenroden war im Besitz der von 1214-1536 erwähnten Herren von Roden (Wappen: geschachter Schild) und kam über die von Westerstetten 1401 an die von Woellwarth. Die vor 1534 abgegangene Burg Schnaitberg, die vermutlich im 12./13. Jahrhundert von der sich nach ihr nennenden Ministerialenfamilie der Grafen von Dillingen errichtet wurde, die dasselbe geschachte Wappen wie die Herren von Roden führte und 1258–1480 erwähnt wurde, kam im 16. Jahrhundert an die Stadt Aalen. Der Ortsteil Lauterburg hat seinen Namen von der auf einem Bergvorsprung unterhalb des Dorfes gelegenen Burg erhalten, die an einer ehemals bedeutsamen Straße vom Remstal nach Heidenheim lag. Sie hat sich 1128 im Besitz des schwäbischen Pfalzgrafen Adalbert, einem Gründer des Klosters Anhausen befunden, gelangte dann an die Staufer und war 1257 im Besitz eines Mitglieds der Familie Hack von Wöllstein und gelangte dann an die Grafen von Oettingen, was auf ursprüngliche Rechte der Abtei Ellwangen gedeutet werden kann. Über Württemberg kam Lauterburg im frühen 15. Jahrhundert an die Herren

von Woellwarth. Der Ort, der seit 1721/1722 eine evangelische Pfarrei besaß, wurde 1820 eigenständige Gemeinde im Oberamt Aalen bis zu seiner Eingemeindung nach Essingen (1971).

Göggingen, Schloss Horn. Foto: Kreisarchiv

Göggingen

2.437 Einwohner, 1.138 ha, 390-490 m NN

Die Gemarkung liegt auf einer Hochfläche links der Lein zwischen den Tälern des Federbachs und des Götzenbachs. Am westlichen Gemarkungsrand befindet sich der aufgestaute Götzenbachsee.

Die Gemeinde könnte dem Namen nach in der ältesten Siedlungsschicht gegründet worden sein. Da alemannische Funde fehlen und der Ort außerhalb des Limes liegt, ist der Ort wahrscheinlich erst später gegründet worden. Bei der ersten Erwähnung stiftete ein Ortsadeliger Kloster Lorch Besitz (1265). Dessen Familie ist bis 1404 auf dem Burgstall des Ortes nachweisbar. Der Ort dürfte sich in staufischem Besitz befunden haben und von ihnen an die späteren Herrschaften gekommen sein. Er war Filial von Leinzell, was für ursprüngliche Rechte der Abtei Ellwangen spricht, die von dieser an die Staufer als Reichskirchenlehen übertragen worden sein kann. Seit dem 15. Jahrhundert bestand im Ort eine Kapelle, die St. Nikolaus geweiht war, was für eine Gründung derselben frühestens um 1100 spricht. Die Datierung des Burgstalls ist zu unsicher, um festlegen zu können, ob der Ortsadel ursprünglich zur Ellwanger oder staufischen Ministerialität gehört hat, jedoch dürfte nach der Ersterwähnung der letztgenannten der Vorzug zu geben sein. Neben Kloster Lorch war die Stadt Schwäbisch Gmünd, das Kloster Gotteszell, das Gmünder Dominikanerkloster sowie die Herrschaften Leinzell und Horn im Ort begütert. Besitz des Klosters Adelberg war an Kloster Lorch gekommen. Die Schenken von Limpurg vertauschten ihren Besitz mit Obrigkeit und Gericht 1557 an die Stadt Schwäbisch Gmünd. Durch die Reformation

fiel der Besitz des Klosters Lorch an Württemberg, das als Hauptgrundherr die hohe Gerichtsbarkeit an sich zog. Württemberg hatte 1719 29
Untertanen am Ort, Gmünd zehn, Leinzell sieben, Ellwangen drei und
Limpurg einen mit jeweils niederer Gerichtsbarkeit. Der Ort gehörte
zwischen 1803 und 1805 zur Gemeinde Holzhausen, war seit 1808 eigene Gemeinde im Oberamt, später Landkreis Schwäbisch Gmünd. Der
landwirtschaftlich geprägte Ort ist heute eine Pendlerwohngemeinde mit
Handwerksbetrieben und wenigen Industriebetrieben. Seit den 1970er-
Jahren hat der Ort Baugebiete nach Nordosten, Südwesten und Westen
ausgewiesen und dadurch eine erhebliche Vergrößerung des Wohnraums
erreicht.

Der Wohnplatz Horn liegt als Weiler mit seinem Schloss am Hang
oberhalb der Lein. Die Burg war anscheinend im Besitz der Herren von
Rechberg und ist an diese wohl durch die Staufer gekommen. Die Herren
von Ahelfingen werden 1356-1384 als Inhaber der Burg genannt. Später
werden die Herren von Horkheim genannt von Horn als Inhaber genannt
(1464). Im 17. und 18. Jahrhundert sind wechselnde Inhaber genannt,
bis es über die von Schwarzach an die Grafen von Beroldingen gelangte,
die es der Fürstpropstei Ellwangen als Lehen auftrugen. Die baufällige
Burg wurde als Schloss neu gebaut (1742) und zuletzt auch der Bergfried
abgebrochen (1759). Das Rittergut war dem Kanton Kocher immatrikuliert, wurde 1803 Württembergisches Lehen und fiel 1805 unter Württembergische Landeshoheit. Das Schloss ist seit Jahrzehnten dem Verfall preisgegeben, während der Ort sich nach Norden zu erweitert hat.
Der Wohnplatz Mulfingen geht auf die älteste Siedlungsschicht zurück.
Vielleicht ist er das 782 mit Besitz des Klosters Lorsch genannte Mulfingen im Drachgau. Im 13. Jahrhundert waren in dem zur Pfarrei Leinzell
gehörigen Dorf die Herren von Plochingen und von Rechberg sowie die
Schenken von Limpurg begütert. Da die Familie Hack 1335 Vogtei und
Rechte an Kloster Lorch verkaufte, dürften ursprünglich umfassendere
ellwangische und später staufische Rechte bestanden haben. Das Kloster
Lorch beanspruchte die Gemeindeherrschaft und hatte im Dorf den bis
1807 für das Amt Täferrot zuständigen Amtmann sitzen.

Gschwend

4.966 Einwohner, 5.450 ha, 396-564 m NN

mit den Ortsteilen Altersberg und Frickenhofen

Die Gemarkung liegt auf der Grenze zwischen den Schwäbisch-Fränkischen Waldbergen im Norden und dem Hinteren Welzheimer Wald im
Süden. Die Gemeinde gehört zu letzterem und liegt auf einer spät entstandenen Rodungsinsel in einer Senke, in der sich Steinbach und Wet-
tenbach zur oberen Rot vereinigen entlang der sich im Ort kreuzenden
Straßen.

Gschwend-Frickenhofen. Foto: Kreisarchiv

Der vermutlich in der jüngeren Rodungszeit des 12. Jahrhunderts in
Form verstreuter Einzelgehöfte entstandene Ort wurde mit seinem auf
den Rodungsvorgang hindeutenden Namen erstmals 1374 als Bestandteil des limpurgischen Amtes Gaildorf erwähnt. Kloster Adelberg und die
Reichsstadt Gmünd hatten unter Limpurger Ortsherrschaft Grundbesitz.
Nachdem es schon 1474 Bestandteil des Seelacher Gerichts gewesen war,
wurde es im 16. Jahrhundert dessen Sitz. Der als Filiale zu Frickenhofen
gehörende Ort erhielt erst 1758 eine eigene evangelische Pfarrei. Der Ort
fiel 1806 an Württemberg und kam zum Oberamt Gaildorf, dann zum
Landkreis Backnang und 1973 zum Ostalbkreis. In der Zeit nach dem
Zweiten Weltkrieg wandelte sich die bäuerliche Struktur der Gemeinde
zu einer gewerblichen mit zahlreichen Auspendlern. Neben Handwerksbetrieben besitzt Gschwend heute einige Industriebetriebe, daneben
spielt der Fremdenverkehr in dem staatlich anerkannten Erholungsort
eine immer größere Rolle. Durch die Ausweisung von Bauland hat sich
der Ort auch erheblich erweitert.

Der Ortsteil Altersberg wurde 1436 erstmals als Zubehör der einen
Hälfte der Burg Untergröningen erwähnt, den die Familien von Yberg
und von Renningen an die Schenken von Limpurg verkauften. Der Ort
war ursprünglich ein Hof, der 1580 in acht Teile zerfallen war. Unter der
Landeshoheit der Schenken von Limpurg (Gericht Seelach) war Kloster
Lorch wohl seit staufischer Zeit Hauptgrundherr. Der 1293 erstmals erwähnte Ortsteil Frickenhofen wurde wohl in der älteren Ausbauzeit gegründet. Er dürfte sich in staufischem Besitz befunden haben, war aber
1322 unter den von der staufischen Vogtei freien Orten des Klosters
Lorch, das hier früh begütert war. Der umfangreiche Grundbesitz der
Gmünder Patrizierfamilie im Steinhaus – vielleicht als staufische Ministeriale – wurde an Württemberg und Kloster Lorch verkauft. Die Rech-

te Lorchs fielen durch die Reformation an Württemberg, doch blieben die Schenken von Limpurg mit vier Gütern und die Reichsstadt Gmünd mit einem Gut an der Ortsherrschaft bis 1806 beteiligt. Die seit 1488 erwähnte Kirche, der Patronat Kloster Lorch gehörte, besaß ein Patrozinium Unserer Lieben Frau, St. Nikolaus und St. Katharina.

Heubach, Stadtschloss der Herren von Woellwarth. Foto: Kreisarchiv

Heubach

9.771 Einwohner, 2.581 ha, 460-766 m NN

mit den Stadtteilen Buch, Beuren und Lautern

Der nördliche Gemarkungsteil gehört zum Östlichen Albvorland. Über den Albtrauf greift die Gemarkung nach Süden hin auf die durch schmale Traufbuchten getrennte Massenkalkauslieger der Rosensteinrandhöhen Scheuelberg (717 m), Nagelberg (674 m), Hochberg (755 m), Mittelberg (726 m) und Rosenstein (735 m) zur Hochfläche des Nordalbuchs hinauf.

Die in der Traufbucht des Klotzbachs gelegene Stadt wurde nach dessen ehemaligen Namen bezeichnet und dürfte damit eine Siedlung des jüngeren Ausbaus gewesen sein. Der Ort wurde erstmals 1234 indirekt durch einen Vertreter der niederadeligen Familie erwähnt, die bis 1423 bezeugt ist und ihren Sitz 1291 in Ohmenheim und 1310 in Hageln hatte. Zu dieser Familie dürfte auch der Ritter Heinrich von Rosenstein gehört haben (1283). Stammsitz der Familie könnte eine Burg gewesen sein, die am Platz des späteren Woellwarther Schlosses vermutet wird. Der Ort hat mit der Burg Rosenstein ursprünglich den nach dem benachbarten Lauterburg benannten schwäbischen Pfalzgrafen gehört. Mit deren Erlöschen fiel die Lauterburg an die Staufer und kam nach deren Ende vor 1257 an die Familie Hack, die sich erst später nach ihr be-

nannte. Die Errichtung der 1332 erstmals genannten Pfarrkirche St. Ulrich lässt sich nach ihrer Bausubstanz mindestens für das 12. Jahrhundert annehmen. Der Kirchensatz wurde von der Familie Hack an Kloster Königsbronn verkauft (1358) und diesem inkorporiert (1388). Die Grafen von Oettingen erwarben vermutlich 1345 mit der Herrschaft Lauterburg und Rosenstein auch Heubach, verpfändeten die Herrschaft an Graf Eberhard von Württemberg (1357), der diese im Frieden von 1360 an Kaiser Karl IVon abtreten musste, aber zurückerhielt. Sie blieb mit Heubach als nie eingelöstes Reichspfand bei Württemberg, das sie 1413 an die Herren von Woellwarth weiterverpfändete, da sie aber für den Weg zur isoliert gelegenen Herrschaft Heidenheim wichtig war, ohne Lauterburg 1579 mit allen obrigkeitlichen Rechten zurückkaufte. Württemberg hatte den durch die Reformation Königsbronns erworbenen Kirchensatz bereits 1553/1556 reformiert. Heubach wurde Sitz eines Württembergischen Amts, das im 18. Jahrhundert zum Oberamt wurde und für den Württembergischen Besitz in den benachbarten Orten zuständig war. Das im Woellwarthischen Besitz verbliebene Schloss wurde von Württemberg nicht als gefreiter Adelssitz anerkannt und wurde in private Hände verkauft (1698). Die Zeit der Stadterhebung ist nicht sicher belegbar: 1332 „stetlin", 1360 „oppidum",1480 erstmals Stadt. Die Stadtbefestigung wurde vielleicht im 14. Jahrhundert errichtet. In sie war das woellwarthische Schloss in Nachfolge einer älteren Burg mit einbezogen, während die Pfarrkirche im Westen der Altstadt innerhalb der Stadtmauer eine eigene Befestigung mit zwei Türmen besessen hat. Die Stadtmauer verfiel im 18. Jahrhundert und wurde im 19. endgültig abgebrochen. Heubach kam 1806 an das Oberamt Gmünd, später Landkreis Schwäbisch Gmünd. Bereits im 19. Jahrhundert entwickelte sich aus der seit Jahrhunderten üblichen Leinenweberei zuerst eine Korsettweberei, die zu der Miederfabrikation führte für die die Stadt bis heute weltweit bekannt ist. Die Industrialisierung setzte sich nach 1900 fort, was weitere Gewerbebetriebe in die Stadt zog. Durch die Zuwanderung wurde 1918 auch die katholische Pfarrei errichtet. Durch die Ausweisung von Baugebieten hat sich die Stadt nach dem Zweiten Weltkrieg erheblich erweitert und hat durch die weitere Ansiedlung von Industriebetrieben auch Arbeitsplätze vor Ort geschaffen.

Die Burg Rosenstein könnte noch von den Pfalzgrafen erbaut worden sein, die heutige Ruine deutet durch ihre Fenster auf eine Bauzeit um 1220/1235 hin. Die spätere Geschichte der Burg verlief wie die der Gemeinde Heubach. Ab dem 16. Jahrhundert verfiel die Burg. Der Stadtteil Beuren wurde ursprünglich als Beuren bei Heubach oder Beuren in den Bergen bezeichnet. Nachgewiesen ist Besitz der Hack, des Klosters Gotteszell, Württembergs und der von Woellwarth. Der größte Teil des Ortes kam mit der Gerichtsbarkeit an die Reichsstadt Gmünd. Der Stadtteil

Buch wurde als Buch bei Heubach oder Buch in den Bergen bezeichnet. Der Grundbesitz gehörte zum größten Teil den Herren von Rechberg, kam seit dem 14. Jahrhundert an die Herren von Woellwarth, Gmünder Bürger sowie das dortige Augustinerkloster und das Spital. Die Reichsstadt Gmünd hatte zuletzt 2/3 der Obrigkeit und Württemberg 1/3 inne. Der Stadtteil Lautern wurde nach dem Zweiten Weltkrieg durch neue Baugebiete erheblich erweitert. Er war ursprünglicher Zubehör der Lauterburg mit der er zum Teil an die Herren von Woellwarth kam. Zwei Huben und drei Selden waren reichslehenbar und kamen an Aalener Bürger. Der größte Teil des Grundbesitzes fiel im 15./16. Jahrhundert an das Spital Gmünd. Nach dem Anfall an Württemberg zwischen 1802/1806 gehörte der Ort bis 1828 zur Gemeinde Mögglingen. Der Kirchensatz kam über die Grafen von Oettingen 1345 an das Spital Gmünd, der er 1414 inkorporiert wurde.

Heuchlingen, Ansicht. Foto: Kreisarchiv

Heuchlingen

1.794 Einwohner, 904 ha, 387-419 m NN

Die Gemeinde zieht sich beiderseits des Leintals an den Talhängen hinauf. Der Lein fließen innerhalb der Gemarkung mehrere Seitenbäche zu.

Der Ort dürfte nach seiner Lage außerhalb des Limes und dem Fehlen alemannischer Bodenfunde als relativ junger –ingen-Ort in der Ausbauzeit nach dem 7. Jahrhundert gegründet worden sein. Die Gründung des Ortes durfte vermutlich durch das Kloster Ellwangen angeregt oder erfolgt und später als Lehen an die Staufer gelangt sein. Die um 1240 und 1275 genannten Angehörigen einer Familie von Heuchlingen werden von der Forschung teilweise als Zweig der Herren von Rechberg angesehen, die den Ort wohl als staufisches Afterlehen innehatten und rechts der Lein eine nur noch in geringen Resten sichtbare Burg errichtet hatten, die später zum Schloss wurde. Im 14. Jahrhundert sind die Herren von Rechberg als Inhaber des Ortes mit dem Kirchensatz der Pfarrkirche St. Veit sowohl als Eigen und als auch als Lehen der Abtei Ellwangen nachzu-

weisen, doch galt im 15. Jahrhundert trotz rechbergischen Widerspruchs der ganze Ort als ellwangisches Lehen. Der Kirchensatz wurde der Abtei Ellwangen inkorporiert (1379). Die Fürstpropstei Ellwangen zog nach dem Erlöschen der Heuchlinger Linie der von Rechberg 1585 das ganze Dorf mit Ausnahme des Schlosses als erledigtes Lehen ein und kaufte zuletzt auch das Schloss (1609), das zum Sitz des Oberamtmanns für das von Ellwangen eingerichtete Amt Heuchlingen wurde. Die um 1560 eingeführte Reformation durch Ulrich von Rechberg wurde rückgängig gemacht. Die Herrschaft Heuchlingen war dem Ritterkanton Kocher immatrikuliert, dem nach dem Übergang an Ellwangen noch das Waffen- und Steuerrecht blieb. Der Ort gehörte ab der Säkularisation 1802/1803 bis 1938 zum Oberamt bzw. Landkreis Aalen, dann zum Landkreis Schwäbisch Gmünd. Die ursprüngliche landwirtschaftliche Prägung des Ortes änderte sich im letzten Viertel des 20. Jahrhunderts zu einer Pendlerwohngemeinde, die sich durch Ausweisung von Baugebieten in demselben Zeitraum auf den mehr als doppelten Wohnraum vergrößert hatte.

Der Wohnplatz Brackwang dürfte nach seinem Ortsnamen im jüngeren Ausbau gegründet worden sein. Die ortsadelige Familie wurde 1236 mit einem Reichsministerialen und 1287 mit einem Mönch des Kloster Comburg erwähnt. Der im 14. Jahrhundert noch in ein Ober- und Unter-Brackwang zerfallene Ort dürfte in staufische Hand gekommen sein, von diesen dann an die ortsadelige Familie. Im 14. Jahrhundert befand er sich im Besitz der Herren von Rechberg. Zuletzt gelangten beide Höfe des Ortes an das Dominikanerkloster Gmünd (1456, 1489), dem sie bis zur Säkularisation gehörten. Der Wohnplatz Holzleuten gehörte mit einem Hof und einer Sölde zur Herrschaft Heuchlingen. Die übrigen Güter kamen über Gmünder Bürger an Gmünder Klöster, wobei die Hoheitsrechte zwischen der Stadt Gmünd und der Herrschaft Heuchlingen bzw. der Fürstpropstei Ellwangen geteilt waren.

Hüttlingen

6.013 Einwohner, 1.871 ha, 410-503 m NN

Auf der Gemarkung sind die Liasschichten weitgehend von Goldshöfer Sanden überlagert. Der von Süden in die Gemarkung kommende Kocher wendet sich in einem Bogen nach Westen. Im Bereich dieses Flußknies zieht sich der Ort beiderseits des Kochertals sowie auch eines Seitentälchens die Hänge hinauf.

Der 1024 im Bannforstprivileg Kaiser Heinrichs II. für das Kloster Ellwangen erstmals als Grenzpunkt genannte Ort ist nach den alemannischen Reihengräbern um die Mitte des 7. Jahrhunderts gegründet worden. Er dürfte damals aus etwa zwei bis drei Gehöften bestanden haben und gehört zur ältesten Siedlungsschicht. Später hat er zur Burg und Herrschaft Niederalfingen gehört. Die 1413 erstmals erwähnte Pfarrkirche St. Michael hat ursprünglich dem Kloster Ellwangen gehört, wie auch der gesamte Ort, der die Entwicklung der Herrschaft Niederalfingen geteilt hat. Das Kloster hat den Ort mit der Herrschaft Niederalfingen wohl an die Herren von Ahelfingen verliehen, von denen diese an die Herren von Seckendorff gelangte, die sie an Graf Eberhard dem Greiner von Württemberg verkauften. Über die von Hürnheim kamen Ort und Herrschaft im 16. Jahrhundert als Württembergisches Lehen an die Fugger. Die von Hürnheim haben 1536 das Patronat der Pfarrkirche von der Fürstpropstei Ellwangen ertauscht und verkauften es später mit an Fugger. Ort und Herrschaft kamen mit der Mediatisierung an das Württembergische Oberamt Aalen. Der landwirtschaftlich orientierte Ort wurde im späten 20. Jahrhundert zu einer modernen Wohngemeinde mit städtischen Zügen und den entsprechenden Einrichtungen. Durch die Ausweisung von Baugebieten und ein Gewerbegebiet wurde das moderne Gesicht des Ortes geschaffen.

Hüttlingen, das neue Forum der Gemeinde. Foto: Kreisarchiv

Eine Reihe der Wohnplätze der Gemeinde werden erstmals im 18. und 19. Jahrhundert genannt. Mittellengenfeld erscheint 1460 erstmals, wobei es sich um einen ellwangischen Lehenshof gehandelt hat, der von den von Schwabsberg später an die von Hürnheim verkauft wurde und die weitere Entwicklung der Gemeinde geteilt hat. Oberlengenfeld kam aus dem Besitz der Heiligenpflege Wasseralfingen durch Tausch ebenfalls an die Herren von Hürnheim (1454). Die drei Orte Lengenfeld werden erst seit 1475 unterschieden. Die Burg Niederalfingen, auf einem Bergvorsprung oberhalb des Kochertals gelegen, wurde in ihrer jetzigen Gestalt von Veit Mauser aus Augsburg für Graf Marx Fugger errichtet (1575/1577). Ihr Vorgänger hatte um die Mitte des 14. Jahrhunderts als Mittelpunkt der Herrschaft Niederalfingen mit Hüttlingen der Familie von Seckendorff gehört, wurde an Graf Eberhard von Württemberg verkauft und gelangte dann als Pfand, später als Lehen an die Herren von Hürnheim, die sie 1551 an die Familie Fugger verkaufte. Die mediatisierte Herrschaft wurde mit der Burg 1838 vom Württembergischen Staat erworben und wurde im 20. Jahrhundert zur Tagungsstätte des Bundes Neudeutschland. Die

Burg dürfte im 12. Jahrhundert als Lehen der Abtei Ellwangen für die Ministerialenfamilie von Ahelfingen errichtet worden sein. Zu Füßen der Burg entstand als Burgweiler der heutige gleichnamige Ort, der 1475 erstmals erwähnt wurde, aber gleichzeitig mit der Burg entstanden sein dürfte. Durch die Ausweisung von Baugebieten hat sich der ursprüngliche Weiler im Tal des Schlierbachs mehr und mehr zu einer Auspendlergemeinde entwickelt. Die Wohnplätze Seitsberg und Sultzdorf waren bei ihrem ersten Auftreten jeweils Besitz der Abtei Ellwangen (1381 bzw. 1337).

Iggingen, Rathaus. Foto: Kreisarchiv

Iggingen

2.548 Einwohner, 1.142 ha, 428-490 m NN

Die Gemarkung liegt auf einer Liasplatte im Östlichen Albvorland zwischen Lein und Oberer Rems. Das in der Nachbarschaft zu einer alten Hochstraße entstandene Dorf hat sich durch die neuerschlossenen Baugebiete nach dem Zweiten Weltkrieg nach Norden und Nordwesten sowie nach Süden und Südwesten erweitert und damit von einem landwirtschaftlich geprägten Dorf zu einer Pendlergemeinde mit Handwerks- und kleinen Industrieunternehmen entwickelt.

Das 855 mit Besitz des Klosters Lorsch erstmals erwähnte Dorf im Drachgau gehört zur ältesten Siedlungsschicht, was das Patrozinium St. Martin der Pfarrkirche bestätigt. Da Kirche und Widdumgut von der Abtei Ellwangen zu Lehen ging (1357), dürfte auch die vollständig abgegangene Burg in den Schlossäckern und die in ihr genannte Niederadelsfamilie (ab 1274), die im 14. Jahrhundert in die Stadt Schwäbisch Gmünd übersiedelte und dort 1492 erlosch, in einem Lehensverhältnis zur Abtei Ellwangen gestanden haben und von diesem an die Staufer gekommen sein. Der Ortsadel dürfte nach seinem Wappen (schrägrechts geteilter Schild, oben ein schreitender Löwe) mit der Familie Adelmann verbunden gewesen sein. Von den Staufern dürfte der am Ort nachweisbare Besitz des Klosters Lorch (ab 1275) gestammt haben und ebenso auch der Besitz der Schenken von Limpurg und der Herren von Rechberg. Die Grundherrschaft kam im Spätmittelalter an die Reichsstadt Gmünd, Gmünder Bürger und die Klöster in der Stadt. Die Pfarrei wurde dem Kloster Gotteszell inkorporiert (1372).

Mit dem Erwerb des limpurgischen Besitzes waren seit 1557 Gmünd und Kloster Lorch alleinige Herren am Ort. Durch die Reformation trat Württemberg in die Rechte des Klosters Lorch ein, richtete ein eigenes Gericht für seine Untertanen ein und einigte sich darüber mit Gmünd (1587). Der Württembergische Besitz gehörte bis 1807 zum Täferroter Stab des Klosteramts Lorch. Das am Ort bestehende Gmünder Amt wurde später mit dem Amt Bargau vereinigt (1728), fiel durch die Säkularisation an Württemberg und gehörte zum Oberamt, später Landkreis Schwäbisch Gmünd.

Der Wohnplatz Brainkofen wurde bereits im späten 13. Jahrhundert erwähnt. Die ursprünglich wohl staufischen Güter kamen an die Klöster und das Spital in Gmünd. Ein Hof stand unter pfälzischer Lehenshoheit und kam als Lehen an die Herren von Degenfeld (1550). Ein Gut gehörte in die Waibelhube. Die Reichsstadt Gmünd hatte seit dem Spätmittelalter alle Rechte am Ort mit Ausnahme des pfälzischen Lehens inne. Der Gmünder Teil fiel 1803 an Württemberg, der Degenfelder folgte 1806. Die Kapelle St. Ulrich gehörte zur Pfarrei Iggingen. Der 1278 erstmals erwähnte Wohnplatz Schönhardt hat mit seiner Kapelle ebenfalls zur Pfarrei Iggingen gehört. Gmünder Patrizier waren am Ort begütert, teilweise als Lehen der Herren von Rechberg, was auf die Herkunft der Güter aus staufischem Besitz gedeutet werden kann. Dazu kam Besitz der in Gmünd bestehenden geistlichen Institutionen.

Ein freier Bauer am Ort wird noch 1589 erwähnt, als er sein Gut von der St. Katharinenpflege in Gmünd zu Lehen nahm. Die Reichsstadt hatte Kloster Lorch ausgenommen, keinen Grundbesitz am Ort, besaß aber alle Hoheitsrechte. Beide Wohnplätze sind in der zweiten Hälfte des 20. Jahrhunderts durch neue Baugebiete gewachsen.

Jagstzell

2.310 Einwohner, 3.797 ha, 409-516 m NN

Die Jagst fließt durch die Gemarkung von Süden nach Norden und durchbricht dabei den Stubensandstein der Ellwanger Berge. Der ältere Ortsteil entstand entlang der Straße auf einer rechtsuferigen Terrasse der Jagst.

Bischof Herold von Würzburg stiftete 1170 – als Ersterwähnung von Jagstzell - zum Unterhalt des nicht lange zuvor von der Abtei Ellwangen gegründeten Frauenklosters die Pfarrkirche Stimpfach, die der Propst des Frauenklosters als Pfarrer innehaben sollte. Nun sind die –zell-Orte aber wesentlich älter, deshalb lässt sich vermuten, dass die Gründung des Frauenklosters an eine ältere cella angeknüpft hat, von der nichts überlie-

Jagstzell, Ansicht. Foto: Kreisarchiv

fert ist. Auch über das Frauenkloster ist wenig bekannt, doch kann unmöglich von einer raschen Auflösung desselben ausgegangen werden, weil nicht nur im Laufe des 13. Jahrhunderts Pröpste genannt sind, sondern sich auch die Bezeichnung des Frauenklosters bis in das 15. Jahrhundert erhalten hat. Vermutlich ist das Frauenkloster also erst im 14. Jahrhundert erloschen, vielleicht im Zusammenhang mit der Pest von 1348/1349. Das Amt des Propstes blieb aber erhalten und ebenso die eigene Verwaltung des Grundbesitzes der Propstei. Die Abtei Ellwangen übertrug ihrem Keller Kraft von Killingen 1380 die Propstei, die nach dessen Tod 1399 mit dem Kelleramt vereinigt wurden. Die Propsteigüter wurden nicht mit den übrigen Kellereigütern des Klosters vereinigt, sondern blieben auch über die Umwandlung der Abtei Ellwangen zur Fürstpropstei mit sich leicht verschiebenden Grenzen als Unteramt des Kapitels mit einem Schultheiß des Kapitels bis zur Säkularisation erhalten. Der Ort Jagstzell hat sich neben der Propstei vermutlich in der Zeit des jüngeren Ausbaus des 11./12. Jahrhunderts entwickelt. Ein Drittel des Ortes hat sich im 18. Jahrhundert unter brandenburg-ansbachischer Landeshoheit befunden, wobei deren Herkunft nach der bisherigen Forschung nicht erkennbar ist. Diese Landeshoheit gelangte 1796 an Preußen, 1806 an Bayern und wurde erst 1810 mit dem übrigen seit 1802/1803 Württembergisch gewordenen Teil des Ortes im Oberamt Ellwangen vereint. Er wurde 1866 an die Eisenbahn angeschlossen und hat sich mit Beibehaltung einer immer noch starken Landwirtschaft zu einer Pendlerwohngemeinde mit Handwerker- und Handelsbetrieben entwickelt, die sich durch Ausweisung von Baugebieten insbesondere nach Westen zu seit dem Zweiten Weltkrieg durch Wohngebäude erweitert hat. Im Westen des Ortskerns entstand auch ein Gewerbegebiet.

Die Wohnplätze der Gemeinde werden überwiegend erstmals im 14. und 15. Jahrhundert erwähnt. Sie lagen dabei im nördlichen Grenzbereich der Fürstpropstei Ellwangen. Sie dürften insgesamt im Zuge der jüngeren Kolonisation der Abtei Ellwangen im späten 11. und 12. Jahrhundert gegründet worden sein, was das um 1136 erstmals erwähnte

Dankoltsweiler und die romanische Kapelle St. Nikolaus des heute abgegangenen Ortes Keuerstadt belegen.

Kirchheim am Ries

1.884 Einwohner, 2.105 ha, 440-619 m NN

mit den Ortsteilen Benzenzimmern und Dirgenheim sowie den Wohnplätzen Jagstheim, Osterholz und Kalkofen

Das Tal der Schneidheimer Sechta bildet im Nordwesten der Gemarkung den Randbezirk im Übergang vom Braunjurahügelland des Östlichen Albvorlandes zu den westlichen Randhügeln des Nördlinger Ries. In der überaus fruchtbaren Gemarkung sind nahezu alle vorgeschichtlichen Siedlungsepochen vertreten. Der Ort selbst liegt am Fuß des Blasienberges zum Ries hin.

Der heutige Ort ist aus zwei ursprünglichen Ortsteilen Ober- und Unterkirchheim (13. Jahrhundert) zusammengewachsen, die mit St. Jakob im oberen und St. Martin im unteren Dorf eigene Pfarrkirchen besessen haben. Mehrere merowingerzeitliche Reihengräberfelder belegen das hohe Alter des Ortes. Dabei dürfte das untere Dorf mit der Pfarrkirche St. Martin der ältere Ortsteil gewesen sein. Der im Zuge der Christianisierung entstandene neue Ortsname für eine bereits bestehende Ansiedlung beweist einerseits deren hohes Alter und andererseits das in dieser frühen Zeit herausragende Merkmal einer Kirche. Das obere Dorf mit St. Jakob dürfte mit der Entwicklung der Jakobusverehrung erst im 11./12. Jahrhundert entstanden sein, vermutlich im Zusammenhang mit der Errichtung der abgegangenen Burg bei diesem Ortsteil, vielleicht als Burgweiler. Die auf der Burg ansässige, ortsadelige Ministerialenfamilie der Grafen von Oettingen wird 1153 und 1275-1324 wiederholt erwähnt. Beim Dorf lag auch eine Gerichtsstätte der Grafen von Oettingen, fraglich bleibt, ob diese Entwicklung erst mit dem Aufzug der Oettinger in diesem Raum angestoßen wurde oder bereits vorher durch einen anderen Grundherrn. Graf Ludwig VI. von Oettingen gründete 1267 am Ort ein exemtes Zisterzienserinnenkloster, das zahlreichen Besitz in der Umgebung erwarb. Die Klostergründung könnte auf früher am Ort bestehende Rechte geistlicher Institutionen hindeuten. Das Kloster blieb unter oettingischer Schirmvogtei. Die Patronatsrechte der beiden Pfarrkirchen schenkten die Grafen von Oettingen dem Kloster (1275), sie wurden vereinigt und dem Kloster inkorporiert (1307). Dabei wurde St. Jakob zur Pfarrkirche und St. Martin zur Friedhofskapelle. Neben dem Kloster bestand am Ort bis 1802 Besitz des Spitals Nördlingen. In der Reformation wurde das Dorf evangelisch, das Kloster blieb katholisch. Die klösterlichen Hintersassen wurden im Dorf im 18. Jahrhundert teilweise wieder rekatholisiert. Das Kloster fiel im Reichsdeputationshauptschluss an die Grafen von Oettingen und wurde 1805 aufgehoben. Die Klosterkirche wurde zur katholischen

Kirchheim-Jagstheim, Kapelle. Foto: Kreisarchiv

Pfarrkirche des Ortes (1817). Dieser fiel 1806 an Bayern, 1810 an Württemberg und wurde dem Oberamt Neresheim zugeordnet, mit dem er 1938 zum Landkreis Aalen kam, dessen weitere Entwicklung er teilte. Aus dem klösterlichen Gutsbetrieb wurde eine oettingische Domäne, die durch die Bodenreform 1950/1953 aufgelöst wurde. Die Klostergebäude selbst wurden weltlichen Nutzungen zugeführt und teilweise abgebrochen. Die Gemeinde war landwirtschaftlich geprägt, doch wurde der Ort als Pendlergemeinde durch Bau von Wohnungen seit den 60er Jahren des 20. Jahrhundert erheblich vergrößert, wobei auch Handwerksbetriebe entstanden.

Der Ortsteil Benzenzimmern wurde erstmals 1197 erwähnt und dürfte im jüngeren Ausbau entstanden sein. Im 13. Jahrhundert waren am Ort die Klöster Ellwangen, Kirchheim, Kaisheim und Zimmern begütert, daneben anscheinend auch freie Bauer, die 1388 in oettingischen Schutz genommen wurden. Der Besitz des Klosters Frauenalb ging mit der Ortsherrschaft und dem Kirchensatz 1481 durch Kauf an das Kloster Kirchheim über und teilte dessen weitere Entwicklung. Die seit 1197 erwähnte Kapelle am Ort (Patrozinium St. Johannis der Täufer) war Filial der Pfarrei Munzingen (Ldkr. Donau-Ries), sie wurde mit dem Ort evangelisch (1552) und zur Pfarrei (1565). Der am westlichen Riesrand gelegene Ortsteil Dirgenheim wurde nach Reihengräberfunden in der Merowingerzeit gegründet. Die im 13. und 14. Jahrhundert nachweisbare ortsadelige Ministerialenfamilie der Grafen von Oettingen wurde im 14./15. Jahrhundert durch mehrere Adelsfamilien abgelöst, die teilweise am Ort gesessen haben. Im Dorf war die Klöster Kirchheim, Christgarten und Zimmern begütert, ebenso auch die Stadt Bopfingen, die für ihre Untertanen ein eigenes Schultheißenamt errichtete. Der Kirchensatz der Pfarrkirche St. Georg wurde von der Stadt Bopfingen erworben (1379, 1452) und kam durch Tausch an Kloster Kaisheim (1774), nach-

Lauchheim mit der Kapfenburg. Foto: Kreisarchiv

dem die Reformation am Widerstand der Bevölkerung gescheitert war. Im Ortsteil Jagstheim war eine ortsadelige Familie zwischen 1233 und dem Ende des 14. Jahrhunderts ansässig. Er befand sich im Besitz des Klosters Kirchheim. Ebenso kam auch der Ortsteil Osterholz später an das Kloster Kirchheim.

Lauchheim

4.727 Einwohner, 4.086 ha, 490-670 m NN

mit den Stadtteilen Hülen und Röttingen

Das nördliche Gemarkungsgebiet gehört weitgehend zum Braunjurahügelland von Baldern im Östlichen Vorland der Schwäbischen Alb. Der Albtrauf wird insbesondere durch die Kapfenburg geprägt. Die Gemarkung zieht sich dann im Süden und Osten zur Härtsfeldalb hinauf. Die obere Jagst fließt durch den Norden der Gemarkung, ändert aber vor dem Albtrauf ihren Lauf nach Westen, was einen deutlichen Beweis für die ehemals zur Donau hin bestehende Entwässerung ergibt. An diesem Flußknie der Jagst ist das Städtchen entstanden über dem die Kapfenburg oberhalb der nach dem Zweiten Weltkrieg entstandenen Vorstadt steht. Die als ungleichmäßiges Viereck angelegte Altstadt wird von Neubaugebieten umrahmt und wird von einer Hauptstraße mit zwei Toren durchquert. Reste der Stadtmauer und einer von deren ehemals sechs Türmen haben sich erhalten. Bei Funden aus fast allen Siedlungsepochen auf der Gemarkung ragt die Alemannenzeit durch den über 1300 Gräbern umfassenden Reihengräberfriedhof in der „Wasserfurche" aus der Zeit zwischen 450 und 700 und die dabei ergrabene Siedlung Mittelhofen heraus. Aus den Funden der Adelsgräber lassen sich Verbindungen zu den Funden in Pfahlheim (Stadt Ellwangen) erschließen. Der Ortsname Lauchheim wird als „Siedlung an der Grenze" gedeutet, was eine Gründung in der ältesten Siedlungsschicht erschließen lässt. In der Siedlung Mittelhofen wurde keine Kirche festgestellt. Zu der Pfarrkirche Lauchheim

mit dem alten Patrozinium St. Peter und Paul gehörten im Mittelalter die Orte Westhausen, Waldhausen, Lippach und Hülen. Daraus dürfte sich ergeben, dass die in Mittelhofen vermisste Kirche wohl seit der frühen Zeit in Lauchheim gestanden hat. Lauchheim wurde erstmals 1248 im Besitz der Herren von Gromberg erwähnt, die urkundlich zwischen 1235 und 1485 erwähnt wurden. Die Herren von Gromberg erscheinen als oettingische Ministerialenfamilie. Sie nannten sich auch nach Ehringen bei Nördlingen. Da die Abtei Ellwangen ebenfalls Besitz in Lauchheim hatte, könnte sich ein Entwicklungsweg Lauchheims dahingehend abzeichnen, dass die bereits bestehende Siedlung in früher Zeit an die Abtei Ellwangen kam und von dieser dann über die Staufer an die Grafen von Oettingen und ihre Ministerialen gelangte. Neben der Abtei Ellwangen waren auch die Schenken von Schenkenstein am Ort begütert. Im Laufe des 14. Jahrhunderts kam Lauchheim allmählich von den Herren von Gromberg an den Deutschen Orden und wurde zum Hauptort der Kommende Kapfenburg. Die Kapfenburg war 1240 erstmals genannt worden. Sie wird immer wieder als Sitz eines Kleinkönigs in der Alemannenzeit angesehen. Sie hat sich im Besitz der Herren von Gromberg befunden, aber auch der Grafen von Oettingen, die sie 1364 mit Hülen an die Deutsch Ordenskommende Mergentheim verkauften. Sie wurde sehr schnell zum Verwaltungsmittelpunkt des Deutsch Ordensbesitzes auf dem Härtsfeld und im oberen Jagsttal und Sitz einer eigenständigen Kommende der Ballei Franken (1379). Im 16. Jahrhundert wurde der überwiegende Teil des heutigen Schlosses neu errichtet. Die Pfarrkirche im Ort Lauchheim wurde mit dem Patronatsrecht 1363 von den von Gromberg an die Deutsch Ordenskommende Mergentheim verkauft, die sie 1538 an die Kommende Kapfenburg abtrat. Durch die Bemühungen des Deutschen Ordens erhielt Lauchheim nicht nur das Recht zu drei Jahrmärkten (1402), sondern auch die Erlaubnis der Befestigung (1397, 1430), das Hochgericht und zuletzt ein Stadtrecht mit den Freiheiten der Stadt Bopfingen (1431). Die Stadt wurde immer wieder als Markt bezeichnet. Der Komtur der Kommende Kapfenburg nahm aus der Herrschaft Oettingen-Baldern vertriebene Juden auf, die bald eine eigene Synagoge erhielten und im 19. Jahrhundert auch ein eigenes Schulhaus, jedoch wurde die Gemeinde 1922 wegen des kontinuierlichen Wegzuges aufgelöst. Dennoch kamen im Dritten Reich sechs jüdische Mitbürger ums Leben. Mit der Kapfenburg fiel Lauchheim 1806 an Württemberg und das Oberamt Ellwangen, mit dem die Stadt 1938 an den Landkreis Aalen fiel. Sie war 1864 an die Eisenbahn angeschlossen worden und wurde schon vor dem Ersten Weltkrieg zum Luftkurort. Mit dem Zustrom der Heimatvertriebenen nach dem Zweiten Weltkrieg erhielt der Stadt 1946 eine gewerblich-industrielle Zone und zahlreiche Neubaugebiete, zu denen 1955 auch eine evangelische Pfarrei hinzukam.

Der Stadtteil Hülen hat zur Kapfenburg gehört und deren Entwicklung geteilt. Die Reichsministerialenfamilie von Waldhausen (Gemeinde Lorch) schenkte 1235 ein Gut an Kloster Lorch, was indirekt den Weg der Kapfenburg über die Staufer an die Oettinger bezeugt. Der ab 1806 zu Waldhausen gehörende Ort wurde 1823 selbstständige Gemeinde. Eine katholische Pfarrei wurde 1918/1919 im Ort begründet. Die der Kapfenburg schräg gegenüber gelegene, heute abgegangene Burg Gromberg befand sich in der Hand der gleichnamigen Familie, kam vor 1378 an die Herren von Pfahlheim und bald an die Deutschordens Kommende Kapfenburg. Der Stadtteil Röttingen gehört nach seinem Ortsnamen zur ältesten Siedlungsschicht. In dem im 12. Jahrhundert erstmals erwähnten Ort haben ursprünglich drei Wasserburgen bestanden. Hier saß im 13./14. Jahrhundert eine ortsadelige Familie, denen wohl als Erben die Herren von Holheim, die Brun von Röttingen und im 15. Jahrhundert die Schenken von Schenkenstein und die Herren von Westerstetten folgten. Der Besitz war Lehen der Grafen von Oettingen, aber auch der Markgrafen von Brandenburg-Ansbach. Oettingen erwarb in 16./17. Jahrhun-

Leinzell, Schloss der Freiherren von Lang. Foto: Kreisarchiv

dert die adeligen Sitze samt Grundbesitz und hoher Obrigkeit. Der Ort fiel 1806 an Bayern, 1810 an Württemberg unterstand dort dem Oberamt Neresheim, mit dem er 1938 an den Landkreis Aalen fiel. Der Kirchensatz der Pfarrkirche (erste Erwähnung 1239) mit dem Patrozinium St. Gangolf war ansbachsches Lehen der Schenken von Schenkenstein und wurde 1613 an Oettingen-Baldern verkauft.

Leinzell

2.006 Einwohner, 211 ha, 400-460 m NN

Die kleine Gemarkung liegt im Liasgebiet des Östlichen Albvorlandes. Die Siedlung wurde beiderseits des von Norden her der Lein zufließenden Götzenbachs errichtet. Die als Kleinzentrum ausgewiesene Siedlung wurde bei ihrer ersten Erwähnung als cella bezeichnet (1259), wur-

de dann zu Zell an der Lin (1409) und zu Lynzell (1456). Der Ortsname weist auf eine frühe von der Abtei Ellwangen herrührende klösterliche Niederlassung hin, die keine weiteren Spuren hinterlassen hat. Die Pfarrkirche mit dem Patrozinium St. Georg dürfte sich aus der klösterlichen Niederlassung entwickelt haben. Die Mühle wurde von der Abtei Ellwangen Albrecht Hack geeignet (1356), während das feste Haus im Ort ellwangisches Lehen der Gmünder Familie Taler genannt Burger war (1360-1483), dann der Herren von Westerstetten (ab 1484), von Horkheim (ab 1530), der Faber von Randeck (ab 1612) und der Familie Lang (ab 1636). Das Rittergut Leinzell war beim Kanton Kocher immatrikuliert. Die Gemeinde fiel 1806 an Württemberg, wurde 1810 eigenes Schultheißenamt im Oberamt Gmünd, mit dessen weiterer Entwicklung sie zum Ostalbkreis kam. Die wirtschaftliche Lage der Bevölkerung war im 19. Jahrhundert so schwierig, dass allein 1852 28 Familien auswanderten. Erst im 20. Jahrhundert besserte sich die wirtschaftliche Situation der Auspendlergemeinde mit land- und fortwirtschaftlichen Betrieben. Nach dem Zweiten Weltkrieg dehnte sich der Ort beiderseits der Lein an den Hängen hinauf durch Ausweisung von Baugebieten weiter aus. Allein zwischen 1961 und 1977 erhöhte sich der Wohnungsbestand des Ortes um rund zwei Drittel, erhielt eine Realschule und ein evangelisches Pfarramt.

Lorch

10.727 Einwohner, 3.428 ha, 265-477 m NN

mit dem Stadtteil Waldhausen

Im Zuge der Gemeinde- und Kreisreform 1972 entstand aus der Stadt Lorch mit den Stadtteilen Ober- und Unterkirneck und der Gemeinde Waldhausen mit den Ortsteilen Rattenharz und Weitmars die Stadt Lorch. Die Gemarkung Lorch ist Teil des zum Stubensandsteingebiet des Vorderen Welzheimer Waldes gehörenden und dieses in ostwestlicher Richtung durchziehenden Oberen Remstales mit steilen bewaldeten Hängen. Das Obere Remstal beginnt sich ab Waldhausen in den Gipskeuper einzutiefen und dabei zu weiten.

Die durch das Remstal verlaufende Straße (heute B 29) hat um 150 n. Chr. zur Errichtung des heute von der Innenstadt überbauten römischen Kohortenkastells geführt, das zur römischen Provinz Obergermanien gehörte und an der Grenze zur Provinz Raetien lag. Das Zentrum des Kastells befand sich im heutigen Kirchhof bei der evangelischen Stadtkirche. Der sich aus dem Schnittpunkt römischer Straßen ergebende Verkehrsknotenpunkt wurde durch das Limesknie auf dem nordöstlich der Stadt gelegenen Klosterberg ergänzt. Obwohl es für den Ortsnamen keinen Beleg aus römischer Zeit gibt, kann dieser auf die römische Siedlung zurückgehen. Das Kastell dürfte, wie die Kastelle am raetischen Limes, 254 n. Chr. durch den Einfall germanischer Scharen zerstört worden

Lorch, Stauferstele und Limesturm. Foto: Kreisarchiv

sein. Eine Kontinuität zwischen der römischen und der mittelalterlichen Siedlung lässt sich nicht beweisen. Jedoch geht die Forschung aufgrund des Ortsnamens von einer Siedlungskontinuität oder einer nur kurzzeitigen Siedlungsunterbrechung aus. Die spätere Stadtkirche mit einem Marienpatrozinium, das auf ein hohes Alter hinweist, hat mit dem Ausbau der Pfarrstrukturen wohl bereits im 9. Jahrhundert eine sehr weite Ausdehnung erhalten, die vom Wiesenlauftal bis Täferrot und von Wäschenbeuren bis Kaisersbach gereicht und auch Schwäbisch Gmünd eingeschlossen hat. Auf dieser Grundlage ist von einer Kontinuität auszugehen, die über die alemannische Zeit hinaus bis in die karolingische Zeit gereicht hat.

Die erste sichere historische Nachricht besagt, dass Herzog Friedrich I. von Schwaben in der zweiten Hälfte des 11. Jahrhunderts an der Marienkirche ein Chorherrenstift errichtet hat, dem je sechs Chorherren und Vikare unter einem Propst angehört haben. Die Stiftskirche scheint die älteste staufische Grablege geworden zu sein. Nach der Gründung des Klosters um 1100 wurden diesem mehrere Stiftspfründe inkorporiert. Von den vier Pfarrpfründen besetzte seit 1297 das Domstift Augsburg zwei, zwei unterstanden dem Patronat des Klosters. Das Stift wurde um 1327 endgültig aufgelöst. Die augsburgischen Pfründen wurden 1539 und 1558 an Württemberg abgetreten. Neben der Stiftskirche hat anscheinend ein früher staufischer Hof bestanden, der vermutlich Sitz der zwischen 1181 und 1269 mit mehreren Personen genannten staufischen Ministerialenfamilie war. Der Ort soll aus ursprünglich drei Meierhöfen hervorgegangen sein, was die Kontinuitätsannahme unterstützt.

Auf dem Klosterberg lag eine weitere staufische Burg, die nach der Errichtung der Burg Hohenstaufen von Herzog Friedrich I. von Schwaben um 1100 mit der auf 1102 datierten Urkunde zu einem Benediktinerkloster umgewidmet wurde, in dessen Kirche um 1140 die staufische Grablege aus der Stiftskirche im Tal verlegt wurde. Das Chorherrenstift wurde in der zweiten Hälfte des 13. Jahrhunderts zugunsten des Klosters und des Augsburger Domkapitels aufgelöst. Der große Pfarrsprengel der Stiftskirche wurde mit dem Ausscheiden von Schwäbisch Gmünd (1297) entscheidend verkleinert. Der Ort selbst wurde anscheinend von den Staufern zur Ausstattung des Klosters genutzt, auf die auch der 1331 durch das Kloster im Ort erworbene Besitz des Klosters Elchingen zurückgehen dürfte. Der mit aller Obrigkeit dem Kloster gehörende Ort fiel mit der Reformation an Württemberg und wurde Sitz des Klosteroberamts Lorch, das 1807 aufgehoben wurde und an das Oberamt Welzheim fiel, dessen Sitz sich zwischen 1810 und 1819 in Lorch befand. Der Ort wurde 1865 Stadt und kam 1938 zum Landkreis Schwäbisch Gmünd. Er hatte seit dem Spätmittelalter Marktrecht, das vor dem Dreißigjährigen Krieg abging, aber 1660 erneuert wurde.

Das vermutlich von Hirsau besiedelte Kloster wurde 1102 dem Apostolischen Stuhl übertragen. Es erhielt 1136 die freie Abtswahl aus den Mitgliedern des Konvents. Die Schirmvogtei übte die Stifterfamilie aus, bis sie kurz vor 1251 an die Grafen von Württemberg gelangte. Rudolf von Habsburg bestätigte 1273 dem Kloster seine Rechte, doch konnte dieses nie die Reichsunmittelbarkeit erlangen. Die Schirmvogtei blieb seit 1373 endgültig bei Württemberg, das das Kloster als Landstand betrachtete. Das Kloster wurde 1462 nach der Melker Observanz reformiert, was eine letzte Blütezeit einleitete. Das Kloster wurde 1525 von den aufständischen Bauern geplündert und niedergebrannt, der Abt dabei erschlagen. Der Konvent wurde 1535 aufgelöst. Der noch 1584 mit 800 Lehengütern und Sölden sowie 3000 Morgen Wald reiche Besitz fiel an Württemberg, ebenso die Klosterhöfe in Esslingen, Münster bei Cannstatt und Stuttgart. Durch das Interim kehrten die Mönche nochmals 1547-1552 zurück, ebenso 1629-1632 und 1634-1648. Die 1563 eingerichtete evangelische Klosterschule wurde 1584 mit der des Klosters Adelberg vereinigt und dorthin verlegt. Die evangelischen Äbte behielten Sitz und Stimme im Landtag bis 1806. Ihr Amt war seit 1727 mit dem Kanzleramt der Universität Tübingen verbunden. Die Bahnhöfe Lorch und Waldhausen wurden 1861 errichtet. Durch den Zuzug der Heimatvertriebenen wuchs die Einwohnerzahl nach dem Zweiten Weltkrieg, was zur Ausweisung von neuen Baugebieten führte. Die Stadt wuchs beiderseits der Rems die Hänge im Norden und Süden hinauf. Die ursprünglich durch Land- und Forstwirtschaft geprägte Kleinstadt wurde nach dem Zweiten Weltkrieg mehr und mehr zu einer als Kleinzentrum ausgewiesenen Industriestadt mit einem Industriegelände.

Der Stadtteil Waldhausen am unteren südlichen Hang des Remstals hat sich seit dem Zweiten Weltkrieg durch die Ausweisung von Baugebieten und eines Industriegebiets erheblich erweitert. Rechts der Rems liegt der Elisabethenberg, auf dem die heute abgegangene Burg Waldhausen lag, die im frühen 12. Jahrhundert errichtet und bald darauf Sitz einer staufischen Ministerialenfamilie wurde, die den Staufern Kämmerer und Schenken stellte und auch zeitweilig als Burgmannen auf dem Hohenstaufen geamtet haben. Die Familie ging im frühen 15. Jahrhundert im Bürgertum der Stadt Esslingen auf. Das Dorf war Zubehör der Burg und kam kurz nach 1246 anscheinend mit der Herrschaft an Württemberg. Die Burg scheint 1311 im Reichskrieg zerstört worden zu sein, wurde aber wieder aufgebaut und erst im Bauernkrieg endgültig zerstört. Herrschaft und Burg waren Württembergisches Reichslehen (1443). Neben Kloster Lorch stand der Grundbesitz im Dorf weitgehend Württemberg zu, dem auch die Obrigkeit gehörte. Waldhausen wurde 1807 mit dem Stab Plüderhausen vom Oberamt Schorndorf getrennt und dem Oberamt Welzheim zugewiesen, dessen Sitz 1810 – 1819 in Lorch war. Waldhausen wurde 1819 selbstständige Gemeinde und kam 1938 zum Landkreis Schwäbisch Gmünd, dessen weitere Entwicklung der Ort teilte.

Mögglingen, Kirche und Pfarrhaus. Foto: Kreisarchiv

Mögglingen

4.189 Einwohner, 1.027 ha, 409-420 m NN

Die Gemarkung liegt im Liasgebiet des Östlichen Albvorlandes zwischen Rems und Lein und ist vom Oberen Remstal durchzogen. Im weiten, flachen Tal der Rems liegt der Ort an der Mündung der Lauter in die Rems.

Nach seinem Namen gehört Mögglingen zur ältesten Siedlungsschicht, was auch das Patrozinium der Pfarrkirche St. Peter bestätigt. Fraglich bleibt, ob der 1171 als Zeuge in einer Urkunde Kaiser Friedrich I. Barbarossas genannte Cuno von Mögglingen hierher gehört. Sicher belegt ist die Erwähnung des Ortes in den Ellwanger Annalen um 1140/1150 und Besitz des Klosters Anhausen 1143. Eine ortsadelige Familie mit dem Bei-

namen Ruch, Ruhe (Wappen: Brackenkopf) saß auf einer südlich der Kirche gelegenen Burg. Sie gehörte schon 1275 in Schwäbisch Gmünd zum Bürgertum und verkaufte 1376 ihren Burgstall mit zwei Gütern an Württemberg. Die Pfarrkirche wurde erstmals 1327 erwähnt. Der Kirchensatz befand sich im 14. Jahrhundert im Besitz der Herren von Rechberg und dürfte daher ursprünglich staufisch gewesen sein, gelangte dann an die Herren von Woellwarth, die ihn an das Spital Gmünd verkauften (1444), dem er inkorporiert wurde (1449). Der umfangreiche Besitz des Klosters Anhausen kam durch die Reformation an Württemberg. Der ebenfalls umfangreiche Besitz einiger Patrizierfamilien Gmünds kam im Laufe der Zeit in den Besitz der dortigen Klöster wie auch die Güter der Herren von Flochberg und von Schnaitberg, die vielleicht insgesamt auf staufischen Vorbesitz zurückgeführt werden können. Auch die mit der Abtei Ellwangen eng verbundene Familie Hack hatte bis 1338 drei Güter am Ort, was ein Indiz für ellwangischen Besitz vor der Stauferzeit sein könnte. Der woellwarthische Anteil an der Vogtei und den Dorfämtern wird entweder im Zusammenhang mit der Burg Rosenstein oder den Herren von Rechberg gesehen, also ebenfalls ursprünglich staufischen Rechten. Der Gmünder Besitz gelangte 1802/1803 an Württemberg und wurde 1807 mit dem zum Klosteramt Anhausen gehörigen Württembergischen Gütern zur neuen Gemeinde vereinigt, die zum Oberamt Gmünd gehörte und mit diesem an den Ostalbkreis gelangte. Die Land- und Forstwirtschaft ging nach dem Zweiten Weltkrieg zunehmend zugunsten des Ausbaus von Handel und Gewerbe zurück. Durch Ausweis von Baugebieten und auch eines Gewerbegebietes im Osten der Gemeinde hat sich diese gegenüber dem ursprünglichen Dorf erheblich erweitert.

Mutlangen

6.612 Einwohner, 878 ha, 342-504 m NN

Die kleine Gemarkung des Ortes liegt auf einer Liasplatte des Welzheimer Waldes, die zum Östlichen Albvorland überleitet. Im Norden bildet das obere Leintal die Gemarkungsgrenze. Im Osten, Westen und Süden greifen die Keuperhalden des Pfaffenbachs, Tannbachs und Wetzgauer Bachs auf die Liashochfläche der Gemarkung hinauf. In einer Mulde der Hochfläche entstand die Ortschaft.

Der 1293 erstmals erwähnte Ort dürfte nach seinem Namen vermutlich im jüngeren Ausbau entstanden sein. Er war allen Anzeichen nach ursprünglich staufischer Besitz, der dann in den Besitz der Herren von Rechberg und der Reichsministerialenfamilie von Weinsberg überging, die vermutlich aus dem benachbarten Lindach stammte. Von ihnen gingen die Güter zum Teil als Lehen an Gmünder Bürger und zum anderen Teil an Gmünder Klöster über. Die Stadt Schwäbisch Gmünd tauschte von den Schenken von Limpurg drei Güter der Waibelhube mit Obrig-

Mutlangen, Rathaus. Foto: Kreisarchiv

Neresheim, Stadt und Kloster. Foto: Kreisarchiv

keit, Gericht und Schatzung ein (1557). Seit dem 13. Jahrhundert war auch das Kloster Lorch am Ort begütert, vertauschte aber im 15. Jahrhundert diesen Besitz an Klöster in Gmünd. Die Stadt Gmünd erwarb im 16. Jahrhundert die Güter ihrer Bürger und wurde damit als Inhaberin der Hoheitsrechte über ihre Klöster mit Ausnahme des von der Herrschaft Weinsberg von der Pfalz zu Lehen gehenden Hofs, der um 1550 an die Herren von Degenfeld verliehen wurde und eines ehemals dem Kloster Lorch, dann Württemberg gehörenden weiteren Hofs, alleiniger Ortsherr. Kirchlich gehörte der Ort zur Pfarrei Iggingen. Er erhielt 1783 eine eigene Pfarrei in der vermutlich 1499 errichteten St. Georgskapelle. Mutlangen gehörte zum Amt Spraitbach, kam 1802/1803 an Württemberg, zuerst als eigene Schultheißerei, dann als Teil der Schultheißerei Lindach (1807-1820) und zuletzt als selbstständige Gemeinde des Oberamts Gmünd, später Landkreis Schwäbisch Gmünd. Die als Kleinzentrum ausgewiesene Pendlergemeinde besitzt noch immer einen guten Anteil land- und forstwirtschaftlicher Betriebe, dazu auch Handwerks- und Industriebetriebe. Nach dem Zweiten Weltkrieg hat sich der Ort durch die Ausweisung von Neubaugebieten für Wohnungen und auch für die Industrie nach Süden auf Schwäbisch Gmünd zu erheblich vergrößert. Insbesondere ist die Stauferklinik des Ostalbkreises als Arbeitgeber am Ort hervorzuheben.

Im Wohnplatz Pfersbach wurde die heute abgegangene Burg von den Herren von Rechberg an die Stadt Gmünd verkauft (1540). Vogtei und Grundherrschaft waren zwischen der Stadt Gmünd, dem dortigen Predigerkloster, dem Kloster Gotteszell und den Herren von Rechberg geteilt. Der Wohnplatz kam mit der Gemeinde Großdeinbach 1972 an die Stadt Schwäbisch Gmünd, wurde aber 1973 nach Mutlangen umgemeindet.

Neresheim

7.929 Einwohner, 11.852 ha, 480-664 m NN

mit den Stadtteilen Dorfmerkingen, Elchingen, Kösingen, Ohmenheim, Schweindorf

Die westliche Gemarkungsfläche mit den Siedlungen Dorfmerkingen, Elchingen, Ohmenheim und Neresheim liegt in der tektonischen Senkungszone des Inneren Härtsfelds. Schweindorf und Kösingen gehören zum nordöstlichen Härtsfeld. Im Süden der Gemarkung entspringt die Egau. Das Dossinger Trockental durchzieht in nordsüdlicher Richtung das mittlere Gemarkungsgebiet. Die Gemarkung ist ausweislich der archäologischen Funde seit der Vorzeit besiedelt gewesen.

Das am Ursprung der Egau gelegene Neresheim ist nach dem archäologisch untersuchten Reihengräberfeld eine alemannische Gründung aus der Mitte des 5. Jahrhunderts. Sie bestand anfänglich aus drei Gehöften, die sich zur Siedlung weiterentwickelten. Sie dürften bei der außerhalb der späteren Stadtmauern gelegenen Marienkirche bestanden haben, die bis 1468 Pfarrkirche des Ortes war. Auf dem Ulrichsberg bestand eine vermutlich im 10./11. Jahrhundert errichtete Burg der Grafen von Dillingen, in der Graf Hartmann 1095 ein reguliertes Chorherrenstift gründete, das 1106 in ein Benediktinerpriorat umgewandelt wurde, dessen Mönche aus dem Kloster Petershausen bei Konstanz kamen. Eine örtliche Tradition spricht von einer Klostergründung des bayerischen Herzogs Tassilo III. im 8. Jahrhundert, jedoch finden sich dafür keine weiteren Belege. Wenige Jahre später wurde der Konvent mit einem aus dem Kloster Zwiefalten berufenen Abt selbstständig.

Das zeitlich parallel entstandene Nonnenkloster hat bis ins 13. Jahrhundert bestanden. Das unter der Vogtei der Dillinger verbliebene Kloster wurde in dem Kämpfen der Staufer mit der päpstlichen Partei mehrfach geplündert und zerstört (1246/1249). Die Grafen von Dillingen haben um 1250 die Klostervogtei an die Grafen von Oettingen verpfändet, die diese gegen anfängliche Auseinandersetzungen mit dem Bischof von Augsburg behalten konnten. Das Kloster hatte in dieser Zeit neben Neresheim sieben Dörfer und Besitz und Einkünfte in weiteren 71 Dörfern, dazu waren ihm zehn Pfarreien inkorporiert. Noch im 13. Jahrhundert haben die Grafen von Oettingen und das Kloster neben der Siedlung Neresheim eine Stadt angelegt, die als „oppidum" (1298), als „Markt" (1343), zuletzt als „Statt" (1350) erwähnt wurde. Die Grafen hatten in der Stadt einen adeligen Vogt, später einen Oberamtmann sitzen. Immer wieder kam es zu heftigen Auseinandersetzungen des Klosters mit den Grafen von Oettingen bis 1764 durch Abtretung aller klösterlichen Rechte in der Stadt an Oettingen-Wallerstein und weiterer Besitzungen das Kloster zur Reichsabtei mit Sitz auf der Prälatenbank des Schwäbischen Kreises aufstieg. Das Reichsstift wurde 1802 den Fürsten von Thurn und Taxis zugesprochen und kam dann 1806 mit der Stadt an Bayern. 1810 gelangte die Stadt an Württemberg und wurde bis 1938 Oberamtsstadt. Das zum Landkreis gewordene Oberamt fiel 1938 an den Landkreis Aalen.

Das Kloster wurde 1803 in eine Lehranstalt umgewandelt, diese jedoch schon 1806 wieder aufgehoben und die Mönche pensioniert. Durch eine Schenkung des Fürsten von Thurn und Taxis wurde 1920 das Kloster von der Abtei Emaus in Prag erneut mit Benediktinermönchen besiedelt und besteht bis zur Gegenwart. Die in den letzten Jahrzehnten fast völlig renovierte Klosteranlage aus dem 18. Jahrhundert ist eine weit über die engere Umgebung hinaus bekannte und bedeutsame Anlage, die von Balthasar Neumann erbaute Barockkirche gilt als eine der schönsten überhaupt. Die Stadt nimmt als Unterzentrum zentralörtliche Funktionen im Nahbereich wahr. Die Ausweisung von Neubaugebieten und die Ansiedlung von Industrie haben seit dem Zweiten Weltkrieg den bereits zuvor eingeleiteten Strukturwandel zur Handels- und Gewerbestadt weiter gefördert und beschleunigt. Während die eingemeindeten Teilorte Dorfmerkingen (1972), Elchingen (1972), Kösingen (1971), Ohmenheim (1975) und Schweindorf (1971) noch zu einem guten Teil von land- und forstwirtschaftlichen Betrieben geprägt werden, ist die Kernstadt zum Zentrum des Härtsfeldes geworden. Die Industrieansiedlung hat überwiegend produzierendes Gewerbe in die Stadt gebracht. Daneben stehen die Bereiche Dienstleistung, Handel und Verkehr. Die Infrastruktur der Gesamtgemeinde hat sich diesen Aufgaben in allen Bereichen angepasst. Die Stadt besitzt seit 1953 auch eine evangelische Pfarrei.

Der Stadtteil Dorfmerkingen gehört als Haufendorf zur ältesten Siedlungsschicht, wie ein alemannischer Reihengräberfriedhof beweist. An der Burghalde beim Dorf saßen die Herren von Merkingen in einer abgegangenen Burg. Sie zogen als oettingische Lehensleute früh ins Ries um.

Im 15. Jahrhundert waren die Schenken von Schenkenstein die wichtigsten Ortsherren, ihnen folgten die Herren von Ahelfingen und die von Woellwarth. Nach dem Erlöschen dieser Linie des Hauses zog die Fürstpropstei Ellwangen den Lehensbesitz als erledigte Lehen ein. Landeshoheit und Hochgericht gehörte zu Oettingen. Daneben hatten noch eine Reihe weiterer Herrschaften Besitz am Ort, der ursprünglich Filiale der Pfarrei Ohmenheim war, aber 1411 als eigenständige Pfarrei erwähnt wurde. Aufgrund der Streitigkeiten verkaufte Ellwangen seinen Besitz an Oettingen-Wallerstein (1795/1796). Im Wohnplatz Dossingen hatte Kloster Fulda im 8. Jahrhundert Besitz, der später an die Klöster Neresheim und Lorch bzw. die Kommende Kapfenburg gelangte. Der Stadtteil Elchingen gehört ebenfalls zur ältesten Siedlungsschichte. Eine im 13./14. Jahrhundert genannte Niederadelsfamilie könnte auch auf den gleichnamigen Ort bei Neu-Ulm bezogen werden. Kloster Neresheim hat die Güter der Abtei Ellwangen (1275), von Oettingen die ehemaligen Güter der Herren von Hürnheim (1311) und die Dorfherrschaft und Hochgerichtsbarkeit (1764) erworben. Der Kirchensatz der Pfarrei wurde dem Kloster Neresheim inkorporiert (1422). Der in einer Mulde des nordöstlichen Härtsfeldes gelegene Stadtteil Kösingen gehört ebenfalls der ältesten Siedlungsschicht an, wie das alemannische Reihengräberfeld und der für das 9. Jahrhundert überlieferte Besitz des Klosters Fulda belegen. Der Besitz befand sich später im Besitz der Grafen von Oettingen, die auch Dorfherrschaft und Hochgericht innehatten. Sie haben als Ortsherren den Klöstern Kaisheim und Christgarten Besitz überlassen. Auch das Kloster Neresheim konnte Güter erwerben, trat aber alles 1764 an Oettingen-Wallerstein ab. Die Pfarrei mit dem Patrozinium der Hl. Sola, Vitus und Maria wird auf die Propstei Solnhofen und das 9. Jahrhundert zurückgeführt.

Das Patronat fiel an die Markgrafschaft Brandenburg-Ansbach, die dieses aber an Kloster Neresheim verkauften, das es wiederum 1764 Oettingen-Wallerstein überließ. Der Stadtteil Ohmenheim wurde nach nach seinem Namen und dem alemannischen Reihengräberfeld ebenfalls in der ältesten Siedlungsschicht gegründet. Der 1144 erstmals erwähnte Ort war Mittelpunkt eines großen Pfarrsprengels. Die Pfarrkirche kam 1296 von den Herren von Höchstädt an Kloster Neresheim, das die Inkorporation erreichte. Die im 13. Jahrhundert erwähnte ortsadelige Familie war vielleicht ein Zweig der staufischen Ministerialenfamilie von Höchstädt. Der Besitz am Ort kam über verschiedene Adelsfamilien an das Kloster Neresheim, das diesen mit dem Patronat der Pfarrkirche 1764 an Oettingen-Wallerstein abtrat. Auch der Wohnplatz Dehlingen kam an das Haus Oettingen-Wallerstein. Der Stadtteil Schweindorf am Ostrand des Härtsfeldes gelegen ist ein Ort des älteren Landesausbaus. Er kam von den Herren von Hürnheim über die von Westerstetten an Nördlinger Bürger und das Nördlinger Spital. Die Reichsstadt führte 1535 die Reformation ein. Alle Stadtteile haben mit dem Anfall an Bayern 1802 die weitere Entwicklung wie die Kernstadt genommen. Sie haben nach dem Zweiten Weltkrieg alle durch Ausweis von Neubaugebieten eine Erweiterung ihres Wohnungsbestandes erreicht.

Neuler, das neue Rathaus. Foto: Gemeinde Neuler

Neuler

3.164 Einwohner, 3.627 ha, 379-569 m NN

Mit den Ortsteilen Adlersteige, Bronnen, Ebnat, Gaishardt, Leinenfirst, Ramsenstrut und Schwenningen

Der südliche Teil der Gemarkung liegt am Rande der Liashochfläche des Östlichen Albvorlandes, die hier nach Norden in die Ellwanger Berge vorstößt. Sie wird von dem nach Süden zum Kocher abfließenden Schlierbach entwässert. Im Westen fließt die Blinde Rot entlang der Gemarkungsgrenze. Das Haufendorf liegt in einer Quellmulde auf der Liasplatte zwischen Kocher und Jagst.

Das Dorf wurde zwischen 1113 und 1118 erstmals erwähnt, wobei der Ortsname und das Patrozinium der Pfarrkirche St. Benedikt auf die Reformzeit um 1100 als Gründungszeit hindeuten. Zur Pfarrei gehörte ursprünglich Adelmannsfelden als Filialgemeinde. Die Gründung des Ortes dürfte ebenso wie die der Pfarrei in der im 11. Jahrhundert beginnenden, neuen Kolonisation der Abtei Ellwangen erfolgt sein. Einige Güter im Dorf gehörten zur Herrschaft Adelmannsfelden. Sie dürften mit dieser an die Staufer gekommen sein. Weitere Güter sind vermutlich von den Staufern an die Schenken von Limpurg gekommen, von diesen an die Gmünder Patrizierfamilie von Rinderbach. Sie gingen von Brandenburg-Ansbach, zuletzt Preußen zu Lehen. Das Dorf gehörte fast vollständig dem Kapitel der Fürstpropstei Ellwangen. Es fiel 1802/1803 an Württemberg und dessen Oberamt Ellwangen. Neuler wurde nach dem Zweiten Weltkrieg durch neue Baugebiete und die Zunahme von Wohnungen erheblich erweitert und erhielt am nordwestlichen Ortsrand auch ein Gewerbegebiet. Die Pendlerwohngemeinde besaß 1939 mit über 70 Prozent in der Landwirtschaft beschäftigten Erwerbstätigen eine Orientierung, die nach dem Zweiten Weltkrieg langsam zurückging.

Der Ortsteil Bronnen war im 12./13. Jahrhundert Sitz einer ortsadeligen Ministerialenfamilie der Abtei Ellwangen. Der größere Teil der Siedlung gehörte später dem Kapitel Ellwangen, ein kleinerer der Herrschaft Adelmannsfelden. Sie dürfte nach dem Patrozinium der zur Pfarrei Neuler gehörenden Kapelle St. Ägidius im jüngeren Ausbau des 11./12. Jahrhunderts errichtet worden sein. Die Ortsteile Ebnat, Gaishardt, Leinenfirst und Ramsenstrut, die alle teilweise zu Ellwangen und teilweise zur Herrschaft Adelmannsfelden gehörten, sind im jüngeren Ausbau gegründet und im 12./13. Jahrhundert erstmals erwähnt worden. In Ramsenstrut war um 1250 eine ortsadelige, zur Abtei Ellwangen gehörende Ministerialenfamilie ansässig, der später mit den Adelmann, Pfahlheim, Kottspiel und andere benachbarte Adelsfamilien folgten. Die St. Nikolauskapelle, in die der Ellwanger Abt eine Kaplanei stiftete (1361), bestätigt das Alter der Siedlung. Der Ortsteil Schwenningen wurde 1460 erstmals erwähnt und war ein Bestandteil der Herrschaft Niederalfingen. Ursprünglich zur Gemeinde Schwabsberg gehörig wurde er 1977 nach Neuler umgemeindet. Weitere Ortsteile und Wohnplätze sind erst im 18./19. Jahrhundert entstanden.

Obergröningen, Chorturmkirche. Foto: Kreisarchiv

Obergröningen

454 Einwohner, 586 ha, 350-500 m NN

Die Gemarkung verläuft vom windungsreichen Sulzbacher Kochertal im Norden über die bewaldeten Hänge zur Liasplatte der Frickenhofer Höhe im Süden. Der Ort selbst wurde in einer Mulde am Rande der Frickenhofer Höhe beiderseits der Straße angelegt.

Der nach seinem Namen angeblich zur ältesten Siedlungsschicht gehörende Ort wurde 1248 als Gruningen erstmals durch Besitz des Klosters Comburg erwähnt. Dabei wird nicht deutlich, ob Ober- oder Untergröningen gemeint ist, doch wird Obergröningen allgemein als der ältere Ort angesehen. Die Burg in Untergröningen, die durch den auf ihr ansässigen Adel zu Beginn des 12. Jahrhunderts nachgewiesen ist (1102, 1108), dürfte durch die Abtei Ellwangen errichtet worden sein, wie die Zugehörigkeit der auf der Burg ansässigen Adelsfamilie zur Ministerialität der Abtei Ellwangen im 13. Jahrhundert nahelegt.

Die Pfarrkirche in Obergröningen besaß ein Patrozinium des Hl. Nikolaus, das um 1100 errichtet worden sein dürfte. Deshalb könnte Obergröningen in der zweiten Hälfte des 11. Jahrhunderts gegründet worden und wie z.B. Herrlingen bei Ulm ein nachbenannter –ingen-Ort aus der Zeit des jüngeren Ausbaus sein.

Obergröningen erscheint später als Besitz der Herren von Rechberg und Zubehör der Burg Untergröningen. Diese verkauften den Ort samt Kirchensatz 1436 zusammen mit Untergröningen an die Schenken von Limpurg. Obergröningen bestand damals aus neun Höfen und Lehen. Der Besitz der Herren von Rechberg deutet an, dass das Dorf vermutlich von der Abtei Ellwangen an die Staufer und von diesen an die Herren von Rechberg gelangt ist. Es blieb im Besitz der Schenken von Limpurg, wurde von diesen 1544 reformiert und fiel nach der limpurgischen Erbteilung an die Linie Limpurg-Gröningen und 1774 an Hohenlohe-Bartenstein. Es gelangte 1804 durch Tausch an die Fürsten von Colloredo-Mansfeld und fiel 1806 an Württemberg, das es dem Oberamt Gaildorf zuwies, von dem es 1938 an den Landkreis Schwäbisch Gmünd kam.

Die Auspendlergemeinde ist noch immer von land- und forstwirtschaftlichen Betrieben geprägt. Doch hat sich im Laufe des 20. Jahrhunderts der Wohnungsbestand der Gemeinde erheblich vergrößert. Die Wohnplätze Algishofen, Fach und Rötenbach haben ebenfalls den Schenken von Limpurg gehört. Weitere Wohnplätze sind im 18. Jahrhundert in der Gemarkung entstanden.

Oberkochen

7.805 Einwohner, 2.357 ha, 496-743 m NN

Die als Kleinzentrum ausgewiesene junge Industriestadt, die von zahlreichen Einpendlern geprägt wird, erhielt erst 1968 das Stadtrecht. Die Gemarkung liegt zwischen Albuch und Härtsfeld und wird durch das Kocher-Brenztal in eine Ost- und Westhälfte geteilt, wobei auf letzterer der Volkmarsberg (743 m) liegt.

Die Siedlung entstand in einer Weitung des Kocher-Brenztals unweit des Kocherursprungs am Schwarzen Kocher. Die Stadt wird seit 1946 durch die Carl-Zeiss-Werke geprägt, die auch zur Ausweisung mehrerer Baugebiete beitrugen und das Dorf mit 1939 rund 2.000 Einwohnern wachsen ließ. Da auch Industriegebiete ausgewiesen wurden, haben sich am Ort weitere Industriebetriebe angesiedelt, die der Stadt insgesamt ein

Oberkochen, Rathaus. Foto: Kreisarchiv

modernes Gepräge geben. Sie hat 2003 ein interkommunales Industriegebiet zusammen mit der Gemeinde Königsbronn ausgewiesen.

Die um 1140/1150 erstmals als „Kochen" erwähnte Siedlung lässt sich bis zur ersten Erwähnung des Namens Oberkochen (1341) nicht sicher von Unterkochen unterscheiden. Nach dem alemannischen Reihengräberfeld ist der Ort in der Merowingerzeit gegründet worden.

Die Grafen von Dillingen sollen die Hälfte des Dorfes 1240 an die Abtei Ellwangen geschenkt haben, während die andere Hälfte im Erbgang an die Grafen von Helfenstein gelangte. Doch erscheinen Vertreter der ortsadeligen Familie von Kochen (Wappen: drei Räder, 2:1) bereits 1147 unter den Ministerialen der Abtei Ellwangen. Diese Familie wird bis 1475 erwähnt. Die Herrschaftsrechte und der Grundbesitz haben sich teilweise als ellwanger Lehen in der Hand der Familien von Schwabsberg, von Kochen, von Roden und von Scharenstetten befunden. Das Patronat der seit 1343 erwähnten Pfarrkirche St. Peter gehörte der Abtei Ellwangen. Die Klöster Ellwangen und Königsbronn kauften die Besitzer nach und nach aus, daher gehörte im 15. Jahrhundert 1/3 des Dorfes Königsbronn und 2/3 Ellwangen. Das Königsbronner Drittel kam durch die Reformation an Württemberg, wurde 1553 evangelisch und im Klosteramt Königsbronn verwaltet. Dazu wurde 1582 eine evangelische Pfarrei errichtet. Hohe und niedere Obrigkeit übte jede Herrschaft über ihre Untertanen aus. Der Ellwanger Ortsteil fiel 1802/1803 an Württemberg und wurde dem Oberamt Aalen zugeteilt.

Rainau-Schwabsberg, Ansicht. Foto: Kreisarchiv

Rainau

3.261 Einwohner, 2.544 ha, 434-505 m NN

Ortsteile: Dalkingen, Schwabsberg mit Buch

Die Gemeinde in ihrer heutigen Form bildete sich erst durch den Zusammenschluss der Gemeinden Dalkingen und Schwabsberg (1975), der eine Nachwirkung der Gemeinde- und Kreisreform von 1972/1973 war. Der Ortsname „Rainau" ist eine Neuschöpfung und bezieht sich auf den Wald „Rain" im Jagsttal, der zwischen den beiden Gemeinden liegt.

Die Jagst durchfließt die gesamte Markung, wobei die Röhlinger Sechta in sie mündet. Die Liashochfläche des Östlichen Albvorlandes ist im Süden der Gemarkung mit Goldshöfer Sanden bedeckt, bevor diese nördlich von Schwabsberg in die Ellwanger Berge eintritt. Am Hang der zur Röhlinger Sechta abfallenden Liasplatte liegt östlich der Jagst das Dorf Dalkingen. Das Dorf Schwabsberg steht westlich der Jagst auf einer Stubensandsteinterrasse oberhalb der Jagst am Rande der Goldshöfer Terrassenplatten.

Der raetische Limes verläuft von Südwest nach Nordost durch die Gemarkung. Am Bucher Stausee lag das ehemalige 2,1 ha große Kastell, das wohl die cohors III Thracum beherbergt hat. Das Kastell wurde um 161 n. Chr. errichtet, wie dendrochronologische Funde beweisen. Es wurde bei dem Germaneneinfall 254 n. Chr. zerstört und nicht wieder aufgebaut. Für das neben dem Kastell gelegene Dorf dürften ähnliche Daten gelten. Doch dürfte sich die romanische Bevölkerung bereits vor 254 durch die Wirtschaftslage im Decumatland verringert haben. Darauf lassen Baumaßnahmen zur Verkleinerung des Kastellbades schließen. Unweit des Limes wurde 213 südlich oberhalb der Jagst ein Ehrentor für Kaiser Caracalla errichtet. Dieses scheint bereits 233 n. Chr. durch einen Germaneneinfall zerstört worden zu sein. Von hier aus soll Caracalla 213 seinen Angriff auf germanische Gebiete begonnen haben. Das Ehrentor

ist ein Beweis für eine von der römischen Straße von Cannstatt ins Ries nach Norden abzweigende Straße (analog der heutigen B 290).

Nach dem Abzug des römischen Militärs scheint die heutige Markung weitgehend siedlungsleer geworden zu sein. Dalkingen wurde in der ältesten Siedlungsschicht gegründet, auch wenn bislang alemannische Funde fehlen.

Die um 1136 erstmals genannte Siedlung hat zum alten Besitz der Abtei Ellwangen gehört. Im 12. Jahrhundert erhielt das Dorf eine eigene Pfarrkirche mit dem Patrozinium St. Nikolaus. Der Kirchensatz befand sich im Besitz der Herren von Schwabsberg, die ihn 1372 an das Spital Dinkelsbühl verkauften. Einige Güter im Dorf waren als Zubehör zum Truchsessenamt der Abtei Ellwangen Lehen der Herren von Schwabsberg. Sie fielen im 16. Jahrhundert an das Kapitel der Fürstpropstei Ellwangen. Weitere Lehen der Abtei Ellwangen befanden sich im Besitz der Herren von Westerstetten, der Adelmann und der Weischenfeld. Auch die Kommende Kapfenburg hatte ein Gut im Dorf, das im 17. Jahrhundert an Ellwangen fiel. Von den übrigen Gütern kamen einige an das Spital Dinkelsbühl, weshalb sich Ellwangen und die Stadt Dinkelsbühl die Obrigkeit des Ortes teilten. Die Ellwanger Teile des Dorfes fielen 1803 an Württemberg, die Dinkelsbühler an Bayern, kamen dann aber 1810 ebenfalls an Württemberg. Sie gehörten seitdem zum Oberamt Ellwangen.

Im Wohnplatz Weiler befindet sich ein Burstel am Südende des Ortes, auf dem die Herren von Weiler im 13./14. Jahrhundert (Wappen: ein zweimal von Rot über Silber über Blau geteilter Schild) gesessen haben. Weiler wurde 1557 von den Grafen von Helfenstein als ein erledigtes Lehen der Ahelfinger an das „Reiche Almosen" der Stadt Dinkelsbühl verkauft, doch konnte Ellwangen für sich die hohe Obrigkeit durchsetzen. Über Bayern kam der Ort 1810 auch an Württemberg.

Schwabsberg wurde durch die im Ort ansässigen Herren von Schwabsberg 1147 erstmals erwähnt. Diese waren Ministerialen der Abtei, seit dem 13. Jahrhundert Truchsesse der Äbte von Ellwangen. Die Familie wurde bis 1567 genannt. Sie trugen Burg und Ort Schwabsberg von der Abtei zu Lehen und verkauften 1416 beides an diese. Das Dorf dürfte im jüngeren Ausbau zwischen dem 9. und 11. Jahrhundert gegründet worden sein. Nach der Anlage war wohl zuerst die Burg vorhanden, um die dann die Siedlung entstand. Damit dürfte sie vermutlich im 10. Jahrhundert angelegt worden sein. Zwei weitere Burganlagen liegen an der heutigen B 290 und nochmals eine beim Wohnplatz Buch, das 1287 aus oettingischem Besitz an die Abtei Ellwangen kam. Die Burgen dürften angelegt worden sein, um die Abtei Ellwangen von Süden her zu schützen. Das Patrozinium St. Martin der am Ende des 14. Jahrhunderts genannten Kapelle scheint nicht auf eine alte Pfarrei des Ortes hinzudeuten, die das Dorf erst 1749 erhielt. Das Dorf fiel 1802/1803 an Württemberg und das Oberamt Ellwangen. Es erhielt durch den Ausbau der Eisenbahn zwischen Goldshöfe und Crailsheim 1866 einen eigenen Bahnhof.

Die beiden Ortsteile wurden vor dem Zweiten Weltkrieg zu 70 bzw. 80 Prozent von der Landwirtschaft bestimmt. In der Nachkriegszeit erfuhren beide einen erheblichen Strukturwandel zu Pendlerwohngemeinden mit immer noch bedeutender Landwirtschaft. Neben dieser entwickelten sich Handwerksbetriebe, Handelsunternehmen und auch kleinere Industriebetriebe. Beide Ortsteile haben durch neu ausgewiesene Baugebiete eine erhebliche Erweiterung und einen großen Zuwachs an Wohnungen erhalten.

Riesbürg-Pflaumloch, die ehemalige Synagoge, ein Geschenk des jüdischen Bürgers Alexander von Pflaum an die Gemeinde, ist heute das Rathaus von Riesbürg. Foto: Kreisarchiv

Riesbürg

2.300 Einwohner, 1.796 ha, 450-650 m NN

Ortsteile: Goldburghausen, Pflaumloch, Utzmemmingen

Der Ortsname entstand durch die Kreis- und Gemeindereform (1973) nach dem Zusammenschluss der Gemeinden Pflaumloch mit Goldburghausen (1972) und Utzmemmingen (1973). Die unmittelbar an der bayerischen Grenze am Riesrand liegende Gemarkung wird durch einige zum Ries ziehende Bäche, u.a. dem Goldbach, gegliedert. Die ländliche Gemeinde mit einer Industrieansiedlung in Pflaumloch hat sich durch die Ausweisungen von Neubaugebieten und die Errichtung von Wohnhäusern seit dem Zweiten Weltkrieg erheblich erweitert.

Der Teilort Goldburghausen liegt am flachen Rand einer zum Ries entwässernden Talmulde. Das um 1200 als „Hausen am Goldberg" erstmals erwähnte Dorf wird als Siedlung des älteren Ausbaus angesehen. Die Pfarrkirche St. Michael könnte das bestätigen. Das oettingische Landgericht hatte eine Malstätte „auf dem Goldburg". Der edelfreie Bebo de Husen schenkte um 1200 dem Kloster Neresheim die Kirche und mehre-

re Güter, was vor 1324 vom Spital Nördlingen übernommen wurde. Dasselbe erwarb in der Folgezeit den gesamten Ort. Während Oettingen die hohe Obrigkeit beanspruchte, hat die Stadt Nördlingen die Dorfherrschaft und das Niedergericht ausgeübt, was zu zahlreichen Streitigkeiten führte. Nördlingen hat 1543 die Reformation im Dorf durchgeführt. Das Dorf kam 1803 an Bayern, 1810 an Württemberg, wo es zum Oberamt Neresheim und ab 1938 zum Landkreis Aalen gehörte.

Der Ortsteil Pflaumloch scheint aufgrund seines auf Wald hinweisenden Ortsnamen und seiner erstmaligen Erwähnung 1246 in der jüngeren Ausbauzeit gegründet worden zu sein. Der im 13. Jahrhundert auf einer im Ort gelegenen, abgegangenen Burg (vor 1524) ansässige Ortsadel hat zur oettingischen Ministerialität gehört. Die Familie ist im 14. Jahrhundert im Bürgertum der Stadt Nördlingen aufgegangen. Dorfherrschaft und Hochgerichtsbarkeit konnten die Grafen von Oettingen durch die Zeiten bewahren. Sie könnten das Dorf von den Staufern erhalten haben. Im 14./15. Jahrhundert findet sich im Dorf Besitz der Familie von Waiblingen, der Grafen von Oettingen, verschiedener Niederadelsfamilien und neben dem Spital Nördlingen des Kapitels Ellwangen, der Klöster Kaisheim, Kirchheim, Christgarten und anscheinend von den Staufern her auch Lorch, des Deutschen Ordens und der Johanniter. Die Pfarrkirche mit dem Patrozinium St. Leonhard wurde erstmals 1368 erwähnt, gehörte aber in die Frühzeit des Dorfes. Sie wurde dem Spital Nördlingen inkorporiert (1380). Versuche der Stadt Nördlingen Reformation im Dorf durchzusetzen scheiterten. Juden sind im Dorf seit 1487 nachweisbar, wobei es sich um Vertriebene aus Nördlingen gehandelt haben dürfte. In den Schutzbriefen war die genaue Zahl der geschützten Familien festgelegt. Nachdem das Dorf 1806 an Bayern und 1810 an Württemberg gefallen war, wuchs die Zahl der Juden rasch. Sie lag 1854 mit 255 Einwohnern bei 46 Prozent der Einwohnerschaft. Durch Abwanderung schrumpfte die Gemeinde aber und war 1910 fast am Erlöschen. Das Dorf gehörte bis 1938 zum Oberamt Neresheim, dann zum Landkreis Aalen.

Der Teilort Utzmemmingen liegt zwischen Albrand und Ries. Das zur ältesten Siedlungsstufe gehörende Dorf ist durch Besitz des Klosters Fulda bereits im 8. Jahrhundert nachgewiesen. Die Güter scheinen später als Reichslehen zur Burg Flochberg gehört zu haben. Das Alter des Dorfes wird durch die seit 1363 erwähnte Pfarrkirche St. Martin bestätigt, deren Patronat über Nördlinger Patrizier an die Kartause Christgarten fiel. In angeblich fünf Schlössern und festen Häusern haben die mit dem stark zersplitterten Besitz am Ort nachgewiesenen Adelsfamilien ihre Sitze gehabt. Die adligen Familien waren oettingische Lehensleute. Die Grafen von Oettingen waren als Gerichtsherren zuletzt durch die Heimfälle der Lehen neben der Kommende Kapfenburg, die u.a. 1471 Besitz des Klosters Lorch erworben hatte, der Johanniterkommende Kleinerdlingen, dem Kloster Deggingen und dem Spital Nördlingen Hauptbesitzer des Dorfes. Dieses gelangte 1806 an Bayern, 1810 an Württemberg, wo es bis 1938 zum Oberamt Neresheim, ab dann zum Landkreis Aalen gehörte. Der Besitz des Klosters Lorch am Ort könnte ebenso wie die Rechte der Burg Flochberg ein Hinweis darauf sein, dass die Grafen von Oettingen ihre Rechte von den Staufern erhalten haben. Der Wohnplatz Altenbürg geht auf eine Burg zurück, die die Grafen von Oettingen 1274 dem Kloster Zimmern schenkten. Der zu der Burg gehörige Hof kam über verschiedene Besitzer zuletzt wieder an die Grafen von Oettingen.

Rosenberg-Hohenberg, Pfarrhaus und Jakobuskirche. Foto: Kreisarchiv

Rosenberg

2.640 Einwohner, 4.102 ha, 503-570 m NN

Der Westrand der Gemarkung wird vom Rottal gebildet. Es hat sich in den Stubensandstein der Ellwanger Berge tief eingeschnitten und nimmt eine Reihe von Nebenbächen aus der westlichen Gemarkung zum Kocher mit. Die östliche Gemarkung entwässert dagegen zur Jagst. Der Ort liegt auf einer Stubensandsteinhochfläche der Ellwanger Berge. Nach dem Zweiten Weltkrieg hat sich die ländlich-gewerbliche Gemeinde mit noch starker Landwirtschaft als Auspendlergemeinde entwickelt, trotz vorhandenen Handwerks- und Industriebetrieben, wobei insbesondere die in einem Wohnplatz gelegene Holzmühle mit ihrem sich immer wieder vergrößernden Betrieb genannt werden muss, durch die Ausweisung von Neubaugebieten und Gewerbeflächen erheblich erweitert.

Der Ort wurde 1344 erstmals erwähnt. Er gehörte der Abtei, später Fürstpropstei Ellwangen und wurde vom Ammannamt verwaltet. Brandenburg-Ansbach hat aufgrund des Wildbanns die hohe Obrigkeit von Ellwangen bestritten und konnte diese über seine Untertanen auch durchsetzen, die 1796-1806 von Preußen ausgeübt wurde. Diesen fünf Untertanen standen 64 Ellwangens gegenüber. Die Schenke, die Umspannstation war, wurde im 15. Jahrhundert von Ellwangen mit der Tannenburg

an Heinrich von Stetten verkauft (1463), kam aber schon fünf Jahre später an die Liebfrauenkirche in Ellwangen. Eine Glashütte am Ort ist von 1621-1782 und nochmals 1829-1876 nachgewiesen. Das Dorf kam mit seinem Ellwanger Teil 1802/1803 an Württemberg zum Oberamt Ellwangen, an das 1810 auch der ehemals preußische, seit 1806 bayerische Teil fiel. Als Filiale von Hohenberg erhielt der Ort erst 1920 eine eigene katholische Pfarrei.

Die zur Gemeinde gehörigen Wohnplätze sind entweder 1337 oder sogar erst im 16. Jahrhundert erstmals erwähnt. Sie dürften überwiegend in der zweiten Kolonisation der Abtei Ellwangen im 12./13. Jahrhundert gegründet worden sein. Sie sind umfangmäßig sehr klein geblieben, wobei berücksichtigt werden muss, dass im Umkreis von Rosenberg in der spätmittelalterlichen Wüstungsphase einige, vergleichbare Wohnplätze abgegangen sind. Die Obrigkeiten über diese Wohnplätze bzw. Kleinstsiedlungen lagen bei den verschiedenen Herrschaften der unmittelbaren Umgebung. Ausnahmen bildeten nur Hochtänn, das bereits 1024 an der Grenze des Ellwanger Wildbanns erwähnt wurde, sich aber bis zur Gegenwart verkleinert hat, und Hohenberg, das mit seiner dem Hl. Jakobus d.Ä. geweihten Kirche, die 1460 Pfarrkirche wurde, wohl bereits zu Beginn der zweiten Kolonisation durch die Abtei Ellwangen im 11. Jahrhundert entstanden ist und 1229 erstmals erwähnt wurde. An beiden Wohnplätzen konnte die Abtei Ellwangen ihre Rechte behaupten. Die Kirche in Hohenberg wurde zum Sitz eines Ellwanger Priorates, das bis ins 15. Jahrhundert Bestand hatte, dabei hatten Kirche, Kirchhof und Propsthof Asylrecht.

Ruppertshofen

1.804 Einwohner, 1.422 ha, 418-557 m NN

Der Osten der unregelmäßig geformten Gemarkung liegt auf dem von Götzenbach und Gschwender Rot abgeteilten Liasriegel der Frickenhofer Höhe des Östlichen Albvorlandes. Die Gemarkung greift im Westen und Nordwesten mit der Rot und mehrerer ihrer Seitenbäche in das Gebiet des Welzheimer Waldes hinein. Ruppertshofen liegt haufendorfartig in der Quellenmulde des Haldenbachs am Rande der Liashochfläche. Nach dem Zweiten Weltkrieg hat die Gemeinde vornehmlich im Süden neue Wohngebiete ausgewiesen, während im Osten 1970 ein Gewerbe- und Industriegebiet entstanden ist. Neben der noch immer großen Anzahl von land- und forstwirtschaftlichen Betrieben verfügt die Gemeinde über Industrie-, Handels- und Handwerksbetriebe. Die Neubaugebiete haben den Wohnungsbestand der Gemeinde seit 1961 vergrößert. Die Gemeinde wurde 1344 als Hauptort der Waibelhube erstmals erwähnt. Diese befand sich in Württembergischem Besitz. Sie dürfte durch die Übernahme staufischer Güter an Württemberg gekommen sein. In Ruppertshofen

Ruppertshofen, Kapelle Sankt Nikolaus. Foto: Kreisarchiv

tagte das von Bauern besetzte Gericht von Freien, die sich entweder auf eine Ansiedlung in der Karolingerzeit oder in der Stauferzeit zurückführen lassen. Da das Dorf kirchlich Filiale von Täferrot war, aber eine Kapelle zum hl. Nikolaus besaß, dürfte von einer Ansiedlung der Stauferzeit im 11./12. Jahrhundert ausgegangen werden. Die Waibelhube umfasste rund 70 größere und kleinere Güter im oberen Remstal um Lorch und Gmünd, nördlich desselben im Vorland des Welzheimer Waldes und der Frickenhofer Höhe, südlich der Rems aber nur in Oberbettringen. Die Waibelhube war Württembergisches Lehen der Herren von Rechberg (1344), die sie angeblich jeweils zur Hälfte 1377 und 1410 an die Schenken von Limpurg verkauften. Ein Güteraustausch zwischen Limpurg und der Stadt Gmünd fand 1557 statt. Die Limpurger führten Mitte des 16. Jahrhunderts die Reformation ein, wobei der Ort ab etwa 1600 Filial von Frickenhofen war. Die Sonderstellung der zur Waibelhube gehörigen freien Leute ging unter Limpurg verloren, zumal die Waibelhube nicht in sich geschlossen war. In der zweiten Hälfte des 16. Jahrhunderts wurden die letzten Güter der Waibelhube zu Lehen gemacht. Doch ist darauf hinzuweisen, dass 1380 ein ellwangisches Gut an die Limpurger gekommen war. Ob daraus der Schluss gezogen werden kann, dass die Abtei Ellwangen in ihrer Kolonisation seit dem 11. Jahrhundert mit der Aufsiedlung der Waibelhube begonnen hat, die dann von den Staufern übernommen wurde und an deren Nachfolger fiel, muss offengelassen werden. Nach dem Erlöschen der Limpurger fielen die Güter der Waibelhube an Württemberg zurück (1713). Ruppershofen wurde zum Sitz eines Amtsverwesers der Waibelhube und kam zuletzt an das Kammergut. Der restliche limpurgische Teil kam 1806 an Württemberg, war zuerst eine Schultheißerei des Oberamts Gmünd, kam 1809 zum Oberamt Gaildorf und 1938 zum Landkreis Schwäbisch Gmünd.

Die zahlreichen Wohnplätze der Gemeinde sind seit dem Spätmittelalter entstanden und haben eine mit Ruppertshofen weitgehend vergleichbare Entwicklung genommen, wobei auch hier rechbergischer und limpurgischer Besitz am Anfang der historisch sicher fassbaren Geschichte steht.

Schechingen, das alte Schloss ist heute Rathaus. Foto: Kreisarchiv

Schechingen

2.289 Einwohner, 1.187 ha, 481 m NN

Im Westen der Gemarkung gehen die Liasplatten über Rems und Lein im Östlichen Albvorland in das Gebiet der Frickenhofer Höhe über. Die Gemeinde selbst liegt in einer Mulde auf der Frickenhofer Höhe. Neubaugebiete der Gemeinde sind im Süden, Westen und Osten derselben ausgewiesen worden. Dadurch hat die immer noch durch land- und forstwirtschaftliche Betriebe geprägte Auspendlergemeinde mit Industrie-, Handels- und Handwerksbetrieben eine erhebliche Vermehrung ihres Wohnungsbestandes seit 1961 erreicht.

Der um 1140/1150 erstmals erwähnte Ort wird fälschlich der ältesten Siedlungsschicht zugerechnet, weil alemannische Funde vollständig fehlen und auch das Patrozinium der Pfarrkirche mit St. Nikolaus (später St. Sebastian) erst in das frühe 12. Jahrhundert datiert werden kann. Damit ist davon auszugehen, dass die Gemeinde im 11./frühen 12. Jahrhundert gegründet wurde. Dabei dürfte die Pfarrei von der St. Martinskirche in Iggingen abgetrennt worden sein. Am Ort saß auf einer Burg die zwischen 1289 und 1530 nachweisbare ortsadelige Familie, die mit den Herren von Böbingen und von Westerstetten verwandt und wappengleich war (Wappen: geteilter Schild, unten blau, oben gespalten von Rot und weiss; Helmzier: roter, geschlossener Flug). Sie hatte im Kloster Lorch ihre Grablege. Auch die von Roth zu Oberrot nannten sich aufgrund ihres Besitzes zeitweise nach Schechingen. Die ortsadelige Familie machte 1322 die Hälfte ihrer Burg der Abtei Ellwangen lehenbar, die andere Hälfte verkaufte sie an die Herren von Rechberg, die diesen Teil

1339 ebenfalls von Ellwangen zu Lehen nahmen. Es ist zu vermuten, dass hier an ältere Rechte Ellwangens angeknüpft wurde, auch wenn dafür keine weiteren Belege vorliegen. Der Kirchensatz war ellwangisches Lehen für die Ortsherren. Im 14. Jahrhundert wechselten die Besitzer des Ortes häufig. Zuletzt kam 1435 Burg, Kirchensatz, Güter, Gericht und Vogtei an Albrecht von Hürnheim und Wilhelm Adelmann. Nach dem Tod des Hürnheimers brachte die Familie Adelmann nicht nur dessen Anteil an sich, sondern erwarb auch die Güter anderer Familien und Herrschaften am Ort. Am Dorfrand am Schlossweiher (heute Freibad) stand die viertürmige Burg der Adelmann, die bis 1640 Sitz einer Linie der Familie war. Aus den Steinen der Burg wurde 1759 am Marktplatz ein Schlösschen errichtet. Die Familie Adelmann erhielt 1492 vom Kaiser für Schechingen Marktrecht mit zwei Jahrmärkten und einem Wochenmarkt sowie Blutbann, Stock und Galgen verliehen. Die 1550 eingeführte Reformation wurde 1636 rückgängig gemacht. Die zum Ritterkanton Kocher gehörende Herrschaft fiel 1806 an Württemberg und gehörte zum Oberamt Aalen, seit 1938 zum Landkreis Schwäbisch Gmünd.

Die im Umkreis der Gemeinde liegenden Wohnplätze sind seit dem 14./15. Jahrhundert erwähnt und haben Gmünder Patriziern und den Familien von Rechberg sowie Adelmann gehört. Die rechbergischen Rechte könnten auf eine Herkunft von den Staufern hindeuten, aber auch die Abtei Ellwangen als ursprüngliche Inhaber nicht ausschließen lassen.

Schwäbisch Gmünd

59.626 Einwohner, 11.378 ha, 315-780 m NN

mit den Stadtteilen Bargau, Bettringen, Degenfeld, Großdeinbach, Herlikofen, Lindach, Rechberg, Straßdorf und Weiler in den Bergen

Die sehr unregelmäßig geformte Gemarkung reicht im Norden in das Übergangsgebiet des Welzheimer Waldes und im Süden in das Östliche Albvorland. Der größte Teil entfällt auf die Liasplatten und das Remstal mit seinen Seitenbächen. Die Gemarkung greift im Südosten noch bis zum Kalten Feld hinauf. Die zwischen Hornberg und Bernhardsberg entspringende Lauter fließt nach Süden ab. Der Strümpfelbach sammelt unterhalb des Albtraufs seine Quellbäche und fließt nach Norden zur Rems. Die Kernstadt liegt in einer kesselartigen Talweitung der oberen Rems am Zusammenfluss mit mehreren Seitenbächen. Die südlich der Rems gelegene Altstadt ist von den neueren Stadtteilen umgeben, die sich aus den seit dem Zweiten Weltkrieg ausgewiesenen Baugebieten ergeben haben.

Nordwestlich von Straßdorf lag auf einer terassenartigen Höhe südlich der Rems das 2 ha große Standlager der cohors I Raetorum, das im Grenzbereich zwischen dem obergermanischen und raetischen Limes lag. Es dürfte nach den dendrochronologisch gesicherten Daten des Limes in der Zeit um 164 n. Chr. errichtet worden sein. Die Befestigung wurde durch die Kleinkastelle Freimühle und Kleindeinbach ergänzt. Das Kastell Schirenhof wurde um die Mitte des 3. Jahrhunderts anscheinend freiwillig vom römischen Militär aufgegeben. Doch dürfte ein Zusammenhang mit dem Ende des raetischen Limes 254 n. Chr. anzunehmen sein.

Für das Jahr 782 wird eine von Abt Fulrad von Saint-Denis gegründete Zelle seines Klosters mit Namen Gamundias erwähnt. In den Besitzbestätigungen für Saint-Denis 865/866 wird diese Zelle nicht mehr erwähnt. Ob diese Zelle früh wieder aufgegeben wurde oder an andere Besitzer gekommen ist, lässt sich nicht nachweisen. Jedoch gibt es Hinweise, dass die Abtei Ellwangen im Umkreis der späteren Stadt Besitz und Rechte hatte. Ob die bei der Johanniskirche gelegene Veitskapelle über das 14. Jahrhundert zurückgeht, haben die nicht vertieften archäologischen Untersuchungen offen gelassen. Als Stadt erscheint Gmünd erstmals 1162 und ist vermutlich unter König Konrad III. oder seinem Sohn Herzog Friedrich als kleine Befestigung um den späteren Münsterplatz errichtet worden. Sie gilt daher als älteste staufische Stadtgründung in Schwaben. Die zum staufischen Hausgut zählende Stadt hat eine rasche Entwicklung erlebt. Bereits 1241 konnte sie 160 Mark an die königliche Kammer abführen. Die Stadt hat nach dem Erlöschen der Staufer ihre Eigenständigkeit erfolgreich gegen seine Nachbarn, vor allem Württemberg, verteidigt und ist durch die Städtebündnisse des 14./15. Jahrhunderts in ihrer Stellung gefestigt worden. Die Gründung des Schwäbischen Bundes 1487 hat den jahrhundertelangen Fehden ein Ende bereitet und damit politische Sicherheit für die Stadt geschaffen. Diese wurde anfänglich durch staufische Ministeriale verwaltet, wie der 1189 genannte Schultheiß bestätigt. Amtssitz war dabei nach Ansicht der Forschung die „Grät". Da ein Bürgermeister erstmals 1284 erwähnt wird, dürfte ein Stadtrat als Kollegium erst in nachstaufischer Zeit entstanden sein. Aber auch die Bürgermeister entstammten den Patrizierfamilien. Erst 1360 konnten die Zünfte eine Beteiligung an der Stadtverwaltung erreichen, die 1462 die Zunftmeister in den Rat führte, aus dem sie aber schon 1553/1556 durch eine Verfassungsänderung wieder entfernt wurden. Die Stadt erwarb im 14./15. Jahrhundert kontinuierlich die für eine Reichsstadt erforderlichen Rechte. Die Stadt war anfänglich Filiale der Pfarrkirche Lorch. Die älteste Pfarrkirche war vielleicht eine staufische Eigenkirche mit später noch staufischem Patronat. Das ursprüngliche Patrozinium Unserer Lieben Frau wurde im 14. Jahrhundert durch das des Hl. Kreuz ergänzt. Mit der Verleihung des Blutbanns durch Kaiser Sigismund 1433 und die Privilegien Maß und Ungeld zu ändern, Bürger und Beisassen aufzunehmen und nie verpfändet zu werden, wurde der Stadt ihre Reichsfreiheit endgültig bestätigt. Im Schwäbischen Kreis nahm sie auf der Städtebank den dreizehnten und bei den Schwäbischen Kreistagen den zehnten Platz ein. Im Verlauf ihrer Entwicklung gelang es der Stadt aus dem Einzelbesitz und den Rechten der in ihren Mauern gelegenen geistlichen Institutionen durch die Schirmherrschaft über diese, ein städtisches Territorium zu formen, das im 16. Jahrhundert durch Besitzkäufe und Austausch von Gütern endgültige Gestalt annahm und seit dem 17. Jahrhundert durch den Druck der benachbarten Herrschaften nicht mehr erweitert werden konnte. In der Reformationszeit blieb die Stadt als eine der wenigen Reichsstädte katholisch. Die Stadt hat ihr Territorium durch Vogteiämter verwaltet, die immer wieder Veränderungen und Modernisierungen unterworfen wurden. Die Verleihung der bis 1806 bestehenden Freien Pürsch vom Hohenstaufen bis an die Jagst und von der Lein bis an bis zum Albrand lässt sich nicht nachweisen, dürfte aber ihren Anfang unter Friedrich I. Barbarossa genommen haben. In der Stadt bestanden neben dem Dominikanerinnenkloster Gotteszell mit reichem Besitz in den Gemeinden der Umgebung ein Franziskaner-Minoritenkloster sowie Klöster der Dominikaner, Kapuziner und Drittordensschwestern und ein reiches Hl. Geist-Spital. Die Stadt fiel 1803/1803 an Württemberg, wurde Sitz eines Württembergischen Oberamts, das zunächst aus dem reichsstädtischen Gebiet bestand und sich wiederholt veränderte. Die Stadt nahm 1934 ihren alten Namen Schwäbisch Gmünd wieder an, wurde 1938 zum Sitz eines Landkreises. Die Stadt selbst wurde 1956 große Kreisstadt.

Die in Mittelalter und früher Neuzeit durch die Tätigkeit ihrer Handwerksmeister zu einem bedeutenden Wirtschaftszentrum gewordene Stadt hat an diese Bedeutung im 19. Jahrhundert anknüpfen können. Sie wurde zu einem Zentrum der Edelmetallbearbeitung, die früh in eine industrielle Fertigung überging. Die einseitige Wirtschaft hat der Stadt in Krisenzeiten geschadet. Nach dem Zweiten Weltkrieg hat sich die Industrie im Bereich der Stadt daher in größerer Breite entwickelt. Die Stadt hat sich an den Münzkonventionen im späten Mittelalter und der frühen Neuzeit beteiligt ohne selbst Münzen zu prägen. Anschluss an das Eisenbahnnetz erhielt die Stadt bereits 1861 mit der Linie Stuttgart – Aalen, 1911 und 1920 erfolgten die Anschlüsse an die Nebenbahnen Göppingen und Heubach. Die Stadt hat schon im 12. Jahrhundert für Schulunterricht gesorgt. Sie hatte schon 1241 eine bedeutende Judengemeinde in ihren Mauern, die durch Ermordung und Vertreibungen immer wieder erhebliche Lasten zu tragen hatte (1349, 1469, 1520, 1938, 1941). Die im 19. Jahrhundert anfänglich wachsende jüdische Gemeinde erlebte durch Wegzug einen zunehmenden Schwund, sodass im 20. Jahrhundert bereits vor der Zeit des Dritten Reichs die Zahl der jüdischen Einwohner relativ gering war.

Zwischen 1907 und 1912 wurden die um das unmittelbare Stadtgebiet herumliegenden Wohnplätze eingemeindet, darunter auch das Kloster Gotteszell. Weitere Wohnplätze waren Lindenhof, Ober- und Unterbett-

ringen mit der Burg und Pfarrkirche St. Mauritius in Oberbettringen, die das hohe Alter der beiden Siedlungen bestätigen.

Der 1340 erstmals erwähnte Stadtteil Bargau war hohenlohisches Lehen der Familie von Rechberg, die als Mittelpunkt ihrer Herrschaft eine Burg auf dem Scheuelberg errichtet hatte. Diese im 16. Jahrhundert an die Stadt Gmünd gekommene Herrschaft fiel 1802/1803 an Württemberg. Die von den von Rechberg gestiftete Kaplanei wurde 1471/1472 zur Pfarrei erhoben, deren Patronat 1544 mit der Herrschaft an die Stadt kam. Der im Lautertal gelegene und 1275 erstmals erwähnte Stadtteil Degenfeld war in der Rodungszeit des 11./12. Jahrhunderts gegründet worden. Die seit 1281 erwähnte ortsadelige Familie hatte ihre Stammburg auf einem Vorberg des Kuhbergs. Sie hatte lange Auseinandersetzungen mit den Herren von Rechberg. Zuletzt haben beide Familien im 17./18. Jahrhundert ihre Rechte an Württemberg abgetreten. Die Pfarrkirche St. Sebastian und Waldburg wurde zur evangelischen Pfarrkirche (1606). Der Teilort Großdeinbach bestand ursprünglich aus drei Orten, in denen Kloster Lorch vermutlich von den Staufern Besitz erhielt, während ein anderer Teil an die Stadt Gmünd kam. Lorch besaß 1683 im Dorf sieben Güter mit allen Rechten und Gmünd fünf, die 1802/1803 bzw. 1807 an das Württembergische Oberamt Welzheim und 1938 an den Landkreis Schwäbisch Gmünd fielen. Der Stadtteil Herlikofen ist in der Ausbauzeit entstanden und wurde 1225 erstmals erwähnt. Die auf der Burg beim Ort ansässige Ministerialenfamilie scheint noch im 13. Jahrhundert in der Stadt Gmünd verbürgert zu sein. Das Dorf kam vor allem über die Gmünder Klöster unter die Herrschaft der Reichsstadt, wurde 1803 Bestandteil der Schultheißerei Iggingen und um 1820 selbstständige Gemeinde im Oberamt, später Landkreis Schwäbisch Gmünd. Der Stadtteil Lindach wurde 1328 erstmals erwähnt und war ursprünglich staufischer Besitz. Die im Dorf seit 1356 nachgewiesene Kapelle St. Nikolaus als Filiale der Pfarrei Iggingen legt eine Gründung des Ortes um 1100 nahe. Die Burg war als Sitz staufischer Ministerialen wohl Stammburg der späteren Reichsministerialen von Weinsberg. Die Herren von Rechberg verkauften 1377 die Hälfte des Orts unter Württembergischer Oberhoheit an die Schenken von Limpurg, die im 15. Jahrhundert auch die andere Hälfte erwerben konnten und alles 1515 an die Familie von Diemer weiterverkaufte. Nach langen Auseinandersetzungen zwischen diesen und weiteren am Ort begüterten Herrschaften erwarb Württemberg ab 1577 das Schloss mit allem Zubehör und führte die Reformation ein. Durch die Belehnung an Erasmus von Laymingen 1579 wurde das Gut dem Ritterkanton Kocher immatrikuliert und kam über die von Staffhorst und von Röder 1751 wieder an Württemberg zurück. Das Dorf kam 1806 zum Oberamt, ab 1938 Landkreis Schwäbisch Gmünd. Der Stadtteil Rechberg ist indirekt durch die Erwähnung der Herren von Rechberg ab 1179 als staufische Reichsministerialen bekannt. Die von Rechberg schufen sich nach dem Erlöschen der Staufer aus Lehensbesitz und herrenlosem Stauferbesitz ein großes, wenig geschlossenes Territorium. Die verschiedenen Zweige der Familie erloschen mit Ausnahme des Donzdorfer Zweiges. Die Familie erhielt 1473 den Blutbann mit Stock und Galgen verliehen. Die Grafen von Rechberg (seit 1626) kamen mit ihrem Besitz und dem zur Burg gehörigen Ort Rechberg 1806 zum Oberamt, ab 1938 Landkreis Schwäbisch Gmünd. Der Stadtteil Straßdorf südlich der Rems wurde 1269 erstmals erwähnt und dürfte im älteren Ausbau gegründet worden sein. Der 1275 genannte Arnold von Straßdorf dürfte einer am Ort ansässigen Niederadelsfamilie angehört haben. Ursprünglich hat das Dorf wohl den Staufer gehört, von denen es zum Teil an die Herren von Rechberg kam, die auch das Patronat der St. Cyriakus geweihten Pfarrkirche innehatten. Diese haben ein 1469 erworbenes „festes Haus" zu einem Schlösschen ausgebaut. Neben ihnen war Kloster Lorch wohl schon seit staufischer Zeit begütert. Mit der Reformation kamen die lorchischen Güter an Württemberg. Auch der Besitz der Gmünder Bürger im Dorf dürfte in die Stauferzeit zurückgehen. Das Dorf hatte bis 1803 einen rechbergischen und einen Gmünder Schultheiß. Im 17. Jahrhundert saßen im Dorf 20 rechbergische, 19 gmünder, und je vier Württembergische und wernauische Untertanen. Der Ort kam 1803 bzw. 1806 zu Württemberg im Oberamt bzw. ab 1938 Landkreis Schwäbisch Gmünd, seit 1809 als eigene Schultheißerei. Der Stadtteil Weiler in den Bergen erscheint urkundlich erstmals 1345, wobei er bis 1807 nur als Weiler genannt wurde. Das Dorf gehörte im 15. Jahrhundert zur Hälfte den Herren von Rechberg und zu anderen der Stadt Gmünd bzw. Patriziern der Stadt, wobei sich diese Güter zu einem größeren Teil auf rechbergischen Besitz zurückführen lassen. Die Gründung des Ortes wird in die Rodezeit datiert. Auch das St. Michaelspatrozinium der Pfarrkirche weist ein hohes Alter des Dorfes aus. Nach Streitigkeiten mit der Stadt Gmünd verkauften die Herren von Rechberg ihren Anteil am Dorf mit Burgstall und aller Obrigkeit an die Stadt Gmünd, das damit Alleinherr im Ort wurde, der 1802/1803 an Württemberg kam, zunächst zur Schultheißerei Oberbettringen gehörte und um 1819 selbstständige Gemeinde des Oberamts, seit 1938 Landkreises Schwäbisch Gmünd wurde. Die Teilorte sind jeweils von Wohnplätzen umgeben, die neben den Herren von Rechberg der Stadt Gmünd, den Klöstern in derselben oder Patrizierfamilien gehörten. Die Teilorte haben in der Regel seit dem Zweiten Weltkrieg durch neue Baugebiete einen Zuwachs an Wohnungen, aber meist auch Raum für Handels- und Handwerkerbetriebe erhalten.

Spraitbach, das Ortsbild ist geprägt von den beiden Kirchen.
Foto: Kreisarchiv

Spraitbach

3.288 Einwohner, 1.239 ha, 420-550 m NN

Der mittlere Teil der Gemarkung wird durch den Reichenbach, Spraitbach und die Rot im Bereich der Welzheim-Alfdorfer Platten geprägt. Der Reichenbach westlich der Gemeinde ist zu einem See aufgestaut worden. Die Gemeinde liegt haufendorfartig am Rande der Hochfläche über der Quellmulde des Spraitbachs. An der Bundesstraße B 298 liegen umfangreiche Neubaugebiete. Die Wohnsiedlungen sind nach dem Zweiten Weltkrieg im Südwesten, Nordwesten und Nordosten erheblich erweitert worden. Im Norden der Pendlergemeinde ließ sich seit 1970 Industrie nieder. Bereits im Zeitraum zwischen 1961 und 1977 hatte sich der Wohnungsbestand um fast 200 Prozent erhöht. Zu den land- und forstwirtschaftlichen Betrieben in der Gemeinde kommen heute noch Industrie-, Handels- und Handwerksbetriebe hinzu.

In dem 1296 erstmals erwähnten Dorf sind keine Güter der Waibelhube bekannt, jedoch soll es in dessen Gericht zu Ruppertshofen gehört haben. Das Dorf dürfte ursprünglich staufischer Besitz gewesen sein, damit wäre eine Ansiedlung freier Bauern wie in der Waibelhube denkbar. Der Name und das Patrozinium der Pfarrkirche St. Michael (seit dem Neubau 1525 St. Blasius) bestätigen die Gründung des Ortes mindestens im frühen 11. Jahrhundert. Der Ort ist von den Staufern an die Herren von Rechberg gelangt, denen bis 1360 der Kirchensatz und einige Güter gehört haben. Der Kirchensatz kam 1360 an Kloster Gotteszell, dem er 1420 inkorporiert wurde. Durch Verkauf kamen die Schenken von Limpurg in das Dorf, die alles im frühen 16. Jahrhundert an die Stadt Gmünd abtraten. Die Familie von Horkheim besaß daneben ein Schlösschen im Ort, das im 16. Jahrhundert auch an die Stadt Gmünd gelangte. Deshalb entstand 1537 eine Vogtei der Reichsstadt im Dorf. Neben dem Gmünder Besitz hatte 1624 noch Adelberg drei und Lorch einen Untertanen im Dorf, die seit der Reformation Württembergisch waren. Spraitbach kam 1802/1803 an Württemberg zum Oberamt Gmünd, seit 1938 Landkreis Schwäbisch Gmünd.

gen bestanden brandenburgische Lehen der Truchsessen von Wilburgstetten, die über das Spital Dinkelsbühl an Ellwangen kamen (1663). Die hohe Obrigkeit gehörte Ellwangen, während Dinkelsbühl und Oettingen über ihre Güter das Niedergericht innehatten. Das Dorf fiel 1802/1803 an Württemberg und das Oberamt Ellwangen sowie ab 1938 an den Landkreis Aalen.

Die zahlreichen, überwiegend kleinen Wohnplätze der Gemeinde wurden, soweit erkennbar ist, weitgehend von der Abtei Ellwangen begründet, kamen später an Oettingen und die Klöster Kirchheim und Mönchsroth, weshalb sie in der Reformation teilweise evangelisch wurden.

Stödtlen, Rathaus. Foto: Kreisarchiv

Stödtlen

1.890 Einwohner, 3.119 ha, 438-552 m NN

Die Rotach berührt im Norden die Gemarkung, deren größerer Teil im Stubensandstein des Dinkelsbühler Hügellandes liegt, während der Süden noch zum Liasvorland der östlichen Schwäbischen Alb gehört. Die Gemarkungsgrenze folgt im Osten dem zunächst westöstlich über die Gemarkung verlaufenden Liasstufenrand. Die Gemeinde liegt auf der Stubensandsteinhochfläche am Berisbach, nördlich des Liasstufenrands. Die von land- und fortwirtschaftlichen Betrieben geprägte Gemeinde dehnte sich durch die nach Südwesten und Osten ausgewiesenen Baugebiete seit 1970 weiter aus, wobei der Auspendlerort auch zahlreiche Handwerksbetriebe besitzt.

Das Dorf wurde als Ort der karolingischen Ausbauzeit des Klosters Ellwangen bereits 1024 als Grenzpunkt des Ellwanger Bannforsts genannt. Die Pfarrkirche St. Leonhard wurde 1229 erstmals erwähnt und 1328 der Abtei Ellwangen inkorporiert. Neben dem Besitz der Abtei Ellwan-

Täferrot, evangelische Kirche von 1493. Foto: Kreisarchiv

Täferrot

974 Einwohner, 1.200 ha, 406-514 m NN

Das Keupertal der Lein zieht sich durch den Süden der Gemarkung nach Osten hin. Sie nimmt dabei die von Norden kommenden Gschwender Rot und den Sulzbach auf. Die Bäche trennen die beiden Liaszungen. Die Gemeinde liegt an der Einmündung der Rot in die Lein beiderseits des Flüsschens und wächst den westlichen Hang hinauf. Die Pendlerwohngemeinde mit noch bedeutender Landwirtschaft hat einen Industriebetrieb angesiedelt und für den Ausbau der Handels- und

Handwerksbetriebe im Ort gesorgt, wobei sich durch die im Süden der Gemeinde ausgewiesenen Neubaugebiete der Wohnungsbestand erheblich erweitert hat.

Das Dorf, ein in staufischer Rodungszeit entstandes Walddorf, wurde 1293 als Roth erstmals erwähnt und wurde auch nach dem Patrozinium der Pfarrkirche St. Afra als Afrenrot (1298) bezeichnet. Erst im 16. Jahrhundert kam der heutige Ortsname auf. Kloster Lorch hat sehr früh, vermutlich von den Staufern, Besitz im Dorf erhalten. Das dürfte der Besitz der Reichsministerialen von Weinsberg bestätigen, den diese an das Reich vertauschten (1298). Derselbe kam dann an die Herren von Rechberg, die Kirchensatz und Zubehör 1357 an das Kloster Lorch verkauften. Lorch konnte auch den Besitz der Gmünder Klöster an sich ziehen und bis auf ein Gut aus der Waibelhube, das 1557 an Gmünd kam, das ganze Dorf in seinen Besitz bringen. Es wurde im 15. Jahrhundert zum Sitz eines lorchischen Amtes für den weit zerstreuten Klosterbesitz in der Umgebung. Durch die Reformation kam das Dorf an Württemberg, wurde evangelisch und fiel nach Aufhebung des bisherigen Klosteroberamts Lorch 1807 an das Oberamt Gmünd, wobei es zwischen 1807 und 1820 zur Schultheißerei Lindach gehörte und dann selbstständig wurde. 1938 kam das Dorf zum Landkreis Schwäbisch Gmünd.

Die Wohnplätze Tierhaupten, Utzstetten, Buchhof, Koppenkreut und Rehnenmühle haben eine Geschichte, die entweder auf das Kloster Lorch, Gmünder Klöster und Bürger oder die Schenken von Limpurg zurückgeht.

Tannhausen

1.847 Einwohner, 1.774 ha, 486-549 m NN

Auf der Gemarkung am Nordrand des Liasvorlandes der Östlichen Schwäbischen Alb im Bereich der Pfahlheimer Platten entspringt die Schneidheimer Sechta und nimmt in ihrem Lauf nach Süden von Westen her den Schlierbach auf. Die nördliche Gemarkungsgrenze folgt dem Liasstufenrand. Das große Haufendorf liegt auf der Liasplatte am Oberlauf der Schneidheimer Sechta. Der noch immer von land- und forstwirtschaftlichen Betrieben geprägte Ort hat sich als Auspendlergemeinde durch Baugebiete seit den 60er-Jahren des 20. Jahrhunderts erheblich erweitert. Dazu befinden sich in der Gemeinde Handwerksbetriebe und auch ein Industriebetrieb.

Das Dorf Tannhausen wurde 1215 erstmals erwähnt und soll in der älteren Ausbauzeit gegründet worden sein. Der Ortsadel trat vermutlich bereits 1145 erstmals, ab 1228 gesichert urkundlich auf. Die Familie errichtete im 18. Jahrhundert auf den Resten des mittelalterlichen Burgstalls sein neues Schloss. Das Patronat der Pfarrkirche St. Maria, später St. Lukas, wurde von den Grafen von Oettingen 1330 dem Domkapitel

Tannhausen, die katholische Pfarrkirche Sankt Lukas beeindruckt mit ihrem mächtigen Kirchturm. Foto: Kreisarchiv

Augsburg geschenkt. Teile des Dorfes gehörten der ortsadeligen Familie als Eigen bzw. als Lehen der Grafen von Oettingen und des Hochstifts Eichstätt. Das Dorf umfasste 1734 als „uraltes Freidorf" 107 Haushaltungen, die sich auf das Domkapitel Augsburg (49), die Freiherren von Thannhausen (23), die Stadt Dinkelsbühl (5), das Kloster Kirchheim (8) und die Fürsten von Oettingen (22) verteilten. Die hohe Obrigkeit und das Gericht besaß Oettingen, das 1780 den Besitz des Domkapitels Augsburg hinzuerwerben konnte. Das Dorf fiel 1806 an Bayern, 1810 an Württemberg und kam zum Oberamt Ellwangen, ab 1938 zum Landkreis Aalen.

Die Wohnplätze Bergheim, Bleichroden, Ellrichsbronn, Hagenbucherhof, Riepach und Sederndorf sind soweit erkennbar überwiegend von der Abtei Ellwangen aus in deren jüngeren Kolonisationszeit begründet worden, aber schon früh in den Besitz der Grafen von Oettingen, des Domkapitels Augsburg, aber auch der Städte Dinkelsbühl und Bopfingen gekommen, wobei nur geringe Reste in ellwangischer Hand verblieben.

Unterscheidheim

4.555 Einwohner, 6.807 ha, 440-590 m NN

mit den Ortsteilen Geislingen, Nordhausen, Unterwilflingen, Walxheim, Zipplingen und Zöbingen

Im Nordwesten der seit 1. Januar 1975 bestehenden Gemeinde entspringt in einer Wiesenmulde die Jagst. Sie verlässt nach Südwesten das

Gemarkungsgebiet in Richtung auf Baldern. Die Mitte der Gemarkung durchschneidet die Schneidheimer Sechta in nordsüdlicher Richtung, wobei sie zahlreiche Nebenbäche aufnimmt. Die als Kleinzentrum ausgewiesene Auspendlergemeinde ist noch immer von land- und forstwirtschaftlichen Betrieben geprägt. Im Ortsteil Unterschneidheim hat sich auch Industrie angesiedelt. Die zahlreichen Handwerksbetriebe bieten Arbeitsplätze, forderten aber auch in den einzelnen Teilorten Ausweisung von Baugebieten, was seit 1961 zu einer erheblichen Erweiterung des Wohnungsbestandes geführt hat. Die Gemeinden Geislingen, Nordhausen, Unterwilflingen und Walxheim hatten sich zum 1. Januar 1974 mit der Gemeinde Unterschneidheim zusammengeschlossen, die durch das zweite Gemeindereformgesetz aus den Gemeinden Unterschneidheim, Zipplingen und Zöbingen neu gebildet worden war.

Unterschneidheim wird im 8. Jahrhundert mit Besitz des Klosters Fulda greifbar. Zwischen den beiden Ortsteilen Ober- und Unterschneidheim wurde erst 1338 die Trennung erkennbar. Die Siedlungen dürften in der Merowingerzeit entstanden sein, was die Pfarrkirche St. Peter (heute St. Peter und Paul) durch ihr Patrozinium bestätigt, das 1153 dem Freien Burkhard von Nordhausen gehörte. Auf der im Dorf überlieferten Burg saß im 13. Jahrhundert eine ortsadelige Familie, die zur oettinger Ministerialität gehört hat. Auch ein Zweig der ebenfalls zur oettingischen Ministerialität gehörigen Schenken von Ehringen nannte sich nach Schneidheim. Im Besitz von Burg und Dorf befanden sich im 14. Jahrhundert der Herren von Geislingen und von Pfahlheim, die durch Verkauf an die Kommende Mergentheim gelangte und von dieser 1456/1466 an die Kommende Nürnberg weiterging. Das Patronatsrecht der Pfarrkirche nahm durch Schenkung denselben Weg. Die Hochgerichtsbarkeit stand den Grafen von Oettingen zu, die sich die übrigen Herrschaftsrechte mit den übrigen Grundherren teilte. Einige Klöster und benachbarte Reichsstädte hatten ebenfalls Besitz im Dorf. Auf einem der drei im Dorf nachweisbaren Burstel steht das Schloss des ehemaligen Deutschordensvogtes. Das Dorf fiel 1806 an Bayern, 1810 an Württemberg und das Oberamt Ellwangen sowie 1938 an den Landkreis Aalen.

Der Ortsteil Geislingen wurde 1153 erstmals erwähnt, könnte nach seinem Ortsnamen zur ältesten Siedlungsschicht gehört haben, doch spricht das Patrozinium der Pfarrkirche St. Nikolaus zumindest für deren Gründung bald nach 1100, was sich vielleicht auch für den Ort annehmen lässt. Der Kirchensatz fiel an Oettingen (1509). Auf dem Burgstall im Dorf saß 1153–1501 die ortsadelige, zur oettingischen Ministerialität gehörende Familie (Wappen: ein Stiefel). Im 15. Jahrhundert kam das Dorf durch eine Hürnheimer Erbtochter an die Herren von Königsegg, die ihn 1485 an den Deutschorden verkauften. Besitz der Klöster Lindau, Zimmern und Kaisheim sowie des Hochstifts Augsburg sind im Dorf nachgewie-

Unterschneidheim, das alte Schloss des Deutschen Ritterordens ist heute das Rathaus der Gemeinde Unterschneidheim. Foto: Kreisarchiv

sen. Der benachbarte Ortsteil Nordhausen wurde 1153 erstmalig mit dem Freien Burkhard von Nordhausen erwähnt, der auch der einzige bekannte Vertreter seiner Familie blieb. Ein Burstel im Dorf ist bekannt. Oettingen hatte später den Gerichtsbann mit der Hochgerichtsbarkeit inne, doch erhielt der im Dorf begüterte Deutschorden bereits 1313 das Niedergericht zugesprochen. Neben den Kommenden Nürnberg, Ellingen und Oettingen waren die Abtei Ellwangen und das Kloster Kirchheim im Dorf begütert. Das Patronat der 1287 erstmalig erwähnten Pfarrkirche St. Veit kam von den Grafen von Oettingen an die Kommende Ellingen (1333). Der Teilort Unterwiflingen wird als Ort der ältesten Siedlungsschicht erstmalig 1153 genannt. Das Patrozinium St. Andreas der Pfarrkirche weist auf eine Entstehung der Pfarrei im 12. Jahrhundert hin. Der Ortsteil Oberwilflingen trennte sich erst im späten 13. Jahrhundert sichtbar von Unterwilfingen. 1153 wurden zwei Angehörige einer ortsadeligen, oettingischen Ministerialenfamilie genannt. Das Dorf war vermutlich ein Lehen des Hochstifts Eichstätt für die Herren von Oettingen. Später wurde Besitz des Klosters Kaisheim, des Deutschen Ordens, des Domkapitels Augsburg und des Klosters Zimmern erwähnt. Der Teilort Walxheim wird erstmalig 1314 erwähnt, doch könnte der Siedlungsname auf eine merowingerzeitliche Romanensiedlung deuten. Besitz des Klosters Hirsau kam im frühen 14. Jahrhundert an Kloster Mönchsroth, dem im 14. Jahrhundert das Dorf weitgehend gehörte. Auch das Patronatsrecht der Pfarrkirche Erhard und Bonifatius kam an das Kloster Mönchsroth, dem er inkorporiert wurde (1448). Die Grafen von Oettingen führten 1558 die Reformation ein. Zipplingen erscheint urkundlich erstmals 1153. Das Dorf gehörte zur ältesten Siedlungsschicht, was durch die Pfarrkirche mit mit dem Patrozinium St. Martin zu vermuten ist. Auf einem Burstel östlich der Kirche stand vermutlich die Burg der ortsadeligen Familie. Diese wurde 1153-1484 zuerst als Reichsministeriale, dann als Ministeriale der Grafen von Oettingen erwähnt (Wappen: zwei Schwerter, pfahlweise). Unter dem Namen von Zipplingen wird 1319-1474 auch ein Zweig der Familie Fuchs (Wappen: springender Fuchs) erwähnt und 1340-1385 eine weitere Familie (Wappen: zwei Balken). Die Kommende Oettingen erwarb im 13. Jahrhundert Besitz und Rechte. Neben den Grafen von Oettingen, waren Kloster Kirchheim und die Kommende Kapfenburg im Dorf begütert. Die hohe und niedere Obrigkeit teilten sich im 18. Jahrhundert die Grafen von Oettingen und der Deutsche Orden. Auch der Ortsteil Zöbingen wird der ältesten Siedlungsschicht zugerechnet, was das alemannische Reihengräberfeld und das Patrozinium St. Mauritius der Pfarrkirche bestätigen. Auf dem Burstel am südlichen Ortsrand dürfte die 1239-1281 genannte ortsadelige Familie ihren Sitz gehabt haben, die Ministerialen der Grafen von Oettingen waren. Die Grafen von Oettingen haben ihren Besitz am Ort im 14. Jahrhundert erweitert. König Wenzel hat ihnen Gericht, Stock und Galgen (1395) verliehen und bestätigte ihnen Zoll und Geleit (1398). Auch der Kirchensatz kam an die Grafen von Oettingen, die ihn 1343 dem Kloster Kaisheim schenkten.

Waldstetten, katholische Kirche Sankt Laurentius. Foto: F. Kopper

Waldstetten

7.102 Einwohner, 2.095 ha, 370-781 m NN mit dem Ortsteil Wißgoldingen

Die Gemarkung im Östlichen Albvorland reicht vom Vorland des Rehgebirges im Norden nach Süden in das dem Albuch vorgelagerte Hügelland des Rehgebirges. Hier liegt bei Wißgoldingen der Stuifen. Mit einer Ecke des Kalten Feldes hat die Gemarkung im Südosten Anteil an den Randhöhen des Albuchs.

Die unmittelbar an die Stadt Schwäbisch Gmünd angrenzende industrialisierte Auspendlergemeinde ist als Kleinzentrum ausgewiesen. Die land- und forstwirtschaftlichen Betriebe spielen noch immer neben den Betrieben des Handwerks und Handels eine Rolle in der Gemeinde. Seit 1961 wurde durch Ausweisungen von Baugebieten eine erhebliche Zunahme des Wohnungsbestandes erreicht.

Die Gemeinde könnte nach ihrem Namen in der Karolingerzeit durch die Ansiedlung von Romanen entstanden sein und dürfte zum ältesten Besitz der Herren von Rechberg gehört haben, die diesen anscheinend von den Staufern erhalten haben.

Das Patrozinium der Pfarrkirche St. Laurentius ist frühestens in der zweiten Hälfte des 10. Jahrhunderts entstanden. Das Dorf wird erstmals 1275 mit dem der Ortsherrschaft gehörigen Kirchensatz erwähnt. Um die über dem Dorf gelegene Burg, die 1449 im Städtekrieg zerstört wurde, entstand eine kleine Herrschaft der Herren von Rechberg, denen alle obrigkeitlichen Rechte und die gesamte Grundherrschaft im Dorf zustanden. Dorf und Herrschaft kamen über die Familie von Grafeneck an die Fürstpropstei Ellwangen, doch blieb das Rittergut Waldhausen dem Ritterkanton Kocher immatrikuliert, der bis 1805 das Steuer- und Waffenrecht behielt. Waldstetten fiel 1802/1803 an Württemberg und kam zum Oberamt Gmünd. Das Dorf erhielt 1824 das Marktrecht. Bereits im 19. Jahrhundert erreichte die Beindreherei und die Anfertigung von Neusilberarbeiten und Pfeifenköpfen industrielles Niveau. Nach dem Zweiten Weltkrieg erfolgte der strukturelle Umbruch zur Wohn- und gewerblichen Gemeinde.

Der Teilort Wißgoldingen wird der ältesten Siedlungsphase zugerechnet, kam vermutlich über die Staufer an die Herren von Rechberg, denen die gesamte Grundherrschaft gehörte, obwohl im Dorf die Gmünder Familie Nagel ihren Wohnsitz hatte. Der dem Ritterkanton Kocher immatrikulierte Ort fiel 1806 an Württemberg und kam zum Oberamt, seit 1938 Landkreis Schwäbisch Gmünd und wurde 1972 nach Waldstetten eingemeindet.

Westhausen

5.980 Einwohner, 3.846 ha, 453-723 m NN

Die Gemarkung zerfällt in einen größeren westlichen Teil mit Westhausen und einen kleineren östlichen um Lippach. Das obere Jagsttal durchschneidet den Lippacher Gemarkungsteil von Nordosten nach Süden. Nach dem Knie bei Lauchheim läuft die Jagst in umgekehrter Richtung durch den westlichen Gemarkungsabschnitt von Westen nach Norden. Die zusammen mit Lauchheim als Kleinzentrum ausgewiesene Industriegemeinde mit zahlreichen Auspendlern war im Unterschied zu dem von land- und forstwirtschaftlichen Betrieben geprägten Lippach bereits

Westhausen, Rathaus. Foto: S. Ott

1939 zur gewerblichen Gemeinde geworden. Nach dem Zweiten Weltkrieg wurden weitere Industriebetriebe angesiedelt, dazu auch Handels- und Handwerksbetriebe. Die Ausweisung von Neubaugebieten sorgte für eine kontinuierliche, insgesamt hohe Zunahme des Wohnungsbestandes der Gemeinde. Bereits in der Merowingerzeit soll das um 1136 erstmals erwähnte Dorf als Ausbauort von Lauchheim her gegründet worden sein. Die Kapelle St. Mauritius wurde im 15. Jahrhundert selbstständige Pfarrei und war bis dahin Filial von Lauchheim. Im Dorf bestanden vier Burstel. Der zur Ministerialität der Abtei Ellwangen gehörige Ortsadel wurde 1147-1394 erwähnt. Die Grundherrschaft gehörte Ellwangen, doch waren die Güter als Lehen an die Familien Adelmann, von Röhlingen, von Woellwarth und von Ahelfingen ausgegeben. Seit dem 15. Jahrhundert wird auch die Kommende Kapfenburg mit Besitz im Dorf erwähnt. Nach dem Aussterben der Herren von Ahelfingen kam das Dorf als erledigtes Lehen an Ellwangen zurück und gehörte zum Oberamt Wasseralfingen. Neben Ellwangen besaßen die Familie von Woellwarth und die Kommende Kapfenburg Teile des Dorfes, das 1802/1803 und 1806 in seinen Teilen an Württemberg kam und bis 1938 zum Oberamt Ellwangen, dann zum Landkreis Aalen gehörte. Die seit 1626 an Silvester stattfindende Reiterprozession erinnert alljährlich an ein Versprechen der Dorfbewohner.

Der Teilort Lippach wurde 1153 erstmals erwähnt und dürfte in der jüngeren Kolonisationszeit der Abtei Ellwangen im 11./12. Jahrhundert gegründet worden sein. Neben dem Burgstall im Dorf, der als Sitz der zwischen 1153 und dem 14. Jahrhundert erwähnten ortsadeligen Familie angesehen wird, stand ein zweiter Burstel nördlich des Dorfes. Im 14. Jahrhundert waren die Familien von Gromberg und von Pfahlheim Besitzer des von Ellwangen zu Lehen gehenden Ortes. Die Grafen von Oettingen erwarben 1446 das Dorf von der Familie von Westerstetten, das zur öttingischen Herrschaft Baldern gehörte. Einzelne Güter im Dorf verblieben Ellwangen unabhängig von den Rechten Oettingens. Das Dorf kam 1806 an Bayern, 1810 an Württemberg und gehörte bis 1938 zum Oberamt Ellwangen, dann zum Landkreis Aalen.

Die Wohnplätze Baiershofen, Faulenmühle, Frankenreute, Immenhofen, Jagsthausen, Reichenbach, Ruital, Wagenhofen und Westerhofen wurden in den beiden Kolonisationszeiträumen der Abtei Ellwangen überwiegend von dieser aus gegründet. Nur in Reichenbach ist bereits im 8. Jahrhundert Besitz der Abtei Fulda nachgewiesen, der vermutlich im frühen 13. Jahrhundert an Ellwangen gelangt ist. In Baiershofen, Reichenbach und Wagenhofen haben Burgen bestanden, die Wohnsitze ortsadeliger Familien gewesen sind. Die Grundherrschaften hatten neben Ellwangen Adelsfamilien der Umgebung inne.

Wört

1.359 Einwohner, 1.817 ha, 450-550 m NN

Das Rotachtal durchschneidet auf dem Weg zur Wörnitz die nördliche Hälfte der Gemarkung. Das Dorf selbst liegt im Tal der Rotach, wobei es die Hügel rechts und links hinaufsteigt.

Das Dorf wurde 1221 erstmals genannt. Die von allen Seiten von Wasser umgebene Burg der ortsadeligen Ministerialenfamilie der Abtei Ellwangen hat dem zu dieser Burg gehörigen Ort seinen Namen gegeben. Die als Filiale der Pfarrkirche Stödtlen erwähnte St. Nikolauskirche, die 1352 selbstständige Pfarrei wurde, deutet daraufhin, dass Burg und Dorf samt Kirche in der jüngeren Kolonisation der Abtei Ellwangen um oder bald nach 1100 entstanden sind. Das Patronat der Kirche gehörte Ellwangen, dem sie auch vor 1417 inkorporiert wurde. Als Lehen der Abtei Ellwangen und der Grafen von Oettingen kam Burg und Dorf über mehrere Adelsfamilien und Dinkelsbühler Bürger 1395 an das Spital Dinkelsbühl, das 1663 den restlichen Besitz Ellwangens ertauschte. Ellwangen konnte die Reformation des Dorfes verhindern. Wört gelangte 1802 an Bayer, 1810 an Württemberg und gehörte bis 1938 zum Oberamt Ellwangen, dann zum Landkreis Aalen. Die bis zur Gegenwart von der Landwirtschaft geprägte Gemeinde mit zahlreichen Auspendlern hat in der Zeit nach dem Zweiten Weltkrieg durch die Ausweisung von Neubaugebieten eine große Ausdehnung erfahren, zu der Industrie-, Handels- und Handwerksbetriebe beigetragen haben.

Die Wohnplätze Aumühle, Bösenlustnau, Brombach, Dürrenstetten, Grünstädt, Hirschhof, Konradsbronn, Mittelmeizen und Schönbronn weisen in der Entwicklung ihrer Grundherrschaften die frühe Bedeutung der Abtei Ellwangen für diesen Raum aus. Brombach und Hirschhof wurden 1024 als Grenzpunkte des Bannforsts der Abtei Ellwangen genannt. Die übrigen wurden zuerst im Spätmittelalter in Ellwanger Quellen erwähnt und waren überwiegend zwischen Ellwangen und Dinkelsbühl geteilt.

(Alle Zahlenangaben: Stand 2016.)

Autorenverzeichnis, Anmerkungen und Literatur

Autorenverzeichnis

Dr. Hans-Joachim Bayer
Geologe
Kohlberg

Judith Bildhauer M. A.
Landratsamt Ostalbkreis

Martina Blaschka M. A.
Landesamt für Denkmalpflege
im Regierungspräsidium Stuttgart
Esslingen

Dr. Hans Börner
Ehemaliger Leiter des
Geschäftsbereichs Landwirtschaft
Landratsamt Ostalbkreis

Prof. Ralf Dringenberg
Rektor der Hochschule für Gestaltung
Schwäbisch Gmünd

Prof. Dr. Immo Eberl M. A.
Stadtoberarchivrat a. D.
Ellwangen

Dr. Paul Elser
Kreisökologe
Landratsamt Ostalbkreis

Brigitta Frey
Kreisökologin
Landratsamt Ostalbkreis

Rainer Fünfgelder
Wirtschaftsbeauftragter
des Ostalbkreises
Landratsamt Ostalbkreis

Heidrun Heckmann M. A.
Museumsreferentin/
Limeskoordinatorin
Landratsamt Ostalbkreis

Dr. Klaus Jürgen Herrmann †
Stadtoberarchivrat a. D.
Stadtarchiv Schwäbisch Gmünd

Dr. Bernhard Hildebrand M. A.
Kreisarchivar
Landratsamt Ostalbkreis

Winfried Hofele
Wirtschaftsjournalist und Redakteur
Aalen

Stefan Jenninger M. A.
Landratsamt Ostalbkreis

Dr. Eva-Maria Krauße-Jünemann
Landesamt für Denkmalpflege
im Regierungspräsidium Stuttgart
Esslingen

Wolfgang Nußbaumer M. A.
Kulturjournalist
Ellwangen

Klaus Pavel
Landrat des Ostalbkreises

Manfred Pawlita
Vorsitzender Sportkreis Ostalb
Heuchlingen

Johann Reck
Dezernent für Wald und Forstwirtschaft
Landratsamt Ostalbkreis

Ulrich Sauerborn
Städtischer Museumsleiter
Limesmuseum und
Urweltmuseum Aalen

Dipl.-Ing (FH) Hubert Schliffka
Landratsamt Ostalbkreis

Dr. Roland Schurig
Amtsleiter
Amt für Kultur und Tourismus
Stadtverwaltung Aalen

Dr. Bert von Staden
Stabstelle Kommunikation und
Marketing
Pädagogische Hochschule
Schwäbisch Gmünd

Saskia Stüven-Kazi M. A.
Stabstelle Kommunikation
Hochschule Aalen

Felix Sutschek M. A.
Stadtarchivar
Bopfingen

Dipl.-Päd. Volker Zimmer
Wissenschaftlicher Mitarbeiter
im Bildungsbüro
Landratsamt Ostalbkreis

Anmerkungen und Literatur

Kunst und Kultur
Wolfgang Nußbaumer

1.) In: Micha Brumlik, Der Vorhang fällt; Berlin 1997

2) Kultur wird in diesem Beitrag in engerem Sinne als Summe der „Schönen Künste" (Darstellende Kunst, Bildende Kunst, Musik, Literatur) verstanden

3.) Dieser Beitrag ist die aktualisierte – Stand 15. Januar 2016 - und überarbeitete Fassung der Veröffentlichung in „Der Ostalbkreis", Aalen 2004

4.) Die Truppe erklärt, wie sie zu ihrem Namen kam: „Es gab tatsächlich einmal einen Song, der Keramika hieß. Auf dieses Lied sind wunderschöne Ideen entstanden, aus denen tänzerische Ausarbeitungen wurden, die bis heute funktionieren. Und eben dieses Lied wurde zum Sinnbild dafür, wie wir uns im Tanz in unsere Fantasiewelt versetzen."

5.) Beat Wyss, Die Kunst der Stunde, Frankfurter Allgemeine Sonntagszeitung Nr. 33 vom 17.08.2003, S. 19

6.) Hermann Baumhauer, Kunstszene Ostwürttemberg, Hrsg. Stadt Aalen, Stuttgart 1993

7.) Stadt und Kunstverein Ellwangen (Hrsg.), Das Bild einer Stadt. Die Kunst des 20. Jahrhunderts in Ellwangen, mit Texten von Wolfgang Nußbaumer M.A. und Dr. Manfred Saller, Ellwangen 2014

8.) Zur Drucklegung dieses Buches war eine grundlegende Neuordnung der Bestände in Angriff genommen worden.

9.) Der Landesverband der Musikschulen Baden-Württemberg e.V. und der Förderverein Internationales Musik- und Kulturzentrum Schloss Kapfenburg e.V. haben mit Unterstützung des Landes Baden-Württemberg, des Ostalbkreises und der Stadt Lauchheim die Internationale Musikschulakademie Kulturzentrum Schloss Kapfenburg ins Leben gerufen

10.) Prinzessin Sophie von Hohenlohe-Bartenstein hatte das Schloss Untergröningen Ende des 18. Jahrhunderts als Witwensitz geerbt und zur Residenz ausgebaut. 1827 kam es in württembergischen Besitz.

11.) Über die „Chormusik im Ostalbkreis" informiert umfassend eine gleichnamige „sozio-kulturelle Untersuchung zu Geschichte, Gegenwart und Ausblick in die Zukunft des Chorgesangs" von Hermann Weigold. Die Daten wurden von November 2006 bis März 2008 erhoben. Landrat Klaus Pavel schreibt im Vorwort zu dem Buch: „Mit dem Werk „Chormusik im Ostalbkreis" wird in einer Gesamtschau die vokale Arbeit in unserem Ostalbkreis umfassend gewürdigt und daneben auch die geschichtliche Bedeutung und die Tendenz der absehbaren Weiterentwicklung aufgezeigt." Dieses Buch ist vergriffen, eine CD ist jedoch beim Autor erhältlich. 12.) In Theodor Fontanes Ballade „Die Brück' am Tay" steht die Zeile „Tand, Tand ist das Gebilde von Menschenhand"

13.) Seit 2003 gibt die Stiftung beim Einhorn Verlag in Schwäbisch Gmünd die Bücherreihe „Unterm Stein. Lauterner Schriften" mit Biografien und Werkausgaben heraus.

14.) Rosemarie Mahr, Vorsitzende.

15.) Wilhelm Lienert

16.) Hermann Glaser, Deutsche Kultur 1945-2000, München 1997, S. 12

17.) In einer Rede am 18. Dezember 2015 auf Schloss Fachsenfeld

Landschaft und Naturschutz
Paul Elser und Brigitta Frey

1.) siehe Aufsatz „Vor- und Frühgeschichte" (Autor: B. Hildebrand).

2.) siehe Aufsatz „Geologie" (Autor: U. Sauerborn).

3.) siehe Aufsatz „Geologie" (Autor: U. Sauerborn).

4.) siehe Aufsatz „Mittelalter" (Autor: I. Eberl).

5.) siehe Aufsatz „Landwirtschaft" (Autor: Hans Börner).

6.) Die Goldshöfer Sande, die bis zu einer Mächtigkeit von 20 m in Sandgruben abgegraben werden, verdanken ihre Entstehung bzw. Ablagerung der Urbrenz, die bis ins ältere Pleistozän, von Norden kommend, durch die Kalksteintafel der Schwäbischen Alb nach Süden zur Donau floss. Ihr Einzugsgebiet reichte weit über das Albvorland und die Keuperberge des Schwäbischen Waldes bis in das Hohenloher Land.

7.) Zur Förderung seltener Ackerwildkräuter wird in Feldflorareservaten auf Mineraldüngung und den Einsatz von Pflanzenschutzmitteln verzichtet. Der Minderertrag gegenüber konventioneller Bewirtschaftung wird über die Zahlung von Fördergeldern ausgeglichen.

8.) Geotope sind erdgeschichtliche Bildungen der unbelebten Natur, die Erkenntnisse über die Entwicklung der Erde oder des Lebens vermitteln. Sie umfassen Aufschlüsse von Gesteinen, Böden, Mineralien und Fossilien sowie einzelne Naturschöpfungen und natürliche Landschaftsteile. Als Dokumente der Erd- und Lebensgeschichte sind sie von besonderem Wert.

9.) siehe Aufsatz „Vor- und Frühgeschichte" (Autor: B. Hildebrand

Böden
Hubert Schliffka

Quellen:
Die Böden Deutschland, Umweltbundesamt
Boden, Böden, Bodenschutz, Umweltministerium Baden-Württemberg
H.-P. Blume, Handbuch des Bodenschutzes
www.bodenwelten.de, Bundesverband Boden e.V.

Vor- und Frühgeschichte
Bernhard Hildebrand

1.) Kgl. stat. topogr. Bureau (Hrsg.), Beschreibung des Oberamts Neresheim. Verfasser Finanzrath Paulus, Assistent Dr.Paulus, Stuttgart 1872, 98f.

2.) Nach einer Aufstellung des Geschäftsbereichs Landwirtschaft. Landratsamt Ostalbkreis.

3.) Oscar Fraas, Die Albwasser-Versorgung im Königreich Württemberg, 1873, zit. nach Winfried Müller: 125 Jahre Albwasserversorgung, Korntal 1995.

4.) Kgl. stat. topogr. Bureau (Hrsg.), Beschreibung des Oberamts Neresheim. Verfasser Finanzrath Paulus, Assistent Dr. Paulus, Stuttgart 1872, 92f.

5.) Dazu ausführlich: Bernhard Hildebrand, Fundstellen, Siedlungen und Naturräume als historischen Quellen von der Urgeschichte bis zum Ende des 1. Jahrtausends n. Chr. Regionalforschung am Beispiel des Ostalbkreises. Dissertation Augsburg 1995.

6.) Fundberichte aus Schwaben Neue Folge VIII (Stuttgart 1935), S. 15. Karl Dietrich Adam, Die Skulptur einer Dasselfliegenlarve aus einer Höhlenstation in der Schwäbischen Alb. Ein Beitrag zur Ausdeutung von Kleinkunstwerken aus der Altsteinzeit des südwestdeutschen Raumes. Einhorn Jahrbuch Schwäbisch Gmünd, 29. Jahrgang 2002, S. 179–200.

7.) Fundmeldung von R. Schmid, Fundberichte aus Schwaben Neue Folge 16, 1962, S. 203, mit allein 5.700 Fundstücken.

8.) H. Pahl, Die Goldshöfer Sande und die Höhensande der Ostalb. Masch. Dissertation, Tübingen 1924.

9.) Hansjürgen Müller-Beck (Hrsg.), Urgeschichte in Baden-Württemberg, Stuttgart 1983, S. 381 f.

10.) Werner Raschke, Ur- und Vorgeschichtliche Funde und Befunde im Einzugsgebiet der Lein. Unicornis (Schwäbisch Gmünd 1996), S. 19–25. Zur Sammlung: Mündliche Auskunft von Herrn Werner K. Mayer, Schwäbisch Gmünd.

11.)Matthias Schulz, Multikulti in der Steinzeit. Der Spiegel 6/2015, S. 118-119.

12.) Wie Anm. 11.

13.) Rüdiger Krause, Der Ipf. Fürstensitz im Fokus der Archäologie. Mit zwei Beiträgen von Karlheinz Fuchs, Stuttgart 2015.

14.) Wie Anm. 13.

15.) Fundberichte aus Schwaben Neue Folge XI (Stuttgart 1951), S. 60–61.

16.) Fundberichte aus Schwaben II (Stuttgart 1894), S. 2–5.

17.) Ernst Frickhinger, Bronzezeitliche Grabhügel in Waldabteilung Eierweg des Nördlinger Stiftungswaldes. Jahrbuch des historischen Vereins für Nördlingen und das Ries 17, 1933. Ernst Frickhinger, Bronzezeitliche Grabhügel im Stadtkammerholz bei Utzmemmingen. Jahrbuch des historischen Vereins für Nördlingen und das Ries 21, 1938–1939.

18.) Fundberichte aus Schwaben Neue Folge VII (Stuttgart 1932), S. 21–22.

19.) Fundberichte aus Schwaben Neue Folge 13 (Stuttgart 1955), S. 34 Abb. 18.

20.) H. Grees, Historischer Atlas von Baden-Württemberg, Beiwort zu Karte II,3, Stuttgart 1975. Textkarte Natürliche Wegsamkeiten in Südwestdeutschland n. H. Schrepfer.

21.) Wolfgang Behringer, Kulturgeschichte des Klimas. Von der Eiszeit bis zur globalen Erwärmung, München 2007, S. 84 f.

22.) Bernhard Hildebrand, Neresheim und das Härtsfeld in der Vor- und Frühgeschichte. In: Gerd Dannenmann (Hrsg.), Neresheim die Härtsfeldstadt, Neresheim 2000, S. 22–43.

23.) Bernhard Hildebrand, Essingen und Lauterburg in der Vor- und Frühgeschichte.In: Essingen – Geschichte einer Gemeinde zwischen Albuch, Rems und Welland, Essingen 2008, S. 12-31.

24.) Wie Anm. 4

25.) W. Kimmig, Zum Problem späthallstättischer Adelssitze. In: Siedlung, Burg und Stadt. Studien zu ihren Anfängen. Deutsche Akademie der Wissenschaften Berlin, Schriften der Sektion Vor- und Frühgeschichte 25, 1969, S. 93.

26.) Rüdiger Krause, Ein frühkeltischer Fürstennitz auf dem Ipf am Nördlinger Ries. Antike Welt 5, 2002.

27.) Sabine Rieckhoff/Jörg Biel, Die Kelten in Deutschland, Stuttgart 2001, S. 231.

28.) Rüdiger Krause (Hrsg.), Neue Forschungen zum frühkeltischen Fürstensitz auf dem Ipf. Frankfurter Archäologische Schriften 24, Bonn 2014. Und: Rüdiger Krause, Der Ipf. Fürstensitz im Fokus der Archäologie. Mit zwei Beiträgen von Karlheinz Fuchs, Stuttgart 2015.

29.) Wie Anm. 4.

30.) Kurt Bittel/Wolfgang Kimmig/SiegwaltSchiek (Hrsg.), Die Kelten in Baden-Württemberg, Stuttgart 1981.

31.) R. Krause/G. Wieland, Eine keltische Viereckschanze bei Bopfingen am Westrand des Rieses. Germania 71, 1.Halbband(1993), S. 59–112.

32.) Sabine Rieckhoff/Jörg Biel, Die Kelten in Deutschland, Stuttgart 2001, S. 227.

33.) Sabine Rieckhoff/Jörg Biel, Die Kelten in Deutschland,Stuttgart 2001, S. 276. Und: Sabine Rieckhoff, Geschichte der Chronologie der späten Eisenzeit in Mitteleuropa und das Paradigma der Kontinuität. In: Leipziger online-Beiträge zur Ur- und Frühgeschichtlichen Archäologie 30, Leipzig 2008.

34.) Claudius Ptolemäus, Geographike Hyphegesis 2, 11, 6.

35.) J. Heiligmann, Der „Alb-Limes". Ein Beitrag zur römischen Besetzungsgeschichte Südwestdeutschlands. Forschungen und Berichte zur Vor- und Frühgeschichte in Baden-Württemberg, 35, Stuttgart 1990.

36.) Gerold Walser, Die römischen Straßen und Meilensteine in Raetien. Kleine Schriften zur Kenntnis der römischen Besetzungsgeschichte Südwestdeutschlands Nr. 29, (Stuttgart 1983).

37.) Martin Kempa, Die Ausgrabungen auf den Weiherwiesen bei Essingen. In: Martin Böhm u. a., Beiträge zur Eisenverhüttung auf der Schwäbischen Alb. Forschungen und Berichte zur Vor- und Frühgeschichte in Baden-Württemberg 55 (Stuttgart 1995), S. 193 ff. Und: Bernhard Hildebrand, Essingen und Lauterburg in der Vor- und Frühgeschichte. In: Essingen, Geschichte einer Gemeinde zwischen Albuch, Rems und Welland, Essingen 2008, S. 12-31.

38.) Markus Scholz, Das Reiterkastell Heidenheim und die vor- und frühgeschichtlichen Siedlungen auf seinem Areal – Vorbericht der Ausgrabungen 2002 – 2003.In: Heimat- und Altertumsverein Heidenheim an der Brenz e. V., Jahrbuch 2003/2004, S. 109. Markus Scholz, Das römische Reiterkastell Aquileia/Heidenheim. Die Ergebnisse der Ausgrabungen 2000-2004. Forschungen und Berichte zur Vor- und Frühgeschichte in Baden-Württemberg 110, Stittgart 2009.

39.) Bernhard A. Greiner, Rainau-Buch II. Der römische Kastellvicus von Rainau-Buch (Ostalbkreis). Die archäologischen Ausgrabungen von 1976 bis 1979. Stuttgart 2008/2010, Forschungen und Berichte zur Vor- und Frühgeschichte in Baden-Württemberg, Band 106.

40.) Manfred Baumgärtner (Hrsg.), Der Limes im Ostalbkreis. Schwäbisch Gmünd 2013.

41.) Archäologisches Landesmuseum Baden-Württemberg, Imperium Romanum - Roms Provinzen an Neckar, Rhein und Donau, Stuttgart 2005, S. 271.

42.) Bernhard Hildebrand, Die Römer und die drei Berge.In: Raimund M. Rothenberger (Hrsg.), Die Dreikaiserberge und das Stauferland. Landschaft, Geschichte und Kultur zwischen Fils- und Remstal, Schwäbisch Gmünd 2014, S. 138–147.

43.) Bernhard Hildebrand, Archäologie der Gemeinde Abtsgmünd. In: Abtsgmünd (Heimatbuch), Abtsgmünd 2011, S. 22 – 35. Und: Paul Elser, Der Virngrund als Siedlungsraum für vor- und frühgeschichtliche Kulturen.In: Abtsgmünd (Heimatbuch) 2011, S. 38-43.

44.) D. Planck, Das Freilichtmuseum am rätischen Limes im Ostalbkreis. Führer zu archäologischen Denkmälern in Baden-Württemberg 9 (Stuttgart 1983).

45.) Wolfgang Czysz, Franz Herzig, Der Pfahlrost im Kreutweiher beim Limeskastell Dambach. Erste dendrochronologische Ergebnisse. In: Bericht der bayerischen Bodendenkmalpflege, 49, (2008), S. 221–227.

46.) Dieter Planck, Das Limestor bei Dalkingen, Gemeinde Rainau, Ostalbkreis. Darmstadt 2014. Forschungen und Berichte zur Vor- und Frühgeschichte in Baden-Württemberg 129.

47.) K. Dietz, Zum Feldzug Caracallas gegen die Germanen. In: 13. LMK, 1986, (Stuttgart 1986) S. 135–138.

48.) Camilla Dirlmeier/Gunther Gottlieb, Quellen zur Geschichte der Alamannen I. Quellen zur Geschichte der Alamannen von Cassius Dio bis Ammianus Marcellinus. Sigmaringen 1976, S. 9–10.

49.) Marcus Reuter, Das Ende des rätischen Limes im Jahr 254 n. Chr. Bayerische Vorgeschichtsblätter 72, (2007), S. 77-149.

50.) R. Christlein, Die Alamannen. Archäologie eines lebendigen Volkes, Stuttgart und Aalen 1978.

51.) Ingo Stork, Friedhof und Dorf, Herrenhof und Adelsgrab. Der einmalige Befund Lauchheim. In: Archäologisches Landesmuseum Baden-Württemberg (Hrsg.), Die Alamannen, Stuttgart 1997, S. 290 – 310. Und: Ingo Stork, Goldener Abschied. Zum Ende der Grabungen in der Dorfwüstung Mittelhofen, Stadt Lauchheim, Ostalbkreis. In: Archäologische Ausgrabungen in Baden-Württemberg 2005, (Stuttgart 2006), S. 174 – 176.

Mittelalter
Immo Eberl

1.) Der Beitrag ist Januar 2016 abgeschlossen worden. Spätere Literatur wurde nicht mehr eingearbeitet.

2.) Hans-Georg Wehling, Historische Wurzeln von Identität in Baden-Württemberg, in: Zeitschrift für Württembergische Landesgeschichte 60 (2001) S. 361.

3.) Die Geschichte der Fürstpropstei Ellwangen und ihrer Rechtsvorgängerin, der Abtei Ellwangen, wird trotz vieler Mängel noch immer am umfassendsten in der Beschreibung des Oberamts Ellwangen, Stuttgart 1886, dargestellt. Für die mittelalterliche Entwicklung wäre hinzuweisen auf: Dieter Stievermann, Fürstabtei Ellwangen, in: Handbuch der Baden-Württembergischen Geschichte, Band 2: Die Territorien im Alten Reich, Stuttgart 1995, S. 526ff.

4.) Vgl. dazu Alois Seiler, Deutscher Ritterorden, in: Handbuch (wie Anm. 3) S. 610ff.

5.) Hansmartin Schwarzmaier, Neresheim, Benediktinerkloster, in: Handbuch (wie Anm. 3) S. 585ff.

6.) Regina Holzinger, Kloster Kirchheim am Ries 1267–1505, Hamburg 1997.

7.) Klaus Graf, Kloster Lorch im Mittelalter, in: Lorch. Beiträge zur Geschichte von Stadt und Kloster Lorch, Lorch 1990, S. 39–95; Kloster Lorch im Wandel der Jahrhunderte, Stuttgart 61980; vgl. jetzt auch Helmut Maurer, Lorch, in: Die Deutschen Königspfalzen, Göttingen 2003, S. 369ff.

8.) Dieter Kudorfer, Oettingen, in: Handbuch (wie Anm. 3) S. 395ff.; Dieter Kudorfer, Die Grafschaft Oettingen. Territorialer Bestand und innerer Aufbau (um 1140 bis 1806), München 1985.

9.) Gerhard Taddey, Limpurg, in: Handbuch (wie Anm. 3) S. 407ff.

10.) Meinrad Schaab, Aalen, in: Handbuch (wie Anm. 3) S. 662.

11.) Meinrad Schaab, Bopfingen, in: Handbuch (wie Anm. 3) S. 667.

12.) Klaus-Jürgen Herrmann, Schwäbisch Gmünd, in: Handbuch (wie Anm. 3) S. 711ff.

13.) Volker Press, Reichsritterschaft, in: Handbuch (wie Anm. 3) S. 771ff.

14.) Dieter Geuenich, Geschichte der Alemannen, Stuttgart 1997, S. 18f.

15.) Ebda. S. 20.

15a.) Marcus Reuter, Das Ende des raetischen Limes im Jahr 254 n. Chr., in: Bayerische Vorgeschichtsblätter 72 (2007) S. 77 – 149, hier insbesondere S. 87ff., S. 137 und S. 143f.

16.) Ebda. S. 28ff.

17.) Ebda. S. 70ff.

18.) Ebda. S. 78ff.

19.) Ebda. S. 86ff.

20.) Ebda. S. 88.

21.) Bernhard Hildebrand, Der Ostalbkreis in der Vor- und Frühgeschichte, in: Diethelm Winter (Hrsg.), Der Ostalbkreis, Stuttgart 21992, S. 112.

22.) Ebda.

23.) Geuenich (wie Anm. 14) S. 93–99.

24.) Vgl. dazu ausführlich Immo Eberl, Dagobert I. und Alemannien, in: Zeitschrift für Württembergische Landesgeschichte 42 (1983) S. 7–51.

25.) Hagen Keller, Germanische Landnahme und Frühmittelalter, in: Handbuch der Baden-Württembergischen Geschichte, Band 1, Stuttgart 2001, S. 272.

26.) Insbesondere die Forschungen von Heinz Bühler haben hier viele Hinweise ergeben, vgl. dazu die einschlägigen Aufsätze in Heinz Bühler, Adel, Klöster und Burgherren im alten Herzogtum Schwaben, Weißenhorn 1997.

27.) Hildebrand (wie Anm. 21) S. 117.

28.) Heinz Bühler, Zur Geschichte des Albuchs, in: Adel, Klöster... (wie Anm. 26) S. 1140.

29.) Ebda.

30.) Dieter Planck/Willi Beck, Der Limes in Südwestdeutschland, Stuttgart 19872, S. 104; vgl. auch Gerold Walser, Die römischen Straßen und Meilensteine in Raetien, Stuttgart 1983, S. 55; Philipp Filtzinger/Dieter Planck/Bernhard Cämmerer, Die Römer in Baden-Württemberg, Stuttgart – Aalen 19863, S. 146.

31.) Planck/Beck (wie Anm. 30) S. 104, S. 108, S. 114f. und S. 119ff.

32.) Karl Weller, Die Reichsstraßen des Mittelalters im heutigen Württemberg, in: Württembergische Vierteljahrshefte für Landesgeschichte 33 (1927) S. 36 Nr. 29.

33.) Bühler (wie Anm. 28) S. 1139; Weller (wie Anm. 32) S. 32 Nr. 10.

34.) Planck/Beck (wie Anm. 30) S. 133ff., S. 142ff.

35.) Weller (wie Anm. 32) S. 38 Nr. 36.

36.) Bühler (wie Anm. 28) S. 1140.

37.) Matthias Knaut, Ostwürttemberg im frühen Mittelalter, in: Jahrbuch des Heimat- und Altertumsverein Heidenheim a. d. Brenz 1995/1996, S. 14f.

38.) Ebda. S. 16 Karte; vgl. dazu auch Ingo Stork, Friedhof und Dorf, Herrenhof und Adelsgrab, in: Die Alemannen, Stuttgart 1997, S. 290ff.

39.) Knaut (wie Anm. 37) S. 18.

40.) Dieter Kapff, Aufstieg und Fall eines Grenzortes in Ostalemannien, in: Schwäbische Heimat 48 (1997) S. 125 und S. 133.

41.) Lutz Reichardt, Ortsnamenbuch des Ostalbkreises, Teil I, (Veröffentlichungen der Kommission für Geschichtliche Landeskunde in Baden-Württemberg, Reihe B, Band 139) Stuttgart 1999, S. 386.

42.) Das Land Baden-Württemberg. Amtliche Beschreibung, Band 4, Stuttgart 1980, S. 737.

43.) Rüdiger Krause/Uwe Gross/Roland Schurig, Die frühmittelalterliche Keimzelle Aalens bei der St. Johannis-Kirche Aalen, Ostalbkreis, in: Archäologische Ausgrabungen in Baden-Württemberg 1997, Stuttgart 1998, S. 157f.

44.) Reichardt (wie Anm. 41) S. 416f.; Maurer (wie Anm. 7) S. 369ff.

45.) Land Baden-Württemberg (wie Anm. 42) S. 750.

46.) Reichardt (wie Anm. 41) S. 82; Bühler (wie Anm. 28) S. 1140 nennt Bebo.

47.) Bühler (wie Anm. 28) S. 1140f.

48.) Ebda. S. 1141.

49.) Reinhard Wenskus, Sächsischer Stammesadel und fränkischer Reichsadel, Göttingen 1976, S. 268f.

50.) Reichardt (wie Anm. 41) Teil II, (Veröffentlichungen der Kommission für Geschichtliche Landeskunde in Baden-Württemberg, Reihe B Band 140) Stuttgart 1999, S. 133; vgl. auch Wenskus (wie Anm. 49) Register.

51.) Bühler (wie Anm. 28) S. 1141.

52.) Ebda.

53.) Ebda.

54.) Ebda. S. 1142.

55.) Reichardt (wie Anm. 41) S. 33; Bühler (wie Anm. 28) S. 1142, der den Namen mit Alaholf identifiziert, hat hier Unrecht.

56.) Reichardt (wie Anm. 50) S. 263f.; Bühler (wie Anm. 28) S. 1142.

57.) Reichardt (wie Anm. 41) S. 177, hat hier die Lauchheimer Funde weniger im Blick gehabt als die Sprachwissenschaft; vgl. dazu auch Henning Kaufmann, Ergänzungsband zu Ernst Förstemann, Personennamen, München 1968, S. 40.

58.) Vgl. dazu Gerd Tellenbach, Studien und Vorarbeiten zur Geschichte des großfränkischen und frühdeutschen Adels, (Forschungen zur oberrheinischen Landesgeschichte, Band 4) Freiburg im Br. 1957, S. 53; Gottfried Mayr, Studien zum Adel im frühmittelalterlichen Bayern, (Studien zur Bayerischen Verfassungs- und Sozialgeschichte, Band 5) München 1974, S. 37, S. 41 und S. 117f.

59.) Vgl. dazu oben.

60.) Vgl. dazu Ernst Förstemann, Altdeutsches Namenbuch, Band 1: Personennamen, Bonn 21900, Sp. 1068.

61.) Wenskus (wie Anm. 49) S. 258ff.

62.) Ebda. S. 272.

63.) Viktor Burr, Vita Hariolfi, in: Ellwangen 764–1964. Festschrift zur 1200-Jahrfeier, Band 1, Hrsg. von Viktor Burr, Ellwangen 1964, S. 9ff.

64.) Vgl. dazu auch Immo Eberl, Kloster Ellwangen im Umkreis seiner Gründer, in: Aus südwestdeutscher Geschichte. Festschrift für Hans-Martin Maurer dem Archivar und Historiker zum 65. Geburtstag, Stuttgart 1994, S. 73ff.

65.) Ebda. S. 77f.

66.) Ebda. S. 78 Anm. 32; dazu vgl. jetzt Immo Eberl, Röhlingen: Die historische Entwicklung unter Einbeziehung der ehemaligen Teilgemeinden bis 1945, Röhlingen. 1250 Jahre Leben an der Sechta, hrsg. von der Ortschaft Röhlingen, Ellwangen 2014, S. 70ff.

67.) Reichardt (wie Anm. 41) S. 164.

68.) Vgl. dazu Immo Eberl, Münsingen im Mittelalter. Vom alemannischen Dorf zur altwürttembergischen Stadt, in: Münsingen. Geschichte – Landschaft – Kultur, Sigmaringen 1982, S. 37ff.

69.) Pfarrarchiv St. Vitus Ellwangen, Proprium Festorum Chori Ecclesiae Elvacensis von 1631 zum 15. Juni II. S. 90f.

70.) Vgl. dazu Immo Eberl, Der Kalte Markt und die Ellwanger Jahrmärkte, in: Ellwanger Jahrbuch 38 (1999/2000) S. 11ff.; ferner: Immo Eberl, Gründung und Frühzeit der Abtei Ellwangen, in: Ellwanger Jahrbuch 44 (2012/2013) S. 29ff.

71.) Es handelt sich hier um die Orte Birkenzell bei Stödtlen, Eigenzell (Stadt Ellwangen), Jagstzell nördlich von Ellwangen und Leinzell bei Schwäbisch Gmünd (vgl. dazu Reichardt, wie Anm. 41, S. 72f., S. 150, S. 220ff., S. 330f.) sowie Oberzell bei Stödtlen, Rechenzell beim Rabenhof, Seifriedszell westlich der Jagst in Ellwangen und Wetterzell bei Pfahlheim (vgl. Reichardt, wie Anm. 50, S. 52, S. 92f., S. 195, S. 292). Bühlerzell, das bei der Tannenburg an der nördlichen Grenze des Ellwanger Klosterbesitzes lag gehört seit 1938 zum Kreis Schwäbisch Hall.

72.) Hans Jänichen, Zell- und Münster-Orte, in: Die Benediktinerklöster in Baden-Württemberg, bearb. von Franz Quarthal, (Germania Benedictina, Band 5) Augsburg 1975, S. 713ff.

73.) Karl Fik, Beiträge und Bemerkungen zur Ellwanger Geschichte: III. Zur Frage der Zell-Orte u. a., in: Ellwanger Jahrbuch 19 (1960/1961) S. 22ff. Karl Fik sieht auch Leinzell nicht unbedingt als Ellwanger Gründung an, was aber nach dem bis dorthin reichenden Ellwanger Klosterbesitz fraglich erscheint.

74.) Vgl. dazu Immo Eberl, Der hl. Methodius und seine Verehrung in Ellwangen, in: Ellwanger Jahrbuch 33 (1989/1990) S. 41ff.; ferner: Immo Eberl, Die Slawenmission zwischen Rom und Byzanz. St. Methodius, Ermenrich von Passau und die Reichabtei Ellwangen, in: Ellwanger Jahrbuch 44 (2012/2013) S. 53ff.; Herbert Wurster, Ermenrich von Passau OSB, Bischof der Diözese Passau, ca. 866 – 874/875, in: Ellwanger Jahrbuch 44 (2012/2013) S. 79ff.; Ana Kotscheva, Die Sprachnorm des Hl. Methodius, in: Ellwanger Jahrbuch 44 (2012/2013) S. 101ff.

75.) Zur Ausbildung der Grenze zwischen den Diözesen Augsburg und Würzburg vgl. Immo Eberl, Königtum, regionaler Adel und die Kirche in Burg, Siedlung und Pfarrei, in: Vellberg in Geschichte und Gegenwart. Band I: Darstellungen, Hrsg. von Hansmartin Decker-Hauff, Sigmaringen 1984, S. 85ff.

75a Dazu bislang zusammenfassend Susanne Arnold, Die Ausgrabungen auf dem Marktplatz in Ellwangen – Einblick in die Klostergeschichte, in: Ellwanger Jahrbuch 44 (2012/2013) S. 133ff.; die erst während der Grabungen veröffentlichte Publikation: Ellwangen und seine Denkmäler. Geschenk und Verpflichtung. Landesamt für Denkmalpflege Baden-Württemberg im Regierungspräsidium Stuttgart, bearb. von Volkmar Eidloth und Marie Schneider auf der Grundlage von Beiträgen von Angelika Reiff und Alois Schneider, hrsg. vom Geschichts- und Altertumsverein Ellwangen e.V., Ellwangen 2014, gibt mit ihrem 2003 abgeschlossenen Forschungsstand und den veraltet nach dem Wirtembergischen Urkundenbuch und nicht nach der üblichen Edition der Kaiserurkunden in den Monumenta Germaniae Historica zitierten Kaiserdiplome keine weiteren Hinweise.

76.) Karl Uhlirz, Jahrbücher des Deutschen Reiches unter Otto II. und Otto III., Band 1: Otto II. 973–983, Berlin 19672, S. 247ff.

76a Dazu jetzt Immo Eberl, Siedlung und Burgenbau: Die Abtei Ellwangen in ihrer Raumschaft, in: Ellwanger Jahrbuch 44 (2012/2013) S. 153ff.

77.) Karl Fik, Zur Geschichte der Leitung der Abtei Ellwangen, in: Ellwangen 764–1964. Festschrift zur 1200-Jahrfeier, Hrsg. von Viktor Burr, Ellwangen 1964, S. 129f.

78.) Ebda. S. 131.

79.) Ebda. S. 132.

80.) Ebda. S. 134f.

80a Dazu jetzt umfassend Immo Eberl, Der Hohenstaufen in seiner Landschaft – Siedlung und territoriales Werden zwischen Fils und Rems, zwischen Lorch, Schwäbisch Gmünd und Göppingen im Mittelalter, in: Die Kaiserberge und das Stauferland. Landschaft, Geschichte und Kultur zwischen Fils- und Remstal, hrsg. von Raimund M. Rothenberger, Schwäbisch Gmünd 2014, S. 152ff.

81.) Land Baden-Württemberg (wie Anm. 42) S. 758.

82.) Heinz Bühler, Die Heimat der Staufer ist das Ries, in: Bühler (wie Anm. 26) S. 487ff.

82a Dazu jetzt ausführlich Immo Eberl, Siedlung und Burgenbau: Die Abtei Ellwangen in ihrer Raumschaft, in: Ellwanger Jahrbuch 44 (2012/2013) S. 153ff.

83.) Fik (wie Anm. 77) S. 139f.

84.) Ebda. S. 141.

85.) Stievermann (wie Anm. 3) S. 529.

86.) Ebda.

87.) Hans Pfeifer, Ellwangen, in: Die Benediktinerklöster (wie Anm. 72) S. 196.

88.) Ebda. S. 197.

89.) Ebda. S. 198f.

90.) Ebda. S. 199f.

91.) Stievermann (wie Anm. 3) S. 531.

92.) Ebda. S. 532.

93.) Wolfgang Seiffer, Lorch, in: Die Benediktiner-klöster (wie Anm. 72) S. 375.

94.) Hans Pfeifer, Vom Frühmittelalter bis zum Ende des alten Reiches, in: Der Ostalbkreis, Stuttgart 19922, S. 141, geht von solchen Auseinandersetzungen aus.

95.) Land Baden-Württemberg (wie Anm. 42) S. 782.

96.) Pfeifer (wie Anm. 94) S. 141.

97.) Schaab (wie Anm. 10) S. 662; Land Baden-Württemberg (wie Anm. 42) S. 662f.

98.) Schaab (wie Anm. 11) S. 667; Land Baden-Württemberg (wie Anm. 42) S. 686f.

99.) Vgl. dazu Holger Fedyna, Neresheim – eine landesherrliche Kleinstadt im Alten Reich, in: Neresheim. Die Härtsfeldstadt, Neresheim 2000, S. 44ff.

100.) Vgl. dazu die unter Anleitung des Verfassers 1997 an der Universität Tübingen abgeschlossene Dissertation Holzinger (wie Anm. 6).

101.) Dazu vgl. umfassend und grundlegend: Hans-Helmut Dieterich, Rechtsstellung und Rechtstätigkeit der Schwäbisch Gmünder Klöster bis zum Dreißigjährigen Krieg, (Veröffentlichungen des Stadtarchivs Schwäbisch Gmünd, Band 1) Schwäbisch Gmünd 1977.

102.) Vgl. dazu Winfried Kießling, Deutschordenskommende Kapfenburg, Lauchheim 1990.

Frühe Neuzeit
Klaus Jürgen Herrmann

1.) Ehmer, Reformation S. 221.

2.) Diese Reformationsgeschichte Schwäbisch Gmünds stützt sich in wesentlichen Teilen auf die grundlegende Arbeiten von H. Ehmer, Schwäbisch Gmünd im Zeitalter der Reformation und der Gegenreformation. In: Geschichte der Stadt Schwäbisch Gmünd, hrsg. von K. J. Herrmann, Stadtarchiv Schwäbisch Gmünd, Stuttgart–Aalen 1984, S.185–231; Zur Reformationsgeschichte Schwäbisch Gmünds vgl. darüber hinaus H. Ehmer, Das Gmünder Täufergericht 1529. In: Gmünder Studien 1 (1976), S. 131–161; H. Ehmer, Andreas Althamer und die gescheiterte Reformation in Schwäbisch Gmünd. In: Blätter für württembergische Kirchengeschichte 78 (1978) S. 46–72; H. Ehmer, Schwäbisch Gmünd im Bauernkrieg. In: Gmünder Studien 2 (1979), S. 85–114. Weitgehend auf Ehmer fußend: J. Köhler, Gescheiterte Reformationen: Andreas Althamer in Schwäbisch Gmünd. In: Reformationsgeschichte Württembergs in Porträts, Holzgerlingen 1999, hier S. 399–404.

3.) Tüchle, Reformation S. 242.

4.) im Wesentlichen nach H. Tüchle, Reformation und Gegenreformation in der Fürstpropstei Ellwangen. In: V. Burr (Hrsg.), Ellwangen 764–1964. Ellwangen 1964, Bd. I, S. 242–243; H. Tüchle, Von der Reformation bis zur Säkularisation. Geschichte der katholischen Kirche im Raum des späteren Bistums Rottenburg-Stuttgart, 1981, S. 36–37; H. Plickert (ergänzt von O. Haug), Die ersten evangelischen Geistlichen der Reichsstadt Aalen. In: Aalener Jahrbuch 1978, S. 83.

5.) Oberamtsbeschreibung Aalen S. 189/190.

6.) Enßlin, Bopfingen S. 115.

7.) Enßlin, Bopfingen S. 119.

8.) Oberamtsbeschreibung Neresheim: Bopfingen S. 238.

9.) Bopfingen. Freie Reichsstadt – Mittelpunkt des württembergischen Rieses. Eine Geschichte der Stadt von Helmut Enßlin, Stuttgart und Aalen 1971, S. 107–125; Ermelinde Wudy, Die Geschichte Bopfingens bis zum Ende des Zweiten Weltkriegs. In: Bopfingen. Landschaft – Geschichte – Kultur, hrsg. von der Stadt Bopfingen, Aalen–Stuttgart 1992, S. 90–105.

10.) Tüchle, Reformation S. 226.

11.) Stievermann, Ellwangen S. 533.

12.) Stievermann, Ellwangen S. 533.

13.) zitiert nach Tüchle, Reformation und Gegenreformation S. 239.

14.) zitiert nach H. Pfeifer, Ellwangen S. 31. Die Darstellung der Reformationsgeschichte und des Bauernkriegs in Ellwangen zusammenfassend von H. Tüchle, Reformation und Gegenreformation in der Fürstpropstei Ellwangen. In: V. Burr (Hrsg.), Ellwangen 764–1964, Band I, Ellwangen 1964, S. 225–244; D. Stievermann, Fürstabtei Ellwangen. In: Handbuch der Baden-Württembergischen Geschichte. Zweiter Band. Die Territorien im Alten Reich, hrsg. von M. Schaab und H. M. Schwarzmaier, Stuttgart 1995, S. 526–536; A. Seiler, Der württembergische Schutz und Schirm über Kloster und Stift Ellwangen (1370–1590). Zeitschrift für württembergische Landesgeschichte 28 (1969), S. 343–362; F. Brendle, Die Wahlkapitulationen der Ellwanger Fürstpröpste. In: Ellwanger Jahrbuch 1989/90, S. 76–120.

15.) Aumer, Neresheim S. 207.

16.) Württembergisches Städtebuch, hrsg. von E. Keyser, Stuttgart 1962: Artikel P. Weissenberger OSB, S. 173–175; H. Schwarzmaier, Neresheim, Benediktinerkloster. In: Handbuch der Baden-Württembergischen Geschichte, Bd. II, 1995, S. 585–587; W. Aumer OSB, Die Abtei Neresheim in Geschichte und Gegenwart. In: Neresheim – Die Härtsfeldstadt. Neresheim 2000, S. 202–216; H. Fedyna, Neresheim im Wandel der Zeit. Maschinenschriftlich, Neresheim 2001; Geschichte Schwabens bis zum Ausgang des 18. Jahrhunderts. Band III, 2: Weltliche Herrschaftsbereiche; R. Stauber, Die Grafen und Fürsten von Oettingen § 43 bes. S. 373 mit weiterführender Literatur.

17.) Das folgende in starker Anlehnung an Fedyna, Neresheim S. 35–46.

18.) Aumer, Neresheim S. 207.

19.) Die Benediktinerklöster in Baden-Württemberg. Bearbeitet von Franz Quarthal. Augsburg 1975 (= Germania Benedictina, Bd. 5), S. 370–381, hier S. 372.

20.) das folgende weitgehend nach H. Ehmer, Bauernkrieg. In: Lorch – Beiträge zur Geschichte von Stadt und Kloster. Heimatbuch der Stadt Lorch. Hrsg. Stadt Lorch, Band 1/1990, S. 233–236.

21.) Ehmer, Erste Reformation S. 240.

22.) H. Ehmer, Die Reformation des Dorfes Lorch. In: Lorch. Beiträge zur Geschichte von Stadt und Kloster. Hrsg. Stadt Lorch, Bd. I, Lorch 1990, S. 243–245, hier S. 244.

23.) Ehmer, Reformation des Dorfes Lorch S. 245.

24.) H. Ehmer, Die erste Reformation des Klosters. In: Lorch – Beiträge zur Geschichte von Stadt und Kloster. Heimatbuch der Stadt Lorch. Hrsg. Stadt Lorch, Band 1/1990, S. 237–242; H. Kissling, Zur neueren Geschichte des Klosters. Das Kloster im 16. und 17. Jahrhundert. In: Lorch – Beiträge zur Geschichte von Stadt und Kloster. Heimatbuch der Stadt Lorch. Hrsg. Stadt Lorch, Band 1/1990, S. 207–210.

25.) H. Ehmer, Die zweite Reformation des Klosters Lorch. In: Lorch. Beiträge zur Geschichte von Stadt und Kloster. Hrsg. Stadt Lorch, Bd. I, Lorch 1990, 246–250.

26.) Oberamtsbeschreibung Neresheim S. 351.

27.) Das Folgende in enger Anlehnung an: G. M. Kolb, Notizen zur Geschichte der Pfarrei Heubach bis zum Ende des 19. Jahrhunderts. 5. Die Reformation. In: Heubach und die Burg Rosenstein, Heubach 1984, S. 134–136; G. M. Kolb, Das Württembergische Amt Heubach (1579–1806). In: Heubach und die Burg Rosenstein, Heubach 1984, S. 90–117.

28.) Kolb, Notizen S. 134.

29.) Das Land Baden-Württemberg, Bd. IV, S. 722–725; Württembergisches Städtebuch (hrsg. von E. Keyser), Stuttgart 1962, bearbeitet A. Hermann, S. 120–121.

30.) Oberamtsbeschreibung Aalen S. 190/191.

31.) Tüchle, Reformation und Gegenreformation S. 244.

32.) W. v. Hippel, Maß und Gewicht, Stuttgart 2000, S. 160.

33.) Das folgende in Anlehnung an: H. Pfeifer, Stadt und Stift im 30jährigen Krieg. In: H. Pfeifer, Ellwangen. Kunst und Geschichte aus 1250 Jahren. Ellwangen 2000, S. 6–70.

34.) Hier folgend H. Fedyna, Neresheim im Wandel der Zeit. Maschinenschriftlich. Neresheim 2000, S. 47–54.

35.) H. Baumhauer u. a., Bopfingen. Landschaft – Geschichte – Kultur. Hrsg. Stadt Bopfingen. Stuttgart 1992, S. 99–104: Dreißigjähriger Krieg.

36.) K. H. Bauer, Das Rathaus der Reichsstadt Aalen. In: Aalener Jahrbuch 1980, S. 112–123, hier: S.114–115; B. Hildebrand, Aalen im Jahr 1634 – Der große Stadtbrand und seine Ursache. In: Aalener Jahrbuch 1982, S. 67–81.

37.) zitiert nach F. Pfäfflin, 600 Jahre Schloss Hohenroden. In: Ostalb Einhorn 112 (2001), S. 293–297, hier S. 294.

38.) Kolb, Heubach S. 106.

39.) W. A. Boelcke, Wirtschaftsgeschichte Baden-Württembergs, Stuttgart 1987, S. 94.

40.) W. Kießling, Bopfingen und Kapfenburg. Beziehungen zwischen der Reichsstadt und der Deutschordenskommende. In: Ostalb Einhorn 1994, S. 124–130, hier S.129.

41.) Oberamtsbeschreibung Neresheim S. 351.

42.) Das Land Baden-Württemberg, Bd. IV, S. 749–750.

43.) W. Aumer OSB, Die Abtei Neresheim in Geschichte und Gegenwart. In: Neresheim – Die Härtsfeldstadt, Neresheim 2000, S. 202–216, hier: S. 207 ; O. Engelhardt, Maria Buch, der Wallfahrtsort bei Neresheim. In: Neresheim – Die Härtsfeldstadt. Neresheim 2000, S. 232–238, hier S. 234.

44.) nach G. M. Kolb, Das Württembergische Amt Heubach S. 106–107.

45.) Oberamtsbeschreibung Aalen S. 191/192.

46.) vgl. O. Engelhardt, Maria Buch, der Wallfahrtsort bei Neresheim. In: Neresheim – Die Härtsfeldstadt. Neresheim 2000, S. 232–238.

47.) Aumer, Neresheim S. 208.

48.) K. Graf, Hexenverfolgung S. 110; vgl. zu der

Problematik Hexenwesen allgemein und wohl abschließend: K. Graf, Reichsstadt Schwäbisch Gmünd. In: Hexen und Hexenverfolgung im deutschen Südwesten. Volkskundliche Veröffentlichungen des Badischen Landesmuseums Karlsruhe, Band 2/2, Karlsruhe 1994, S. 389–391; weitere Literatur: K. J. Herrmann, Causa; K. J. Herrmann, Gmünd im 30jährigen Krieg; K. Graf, Die Hexenverfolgung in Schwäbisch Gmünd im 17. Jahrhundert. In: Einhorn Jahrbuch 1996, S. 105–114.
49.) H. Plickert, Hexenverfolgungen. In: Aalener Jahrbuch 1982, S. 82–93; H. Plickert (ergänzt von O. Haug), Die ersten evangelischen Geistlichen der Reichsstadt Aalen. In: Aalener Jahrbuch 1978, S. 83–89.
50.) vgl. dazu E. Gemeinder, Die Herren von Rechberg und der Gmünder Raum. In: Ostalb Einhorn 1 (1974), S. 63–68, hier S. 68; O. Auge, Rechberger Hexenprozesse im 16. Und 17. Jahrhundert. Einhorn Jahrbuch 1997, S. 125–140; O. Auge, Hexenverfolgung und Territorienübergreifende Kooperation. Überlegungen zur Zusammenarbeit der Reichsstadt Schwäbisch Gmünd mit der Grafschaft Hohenrechberg in einem Hexenprozess des Jahres 1645. In: Einhorn Jahrbuch 1995, S.157–164.
51.) Allgemein: A. Seiler, Der württembergische Schutz und Schirm über Kloster und Stift Ellwangen (1370–1590). Zeitschrift für württembergische Landesgeschichte 28 (1969), S. 343–363; V. Press, Ellwangen, Fürststift im Reich des späten Mittelalters und der frühen Neuzeit. In: Ellwanger Jahrbuch 30 (1983/84), S. 7–30; das folgende im Wesentlichen nach Wolfgang Mährle, Fürstpropstei Ellwangen. In: Hexen und Hexenverfolgung im deutschen Südwesten. Aufsatzband, Badisches Landesmuseum 1994, S. 327–334.
52.) Mährle, Fürstpropstei S. 328.
53.) Mährle, Ellwangen S. 330/331.
54.) Mährle, Ellwangen S. 333. Dennoch bleibt festzuhalten: Nirgendwo sonst auf dem Gebiet des heutigen Ostalbkreises wurde die Hexenverfolgung konsequenter durch- und ausgeführt wie auf dem Gebiet der Fürstpropstei Ellwangen; Vgl. auch J. Dillinger/Th. Fritz/W. Mährle, Zum Feuer verdammt. Die Hexenverfolgungen in der Grafschaft Hohenberg, der Reichsstadt Reutlingen und der Fürstpropstei Ellwangen. Hexenforschung Band 2, 1998; H. Pfeifer, Hexenverfolgungen. In: H. Pfeifer, Ellwangen. Kunst und Geschichte aus 1250 Jahren, Ellwangen 2000, S. 52.
55.) nach H. Fedyna, Neresheim im Wandel der Zeit. Maschinenschriftlich, Neresheim 2001.
56.) Land Baden-Württemberg IV, S. 732.
57.) Württembergisches Städtebuch S. 53–56.
58.) Württembergisches Städtebuch S. 143–144.
59.) Die Ereignisse zu Schwäbisch Gmünd sind weitgehend entnommen aus K. J. Herrmann, Politik, Krieg und Reichsstadt – Strukturen im 17. Jahrhundert. In: Geschichte der Stadt Schwäbisch Gmünd, hrsg. von K. J. Herrmann, Stuttgart – Aalen 1984, S. 232–244.
60.) H. Pfeifer, Ellwangen S. 31.
61.) Schwarzmaier, Handbuch Baden-Württembergische Geschichte Bd. 2, S. 586.
62.) Aumer, Neresheim S. 210.
63.) Handbuch Baden-Württembergische Geschichte Bd. 2, S. 586.
64.) Stievermann, Ellwangen S. 535.

65.) Handbuch Baden-Württembergische Geschichte Bd. 2, S. 587.
66.) Aumer, Neresheim S. 211.
67.) H. Pfeifer, Die Jesuitenschule. In: H. Pfeifer, Ellwangen. Kunst und Geschichte aus 1250 Jahren, S. 75.
68.) Pfeifer, Ellwangen S. 76.
69.) H. Schwarzmaier, Neresheim S. 587. In: Handbuch Baden-Württembergische Geschichte Bd. 2, 1995.
70.) D. Stievermann, Fürstpropstei Ellwangen S. 536. In: Handbuch Baden-Württembergische Geschichte Bd.

Neuzeit
Roland Schurig

1 Vgl. Pahl, S. 70, Gesch. v. Wirtemberg

Ämter – Kreise – Regionen
Stefan Jenninger

1.) Siehe https://de.wikipedia.org/wiki/Aalen. Das mit einem N bemalte sogenannte Napoléonfenster am Alten Rathaus in Aalen erinnert noch heute an den Aufenthalt des französischen Kaisers Napoleon Bonaparte im Jahre 1805.
2.) Vgl. Beschreibung des Oberamts Neresheim, S. 241.
3.) Vgl. Landkreistag Baden-Württemberg (Hrsg.), Vogteien, Ämter, Landkreise in Baden-Württemberg, S. 72.
4.) Vgl. Organisationsedict vom 18. März 1806.
5.) Vgl. Landkreistag (Hrsg.), Vogteien, Ämter, Landkreise, S. 74.
6.) Vgl. Vertrag zwischen Ihren Majestäten den Königen von Bayern und von Württemberg über die Grenzberichtigung d. d. München den 3. Juni 1806.
7.) Vgl. Grenzvertrag zwischen Bayern und Württemberg von 1810.
8.) Vgl. Königliches Manifest die neue Einteilung des Königreichs betreffend vom 27. Oktober 1810.
9.) Vgl. Edikt über die Eintheilung des Königreichs in vier Verwaltungs-Bezirke vom 18. November 1817.
10.) Vgl. Beschreibung des Oberamts Welzheim, S. 105.
11.) Vgl. Ämter, Kreise, Regionen, S. 84.
12.) Vgl. Der Ostalbkreis, S. 312.
13.) Vgl. Gesetz über die Landeseinteilung vom 25. April 1938.
14.) Vgl. Thomas Schnabel, Die Geschichte von Baden-Württemberg 1952 - 2002, S. 142.
15.) Ebenda, S. 142.
16.) Vgl. A. Mayer-König, Material zur Verwaltungsreform, S. 3.
17.) Ebenda, S. 4.
18.) Innenministerium Baden-Württemberg (Hrsg.), Denkmodell der Landesregierung zur Kreisreform in Baden-Württemberg.
19.) Vgl. Protokoll der Sitzung des Kreistags Schwäbisch Gmünd vom 16. Dezember 1969.
20.) Vgl. Gmünder Tagespost vom 5. Januar 1970.
21.) Vgl. Rems-Zeitung vom 9. Mai 1970.
22.) Vgl. Stuttgarter Zeitung vom 20. März 1970, S. 38 sowie Rems-Zeitung vom 20. März 1970, S. 12.
23.) Vgl. Gmünder Tagespost vom 19. März 1970. S. 13.
24.) Vgl. Rems-Zeitung vom 9. Mai 1970.

25.) Vgl. Rems-Zeitung vom 11. Mai 1970.
26.) Vgl. Rems-Zeitung vom 1. September 1970.
27.) Vgl. Protokoll des Kreistags Aalen vom 5. August 1970, § II/1161.
28.) Vgl. Kommission für die Reform der staatlichen Verwaltung Baden Württemberg und Kommission für Fragen der Kommunalen Verwaltungsreform Baden-Württemberg, Gutachten zur Kreisreform, S. 72 f.
29.) Ebenda, S. 162.
30.) Vgl. Protokoll der Sitzung des Kreistags Aalen vom 6. Juli 1971.
31.) Vgl. Schwäbisch Post vom 29. Juni 1971.
32.) Vgl. Protokoll der Sitzung des Kreistags Aalen vom 24. November 1970.
33.) Vgl. Niederschrift über die zweite Besprechung des Kreisrats von Schwäbisch Gmünd mit dem Kreisrat Aalen vom 7. Dezember 1970 sowie Anlage 53 zu § 681 der Kreistagsprotokolle Aalen.
34.) Vgl. Protokoll der Sitzung des Kreistags Aalen vom 8. Dezember 1970.
35.) Vgl. Protokoll der Sitzung des Kreistags Aalen vom 15. Februar 1971.
36.) Vgl. Brief von Herrn Dr. Filbinger an Landrat Dr. Röther vom 22. April 1971.
37.) Vgl. Rems-Zeitung 18. September 1970, S. 9.
38.) Vgl. Gmünder Tagespost vom 10. September 1970, S. 12.
39.) Siehe § 3 Nr. 1 des Entwurfs eines Ersten Gesetzes zur Verwaltungsreform (Kreisreformgesetz) vom 06.10.1970.
40.) Vgl. § 6 Abs. 1 Nr. 3 des Entwurfs eines Dritten Gesetzes zur Verwaltungsreform (Regionalverbandsgesetz) vom 27.10.1970.
41.) Vgl. Anlage 53 zu § 681 der Kreistagsprotokolle Aalen.
42.) Vgl. Protokoll der Sitzung des Kreistags Aalen vom 02.02.1971.
43.) Vgl. Rems-Zeitung vom 3. September 1970.
44.) Vgl. Schwäbische Post vom 23. Juni 1971.
45.) Vgl. § 3 Nr. 18 des Ersten Gesetzes zur Verwaltungsreform(Kreisreformgesetz) vom 26.07.1971.
46.) Vgl. § 7 Abs. 1 Nr. 3 der Neufassung des Landesplanungsgesetzes vom 25. Juli 1972.
47.) Vgl. Protokoll der Sitzung des Kreistags Aalen vom 08.09.1970.
48.) Vgl. Schwäbisch Post vom 23.06.1971.
49.) Vgl. Gesetz zur Eingliederung der Staatlichen Veterinärämter, zur Aufhebung der Staatlichen Gesundheitsämter, zur Übertragung von Aufgaben der Ämter für Wasserwirtschaft und Bodenschutz auf untere Verwaltungsbehörden sowie zur Bereinigung fleischhygiene- und lebensmittelrechtlicher Zuständigkeiten (Sonderbehörden-Eingliederungsgesetz) vom 12. Dezember 1994.
50.) Vgl. Gesetz zur Reform der Verwaltungsstruktur, zur Justizreform und zur Erweiterung des kommunalen Handlungsspielraums (Verwaltungsstruktur-Reformgesetz - VRG) vom 1. Juli 2004.
51.) Vgl. Gesetz zur Weiterentwicklung der Verwaltungsstrukturreform (Verwaltungsstrukturreform-Weiterentwicklungsgesetz - VRWG) vom 14. Oktober 2008.
52.) Vgl. § 6a SGB II.
53.) Für die statistischen Angaben vgl. die Daten des Statistischen Landesamtes unter http://www.statistik-bw.de/.

Kunstgeschichte
Heidrun Heckmann

1) Hermann Baumhauer, Geschichte und Höhepunkte der Kunst. In: Diethelm Winter (Hrsg.), Der Ostalbkreis, Stuttgart 1992, S. 227-264.
2) Konrad A. Theiss, Kunst- und Kulturdenkmale im Ostalbkreis, Aalen 20002.
3) Vgl. hierzu: 900 Jahre Kloster Lorch - Ein Rundgang durch die Geschichte des Klosters, Stuttgart 2002; Karl-Heinz Mistele, Ein Rundgang durch das Kloster. In: Kloster Lorch im Wandel der Jahrhunderte, Stuttgart 1987, S. 36-41.
4) Richard Strobel, Die Johanniskirche in Schwäbisch Gmünd, Schwäbisch Gmünd 1997, S. 5.
5) Georg Dehio, Handbuch der Deutschen Kunstdenkmäler: Baden-Württemberg, NF (bearbeitet von Friedrich Piel), München 1964, S.435 und 436.
6) Vgl. hierzu: Richard Strobel, Die Johanniskirche in Schwäbisch Gmünd, Schwäbisch Gmünd 1997.
7) Dehio, wie Anm. 5, S. 103.
8) Bruno Bushart, Die Basilika zum heiligen Vitus in Ellwangen, Ellwangen 1976, S. 8.
9) Vgl. hierzu: Bruno Bushart, Die Basilika zum heiligen Vitus in Ellwangen, Ellwangen 1976; Hans Pfeifer (Hrsg.), St. Vitus Ellwangen 1233 – 1983. Festschrift zum 750jährigen Weihejubiläum, Ellwangen o. J.
10) Vgl. hierzu: Elisabeth Grünenwald und Josef Zirn, Die Stadtteile. In: Bopfingen. Landschaft - Geschichte - Kultur, Stuttgart 1992, S. 172-179.
11) Vgl. hierzu: Wolf von Woellwarth-Lauterburg, Schloss Hohenroden, Hohenroden 2001.
12) Vgl. hierzu: Manfred Akermann, Die Staufer - Ein europäisches Herrschergeschlecht, Stuttgart 2003, S. 28-29.
13) Nach: Claus Oeftiger, Die mittelalterliche Burg Rosenstein. In: Der Rosenstein bei Heubach (= Führer zu archäologischen Denkmälern in Baden-Württemberg Band 10), S. 82.
14) Vgl. hierzu: Claus Oeftiger, Die mittelalterliche Burg Rosenstein. In: Der Rosenstein bei Heubach (= Führer zu archäologischen Denkmälern in Baden-Württemberg Band 10), S. 74-89.
15) Vgl. hierzu: Klaus Könner und Joachim Wagenblast (Hrsg.), „Steh fest mein Haus im Weltgebraus". Denkmalpflege, Konzeption und Umsetzung, Stuttgart 1998, S. 82-86.
16) Vgl. hierzu: Monika Boosen und Johannes Schüle, Das Heilig-Kreuz-Münster in Schwäbisch Gmünd, Schwäbisch Gmünd 1999.
17) Vgl. hierzu: Hans-Wolfgang Bächle, Kultur und Geschichte im Gmünder Raum, Schwäbisch Gmünd 1982, S. 96-99 (Prediger) S. 118-119 (St. Franziskus), S. 123-128 (St. Leonhard), S. 130-132 (Gotteszell).
18) Vgl. hierzu: Wolf Wirth, Kirchheim am Ries. Ehemaliges Zisterzienserinnenkloster, München und Zürich 1966.
19) Baumhauer, wie Anm. 1, S. 241.
20) Vgl. hierzu: Baumhauer, wie Anm. 1, S. 241-243.
21) Vgl. hierzu: 500 Jahre Hochaltar Eschach, Gschwend o. J.
22) Vgl. hierzu: Hermann Baumhauer, Der Herlin-Altar zu Bopfingen und seine Stadtkirche, Stuttgart und Aalen 1972.
23) Vgl. hierzu: Alois Schubert, Hans Sigmund von Woellwarth (1546-1622) - Versuch eines Lebensbildes. In: Aalener Jahrbuch 1992, Aalen 1992, S. 23-68.
24) Vgl. hierzu: 400 Jahre Ort und Schloss Laubach - 400 Jahre Kulturgeschichte, Abtsgmünd-Laubach 1999.
25) Vgl. hierzu: Die Kapfenburg - Vom Adelssitz zum Deutschordensschloss, Stuttgart 1990.
26) Vgl. hierzu: Albrecht Vogel, Eine bemalte Holzwand im Heubacher Schloss. In: Ostalb Einhorn 83, Schwäbisch Gmünd 1994, S. 196-210; Verein Heubacher Schloss e. V. (Hrsg.), Das Schloss in Heubach - Ein Adelshaus von 1525, Schwäbisch Gmünd 2001.
27) Vgl. hierzu: Bächle, wie Anm. 17, S. 35.
28) Vgl. hierzu: Dehio, wie Anm. 5, S. 347.
29) Baumhauer, wie Anm. 1, S. 248.
30) Vgl. hierzu: Hugo Schnell, Schönenberg/Württ., München 1986.
31) Vgl. hierzu: Ingo Gabor, Aspekte zum Kapellenbau im Gebiet der Fürstpropstei Ellwangen/Jagst im 17. und 18. Jahrhundert (Magisterarbeit an der Philosophisch-Pädagogischen Fakultät der Katholischen Universität Eichstätt, maschinenschriftlich), Schwäbisch Hall 1993, S. 62-65.
32) Vgl. hierzu: Bächle, wie Anm. 17, S. 212-214.
33) Vgl. hierzu: Jörg Graf Adelmann von Adelmannsfelden und Manfred Werner, Hohenstadt/Württemberg, München 1982.
34) Vgl. hierzu: Wilhelm Schäfer und Eugen Mayer, Evangelische Stadtkirche Ellwangen, Ellwangen 1986.
35) Vgl. hierzu: Richard Strobel, Kirchen der Altstadt ohne Heiligkreuzmünster (= Die Kunstdenkmäler in Baden-Württemberg - Stadt Schwäbisch Gmünd Band II), München und Berlin 1995, S. 3-46.
36) Vgl. hierzu: Karlheinz Bauer, Aalen - Geschichte und Kultur zwischen Welland und Härtsfeld, Stuttgart 1983, S. 108-116.
37) Königlich statistisch-topograhisches Bureau (Hrsg.), Beschreibung des Oberamtes Aalen, Stuttgart 1854, S. 185.
38) Vgl. hierzu: Günter Hütter und Gerhard Thalheimer, Wallfahrtskirche St. Maria Aalen-Unterkochen, München 1992; Wendelin Elbs und Gerhard Thalheimer, Die erneuerte Marienwallfahrtskirche Unterkochen - Festschrift zur Altarweihe, Aalen 1987.
39) Vgl. hierzu: Manfred Akermann, Barock auf dem Härtsfeld. In: Neresheim - Die Härtsfeldstadt, Neresheim 2000, S. 217-231); Ottmar Engelhardt, Johann Michael Zink - ein Barockmaler auf der Ostalb. In: Neresheim - Die Härtsfeldstadt, Neresheim 2000, S. 239-243.
40) Vgl. hierzu: Ingo Gabor, Aspekte zum Kapellenbau im Gebiet der Fürstpropstei Ellwangen/Jagst im 17. und 18. Jahrhundert (Magisterarbeit an der Philosophisch-Pädagogischen Fakultät der Katholischen Universität Eichstätt, maschinenschriftlich), Schwäbisch Hall 1993.
41) Dehio, wie Anm. 5, S. 338.
42) Vgl. hierzu: Norbert Stoffels und Ludwig Windstoßer, Martin Knoller - Seine Kuppelfresken in der Abteikirche Neresheim, Neresheim o. J.; Manfred Schindler, Die Kuppelfresken der Abteikirche Neresheim - Ein Deckenatlas, Neresheim 1990; Axel Menges (Hrsg.), Balthasar Neumann - Abteikirche Neresheim, Tübingen 1993.
43) Nach: Stoffels/Windstoßer, wie Anm. 42, S. 37
44) Vgl. hierzu: Kultur-Palais Adelmann. Festschrift zur Einweihung am 25. Mai 1991, Ellwangen o. J.
45) Vgl. hierzu: Volker von Volckamer, Schloss Baldern, München und Zürich 1986.
46) Vgl. hierzu: Karlheinz Bauer, Das Rathaus der Reichsstadt Aalen. In: Aalener Jahrbuch 1980, Stuttgart 1980, S. 112-123.
47) Nach: Wilhelm Koch, Der Schlosspark in Fachsenfeld. In: Aalener Jahrbuch 1984, Stuttgart 1984, S. 196.
48) Vgl. hierzu: Wilhelm Koch, Der Schlosspark in Fachsenfeld. In: Aalener Jahrbuch 1984, Stuttgart 1984, S. 196-210.
49) Vgl. hierzu: „Die Fabrik". Das Silberwaren- und Bijouteriemuseum Ott-Pausersche Fabrik (= Unicornis, Beiträge zur Landschafts- und Kulturgeschichte im Raum Schwäbisch Gmünd, September 1992), Schwäbisch Gmünd 1992.
50) Vgl. hierzu: Rudolf Bitsch, St. Michael Abtsgmünd - Beschreibung der Kirche und der Kapellen, Abtsgmünd 2002, S. 4-14.
51) Vgl. hierzu: Immo Eberl, Die Pfarrkirche Röhlingen und ihre Kapellen, o. O. o. J.
52) Vgl. hierzu: Karl Heinrich Koepf, Die Erneuerung der Pfarrkirche St. Leonhard in Stödtlen. In: Denkmalpflege in Baden-Württemberg [1978], S. 68-70.
53) Vgl. hierzu: Karlheinz Bauer, Die Stefanuskirche in Wasseralfingen - Ein Denkmal zwischen Utopie und Wirklichkeit. In: Aalener Jahrbuch 1988, Stuttgart und Aalen 1988, S. 185-197.
54) Vgl. hierzu: Alfons Häring, St. Cyriakus Straßdorf, Regensburg 1997.
55) Vgl. hierzu: Ottmar Engelhardt, Maria Buch, der Wallfahrtsort bei Neresheim. In: Neresheim - Die Härtsfeldstadt, Neresheim 2000, S. 232-238.
56) Wie Anm. 51
57) Vgl. hierzu: Könner/Wagenblast, wie Anm. 15, S. 38-42.

Jüdische Geschichte
Felix Sutschek

1.) Internetseite der Synagogen-Gemeinde Köln, Jüdisches Leben in Köln – Von der Antike bis heute.
2.) Battenberg, Friedrich, Das Europäische Zeitalter der Juden, Band I, Verlag Wissenschaftliche Buchgesellschaft, Darmstadt 1990, S. 46 - 48.
3.) Eberl, Immo, Die jüdischen Einwohner und die jüdische Gemeinde in Ellwangen, Sonderdruck aus: Ellwanger Jahrbuch Band 40, 2004/2005, S. 14
4.) Meyer, Michael A. (Hrsg.), Deutsch-Jüdische Geschichte in der Neuzeit, Band I, Verlag C. H. Beck, München, 1996, S. 36.
5.) idem
6.) Schubert, Kurt, Jüdische Geschichte, Verlag C.H. Beck, München 1996, S. 51.
7.) Schwalm, Jakob, Ein unbekanntes Eingangsverzeichnis von Steuern der königlichen Städte aus der Zeit Friedrich II., Neues Archiv der Gesellschaft für ältere deutsche Geschichtskunde, 23, 1898, S. 520-525
8.) idem, S.550
9.) Quellensammlung zur Geschichte der deutschen Reichsverfassung in Mittelalter und Neuzeit, hrsg. v. Zeumer, K.,2. A. Neudruck 1987, 59,

Nr. 64 (1241)
10.) idem, Nr. 64
11.) Saalfeld, Siegmund, (Hrsg), Quellen zur Geschichte der Juden in Deutschland, Band III, Berlin 1898, S. 271
12.) Eberl, Immo, wie Anmerkung 3, S. 21
13.) Burmeister, Karl-Heinz, Der Schwarze Tod, Jüdisches Museum Göppingen, 1999, S. 14 - 15.
14.) Enßlin Helmut, u.a., Bopfingen Freie Reichsstadt Mittelpunkt des württembergischen Rieses,
Stuttgart, 1971, S. 184.
15.) Braun, Wilfried (Bearb.), Quellen zur Geschichte der Juden bis zum Jahr 1600, Hauptstaatsarchiv Stuttgart, 1982, Urkunde 229.
16.) idem, Urkunde 182
17.) Hermann, Klaus Jürgen, Zur Geschichte der
Juden in Schwäbisch Gmünd im Mittelalter, Einhorn Jahrbuch, Schwäbisch Gmünd, 1995, S. 122-
123
18.) Urkunde von 1499 im Stadtarchiv Bopfingen,
Transkription- und Regeste der Urkunde ebenfalls
19.) Braun, Quellen, Urkunde 297
20.) Hermann, S. 124
21.) Braun, Quellen, Urkunde 315
22.) Herrmann, S. 124
23.) Stemberger, Günther (Hrsg.), Die Juden, Verlag C. H. Beck, München 1995, S. 176 - 177
24.) Dertsch, Richard/Wulz, Gustav, Die Urkunden der fürstlich-oettingischen Archive in Wallerstein und Oettingen 1197 - 1350, Verlag der Schwäbischen Forschungsgemeinschaft, Augsburg, 1959,
Reihe 2 a, Urkunden und Regesten, Urkunde. 361
25.) idem, Urkunde 385
26.) idem, Urkunde 538
27.) idem Urkunde 549
28.) Müller, Ludwig, Aus fünf Jahrhunderten, I, in
Zeitschrift des Historischen Vereins für Schwaben
und Neuburg, Augsburg, 1898, S. 80.
29.) Landeskirchliches Archiv Archiv Stuttgart,
Pfarrei Bopfingen, Nr. 9
30.) Müller, S. 180
31.) Idem,S. 180
32.) Braun, Quellen, Urkunde 496
33.) Fedyna, Holger, Was bleibt: Der Judengumpen,
Ostalb Einhorn 2002, Nr. 113, S.28
34.) Idem, S. 27
35.) Wierlemann, Sabine, Kennter, Nina, Steine der
Erinnerung, ungedrucktes Manuskript, Ellwangen,1990, S.30
36.) Müller, S. 84
37.) Fedyna, S. 29
38.) Sauer, Paul, Die jüdischen Gemeinden in
Württemberg und Hohenzollern Kohlhammer
Verlag, Stuttgart, 1966, S. 113-114
39.) Idem, S. 149
40.) Idem, S. 29-31
41.) Idem, S. 193-142
42.) Saal und Lagerbuch über Oberndorf von 1793,
Band II, S. 34-35
43.) Idem, S. 34
44.) Idem, S. 35
45.) Idem, S. 36
46.) Idem, S. 36
47.) Oberdorfer Judenschaft Gänsgeld, Abschriften
III. 18.8b-2, Fürstlich Oettingen-Wallersteinisches
Archiv, Harburg (FÖWAH)
48.) Saal und Lagerbuch, S. 37
49.) Schutzbrief für Wallerstein, Pflaumloch und

Oberdorf, Abschriften, III, 18.8b-2, Fürstlich Oettingen-Wallersteinisches Archiv, Harburg
50.) Schutzbriefe aus den Jahren: 1719, III. 18.5a-1,
1727, III. 18.5a-1, 1735, III. 18.5a-1, 1752, III. 18.5a-
1, 1761, II. 588-1, 1788, III. 18.5a-1, alle FÖWAH.
51.) Idem, 1719, III. 18.5a-1,
52.) Extractus Protocolli, Acto Oberdorff, 16. August 1747
53.) Regierungsblatt für das Königreich Württemberg von 1828, S. 542-553
54.) Central Archives Jerusalem, Bestand D/Ob 1,
Akten Betreff Abriss der alten Synagoge und Bau
der neuen Synagoge 1808/1810
55.) Hauptstaatsarchiv Stuttgart, E201c Bü. 23
56.) Regierungsblatt für das Königreich Württemberg von 1828, S. 283-286
57.) Sutschek, Felix, Widerstand gegen die Juden-
verfolgung in Oberdorf, Ostalb Einhorn, Nr.93,
S.21
58.) Hahn, Joachim, Geschichte der Juden im
Westries, Dokumentationsband der Rieser Kulturtage 1988, S. 403
59.) Sutschek, Felix/Hildebrand, Bernhard, Quellen zur Geschichte der Oberdorfer Juden I, Schick-
sale 1934 - 1943, ungedrucktes Manuskript, Kreisarchiv Ostalbkreis, Aalen 1995.
60.) Hofmann, Rolf, Die Liebmann Brauerei in
New York, Vortragsmanuskript.
61.) Hahn, Joachim, S. 403
62.) Auszug aus dem Gemeinderatsprotokoll von
Oberdorf, Band 37, Blatt 69b, Archiv Oberdorf.
63.) Forschungen des Trägervereinsehemalige Synagoge Oberdorf, Siehe entsprechende Museums-
tafel der jüdischen Gemeinden des Ostalbkreises in
der Gedenkstätte Oberdorf
64.) Idem
65.) Idem
66.) Idem
67.) Idem
68.) Idem, S. 29
69.) Idem, S. 29
70.) Idem, S. 29
71.) Idem,

Brauchtum
Heidrun Heckmann

Quellen:
Als Quellen dienten Zeitungsartikel aus der Rems-
zeitung, den Aalener Nachrichten und der Schwäbischen Post aus den Ortsakten des Kreisarchi-
vs sowie eigenen Aufzeichnungen und mündliche
Auskünfte, für die ich mich an dieser Stelle sehr
herzlich bedanke. Allgemeine Informationen zum
Brauchtum sind der Internetseite www.festjahr.de
entnommen.

1) Karlheinz Bauer, Aalen Geschichte und Kultur zwischen Welland und Härtsfeld, Stuttgart und
Aalen 1983, S. 67-68
2) Josef Seehofer, Die Beiswanger Kapelle. In: Einhorn 107 [1971], S. 281-286.
3) Faltblatt Wallfahrtskirche „Unserer lieben Frau
vom Roggenacker" Bopfingen-Flochberg.
4) 875 Jahre Neuler. 1113-1988, Neuler 1988, S. 42.
5) Josef Dünninger, Brauchtum. In: Stammler,
Wolfgang (Hrsg.): Deutsche Philologie im Aufriss,
Berlin 1952-56, Spalte 2571-2640.

Bildnachweis Schutzumschlag

Vorderseite von links nach rechts:
Limestor Dalkingen, Foto: Landratsamt
Marktbrunnen Aalen, Foto: B. Hildebrand
Neresheim mit Kloster, Foto: Kreisarchiv
Marktbrunnen Schwäbisch Gmünd,
Foto: A. Petschke
Schönenberg Ellwangen, Foto: G. Fischer

Rückseite von links nach rechts:
Kapelle Oberwilflingen, Foto: G. Keydell
Heckengarten Hohenstadt, Foto: B. Hildebrand
Wasserturm Hohenstadt, Foto: M. Dolderer und
C. Küpper
Ipf bei Bopfingen, Foto: First Floor Aalen